あ・は行

か・ま行

さ・や行

た・ら行

な・わ行

三省堂

中国名言名句辞典

新版

大島 晃 編

三省堂

[編者]—**大島 晃**〈おおしま あきら〉
一九四六（昭和二一）年生
上智大学文学部教授
一九七六（昭和五一）年、東京大学大学院人文科学研究科
中国哲学専門課程博士課程修了

[主著]—
『孟子』（学習研究社）
『朱子学的思惟—中国思想史における伝統と革新』（共編、汲古書院）
『中国名言名句の辞典』（共編、小学館）
『旺文社漢字典』（共編、旺文社）
『漢文学 与研究』第一輯〜（編集兼発行代表者、漢文学研究会）

[編集協力]———株式会社 **利根書房**

[本文デザイン]—**谷村彰彦**

[装幀]————**佐藤篤司**

まえがき（新版・初版）

『三省堂　中国名言名句辞典』を世に送り出したのが一九九八年二月、早いもので干支も一巡した。幸いなことに多くの方に好評を以って迎えられ、折にふれて「読む辞典」としているという読者の声や、本書から毎日一つを社内で取りあげるという企業のあることを耳にすることは、何よりの喜びである。

今般、より長く座右において活用いただけるように装幀を改め、『三省堂　中国名言名句辞典　新版』として刊行する機会を得た。数箇所の修正をしたほかは、旧版を基にする。新たに利用の便のために「下句索引」と「語句索引」を加えた。出版局の田中慶太郎氏の工夫による。

二〇一一年四月　　大島晃

初めに、中国において名言名句を生んだ背景について触れておこう。

元来、中国においても日本においても学問は基本的に読書の学であった。読書の学は教典をはじめとする古典の尊重であり、それは記誦の学としての性格を色濃く有している。とくに中国の場合、教典の一字一句が聖人賢者による不滅の道理を内含するという意識は、ほとんど変動することなく二千年以上に及んだ。その思索は教典の道理をいかに読解するかが中心となり、自己の思想の表出もまた教典に依拠する形をとっている。このあり方は狭く経学に限定されることなく、学術全般そして言語表現一般に及んでいると言っても過言ではあるまい。

そもそも漢語の特性として、その表現を豊かにし広げようとするとき、先行の漢語表現を踏まえた意義の重層性こそ最も有効な方法となった。いわゆる典拠表現は対句表現とともに、漢字・漢語の特性を生かした修辞法として練り上げられていった。それは読書の学、記誦の学と相俟って含蓄のある表現を追い求める要因となった。数字の熟語・成語や一、二句の成句はその数倍以上の字句分の内容、イメージを内含するのである。

さらに中国において特筆すべきは文の尊重である。「文章は千古の事」とは杜甫の詩の一句であるが、この文への思いこそ多彩な文章と著作を生み出し、至言・名句を育んだ源泉である。

本書は、中国の古代から清代までの主要な書物、すなわち教典・諸子の書や歴史書、詩文集から約一千七百条を選び、読み下し文の形で掲げ（五十音順）、出典を明示の上、［原文］［意味］［参考］より構成する。［出典］［原文］は収載に際し一々原典と照合し直し、

〔意味〕は通釈のほか適宜語釈を加えた。〔参考〕は当該句の理解を助けるためにその句に関連する事項や背景、類句を解説した。

今般の本書の刊行に当たっては、古人の叡智の集積として磨かれた名句・至言という面からだけではなく、それを生み出し醸成してきた中国古典の思惟と表現の地平に誘うための辞典であることを目指した。すなわち、珠玉の名言に触れる楽しさを味わうとともに、中国古典の入門書として、また成語成句を検索するための辞典としての活用にも応えられるように心掛けた。

本書の作成に当ってては、全般にわたって原稿の執筆協力者として、浅山佳郎、白石真子、瀧康秀、長尾直茂、比留間健一の各氏に多大の尽力をいただいた。また、初期の草稿段階では、佐保田豊、永由徳夫の両氏にも多くの援助をいただいたほか、黒金俊臣、川本真雄、江波戸喜和子の三氏にも協力をいただいた。ここに明記して深く感謝の意を表したい。

一九九七年十月

大島晃

凡例

本書は、中国の、経書をはじめとして清代までの主要な書物から名言・名句を約一七〇〇項目選んで収録した。その構成と記述の方法は次のようにした。

［見出し句と配列］—収録した句は読み下し文の形で掲げ、五十音順に配列した。用字は「常用漢字表」・「人名用漢字別表」内の漢字は新字体を、それ以外は通用の字体の使用を原則とした。仮名遣いは「現代仮名遣い」による。

出典—採録した句の典拠となった書名・篇名を明示した。詩文には作者名とその時代を示し、詩については題名の下に「詩」と明示した。

原文—採録した句の原文を新字体によって示し、句読点、返り点を付した。

意味—句の通釈・解説のほか、必要に応じて語釈を加えた。

参考—採録した句の理解を助け深めるために、その句の生まれた背景、関連する句や事項、類句を解説した。

［空見出し］—対句表現のうちの下の句や、通行と異なる形で項目を立てた句については空見出しを設け、本項目に導くようにした。

［付録］—巻末には、収録項目に関係のある主要な人物・書名を簡単に解説した〔人名略解〕〔書名略解〕と、句の理解を助けるための〔中国文芸略年表〕と〔中国歴史地図〕を付した。また、収録項目のうち四字熟語の形を成す主要なものについて、「四字熟語索引」を付した。「新版」刊行にあたり、掲出した句の二句目以降について、約八〇〇句を選び、検索のために「下句索引」として付した。また、日本語として定着し、かつスピーチや文章表現の引用に有益と思われる語句を中心に「語句索引」として付した。

あ

哀哀(あいあい)たる父母(ふぼ)、我(われ)を生(う)みて劬労(くろう)す

出典 『詩経(しきょう)』小雅(しょうが)・蓼莪(りくが)

原文 哀哀父母、生レ我劬労。

意味 かわいそうな父と母、私を生んで苦労する。

参考 自分を生み愛育してくれた父母の苦労に対して、その恩に報いきれぬ悲哀の思いを込めた一句。「哀哀」という辞から父母を亡くしてからの悔恨の情であることが推察される。

愛(あい)出(い)ずる者(もの)は愛(あい)反(かえ)り、福(ふく)往(ゆ)く者(もの)は福(ふく)来(きた)る

出典 前漢(ぜんかん)、賈誼(かぎ)『新書(しんじょ)』春秋

原文 愛出者愛反、福往者福来。

意味 こちらから人を愛する者には愛がかえってくるし、こちらから人に福をおくる者には福がやってくる。

参考 戦国時代の鄒(すう)の穆公(ぼくこう)についての話の中に出てくる語。穆公は徳が高く、人々に対して厚い政治を行なったため、彼の死に際して、国民皆がひどくなげき悲しんだことを述べ、このことばでまとめる。

愛(あい)多(おお)き者(もの)は則(すなわ)ち法(ほう)立(た)たず、威(い)寡(すく)なき者(もの)は則(すなわ)ち下(しも)上(かみ)を侵(おか)す

出典 『韓非子(かんぴし)』内儲説(ないちょせつ)・上

原文 愛多者則法不レ立、威寡者則下侵レ上。

意味 君主があわれむ気持ちが深ければ法は成り立たず、威厳に欠ければ下の者が上の者をおびやかそうとする。あわれむ気持ちが深いと罪を見過ごすこととなり、威厳に欠けると下の者が図にのり、上の者をないがしろにするよ

うになるのである。

参考　これに続けて韓非は、「是を以て刑罰必せずんば則ち禁令行なわれず」と言う。つまり、刑罰をきちんと行なわねば法令を守る者などいないというのである。

愛多ければ則ち憎しみ至る（あいおおければすなわちにくしみいたる）

⇩恩甚だしければ則ち怨み生じ、愛多ければ則ち憎しみ至る

愛は憎しみの始め、徳は怨みの本なり（あいはにくしみのはじめ、とくはうらみのもとなり）

出典　『管子』枢言

原文　愛者憎之始也、徳者怨之本也。

意味　人を愛することが人を憎む糸口となり、人に恩恵をほどこすことが人を怨む原因となる。愛情や恩恵をほどこせば必ずや見返りを求めるようになり、それが得られないと、果てには憎しみや怨みを抱くようになるのである。

参考　この文は枢言篇に二度あらわれるが、そのうち一箇所はこれに続けて、「其の親に事うるや、妻子具われば則ち孝衰う。其の君に事うるや、好業（立派な業績）有りて家室富足れば則ち行（品行）衰う。爵禄満つれば則ち忠衰う」とある。つまり、十分に愛情や恩恵に浴する状況が、かえって憎悪や怨恨を生む糸口となるのである。

愛を立つるは惟れ親よりし、敬を立つるは惟れ長よりす（あいをたつるはこれしんよりし、けいをたつるはこれちょうよりす）

出典　『書経』伊訓

原文　立レ愛惟親、立レ敬惟長。

意味　愛の教えを天下になすにはまず自らの親族に対する愛情から始め、敬の教えを天下になすにはまず身近な年長者を敬うことから始める。そうすれば、民衆は愛と敬の心をみなもつようになる。

参考　殷の太甲が湯王の後を継いだ時、臣である伊尹（人名略解参照）が「初めに在らざる罔し」と、事の始めが大切であるといくつかの大切な心

得を説いた。これはその冒頭に述べられていることば。愛と敬とは孟子以来とくに大切であると説かれる概念である。伊尹は、『荀子』臣道で「聖臣」と称される。

敢えて天下の先と為らず、故に能く成器の長たり

出典 『老子』六十七章

原文 不㆔敢為㆓天下先㆒、故能成器長。

意味 自分から進んでは世の人々の先に立とうとしないからこそ、優れた人材の統率者となることができるのである。「成器」は、それぞれの分野内では器量を有する、多くの才知ある人の意。

参考 六十七章では、老子自ら無為の道の実践における三つの宝を示している。第一は「慈」(いつくしみ深いこと)、第二は「倹」(質素倹約)、第三はこの「敢えて天下の先と為らず」である。無為自然であればこそ、それぞれの分野で有限な才ある人材を無限に受け入れることができるというのである。

仰ぎて天に愧じず、俯して人に怍じず

出典 『孟子』尽心・上

原文 仰不㆑愧㆓於天㆒、俯不㆑怍㆓於人㆒。

意味 己の行ないが清く正しく、仰いでは天に対して恥じることがなく、俯しては人に対して恥じることがない。「愧」、「怍」はともに恥じ入ること。「俯仰天地に愧じず」の語形でも用いられる。

参考 このことばは、「君子の三楽(君子の三つの楽しみ)」の第二のものとして挙げられている。「三楽」の第一と第三を挙げておく。「父母倶に存し、兄弟故無きは一の楽しみなり」「天下の英才を得て、之を教育するは、三の楽しみなり」

青は之を藍より取りて、藍より青し

出典 『荀子』勧学

原文　青取二之於藍一、而青二於藍一。

意味　青色というのは、藍の草を原料として作り出すものであるが、その作り出された青は、原料の藍よりもいっそう青い。

参考　ものは、もとの原料以上の良質なものとして、変わり得ることを示している。とくに、人間は後天的な学問、修養しだいで、素質以上の力を発揮し得ることをいい、弟子が教えを受けた先生よりも、優れた人になることにたとえられる。「青出二之藍一」とするテキストがあり、「出藍の誉れ」の語は、この条が典拠とされる。「氷は水之を為して、水よりも寒し（『荀子』『勧学』）」の項参照。

垢を洗いて痕を求め、毛を吹いて瑕を覓む

出典　『劉子新論』傷讒

原文　洗レ垢求レ痕、吹レ毛覓レ瑕。

意味　垢を洗い落としてでも、きずあとをさがし求め、毛を吹きわけてでも、きずをたずね求めようとする。他人の小さな欠点まできびしく指摘し、追及すること。また、人の欠点をあげつらい、かえって自分の欠点を暴露することのたとえ。

参考　『韓非子』大体篇には、このことを戒めて「毛を吹きて小疵を求めず、垢を洗いて知り難きを察せず」という表現が見える。「毛を吹いて小疵を求む」の項参照。

悪言は口に出ださず、苟語は耳に留めず

出典　『鄧析子』転辞

原文　悪言不レ出レ口、苟語不レ留レ耳。

意味　他人を中傷することばを言ってはいけない。一時しのぎのいいかげんなことばを聴いてはいけない。

参考　『礼記』祭義にも「悪言は口に出ださず、忿言は身に反らず」（他人をけなしたり中傷することばを言わなければ、他人から怒りや恨みのことばが返ってくることもない）」というこ

とばが見える。

悪事千里を走る

⇩好事門を出でず、悪事千里を行く

悪酒は悪人の如く、相攻むること刀箭より劇し

出典 北宋、蘇軾詩「金山寺与二柳子玉一飲大酔臥二宝覚禅榻一夜分方醒書二其壁一」

原文 悪酒如二悪人一、相攻劇二刀箭一。

意味 悪い酒というのは悪人のようなもので、人を悪酔いさせて、周囲の人に害を及ぼすという点では、刀や矢よりもひどいものだ。

参考 蘇軾自身の酒の飲み方については、「陶の飲酒二十首に和す」の序文に詳しい。「吾酒を飲むこと至って少なく、常に盞を把るを以て楽しみと為し、往往にして頽然坐睡す。人其の酔うを見るも、吾は中了然たり」「頽然」は酔ってぐでんぐでんになっているようす。「中了然」は意識がはっきりしているようす。

悪の顕れたる者は禍浅くして、隠れたる者は禍深し。善の顕れたる者は功小にして、隠れたる者は功大なり

出典 『菜根譚』前集百三十八

原文 悪之顕者禍浅、而隠者禍深。善之顕者功小、而隠者功大。

意味 悪事も世にあらわれたものは禍の根も浅いが、隠れたところにある悪事というものはとてもその根が深い。また、善行も世に明らかになったものはたいしたものではないが、隠れた善行には偉大な功があるものである。

悪木の枝に息わず、盗泉の水を飲まず

出典 初唐、盧照鄰詩「贈二益府群官一」

原文 不レ息二悪木枝一、不レ飲二盗泉水一。

意味 疲れても悪木のかげで休むことはしない。の

参考 どが渇いても盗泉という名の水は飲まない。「盗泉」は山東省泗水県にある泉の名で、孔子はその名を嫌ってそこから汲んだ水を飲まなかったという逸話がある。「悪木」は『管子』（逸文）に基づくことばで、質の悪い木、雑木。節操のかたい人物は悪木の木陰でさえ休まないのだから悪人とは決して一緒にいないという意味。

悪を悪むは其の始めを疾み、善を善しとするは其の終わりを楽しむ

出典 『春秋穀梁伝』僖公十七年

原文 悪㆑悪疾㆓其始㆒、善㆑善楽㆓其終㆒。

意味 悪いことをした人をにくむのに、始めだけをにくみ、いつまでもにくみ続けるべきではない。反対に、善いことをした人をほめるのに、最後までその善行をほめたたえ楽しむべきである。

麻に連るる蓬

⇩蓬も麻中に生えれば、扶けずして直し

麻の中の蓬

⇩蓬も麻中に生えれば、扶けずして直し

朝は三つにして暮れに四つにす。朝は四つにして暮れに三つにす

出典 『荘子』斉物論

原文 朝三而暮四。朝四而暮三。

意味 飼っている猿に、とちの実を朝三つ、夕方に四つやろうと言ったら皆怒ったので、朝四つ、夕方に三つやろうと言ったら皆喜んだ。実際は同じなのに、目先の違いにごまかされることのたとえ。口先で巧みに人をだまし、あやつることのたとえ。転じて、生計、命をつなぐだけの生活。「朝三暮四」の典拠。

参考 『荘子』では、

狙公、茅を賦えんとして曰わく、「朝は三つにして暮れに四つにせん」と。衆狙皆怒

る。曰わく、「然らば則ち朝は四つにして暮れに三つにせん」と。衆狙皆悦ぶ。名実未だ虧けざるに、喜怒用を為す。亦是に因ればなり

とあり、表現も実体も何ら欠けたところがないのに、喜怒の感情を生じさせてしまう（「名実未だ虧けざるに、喜怒用を為す」）のは、目先の是非の判断に振り回されたからだ（「亦是に因ればなり」）とし、万物が窮極的に一つの実在であることを知らずに是非の論争に明け暮れる世人を、猿にたとえて批判している。『列子』黄帝篇にも同様の寓話が見えるが、こちらでは、「聖人の、智を以て群愚を籠するも、亦猶お狙公の智を以て衆狙を籠するがごとし」と、儒家の信奉する聖人の智を狡智として、道家の立場から批判するものとなっている。

迹は履の出だす所なるも、迹は豈履ならんや

出典 『荘子』天運

原文 迹履之所レ出、而迹豈履哉。

意味 足跡は履物によってできるが、足跡が履物そのものであるはずがない。制度、文物にはそれを創造した根源的な知恵があるはずだが、それを理解せずに、その足跡にすぎない制度、文物そのものを尊んでも意味がない。

参考 六経に基づいた政治を献策しても採用してくれる君主がいないと嘆く孔子に対し、老子が、それら六経などは聖人の足跡にすぎず、聖人の道そのものではないと諭す寓話による。「六経は、先王の陳迹なり」（その項参照）

味有る物、蠹虫必ず生ず

出典 中唐、劉禹錫「蘇州謝上表」

原文 有レ味之物、蠹虫必生。

意味 味のある物には必ず虫がつく。

参考 「蠹虫」は紙や衣につく虫のことであるが、ここは物をそこなう破る虫をいう。この後に「才有る人、讒言必ず至る（才能のある人に

は悪口が必ず言われる）」とあるように、有能な人物を陥れようとする人が必ずあることをたとえる。作者の劉禹錫は若くして出世するが、のちに事件に連座して地方官を歴任する。そうした経歴が反映したことばである。

朝に辞す白帝彩雲の間、千里の江陵一日にして還る

出典 盛唐、李白詩「早発二白帝城一」

原文 朝辞白帝彩雲間、千里江陵一日還。

意味 早朝美しい朝焼けの雲の下を白帝城から出発する。千里かなたの江陵まで一日で帰るのである。

参考 「白帝城」は四川省奉節県の長江北岸にある城。長江の名勝である三峡の一つ瞿唐峡に臨む切り立った山にあり、三国蜀の劉備が諸葛孔明に後事を託して没した場所。「江陵」は湖北省にある町。七五九年、李白は夜郎（貴州省北部）へ流罪される途中、三峡の白帝城付近で、大赦により赦免される。この詩はその歓びを胸に、軽やかな舟にのり一気に中流の江陵へ戻るときの作とされる。後半二句を挙げる。「両岸の猿声啼いて住まざるに、軽舟已に過ぐ万重の山」（その項参照）

旦には朝雲と為り、暮れには行雨と為る

出典 戦国楚、宋玉「高唐賦幷序」

原文 旦為二朝雲一、暮為二行雨一。

意味 朝には雲となり、夕方には通り雨となる。男女の交情の親密なことをいう。

参考 楚の懐王が高唐に遊んだとき、疲れにまどろむ昼寝の夢に一人の女性が現われ、契りを結ぶ。女性の別れ際の挨拶は次のようであった。「妾は巫山の陽、高丘の阻に在り。旦には朝雲と為り、暮れには行雨と為る。朝朝暮暮、陽台の下にす（私は巫山の南の険阻な峰に住んでいます。朝には雲、夕方には通り雨となり、朝も夕もここ高唐の陽台の下に参りましょう）」と。そのことば通り、朝に雲を

見た王は、この女神の[illegible]廟を建て朝雲と名付けた、という故事に基づく。「巫山の雲雨」「巫山の夢」「朝雲暮雨」「行雨朝雲」「雲となり雨となる」などの語はみなこれに基づき、男女の契り、情交をいう。

朝に道を聞かば、夕べに死すとも可なり

出典 『論語』里仁

原文 朝聞レ道、夕死可矣。

意味 朝、人としてふみ行なうべき正しい道を聞き得たなら、その日の晩に死んでもかまわない。

参考 人がふみ進むべき真理の道を希求してやまない孔子の情熱を簡潔に示したことば。「道」の解釈としては、南宋の学者朱熹の新注の「事物当然の理」というものが今日広く支持されているが、古注では、道徳が浸透した理想社会の実現と解する。なお、江戸時代の儒学者、貝原益軒の辞世の詩に「存順没寧克くせずと雖も、朝聞夕死豈悲しと為さんや」とあるのは、これに基づいている。

足の之を蹈み、手の之を舞うを知らず

出典 『孟子』離婁・上

原文 不レ知二足之蹈レ之、手之舞一レ之。

意味 知らず知らずのうちに、足ぶみをし、手をふること。

参考 音楽を聞いて、心がうきうきし、リズムにのって思わず足で拍子をとり、手をふったりして舞い踊る。心楽しいさまを形容したことば。孟子はこのことばによって、いかに仁義孝悌の道が心楽しく行なわれるものであるかをたとえた。

足を削りて履に適し、頭を殺いで冠に便す

出典 『淮南子』説林訓

原文 削レ足而適レ履、殺レ頭而便レ冠。

意味 足を削ってくつに合うようにし、頭を削ってぼうしに合うようにする。「殺」は削る。「便」はぴったり合うようにする。

参考 これより前に「夫れ養う所以にして養う所を害す」とある。民衆を養うべき手段で逆に民衆を死に至らしめることをいう。このような本末転倒をたとえた一文である。類句に「其の冠履を貴んで其の頭足を忘る（『淮南子』泰族訓）」（その項参照）がある。

遊ぶには邪と岐を分かち、居るには正と隣を為す

出典 中唐、白居易「続座右銘幷序」

原文 遊与レ邪分レ岐、居与レ正為レ隣

意味 遊ぶときには、邪な者とは一線を画すようにし、住居を定めるときには、正しい者と隣になるようにする。

参考 後漢の崔瑗の「座右銘」を慕っていた白居易が、それにならって作った「続座右銘」の中のことば。崔瑗の「座右銘」は「人の短を道うこと無かれ、己の長を説くこと無かれ」（その項参照）で始まる。「岐」は「岐」とするテキストもあり、分かれ路のこと。

暑さ極まれば暑さを生ぜずして寒さを生じ、寒さ極まれば寒さを生ぜずして暑さを生ず

出典 清、魏源「黙觚」学篇・七

原文 暑極不レ生レ暑而生レ寒、寒極不レ生レ寒而生レ暑。

意味 夏の暑さが最も暑いところまでいくと、それ以上暑さが生ずることなく逆に寒さが生じてくる。冬の寒さも最も寒いところまでいくと、それ以上寒さを生じることなく逆に暑さを生ずる。物事はその最も盛んで強い時に、その反対の方向へ向かう兆しをはらむことをいう。

跡を滅せんと欲して、雪中を走る

出典 『淮南子』説山訓

原文　欲レ滅レ迹、而走二雪中一。

意味　足跡を消したいと思って雪の中を歩き回る。実際の行動と願うところとが反していることをたとえる。

参考　これに続けて「溺るる者を拯いて、濡るることを無きを欲す」とある。濡れないで溺れる人を救助しようとすることをいうが、これも実際の行動と願うところとが反している。

雨垂れ石を穿つ

⇩太山の霤は石を穿ち、単極の綆は幹を断つ

雨畢りて道を除い、水涸れて梁を成す

出典　『国語』周語・中

原文　雨畢而除レ道、水涸而成レ梁。

意味　雨降りの季節が終わったら道路を清掃・補修し、水が涸れてから橋をかける。すべて物事は時宜を考えてあらかじめ備えることが必要であることをいう。

雨は落ちて天に上らず、水は覆りて再び収め難し

出典　盛唐、李白詩「妾薄命」

原文　雨落不レ上レ天、水覆難二再収一。

意味　雨は地上に降り落ちると再び天に上っていくことはなく、水は器からこぼれてしまえば二度ともとにもどすことはできない。

参考　漢の武帝の陳皇后への寵愛がうすれてしまったことを述べる楽府の一節である。この後に「君の情と妾が意と、各自東西に流る、昔日芙蓉の花、今は断根の草と成る、色を以て他人に事うるは、能く幾時の好きを得ん（君の心と私の気持ちはそれぞれ東西へ流れ再び合わない、昨日の美しい花は今日は凋み枯れる草となった。容色の美しさで他人に仕えた者は、どれほどの間うまく仕えていることができるであろうか）」とある。漢の武帝に託して唐の玄宗皇帝のことを諷諫したとも考えられている。

危うきを見ては命を致し、得るを見ては義を思う

出典 『論語』子張

原文 見レ危致レ命、見レ得思レ義。

意味 士たるものは、国家の危難を目にすれば命をささげ、利益を目にしたときは、それを手にしてよいか道義的に検討するものだ。

参考 士(有徳の官吏)たるものの節操について述べた子張のことば。この章の全文は以下の通り。「子張曰わく、士は危うきを見ては命を致し、得るを見ては義を思い、祭りには敬(うやまう)を思い、喪には哀を思わば、其れ可なるのみ」

過ちて改めざる、是を過ちと謂う

出典 『論語』衛霊公

原文 過而不レ改、是謂レ過矣。

意味 過ちがあったのにそれを改めようとしない、これこそ本当の過ちというべきものだ。

参考 「過ちては則ち改むるに憚ること勿れ」(『論語』学而)」(その項参照)と同じ趣旨の孔子のことば。

過ちては則ち改むるに憚ること勿れ

出典 『論語』学而

原文 過則勿レ憚レ改。

意味 過ちを犯したなら、体面など考えずにすぐに改めるべきである。

参考 君子たるものの心得を述べた孔子のことば。子罕篇にも見える。『論語』衛霊公に「過ちて改めざる、是を過ちと謂う」(その項参照)とある。

過ちを改むるに吝ならず

出典 『書経』仲虺之誥

原文 改レ過不レ吝。

意味 自分の過ちを改めるのに少しのためらいももたない。

参考 殷の湯王の臣である仲虺が、湯王の寛大なる

信義をたたえたことば。類句として『論語』学而に「過ちては則ち改むるに憚ること勿れ」（その項参照）とある。

過ちを聞くを楽しめば、興らざるは罔く、諫めを拒めば、乱れざるは罔し

出典 『新唐書』宋務光伝

原文 楽レ聞レ過、罔レ不レ興、拒レ諫、罔レ不レ乱。

意味 （君主とは）他人が自分の過ちを言ってくれることに喜んで耳を傾ければ、必ず国は盛んになるであろうし、他人の諫言を入れなければ、必ず国は乱れるであろう。

過ちを知るは難きに非ず、過ちを改むるを難しと為す。善を言うは難きに非ず、善を行なうを難しと為す

出典 『資治通鑑』唐紀・徳宗建中四年

原文 知レ過非レ難、改レ過為レ難。言レ善非レ難、行レ善為レ難。

意味 過失に気づくことが難しいのではなく、その過失を改めることが難しいのである。善いことを口にするのが難しいのでなく、それを実行することが難しいのである。

参考 唐の徳宗のときの名臣陸贄のことば。

過ちを宥すに大とする無く、故を刑するに小とする無し

出典 『書経』大禹謨

原文 宥レ過無レ大、刑レ故無レ小。

意味 過失であったならば罪の大きさは問題にせず、故意の犯罪であったならばどんな小さなことであっても見逃してはならない。

参考 皐陶（人名略解参照）が舜の治国を評したことば。この一節は「罪の疑わしきは惟れを軽くし、功の疑わしきは惟れを重くす。其の不辜（無実）を殺すよりは、寧ろ不経に失せんとす」と続く。現在用いられる法律上の原則「疑

わしきは罰せず」に通じる論理である。また、『書経』康誥にも同趣旨の一節が載せられている。『論衡』答佞にも引かれる。

新たに沐する者は必ず冠を弾き、新たに浴する者は必ず衣を振るう

出典　戦国楚、屈原「漁父」

原文　新沐者必弾レ冠、新浴者必振レ衣。

意味　髪を洗ったばかりの者は必ず冠をはじいて塵を落とし、身体を洗ったばかりの者は必ず衣をふるってほこりを落とす。

参考　自分の高潔さを守るために、世のけがれを決してよせつけないという意味。世間が濁っているならそれに合わせればよいではないかという問いに対する屈原の答えである。

蟻の穴から堤も崩れる

⇩千丈の隄は、螻蟻の穴を以て潰え、百尺の室は、突隙の烟を以て焚く

安危に其の志に弐かず、険易に其の心を革めず

出典　後漢、仲長統『昌言』下

原文　安危不レ弐二其志一、険易不レ革二其心一。

意味　安全か危険かで自分の志や節操を変えることはしない、困難か容易かで自分の考えを変えることはしない。

参考　どんな状況でも変わらない固い節操を保持することをいう。本文は臣下として王に仕える心構えを述べたものである。『群書類聚』巻四十五所載。

安危は令を出だすに在り、存亡は任ずる所に在り

出典　『史記』楚元王世家

原文　安危在レ出レ令、存亡在レ所レ任。

意味　国が安らかであるか危いかは、その出す法律によって決まり、国が存続するか滅亡するかは、その任用する人物によって左右される。

参考 論賛の中のことば。この言は、同じく『史記』の主父偃伝にもみえる。

い

遺愛寺の鐘は枕を欹てて聴き、香炉峰の雪は簾を撥げて看る

出典 中唐、白居易詩「香炉峰下新卜二山居一、草堂初成、偶題二東壁一」

原文 遺愛寺鐘欹レ枕聴、香炉峰雪撥レ簾看。

意味 遺愛寺の鐘は枕をななめに立てて、耳を澄まして聴き、香炉峰の雪は簾を上げて眺める。名利から逃れた隠棲の地での暮らしをいう。

参考 作者が江州（江西省）司馬に流されたときの作。日本の古典によく引用される句である。清少納言『枕草子』に見える、中宮定子から「香炉峰の雪は」とたずねられて、簾を高く巻き上げたというエピソードは有名である。香炉峰は江州の南にある廬山山中の一峰。遺愛寺はその北方にある。「枕を欹つ」とは枕を傾倒することをいう。

言うは易く、行なうは難し

⇩言を以て人を挙ぐるは、毛を以て馬を相するが若し

言うべきに匪ずんば言う勿れ、由うべきに匪ずんば語る勿れ

出典 『詩経』小雅・賓之初筵

原文 匪レ言勿レ言、匪レ由勿レ語。

意味 言わなくてもよいことは言ってはいけないし、道理に合ったことでなければともに語ってはいけない。

参考 この詩は酒の席での振舞いについての教訓を述べたものである。余計な口をきくことへの戒め。

家斉いて后国治まる

⇩身修まりて后家斉う。家斉いて后国治まる

家に賢妻有れば、男児は横事に遭わず

出典 『元曲選』伍員吹簫

原文 家有二賢妻一、男児不レ遭二横事一。

意味 家に聡明な妻がいれば、夫はわざわいに遭わずにすむ。元曲「盆児鬼」にも、「家に賢妻有れば、丈夫は横事に遭わず」という類句が見える。

家貧しければ則ち良妻を思い、国乱るれば則ち良相を思う

出典 『史記』魏世家

原文 家貧則思二良妻一、国乱則思二良相一。

意味 家が貧しいときは良妻がのぞまれ、国が乱れたときはすぐれた宰相がのぞまれる。

参考 魏の文侯が李克に対して、宰相として置くべき人物をたずねたのに際して、もち出したことば。

已往の諫められざるを悟り、来者の追うべきを知る

出典 東晋、陶潜「帰去来兮辞」

原文 悟二已往之不レ諫、知二来者之可レ追。

意味 過ぎ去ってしまったことは、今さら後悔しても仕方がないことを悟り、これからの将来を見つめていくべきだとわかった。

参考 過去の意である「已往」は、具体的には、「帰去来の辞」作成以前に、陶潜（陶淵明）が役人として働いていたことをさす。自分の気持ちに反して、今まで役人の職に就いていたことは、今となってはいかんともしがたい事実であるが、これからは、そのことに縛られることなく、思いのままに生きてゆきたいということ。『論語』微子篇に「往く者は諫むべからず、来る者は猶お追うべし」（その項参照）とある。「帰去来の辞」の詳細については、「帰りなんいざ、田園将に蕪れんとす、胡ぞ帰らざる」

の項参照。

怒りて罪無きの人を犯さず、喜びて戮すべきの士に従わず

出典　三国蜀、諸葛亮「便宜十六策・喜怒」

原文　怒不レ犯二無レ罪之人一、喜不レ従二可レ戮之士一。

意味　一時的な怒りの感情によって罪のない人を罰してはいけないし、一時的な喜びの感情によって死刑とすべき人の意見に従ってもいけない。

参考　「喜怒の政は、喜ぶにまさに喜び無きの事を喜ぶべからず、怒るにまさに怒り無きの物を怒るべからず」として、喜怒においては、注意深く心がけねばならないことをいう。

怒りを遷さず、過ちを弐たびせず

出典　『論語』雍也

原文　不レ遷レ怒、不レ弐レ過。

意味　怒りを別の人に及ぼすことがなく、同じ過ちを二度と繰り返すことがなかった。

参考　魯の哀公から「あなたの弟子の中でだれが学問好きだと思うか」と問われた孔子が、早世した愛弟子の顔淵（人名略解参照）をあげて、彼のすばらしさを説明したときのことば。

怒るときは則ち理を思い、危きにも義を忘れず

出典　『説苑』立節

原文　怒則思レ理、危不レ忘レ義。

意味　怒りが心にある時こそ、冷静に道理を考え、危険な状態にある時こそ、正義を忘れずに行動をしなくてはならない。

参考　平常の心理状態にない時は、自分自身の心を冷静にし、行為を正し、その場の状況に対処しなくてはならない。

嗔れる拳も笑う面は打たず

出典　『続灯録』三

原文　嗔拳不レ打二笑面一。

意味　怒ってこぶしを振り上げた人も、笑っている

参考 顔は殴りづらい。雲台省因禅師が自らの風格を言ったことばとして見える。

生きては百夫の雄と為り、死しては壮士の規と為る

出典 三国魏、王粲詩「詠史詩」

原文 生為㆓百夫雄㆒、死為㆓壮士規㆒。

意味 生きては百人中最も雄俊な男児となり、死んでも壮士のかがみたるべき男児となる。

参考 秦の穆公の死に際して、三人の良臣奄息、仲行、鍼虎を殉死させたことを叙した詩。この三人がどれほどすばらしい男子であったかを述べている。この詩は、当時曹操が賢臣を殺すことがあったのを諷するために作られたといわれる。

生きては当に復た来り帰るべし、死しては当に長く相思うべし

出典 前漢、蘇武詩「留㆓別妻㆒」

原文 生当㆓復来帰㆒、死当㆓長相思㆒。

意味 生きていれば、きっとまた帰ってくる。死んでしまったとしても、いつまでもそなたのことを思っていよう。

参考 これから公役のために戦場に向かう夫が、悲涙を流しながら、もういつ会えるともわからない妻に別れを告げる思いが切々とうたわれている。「相」はここでは、お互いにではなく、夫が妻のことをという意味合いをもつ。詩題は『玉台新詠』による。

憤りを発して食を忘れ、楽しみて以て憂いを忘れ、老いの将に至らんとするを知らず

出典 『論語』述而

原文 発㆑憤忘㆑食、楽以忘㆑憂、不㆑知㆓老之将㆒㆑至。

意味 発憤して学問に夢中になって食事も忘れ、真理を求めることを心から楽しんで心配事も忘れ、老いがしのびよることにも気付かない。

参考 楚の地方長官の葉公という人物が、孔子の人柄について孔子の弟子の子路にたずねたところ、子路は口が達者でなかったためか、それに答えなかった。そのことを聞いた孔子が、「おまえはなぜこのように言わなかったのか」と言って自己について語ったことば。孔子の学問に対する熱い思いが示されている。

石玉を韞んで山輝く

出典 西晋、陸機「文賦」

原文 石韞レ玉而山輝。

意味 石の中に宝玉がかくれていれば山全体が美しく輝く。

参考 「文の賦」は「賦」という形式で文学理論を語った作品であり、六朝時代の文学論の中でも最高のものの一つである。このことばは、文学作品中には一つの秀句があれば、たとえ他の平凡な句とつりあわなくても、全体としてすばらしくなるということを述べる。

石は破るべきも堅きを奪うべからず、丹は磨くべきも赤きを奪うべからず

出典 『呂氏春秋』季冬紀・誠廉

原文 石可レ破也而不レ可レ奪レ堅、丹可レ磨也而不レ可レ奪レ赤。

意味 石は割ることはできるが、その堅さを奪い取ることはできず、赤土は磨くことはできるが、その赤い色を奪い取ることはできない。

参考 「丹」は赤色の土。物の形や表面は変えられても、その本来の性質を変えることはできないということ。志有る者は死んでも屈しないことをたとえていう。これに引き続き、殷末周初にあって、信念を貫き、節義を重んじた伯夷（人名略解参照）・叔斉の清廉潔白な生きざまが述べられている。

弾を執りて鳥を招き、梲を揮いて狗を呼ぶ、之を致さんと欲するも、顧反て走る

出典 『淮南子』説山訓

原文 執レ弾而招レ鳥、揮レ梲而呼レ狗、欲レ致レ之、顧反走。

意味 はじき弓を持って鳥を呼び寄せようとし、大きな杖をふりまわして犬を呼び寄せようとする。いくらそうしようと思っても逆に鳥や犬は逃げてしまう。目的に合った手段を取るべきことをいう。「弾」ははじき玉を射つ弓。「梲」は大きな杖。

参考 これに続けて「故に魚は餌無きを以て釣るべからず、獣は虚器を以て召くべからず」とある。魚は餌がなくては釣れず、動物は餌の入っていない空の容器では呼び寄せることができないように、ここでも目的に合った手段を取らねば実績のあがらないことをいう。

渭城の朝雨軽塵を浥し、客舎青青柳色新たなり

出典 盛唐、王維詩「送三元二使二安西一」

原文 渭城朝雨浥二軽塵一、客舎青青柳色新。

意味 渭城の町に降る朝の雨がまいあがる土ぼこりをぬらしてしずめた。旅館は青々とした緑にかこまれ、柳の色は雨に洗われて新鮮に映じている。

参考 古来流行した歌曲の詩。西域に旅立つ友人を送る詩の一・二句目で、雨に洗われた清朗な景色を描いている。「渭城」は長安の西北、渭水の北岸にあった町の名。唐代、西域に行く人をここで見送るのを習慣とした。

衣裳を垂れて天下治まる

出典 『易経』繫辞下伝

原文 垂二衣裳一而天下治。

意味 君主が衣装を垂らしてじっとしているだけで天下が治まる。黄帝・尭・舜の理想的な治世

をいう。

参考 類似する名言に、「垂拱して天下治まる（『書経』『武成』）」がある。これは周の武王の治世を述べたことば。

衣食足りて礼節を知る（いしょくたりてれいせつをしる）

⇩倉廩実ちて則ち礼節を知り、衣食足りて則ち栄辱を知る

一悪を誅すれば則ち衆悪懼る（いちあくをちゅうすればすなわちしゅうあくおそる）

⇩一賢を敬えば則ち衆賢悦び、一悪を誅すれば則ち衆悪懼る

一悪を以て其の善を忘れず（いちあくをもってそのぜんをわすれず）

出典 『帝範』審官

原文 不㆘以㆓一悪㆒忘㆗其善㆖。

意味 一度かぎりの悪事をとりあげ、その人の良い点すべてをなかったことにしてはいけない。

参考 原文では、直後に、ほぼ同じ内容「小瑕（小さな欠点）を以て其の功を掩う勿れ」を繰り返している。

一翳眼に在れば、空華乱墜す（いちえいまなこにあれば、くうげらんついす）

出典 『景徳伝灯録』十

原文 一翳在㆑眼、空華乱墜。

意味 目にちょっとでも病があると、花のようなものがちらちら舞い落ちるのが見える。小さな心の迷いや煩悩が、妄想をかきたて、真理を見えなくすることのたとえ。「翳」はかげ、かすみの意。「空華」は実在しないのに見える花。煩悩からおこる妄想をいう。

参考 帰宗法常禅師が、悩んでいる芙蓉霊訓禅師に言ったことば。

一隅を挙げて三隅を以て反さざれば、則ち復びせざるなり（いちぐうをあげてさんぐうをもってかえさざれば、すなわちふたたびせざるなり）

出典 『論語』述而

原文 挙㆓一隅㆒不㆘以㆓三隅㆒反㆖、則不㆑復也。

意味 たとえば四角いものの一つの隅を例示してやると、そこから残りの三つの隅を類推して示

し返してくるようでなければ、繰り返し教えることはしない。

参考 受動的に知識を蓄えるのではなく、一つのヒントから自発的に鋭敏に他を推し測っていく姿勢こそ、学ぶ者にとって大切であることを示した孔子のことば。「憤せずんば啓せず、悱せずんば発せず（『論語』述而）」の項も参照。

一言事を僨り、一人国を定む

出典 『大学』伝九章

原文 一言僨レ事、一人定レ国。

意味 上に立つ者のささいな一言が、国民の大事を誤らせるものである。逆に、徳のある人物が一人上に立つだけで、国家は安定する。

一言口を出ずれば、駟馬も追い難し

出典 北宋、欧陽脩『筆説』

原文 一言出レ口、駟馬難レ追。

意味 一度口に出してしまったことばは、駟（四頭だての馬車）でも追いつかない。ことばは慎むべきである。

参考 『論語』顔淵篇に「駟も舌に及ばず」（その項参照）とあるのに基づく。欧陽脩はこの「一言口に出ずれば…」を俗諺として引用し、『論語』のことばより理屈にあうと評している。

一日一銭、千日一千、縄木を鋸きて断ち、水石に滴りて穿つ

出典 南宋、羅大経『鶴林玉露』

原文 一日一銭、千日一千、縄鋸レ木断、水滴レ石穿。

意味 一日に一銭というわずかな金額も、千日で一千銭という大金になる。縄で作った鋸でも木を切ることができるし、水滴でも石に穴をあけることができる。

参考 わずかずつでも努力を続ければ、どんなことでも完成させられるという意味で用いられる。もとは、金庫の金をわずか一銭だけ盗んだ下級官吏が、少額だから死刑にはできまいとひらきなおったのに対して、長官が戒めとして書いたものである。結局この官吏は首を

切られた。

一日快活なるは千年に敵る

出典　『北史』恩幸伝

原文　一日快活敵二千年一。

意味　一日を愉快にすごすことは、千年の楽しみにも匹敵する。

参考　北斉の武成帝の寵臣和士開が、宴席で帝におもねって言ったことば。

一日見ざれば、三月の如し

出典　『詩経』王風・采葛

原文　一日不レ見、如二三月一兮。

意味　一日でも逢わなければ、三か月も逢っていないように思われる。恋しい人に逢いたくてしかたがないさまを表現した句。

一事に因らざれば、一智を長ぜず

出典　『続灯録』三

原文　不レ因二一事一、不レ長二一智一。

意味　一つの経験を積まなければ、それだけ賢くならない。

参考　定慧道海禅師と問答した僧のことばとして見える。『聯灯会要』では、薦福道本禅師のことばとして、また『従容録』五十則の頌の著語にも見える。同じ趣旨の句に「一事に因りて、一智を長ず（一つ経験を積めば、それだけ賢くなる）」（『雪竇語録』四ほか）がある。

一善心を染むれば、万劫朽ちず

出典　南朝梁、簡文帝「唱導文」

原文　一善染レ心、万劫不レ朽。

意味　たった一つでも善いことに心が感化されたならば、万代までもずっと心が朽ちはてることはない。

一人虚を伝うれば万人実を伝う

出典　『景徳伝灯録』十八

原文　一人伝レ虚万人伝レ実。

意味　一人がうそいつわりを言いふらすと、これを聞いた者が次々と言いふらして事実となってしまう。もともとは事実無根のことでも、多くの人に語り伝えられていくうちに、本当にあったことになってしまう。

参考　『景徳伝灯録』十八では竜華霊照禅師、二十では護国守澄禅師、二十一では東禅契訥禅師のことばとして見える。また、同趣旨のことばとして、『潜夫論』賢難に「一犬形に吠ゆれば百犬声に吠ゆ」（その項参照）とある。「一犬虚を吠ゆれば万犬実を伝う」も同じ。

一人なれば則ち一義、二人なれば則ち二義あり

出典　『墨子』尚同・上

原文　一人則一義、二人則二義。

意味　人が一人いれば一つの道理、二人いれば二つの道理がある。人の数だけ道理があり、それぞれが自分の正しさを主張して、まとまることがない。

参考　墨子が上古の混乱状態をさして言ったことば。この混乱をまとめるために君主が必要であり、君主は天に従わなければならない、とする。

一人の手を将ては天下の目を掩い得難し

出典　晩唐、李鄴詩「読二李斯伝一」

原文　難下将二一人手一掩中得天下目上。

意味　一人の人物の手で天下の人々の目をおおい、悪事をかくしとおすことはできない。

参考　李斯（人名略解参照）は秦の宰相としてその功績は大きいが、刑罰を厳しくしたり、庶子を皇帝に擁立する陰謀に加担したりもした。ここではそうした点を取りあげて、李斯の悪事も結局は露見してその報いを受けるのだと言う。なお、この詩は『古文真宝』に李鄴（伝不明）の詩として収めるが、『全唐詩』の李鄴のところにこの詩はなく、曹鄴のところに同じ題で収める。

原文 興…

意味 利益をもたら… 現在、損害を与え… うがよい。

参考 耶律楚材（チンギス…タイの宰相）のことば。こ…は、「一事を減ずるに若かず」と続…少し違ってくるが、ここを典拠とする四…熟語に「一利一害」（何事にも利益もあるが、半面害もある）がある。『元史』耶律楚材伝にもこのことばがみえる。

一令逆すれば則ち百令失し、一悪施せば則ち百悪結ぶ

出典 『三略』下略

…失、一悪施則百悪結。

…が守られないようになると、百も…その機能を果たさなくなり、一つの…はびこると、百もの悪事が連らなって…われてしまう。

…臠の肉を嘗めて、一鑊の味を知る

出典 『淮南子』説山訓

原文 嘗二一臠肉一、知二一鑊之味一。

意味 一切れの肉を食べて、一鍋全体の味を知る。わずかな肉の味で、鍋の中の料理のすべての味を察知するという意から、一局面でもって大局を把握することのたとえとして用いる。「臠」はこま切れの肉。「鑊」は料理を煮る大きな鍋。

参考 一部分から全体を知る意で用いられる類句に、「一斑もて全豹を評す」（『晋書』王献之伝「此の郎も亦管中より豹を窺い、時に一斑を見る」による）がある。

出典 『管子』権修

原文 一年之計、莫レ如レ樹レ穀。…

意味 一年の計画であれば穀物を植えて育てるのが…一生の計画であれば人物を育てるのが…が期待できる。樹木を植えれば十年の実りが期待できる。しかし、人物を育てれば一生の実りが期待できるのである。

参考 これに続けて「一樹一穫する者は穀なり。一樹十穫する者は木なり。一樹百穫する者は人なり」とある。つまり、穀物や樹木では一生の収穫は望めないが、人物を育成すれば尽きせぬ実りが期待できるのである。

一目の視るや、二目の視るに若かず

出典 『墨子』尚同・下

原文 一目之視也、不レ若二二目之視一也。

意味 一つの目で見るよりは、二つの目で見るほうがよい。

参考 君主を補佐する人物が必要であることを言うために、墨子が引用した古語。「一耳の聴くや、二耳の聴くに若かず。一手の操るや、二手の彊きに若かず」と続く。

一葉落ちて天下の秋を知る

原文 一葉落知二天下秋一。

意味 梧桐の葉が一枚落ちるのを見て、天下が秋になったことを知る。

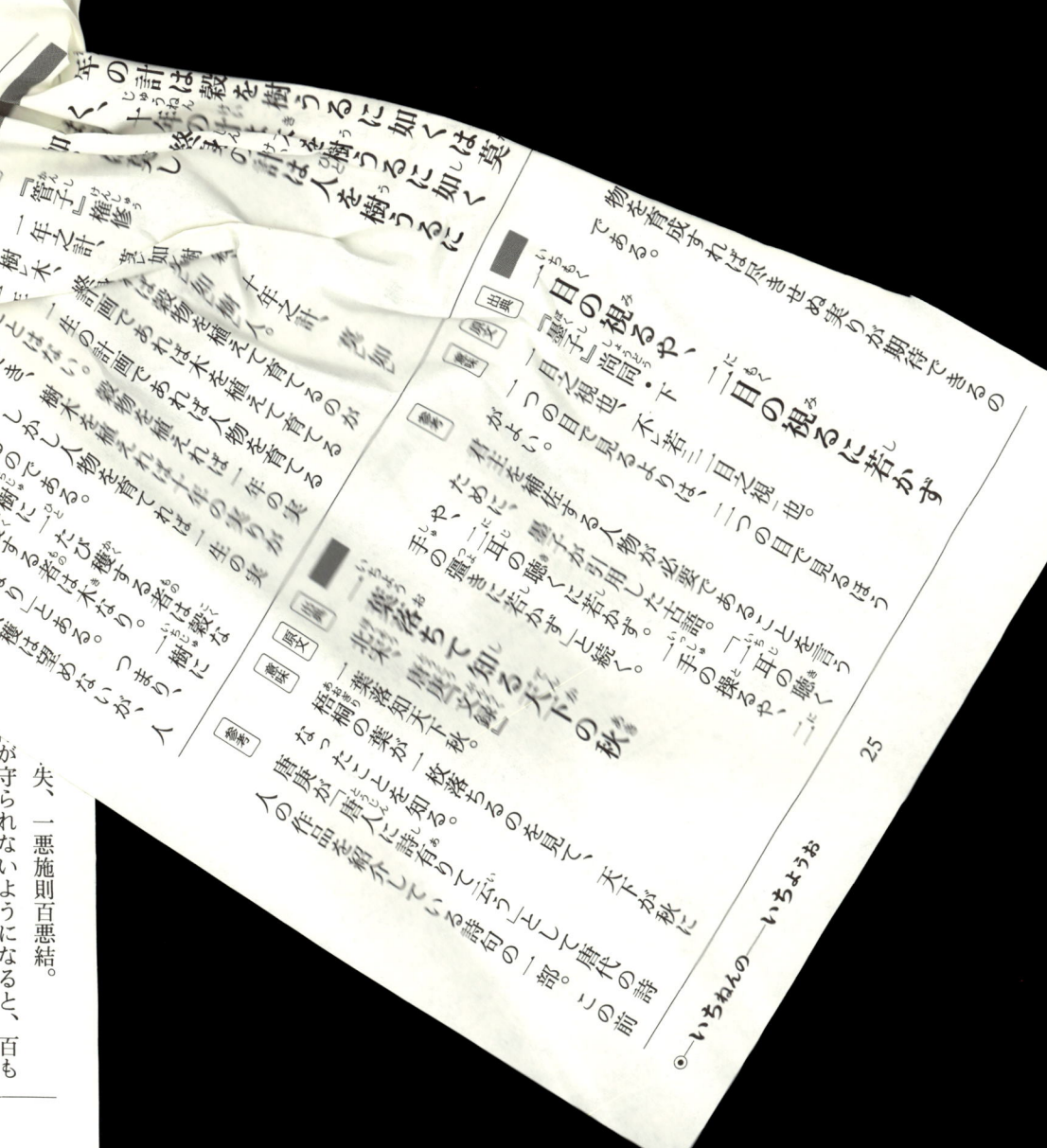

参考 唐庚が「唐人に詩有りて云う」として唐代の詩人の作品を紹介している詩句の一部。この前…

逸翮は霄を払わんことを思い、迅足は遠遊を羨う
いっかくはそらをはらわんことをおもい、じんそくはえんゆうをねがう

出典　東晋、郭璞詩「遊仙詩」

原文　逸翮思レ払レ霄、迅足羨ニ遠遊一。

意味　はやく空をかけることのできる鳥は高く飛びたいと思い、足の速い馬は遠くまで行くことを願う。

参考　「逸翮」はすばらしい羽の意で、ここでは鳥のこと。「迅足」は速い足の意で、馬のこと。素質のある者は、その能力を十全に発揮したいということをいう。この詩では、仙人となる素質のある者は、人から理解されなくとも、奥深い仙道を志すという意味である。

一家仁なれば一国仁に興り、一家譲なれば一国譲に興り、一人貪戻なれば一国乱を作す
いっかじんなればいっこくじんにおこり、いっかじょうなればいっこくじょうにおこり、いちにんたんれいなればいっこくらんをなす

出典　『大学』伝九章

原文　一家仁一国興レ仁、一家譲一国興レ譲、一人貪戻一国作レ乱。

意味　君主が自分の家に仁の徳を実践すれば、それは広がって国全体に仁の徳が盛んになる。謙譲の徳を実践すれば、国全体に謙譲の徳が盛んになる。逆に、君主が貪欲で道にもとる人物であれば、それは人民にも影響を与え、国全体が乱れる。

参考　家族の道徳を拡大して、国家の道徳・治乱を考えるのが、儒教の基本である。

一薫一蕕、十年にして尚猶臭有り
いっくんいちゆう、じゅうねんにしてなおしゅうあり

出典　『春秋左氏伝』僖公四年

原文　一薫一蕕、十年尚猶有レ臭。

意味　よいにおいのする香草と、臭いにおいを放つ草とを一緒にして置いておくと、悪臭がよい香りに勝って、十年たってもその悪臭が残っている。よいものは消えやすく、悪いものはなかなか取り除かれないことをいう。また、善は悪を止めることはできないが、悪は善を

染めることができることをいう。悪貨は良貨を駆逐する。

参考　晋の献公が驪姫を夫人にしようとして、占ったときにでた不吉な句。

一犬形に吠ゆれば百犬声に吠ゆ

出典　『潜夫論』賢難

原文　一犬吠レ形百犬吠レ声。

意味　一匹の犬が物影に向かって吠え出すと、その声につられて多くの犬が盛んに吠え出す。一人が偽りを述べると、多くの人がそれを真実であるかのように次から次へと伝えてしまうということ。

参考　「一犬虚に吠ゆれば万犬実を伝う」ともいわれる。

一賢を敬えば則ち衆賢悦び、一悪を誅すれば則ち衆悪懼る

出典　三国呉、陸景「典語」

原文　敬二一賢一則衆賢悦、誅二一悪一則衆悪懼。

意味　君主が一人の賢人を敬えば、多くの賢人が自分も認められるかもしれないことを知ってうれしく思い、君主が一人の悪人を処罰すれば、多くの悪人が自分も捕えられるかもしれないと恐れ、行ないを改める。

参考　国の安危は人材を得るか否かにあり、人材を得るためには、賢を敬い悪を滅ぼさなければならないと言う。本文ではその例として、五大悪を兼ねたとされる魯の少正を、宰相となった孔子が誅したこと、「隗より始めよ」（その項参照）で知られる郭隗を燕が礼遇したことをあげる。

一狐裘三十年、豚肩豆を掩わず

出典　『十八史略』春秋戦国・斉

原文　一狐裘三十年、豚肩不レ掩レ豆。

意味　同じ孤の毛皮を三十年も着続け、また、先人を祀る際に供える豚の肩の肉はあまりに少量で、豆（食物を盛る祭器）を満たさないほどだ。極めて質素なことのたとえ。

参考 他人の家庭を七十以上も面倒みておきながら、自らの生活は極めて倹約していた、斉の晏嬰（書名略解『晏子春秋』参照）について述べたことば。「一狐裘三十年」は『礼記』檀弓・下にみえ、「豚肩豆を掩（「弇」に作る）わず」は同じく『礼記』礼器にみえる。

一視同仁

⇩一視にして同仁、近くに篤くして遠きを挙ぐ

一視にして同仁、近くに篤くして遠きを挙ぐ

出典 中唐、韓愈「原人」

原文 （聖人）一視而同仁、篤レ近而挙レ遠。

意味 （聖人は）全てのものを同一に見て人としての仁愛の情を同じく及ぼし、身近なものに心をこめて接すると同時に、遠くはなれたものにも心をこめて接する。

参考 「一視同仁」の熟語のもととなった文。「原人」は「人とは何か」を論じたもので、人としてあるべき道が、「一視同仁」である。

一尺の布も尚縫うべし、一斗の粟も尚舂くべし

出典 『史記』淮南・衡山列伝

原文 一尺布尚可レ縫、一斗粟尚可レ舂。

意味 わずか一尺の布でも兄弟二人分の衣服を作ることができる。わずか一斗の粟でも臼でついて兄弟で分けて食べることができる。漢の文帝と淮南王の兄弟の不和を民衆が嘆いて歌ったもの。

参考 以下に「兄弟二人、相容るる能わず」と続く。

一勝一負は、兵家の常勢なり

出典 『旧唐書』裴度伝

原文 一勝一負、兵家常勢。

意味 戦いをする以上、勝つこともあれば負けることもある。一度の敗戦で、くじけてはいけない。

参考 「一勝一負」ということばは、『孫子』謀攻篇に「彼を知らずして己を知れば、一勝一負す」とある。

一将功成って万骨枯る

出典 晩唐、曹松詩「己亥歳」

原文 一将功成万骨枯。

意味 一人の将軍が手柄をたてるときには、無数の人々の生命が犠牲になっている。

参考 詩の題名の「己亥」は八七九年で、唐の末期にあたる。黄巣の反乱軍のために戦闘が絶えない時代であった。

一寸の光陰軽んずべからず

⇩少年老い易く学成り難し、一寸の光陰軽んずべからず

一声にして非なれば、駟馬も追う勿し

出典 『鄧析子』転辞

原文 一声而非、駟馬勿㆑追。

意味 一言でも間違ったことを口から出してしまったら、四頭立ての馬車で追いかけても手遅れである。失言はとりかえしがつかないことを言ったことば。

参考 この句に続けて「一言にして急なれば、駟馬も及ばず（一度発したことばの速さは、四頭立ての馬車をもってしても追いつけない）」とある。『論語』顔淵の「駟も舌に及ばず」（その項参照）も同趣旨のことば。

一敗は衄けるに足らず、後功前羞を掩わん

出典 北宋、欧陽脩詩「送㆓黎生下第還㆑蜀」

原文 一敗不㆑足㆑衄、後功掩㆓前羞㆒。

意味 一度くらいの失敗ではくじけるほどのこともない。次に成功すれば以前の羞をおぎなってあまりある。

参考 科挙の試験に不合格となった後輩へ送った詩である。

一波纔かに動いて万波随う

出典 金、元好問「論レ詩詩」

原文 一波纔動万波随。

意味 一つの波が立てば、多くの波がこれに随って起こる。小さな出来事の影響が全体に波及してゆくたとえ。

参考 「一波動けば則ち万波生ず」とも。類句に「一節動いて百枝揺らぐ（『塩鉄論』申韓）」（その項参照）がある。

一斑もて全豹を評す

⇩一臠の肉を嘗めて、一鑊の味を知る

一夫関に当たれば、万夫も開く莫し

出典 盛唐、李白詩「蜀道難」

原文 一夫当レ関、万夫莫レ開。

意味 たった一人の男子が関所の守備に当たれば、それだけでたとえ万人の男子が攻めても打ち破って開けられない。

参考 「蜀道難」は古い楽府の題。「蜀道」は陝西省長安から四川に通じる山中の道。けわしさで知られ、いわゆる蜀の桟道（かけはし）である。ここにいう「関」は、蜀道一の難所といわれた「剣閣」のこと。この句は左思の「蜀都の賦」に「一人隘を守れば、万夫も向かう莫し」とあるように、剣閣をうたうときに、よく用いられた表現。また日本の唱歌「箱根八里」（鳥居忱作詞）にも引用された。

一片の白雲谷口に横たわり、幾多の帰鳥夜巣に迷う

出典 『景徳伝灯録』十六

原文 一片白雲横二谷口一、幾多帰鳥夜迷レ巣。

意味 ひと固まりの雲であっても、谷の入口をふさいでしまえば、日が暮れたので巣に帰ろうとするたくさんの鳥を迷わせる。ささやかな言説でも、人を迷わすもととなることのたとえ。

参考 楽普元安禅師のことば。『碧巌録』第八十二

則・本則・評唱にも見える。

一片の氷心玉壺に在り

⇨洛陽の親友如し相問わば、一片の氷心玉壺に在り

詐りを逆えず、不信を億らず

出典 『論語』憲問

原文 不レ逆レ詐、不レ億ニ不信一。

意味 人が自分をだましたりしないかとむやみに警戒せず、人が自分を疑っていないかとかんぐったりしない。

参考 疑心暗鬼、杞憂を戒めた孔子のことば。

一を刑して百を正し、一を殺して万を慎む

出典 『塩鉄論』疾貪

原文 刑レ一而正レ百、殺レ一而慎レ万。

意味 一人を刑罰に処することで百人を正しい道に向かわせ、一人を死刑に処することで万人に身を慎ませる。為政者は、刑罰を厳格にして人民を治めてゆくべきである。

参考 これに続けて「刑誅（刑罰と死罪）一たび施して、民礼義に遵う。夫れ上の下を化するは、風の草を靡かすが如し」とある。また刑罰を厳格に行なった例として、周公旦が兄弟である管叔・蔡叔を、周室に謀叛を企てた科で、兄弟の情愛を断ち切って誅罰したことなどを挙げる。なお処罰に私情をはさまず厳格に行なうことの類句に「涙を揮いて馬謖を斬る」（『三国志』蜀書・馬謖伝に見える記事から）や「泣いて馬謖を斬る」（その項参照）がある。

一を殺して以て万を懲らし、一を賞して衆を勧む

出典 『群書治要』巻三十一・陰謀

原文 殺レ一以懲レ万、賞レ一而勧レ衆。

意味 一人を処罰することによって、万人を反省させ、一人を賞賛することによって、多くの人に善行を促す。

参考　周の武王に、「吾、罰を軽くして威を重くし、其の賞を少なくして善を多く勧め、其の令を簡にして、衆皆化さんと欲す。之を何如と為す」と問われた、呂尚（人名略解参照）の答えの一節。

一を賞して以て百を勧め、一を罰して以て衆を懲らす

出典　『文中子』立命

原文　賞㆑一以勧㆑百、罰㆑一以懲㆑衆。

意味　一人の善人を顕彰することで多くの人に善を勧め、一人の悪人を罰することで多くの人を戒める。

参考　杜如晦（唐初の宰相）の質問を受け文中子が政治の要諦を述べたことば。『群書治要』巻三十一にも「一を殺して以て万を懲らし、一を賞して衆を勧む」（その項参照）という類似の句が見える。

糸は竹に如かず、竹は肉に如かず

出典　『世説新語』識鑑・注

原文　糸不㆑如㆑竹、竹不㆑如㆑肉。

意味　弦楽器は管楽器には及ばないし、管楽器は肉声には及ばない。

参考　劉孝標の注に引く『晋書』孟嘉伝による。「糸」は弦楽器、「竹」は管楽器。「肉」は声、肉声。歌声のこと。音楽を聞いての評であるが、「糸」より「竹」、「竹」より「肉」をより自然であるとする。人工的なものは自然には及ばないことをたとえたもの。

意毋く、必毋く、固毋く、我毋し

出典　『論語』子罕

原文　毋㆑意、毋㆑必、毋㆑固、毋㆑我。

意味　私意私情にとらわれた心がなく、無理を通しても必ずやろうとする気持ちがなく、頑固さがなく、自分に執着する気持ちがない。

参考　「子、四を絶つ（孔子は普通の人が陥りやすい四つのものを絶ち切っておられた）」として、それに続くことば。ここから「四絶」というこ

参考 他人の家庭を七十以上も面倒みておきながら、自らの生活は極めて倹約していた、斉の晏嬰（書名略解『晏子春秋』参照）について述べたことば。「一狐裘三十年」は『礼記』檀弓・下にみえ、「豚肩豆を掩（「弇」に作る）わず」は同じく『礼記』礼器にみえる。

一視同仁（いっしどうじん）

⇩一視にして同仁、近くに篤くして遠きを挙ぐ

一視にして同仁、近くに篤くして遠きを挙ぐ（いっしにしてどうじん、ちかくにあつくしてとおきをあぐ）

出典 中唐、韓愈「原人」

原文 （聖人）一視而同仁、篤レ近而挙レ遠。

意味 （聖人は）全てのものを同一に見て人としての仁愛の情を同じく及ぼし、身近なものに心をこめて接すると同時に、遠くはなれたものにも心をこめて接する。

参考 「一視同仁」の熟語のもととなった文。「原人」は「人とは何か」を論じたもので、人としてあるべき道が、「一視同仁」である。

一尺の布も尚縫うべし、一斗の粟も尚舂くべし（いっしゃくのぬのもなおぬうべし、いっとのぞくもなおつくべし）

出典 『史記』淮南・衡山列伝

原文 一尺布尚可レ縫、一斗粟尚可レ舂。

意味 わずか一尺の布でも兄弟二人分の衣服を作ることができる。わずか一斗の粟でも臼でついて兄弟で分けて食べることができる。漢の文帝と淮南王の兄弟の不和を民衆が嘆いて歌ったもの。

参考 以下に「兄弟二人、相容るる能わず」と続く。

一勝一負は、兵家の常勢なり（いっしょういちぶは、へいかのじょうせいなり）

出典 『旧唐書』裴度伝

原文 一勝一負、兵家常勢。

意味 戦いをする以上、勝つこともあれば負けることもある。一度の敗戦で、くじけてはいけない。

染めることができることをいう。悪貨は良貨を駆逐する。

参考 晋の献公が驪姫を夫人にしようとして、占ったときにでた不吉な句。

一犬形に吠ゆれば百犬声に吠ゆ

出典 『潜夫論』賢難

原文 一犬吠レ形百犬吠レ声。

意味 一匹の犬が物影に向かって吠え出すと、その声につられて多くの犬が盛んに吠え出す。一人が偽りを述べると、多くの人がそれを真実であるかのように次から次へと伝えてしまうということ。

参考 「一犬虚に吠ゆれば万犬実を伝う」ともいわれる。

一賢を敬えば則ち衆賢悦び、一悪を誅すれば則ち衆悪懼る

出典 三国呉、陸景「典語」

原文 敬二一賢一則衆賢悦、誅二一悪一則衆悪懼。

意味 君主が一人の賢人を敬えば、多くの賢人が自分も認められるかもしれないことを知ってうれしく思い、君主が一人の悪人を処罰すれば、多くの悪人が自分も捕えられるかもしれないと恐れ、行ないを改める。

参考 国の安危は人材を得るか否かにあり、人材を得るためには、賢を敬い悪を滅ぼさなければならないと言う。本文ではその例として、五大悪を兼ねたとされる魯の少正を、宰相となった孔子が誅したこと、「隗より始めよ」（その項参照）で知られる郭隗を燕が礼遇したことをあげる。

一狐裘三十年、豚肩豆を掩わず

出典 『十八史略』春秋戦国・斉

原文 一狐裘三十年、豚肩不レ掩レ豆。

意味 同じ孤の毛皮を三十年も着続け、また、先人を祀る際に供える豚の肩の肉はあまりに少量で、豆（食物を盛る祭器）を満たさないほどだ。極めて質素なことのたとえ。

一年の計は穀を樹うるに如くは莫く、十年の計は木を樹うるに如くは莫く、終身の計は人を樹うるに如くは莫し

出典 『管子』権修

原文 一年之計、莫如樹穀、十年之計、莫如樹木、終身之計、莫如樹人。

意味 一年の計画であれば穀物を植えて育てるのがよく、十年の計画であれば木を植えて育てるのがよく、一生の計画であれば人物を育てる以上のことはない。穀物を植えれば一年の実りが期待でき、樹木を植えれば十年の実りが期待できる。しかし人物を育てれば一生の実りが期待できるのである。

参考 これに続けて「一樹に一たび穫する者は穀なり。一樹に十たび穫する者は木なり。一樹に百たび穫する者は人なり」とある。つまり、穀物や樹木では一生の収穫は望めないが、人物を育成すれば尽きせぬ実りが期待できるのである。

一目の視るや、二目の視るに若かず

出典 『墨子』尚同・下

原文 一目之視也、不若二目之視也。

意味 一つの目で見るよりは、二つの目で見るほうがよい。

参考 君主を補佐する人物が必要であることを言うために、墨子が引用した古語。「一耳の聴くや、二耳の聴くに若かず。一手の操るや、二手の彊きに若かず」と続く。

一葉落ちて知る天下の秋

出典 北宋、唐庚『文録』

原文 一葉落知天下秋。

意味 梧桐の葉が一枚落ちるのを見て、天下が秋になったことを知る。

参考 唐庚が「唐人に詩有りて云う」として唐代の詩人の作品を紹介している詩句の一部。この前

に「山僧解せず甲子を数うるを（山僧は暦を数えることを知らないが）」とあるのに続く句である。『淮南子』説山訓に見える「一葉の落つるを見て歳の将に暮れんとするを知る」をふまえたもの。一般にはわずかな前触れから、将来の凋落のきざしを察することをいう。「一葉落ちて天下の秋を知る」とも。中国では古来、梧桐の一葉の落葉に秋の到来を知るとすることから、「梧桐一葉」、単に「桐一葉」ともいう。

一葉目を蔽えば太山を見ず、両豆耳を塞げば雷霆を聞かず

出典　『鶡冠子』天則

原文　一葉蔽レ目不レ見二太山一、両豆塞レ耳不レ聞二雷霆一。

意味　一枚の葉で目を覆うと泰山のような高山すら見えず、二つの豆で耳をふさぐと雷鳴のような大きな音すら聞こえない。些細なことが大事の妨げとなることのたとえ。「太山」は泰山。山東省の名山で五岳の一つ。「雷霆」はかみなり。

参考　文辞の似通う類句に、「目に秋豪の末を察すれば、耳に雷霆の声を聞かず、耳に玉石の声を調うれば、目に太山の高きを見ず（『淮南子』俶真訓）」（その項参照）がある。

一利一害

⇩一利を興すは、一害を除くに若かず

一粒の粟中に世界を蔵し、半升の鐺内に山川を煮る

出典　『嘉泰普灯録』二十四

原文　一粒粟中蔵二世界一、半升鐺内煮二山川一。

意味　ひと粒のもみ米の中にも世界のすべてが収まっているし、半升（五合）ほどの鍋の中でも天地山川を煮ることができる。仏法は些細な事物にあり、真如は事物大小を超越しているということ。「鐺」は足のついた鍋。

参考　呂洞賓（唐末、宋初の道士。奇跡を現わし病

人を救い、貧者を救済した）のことば。「半升の鐺内に乾坤（天地）を煮る」ともいう。

一利を興すは、一害を除くに若かず

出典 『十八史略』南宋・理宗皇帝

原文 興二一利一、不レ若レ除二一害一。

意味 利益をもたらすものを新しく始めるよりは、現在、損害を与えているものを取り除いたほうがよい。

参考 耶律楚材（チンギス＝ハーンの参謀、のちオゴタイの宰相）のことば。この後「一事を生ずるは、一事を減ずるに若かず」と続く。意味は少し違ってくるが、ここを典拠とする四字熟語に「一利一害」（何事にも利益もあるが、半面害もある）がある。『元史』耶律楚材伝にもこのことばがみえる。

一令逆すれば則ち百令失し、一悪施せば則ち百悪結ぶ

出典 『三略』下略

原文 一令逆則百令失、一悪施則百悪結。

意味 一つの法律が守られないようになると、百もの法律がその機能を果たさなくなり、一つの悪事がはびこると、百もの悪事が連らなって行なわれてしまう。

一臠の肉を嘗めて、一鑊の味を知る

出典 『淮南子』説山訓

原文 嘗二一臠肉一、知二一鑊之味一。

意味 一切れの肉を食べて、一鍋全体の味を知る。わずかな肉の味で、鍋の中の料理のすべての味を察知するという意から、一局面でもって大局を把握することのたとえとして用いる。「臠」はこま切れの肉。「鑊」は料理を煮る大きな鍋。

参考 一部分から全体を知る意で用いられる類句に、「一斑もて全豹を評す」（『晋書』王献之伝「此の郎も亦管中より豹を窺い、時に一斑を見る」による）がある。

逸翮は霄を払わんことを思い、迅足は遠遊を羨う

出典 東晋、郭璞詩「遊仙詩」

原文 逸翮思レ払レ霄、迅足羨二遠遊一。

意味 はやく空をかけることのできる鳥は高く飛びたいと思い、足の速い馬は遠くまで行くことを願う。

参考 「逸翮」はすばらしい羽の意で、ここでは鳥のこと。「迅足」は速い足の意で、馬のこと。素質のある者は、その能力を十全に発揮したいということをいう。この詩では、仙人となる素質のある者は、人から理解されなくとも、奥深い仙道を志すという意味である。

一家仁なれば一国仁に興り、一家譲なれば一国譲に興り、一人貪戾なれば一国乱を作す

出典 『大学』伝九章

原文 一家仁一国興レ仁、一家譲一国興レ譲、一人貪戾一国作レ乱。

意味 君主が自分の家に仁の徳を実践すれば、それは広がって国全体に仁の徳が盛んになる。謙譲の徳を実践すれば、国全体に謙譲の徳が盛んになる。逆に、君主が貪欲で道にもとる人物であれば、それは人民にも影響を与え、国全体が乱れる。

参考 家族の道徳を拡大して、国家の道徳・治乱を考えるのが、儒教の基本である。

一薫一蕕、十年にして尚猶臭有り

出典 『春秋左氏伝』僖公四年

原文 一薫一蕕、十年尚猶有レ臭。

意味 よいにおいのする香草と、臭いにおいを放つ草とを一緒にして置いておくと、悪臭がよい香りに勝って、十年たってもその悪臭が残っている。よいものは消えやすく、悪いものはなかなか取り除かれないことをいう。また、善は悪を止めることはできないが、悪は善を

とばが生まれた。

古の学者は己の為にし、今の学者は人の為にす

出典　『論語』憲問

原文　古之学者為レ己、今之学者為レ人。

意味　昔の学者は自己の修養のために学問したが、今の学者は人に知られたいがために学問をしている。

参考　古今の学者の学問に対する思いの違いを端的に言い表わした孔子のことば。

古の愚や直、今の愚や詐のみ

出典　『論語』陽貨

原文　古之愚也直、今之愚也詐而已矣。

意味　昔のおろか者は、愚直であったが、今のおろか者は卑怯に人をだますだけである。

参考　このことばの前に「古の狂（心が遠大に過ぎる）や肆（おおらか）、今の狂や蕩（やりたいほうだい）。古の矜（自分を厳格に保つ）や廉（角が立つ）、今の矜や忿戻（人と怒り争う）」とある。昔の人の短所には、長所・美点となりうるものがふくまれていたが、今日の人の短所はただの短所にすぎないという孔子のことば。

古の君子は、過てば則ち之を改む。今の君子は、過てば則ち之に順う

出典　『孟子』公孫丑・下

原文　古之君子、過則改レ之。今之君子、過則順レ之。

意味　昔の君子は、過ちをおかしてしまった場合、すぐそれを改めた。しかし、今の君子は、過ちをおかしても改めるどころか、かえってその過ちを押し通そうとする。

参考　孟子はこのことばのあとで、「今の君子は、豈徒に之に順うのみならんや。又従って之が辞を為す（今の君子は、ただその過ちを押し通そうとするばかりでなく、さらに自分で曲がった弁解さえ作りあげようとする）」と批判している。

古は子を易えて之を教う

出典 『孟子』離婁・上

原文 古者易レ子而教レ之。

意味 昔は互いに子をとりかえて教育した。教育は、親子の間では自然のなりゆきとしてうまくいかないということ。

参考 互いに子供をとりかえて教えあった理由を孟子は次のように述べる。まず、親が正しい道を教えても、子がそれを実践できないと叱ってしまって恩愛の情をそこなうことと、また、子のほうも親自身が正しい行ないをしていないではないかと反発して尊敬の情をそこなうことを挙げている。父子の情をそこなうことは、教育上よくないことである。これに続けて「父子の間は善を責めず」（その項参照）という。

古は、百里にして習いを異にし、千里にして俗を殊にす

出典 『晏子春秋』内篇問上

原文 古者、百里而異レ習、千里而殊レ俗。

意味 むかしは、百里も離れれば習慣が違い、千里も離れれば風俗が違った。土地ごとの習慣・風俗があることをいう。

参考 中国の「一里」は時代によって異なるが、春秋戦国時代では約四〇五メートルであったとされる。日本の約十分の一の距離であることに注意。

古は、婦人子を妊めば、寝ぬるに側せず、坐するに辺せず、立つに蹕せず

出典 『小学』立教

原文 古者、婦人妊レ子、寝不レ側、坐不レ辺、立不レ蹕。

意味 昔の胎教の法というのは、婦人が妊娠すると、寝る時は横むきにならずまっすぐ安臥し、座る時には体を傾けず、立つにも片方の

足に重心をかけるようなことはせずまっすぐに立つというものであった。

参考　この条は、『列女伝』巻一・母儀伝に見られるもの。周の文王のような聖王を産んだ母太任が胎教を重んじたことから、このように述べられている。「蹕」は「跛」の誤りであるといわれ、片足に重心をかけて立つこと。

古を執りて以て今を縄すは、是今を誣うるを為すなり。今を執りて以て古を律するは、是古を誣うるを為すなり

出典　清、魏源「黙觚」治篇・五

原文　執レ古以縄レ今、是為レ誣レ今。執レ今以律レ古、是為レ誣レ古。

意味　昔のことをとりあげて、それを基準に今のことを正していこうというのは、今を歪曲しようとするものである。逆に今のことをとりあげて、それを基準に昔のことを判断しようというのは、昔を歪曲しようとするものである。それぞれの時代に合った基準というものがある。

犬は露を飲まず、蟬は肥を啖わず

出典　中唐、元稹詩「君莫レ非」

原文　犬不レ飲レ露、蟬不レ啖レ肥。

意味　犬は露を飲むことはなく、蟬は肉を食べることはない。

参考　相互の立場を理解するのは難しい。あなたにはあなたの考えや状況や資質があり、私には私のそれらがある。よって互いに非難しあうようなことはやめようという意味のことば。

狗は善く吠ゆるを以て良しと為さず、人は善く言うを以て賢と為さず

出典　『荘子』徐無鬼

原文　狗不下以二善吠一為上良。人不下以二善言一為上賢。

意味　犬はよく吠えるからといって良い犬だとはい

えないし、人も弁が立つからといって賢人だとはいえない。

参考 「不言の言」の大切さを弁舌をふるって説く孔子を批判した寓話の一節。

井の中の蛙、大海を知らず

⇩坎井の鼃は、与に東海の楽しみを語るべからず

衣は新しきに如かず、人は故きに如かず

出典 後漢、竇玄妻「古怨歌」

原文 衣不レ如レ新、人不レ如レ故。

意味 着物は新しいにこしたことはないが、人はつきあいの長い者にはかなわない。

参考 容貌のすぐれていた竇玄に、天子がその妻を出させて、かわりに自分の娘をめあわせた時にその妻が夫に寄せた歌で、着物は新しいものが良くても、妻には長年連れそった自分のほうが良いはず、きっと後悔されているであろうという思いがこめられている。『晏子春秋』雑・上にも「衣は新しきに若くは莫く、人は故きに若くは莫し」と見える。

意馬心猿

⇩心猿定まらず、意馬四馳す

衣服成器を訾ること毋れ。身ら言語を質すこと毋れ

出典 『小学』敬身

原文 毋レ訾二衣服成器一。毋三身質二言語一。

意味 人の衣服やできあがった器をそしってはならない。自分勝手な判断で物事を評価してはならないことをいう。

参考 『礼記』少儀に見えることばの引用。「成器」は「成」を「善」と解した注釈も見られ、買い求めたよい器の意ともとれる。「質」は成の意。人とのつきあいにおいて礼儀を説くこの条は、とくに、自分の認識のみで他を判断することを禁じている。

未だ嫁せずしては父に従い、既に嫁しては夫に従い、夫死しては子に従う

出典 『儀礼』喪服

原文 未ㇾ嫁従ㇾ父、既嫁従ㇾ夫、夫死従ㇾ子。

意味 まだ嫁に行かないうちは父に従い、嫁いだ後は夫に従い、夫が亡くなった後は子に従う。

参考 「婦人に三従の義有り」として、女性の一生を三期に分けて、その従うべき三人の者として、父・夫・子を挙げているのである。これを「三従の教え」「婦人の三従」という。

未だ生を知らず、焉んぞ死を知らん

出典 『論語』先進

原文 未ㇾ知ㇾ生、焉知ㇾ死。

意味 生きるということについてもまだわかっていないのに、どうして死ということがわかろうか。

参考 「未だ人に事うること能わず、焉んぞ能く鬼に事えん」（その項参照）に続く子路と孔子の問答による。神霊にいかにつかえるべきかを問うた子路は、重ねて孔子に死についてたずねたが、それに対する孔子の返答である。鬼神や死など不可知な面を含む事柄よりも、人間として当面向き合わねばならぬ問題に目を向け続けた孔子の姿勢がうかがわれる。「鬼神を敬して之を遠ざく（『論語』雍也）」「怪力乱神を語らず（『論語』述而）」の項参照。

未だ人に事うること能わず、焉んぞ能く鬼に事えん

出典 『論語』先進

原文 未ㇾ能ㇾ事ㇾ人、焉能事ㇾ鬼。

意味 人につかえることさえまだできないのに、どうして神霊につかえることができようか。

参考 「鬼」は神霊の意。弟子の子路が神霊につかえるにはどうしたらよいかとたずねたのに対して、孔子が示した返答。不可知な部分を含む事柄よりも眼前の

現実世界の問題を喫緊のこととする孔子の態度を示すことば。『論語』の「未だ生を知らず、焉んぞ死を知らん（先進篇）」「鬼神を敬して之を遠ざく（雍也篇）」「怪力乱神を語らず（述而篇）」の項参照。

今女は画れり

出典　『論語』雍也

原文　今女画。

意味　おまえは、自分の力量にはじめから限界を決めてかかっている。「女」は「汝」に同じ。「画」とは、自分から限界線を引いて、それ以上前進しようとしないこと。

参考　師の説く道を実行するには自分は力不足であると述べた弟子の冉有（人名略解参照）に対し、戒め激励するために孔子が語ったことば。この句の前に「力不レ足者、中道而廃」とある。

今の人は見ず古時の月、今の月は曾て古人を照らせり

出典　盛唐、李白詩「把レ酒問レ月」

原文　今人不レ見古時月、今月曾経照二古人一。

意味　しかし、今のこの時代の人は古の月を見てはいない、今のこの月はかつて古の人々を照らしたのと同じ月なのだ。

参考　この句に続けて「古人今人流水の若く、共に明月を看ること皆此くの如し（古の人も今の人も流れる水のように去ってしまうが、みな同じように明月を見てきた）」とある。李白自身の注によると、知人の賈淳にそそのかされて「青天月有り来のかた幾時ぞ（空に月が出現してからどれほどの歳月か）、我今盃を停めて一たび之に問わん」にはじまるこの詩を作ったのである。超俗の立場から酒と月を友とした李白が、永遠なる存在の月と人の短い一生に感慨をよせている。が、けっして厭世的で暗いものではない。

今を失いて治めざれば、必ず錮疾と為らん

出典 『漢書』賈誼伝

原文 失レ今不レ治、必為二錮疾一。

意味 病気にかかったら、すぐに治療すべきだ。放っておくと、きっと長わずらいになるだろう。「錮疾」は長く治らない病気、持病。

参考 この後に「後に扁鵲（古代中国の伝説的名医）有りと雖も、為めること能わざるのみ」と続く。

諱むことは欺くことの媒か、矜ることは諂うことの宅か

出典 明、劉基「郁離子」自諱自矜

原文 諱者欺之媒乎、矜者諂之宅乎。

意味 避けてふれないでおくことは人からだまされるもととなる。おごって自慢することは人からへつらわれるもととなる。

参考 姦佞の人は常にすきをうかがっている。むやみに避けたり、誇ったりすることは、そのすきを作る。そこから人心が失われ国家が滅びるのであり、そうした災禍の根は、このような簡単なところにあるという。

医門には疾多し

出典 『荘子』人間世

原文 医門多レ疾。

意味 医者のもとには病気を治してもらいたい人がたくさん集まってくる。医者は彼らの病気を治すためにこそ存在している。同様に、善政を求めている民衆のためにこそ為政者は存在しているのだから、政治の乱れたところにこそ君子は進んで赴くべきだという教え。

参考 孔子と弟子の顔淵の問答形式の寓話の一節。顔淵が、儒家的な正義感からかつて孔子が述べた語を引いて衛の国の乱れを救いに行くことを孔子に願い出たときのことば。ただし、ここでの孔子は荘子の思想の代弁者として登場し、顔淵は、理知に走る者として孔子からたしなめられる役回りを担わされている。

入りて蔵るる無く、出でて陽るる無し

出典 『荘子』達生

原文 無㆓入而蔵㆒、無㆓出而陽㆒。

意味 内面に向かうあまりに内にこもってしまうことはいけないし、外界との交わりを重んじるあまりに目立つ行動をとるようなこともいけない。自己の内と外とのどちらにも片寄らない、バランスのとれた状態を保つべきだということ。

参考 荘子が理想とする無為自然の道を体得していくための身の処し方を述べたもの。寓話の中において、荘子の代弁者に設定された孔子が述べたことば。なお、寓話の内容は以下のとおり。

昔、魯の国の単豹という人物は、世俗の利害を離れ山中で内面を磨いていたが、虎に食われてしまった。また、張毅という人物は高貴な家の前では身をかがめ小走りに歩くというように外面的な礼にこだわったあまり、心労による病気に内面から体が侵され早死にしてしまった。

入るを量りて以て出だすを為す

出典 『礼記』王制

原文 量㆑入以為㆑出。

意味 収入がどのくらいあるのかを計算してから、支出を決める。

参考 宰相の国家の財政計画を考慮する際のあり方について述べたことば。「入るを量りて出ずるを制す」ともいう。

色人を迷わさず、人自ら迷う

⇩酒人を酔わさず、人自ら酔う。色人を迷わさず、人自ら迷う

色を以て交わる者は、華落つれば愛渝る

⇩財を以て交わる者は、財尽くれば交わり絶

え、色を以て交わる者は、華落つれば愛渝る

殷鑑遠からず、夏后の世に在り

出典 『詩経』大雅・蕩

原文 殷鑑不レ遠、在二夏后之世一。

意味 殷が鑑とすべきものは遠い時代にあるのではない、前王朝の夏にあるのである。「夏后」は夏の君の意。

参考 夏の最後の君主であった桀は、その政治が無道であったために殷の湯王に滅ぼされたのである。この諫言は当時の暴君紂王に対して発せられたものである。

陰徳有る者は、必ず陽報有り、陰行有る者は、必ず昭名有り

出典 『淮南子』人間訓

原文 有二陰徳一者、必有二陽報一、有二陰行一者、必有二昭名一。

意味 隠れた徳行を積む者には、必ずはっきりとした良い報いがあり、隠れた善行を積む者には、必ず明らかな名声がもたらされる。「陰」は目に見えず隠れていること。「陽」「昭」は目に見えて明らかなこと。

参考 同様の文章が、『説苑』貴徳篇にも見える。

う

飢えたる者は食を甘しとし、渇したる者は飲を甘しとす

出典 『孟子』尽心・上

原文 飢者甘レ食、渇者甘レ飲。

意味 飢えている者は、どんな食べ物でもうまいと思い、のどの渇いている者は、どんな飲み物でもうまいと思う。

参考 この一文は、飢渇のために、その人の味覚がそこなわれていることを示す。そして、飢渇の害は口腹のみならず、人の心をも害し、善悪の判断力を乱してしまうとして、孟子は警

鐘を鳴らしている。これは、「恒産有る者は、恒心有り。恒産無き者は、恒心無し」（その項参照）という民生安定に通じる。

飢えたる者は食を為し易く、渇したる者は飲を為し易し

出典 『孟子』公孫丑・上

原文 飢者易レ為レ食、渇者易レ為レ飲。

意味 飢えている者は、どんな食べ物でも喜んでかぶりついて食べようとするし、のどの渇いている者は、どんな飲み物でも飲もうとする。

参考 孟子が弟子の公孫丑（斉の人）に話をする中で、仁政に飢えている民は、仁政を行なう者に対し、容易に帰服するということを示さんがために引用したことば。これにより、今こそ仁政を行なう好機であると説いた。

飢えても腐鼠を啄まず、渇しても盗泉を飲まず

出典 中唐、白居易詩「感レ鶴」

原文 飢不レ啄二腐鼠一、渇不レ飲二盗泉一。

意味 どんなに飢えてもくさった鼠の肉を食べはしない。どんなにのどがかわいても盗泉の水は飲まない。

参考 鶴が孤高を守り高潔に空高く飛ぶ様をたたえる語。「盗泉」は山東省にあったと伝えられる泉の名で、孔子がその名を嫌って水を飲まなかったと伝えられる。陸機詩「猛虎行」に「渇すれども盗泉の水を飲まず、熱けれども悪木の陰に息わず」（その項参照）とある。

饑えは兵を召き、疾は兵を召き、労は兵を召き、乱は兵を召く

出典 『韓非子』説林・上

原文 饑召レ兵、疾召レ兵、労召レ兵、乱召レ兵。

意味 饑饉は戦をまねき、疫病は戦いをまねき、国家の疲弊は戦いをまねき、国家の無秩序は戦をまねくものである。国内が混乱すれば、敵はそれに乗じて攻め入ろうとするのである。

参考 民を土木工事で三年間も労使していた秦の康

公に臣下が語ったことば。

魚戯れて新荷動き、鳥散じて余花落つ（うおたわむれてしんかうごき、とりさんじてよかおつ）

出典　南朝斉、謝朓詩「游二東田一」

原文　魚戯新荷動、鳥散余花落。

意味　魚がたわむれ泳ぐにつれて、まだ小さな蓮の若葉がかすかにふるえ、木の枝にとまっていた鳥がばらばらと飛び立つと、散り残っていた花びらがひらひらと落ちる。「荷」は蓮。

参考　作者の別荘があった東田は、当時の首都建康（現南京）郊外、名勝鐘山の東のふもとの地名という。繊細な観察眼で晩春を描いた句として古来有名である。

魚は江湖に相忘れ、人は道術に相忘る（うおはこうこにあいわすれ、ひとはどうじゅつにあいわする）

出典　『荘子』大宗師

原文　魚相二忘乎江湖一、人相二忘乎道術一。

意味　魚は広大な河や湖の中で、たがいの存在を忘れ自由になり、人は無為自然の道にあれば、たがいの存在を忘れ自由になる。

参考　荘子の主張を語る役回りを与えられた孔子が、弟子の子貢に、大いなる実在である自然に従い、世俗を超越すべきことを説いた寓話の中の一節。

魚を致さんと欲する者は、先ず水を通じ、鳥を致さんと欲する者は、先ず木を樹う（うおをいたさんとほっするものは、まずみずをつうじ、とりをいたさんとほっするものは、まずきをうう）

出典　『淮南子』説山訓

原文　欲レ致レ魚者、先通レ水、欲レ致レ鳥者、先樹レ木。

意味　魚を呼び寄せようと思う者は、第一に水路を通わせ、鳥を呼び寄せようと思う者は、第一に木を植える。利益を得るには、まず準備が必要なことをたとえる。「致」は呼び寄せる。「樹」は植える。

参考　この文の前後には類似する内容をもつ文がいくつか挙げられている。例えば、「蟬を燿らす

（火の明りで蟬を採る）者は、務めて其の火を明らかにする在り、魚を釣る者は、務めて其の餌を芳しくするに在り」などがそれである。

魚を得て荃を忘る

出典 『荘子』外物

原文 得レ魚而忘レ荃。

意味 魚を捕ってしまえば、捕るための道具である荃のことは忘れてしまう。同様に、言語は意味・内容を伝えるためのもので、その役割を終えれば忘れてもよい。したがって、言語そのものの詮索にかかずらって、本質的なものを見失うような本末転倒は戒めなければならない。「荃」は魚を捕えるために水中に入れておく竹製の道具。「荃」は「筌」の古字。なお、この句は一般には「目的を達すると、それに役立ったものを忘れてしまう」という意味で使われている。

参考 このあと一句置いて「兎を得て蹄を忘る」（その項参照）とあり、対句をなしている。熟語「筌蹄」（手段・道具）、「忘筌」（目的を達成すれば、その手段を忘れてしまうこと）の典拠。

兎を得て蹄を忘る

出典 『荘子』外物

原文 得レ兎而忘レ蹄。

意味 兎をつかまえてしまえば、わなについては忘れてしまってよい。それと同様に、ことばや文字は意志を伝える道具であり、それが伝わればことばや文字は忘れてしまってよく、ことば、文字そのものにふりまわされてはならない。「蹄」は兎をつかまえるわな。

参考 「魚を得て荃を忘る」の項参照。

烏鵲の智

⇩遠難に備うることを知りて、近患を忘る

烏集の交わりは、善しと雖も親しまず

出典 『管子』形勢解

原文　烏集之交、雖レ善不レ親。

意味　烏の集まりは、最初はうまくいっても最終的には疎遠になってしまう。いつわりが多く誠意のない交際を「烏集の交わり」という。

参考　「烏集の交わり」について、『管子』は「初め相驩ぶと雖も後必ず相呰す（ののしり合う）」と説明する。なお、統制のとれない集団を、「烏合の衆」（『東観漢記』公孫述伝）ともいう。

牛を椎して墓を祭るは、鶏豚の親の存するに逮ぶに如かず

出典　『韓詩外伝』巻七

原文　椎レ牛而祭レ墓、不レ如三鶏豚逮二親存一也。

意味　牛をつぶして墓にそなえて親を供養することは、親が生きている間に鶏や豚の肉を食べさせて孝行することにかなわない。親の死後に大きな孝行をするよりは、その生前に小さな孝行でもするほうがよい。孝行をしたい時には親はいないのである。

参考　曾子のことば。曾子が斉の官吏となり薄給を得て嬉々としていた。それは貧しくはあっても親に孝行ができたからである。後に楚に仕えて高官となったが涙を流して泣いた。それは高給を得てもすでに親は没して、孝行ができなかったからである。以上の故事をふまえたことばである。また、類句には「樹静かならんと欲すれど風止まず、子養わんと欲すれど親待たず（『韓詩外伝』巻九）」（その項参照）がある。

疑えば則ち任ずる勿れ、任ずれば則ち疑う勿れ

出典　『資治通鑑』晋紀・安帝義熙十三年

原文　疑則勿レ任、任則勿レ疑。

意味　疑いがあって信用できないと思う人を任用してはいけない。一度、任用したならば、その人間を疑ってはいけない。

参考　東晋の安帝のとき、武将として活躍した劉裕（のちに南朝宋を建国。武帝）が関中を攻め

取り、その地を守るために部下を任命した。その人選のあり方を論評するにあたって、司馬光が引用した古語。類似の句に「人を疑いては使うこと勿れ、人を使いては疑うこと勿れ（『金史』熙宗紀）」（その項参照）がある。

疑わしきには問うことを思う

出典 『論語』季氏

原文 疑思レ問。

意味 疑問が生じたときは、問いただして聴こうと考える。

参考 君子の九つの思いとして孔子が挙げたものの一つ。孔子は「君子に九つの思い有り。視るには明（鮮明）を思い、聴くには聡（よく聞こえる）を思い、色（顔色）には温（温和）を思い、貌には恭を思い、言には忠を思い、事には敬を思い、疑わしきには問うことを思い、忿りには難（その怒りがひき起こすであろう後難）を思い、得る（利益を得ること）を見ては義（道義にかなうかどうか）を思う」と述べた。

内に省みて疚しからざれば、夫れ何をか憂え何をか懼れん

出典 『論語』顔淵

原文 内省不レ疚、夫何憂何懼。

意味 自分の内面を反省してみて何もやましいことがないのなら、そもそも何を心配し、何を恐れるというのだ。

参考 弟子の司馬牛に対して孔子が君子のありようについて語ったことば。「君子は憂えず懼れず（『論語』顔淵）」の項参照。なお、『孟子』公孫丑・上に曾子が孔子から「大勇」のことを聞いたとして、「自ら反みて縮くんば、千万人と雖も吾往かん」（その項参照）というのも、同様の趣旨であろう。

内に省みて疚しからざれば、何ぞ人の言を恤えんや

出典 『後漢書』班超伝

原文　内省不レ疚、何恤二人言一。

意味　自らわが身を省みて、やましいところがなければ、どうして他人のことばなどを気にかけることがあろうか。

参考　班超は李邑という人物によって讒言されたが、皇帝は班超を信じてそれを容れなかった。さらに班超は李邑を都へ帰させようとした時、また讒言されるのではないかと聞かれ、こう答えた。その時のことばである。『論語』顔淵に、「内に省みて疚しからざれば、夫れ何をか憂え何をか懼れん」（その項参照）とあり、『春秋左氏伝』昭公四年には、「礼義に愆わなければ、何をか人の言を恤えん（礼義にかなっていれば、どうして他人のことばを気にかけようか）」とある。

馬奔りて乃ち良く御するを見る

⇩舟覆りて乃ち善く游ぐを見る

馬は末に傷われずして、必ず始めに傷わる。飢に傷われずして、必ず飽くに傷わる

出典　『呉子』治兵

原文　馬不レ傷二於末一、必傷二於始一。不レ傷二於飢一、必傷二於飽一。

意味　馬というものは仕事をした後に体をこわすのではなく、仕事をする前の準備の段階で体をこわすものだ。腹をすかして体をこわすのではなく、食べ過ぎによって体をこわすものだ。

参考　戦国時代、魏の武侯に軍馬の養い方を問われた、呉起（人名略解参照）が、「馬は必ず其の処る所を安んず」と答えた続きの一節。

馬は櫪に伏せずんば以て道に趨るべからず、士は素より養わずんば以て国を重くすべからず

出典　『漢書』李尋伝

原文 馬不レ伏レ櫪不レ可二以趨一レ道、士不二素養一不レ可二以重一レ国。

意味 馬は人に飼われていなければ、路上を走ることができず、士人は平素より修養を積んでいないと、国家のために重要な仕事をすることはできない。「櫪に伏す」は馬が厩の中で寝て、飼葉を食べていることから、人に飼われている意。

馬を相るに輿を以てし、士を相るに居を以てす

出典 『孔子家語』子路初見

原文 相レ馬以レ輿、相レ士以レ居。

意味 馬の良し悪しを見きわめるには、車をつけたときの様子で判断し、士を観察するには、住居の様子を見なくてはならない。外見や弁説で人を判断してはならないということ。

参考 「俚語に云う」として孔子が引いた諺。

海枯るれば終に底を見るも、人死して心を知らず

出典 晩唐、杜荀鶴詩「感寓」

原文 海枯終見レ底、人死不レ知レ心。

意味 海の水が枯れれば、最後には底が見え、そのようすを知ることができるが、人は死んでしまったら、その心の中のことは永久にわからない。人の心の測りがたさをいったことば。

参考 五言絶句の転・結句。起・承句では「大海の波濤は浅く、小人の方寸（＝心）は深し」といっている。

海は水を辞せず、故に能く其の大を成す

⇨山は土を辞せず、故に能く其の高きを成す

海を観る者には水を為し難く、聖人の門に遊ぶ者には、言を為し難し

出典 『孟子』尽心・上

原文 観二於海一者、難レ為レ水、遊二於聖人之門一者、難レ為レ言。

意味 広々とした海を見た者は、たいていの河川を大きいとは思わない。同じように、聖人の門に来て学んだ者には、たいていの言論は取るに足らないものである。

参考 人間は見聞が広くなるにつれて、その見識も高まっていくことを示した孟子のことば。

梅破び春の近きを知る

出典 北宋、黄庭堅詞「虞美人」

原文 梅破知二春近一。

意味 梅の花がほころんで、春がもう近いのがわかる。

参考 詞題の下に「宜州にて梅を見て作る」と注がある。作者の黄庭堅は、政治上の闘争に敗れて宜州（広西省宜山県）に流されそこで死ぬ。この作品は、その宜州での作であり、宜州は天のはてのような土地であった。この句の前には「天涯もまた有り江南の信（天の涯にも江南の春を告げるのと同じ春のたよりがある）」とうたっている。

怨みに報ゆるに徳を以てす

出典 『老子』六十三章

原文 報レ怨以レ徳。

意味 怨みに対して、徳をもって報いる。

参考 道を体得した聖人は、無為自然に生き、しかも慎重で周到な人生態度であることを述べた老子のことば。怨みに徳をもって報いれば、人と人との争い事などは自然と解決され、大事には至らないと説く。孔子に、「直を以て怨みに報い、徳を以て徳に報ゆ（『論語』憲問）」（その項参照）ということばがあるが、ここに儒家思想の現実性と道家思想の超越性の相違がはっきりと感じとれる。

怨みは大に在らず、亦小にも在らず。恵わざるを恵え、懟めざるを懟めよ

出典 『書経』康誥

原文 怨不レ在レ大、亦不レ在レ小。恵レ不レ恵、懋レ不レ懋。

意味 人の怨みというものは大きい怨みだからといって警戒して臨むものではなく、また小さい怨みだからといってなおざりにしてよいものでもない。どのような怨みも抱かせることなく、従わない者を従わせ、努力しない者を努力するようにさせなくてはいけない。

参考 周公（人名略解参照）が幼少の成王に代わって康叔を諭し、人民の教化を促したことば。

怨みを匿して其の人を友とす

出典 『論語』公冶長

原文 匿レ怨而友二其人一。

意味 心に怨みを抱きながらうわべだけの友達付き合いをする。

参考 原文では、この後に「左丘明之を恥ず。丘（孔子の自称）も亦之を恥ず」と続く。恥ずべきこととして、孔子が排斥するふるまい。

得るを知りて喪うを知らず

⇩進むを知りて退くを知らず、存するを知りて亡ぶるを知らず、得るを知りて喪うを知らず

憂いに在りては宵の長きを怨む

⇩歓びに居りては夜の促きを惆り、憂いに在りては宵の長きを怨む

愁うる莫れ前路知己なきを、天下誰が人か君を識らざらん

出典 盛唐、高適詩「別二董大一」

原文 莫レ愁前路無二知己一、天下誰人不レ識レ君。

意味 くよくよしなさるな、これからの旅路に知友がないなどと。天下に君を知らぬ者などいるはずもないのだから。

参考 詩の題名中の「董大」は、琴の名手董庭蘭のこととされる。伝記は未詳だが収賄事件がもとで以後音楽を演奏しながら各地を流浪したと

もいう。才能は世の知るところ、いずれ召しかかえられる日も来ると、慰めつつ送別する詩である。

え

栄華有る者は、必ず憔悴有り、羅紈有る者は、必ず麻蒯有り

出典　『淮南子』説林訓

原文　有二栄華一者、必有二憔悴一、有二羅紈一者、必有二麻蒯一。

意味　はなやかに栄えている者にも、必ず衰える時がやってくるし、美しく高級な服を着ている者にも、必ず粗末な服を着る時がやってくる。「羅紈」は絹製の高級な服。「麻蒯」は麻や茅を材質とする粗末な服。

参考　栄枯盛衰は世の常であることをいう。類似する句に、「物盛んなれば必ず衰え、隆有れば還た替有り」（『小学』嘉言）がある。

嬰児の常に病むは飽に傷むなり。貴人の常に禍あるは寵に傷むなり

出典　『潜夫論』忠貴

原文　嬰児常病傷レ飽也。貴人常禍傷レ寵也。

意味　赤ん坊が常に病気がちなのは、乳を飲みすぎて体を損なっているからだ。地位ある人に常に災禍がふりかかるのは、君主の寵愛により驕りたかぶっているからだ。

参考　「貴人」を「貴臣」に作るテキストもある。同じ篇に「哺乳太だ多ければ、則ち必ず掣縦（ほしいままにふるまう）して癇を生じ、貴富太だ盛んなれば、則ち必ず驕佚（驕りたかぶる）して過を生ず」とある。

栄辱立ちて、然る後に病む所を観、貨財聚りて、然る後に争う所を観る

出典　『荘子』則陽

原文　栄辱立、然後観レ所レ病、貨財聚、然後観レ所レ争。

意味　栄誉や恥辱がとりざたされるようになってから、人々は悩みを抱くようになり、財産が蓄積され、貧富の差が生じてから、人々は争うようになった。

参考　『老子』第三章の「賢を尚ばざれば、民をして争わざらしめ、得難きの貨を貴ばざれば、民をして盗を為さざらしむ」などの文明批判、無為自然の聖人の治の主張をふまえたもの。老聃（老子）の弟子の栢矩（伝不明）が、斉の国の政治の荒廃ぶりを嘆く寓話の一節。

画く者は毛を謹みて貌を失い、射る者は小を儀んで大を遺る

出典　『淮南子』説林訓

原文　画者謹レ毛而失レ貌、射者儀レ小而遺レ大。

意味　絵を描く者は、毛髪の一本一本をゆるがせにせず細心でありすぎると、その全貌をそこねてしまう。弓矢を射る者は、小さな一点ばかりを狙っていると、大きな的に目がゆかない。小さな点ばかりにこだわっていて大勢を見失ってしまうことをいう。「儀」は望み見る。

参考　「射る者～」の句を、「弓矢を射る者は、小さな一点を狙って、大きなところを捨てる」と解釈する説もある。

得難くして失い易き者は、時なり

出典　『後漢書』皇甫嵩伝

原文　難レ得而易レ失者、時也。

意味　簡単に手に入れることができず簡単に失ってしまうものは、時である。好機となる時を逃してはならないということ。

参考　『史記』の斉太公世家には、「時は得難く失い易し」とあり、同じく淮陰侯列伝には、「功は成し難く敗れ易し、時は得難く失い易きなり」（その項参照）とある。

越鶏は鵠卵を伏する能わず

⇩奔蜂は藿蠋を化する能わず、越鶏は鵠卵を伏する能わず

越鳥は南枝に巣くう

⇩胡馬は北風に依り、越鳥は南枝に巣くう

燕雀安んぞ鴻鵠の志を知らんや

出典　『史記』陳渉世家

原文　燕雀安知㆓鴻鵠之志㆒哉。

意味　燕や雀のような小さい鳥に、どうして鴻や鵠のような大きい鳥の心がわかるであろうか。小人物には、大人物の心がわかるものではない。

参考　中国最初の統一王朝秦は、始皇帝の死後、その法治主義による圧政により、すでに民衆の反発を招いていた。天下は早くも再び乱れる様相を見せ始めていた。人に雇われて畑を耕していた陳渉は、同じ日雇いの仲間に「自分が出世しても、お前たちのことは忘れはしないであろう」と言って、勇飛の気構えを見せると、仲間の日雇いたちはあざけり笑った。そのときに言ったことばがこの有名な一句。秦の命により、陳渉は呉広と共に農民兵を率いて北境防備に赴いた。途中、大雨に遭い、交通は途絶し、到着期限に間にあうはずもない状況に陥った。彼は兵卒を呼び集め、秦の厳罰主義から考えれば、我々は斬罪に処せられるにちがいなく、どうせ命を捨てるのなら、秦にそむいて、はなばなしい名を挙げようではないか、「王侯将相、寧んぞ種有らんや（『史記』陳渉世家）」（その項参照）と言うと、兵卒は皆これに従った。「陳渉呉広」の乱は、わずか半年で、二人とも部下に殺されて潰えたが、これに呼応して各地で乱が起こり、項羽・劉邦軍が秦を滅ぼすことになる。「陳渉呉広」はまっ先に行動を起こす人として使われる。「陳渉世家」の「世家」は『史記』では春秋戦国時代の諸侯の記録である。司馬遷は陳渉

を諸侯として遇したことになる。

燕雀（えんじゃく）鳳（おおとり）を生（う）まず

出典 『周易参同契』

原文 燕雀不レ生レ鳳。

意味 つばめやすずめのような小鳥が、おおとりを生むことはない。自分とは類を異にする、優れた子供を生めないたとえ。

参考 この後に「狐兎は馬を乳せず、水流は炎上せず、火動を潤下せず」とある。

遠親（えんしん）は近隣（きんりん）に如（し）かず

⇩遠水は近火を救い難し、遠親は近隣に如かず

遠水（えんすい）は近火（きんか）を救（すく）い難（がた）し、遠親（えんしん）は近隣（きんりん）に如（し）かず

出典 『明心宝鑑』下・省心

原文 遠水難レ救ニ近火一、遠親不レ如ニ近隣一。

意味 遠くの水で近くの火事を消すことはできない。遠くの親戚より近所にいる人々のほうが頼りになる。

参考 『韓非子』説林・上にも「遠水は近火を救わず」（その項参照）という語句が見える。

遠水（えんすい）は近火（きんか）を救（すく）わず

出典 『韓非子』説林・上

原文 遠水不レ救ニ近火一也。

意味 遠くにある水では近くの火事に間に合わない。火急の時に遠方の知人に助力を求めても間に合わないことをいう。遠くの親類より近くの他人。

参考 魯の穆公は多くの公子を晋や楚に仕えさせ、和親を保とうとしていた。その穆公に対して犁鉏が、遠くの晋や楚に公子を仕えさせたところで、すぐ近くの斉が攻めて来た時には間に合わないと献言した、その一節。同様の比喩として、「人を越に仮りて溺子を救う。越人善く遊ぐと雖も子は必ず生きず」という文も見える。つまり、溺れた子供を救おうとして、

泳ぎの上手な越の人を呼びに行っても、越は遠く離れているので間に合わないのである。なお類句に、「遠水は近渇を救わず（陳師道「鳥呼行」）」がある。

偃鼠は河に飲むも腹を満たすに過ぎず

⇩鷦鷯は深林に巣くうも一枝に過ぎず、偃鼠は河に飲むも腹を満たすに過ぎず

遠難に備うることを知りて、近患を忘る

出典 『淮南子』人間訓

原文 知レ備二遠難一、而忘二近患一。

意味 遠い先の心配事に備えることはわかっていても、すぐ近くに迫るわざわいへの備えは忘れてしまう。

参考 「烏鵲の智」を説明したもの。これについて、「夫れ烏鵲は先ず歳の風多きを識り、高木を去りて扶枝（低い枝）に巣くう。大人之を過ぐれば則ち鷇（ひな鳥）を探り、嬰児之を過ぐれば則ち其の卵を挑る」とある。からすやかささぎは風の多い年を予知し、あらかじめ低い枝に巣を作るが、そのために人にひな鳥や卵を盗られたりするのである。このように遠謀はあっても身近に迫る禍への対処ができぬことを「烏鵲の智」という。

遠慮無ければ近憂有り

⇩人にして遠き慮り無ければ、必ず近き憂い有り

お

老いて当に益々壮んなるべし、寧ぞ白首の心を移さん

出典 初唐、王勃「滕王閣序」

原文 老当二益壮一、寧移二白首之心一。

意味 立派な人間は年老いてからますます元気でなければならない。白髪になっても君に仕えたいという心を変えることなどありえない。

参考 「白首之心」は陳子昂が、「白首誰が為にか雄なる」（贈㆓喬侍御㆒）とあるように、老いてもなお雄々しくつとめようという気持ちのこと。なお、「老いて当に益〻壮んなるべし」は『後漢書』馬援伝による。

老いても当に益〻壮んなるべし

⇩丈夫志を為すや、窮まりても当に益〻堅なるべく、老いても当に益〻壮んなるべし

王業は良輔を須ち、建功は英雄を俟つ

出典 三国魏、阮籍詩「詠懐」

原文 王業須㆓良輔㆒、建功俟㆓英雄㆒。

意味 王として国を治める大業をなすにはすぐれた補佐の臣下が必要であり、功績を立てるには英雄が必要である。

参考 三国魏の曹爽（明帝の遺詔を受けて幼帝を補佐）が政権を取り、何晏ら名士を取り立てたことについての詩といわれる。曹爽らはのち司馬懿に殺される。阮籍は「始めがよくても必ずしも終わりを全うしない」と言って、「王業」や「建功」には加わらなかった。

王侯将相、寧んぞ種有らんや

出典 『史記』陳渉世家

原文 王侯将相、寧有㆑種乎。

意味 王侯や将軍、宰相となるのは、家系や血統によるものではない。だれでも努力や運によって栄達できる。

参考 まっ先に秦を倒すべく立ち上がった陳渉が部下の兵卒を前にして言ったことば。陳渉もその部下もみんな農民の出である。陳渉の挙兵に続いて名地で群雄が決起する。詳しくは「燕雀安んぞ鴻鵠の志を知らんや（『史記』陳渉世家）」の項参照。

王の言は糸の如くなるも、其の出ずるや綸の如し

出典 『礼記』緇衣

原文 王言如レ糸、其出如レ綸。

意味 王のことばは、言いだされた時には、ひとすじの糸のように細くとも、ひとたび発せられると、くみひものように太いものとなる。「綸」は多くの糸をより合わせて作ったひも。

参考 王のことばの重大さを説いた孔子のことば。王のことばを「綸言」ともいい、『漢書』劉向伝に「綸言汗の如し」（汗がひとたび出ると元にはもどらないように、王のことばもひとたび発せられれば取り消すことはできない）ともいう。

鸚鵡は能く言えども、飛鳥を離れず。猩猩は能く言えども、禽獣を離れず

出典 『礼記』曲礼・上

原文 鸚鵡能言、不レ離二飛鳥一。猩猩能言、不レ離二禽獣一。

意味 鸚鵡は人のことばをまねて話すことができるが、空を飛ぶ鳥であることにはかわりはない。猩猩も人のことばをまねて話すことができるが、鳥獣であることにはかわりはない。「猩猩」は想像上の獣の名で、最も人類に近く、人語を理解し、声は小児の泣き声に似ていて、つねに群をなして生活し、酒を好むという。

参考 人の人たるゆえんは、礼をふみ行なうことにあり、礼をわきまえなければ、人も鳥獣と何らかわらないということを示したことば。

王良車に登れば、馬に罷駑なし

出典 『論衡』率性

原文 王良登レ車、馬不二罷駑一。

意味 優れた御者である王良が車に乗って馬を御せば、疲れた馬でものろい馬でもよく走る。「王

良」は古の有名な馬の名手。「罷駑」は疲れた馬、のろまな馬。

参考 明君が国を治めると人民を無理なく教化してよく治まることのたとえ。この後に「尭舜政を為せば、民に狂愚無し」という。非韓篇にも「王良車に登れば、馬に罷駑無し。尭舜世を治むれば、民に狂悖無し」とみえる。

往を彰らかにして来を察し、顕を微にして幽を闡く

出典 『易経』繫辞下伝

原文 彰レ往而察レ来、而微レ顕闡レ幽。

意味 過去の事を明確にし、未来の事を推察し、微妙な道理を明らかにし、目に見えぬ奥深い道理を明らかにする。「闡」は目に見えるよう明らかにする。

参考 「微顕」は、通常「顕レ微（微を顕にして）」の意で解釈する。「微顕」をそのまま「顕著な事象のうちに微妙な道理をさぐる」と解するものもある。

狼衆ければ人を食い、人衆ければ狼を食う

出典 『論衡』調時

原文 狼衆食レ人、人衆食レ狼。

意味 狼が多くいれば人を食べてしまうし、人が多くいれば狼を食べてしまう。少数の者では多数の者にかなわない、大が小に勝つことのたとえ。

参考 この句に続けて「力を敵して気を角うに、能く小を以て大に勝つ者は希なり。彊（強）きを争い功を量るに、能く寡きを以て衆きに勝つ者は鮮し」という。

多く能くする者は精なること鮮し、多く慮る者は決すること鮮し

出典 明、劉基「郁離子」一志

原文 多能者鮮レ精、多慮者鮮レ決。

意味 あれこれとできる人は何か一つに精通することが少ない。あれこれと考える人はなかなか

決断できない。

参考 志を一つにすることの大切さをいうことば。志が一つに定まらなければ、あれこれと思い乱れて無駄が多くなり、結局は何もなくなってしまうという。

多くを聞きて疑わしきを闕き、慎みて其の余を言えば、則ち尤め寡し

出典 『論語』為政

原文 多聞闕レ疑、慎言二其余一、則寡レ尤。

意味 多くのことを見聞して知識を蓄えたうえで、その中の疑わしく納得のいかないものを捨てて、残りの確実なものだけを慎重に発言するようにすれば、人からとがめ立てされることが少ないだろう。「闕」は「欠」に同じ。「尤」はとがめ立てを受けること。

参考 孔子の弟子の子張が、仕官し俸給を得る方法についてたずねたのに対し、孔子が答えたことば。この後に「言に尤め寡く、行ない悔い寡ければ、禄其の中に在り」と言い、地道に見聞を広める努力をし、言行を慎重にして、とがめ立てを受けることや後悔が少なければ、自然に俸給など得られるのだと、官職を得るための特別な学問などないことを説いている。

将らず迎えず、応じて蔵せず

出典 『荘子』応帝王

原文 不レ将不レ迎、応而不レ蔵。

意味 去る者は追わず、来る者はことさらに迎えない。すべてのものに等しく応接し、それでいて心にとめることはしない。「将」は「送」と同義。

参考 無為自然の心のあり方を体得した人、「至人」の鏡のごとき心境を説明したもの。この句の前に「亦だ虚なるのみ。至人の心を用うること鏡の若し」とある。

行ないて余力有らば、則ち以て文を学ぶ

出典 『論語』学而

原文 行有ニ余力一、則以学レ文。

意味 人としてなすべきことを実行したうえで、それでもなお余裕があるのなら書物を学ぶとよい。

参考 この前に「子曰く、弟子、入りては則ち孝、出でては則ち弟、謹みて信、汎く衆を愛して仁に親しみ」とあり、若者はまず家庭での孝行、社会での年長者に対する従順、慎重な行動と偽りのないことば、広く人々を愛して仁徳のある人と親しむ、という行ないを、書物による学問を始める前に実践すべきこととして挙げている。

行ないは恭に過ぎ、喪は哀に過ぎ、用は倹に過ぐ

出典 『易経』小過・象伝

原文 行過ニ乎恭一、喪過ニ乎哀一、用過ニ乎倹一。

意味 君子は、行動ははなはだ恭しくし、喪に服する際にははなはだ哀悼を尽くし、物を使う際にははなはだ倹約につとめる。

参考 「喪」は死者を悼む礼であり、「服喪」には血縁の度合に応じて厳密な規定がある。ここでは少しくらいの行き過ぎが許容されるものの一つとして挙げられる。これは、『論語』八佾に「喪は其の易ならんよりは寧ろ戚め」とあることにも通ずる。

行ないを顧みて利を忘れ、節を守りて義に仗る

出典 『漢書』賈誼伝

原文 顧レ行而忘レ利、守レ節而仗レ義。

意味 自らの行動をよく反省して自分だけの利益をむさぼることなく、節義を守り正義によって事を行なう。

行ないを砥く碧山の石、交わりを結ぶ青松の枝

出典 中唐、孟郊詩「答ニ友人一」

原文 砥レ行碧山石、結レ交青松枝。

意味　青々とした山の石で自らの品行を磨き、青々と茂る松の枝で友との交際を結ぶ。

参考　木の茂る青山の石はころがり落ちていかないし、青々とした常緑の松は傾き倒れることがない。君子が自らを律し友人と交わるときの態度をいうことば。

敖りは長ずべからず。欲は従にすべからず。志は満たすべからず。楽しみは極むべからず

出典　『礼記』曲礼・上

原文　敖不レ可レ長。欲不レ可レ従。志不レ可レ満。楽不レ可レ極。

意味　おごりたかぶる気持ちははなはだしくしてはならない。欲望はほしいままにしてはならない。要求はほどほどにとどめなければならない。楽しみは極めつくしてはならない。

参考　「敬せざること毋れ」で始まる『礼記』冒頭の一節に含まれることば。

奢る者は心常に貧しく、倹なる者は心常に富む

出典　五代、譚峭『化書』倹化・天牧

原文　奢者心常貧、倹者心常富。

意味　ぜいたくをする人は浪費に限りがないから、心の中ではいつも不満を感じている。つつましく暮らす人は足ることを知っているから、心の中では満ち足りている。

興れば必ず衰うるを慮り、安ければ必ず危うきを思う

出典　前漢、司馬相如「封禅文」

原文　興必慮レ衰、安必思レ危。

意味　盛んになれば必ず衰える時のことを配慮し、安らかな時には必ず危うい時のことを考える。天命を受けているとされる聖天子であっても反省や慎みの心を忘れてはならない。

参考　「封禅」とは、天子がその政治の成功を天地に報告するため泰山で行なう国家的祭典とされ

るが、天命を受けたことを示す祥瑞の出現が必要とされたので軽々しくは行なえず、春秋時代の覇者、斉の桓公なども宰相管仲に説得されて断念したほどであった。司馬相如は「封禅文」の中で漢の武帝に封禅をすすめ、終わりの部分で、祥瑞が現われてもなお反省を忘れぬようにと、古の聖王の例を挙げて説く箇所に見える句である。

斆うるは学ぶの半ばなり

出典 『書経』説命・下

原文 斆学半。

意味 人に教えることは、半分は自分が学ぶことでもある。

参考 殷の宰相傅説（人名略解参照）のことば。『礼記』学記に同様のことばが見える。

教え有りて類無し

出典 『論語』衛霊公

原文 有レ教無レ類。

意味 様々な教育が存在するが、人間の種類の別というものは存在しない。教育しだいで人はだれでも立派になりうることをいう。

参考 『論語』陽貨には「性は相近し、習いは相遠し」（その項参照）という。

男は内を言わず、女は外を言わず

出典 『礼記』内則

原文 男不レ言レ内、女不レ言レ外。

意味 男は家庭内のことには口出しをせず、女は政治や社会について口出しをしない。

参考 男女の役割の違いについて述べたことば。『孟子』滕文公・上篇には「夫婦別有り」という表現が見える。『孟子』の言はともかく、『礼記』のこのことばは、今日の社会においてはたしていかほど通用するであろうか。

己達せんと欲して人を達す

⇩仁者は己立たんと欲して人を立て、己達せんと欲して人を達す

己に克ちて礼に復る

出典 『論語』顔淵

原文 克レ己復レ礼。

意味 自分の私欲を克服して、人として実践すべき規範に立ち返る。

参考 孔子の愛弟子である顔淵が、仁とはいかなるものかとたずねたのに対し、孔子が答えたことば。

己に如かざる者を友とすること無かれ

出典 『論語』学而

原文 無レ友二如レ己者一。

意味 自分より劣った者を友としてはならない。

参考 「無」は「勿」に通じ、禁止の意。君子たる者のとるべき態度について述べた孔子のことば。自分より劣った者を友として、威張ったり、わがままにふるまうことを戒めたもの。子罕篇にも見える。

己の長を以て人の短を形すこと毋れ、己の拙に因りて人の能を忌むこと毋れ

出典 『菜根譚』前集百二十

原文 毋下以二己之長一而形中人之短上、毋下因二己之拙一而忌中人之能上。

意味 自分の長所を挙げることで、他人の短所を示すようなことはしてはならないし、自分の未熟さを棚に上げて、他人の才能を恨むようなことがあってはならない。長所も短所も認識して他人と対するべきである。

己の欲せざる所を、人に施すこと勿れ

出典 『論語』顔淵

原文 己所レ不レ欲、勿レ施二於人一。

意味 自分がしてほしくないことは、他人にもしてはならない。

参考 弟子の仲弓が、仁とはどういうものかをたずねたのに対し、孔子が述べたことば。衛霊公篇においても、弟子の子貢が、生涯を通して実行してよい徳目を一言で言うと何かを問うたのに対して、孔子は「其れ恕（思いやり）か。己の欲せざる所を、人に施すこと勿れ」と述べている。「恕」は仁を成立させる重要な要件である。

己を脩めて以て人を安んず

出典 『論語』憲問

原文 脩レ己以安レ人。

意味 自己を修養して、その成果を周囲の人々に及ぼして、人々を安らかにさせる。「脩」は「修」に同じ。

参考 弟子の子路が、君子についてたずねたのに対して孔子が述べたことば。「脩（修）己安人」という語が用いられているが、のちに孔子の学問的立場を「修己治人（己を修めて人を治む）」で説明するのと同趣旨である。

思い邪無し

出典 『詩経』魯頌・駉

原文 思無レ邪。

意味 考えることに邪念がない。

参考 魯の僖公が初代魯公の伯禽（周公旦の子）の法を遵守し治国したようすを、馬を養うさまにたとえて詠んだ詩の一節。治国に最も大切なことを説いている。『論語』為政では孔子が「詩三百、一言以て之を蔽えば、曰く、思い邪無し」と言い、『詩経』全体を評したことばとしてこの句が引かれている。「詩三百」は『詩経』の三百篇、概数をいったもの。

親老ゆれば、出づること方を易えず、復ること時を過ごさず

出典 『礼記』玉藻

原文 親老、出不レ易レ方、復不レ過レ時。

意味 親が年老いたならば、子は外出中に行く先を変更することなく、また帰宅するのに遅くな

らないようにする。

参考　親への孝行の心構えを説いたことば。同趣旨のことばに、「父母在せば、遠く遊ばず。遊べば必ず方有り（『論語』里仁）」（その項参照）がある。

親を愛する者は、敢えて人を悪まず。親を敬する者は、敢えて人を慢らず

出典　『孝経』天子

原文　愛レ親者、不三敢悪二於人一。敬レ親者、不三敢慢二於人一。

意味　親を愛する人は、他人に対しても親に接するような愛に満ちた態度で接するので、他人を悪むようなことはしない。同様に、親を敬する人は、他人に対しても親に対するのと同じ態度で接するので、他人を見下すようなことはしない。「敬」は慎みぶかく、敬いつかえること。

親を忘るるは易きも、親をして我を忘れしむるは難し

出典　『荘子』天運

原文　忘レ親易、使二親忘一レ我難。

意味　親のことを意識しないでする孝行はたやすいとしても、孝行している自分のことを親に意識させずにいることは難しい。

参考　荘子は儒家の至上とする孝や仁の徳を、意識的に無理をして表わした徳として批判する。親にも意識させない無為自然なる真の孝と、すべての人々に意識されない無為自然なる真の仁の政治を説いた説話の一節。

終わりを慎み遠きを追う

出典　『論語』学而

原文　慎レ終追レ遠。

意味　父母の葬儀を大切に行ない、先祖の祀りを誠意をもって行なう。

参考　曾参（曾子）のことば。この後に「民の徳厚き

に帰せん」とあり、為政者が孝を尽せば、人民も感化されて篤実になることを説いている。

終わりを慎むは始めの于くせよ

出典 『書経』太甲・下

原文 慎レ終于レ始。

意味 終わりをよくしようと思うならば、始めから慎重にして、それと同じようにしなさい。

参考 宰相伊尹（人名略解参照）が殷の王太甲を諭したことば。『書経』仲虺之誥にも「厥の終わりを慎むは惟れ其の始めのごとくせよ」とあり、太甲の前帝湯に同義のことばが進言されたとしている。『書経』では君子の治国にこのことばを用いているが、同様の義が見える『老子』六十四章では人々が事をしそんじることのなきようにとこのことばを挙げ、『荀子』議兵では戦いの計画を完成させるための心得として用いられるなど、慎みがあらゆる営みを全うするための心得として語られているのがわかる。

尾を塗中に曳く

出典 『荘子』秋水

原文 曳二尾於塗中一。

意味 泥の中に尾をひきずる。亀にとっては、殺されて堂上で神亀とあがめられるより、泥の中で自由に生きるほうを望むであろうということ。地位を得て不自由となるより、無位でも自由であるほうがよいというたとえ。「塗」は「泥」に同じ。

参考 釣りをしている荘子のところに、宰相になってほしいと楚王から使者が来たが、不自由を嫌い自然のままに生きることを願う荘子が、神亀を例に挙げ、その申し出を拒絶した以下の説話による。

荘子、濮水に釣す。楚王、大夫二人をして往き先んぜしむ。曰わく、「願わくは竟内を以て累わさん」と。荘子、竿を持ち顧みずして曰わく、「吾れ聞く、楚に神亀あり、死して已に三千歳。王、巾笥して（絹に包んで箱に納めて）之を廟堂の上に蔵す、と。此の亀は、寧ろ其れ死して骨を留めて貴ばるるを為さんか、寧ろ其れ生きて尾を塗中に曳かんか」と。二大夫曰わく、「寧ろ生きて尾を塗中に曳かん」と。荘子曰わく、「往け。吾将に尾を塗中に曳かんとす」と。

温故知新

⇩故きを温ねて新しきを知らば、以て師為るべし

恩情須く水の長き流れに学ぶべし

出典 晩唐、魚玄機詩「寄㆓子安㆒」

原文 恩情須㆑学㆓水長流㆒。

意味 あなたの愛情も、この水の流れのようにいつまでも絶えることなく不変であっていただきたいと思います。

参考 魚玄機は唐代の女性で、高級官僚の李億の妾となる。李億が岳州（湖南省岳陽市）へ一人赴任する際に、作られた詩である。

女は己を説ぶ者の為に容る

⇩士は己を知る者の為に死し、女は己を説ぶ者の為に容る

恩甚だしければ則ち怨み生じ、愛多ければ則ち憎しみ至る

出典 『亢倉子』用道

原文 恩甚則怨生、愛多則憎至。

意味 人に恩情をかけすぎると、かえって怨みを招く結果となるし、愛情が過多であると、かえって憎しみを受けることとなる。

恩は宜しく淡よりして濃なるべし。濃を先にし淡を後にすれば、人は其の恵を忘る

出典 『菜根譚』前集百六十七

原文 恩宜㆓自㆑淡而濃㆒。先㆑濃後㆑淡者、人忘㆓其恵㆒。

意味　人に恩恵を施す時は、初めは淡泊なものにして、後になるにしたがって手厚くするとよい。初めに手厚くして、後に淡泊にすると、人はその恩恵を忘れてしまう。「淡」はあっさりとしたさまをいう。

か

快人の一言、快馬の一鞭

出典　『碧巌録』第三十八則・垂示

原文　快人一言、快馬一鞭。

意味　聡明な人は、一言を聞いただけですべてを理解する。そのさまは、駿馬がひとたび鞭をくれれば全力疾走するのに似ている。

海内知己を存せば、天涯比隣の若し

出典　初唐、王勃詩「送三杜少府之二任蜀州一」

原文　海内存二知己一、天涯若二比隣一。

意味　この国の内に自分を理解してくれる友があれば、空のはてにいようとも隣りあわせに住んでいるようなものだ。「海内」は天下のこと。

参考　友人が蜀（四川省）の地方官として気がすすまないまま赴任する際に、友の気持ちをなぐさめるために作られた詩である。

快に乗じて事を多くすべからず。倦に因りて終わりを鮮くすべからず

出典　『菜根譚』前集二百十三

原文　不レ可ニ乗レ快而多レ事。不レ可ニ因レ倦而鮮レ終。

意味　好調だからといって、余計なところまで手を広げすぎてはならない。飽きていやになった

からといって、終わりをいいかげんにしてはならない。

参考 調子にのって余計なことをしてしまうことを戒めている。また有終の美を飾ることの難しさは、『詩経』大雅・蕩に「初め有らざること靡し、克く終わり有ること鮮し」（その項参照）とあるのと同義。

害は備えざるに生じ、穢は耨かざるに生ず

出典 『淮南子』繆称訓

原文 害生二於弗レ備、穢生二於弗レ耨。

意味 害は備えのないことから起こり、雑草は除草しないことから生じる。事が起こる際には必ずしかるべき要因があることをいう。「穢」は雑草。「耨」は雑草をとること。

参考 この直前に「福は無為に生じ、患は多欲に生ず」（その項参照）とある。ここでもいわんとするところは同様で、幸福は何もせず自然にしている（無為）という要因があって生じ、禍は欲深さ（多欲）という要因のために生じるのである。

凱風南よりし、彼の棘心を吹く

出典 『詩経』邶風・凱風

原文 凱風自レ南、吹二彼棘心一。

意味 暖かでやわらかい風が南から吹いてきて、棘の若芽の成育をうながす。

参考 「凱風」は、万物を成長発育させる暖かい風。暖かい南風が優しく吹いて棘を成育することから、母親が暖かく子供を見守り育てることにいう。この詩は、一説には子供が母親の苦労に感謝して詠んだものとされる。

隗より始めよ

出典 『戦国策』燕策

原文 従レ隗始。

意味 優れた人物を招こうと思うなら、まずこの私、郭隗を用いてください。自分のようなつまらない者が用いられたと聞けば、自分より

優れた人物が続々と集まるはずだということ。転じて、遠大な計画も身近なことから始めよ、また、言い出した人からまず始めよの意でも用いられる。

参考

天下の賢人を招聘しようとしていた燕の昭王より相談を受けた賢者郭隗が述べたことば。郭隗は、名馬を求めようとした君主の話を、以下のように引き合いに出して語った。

臣聞く、古の君人に千金を以て千里の馬を求むる者有り。三年にして得ること能わず。涓人、君に言って曰く、「請う之を求めん」と。君之を遣る。三月にして千里の馬を得たり。馬已に死す。其の首を五百金に買い、反って以て君に報ず。君大いに怒って曰く、「求むる所の者は生馬なり。安んぞ死馬を事として、五百金を捐てんや」と。涓人対えて曰く、「死馬すら且つ之を五百金に買う。況や生馬をや。天下必ず王を以て能く馬を市うと為さん。馬今至らん」と。是に於て期年なること能わざるに、千里の馬の至る者三ありきと。今、王、誠に士を致さんと欲せば、先ず隗より始めよ。隗すら且つ事えられる、況や隗より賢れる者をや。豈千里を遠しとせんや。（私はこのような話を聞いたことがあります。昔の君主に、千金を出してでも一日に千里走る名馬を手に入れたいと思っている人がいました。三年たっても手に入れることはできませんでした。すると、宮中の雑役人が君主に「買いにやらせてください」と申し出ました。君主は彼に買いにやらせました。三か月して彼は千里の馬を見つけましたが、馬はすでに死んでいました。彼はその馬の首を五百金で買って、持ち帰って君主に報告しました。君主は非常に怒って「私が欲しかったのは生きた馬だ。なぜ死んだ馬なんぞにかかわって、五百金を捨てたのだ」と言いました。雑役人はこう答えました。「死んだ馬ですら（名馬なら）五百金で買ってくれる。生きた馬だったら大変な値に違いないと、天下の人々は、きっと王が馬をよくおわかりになっていて、それなりの値段で買ってくださる方だと思うに違いありません。名馬はすぐにも集まってくることでしょう」と。すると、一年もたたないうちに、千里の名馬が三頭やってきた、ということです。今、王が本当に賢者を招きたいとお望みなら、まず私、郭隗を用いることからお始めください。隗のような者でさえお仕えさせていただけるのです。まして隗より優れた人ならばいうまでもないこと。どうして千里の道のりを遠いと厭うことがありましょう）

怪力乱神を語らず

出典 『論語』述而

原文 不レ語二怪力乱神一。

意味 孔子は、怪異なこと、武勇や暴力、混乱したこと、神秘的なことについては語らなかった。

参考 孔子の関心が常に現実の人生、実社会における秩序、平安にあって、超自然的なことに言及するのを慎んでいたことをいう。なお、後に清の袁枚は、専ら怪力乱神のことを記した書物を『子不語』と名づけている。「未だ生を知らず、焉んぞ死を知らん」「未だ人に事うること能わず、焉んぞ能く鬼に事えん」「鬼神を敬して之を遠ざく」の各項参照。

怪を見て怪とせざれば、其の怪自ら壊す

出典 『碧巌録』第二十二則・著語

原文 見レ怪不レ怪、其怪自壊。

意味 怪奇な現象と思われることは、相手にしなければ自然と消滅していく。心の中に迷いがあって、怪奇な現象を認めてしまうと、不安になったり悩まされたりすることになる。

帰りなんいざ、田園将に蕪れんとす、胡ぞ帰らざる

出典 東晋、陶潜「帰去来兮辞」

原文 帰去来兮、田園将レ蕪、胡不レ帰。

意味　さあ帰ろう。郷里の田園が荒れようとしているのに、どうして帰らずにいられるのだろうか。

参考　わずかな俸給のために、小役人に頭を下げたりなどしなければならない役人生活に嫌気がさした陶潜（陶淵明）が、彭沢の令（県知事）を辞して、宿願であった帰田を果たすにあたっての心境をうたった作品の冒頭部分。「帰去来兮辞」の全文は次の通り。

帰りなんいざ、
田園将に蕪れんとす、胡ぞ帰らざる。
既に自ら心を以て形の役と為す、
奚ぞ惆悵として独り悲しまん。
已往の諫められざるを悟り、
来者の追うべきを知る。
実に途に迷うこと其れ未だ遠からず、
今の是にして昨の非なるを覚る。
舟は遥遥として以て軽く颺がり、
風は飄飄として衣を吹く。
征夫に問うに前路を以てし、
晨光の熹微なるを恨む。
乃ち衡宇を瞻て、
載ち欣び載ち奔る。
僮僕は歓び迎え、
稚子は門に候つ。
三径は荒に就くも、
松菊は猶お存す。
幼を携えて室に入れば、
酒有りて罇に盈つ。
壺觴を引いて以て自ら酌み、
庭柯を眄て以て顔を怡ばしむ。
南窓に倚りて以て傲を寄せ、
膝を容るるの安んじ易きを審らかにす。
園は日に渉りて以て趣を成し、
門は設くと雖も常に関せり。
扶老を策きて以て流憩し、
時に首を矯げて遐観す。
雲は無心にして以て岫を出で、
鳥は飛ぶに倦みて還るを知る。

景は翳翳として以て将に入らんとし、
孤松を撫して盤桓す。
帰りなんいざ、
請う交わりを息めて以て游を絶たん。
世と我とは相違えるに、
復た駕して言に焉をか求めん。
親戚の情話を悦び、
琴書を楽しみて以て憂いを消さん。
農人余に告ぐるに春の及べるを以てし、
将に西疇に事有らんとす。
或いは巾車を命じ、
或いは孤舟に棹さす。
既に窈窕として以て壑を尋ね、
亦崎嶇として丘を経。
木は欣欣として以て栄に向かい、
泉は涓涓として始めて流る。
万物の時を得たるを善みし、
吾が生の行くゆく休するを感ず。
已んぬるかな、
形を宇内に寓すること復た幾時ぞ。
曷ぞ心を委ねて去留に任せざる、
胡為れぞ遑遑として何くに之かんと欲する。
富貴は吾が願いに非ず、
帝郷は期すべからず。
良辰を懐いて以て孤往し、
或いは杖を植てて耘耔す。
東皐に登りて以て舒嘯し、
清流に臨みて詩を賦す。
聊か化に乗じて以て尽くるに帰せん、
夫の天命を楽しみて復た奚をか疑わん。

下学して上達す（かがくしてじょうたつす）

出典　『論語』憲問

原文　下学而上達。

意味　身近なところから学んで、次第に高遠な道理にまで到達する。

参考　孔子が自らのあり方を述べたことば。「天を怨みず、人を尤めず」の項参照。「下学上達」の形でも用いられる。

か

鑑明らかなる者は、塵垢も薶す能わず。神清き者は、嗜欲も乱す能わず

出典 『淮南子』俶真訓

原文 鑑明者、塵垢弗㆑能㆑薶。神清者、嗜欲弗㆑能㆑乱。

意味 鏡が曇り一つなければ、塵や垢もこれを汚すことはできず、心が澄み切っていれば、欲望もこれを乱すことはできない。「薶」は汚す。「神」は精神、心。「嗜欲」は欲望。

参考 精神が清らかで澄み切っていれば、様々な欲望などに惑わされることはないのである。

鏡は破れても光を改めず、蘭は死しても香りを改めず

出典 中唐、孟郊詩「贈㆓別崔純亮㆒」

原文 鏡破不㆑改㆑光、蘭死不㆑改㆑香。

意味 鏡は割れてこわれてもその輝きは変わらない、蘭は枯れてしまってもその香りは変わらない。

参考 友人と別れるときに贈った詩。友人の高潔な人柄は、時を経てつきあえばつきあうほど衰えることなく、それがよく分かることをいう。

花間一壺の酒、独酌相親しむ無し

出典 盛唐、李白詩「月下独酌」其一

原文 花間一壺酒、独酌無㆓相親㆒。

意味 花の咲く下に一壺の酒を置き、ただ一人で酒を酌む、親しく酒を交わす友もない。

参考 月明りのもと、一人で酒を酌んで作った四首の詩の第一首の冒頭の句。この句に続けて「杯を挙げて明月を邀え、影に対して三人と成る」として、自分と自分の影と月との三人での酒宴の楽しみをうたい、何のしがらみもない交遊なればこそ酒席の友としてふさわしいとする。「相親しむ無し」は南朝斉の謝朓が、つまらない友人をもたず、「吾が室に入る

者はただ清風有るのみ、吾が飲に対する者はただ当に明月なるべし（私の部屋には清風だけが入り、一緒に飲むのは月だけだ）」と述べているのに応ずる。

禍患は常に忽微に積みて、智勇は多く溺るる所に困しむ

出典 『新五代史』伶官伝序

原文 禍患常積ニ於忽微一、而智勇多困ニ於所レ溺。

意味 禍は細かな事が累積して起こり、智勇は物事にのめり込むことによって損なわれていくものである。

参考 五代の後唐（九二三〜九三六）の荘宗が、音楽を好むあまり伶人（宮中に仕える楽人）を寵愛したことにより、国が傾いたことから、教訓としてこの条が記されている。

牆に耳有り、伏寇は側らに在り

出典 『管子』君臣

原文 牆有レ耳、伏寇在レ側。

意味 垣根にも耳があって聞いている。かくれた敵はすぐそばにいる。壁に耳あり障子に目あり。「伏寇」はかくれた敵。

参考 この一文を説明して、「牆に耳有りとは、微謀（ひそかな計略）外に泄るるの謂いなり。伏寇側らに在りとは、沈疑（君主に疑われて隠忍する者）民を得るの道いなり」という。ここでは「伏寇」を、君主に疑われて地位も落とされ、二心を抱く者と解釈し、こういう者が君主の左右にあって密かに人民の心を得ようと画策する害悪を説く。

拡然として大公、物来りて順応す

出典 『近思録』巻二

原文 拡然而大公、物来而順応。

意味 心が広々として公平であり、外物が来た時には逆らうことなく素直に応じる。

参考 君子が学問に対する際の心構えとしていわれたこのことばは、外物に動かされることなく、いかに心を定めるかを説くものである。

心に内外の区別を立てるのではなく、つねに私心なく、外物に対してありのまま受け入れることの必要性を説いている。『二程全書』河南程氏文集二の「答二横渠張子厚先生一書」（「定性書」と称せられる）による。

学に非ざれば以て才を広むる無く、志に非ざれば以て学を成す無し

出典 三国蜀、諸葛亮「誡レ子書」

原文 非レ学無二以広一レ才、非レ志無二以成一レ学。

意味 学問をしなかったなら才能を広げてゆくことができないし、志がなければ学問は完成しない。

参考 出典の「誡レ子書」は、学問修養とその方法・意義について、三国蜀の名軍師諸葛亮が子に与えた訓誡として知られる。

学は多きに在らず、要は之を精しうするに在り

出典 『孔叢子』答問

原文 学不レ在レ多、要在レ精レ之也。

意味 学問というものは、あれこれと多岐にわたって学ぶことが大事なのではなく、一つのものに精通することが重要なのである。

学は及ばざるが如くするも、猶お之を失わんことを恐る

出典 『論語』泰伯

原文 学如レ不レ及、猶恐レ失レ之。

意味 学問というものは、いくら追いかけても追いつくことができないものであるかのように励むものであるが、それでもなお間に合わないかと心配する。

参考 心をひきしめて学ぶべきことを説いた孔子のことば。

学は博きを貴ばず、正しきを貴ぶのみ

出典 『二程粋言』論学

原文 学不レ貴レ博、貴二於正一而已。

意味 学問においては、博識であることには価値をおかない。正確であることこそ大切である。直後には、正確を期すうちに博識になる（正しければ則ち博し）とも言っている。

学（がく）は自（みずか）ら得（う）るより貴（たっと）きは莫（な）し。人（ひと）に在（あ）るに非（あら）ざるなり

出典 『二程粋言（にていすいげん）』論学（ろんがく）

原文 学莫レ貴二乎自得一。非レ在レ人也。

意味 学問においては、自分の身に引きつけて理解し体得することを最上とする。人がどうかということに関わるものはないのである。

学（がく）は以（もっ）て已（や）むべからず

出典 『荀子（じゅんし）』勧学（かんがく）

原文 学不レ可二以已一。

意味 学問とは、途中でやめてはならない。

参考 出典の「勧学」という篇名は、学問を勧める意で、その冒頭に「君子」つまり、徳の高い人物のことばを引用する形で掲げられているのが、この言である。荀子は、人間が生まれながらに有する本性・素質を「性」とよび、その本性は悪であり、人の善とは、後天的な学習による人為的なものと考えた。したがって、くり返し不断の学習、修養の重要性が主張されている。

学（がく）以（もっ）て之（これ）を聚（あつ）め、問（もん）以（もっ）て之（これ）を弁（べん）じ、寛（かん）以（もっ）て之（これ）に居（お）り、仁（じん）以（もっ）て之（これ）を行（おこ）なう

出典 『易経（えききょう）』乾（けん）・文言伝（ぶんげんでん）

原文 学以聚レ之、問以弁レ之、寛以居レ之、仁以行レ之。

意味 君子は、学問によって知識を集め、質問することで物事の是非を区別し、寛大な態度で身を処し、仁愛の心で実践する。「弁」は、物事の善悪、美醜を把握して区別すること。

参考 「乾（けん）」の卦（か）（䷀）の、下から二番目の爻（こう）（易の卦を示す算木の横画）に施された説明。

学問の道は他無し、其の放心を求むるのみ

出典　『孟子』告子・上

原文　学問之道無レ他、求二其放心一而已矣。

意味　学問の道というものは、ほかでもない、失ってしまった本心を探し求めるだけのことである。「放心」とは、人間が本来持っている仁義の心を忘失してしまうこと。

参考　孟子は本来有する仁義の心を失わないようにし、また、失ってしまった場合は、自身に取り戻すことこそが学問であると説く。

鶴翎は天生ならず、変化は啄菢に在り

出典　中唐、韓愈詩「薦レ士」

原文　鶴翎不二天生一、変化在二啄菢一。

意味　鶴の美しい羽は生まれながらのものではない。親鳥がくちばしでつついたり羽で抱きつつんだりして美しく変わるのである。人の才能も天性ではなく誰かに認められてはじめて現われることをいう。

参考　「啄」はくちばしでつつくこと。「菢」は羽でたまごを抱きつつむこと。

隠れたるより見るるは莫く、微かなるより顕るるは莫し

出典　『中庸』一章

原文　莫レ見二乎隠一、莫レ顕二乎微一。

意味　人には知られない暗く隠れた所ほど、かえって世間には知られやすい。微細なことがらほど、かえって目につく。自分だけしか知らないと思って気ままな言動をなさず、身を慎まなければならないということ。

参考　続いて「故に君子は其の独りを慎む」という。『大学』伝六章にも「君子は必ず其の独りを慎む」（その項参照）とある。

学を絶てば憂い無し

出典　『老子』二十章

原文 絶レ学無レ憂。

意味 学問をやめてしまえば、憂いはなくなる。

参考 いわゆる儒家の説くところの学問に身をやつすことなく、赤ん坊のような素朴な心に立ち返って無為自然に生きれば苦悩はなくなると説く。北宋の文人、蘇軾も「人生字を識るは憂患の始めなり（「石蒼舒酔墨堂」詩）」（その項参照）と詠じているが、『老子』のこの句をふまえたものであろう。

学を為すの大病は、名を好むに在り

出典 『伝習録』上・一〇六

原文 為レ学大病、在レ好レ名。

意味 学問をしていく上で最もいけないのは、名声を求めることである。名声に関心が傾けば、自分自身を向上させることがおろそかになる。王陽明が門人の薛侃に言ったことば。

学を為せば日に益し、道を為せば日に損す

出典 『老子』四十八章

原文 為レ学日益、為レ道日損。

意味 学問を修めれば日に日に知識が増すが、道を修めれば日に日に無欲になってゆく。「学」は儒家のいうところの学問、「道」は老子の説く無為自然の道の意。

参考 学問に励めば知識は増すが、これは「博」を貴ぶ方向をとり、際限なく肥大していく。ここに人間の欲の危うさをみる老子は無知無欲、寡知寡欲の処世を強調する。故に、このことばに続けて「之を損じて又損じ、以て無為に至る」というのである。

家鶏野鶩

⇨家鶏を厭いて、野雉を愛す

家鶏を厭いて、野雉を愛す

出典 『晋中興書』巻七・潁川庾録

原文 厭二家鶏一、愛二野雉一。

意味 家で飼っている鶏を嫌って、野生の雉を好

か

む。

参考　家にあるものを嫌い、外にあるものを好むことをたとえる。広くは、自国の美を忘れ、あるいは嫌い、他国の珍しさに心ひかれることをいう。四字熟語「家鶏野雉（かけいやち）」「家鶏野鶩（かけいやぼく）」の形で知られる。「鶩」はアヒルの意。

嘉肴（かこう）有（あ）りと雖（いえど）も、食（くら）わざれば其（そ）の旨（うま）きを知（し）らざるなり。至道（しどう）有（あ）りと雖（いえど）も、学（まな）ばざれば其（そ）の善（よ）きを知（し）らざるなり

出典　『礼記（らいき）』学記（がくき）

原文　雖レ有二嘉肴一、弗レ食不レ知二其旨一也。雖レ有二至道一、弗レ学不レ知二其善一也。

意味　おいしい料理があっても、食べてみなければそのうまみはわからない。同様に、すぐれた道があっても、学ばなければそのすばらしさはわからない。「嘉肴」はおいしい料理のこと。

参考　自分自身が経験し会得しなければ、物事の真価はわからないことを示したことば。

夏時（かじ）の鑪（ろ）は以（もっ）て湿（しつ）を炙（あぶ）り、冬時（とうじ）の扇（せん）は以（もっ）て火（ひ）を翣（あお）ぐ

出典　『論衡（ろんこう）』逢遇（ほうぐう）

原文　夏時鑪以炙レ湿、冬時扇以翣レ火。

意味　炉（いろり）は冬に用いるものだが、暑い夏の時期には湿気を乾かすのに役立ち、扇は夏に用いるものだが、寒い冬の時期には火を熾（おこ）すのに役立つ。無用と思われる物も使い方によって使いこなすことができ、役に立つということ。「鑪」は炉に同じ。

参考　これに関連する成語に「夏炉冬扇（かろとうせん）」があるが、これは『論衡』逢遇の「益無（えきな）きの能（のう）を作（な）し、補（おぎな）い無（な）きの説（せつ）を納（おさ）むるは、夏（なつ）を以（もっ）て鑪（ろ）を進（すす）め、冬（ふゆ）を以（もっ）て扇（おうぎ）を奏（そう）するがごとし」によるもので、この場合、まさに「夏のいろり、冬の扇子」の意、無用の物事、無益の言論にたとえる。

家事(かじ)を以(もっ)て王事(おうじ)を辞(じ)せず、王事(おうじ)を以(もっ)て家事(かじ)を辞(じ)す

出典　『春秋公羊伝(しゅんじゅうくようでん)』哀公(あいこう)三年

原文　不㆘以㆓家事㆒辞㆗王事㆖、以㆓王事㆒辞㆓家事㆒。

意味　私(わたくし)の家の事情で、自らが仕える王室のために尽くさないということはあってはならず、王室のためには、私(わたくし)の家の事は捨てなければならない。公の仕事のためには、私事を顧みてはならないということ。

参考　衛出公輒(えいしゅつこうちょう)が、父である蒯聵(かいがい)の命に従うべきか、王である霊公(れいこう)の命に従うべきか悩んだときの記述。

苛政(かせい)は虎(とら)よりも猛(もう)なり

出典　『礼記(らいき)』檀弓(だんぐう)・下

原文　苛政猛㆓於虎㆒也。

意味　人民を苦しめる苛酷な政治は、虎よりもおそろしいものである。

参考　孔子(こうし)が泰山(たいざん)のふもとを通り過ぎたとき、ある婦人が墓前で泣いているのを見、弟子の子路(しろ)にその理由をたずねさせた。すると婦人は、「舅(しゅうと)も夫も虎に食い殺され、今度は子供が虎に殺されました」と答えた。「ではなぜよその地へ移らないのか」とたずねたところ、「この地ではむごい政治が行なわれていないからです」と答えた。そこで孔子は弟子たちにむかって、「苛政は虎よりも猛なり」ということを覚えておくようにと言ったという故事に基づく。

風急(かぜきゅう)に天高(てんたか)くして猿嘯哀(えんしょうかな)し、渚清(なぎさきよ)く沙白(すなしろ)くして鳥飛(とりと)び廻(めぐ)る

出典　盛唐(せいとう)、杜甫(とほ)詩「登高(とうこう)」

原文　風急天高猿嘯哀、渚清沙白鳥飛廻。

意味　丘に登ってみると風は激しく、秋空は高く、猿の鳴き声が哀しげに聞こえてくる。見おろせば、長江の渚は清く、砂は白く、その上を鳥が輪をえがいて飛んでいる。

参考　題名の「登高」は、重陽(ちょうよう)の節句の日（九月九

日）に丘に登って宴会をするならわしのこと。この詩においては、放浪の旅にある杜甫にはともに飲み交わす親しい人もなく、一人で丘に登り孤独を嘆く晩年の作で、その冒頭の二句。

風蕭蕭として易水寒し、壮士一たび去って復た還らず

出典 『史記』刺客列伝

原文 風蕭蕭兮易水寒、壮士一去兮不二復還一。

意味 風はものさびしげに吹きすさび、易水の流れは寒々として身にしみとおるようだ。悲壮な志を抱いた私は、一たびこの地を去れば、二度とは還ってこない。

参考 燕の太子丹の命を受けて、刺客荊軻（人名略解参照）が秦王政（のちの始皇帝）の暗殺に赴くときに、見送りの太子や友人の高漸離に残した、自らの志を示した詩。荊軻は暗殺に失敗し殺され、燕は秦に滅ぼされた。「旁らに人無きが若し（『史記』刺客列伝）」の項参照。

風は百病の長なり。其の変化に至りて乃ち他病を為すなり

出典 『黄帝内経素問』風論

原文 風者百病之長也。至二其変化一乃為二他病一也。

意味 風邪はあらゆる病気のはじめである。風邪が変化して、他の病が生ずるのである。「長」はさき、はじめ。

参考 中国の古代医学は「気」の理論に基づき、病気を人体の気の失調、正気と邪気の争いなどによって説明する。「風」は風気のことで、風気がその他の外邪とあわさって人体に侵入すると、様々な疾患の原因となる。俗に「風（風邪）は万病の元」「風（風邪）は百病の元」といわれるのはこれによる。

嘉膳の和は、一味に取るに非ず

出典 後漢、徐幹『中論』治学

原文 嘉膳之和、非レ取二乎一味一。

意味 すばらしい料理の調和のとれた味わいは、一

つの味から取り出したものではない。

参考　学問の目的と方法を述べた文の中のことば。一種類の材料からはよい料理が作れないように、学問も広く学んで、さまざまのものを総合できてはじめて優れたものになるということ。

鰕䱌は潢潦に游いで、江海の流れを知らず

出典　三国魏、曹植詩「鰕䱌篇」

原文　鰕䱌游二潢潦一、不レ知二江海流一。

意味　鰕（えび）や䱌（へびに似た淡水魚）は水たまりで泳いでいるので、大河や海の流れはわからない。

参考　小さなものには大局がわからないということを「鰕䱌」にたとえて言ったもの。他にも燕や雀の例などが挙げられている。高い山々から下を見下ろすと目に入る路行く小さな人々が、権勢や利益ばかりを求め、普段は国のことなど考えていないことを嘆いている。

形鏡に過ぐれば則ち照は窮まる

⇨物 権に勝てば衡は殆く、形 鏡に過ぐれば則ち照は窮まる

形枉がれば則ち影曲がり、形直ければ則ち影正し

出典　『列子』説符

原文　形枉則影曲、形直則影正。

意味　体が曲がれば影も曲がり、体がまっすぐであればその影もまっすぐになる。

参考　「持後（しりえを守る）」の処生を説いたもの。曲がっているとかまっすぐであるかは体次第で、影が主導するものではない。さらに体の屈伸も相手次第であって、自分が主導するものではない。人は相手に応じて身を処すことによって、初めて自己をまっとうできることを述べたことば。『老子』七章の「聖人は、其の身を後にして身先んず（聖人は、自身を後にして他の人々

か

を先に立てようとするが、かえって人々からしたわれてその身が先に立てられるようになる)」の考え方を展開したものである。

形よりして上なる者之を道と謂い、形よりして下なる者之を器と謂う

出典 『易経』繫辞上伝

原文 形而上者謂㆓之道㆒、形而下者謂㆓之器㆒。

意味 目に見える形象以前のものを道といい、目に見える形象以降のものを器という。現象として捕捉できぬものを道といい、できるものを器というのである。「器」は具体的な形象をもつもの。

参考 「形而上」「形而下」の語やメタフィジックスを意味する「形而上学」の語はこの文による。

刀を抽いて水を断てば水更に流れ、杯を挙げて愁いを消せば愁い更に愁う

出典 盛唐、李白詩「宣州謝朓楼餞㆓別校書叔雲㆒」

原文 抽㆑刀断㆑水水更流、挙㆑杯消㆑愁愁更愁。

意味 刀を抜いて水の流れを断ち切っても、水はまたすぐにもとのように流れる。杯を挙げて酒を飲んで愁いを消しても愁いはまた新たにつのる。

参考 この詩の冒頭には「我を棄てて去る者は昨日の日にして留む可からず、我が心を乱す者は今日の日にして煩憂多し（私を棄て去るのは昨日という日で、それを留めることはできず、私を悩ますのは今日という日で、毎日煩わしく憂えることが多い）」とある。その憂愁を酒と風雅にまぎらわそうとしても、刀で水流を断ち切ろうとするようなもので、愁いは尽きない。そして、最終句には「人生世に在りて意に称わず、明朝髪を散じて扁舟を弄せん（人生は意にかなわないものだから、明朝には冠を捨て髪を散らし無位無官の身となって小舟に乗ろう）」とある。謝朓楼は、李白が

敬慕した南朝斉の詩人謝朓が宣城の太守となったときに建てた楼。

刀を呑んで腸を刳り、灰を飲んで胃を洗う

出典 『南史』荀伯玉伝

原文 呑レ刀刳レ腸、飲レ灰洗レ胃。

意味 刀をのみこんで腸を内側から削り、灰を飲んで胃を洗い清める。改心して心身の汚れを取り去るたとえ。

参考 南朝斉の荀伯玉が、主君の高帝から疑われたときの謝罪のことば。

旁らに人無きが若し

出典 『史記』刺客列伝

原文 旁若レ無レ人。

意味 まるで、そばに人がいないかのように、自分勝手に振る舞うこと。人前をはばからず、無遠慮に振る舞うようす。傍若無人。

参考 「風蕭蕭として易水寒し、壮士一たび去って復た還らず（『史記』刺客列伝）」（その項参照）と詠って、秦王政（のちの始皇帝）の暗殺に赴き、再び帰ることがなかった荊軻（人名略解参照）がまだ諸国を遊歴していた頃の話。燕の人高漸離は筑（十三弦の琴）の名手であった。二人は意気投合し、漸離が弦をたたいて鳴らせば、荊軻が和して歌い、またともに大声で泣いたりして、まるでまわりに人がいないかのように振る舞ったという。刺客として秦に赴く荊軻を見送った漸離は、後年、始皇帝の音楽の師となる機会を得て、その暗殺を図るが、失敗して殺される。以後、始皇帝は秦国の者以外を近づけなかった。

夏虫は以て氷を語るべからず

出典 『荘子』秋水

原文 夏虫不レ可三以語二於氷一。

意味 夏に生まれて死ぬ夏虫に、冬の氷の話をしてもむだである。見識の狭い者が、自己の見識の外に広がる真理をわかろうとしないことの

たとえ。

参考 黄河は世界で最も偉大なものであると慢心していた黄河の神の河伯が、北海（渤海）の神である若にその視野の偏狭さを自覚させられる説話の一節、「井鼃（井の中のかわず）は以て海を語るべからざる者は、虚（居所）に拘めばなり。夏虫は以て氷を語るべからざる者は、時に篤ければ（夏を唯一の季節と信じているから）なり」ということばによる。その広大な海そのものも、天地の中の小さい石のようなものであり、天地と比べれば人間の為しうることなどは馬の体の細い毛先のようなものだと言う。類句に「坎井の鼃は、与に東海の楽しみを語るべからず（『荀子』正論）」（その項参照）がある。

隔靴掻痒

⇩棒を掉って月を打ち、靴を隔てて痒きを爬く

渇すれども盗泉の水を飲まず、熱けれども悪木の陰に息わず

出典 西晋、陸機詩「猛虎行」

原文 渇不レ飲二盗泉水一、熱不レ息二悪木陰一。

意味 いくらのどが渇いても「盗泉」という名の泉の水は飲まないし、いくら暑くても悪い木の木陰では休息しない。

参考 「盗泉」は山東省泗水県にある泉の名で、孔子がその地を通りかかった時、ひじょうにのどが渇いていたが、その名を嫌い泉の水を飲まなかったという逸話がある。「悪木」は『管子』（逸文）に基づくことばで、「夫れ士の耿介の心を懐くものは、悪木の枝を蔭とせず。悪木すら尚能く之を恥ず、況んや悪人とともに処らんや」による。

瓜田に履を納れず、李下に冠を正さず

出典 前漢、無名氏詩「君子行」

原文 瓜田不レ納レ履、李下不レ正レ冠。

意味 うりの畑では脱げた靴をかがんではきなおしてはいけない。すももの木の下では冠をなおしてはいけない。うりやすももを盗んでいると疑われるような行為は避けることをいう。「李下の冠」ともいう。

禍と福とは隣して、其の門を知ること莫し

出典 『荀子』大略

原文 禍与レ福隣、莫レ知二其門一。

意味 禍と福とは、隣り合っているものであり、どちらの門が、禍の門であり、福の門であるかはわからない。

参考 禍と福とは、表裏一体のものであり、禍が転じて福となることもあれば、その逆もあり得るのである。禍福は糾える縄の如し。

禍と福とは門を同じくし、利と害とは隣を為す

出典 『淮南子』人間訓

原文 禍与レ福同レ門、利与レ害為レ隣。

意味 災禍と幸福とは同じ門から出入りし、利益と損害とは隣り合わせである。禍と福とはいずれも人が招いた結果であり、どちらにも転ずる可能性をもつ表裏を成す関係にあることをいう。

参考 類似する言に、「禍と福とは隣して、其の門を知ること莫し（『荀子』大略）」（その項参照）がある。禍と福とは背中合わせであり、どちらの門が禍であり福であるかはわからないことをいう。また、禍と福とが人為によることを説く類似の言に、「禍福は門無し。唯人の召く所なり（『春秋左氏伝』襄公二十三年）」（その項参照）がある。

悲しみは生きて別離するより悲しきは莫く、楽しみは新しく相知るより楽しきは莫し

出典　戦国楚、屈原「九歌・少司命」

原文　悲莫レ悲ニ兮生別離一、楽莫レ楽ニ兮新相知一。

意味　悲しみといえば生きて離ればなれに別れることより悲しいことはなく、楽しみといえば新しく知り合いになることより楽しいことはない。

参考　出典に見える「少司命」は、星の名前で女神を意味する。この詩は、女神である少司命が、男神の大司命を思ってうたった歌。恋情を通じた楽しさが、突然生き別れの悲しさに変わることを述べたもの。

必ず事とする有りて、正めすること勿れ

出典　『孟子』公孫丑・上

原文　必有レ事焉、而勿レ正。

意味　必ずつとめ行なうようにしなければならないが、効果を挙げようなどと予期してはならない。予期、予測によってその効果を考えることとは志を損なうことになる。

参考　この一文の直後に「心に忘るること勿れ。助けて長ぜしむること勿れ」（その項参照）が続き、いわゆる「助長」の語の典拠となる一節を導く。

禍に因りて福を為す、成敗の転ずるは、譬えば糾える纆の若し

出典　『史記』南越列伝

原文　因レ禍為レ福、成敗之転、譬若ニ糾纆一。

意味　禍が福となったり、成功が失敗に転じたりすることは、より合わせた縄のように表裏一体である。人生における禍福、物事の成否は変転して定まらないことをいう。

参考　一般には「禍福は糾える縄の如し」の形で用いられている。人間万事塞翁が馬。

瑕は瑜を揜わず、瑜は瑕を揜わず

出典　『礼記』聘義

原文　瑕不レ揜レ瑜、瑜不レ揜レ瑕。

意味　玉のきずは玉の美しさをかくさず、玉の美し

さは玉のきずをかくさない。善と悪とがはっきりあらわれ、互いにかくし合わない。「瑕」は玉のきず、「瑜」は玉の美しい光沢。「瑕瑜」は転じて一つのものが有する欠点と美点。

参考 まごころとは、美徳（長所）と過失（短所）の両方をつつみかくさずに示すことであると述べた孔子のことば。ここから「瑕瑜相揜わず」という句が生まれた。

峨眉山月半輪の秋、影は平羌江水に入りて流る

出典 盛唐、李白詩「峨眉山月歌」

原文 峨眉山月半輪秋、影入二平羌江水一流。

意味 峨眉山のあたりに半輪の月がかかる美しい秋、月影は平羌江に映り川の水とともに流れゆく。

参考 李白が二十五歳頃、故郷の蜀を離れるときの作とされる。峨眉山は四川省にある山の名。平羌江は峨眉山の東北を流れる川。後半二句に「夜清渓を発し三峡に向かえば、君を思えども見えず渝州に下る（この夜私は清渓を出て三峡に向かうのだが、月よあなたをずっと見ていたいと思っても、見えなくなるままに渝州へと下っていく）」とある。

禍福倚伏

⇩禍は福の倚る所、福は禍の伏する所なり

禍福は糾える縄の如し

⇩禍に因りて福を為す、成敗の転ずるは、譬えば糾える纆の若し

禍福は己より之を求めざる者無し

出典 『孟子』公孫丑・上

原文 禍福無下不二自レ己求一レ之者上。

意味 不幸も幸福もすべて自分から求めたものでないものはない。つまり、不幸も幸福も自ら種をまき、招きよせるものである。

参考 国家が安泰である時に、怠け遊んでいたなら

か

ば災いを招くと孟子は言う。類似表現に「禍と福とは門を同じくし、利と害とは隣を為す（『淮南子』人間訓）」（その項参照）、「禍福は門無し。唯人の召く所なり（『春秋左氏伝』襄公二十三年）」（その項参照）などがある。

禍福は地中より出づるに非ず、天上より来るに非ず、己自ら之を生ずるなり

出典　『説苑』説叢

原文　禍福非下従二地中一出上、非下従二天上一来上、己自生レ之。

意味　不幸や幸福は、地から湧いてくるものでもなく、天から降ってくるものでもない。ただ自分がどのように振る舞ったかにより、その結果生じるものでしかないのである。

参考　不幸も幸福も、自分が招くものである。だからこそ修養が大切なのである。修養によって不幸は避けることができると説く。

禍福は門無し、唯人の召く所なり

出典　『春秋左氏伝』襄公二十三年

原文　禍福無レ門、唯人所レ召。

意味　不幸にしろ幸福にしろ、決まった入り口からやってくるものではない。自らが善行を積めば幸福は向こうからやってくるし、悪行をなせば不幸にみまわれる。

参考　閔子馬のことば。類似の表現は多い。『荀子』大略篇には「禍と福とは隣して、其の門を知ること莫し」（その項参照）とあり、『文子』微明篇には「禍の至るや人自ら之を生む。福の来るや人自ら之を成す。禍と福とは門を同じうす」とある。

臥木は蠹を成し易く、棄花は再び春なり難し

出典　中唐、孟郊詩「贈二李観一」

原文　臥木易レ成レ蠹、棄花難二再春一。

意味　倒れた木には虫がつきやすく、落ちた花には

春は再びおとずれない。「蠹」は虫が食う意。友人の李観が科挙に合格したのに対し、自分はまだ合格していない。君は雲の上へ登ろうとするのに私は泥の中だという感慨をいう。

上に居りては克く明に、下と為りては克く忠に、人に与するには備わるを求めず

出典　『書経』伊訓

原文　居レ上克明、為レ下克忠、与レ人不レ求レ備。

意味　人の上に立つ時はよく物に明らかに通じ、人の下で仕える時はよく忠誠を尽くし、他人に対する時は完全さを求めない。

参考　殷の初代の王湯の、為政者としての立派さがこうであったと、湯王の後をついで即位した太甲に宰相伊尹（人名略解参照）が進言したものの一節。『荀子』臣道に「書に曰く、命に従いて払らず、微諫して倦まず、上と為れば則ち明、下と為れば則ち遜」と見える。

上目を用いば則ち下観を飾り、上耳を用いば則ち下声を飾る

出典　『韓非子』有度

原文　上用レ目則下飾レ観、上用レ耳則下飾レ声。

意味　上に立つ者が一つとして見のがすまいとすれば、下の者は見かけを良くしようとする。上に立つ者が一つとして聞きのがすまいとすれば、下の者は聞こえを良くしようとする。

参考　これに続けて「上慮を用いば則ち下辞を繁くす」とある。上に立つ者が思慮をめぐらせば、下の者はことば巧みに切り抜けようとするものである。

上邪まなれば下正し難く、衆枉なれば矯むべからず

出典　南朝宋、何承天詩「上邪篇」

原文　上邪下難レ正、衆枉不レ可レ矯。

意味　人の上に立つ者がよこしまであれば、下の人々を正しく導くことは難しい。多くの人々

がみなよこしまであれば、それを正しく改めさせることはできない。「枉」はゆがんでよこしまであること。

鳧の脛は短しと雖も、之を続がば則ち憂え、鶴の脛は長しと雖も、之を断たば則ち悲しまん

出典 『荘子』駢拇

原文 鳧脛雖レ短、続レ之則憂、鶴脛雖レ長、断レ之則悲。

意味 鴨の脚は短いけれども、これをつぎ足して長くしようとすれば、鴨は苦痛を感じるだろう。鶴の脚は長いけれども、これを切って短くしようとすれば、鶴は嘆き悲しむだろう。生来の自然な状態によけいな作為を加えてはいけないという戒め。「鳧」は野鴨。

参考 鳥の脚の自然な状態を人為的に損ねるというこの例に仮託して、儒家の仁義の教えが、人間の生来の自然な状態に作為を加え、傷つけているということを批判している。

瑕瑜相揜わず

⇩瑕は瑜を揜わず、瑜は瑕を揜わず

体痛き者は口呼ばざる能わず、心悦ぶ者は顔笑わざる能わず

出典 『鄧析子』無厚

原文 体痛者口不レ能レ不レ呼、心悦者顔不レ能レ不レ笑。

意味 身体の調子が悪い人は口に出して訴えずにはいられないし、心中に愉快なことのある人は顔に出して笑わずにはいられない。心身の状態は隠そうとしても自ずと外にあらわれる、ということ。

果蓏にも理有り

出典 『荘子』知北遊

原文 果蓏有レ理。

意味 木の実や草の実にしても、それなりの定まっ

た条理がある。その存在は自然の理法に従っている。「果蓏」は木の実、草の実。

参考　万物には自然の理法がいきわたっており、人間もむろんその下にあるので、寿命の長短、栄辱などに拘泥することなく根源的な自然の理法に従うべきことをいう。

彼を知り己を知れば、百戦して殆うからず

出典　『孫子』謀攻

原文　知レ彼知レ己、百戦不レ殆。

意味　相手と自分の双方の能力を熟知していれば、必ず勝てる。「殆」は危ない目にあう。

参考　本来は戦争に関してのことばだが、今日では勝負ごと全般に用いられる。原文はこの後に「彼を知らずして己を知れば、一勝一負す。彼を知らず、己を知らざれば、戦う毎に必ず殆し」と続く。

夏炉冬扇

⇩夏時の鑪は以て湿を炙り、冬時の扇は以て火を翣ぐ

獺多ければ則ち魚擾れ、鷹衆ければ則ち鳥乱る

出典　『抱朴子』詰鮑

原文　獺多則魚擾、鷹衆則鳥乱。

意味　水辺にかわうそが多いと魚はさわぎ乱れる。空に鷹が多いと鳥はさわぎ乱れる。役人が多すぎると人民は安心して暮らせないことのたとえ。

渇きし者は火を思わず、寒き者は水を求めず

出典　中唐、韋応物詩「城中臥レ疾、知下閣薛二子屢従二邑令一飲上因以贈レ之」

原文　渇者不レ思レ火、寒者不レ求レ水

意味　のどが渇いている者は身体を暖める火をほしいとは思わないし、寒さにふるえている者は、のどの渇きを癒す水を求めたりしない。

参考 韋応物が旅先で病に臥せっているときの詩である。手紙もほとんど来ないが、病気の身ではそれを強いて求めることもないというのである。

川竭（かわつ）きて谷（たに）虚（むな）しく、丘（おか）夷（たい）らかにして淵（ふち）実（み）つ。聖人（せいじん）已（すで）に死（し）すれば、則（すなわ）ち大盗（だいとう）起（お）こらず

出典 『荘子（そうじ）』胠篋（きょきょう）

原文 川竭而谷虚、丘夷而淵実。聖人已死、則大盗不㆑起。

意味 川の水が干上がれば、谷川の流れは自然になくなり、丘が崩れて平らになれば、深い淵も自然にその土砂で埋まる。わざわざ道徳規範をつくる聖人が死に絶えれば、その規範を悪用する奸智に長けた大泥棒もいなくなる。

参考 儒家の尊ぶ聖人が、道徳規範をうち立てることによって、かえって悪人を助けて悪用すべき知恵を提供することになってしまっている。聖人がいなくならないと大泥棒もなくならない。

河（かわ）に臨（のぞ）んで魚（うお）を欲（ほっ）するは、帰（かえ）りて網（あみ）を織（お）るに若（し）かず

出典 『文子（ぶんし）』上徳（じょうとく）

原文 臨㆑河欲㆑魚、不㆑若㆓帰而織㆒㆑網。

意味 川のほとりでやみくもに魚を欲しがるよりは、いったん家に帰って網を作るほうがよい。遠回りに見えようとも、確実な方法を選ぶのがよいということ。

河（かわ）は委蛇（いい）を以（もっ）ての故（ゆえ）に能（よ）く遠（とお）く、山（やま）は陵遅（りょうち）を以（もっ）ての故（ゆえ）に能（よ）く高（たか）し

出典 『説苑（ぜいえん）』説叢（せっそう）

原文 河以㆓委蛇㆒故能遠、山以㆓陵遅㆒故能高。

意味 大河は曲がりくねっているからこそ、遠くまで流れることができるのであり、山はゆるやかに低く連なっているところがあるからこそ、高くそびえ立つことができるのである。

参考 万事、その下地をつくることによってその成果を示すことができるというたとえ。人の道、徳、善もまた同じなのである。

干雲蔽日の木も、葱青より起こる

出典 『後漢書』丁鴻伝

原文 干雲蔽日之木、起二於葱青一。

意味 雲にとどき陽の光をさえぎるほどの大木も、はじめは柔弱な青い苗だったのだ。微細な出来事をなおざりにすることなく、初歩の段階で対処することが肝要だということ。「干」はとどくの意。「蔽」はおおうの意。

参考 この前に「崖を壊し巌を破るの水も、源は涓涓自りす（崖をくずし岩をくだく水流も、はじめは細い流れである）」とあり、「微を禁じるは易く、末を救うは難し（災禍はかすかな徴候の段階で防ぐのは簡単だが、大きくなった後になって救おうとしても難しい）」と続いている。

感慨して自殺するは、能く勇なるに非ず

出典 『漢書』季布伝・賛

原文 感慨而自殺、非二能勇一也。

意味 強く心を打たれたからといって、一時の感情の高ぶりで自ら命をたつのは、本当に勇気のある行為とはいえない。

参考 この前に「賢者は誠に其の死を重んず」とある。「感慨」は「感慨」に同じ。

感慨して身を殺すは易く、従容として義に就くは難し

出典 『近思録』巻十

原文 感慨殺レ身者易、従容就レ義者難。

意味 一時の感情に激して命を捨てるのは容易だが、ゆったりした気持ちで道義に従うのは難しい。「従容」はゆっくり落ち着いたさま。

参考 『程氏遺書』十一に見える北宋の程顥のことば。

稽うる無きの言は聴くこと勿れ。詢わざるの謀は庸うること勿れ

出典 『書経』大禹謨

原文 無レ稽之言勿レ聴。弗レ詢之謀勿レ庸。

意味 道理のはっきりしない意見は聴いてはいけない。多くの人の意見を聴かずひとりよがりのはかりごとを行なってはいけない。

参考 舜が禹に帝の位を譲る時に告げたことばの一節といわれる。『荀子』正名篇末尾には「無稽の言、不見の行、不聞の謀は、君子は之を慎む」とある。王たる者の心得としての言・行・謀の要素が端的に表わされている。

管闚

⇨管を用いて天を闚い、錐を用いて地を指す

坎井の鼃は、与に東海の楽しみを語るべからず

出典 『荀子』正論

原文 坎井之鼃、不レ可三与語二東海之楽一。

意味 破れ井戸の蛙では、東海の広大な楽しみをともに語ることはできない。

参考 類似する句として、『荘子』秋水の「井鼃は以て海を語るべからずとは、虚に拘わればなり」が挙げられる。「鼃」は蛙。井の中の蛙（狭い見識）では、決して博い見識・見聞を保持することはできないということのたとえ。日本では一般に「井の中の蛙、大海を知らず」という。

甘井は先ず竭き、招木は先ず伐らる

出典 『墨子』親士

原文 甘井先竭、招木先伐。

意味 うまい水を出す井戸は最初に汲み尽くされ、高くて目立つ木は最初に伐られる。自らの長所によって、かえって寿命を縮めることのたとえ。

参考 『荘子』山木にも、「直木は先ず伐られ、甘井は先ず竭く」（その項参照）とある。

甘井は先ず竭く（かんせいはまずつく）

⇩直木は先ず伐られ、甘井は先ず竭く

官は宦成るに怠る（かんはかんなるにおこたる）

出典 『説苑』敬慎

原文 官怠ニ於宦成一。

意味 官に仕える者は、官庁で安定した地位を得るとその任務を怠るものである。「宦成」とは仕官して立身出世すること。「宦」は仕官の意。また、官吏となって長く年月を経た者。

参考 物事に慣れてしまうと心がゆるみ初心を忘れてしまうことをいう。曾参（曾子）が二人の息子、曾元と曾華に言ったことばで、「官」と並び「病」「禍」「孝」を例にとり、初心忘るべからずと説く。また、このことばを終えるに当たって曾参は『詩経』大雅・蕩の「初め有らざること靡し、克く終わり有ること鮮し」（その項参照）を引く。

官は私昵に及ぼさず（かんはしじつにおよぼさず）

出典 『書経』説命・中

原文 官不レ及ニ私昵一。

意味 官職の任用には私情を入れてはならない。

参考 殷の宰相傅説（人名略解参照）のことば。「私昵」は個人的にとくに目をかけて愛する者の意。

歓楽極まって哀情多し（かんらくきわまってあいじょうおおし）

出典 前漢、漢武帝「秋風辞」

原文 歓楽極兮哀情多。

意味 よろこびやたのしみが極まると、そこには哀しみがふつふつとわいてくる。

参考 武帝が黄河の東に行幸し、地の神を祀り、群臣たちと船の上で宴を開いた時に作ったもの。この後の「少壮幾時ぞ老いを奈何にせん（若いころがどれほど続くというのか、やがてくる老いをどうしたらよいだろう）」とともに古来有名な句である。以下に「秋風の辞」の全文をあげる。

秋風起兮白雲飛、草木黄落兮雁南帰、
蘭有レ秀兮菊有レ芳、懐二佳人一兮不レ能レ忘、
泛二楼船一兮済二汾河一、横二中流一兮揚二素波一、
簫鼓鳴兮発二棹歌一、
歓楽極兮哀情多、少壮幾時兮奈レ老何。

秋風起こりて白雲飛ぶ、草木黄落して雁南に帰る、蘭に秀でたる有り菊に芳しき有り、佳人を懐いて忘るる能わず、楼船を泛べて汾河を済り、中流に横たわりて素波を揚ぐ、簫鼓鳴って棹歌を発し、歓楽極まって哀情多し、少壮幾時ぞ老いを奈何にせん。

寒流月を帯びて澄めること鏡の如し、夕吹霜に和して利きこと刀に似たり

出典 中唐、白居易詩「江楼宴別」

原文 寒流帯レ月澄如レ鏡、夕吹和レ霜利似レ刀。

意味 清らかで冷たい川の流れは月を映して鏡のように澄んでいる。夕べの風は霜を含んで刀のようにつめたくするどい。

参考 長江のほとりの楼上で送別の宴をした時の風景。

暵潦を知る者は農に如くは莫し、水草を知る者は馬に如くは莫し、寒暑を知る者は虫に如くは莫し

出典 明、劉基「郁離子」専心

原文 知二暵潦一者莫レ如レ農、知二水草一者莫レ如レ馬、知二寒暑一者莫レ如レ虫。

意味 日照りと長雨については農夫が最もよく知っており、水と草については馬が最もよく知っており、暑さと寒さについては虫が最もよく知っている。「暵」は日照り、「潦」は大雨。

参考 それぞれの分野にはそれぞれの専門家がおり、それぞれの道において専心すれば、必ず真知が得られるようになることをいう。

韓盧を馳せて蹇兎を逐うが若し

出典 『戦国策』秦策

原文 若下馳二韓盧一而逐中蹇兎上也。

意味 韓盧という足の速い名犬に足の不自由な兎を追わせるようなものだ。強者が容易に弱者を討つ、また、容易に目的を達することができることをいう。「韓盧」は戦国時代の韓の名犬。「蹇」は片足が不自由なこと。

参考 戦国時代の魏の遊説家范雎（人名略解参照）のことば。天下の諸侯に対した際の秦の国力の強大さをたとえたもの。

棺を蓋いて始めて能く士の賢愚を定め、事に臨みて始めて能く人の操守を見る

出典 北宋、林逋『省心録』

原文 蓋レ棺始能定二士之賢愚一、臨レ事始能見二人之操守一。

意味 人の賢愚は、その人が死んではじめて決めることができ、人の節操は、その人が難事に直面してはじめて見定めることができる。「操守」は節操、正しい道を進んではずれないこと。

参考 人間の価値は、一時的な事柄では決められないことをいう。作者の林逋は、高潔な人柄で、西湖（浙江省杭州市）の孤山に隠れ住んだ人物として知られる。

官を侵すの害は寒きより甚だし

出典 『韓非子』二柄

原文 侵レ官之害甚二於寒一。

意味 他人の職分にまで手を出すことの害は、寒さよりもはなはだしい。越権行為は、身に直接およぶ害悪よりもひどいという。

参考 昔、韓の昭侯（在位、前三六二―三三三）が酒に酔ってうたた寝をしていた。その折、冠の係の者が主君の寒そうなのを目にし、衣服をかけた。目醒めた昭侯は冠の係の者と衣服の係の者の両方を罰した。それは、冠の係の者は自分の職分を越える行ないをしたか

らであり、衣服の係の者は自分の職分を怠ったからである。以上の故事をふまえたことば。韓非の法家としての立場をよく示す挿話として知られる。

き

既往は咎めず

⇩成事は説かず、遂事は諫めず、既往は咎めず

機械有る者は、必ず機事有り。機事有る者は、必ず機心有り

出典 『荘子』天地

原文 有㆓機械㆒者、必有㆓機事㆒。有㆓機事㆒者、必有㆓機心㆒。

意味 仕掛けを用いる者は、必ずこざかしいくわだてをする。こざかしいくわだてをする者は、必ず狡猾な心を持つ。「機械」はからくりのある道具。「機事」はもくろみ、たくらみ。「機心」はこざかしいたくらみをしようとする心。

参考 孔子の弟子の子貢が、道具を使わずに水甕をかかえて往復するという能率の悪い畑仕事をしている老人に、はねつるべを使うようにと声をかけたところ、こざかしい道具こそ人間の純粋な心を損ない、無為自然の大いなる真理から見離される結果をもたらすのだと、逆に老人から以下のように批判された寓話による。「機械有る者は、必ず機事有り。機事有る者は、必ず機心有り。機心胸中に存すれば、則ち純白（純真な心）備わらず。純白備わらざれば、則ち神なる生（霊妙な生命活動）定まらず。神なる生定まらざる者は、道（宇宙の根源をなす真理）の載せざる所なり」

聞かざるは之を聞くに若かず、之を聞くは之を見るに若かず、之を見

るは之を知るに若かず、之を知るは之を行なうに若かず。学は之を行なうに至りて止む

出典　『荀子』儒効

原文　不レ聞不レ若レ聞レ之、聞レ之不レ若レ見レ之、見レ之不レ若レ知レ之、知レ之不レ若レ行レ之。学至二於行一レ之而止矣。

意味　聞かぬは聞くに及ばず、聞くは見るに及ばず、見るは知るに及ばず、知るは実践に及ばない。故に、学問は実践する段階に至って目的を達したと言い得るのである。

参考　学問とは、実践によって物事に通じるのが最終目的であるというのである。

樹堅ければ風の吹き動かすを怕れず、節操稜稜たれば還た自ら持す

出典　明、于謙詩「北風吹」

原文　樹堅不レ怕二風吹動一、節操稜稜還自持。

意味　樹木は根がはってしっかりとしていれば、風が吹いて幹や梢を動かすのをおそれない。同じように節操は厳しくきちんとしていれば、やはりそれ自体で保持していける。

参考　「稜稜」はもと寒さが厳しいという意で、そこから角立ったきちんとしたようすを表す。寒い北風にむかって自らを節する態度である。

騏驥驊騮は、一日にして千里を馳するも、鼠を捕うるは狸狌に如かず

出典　『荘子』秋水

原文　騏驥驊騮、一日而馳二千里一、捕レ鼠不レ如二狸狌一。

意味　「騏驥」「驊騮」といった駿馬は、一日に千里走ることができるが、鼠をつかまえることでは猫にはかなわない。物にはそれぞれ違ったとりえがあるというたとえ。「騏驥」「驊騮」（周の穆王が巡幸に用いた馬）は駿馬の意。「狸狌」は猫やいたち。

参考 尭は舜に位を譲り、それは理想的な禅譲とされ、一方戦国時代の燕の王の噲は宰相の子之に位を譲り、内乱を招き国を斉に滅ぼされることになったことを例に挙げ、良いも悪いも、その時の状況しだいであることをいう説話の中の一節。この句の前に「梁麗は以て城を衝くべきも、以て穴を窒ぐべからず」（その項参照）とある。

騏驥も一躍にては十歩なること能わざるも、駑馬の十駕するは、功舎かざるに在ればなり

出典 『荀子』勧学

原文 騏驥一躍不㆑能㆓十歩㆒、駑馬十駕、功在㆑不㆑舎。

意味 どんなにすぐれた駿馬であっても一足で十歩進むことはできないが、駑馬が十日進みつづけることができるのは、事の成果が、持続によって得られるものだからである。優れた者でも一日にして成ることはできず、またどのような凡人でも毎日のたゆまぬ努力によって成果を得ることはできるのである。「騏驥」は駿馬。「駑馬」は足ののろい馬。

参考 類句として『荀子』脩身に「驥は一日にして千里なるも、駑馬も十駕すれば則ち亦之に及ぶ」（その項参照）がある。

箕裘の業

⇩良弓の子は、必ず先ず箕を為り、良冶の子は、必ず先ず裘を為る

枳棘の林は、鸞鳳の集まる所に非ず

出典 『資治通鑑』漢紀・桓帝延熹七年

原文 枳棘之林、非㆓鸞鳳所㆒㆑集。

意味 からたちやいばらのようなとげのある悪木に鸞鳳のような霊鳥はやってこない。優れた人間は低い地位にはいないというたとえ。「鸞鳳」は霊鳥のことで賢人、有徳の人のたとえ。

参考 陳留郡に仇香という亭長（宿駅の長。治

安・旅客管理・民事処理の任にあたった）がいた。ある母親が息子の親不孝なことを訴え出てきた。そこで仇香はみずからその息子のところへ出向き、息子に人としての道を諄諄と説いたので、息子も感ずるところがあって、ついに孝子となった。それを聞いた県令の王奐が仇香に「陳元（息子）を罰せずしてこれを化（教化）すは、鷹鸇の志（悪をとり除く勇猛な心）を少（欠）くことなきを得んや」と言うが、それに対し「鷹鸇（勇猛な鷹や鸇の意から、厳罰主義）は鸞鳳（徳化主義）にしかず（及ばない）」と答える。王奐は感服し仇香のことを「枳棘の林は、鸞鳳の集まる所に非ず、百里は大賢の路に非ず（あなたのような大賢は、現在のような小さな県ではなく、もっと大きい場所で高い地位につくべきだ）」とほめたたえたという話に基づく。

木朽ちて蝎中にあり、草腐りて蛍飛ぶ

出典 中唐、柳宗元「天説」

原文 木朽而蝎中、草腐而蛍飛。

意味 木は朽ちても木食虫はその中に生まれ、草は腐ってもその中から蛍が生まれ飛びたつ。「蝎」は木食虫のこと。

参考 また蛍は晩夏に腐った草が化して蛍になると考えられていた。本来は、物が腐って壊れてからそこに虫は生ずるのであり、虫が物を破壊してこそ生きられるように、人も天地を壊して生きているのだという意味。この語句だけで、古いものの中から新しいものが生まれるという意味で用いられることもある。このことばは柳宗元が韓愈の語ったことばとして引用するものである。

菊は花の隠逸なる者なり。牡丹は花の富貴なる者なり。蓮は花の君子なる者なり

出典 北宋、周敦頤「愛蓮説」

原文　菊花之隠逸者也。牡丹花之富貴者也。蓮花之君子者也。

意味　花の中でも、菊は俗世を避けて隠れすむ隠者のように気高いものである。牡丹は富貴な人のように華やかである。蓮は君子のように清らかで美しい。

参考　北宋の儒学者周敦頤は、蓮の泥中に咲き出てもその汚れに染まらず、その美しさは妖しいものではなく、茎の中は孔が通ってまるで心が道理に通じているかのようであり、まっすぐに伸び遠くまで香りながら池にあってむやみに近づけないことなどを挙げて君子にたとえ、とくに愛した。また同時に、俗世を嫌って退隠した東晋の詩人陶淵明が菊を好んだのに比し、世俗の人が富貴な趣の牡丹を好むのと一線を画したのである。

規矩は方員の至りなり。聖人は人倫の至りなり

出典　『孟子』離婁・上

原文　規矩方員之至也。聖人人倫之至也。

意味　コンパスとさしがねは方形や円形を描く上での最良の道具であり、聖人は人の道を行なう上での最良の手本である。「員」は円と同じ。

参考　堯や舜といった聖人のあり方を手本としてのっとりさえすればよい、という孟子の考えに基づくことば。

菊を採る東籬の下、悠然として南山を見る

出典　東晋、陶潜詩「飲酒」其五

原文　採レ菊東籬下、悠然見二南山一。

意味　家の東の籬の下で菊をとり、ふと頭を上げると、ゆったりとした姿の南山が目に入る。「籬」は柴などでできた垣。「南山」は廬山のこと。

参考　「酒を飲む」は、夜に酒を飲んで酔い、一人楽しむために作られたもので、「帰去来の辞」を作って、田園生活に戻ってきた後の作品である。自然に囲まれて、陶潜（陶淵明）の望ん

でいた世俗を超えた隠逸生活の中で、ゆったりと落ち着いた日々を送っているようすが読みとれる。詩句中の「悠然」は淵明の心境と南山のたたずまいを重ねていうものであろう。「酒を飲む」は二十首の連作で、「菊を採る東籬の下、……」は其の五。

廬を結びて人境に在り、
而も車馬の喧しき無し。
君に問う何ぞ能く爾るやと、
心遠ければ地自ら偏なり。
菊を採る東籬の下、
悠然として南山を見る。
山気日夕に佳し、
飛鳥相与に還る。
此の中に真意有り、
弁ぜんと欲して已に言を忘る。

騎虎の勢い

⇩虎に騎る者は、勢い下りるを得ず

聞こゆる無きを病むこと勿れ、其の曄曄たるを病め

出典 中唐、韓愈「知名箴」

原文 勿レ病レ無レ聞、病二其曄曄一。

意味 自分の名前が世に知られないことを気に病むことはない。むしろ自分の名があまりにも輝かしく知られることのほうを心配せよ。

参考 「曄曄」は輝いてさかんなようす。「煜煜」となっている本もある。

鍥んで之を舎けば、朽木も折れず、鍥んで舎かざれば、金石も鏤むべし

出典 『荀子』勧学

原文 鍥而舎レ之、朽木不レ折、鍥而不レ舎、金石可レ鏤。

意味 刻みかけて途中でやめてしまったならば、腐った木でさえも折ることはできないが、休

みなく刻み続けたならば、金石さえも彫りつけることができる。途中で努力することをやめてしまえば、どんなに容易な事であってても達成することはできない。不断の努力によってのみ可能性は大きくなるのである。「鍥」は刻の意。

機事有る者は、必ず機心有り（きじあるものは、かならずきしんあり）

⇨機械有る者は、必ず機事有り。機事有る者は、必ず機心有り

木茂りて鳥集まる（きしげりてとりあつまる）

⇨水積もりて魚聚まり、木茂りて鳥集まる

樹静かならんと欲すれど風止まず、子養わんと欲すれど親待たず（きしずかならんとほっすれどかぜやまず、こやしなわんとほっすれどおやまたず）

出典 『韓詩外伝』巻九

原文 樹欲レ静而風不レ止、子欲レ養而親不レ待。

意味 樹木が静かになろうと願う時には風はやんでくれず、子供が親を養い孝行しようと願う時には親は待ってくれずに亡くなってしまう。孝行したい時には親はいないということ。

参考 「風樹の歎」、「風木の悲しみ」としても知られる。また、これは周の孝子皐魚が孔子に答えたことばの一節であることから、「皐魚の泣」ともいう。なお、ほぼ同様の文章が、『説苑』敬慎篇・『孔子家語』致思篇などにも見える。

疑事は功無く、疑行は名無し（ぎじはこうなく、ぎこうはななし）

出典 『戦国策』趙策

原文 疑事無レ功、疑行無レ名。

意味 疑いを抱きながらことにあたれば、功績はあがらないし、疑いを抱いて行動すれば、名声は得られない。

参考 趙の武霊王が、軍事力を高めるため、戦いのとき動きにくい伝統的な衣服を捨てて騎射に適した北方の胡狄の服を着用する（胡服騎射）ことを考えた際に、世間の批判を懸念して実行を躊躇していた。そのとき賢臣の肥義が王の決断を促して述べたことば。

き

帰師は遏むる勿れ。囲師には必ず闕き、窮寇には迫る勿れ

出典 『孫子』九変

原文 帰師勿レ遏。囲師必闕、窮寇勿レ迫。

意味 逃げ帰ろうとする敵軍を、とどめてはいけない。敵軍を包囲するときには逃げ道を作っておき、窮地に陥った敵軍をあまり追いつめてはいけない。絶体絶命の敵は死に物狂いになるものだから、むやみに追いこんではかえって危険だということ。

参考 『孫子』九変の冒頭で、戦いの原則として挙げる九か条のうちの最後の三つ。

嬉笑怒罵、皆文章を成す

出典 北宋、黄庭堅「東坡先生真賛」

原文 嬉笑怒罵、皆成二文章一。

意味 たわむれに笑って発することばも、怒りののしって発することばも、それがそのまま立派な文章となる。

参考 黄庭堅が蘇軾（人名略解参照）の文のあり方を賛美したことば。蘇軾の文章を評するものとして、蘇軾自らが文章について述べた「行雲流水の如く、初めより定質無く、但常に当に行くべき所に行き、常に止まらざるべからざる所に止まる」（答二謝民師一書）がよく知られる。作為性をしりぞけて、感情の自然な表出を求めた姿勢が理解できるであろう。ちなみに「行雲流水」はこれに基づく。

疑心暗鬼を生ず

出典 『列子鬳斎口義』説符

原文 疑心生二暗鬼一。

意味 心に疑いがあると、さまざまな恐ろしい妄想が生ずる。

参考 『列子鬳斎口義』は南宋の林希逸の『列子』の注釈書。『列子』説符篇の「鈇をなくした男が隣家の息子のせいではないかと疑ったところ、一挙手一投足すべてがまさしく鈇を盗んだ人物に見えた」という話の注解中に引く諺に基

づく。それによると、「諺に『疑心暗鬼を生ず』とあるが、心に疑う気持ちがあると、相手が鈇を盗んでいなくても、その人の動作がすべて疑われてくる」という。同義語に『列子』の故事より生まれた「竊鈇の疑い」がある。また、類句には『晋書』楽広伝に見える故事から生まれた「杯中の蛇影」がある。四字熟語の「疑心暗鬼」はここが典拠。

貴人の常に禍あるは寵に傷むなり

⇨嬰児の常に病むは飽に傷むなり。貴人の常に禍あるは寵に傷むなり

鬼神を敬して之を遠ざく

出典 『論語』雍也

原文 敬二鬼神一而遠レ之。

意味 神霊を崇敬するが、それらとは距離をおくようにする。なれなれしく近づかない。

参考 孔子のことば。神秘的なものの存在を否定せず、それを崇敬しつつも、現実の人間社会においてなすべきことがおろそかにならぬよう、あえてそれと距離をおくのが知者の態度だというのである。「敬遠」の語の典拠。「未だ生を知らず、焉んぞ死を知らん」「未だ人に事うること能わず、焉んぞ能く鬼に事えん」「怪力乱神を語らず」の各項参照。

気息奄奄

⇨日西山に薄りて、気息奄奄たり

来る者は拒むこと勿れ、去る者は追うこと勿れ

出典 『春秋公羊伝』隠公二年・注

原文 来者勿レ拒、去者勿レ追。

意味 自ら進んで来る者を拒んではいけない。自ら立ち去る者を引き止めてはならない。

参考 『春秋』の経文「二年春、公、戎と潜に会す」に付けられた何休の注の一節。『孟子』尽心・下には「往く者は追わず、来る者は拒まず」（その項参照）という類似の表現が見える。

羈鳥は旧林を恋い、池魚は故淵を思う

出典 東晋、陶潜「帰二園田居一」

原文 羈鳥恋二旧林一、池魚思二故淵一。

意味 籠の中にある鳥は住んでいた林を恋い慕い、池の魚はもといた淵をなつかしく思う。「羈鳥」はつながれた鳥の意。

参考 「園田の居に帰る」は、彭沢の令（長官）を辞して、役人生活から田園に帰って来てまもなくに作られたものである（義熙二年（四〇六）四十二歳のとき）。陶潜（陶淵明）は、これまで出仕と辞職を何度か繰り返したが、彭沢の令以降は田園生活から離れることはなかった。この詩では、淵明の望んでいた隠逸生活の楽しさがうたわれている。鳥や魚は淵明自身をたとえ、「羈鳥」と「池魚」は束縛された役人生活と郷里での気ままな生活への思いを表わしている。現在では、転じて、旅人が故郷をなつかしむたとえとして用いられる。

吉凶は糾える縄の如し

⇩吉凶は糾纆の如く、憂喜は相紛繞す

吉凶は糾纆の如く、憂喜は相紛繞す

出典 西晋、孫楚「征西官属送二於陟陽侯一作詩」

原文 吉凶如二糾纆一、憂喜相紛繞。

意味 吉と凶はより合わせた縄のようなもので、憂いと喜びはもつれいりみだれている。

参考 今日では、「吉凶は糾える縄の如し」で、吉事と凶事はかわるがわる交互にやってくるという意味で用いられている。類義語に「禍福は糾える縄の如し」などがある。

狐は死して丘に首い、心本を忘れず

出典 『晋書』張寔伝

原文 狐死首レ丘、心不レ忘レ本。

意味 狐は死ぬ時に、自分の生まれた丘のほうに頭を向けるというが、それは自分の故郷を忘れていないからである。

参考 張寔（東晋の元帝の時の大都督）の叔父である張肅のことば。

器と名とは以て人に仮すべからず

出典 『春秋左氏伝』成公二年

原文 器与レ名不レ可二以仮一レ人。

意味 器（天子が諸侯に賜る、位階に応じた車や服）と名（地位に応じた爵号）は、むやみに人に貸し与えてはいけない。社会の秩序を守るためには、名分は正さなければならないということ。

参考 孔子のことば。この後「名は以て信を出し、信は以て器を守り、器は以て礼を蔵し、礼は以て義を行ない、義は以て利を生じ、利は以て民を平らぐ。政の大節なり」とある。類似のことばとして、『史記』魯世家に「器と名とを慎み、以て人に仮すべからず」とある。

貴に処りて旧を忘れず

出典 初唐、張説詩「五君詠」其三・李趙公嶠

原文 処レ貴不レ忘レ旧。

意味 高い身分になってももとの境遇を忘れない。

参考 張説が五人の唐代の人物について詠んだ詩のうちの一つ。五人とは魏元忠、蘇瓌、郭元振、趙彦昭とこの詩の李嶠である。李嶠は若い頃から優秀で才能にあふれ、官位も高く上がり、文章の大家としても有名である。

木に縁りて魚を求むるは、魚を得ずと雖も、後の災い無し

出典 『孟子』梁恵王・上

原文 縁レ木求レ魚、雖レ不レ得レ魚、無二後災一。

意味 木に登って魚を捕らえようとするのは、かりに魚が得られなくても、後の災いというものは何もない。「木に縁りて魚を求む」とは、方法を誤ると目的が達成できないこと、また、見当ちがいの困難な望みを抱くことをたとえたことば。

参考 孟子が斉の宣王に対し、武力をもって天下の覇たらんとすることの非を説いた際に用いた

ことば。魚がとれなくてもどうということはないが、国策を誤ると、目的が達成されないばかりか、後に禍害が残ることもあろうと指摘する。類句に「天を指して魚を射る」（『説苑』尊賢）がある。

木の実繁れば其の枝を披き、其の枝を披けば其の心を傷る

出典 『戦国策』秦策

原文 木実繁者披二其枝一、披二其枝一者傷二其心一。

意味 木の実が実りすぎると、その枝は折れてしまい、枝が折れると、木の幹を傷めてしまう。末が肥大してしまうと本が危うくなるということ。「心」は木の幹。

参考 魏の遊説家范雎（人名略解参照）が秦の昭王に説いたことば。この後に「其の都を大にすれば、其の国を危うくし、其の臣を尊くすれば、其の主を卑くす」と続く。宣太后（昭王の母）らが昭王を無視して政権を握っているのを憂えて述べたもの。

驥は一日にして千里なるも、駑馬も十駕すれば則ち亦之に及ぶ

出典 『荀子』修身

原文 驥一日而千里、駑馬十駕則亦及レ之矣。

意味 駿馬は一日にして千里を走るものであるが、駑馬であっても十日続けて走れば、千里先の地へたどり着くことができる（駿馬に追いつくことができる）。目標の地を定め、それに向かって進むならば、凡・非凡の才にかかわらず、不断の努力によって到達できるものである。学問も然りである。「驥」は駿馬。「駑馬」は足ののろい馬。

参考 類句に「騏驥も一躍にては十歩なること能わざるも、駑馬の十駕するは、功舎かざるに在ればなり（『荀子』勧学）」（その項参照）がある。

機は失うべからず、時は再び来らず

出典 『旧五代史』晋書・安重栄伝

原文 機不レ可レ失、時不二再来一。

意味　機会は逃してはいけない。その機会は二度とめぐってはこない。

参考　『史記』淮陰侯列伝には、「時は、得難くして失い易きなり。時なるかな時、再びは来らず（時は得るのが難しく失うのは簡単だ。ああ、時というものは二度とはこないのだ）」とある。

木は縄を受くれば則ち直く、金は礪に就けば則ち利し

出典　『荀子』勧学

原文　木受レ縄則直、金就レ礪則利。

意味　木は墨縄をあてればまっすぐになり、金属は砥石でみがけば鋭くなる。学問、学習をすることによって、広い知識を身につければ自ずと行ないは正しく、よりよいものとなることをいう。

参考　「縄」は大工が木に印をつける際に用いる墨縄の意。

気は蒸す雲夢の沢、波は撼かす岳陽城

出典　盛唐、孟浩然詩「臨二洞庭一上二張丞相一」

原文　気蒸雲夢沢、波撼岳陽城。

意味　雲夢の沼沢から雲霧が立ちのぼり、洞庭湖の波が岳陽の町をゆり動かすかのようだ。

参考　「雲夢沢」は洞庭湖の北部にあった大きな沼沢地。「岳陽」は洞庭湖畔にある町。岳陽から見る洞庭湖の壮大な風景の描写で、古来、杜甫の「登二岳陽楼一」の「呉楚東南に坼け、乾坤日夜浮かぶ」（その項参照）とならんで、洞庭湖をうたう絶唱とされた。

危邦には入らず、乱邦には居らず

出典　『論語』泰伯

原文　危邦不レ入、乱邦不レ居。

意味　危険な状態にある国には足を踏み入れず、すでに乱れてしまった国には留まらない。

参考　道を学ぶ者の身の処し方を説いた孔子の言。

蹞歩を積まざれば、以て千里に至ること無く、小流を積まざれば、以て江海を成すこと無し

出典 『荀子』勧学

原文 不レ積二蹞歩一、無三以至二千里一、不レ積二小流一、無三以成二江海一。

意味 半歩ずつであっても、それを重ねてゆかないことには千里にいたることはなく、小さな流れが集まらなければ大きな川や海にはなりえない。物事を成し遂げるためには、小さな事をくり返し積み重ねていくことが唯一の法である。

参考 類句に「跬歩も休まざれば跛鼈も千里す（『淮南子』説林訓）」がある。「蹞歩」も「跬歩」も半歩の意。「跛鼈」は足の悪いスッポン。

君君たらずと雖も、臣以て臣たらざるべからず

出典 前漢、孔安国「古文孝経序」

原文 君雖レ不レ君、臣不レ可二以不一レ臣。

意味 君主に君主たる徳がなくとも、臣は臣たる道を守って忠義を尽くさなければならない。

参考 このことばの後に「父父たらずと雖も、子は以て子たらざるべからず」（その項参照）とある。

君君たり、臣臣たり、父父たり、子子たり

出典 『論語』顔淵

原文 君君、臣臣、父父、子子。

意味 君主は君主らしく、臣下は臣下らしく、父は父らしく、子は子らしくする。

参考 斉の景公（前五四七～前四九〇在位）が政治についてたずねた際の孔子のことば。孔子は三十五歳から数年間、斉の国へ行っていた。

君為ること難し、臣為ること易からず

出典 『論語』子路

原文 為レ君難、為レ臣不レ易。

意味 君主となるのは難しい。臣下となるのも容易なことではない。

参考 君主、臣下それぞれにその職責を全うすることの難しさを述べている。魯の定公が、ただ一言で国を栄えさせるようなことばがあるかとたずねたのに対して、孔子が示したことば。

君と遠く相知らば、雲海の深きを道わず

出典 盛唐、王昌齢詩「寄二驩州一」

原文 与レ君遠相知、不レ道二雲海深一。

意味 君と遠く離れていても心で理解しあっていたなら、君とぼくの間の雲の海がどれほど深く遠かろうと、それは問題にならない。

参考 『全唐詩逸』にこの二句のみがあり、詩の全体は伝わらない。

君に勧む更に尽くせ一杯の酒、西のかた陽関を出ずれば故人無からん

出典 盛唐、王維詩「送三元二使二安西一」

原文 勧レ君更尽一杯酒、西出二陽関一無二故人一。

意味 さあ君、もう一杯飲みたまえ。西をさして陽関を出たなら友人もいないだろうから。

参考 「陽関」は西域と中国の間の関所で、今の敦煌の西にあった。「故人」は友人。この詩は「陽関曲」とも呼ばれ、送別の情を賦す歌曲として長く流行してきた。とくに結句の「西のかた陽関を出ずれば故人無からん」を反復して歌うので、それを「陽関三畳」という。七言絶句であるが、前二句は「渭城の朝雨軽塵を浥し、客舎青青柳色新たなり」（その項参照）で、清澄な景色の中に惜別の情がうたわれている。

君の悪を長ずるは、其の罪小なり。君の悪を逢うるは、其の罪大なり

出典 『孟子』告子・下

原文 長二君之悪一、其罪小。逢二君之悪一、其罪大。

意味 君主の悪事を諫めることができず、ますます増長させるのは、臣下として罪ではあるが、まだその罪は軽い。それに比べて、君主をそそのかして悪心を導き出すようにするのは、その罪は真に大である。「逢」は「迎」に通じ、あたかもこちらから迎えるように悪心を導き出すことの意。

参考 これは、今日の大夫が諸侯に対して罪人であると断ずる孟子のことば。

君の臣を視ること手足の如くなれば、則ち臣の君を視ること腹心の如し

出典 『孟子』離婁・下

原文 君之視レ臣如二手足一、則臣視レ君如二腹心一。

意味 君主が臣下を自分の手足のようにいたわり、大切に扱うならば、臣下もまた恩義を感じて、君主を重んじ視ること、自分の腹や心のように大切にするであろう。

参考 孟子が斉の宣王に語ったことば。このことばの後に、これとは逆に、君主が臣下を軽んじ卑しめれば、臣下も恨みを感じて、君主を仇敵のように見なすであろうという意の一節が続く。

君の読む所の者は、古人の糟魄のみ

出典 『荘子』天道

原文 君之所レ読者、古人之糟魄已夫。

意味 あなたさまが読んでおられる書物は、古代の聖人の残りかすである。文字やことばによって、それを残した古人の体得していた真理をつかむことはできないという戒め。

参考 堂上で書見をしていた斉の桓公（春秋時代の最初の覇者）を、堂の下で車輪を作っていた車大工の扁という者が、以下のように批判した寓話による。

桓公、書を堂上に読む。輪扁、輪を堂下に斲

る。椎鑿を釈いて上り、桓公に問うて曰わく、「敢えて問う、公の読む所は何の言と為すや」と。公曰わく、「聖人の言なり」と。曰わく、「聖人在りや」と。公曰わく、「已に死せり」と。曰わく、「然らば則ち君の読む所の者は、古人の糟魄のみ」と。

君は清路の塵の若く、妾は濁水の泥の若し

出典 三国魏、曹植「七哀詩」

原文 君若二清路塵一、妾若二濁水泥一。

意味 あなたは清らかな道の上の塵のようで、風に吹かれてどこにでも飛んで行けますが、私は濁った水に沈んでいる泥のようで、ここから離れることはできません。

参考 夫が旅に出て十年以上になる妻の悲嘆と再会への熱望をうたった詩の一節。以前は二人一緒に暮らしていたのに、今では、「清路の塵」と「濁水の泥」のような浮沈の差ができてしまった。一人で頼るところもないので、早くあなたのふところに入りたいという願いをこめている。

君密ならざれば則ち臣を失い、臣密ならざれば則ち身を失い、幾事密ならざれば則ち害成る

出典 『易経』繋辞上伝

原文 君不レ密則失レ臣、臣不レ密則失レ身、幾事不レ密則害成。

意味 君主がことばを慎重にしないと臣下を失うこととなり、臣下がことばを慎重にしないと身を滅ぼすこととなり、機密のことはことばを慎重にしないと妨害が起こる。だから君子はことばを慎重にして、みだりにしゃべらないのである。「密」はことばを慎重にして秘密を保つこと。「幾事」は機密のこと。

参考 孔子のことばとして、「乱の生ずる所は、言語以て階となす」に続いて引用される。つまり、混乱が生ずるに際しては、言語がその最初の

段階となるのである。

記問の学は、以て人の師と為るに足らず

出典　『礼記』学記

原文　記問之学、不レ足三以為二人師一。

意味　ただ暗記しているというだけの学問では、人の師となるには十分でない。「記問の学」とは、ただ古書を読んで記憶し、他人の問いを待つだけの学問のこと。

参考　真の学問とは、ただ暗記して物知りになるためのものではなく、心にじっくりと会得することであることを述べたことば。

九河盈溢すれば、一凷の防ぐ所に非ず

出典　後漢、蔡邕「釈誨」

原文　九河盈溢、非二一凷所一レ防。

意味　黄河の水がひとたびあふれ出したら、一塊のつちくれで防ぎ止めることはできない。「九河」は黄河。九つの支流から成ると考えられていた。「凷」はつちくれ、塊。

参考　大災害になってからでは遅く、何も手の打ちようがない。わずかな徴候があらわれた段階で対策を立て、備えをしておくべきことをいう。

牛驥一皁を同じくし、鶏棲に鳳凰食す

出典　南宋、文天祥詩「正気歌」

原文　牛驥同二一皁一、鶏棲鳳凰食。

意味　鈍牛と駿馬とが一つの同じうまやにおり、にわとり小屋で鳳凰がえさを食べている。

参考　「正気の歌」は最後まで元の世祖フビライに屈しなかった南宋の遺臣文天祥が、元の大都（北京）の獄中で作った五言古詩。この二句は獄にある自らを駿馬・鳳凰になぞらえ、なお失わない漢民族としての誇りと気概を示したもの。この詩はわが国の幕末の尊皇派の志士にも影響を与え、藤田東湖に「和文天祥正気

歌」がある。

急弦には懦響無く、亮節は音を為し難し

出典 西晋、陸機詩「猛虎行」

原文 急弦無二懦響一、亮節難レ為レ音。

意味 ぴんと張った琴の糸からは低く弱い音は出ない。くもりのない節操は簡単に心の調べを出すことはできない。「懦響」は低く弱い音のこと。「亮節」はまことの節操のこと。

参考 俗にまじわらず自分を高く持する者は、その胸のうちの思いを簡単に聞くことができないという意味のことば。

丘山は卑きを積みて高きを為し、江河は小を合して大を為す

出典 『荘子』則陽

原文 丘山積レ卑而為レ高、江河合レ小而為レ大。

意味 丘や山は、低い土壌が積み重なって高くなり、大きな河は、小さな流れが合わさって大河となる。偉大な人物は、細かな対立した意見を統合して一つにまとめあげる包容力があることのたとえ。

参考 小知（乏しい知識の意）なる人物に、太公調（偉大な公正さと調和の意）なる人物が、万物はそれぞれ異なる様相をしているが、それらを包みこむ全体となるものが存在することを説く寓話の中の一節。

窮して操を易えず、達して失を患えず

出典 北宋、林逋『省心録』

原文 窮不レ易レ操、達不レ患レ失。

意味 困窮失意のときには節操を変えることはしない、栄達したときにはいちいちこまかに得失を気にかけない。

参考 この後に「善を見ること明にして、心を用いること剛なる者に非ざれば能くせず（善悪を明確に見て、不屈な心をもつ者だけがそうできる）」とある。

九仞の功を一簣に虧く

⇩山を為ること九仞、功一簣に虧く

窮するも亦楽しみ、通ずるも亦楽しむ

出典 『荘子』譲王

原文 窮亦楽、通亦楽。

意味 困窮しているときも楽しみ、順調なときも楽しむ。逆境、順境に関係なく、悠々としてその境遇を楽しむべきだということ。

参考 陳と蔡との国境において孔子一行が暴徒に囲まれ食物を得られず困窮したとき、一人超然と琴を弾き歌う孔子を非難する弟子の子路、子貢に対し、孔子が教え諭した説話による。霜や雪が降ってこそ松柏の強いことを知る。君子が窮するとは、ただ真の道がわからなくなったときだけであり、仁義の道を守っているならば、逆境や順境などというようなものは季節の移り変わりのようなものである。君子はそれらを超えたところで楽しむべきであるという。これと同様の話が、『呂氏春秋』慎人篇、『風俗通義』にもみられる。

窮すれば則ち独り其の身を善くし、達すれば則ち兼ねて天下を善くす

出典 『孟子』尽心・上

原文 窮則独善二其身一、達則兼善二天下一。

意味 昔の賢人は、困窮すればひとり自分の身を修養して立派にし、栄達すれば自分だけでなく天下の人々をも正し立派にした。

参考 孟子が宋句践（孟子と同時代の遊説家）に対して、遊説の士たるものは、人に認められて栄達しても、認められなくて困窮しても、道義を失わずあくせくするものではないと説いたことばによる。

九層の台は、累土に起こり、千里の行は、足下に始まる

出典 『老子』六十四章

き

原文　九層之台、起二於累土一、千里之行、始二於足下一。

意味　九層の高台ももっこ一杯の土を積み重ねることから始まり、千里の道も足もとの一歩から始まる。

参考　無為自然に生きる聖人の実直で慎重な人生態度を述べた老子のことば。この句の直前に、「合抱の木（一抱えもある大木）も、毫末（小さな芽）より生ず」ということばがあるが、これも同意である。

牛蹏の涔には尺の鯉無く、塊阜の山には丈の材無し

出典　『淮南子』俶真訓

原文　牛蹏之涔無二尺之鯉一、塊阜之山無二丈之材一。

意味　牛のひづめの跡の水たまりには一尺もある鯉はいないし、小さな山では一丈もある材木は採れない。劣悪な環境では大人物は育たないことをたとえる。「蹏」は獣のひづめ。「涔」は水たまり。「尺」は「丈」の十分の一の長さ。「塊阜」は小さな山。

参考　『淮南子』氾論訓に類似する文章が見られる。それは「牛蹏の涔には鱣鮪を生ずること能わず、而して蜂房（蜂の巣）には鵠卵（かささぎの卵）を容れず」である。鱣はかじき、また、鯉。鮪は鱣に似て小さいものをいう。また、同書の繆称訓には「尋常の溝には呑舟の魚無し」（その項参照）ともある。

朽木は雕るべからざるなり。糞土の牆は杇るべからざるなり

出典　『論語』公冶長

原文　朽木不レ可レ雕也。糞土之牆不レ可レ杇也。

意味　腐った木には彫刻のしようがない。粗悪な土でできた塀には上塗りのしようがない。性根の腐った人間には教育のしようがないことをいう。

参考　昼寝をしていた弟子の宰予を、孔子が厳しく叱責した際のことば。怠けたか、よほど昼寝などすべきでないときに寝たのであろう。宰

予は先進篇に「言語には宰我（宰予）と子貢」とあるように、弁説に巧みであったと考えられる。

教学相長ずるなり

出典　『礼記』学記

原文　教学相長也。

意味　教えることと学ぶこととがあいまって向上する。

参考　『礼記』に古語として引用されたものであるが、直接には、「学びて然る後に足らざるを知り、教えて然る後に困しむを知る（『礼記』学記）」（その項参照）によって導かれた結びのことば。

郷原は徳の賊なり

出典　『論語』陽貨

原文　郷原徳之賊也。

意味　村でなまじまじめな者とされているような男は、実は徳を害する人である。偽善者は、本当の徳を冒瀆する賊である。「郷原」の原は愿（まじめ）の意。村人（俗人）たちの間でまじめな人間と思われている人、偽善者。

参考　この孔子のことばについて、孟子は以下のように説明している。「之を非とするに挙ぐべき無く、之を刺るに刺るべき無し。流俗に同じくし、汚世に合す。之に居ること忠信に似たり、之を行なうこと廉潔に似たり。衆皆之を悦び、自ら以て是と為す。而して与に尭舜の道に入る可からず。故に徳の賊と曰うなり（この種の人は、非難しようにも取り立てて言うほどのことがなく、責め正そうにも正しようがない。卑俗なならわしに同調し、汚れた世間に迎合している。いかにも忠信の徳を備えているかのようであり、行ないはいかにも廉潔そうに見える。衆人は皆この人に好意をもち、自分でも正しいと思っている。しかしこのような人とはとうてい尭舜の道に入っていくことはできない。だから〝徳の賊〟と言うのだ）」（尽心・下）。いわゆる「似て非なる者」として憎むのである。

徼幸は、性を伐つの斧なり、嗜欲は、禍を逐うの馬なり

出典　『韓詩外伝』巻九

原文　徼幸者、伐レ性之斧也、嗜欲者、逐レ禍之馬也。

意味　分をこえて幸福を求めることは、人の本性を断ち切る斧のようなものであり、度をこえてむさぼり欲することは、禍を追い求める馬のようなものである。過剰に幸福を求めたり、むさぼり欲したりすることは、人間が本来もっている徳義心を失わさせたり、進んで自ら禍を求めにゆくような状態にさせたりする。よって身を慎まなければならない。「徼幸」は自分の分をこえた幸福を求めること。「嗜欲」は度をこえてむさぼる意。

参考　同様の文章が、『説苑』敬慎篇にも見える。

狂者は進みて取り、狷者は為さざる所有るなり

出典　『論語』子路

原文　狂者進取、狷者有レ所レ不レ為也。

意味　狂者は、普通の人がやらないことも進んで行なおうとする気迫があり、狷者は、一線を守って、そこから外れたことは決してしない。「狂者」は普通の人がやらないことを勇猛に実行する志をもつ者。「狷者」はかたくなに他人と一線を画して、いいかげんに妥協しない者。

参考　これは、「子曰く、中行を得て之を与にせずんば、必ずや狂狷か（孔子は言った、理想的な中道の人物を見出して、それと行動を共にしたいが、それがかなわぬときは、狂なる者、狷なる者と行動を共にしたいものだ）」に続くことば。中庸の道をとり得ないのならば、偏ってはいても、一途に果敢な者、かたくななほど節義を守る者のほうが、並の常識的な人より望ましいことを述べている。陽貨篇の「郷原は徳の賊なり」（その項参照）に通ずるものである。

強将の下に弱兵無し（きょうしょうのもとにじゃくへいなし）

出典　北宋、蘇軾「題二連公壁一」

原文　強将下無二弱兵一。

意味　強い大将のもとには、弱い兵士はいない。すぐれた指導者のもとには、無能な人物はいない。蘇軾が引用した当時の諺。

参考　原文はこれに続けて「吾、安国連公の子孫を観るに、一として事を好まざる者無し。此の寺当に日ごとに盛んなるべし」と言う。蘇軾には別に「黄州安国寺の記」という文があり、安国寺には継連という高僧がいたことが見える。「安国連公」とは、この僧のことを言っているのであろう。

胸中の灑落なること光風霽月の如し（きょうちゅうのしゃらくなることこうふうせいげつのごとし）

出典　北宋、黄庭堅「濂渓詞序」

原文　胸中灑落如二光風霽月一。

意味　心の中のさっぱりして清々しいことは雨上がりの風と月のようである。「灑落」はさっぱりとしてわだかまりのないさま。「光風」は雨後のさわやかな風。「霽月」は雨後の晴れわたった空の月。

参考　黄庭堅が、宋学の祖、周敦頤の人柄を述べた句である。

羌笛何ぞ須いん楊柳を怨むを、春光度らず玉門関（きょうてきなんぞもちいんようりゅうをうらむを、しゅんこうわたらずぎょくもんかん）

出典　盛唐、王之渙詩「涼州詞」

原文　羌笛何須怨二楊柳一、春光不レ度玉門関。

意味　異民族の笛が「折楊柳」の調べをうたうが、楊柳が芽吹かないのをうらむことはない。春の光は玉門関を越えてこの辺境の地まではわたらないのだから。

参考　「羌」は西方の異民族。「楊柳」は笛の吹く曲名と、春早くまだ芽吹かない柳の木とをかけた表現。「玉門関」は敦煌の西の関で、漢民族の範囲と異民族の地域との接点で絶えず紛争が起こっていた。

業は勤むるに精しく、嬉しむに荒む。行ないは思うに成りて、随うに毀る

出典　中唐、韓愈「進学解」

原文　業精㆓于勤㆒、荒㆓于嬉㆒。行成㆓于思㆒、毀㆓于随㆒。

意味　学業はつとめてはげめば精しくなり、遊んでたのしめばだめになる。行動は十分に思慮すれば成功するが、気まま勝手にやれば失敗する。

参考　韓愈が国子博士（貴族の子弟を教える大学の教授）となっていた頃の文。学生に教えるかたちであるが、文全体は、学殖がありながら世に用いられないことに不満を述べたものである。

狂夫の楽しみは、知者焉を哀しみ、愚者の笑いは、賢者焉を戚う

出典　『戦国策』趙策

原文　狂夫之楽、知者哀㆑焉、愚者之笑、賢者戚㆑焉。

意味　狂人の楽しみは、智者には悲しいものであり、愚者の笑いは、賢者には憂いの対象である。人によって見方は様々だから、世間の論議をいちいち気にしないということ。

参考　趙の武霊王が、賢臣の肥義のすすめに従い、伝統を捨てて騎射に適した胡服（北方民族が着る衣服。野蛮な衣服と考えられていた）の着用を決断した際に、世間の嘲笑を覚悟して述べたことば。なお、『商子』更法篇には「愚者の笑いは、智者焉を哀しみ、狂夫の楽しみは、賢者焉を憂う」とある。

狂瀾を既倒に廻らす

出典　中唐、韓愈「進学解」

原文　廻㆓狂瀾於既倒㆒。

意味　荒れ狂う大波がすでに崩れてしまったあとで、これをもとに戻そうとする。衰えて傾きかけている形勢を再びもとの状態に立て直す

たとえにいう。

参考 衰えてしまった儒学をもとのように復興しようと主張して用いた表現である。韓愈は仏教・道教を排撃し、儒学復古を唱え、宋学の先駆をなした。

曲学阿世（きょくがくあせい）

⇩正学を務めて以て言え、曲学以て世に阿ること無かれ

曲学以て世に阿ること無かれ（きょくがくもってよにおもねることなかれ）

⇩正学を務めて以て言え、曲学以て世に阿ること無かれ

玉は貞にして折るるも、瓦と合うこと能わず（ぎょくはていにしておるるも、かわらとあうことあたわず）

出典 中唐、劉禹錫「代二裴相公一祭二李司空一文」

原文 玉貞而折、不レ能二瓦合一。

意味 玉はかたくきちんとしているために、たとえ割れたとしても、瓦と一緒にすることはできない。

参考 「玉貞」は玉のようにきちんと正しい節操のたとえでもある。「瓦合」は自ら正しいと信ずるところを棄てて、大勢に迎合することのたとえである。貞節のある人は、苦境にあっても、凡庸な人とは違うことをいう。

玉山に在れば草木潤い、淵珠を生ずれば崖も枯れず（ぎょくやまにあればそうもくうるおい、ふちたまをしょうずればがけもかれず）

出典 『荀子』勧学

原文 玉在レ山而草木潤、淵生レ珠而崖不レ枯。

意味 玉が山にあれば、その山の草木までもがうるおい、淵から珠（玉に同じ）が出るところであれば、その岸辺の崖も乾き崩れることはない。人の不断の努力によってなされる善行は、どこにあろうとも、自ずと明らかとなり評価されるものである。

参考 この一文の前に「声は小として聞こえざる無く、行ないは隠として形れざる無し」（その項参照）とある。

玉容寂寞涙欄干、梨花一枝春雨を帯ぶ

出典 中唐、白居易詩「長恨歌」

原文 玉容寂寞涙欄干、梨花一枝春帯レ雨。

意味 玉のように美しい顔をさびしそうにして涙をはらはらと落としている。まるで一枝の梨の白い花が春雨の中でしっとりと濡れているようだ。「欄干」は、とめどなく涙が流れるさま。

参考 玄宗皇帝と楊貴妃の悲恋を詠んだ、一二〇行に及ぶ長篇の叙事詩「長恨歌」中の語。貴妃を失って悲しみのあまり夜も眠れぬ玄宗の心を思いやって、天上界に昇って貴妃を探し求める道教の行者が、仙界で妃の霊に会ったときの、その美しさを表現したことば。なお、「長恨歌」は平安期以降、わが国のあらゆるジャンルの文学に計り知れない影響を及ぼした。

去歳荊南梅雪に似たり、今年薊北雪梅の如し

出典 初唐、張説詩「幽州新歳作」

原文 去歳荊南梅似レ雪、今年薊北雪如レ梅。

意味 去年湖南の岳州では春の梅が雪のように咲きほこっていた。今年河北の幽州では春というのに梅の花のような雪が降りしきる。「荊南」は湖南省のあたりをいう。「薊北」は河北省のあたりをいう。

参考 張説は睿宗・玄宗のときに宰相となったが、権力争いに敗れて失脚し、湖南省の岳州に左遷された。その後、都へ召喚され、幽州都督に任命される。この詩は赴任した地で新春を迎えた感慨をうたう。

曲肱の楽しみ

⇩疏食を飯い、水を飲み、肱を曲げて之を枕とす

居は気を移し、養は体を移す

出典 『孟子』尽心・上

原文 居移レ気、養移レ体。

意味 居るところの地位はその人の人格を変え、身の養うところはその人の姿・形を変える。

参考 孟子は環境を重視する言をしばしば述べるが、ここもその一例。しからば、天下で最も広い「仁」という住居にいる者は、立派に見えて当然であると孟子は言う。『大学』にも「富は屋を潤し、徳は身を潤す」という同趣旨の句がある。

霧尽きて天を抜き、萍開きて水を見る

出典 中唐、劉禹錫「砥石賦幷序」

原文 霧尽抜レ天、萍開見レ水。

意味 霧がなくなると空が晴れわたって見え、水面の浮き草が波に寄せられると水が見える。

参考 外をおおっている雑物を除けば、その物の本質が見えること。作者の劉禹錫が朗州（湖南省常徳県）にいた時、湿気の多い土地柄、刀が錆びてしまった。これに対してある人が砥石を贈ってくれたので研いでみると、霧が晴れるようにきれいになったというのである。

義理に疑い有れば、則ち旧見を濯去し、以て新意を来せ

出典 『近思録』巻三

原文 義理有レ疑、則濯二去旧見一、以来二新意一。

意味 道理に疑いが生じたら、これまでの考えを洗い去って新たに考え直してみるとよい。

参考 道理について理解しようとする時、今までの説に疑問が生ずれば、そのまま旧説に従うのではなく、新しい見方を打ち出してみる。そうすることが自らの進歩といえるのである。「義理」は人が踏み行なうべき道理。張載『経学理窟』四の学大原・下に見えることば。

桐一葉

⇩一葉落ちて知る天下の秋

錐を用いて地を指す

⇩管を用いて天を闚い、錐を用いて地を指す

窮まれば則ち変じ、変ずれば則ち通じ、通ずれば則ち久し

出典 『易経』繋辞下伝

原文 窮則変、変則通、通則久。

意味 行きづまれば変化し、変化すれば道が通じ、道が通ずれば永遠に続く。

参考 易の原理を説く。黄帝・尭・舜のごとき聖人は、この原理を治政に用いたと『易経』はいう。

帰を同じくして塗を殊にす

⇩天下帰を同じくして塗を殊にし、致を一にして慮を百にす

義を見て為ざるは、勇無きなり

出典 『論語』為政

原文 見ㇾ義不ㇾ為、無ㇾ勇也。

意味 人として当然なすべきこと知りながら、それを実行しないのは、勇気のない人間である。

参考 「勇」は孔子がたびたび説いた徳目で、その中でもこのことばはよく知られたものであろう。

機を以て機を奪い、毒を以て毒を攻む

出典 『嘉泰普灯録』二十五

原文 以ㇾ機奪ㇾ機、以ㇾ毒攻ㇾ毒。

意味 機知、からくりのある相手にはそれを上回る機知を示して相手の機知、からくりが働かないようにし、毒のある相手にはより強い毒で応ずる。「毒を以て毒を攻む」は、悪人を使って他の悪人をおさえるたとえにも用いられる。類句に「毒を以て毒を制す」がある。「以毒制毒」。

参考 『円悟心要』上の「示二隆知蔵一」に見えることばで、『嘉泰普灯録』には「示隆知蔵」の全文が引用されている。円悟克勤禅師が、歴代の祖師の風格を列挙したことばの一節。

琴弈を善くする者は譜を視ず、相馬を善くする者は図を按ぜず

出典 清、魏源「黙觚」治篇・五

原文 善二琴弈一者不レ視レ譜、善二相馬一者不レ按レ図。

意味 琴や碁が上手な人は音楽の譜面や囲碁の棋譜を見はしない。馬の良し悪しを見分けるのが上手な人は良馬を示す図と照らし合わせたりはしない。すぐれた人は、自分自身の眼力と能力を信じて行なうのであり、何らかの権威によりかかったりしないということ。

近思

⇩博く学びて篤く志し、切に問いて近く思う

琴詩酒の伴皆我を抛ち、雪月花の時最も君を憶う

出典 中唐、白居易詩「寄二殷協律一」

原文 琴詩酒伴皆抛レ我、雪月花時最憶レ君。

意味 琴や詩や酒を一緒に楽しんだ友人たちがみな私を棄てて去ってしまったので、雪が降るときや月の美しい晩や花の咲く頃など、四季それぞれの佳い風物を見るときは、とくに君のことを思い出すのだ。

参考 白居易が杭州・蘇州に赴任中の友人を思って作った詩中の語。「雪月花」の語のもととなった詩。

近水楼台

⇩水に近き楼台は先ず月を得、陽に向かえる花木は春為り易し

金石を鐫る者は、功を為し難く、枯朽を摧く者は、力を為し易し

出典 『漢書』異姓諸侯王表

原文 鐫二金石一者、難レ為レ功、摧二枯朽一者、易レ為レ力。

意味 金属や石にほりつける人は、できあがるまで大変な困難を要し、一方、枯れ朽ちた木をく

だこうとする人は、力を必要としない。仕事には自ずから、成しにくいもの、成しやすいものがある。

参考 漢が秦を倒して帝業を成しえたことを、「枯朽を摧く」行為に比したことば。

金蘭の契り（＝交わり）

⇩同心の言は、其の臭り蘭の如し

金を山に蔵し、珠を淵に沈め、貨財を利とせず、貴富に近づかず

出典 『荘子』天地

原文 蔵二金於山一、沈二珠於淵一、不レ利二貨財一、不レ近二貴富一。

意味 金を山に埋め戻し、真珠を淵に沈め戻して自ら所有することなく、財貨に利欲をかきたてられたりせず、富貴を慕ってそれに近付いたりしない。「珠」は真珠。

参考 続けて「寿（長生き）を楽しまず夭（早死に）を哀しまず、通（栄達）を栄とせず、窮を醜（恥）とせず、一世の利を拘って以て己の私分（所有）と為さず、天下に王たるを以て己顕（高い位）に処ると為さず。万物は一府、死生は同状たり」と言う。何物にも執着することのない君子の自由な心境を述べたもの。

く

空山人を見ず、但だ人語の響きを聞くのみ

出典 盛唐、王維詩「鹿柴」

原文 空山不レ見レ人、但聞二人語響一。

意味 人気のない静かな山の中では誰の姿も見えないが、ただ何かを話しているその声だけが聞こえてくる。

参考 王維は長安の南の輞川のほとりに別荘を持ち、名勝二十景を選んで詩を作り、『輞川集』にまとめた。「鹿柴」はその一つで、鹿を飼うために囲う柵（または鹿を防ぐ柵）のこと。

苦言は薬なり、甘言は疾なり

出典 『史記』商君列伝

原文 苦言薬也、甘言疾也。

意味 耳が痛く聞きづらい諫言は薬になり、とり入ろうとするへつらいのことばは害毒になる。

参考 このことばの前に「貌言は華なり、至言は実なり」（その項参照）とある。商君は商鞅（人名略解参照）のこと。

草と為らば当に蘭と作るべく、木と為らば当に松と作るべし

出典 盛唐、李白詩「於㆓五松山㆒贈㆓南陵常賛府㆒」

原文 為㆑草当㆑作㆑蘭、為㆑木当㆑作㆑松。

意味 草となるなら当然蘭となるべきであり、木となるなら当然松となるべきである。

参考 李白が翰林院を辞任し浪々の旅にあった頃の作。この後に「蘭は秋にして香風遠く、松は寒くして容を改めず（蘭は他の草の枯れる秋にその香りを遠くまでただよわせ、松は冬になっても緑のままである）」と続く。

愚者の笑いは、賢者焉を戚う

⇩狂夫の楽しみは、知者焉を哀しみ、愚者の笑いは、賢者焉を戚う

愚者は悔多く、不肖者は自ら賢とす

出典 『晏子春秋』内篇雑上

原文 愚者多㆑悔、不肖者自賢。

意味 おろかしい者は後悔することが多く、取るに足りない者は自分で自分がかしこいと思いこんでいる。

参考 「不肖」は、もと父に似ぬ子の意。転じて取るに足りないつまらない者の意に用いる。また、自己をへりくだっていう場合にも用いる。

愚者は成事に闇く、智者は未萌に見る

出典 『戦国策』趙策

原文 愚者闇ニ於成事一、智者見ニ於未萌一。

意味 愚者はすでに結果がでているものについても理解できないが、賢者はまだ兆しの現われないものについても見抜くものである。

参考 趙の武霊王は中原諸国の馬に戦車をひかせる戦闘法よりも、北方民族の直接馬に乗り矢を放つ戦法のほうが機動力に優れることを知った。そして、その戦法を自国に導入するにあたって、馬にまたがるのに適しない伝統的な衣服を、野蛮な衣服とみなされていた胡服に改めようとする。しかし、それには多くの反発が予想され実行を躊躇する。それに対し、賢臣の肥義が王の決断を促して言ったことば。趙はこの政策を行なったことにより、飛躍的に軍事力を高め領土を拡大した。

愚者も千慮に必ず一得有り

⇩智者も千慮に必ず一失有り、愚者も千慮に必ず一得有り

苦心の中に、常に心を悦ばしむるの趣を得。得意の時に、便ち失意の悲しみを生ず

出典 『菜根譚』前集五十八

原文 苦心中、常得ニ悦レ心之趣一。得意時、便生ニ失意之悲一。

意味 必死に苦心しているうちに、とかく心を悦ばせることがあるものだ。また、望みがかない得意な時に、すぐ失望の悲しみが生じることもある。

参考 逆境と順境とは常に隣り合わせであることをいう。『淮南子』人間訓に「禍と福とは門を同じくす」（その項参照）とあるが、同趣旨ととらえてよいであろう。類句に「禍福は糾える縄の如し」、「人間万事塞翁が馬」などがある。

愚人の財を貪るは、蛾の火に赴くがごとし

出典 『古今事文類聚』続集十八・燭

原文　愚人貪レ財、如二蛾赴一レ火。

意味　愚人が金銭や財宝に貪欲になるのは、蛾が自分から灯火に飛び込んでいくようなものである。財貨をやみくもに求めては、自分を破滅に追いやることになるということ。

参考　南朝宋の支曇諦の「赴レ火蛾賦」に、釈迦のことばとして「愚人の生を貪るは蛾の火に投ずるがごとし」とあり、掲出句はこれの変形と考えられる。わが国の俗諺「飛んで火に入る夏の虫」の原形であろう。

薬の良きは気味苦く、琴の淡きは音声稀なり

出典　中唐、白居易詩「寄二唐生一」

原文　薬良気味苦、琴淡音声稀。

意味　良い薬はその味が苦いものであり、軽い良い木材で作った良い琴はその音が清くあっさりとしている。

参考　「淡」は軽い良質の木で作ったことをいう。「稀」は激しい強い音でないことをいう。詩題の「唐生」は、忠誠と正義の人で、悲嘆すべきことがあると必ず声をあげて哀切な調子で泣いた人物である。この詩は彼のような正義の人物の声は、耳に快くなく、かつ大きくないのでなかなか理解されないことをいう。

薬瞑眩せずんば、厥の疾瘳えず

出典　『書経』説命・上

原文　薬弗二瞑眩一、厥疾弗レ瘳。

意味　薬を飲んで目がくらむほどでなければ、病は治るものではない。

参考　殷の王高宗が、傅説（人名略解参照）を宰相に任じた時に言ったことば。忠言も強くなければ効果はないとした。『孟子』滕文公・上には「書に曰く」としてこのことばが見られる。

管を用いて天を闚い、錐を用いて地を指す

出典　『荘子』秋水

原文　用レ管闚レ天、用レ錐指レ地也。

意味　細い管から広大な天をのぞき、錐を突き刺して大地の深さをはかる。自己の狭い見識で物事を勝手に判断しようとするさまのたとえ。

参考　論理学者公孫竜（人名略解参照）が、荘子の思想の信奉者である魏牟（魏の国の公子。公子牟とも）に、その弁論（詭弁を弄する弁論）だけに頼る生き方を、「破れ井戸の蛙（狭い視野）」と詰られ逃げ去った時の問答の一節。熟語「管闚」（狭い見識）の典拠。日本でいう「葦の髄から天井をのぞく」と同義。

筦を以て天を窺い、蠡を以て海を測る

出典　前漢、東方朔文「答二客難一」

原文　以レ筦窺レ天、以レ蠡測レ海。

意味　細いくだの穴から天をのぞき、ひさごで海の水の量を測ろうとする。自分の狭い見識の範囲で、全体を理解したつもりになることのたとえ。「筦」は管と同じ。「蠡」はひさご（ひょうたんで作った器）。

参考　東方朔が引用した当時の諺で、直後に「筳（糸を巻くくだ）を以て鐘を撞く」と続く。『荘子』秋水の「管を用いて天を闚い、錐を用いて地を指す」（その項参照）や、わが国の俗諺「葦の髄から天井をのぞく」と同意。

口に択言無く、身に択行無し

出典　『孝経』卿大夫

原文　口無二択言一、身無二択行一。

意味　口から出すことばを選択する必要はなく、行ないを選択する必要はない。言行がすべて道理にかない、善悪を選択する必要がないことをいう。

参考　『書経』呂刑に「択言身に在る有る罔し」（その項参照）とある。また、『風俗通』過誉に「身に択行無く、口に択言無し」とある。

口に蜜有り、腹に剣有り

出典　『新唐書』李林甫伝

原文　口有レ蜜、腹有レ剣。

意味 ことばは蜜のように甘いが、腹の中には剣のように鋭い恐ろしさをひそめもっている。

参考 李林甫（唐の玄宗の宰相。安禄山の乱の原因を作った）を称したもので、恐ろしい人物だという世間の評価をいう。四字熟語「口蜜腹剣」という形でも知られる。

口は関なり、舌は兵なり。言を出して当たらざれば、反って自ら傷う

出典 『説苑』説叢

原文 口者関也、舌者兵也。出レ言不レ当、反自傷也。

意味 口は関所、舌は関所を守る軍隊。いったん、ことばを発して適当でなかった場合はかえって自分自身を傷つけてしまうものである。

参考 ことばとは、一度発せられたものは元に戻すことはかなわない。常に慎んで行なわなければならない。行動もまた、同じである。

口は好を出だし戎を興す

出典 『書経』大禹謨

原文 口出レ好興レ戎。

意味 口から出ることばは、友好も生み出すし戦いも生み出す。

参考 舜が禹に帝位を譲る際に用いたことばで、舜からの禅譲を一度は辞した禹に対して舜が受諾を促したもの。「口」はことば。なお、ことばを慎むことを戒める慣用句で「口は禍の門」を想起させるが、これは、五代の馮道「舌詩」の「口は是禍の門、舌は是身を斬る刀」（その項参照）を典拠とする。

口は是禍の門、舌は是身を斬る刀

出典 『古今事文類聚』後集十九・口

原文 口是禍之門、舌是斬レ身刀。

意味 口は災難を導き入れる入り口のようなものであり、舌は自分の身を斬る刀のようなものである。不用意な発言は、自らに災難を招くもととなるということ。

参考 馮道の詩「舌」の詩句で、この後に「口を閉じ深く舌を蔵せば、処処牢し」とある。わが国の

俗諺「口は禍のもと」の原形であろう。

口は乃ち心の門なり

出典 『菜根譚』前集二百十七

原文 口乃心之門。

意味 口こそ心の門である。

参考 心中の機密を漏らしてしまうのは口である。だからこそ口（ことば）は慎まなければならない。口は禍のもと。

口は禍のもと

⇩口は是禍の門、舌は是身を斬る刀

脣竭きて則ち歯寒く、魯酒薄くして邯鄲囲まる

出典 『荘子』胠篋

原文 脣竭則歯寒、魯酒薄而邯鄲囲。

意味 唇が破れると歯は寒くなり、魯の国が献上した酒が薄かったために、趙の国の首都邯鄲が包囲された。一見無関係なものが、実は深い関係にあったり、めぐりめぐって思わぬ因果を生じる。

参考 儒家の信奉する聖人と大泥棒の関係を述べた説話（「川竭きて谷虚しく、丘夷らかにして淵実つ。聖人已に死すれば、則ち大盗起こらず」の項参照）で引かれた古語。『春秋左氏伝』僖公五年には「脣亡ぶれば歯寒し」として見える。「魯酒薄くして邯鄲囲まる」は、魯王が楚王に献上した酒が薄かったため、怒った楚王が魯国を攻めたところ、かねてから趙国を討とうとしていながら背後を楚国に突かれることを恐れて動けないでいた魏国が、これに乗じて趙の首都邯鄲を包囲したことをさす（唐の陸徳明の『経典釈文』の説）。

脣亡ぶれば歯寒し

出典 『春秋左氏伝』僖公五年

原文 脣亡歯寒。

意味 唇がなくなると、歯はむき出しになり寒くなる。近くにあり、互いに支え合う関係である

一方を失うと、他方もその影響を受け、無事ではいられないこと。隣り合った一国が亡びると、他の一国も危ういことをたとえていったもの。「脣歯の国」

参考 諺にいわゆる「輔車相依り、脣亡ぶれば歯寒し」とあることから、「輔車相依る」も同じ意味を表わす。「輔車」は車輪を補強する添え木と車輪、また一説に、ほお骨と下あごの骨。「脣歯輔車」ともいう。類似の句に、『荘子』胠篋篇に「脣 竭きて則ち歯寒く、魯酒薄くして邯鄲囲まる」（その項参照）とある。

狗猪も其の余りを食らわず

出典 『漢書』元后伝

原文 狗猪不レ食二其余一。

意味 道に外れた行ないをする人の食べ残しは、犬や豚でも食べない。人を憎しみ卑しんでいうことば。

参考 前漢を簒奪した王莽のために、玉璽を求めにやってきた安陽侯舜を、元后が怒りののしって言ったことば。

口を騰げて因りて痏を成し、毛を吹いて遂に疵を得たり

出典 中唐、白居易詩「代レ書詩一百韻寄二微之一」

原文 騰レ口因成レ痏、吹レ毛遂得レ疵。

意味 口を尖らせて悪口を言って罪を勝手に作り、小さな欠点を強いて求める。

参考 手紙のかわりに元稹に与えた長詩中の一句。元稹が佞臣によって左遷させられたことをいうことば。白居易と元稹は親交を結び、「元白」と併称された。なお、『韓非子』大体に「毛を吹いて小疵を求む」（その項参照）とある。

口を尚べば乃ち窮するなり

出典 『易経』困・彖伝

原文 尚レ口乃窮也。

意味 弁説を重視すると逆に窮地におちいる。口先の弁説で窮地をきりぬけようとすればするほど窮地におちいってしまうものである。

参考 「言うこと有るも信ぜられず」、つまり弁説をふるっても人から信用されないということ。

口を守ること瓶の如く、意を防ぐこと城の如し

出典 『宋名臣言行録』丞相韓国富文忠公弼

原文 守レ口如レ瓶、防レ意如レ城。

意味 瓶が入れたものを外に漏らさぬようにことばを慎み、城を守り敵を防ぐように私意私欲の生ずるのを防ぎとめる。いささかも言動をゆるめないことをたとえる。

参考 北宋の政治家富弼（宰相として穏健な政治を行なう。急進改革派王安石に反対して地方へ左遷され、のち退官）が八十歳のときに座右の銘としたことば。

国大なりと雖も、戦いを好めば必ず亡び、天下平らかなりと雖も、戦いを忘るれば必ず危うし

出典 前漢、主父偃「諫レ伐ニ匈奴一書」

原文 国雖レ大、好レ戦必亡、天下雖レ平、忘レ戦必危。

意味 どんなに大きい国であっても、戦いを好めば必ず滅び、どんなに天下泰平であっても、戦いを忘れて備えを怠れば必ず危険に陥る。

参考 漢の武帝が企図する北方騎馬民族匈奴の征伐について主父偃が諫めた上奏文で、匈奴を伐っても実利はないどころか国を疲弊させるだけであり、むしろ守りを備えよ、という主旨を、秦の始皇帝や漢の高祖の前例に託して述べたものである。

邦に道有れば、言を危くし行ないを危くす。邦に道無ければ、行ないを危くして言は孫う

出典 『論語』憲問

原文 邦有レ道、危レ言危レ行。邦無レ道、危レ行言孫。

意味 もし国に正義の道が行なわれているならば、高潔なことばを述べ、高潔な行動をする。も

し国に正義の道が行なわれていないならば、高潔な行動は貫いても、ことばは控え目にして舌禍を招かないようにする。

参考 南宋の朱熹は北宋の尹焞の説を引いて「君子は自身の行ないを変えることはできないが、ことばは、時として言い尽さないので禍を避けるべきである。ただ国を治める者が、賢者に語ることの自由を与えなければ、それこそ危険な状態だ」と解説している。

国は賢を任じ能を使うを以てして興り、賢を棄て己を専らにして衰う

出典 北宋、王安石「興賢」

原文 国以㆓任㆑賢使㆒㆑能而興、棄㆑賢専㆑己而衰。

意味 国は、賢明で能力のある人物を任用すれば栄え、逆に賢明な人物を棄てておいて、自分勝手な考えで政治を行なえば衰える。

参考 賢者を用いるというのは、彼に直言させて、決してへつらうような小人を用いないということである。

国破れて山河在り、城春にして草木深し

出典 盛唐、杜甫詩「春望」

原文 国破山河在、城春草木深。

意味 戦乱で国家は破れたが、山や河は以前のままであり、長安には春がまたおとずれ、草や木が深々と茂っている。「城」は城壁で囲まれた都市。ここでは長安をさす。

参考 この詩は、七五七年、杜甫四十六歳の作。安禄山の乱による混乱のなか、杜甫は家族を安全な土地に避難させ、自らは新たに即位した皇帝（粛宗）のもとに参じようとするが、その途中で賊軍に捕えられ、長安に幽閉されていたときに、戦乱で荒廃した国を憂え、遠くにいる家族を思いうたった詩。松尾芭蕉は『奥の細道』平泉の条でこの二句を引用した上で（ただし、二句目を「草青みたり」とする）、「夏草や兵どもが夢の跡」と詠んでいる。以下に全詩をのせる。

国破れて山河在り
城春にして草木深し
時に感じては花にも涙を濺ぎ
別れを恨んでは鳥にも心を驚かす
烽火三月に連なり
家書万金に抵る
白頭搔けば更に短く
渾て簪に勝えざらんと欲す

国を治むるの難きは、賢を知るに在りて、自ら賢とするに在らず

出典 『列子』説符

原文 治レ国之難、在二於知一レ賢、而不レ在二自賢一。

意味 国家を治めていく上で困難な点は、自分を補佐してくれる賢人を見つけ出すことにあるのであって、自分を賢いものとして見せる点にあるのではない。

参考 自分の能力の不完全さを悟らなければ、真の境地に達することはできないことを述べたことば。ここではとくに為政者のあり方についていう。

国を治むるは田を鎒るが若く、苗を害する者を去るのみ

出典 『淮南子』説山訓

原文 治レ国者若レ鎒レ田、去二害レ苗者一而已。

意味 国家を治めるには田の雑草を刈り取るように、ただ苗を害するものを取り除くだけでよい。「鎒」はすきで草を刈る。

狗尾続貂

⇩貂足らず、狗尾続ぐ

雲となり雨となる

⇩旦には朝雲と為り、暮れには行雨と為る

雲には衣裳を想い花には容を想う

出典 盛唐、李白詩「清平調詞」其一

原文 雲想二衣裳一花想レ容。

意味 雲を見るとあの方（楊貴妃）の美しい衣裳が

思いおこされ、（牡丹の）花を見ると美しい容姿が思いおこされる。

参考　玄宗皇帝の寵愛する楊貴妃の美しさをうたう詩。牡丹を観賞する宴席で、李亀年という当代きっての歌手が一曲歌うことになったが、玄宗は「美しい花、美しい妃がいるのに、古い歌詞とはつまらない」として、李白は呼び出しを受ける。そこで、二日酔いの李白が即興で作った三首中の最初の一首の冒頭の句。「清平調」は音楽の調子の名。この詩が李白失脚の原因となったとする説があり、次のような挿話が伝わる。宦官の高力士が、以前宴席で泥酔した李白の靴をとらされたことを恨みに思い、詩の第二首中に楊貴妃を侮辱したことばがあると貴妃に讒言した。そのため李白は、玄宗に才能を高く評価されながらも官職を得ることができなかったという。

雲は秦嶺に横たわって家何くにか在る、雪は藍関を擁して馬前まず

出典　中唐、韓愈詩「左遷至二藍関一示二姪孫湘一」

原文　雲横二秦嶺一家何在、雪擁二藍関一馬不レ前。

意味　雲が秦嶺山脈に低くたれこめて自分の家がどこにあるか分からない。雪が藍田関をとざして馬は前へ進まない。

参考　韓愈は「論仏骨表」を提出して仏教に否定的であったため、皇帝の怒りに触れて広東省へ左遷された。この詩はその途中の作。「秦嶺」は長安の南の山脈。「藍関」は長安から東南へ向かう道の途中の関所で、秦嶺山脈の中にある。

雲は無心にして以て岫を出で、鳥は飛ぶに倦みて還るを知る

出典　東晋、陶潜「帰去来兮辞」

原文　雲無心以出レ岫、鳥倦レ飛而知レ還。

意味　雲は無心に山の峰からわきでて、鳥は飛ぶのに疲れてねぐらに帰ることを知っている。

参考　陶潜（陶淵明）は、若い時こそ、大きな志をもち出仕したが、思うような官職に就けない

など、自分の考えるところとは異なる現実を見て、故郷に帰り隠逸生活を送りたいと願うようになる。そのような昔と今の淵明の処世態度を、「雲」と「鳥」にたとえて述べている。「帰去来の辞」については、「帰りなんいざ、田園将に蕪れんとす、胡ぞ帰らざる」の項参照。

雲破れ月来りて花影を弄ぶ

出典 北宋、張先詞「天仙子」

原文 雲破月来花弄レ影。

意味 雲が切れて月が姿を見せ、花は月光の中で自分の影をもてあそんでいるかのようだ。

参考 張先の詞の中でも最も知られたものの一句。風に舞う花を通して春を傷む心情をうたいあげている。とくにこの句は「影を弄ぶ」という表現によって、張先自身も得意の句とし、また絶賛を受けたものである。

位の尊からざるを患えず、徳の崇からざるを患う

出典 『後漢書』張衡伝

原文 不レ患二位之不一レ尊、而患二徳之不一レ崇。

意味 身分や地位が高くないことには思いなやまず、自らの人徳が貴くないことを心配する。

参考 この後に「禄の夥しからざるを恥じず、智の博からざるを恥ず（もらっている禄高がそれほど多くないことは恥ずかしいと思わないが、知識が広博でないことは恥ずかしいと思う）」と続く。

困しむ所に非ずして困しめば、名必ず辱めらる。拠る所に非ずして拠れば、身必ず危うし

出典 『易経』繋辞下伝

原文 非レ所レ困而困焉、名必辱。非レ所レ拠而拠焉、身必危。

意味 苦しまなくてもよい場合に苦しむようであれば、必ずや自分の名は辱められることになり、拠らなくてもよい所に拠るようであれ

参考 ば、必ずや自分の身は危うくなる。「石に困しみ、蒺藜に拠る」という『易経』中のことばを孔子が説明したもの。つまり、動かせそうもない大きな石を動かそうとして苦しむとすれば非力と辱められ、座れそうもないいばらの上に座れば体は傷つくのである。

車は横に推さず、理は曲げて断ぜず

出典 『続灯録』三

原文 車不㆓横推㆒、理不㆓曲断㆒。

意味 車を動かすためには、横には押さないものである。それと同じように、道理はねじ曲げられないものである。物事には筋道があるということ。

参考 五祖山秀禅師のことば。

車を停めて坐ろに愛す楓林の晩、霜葉は二月の花よりも紅なり

出典 晩唐、杜牧詩「山行」

原文 停㆑車坐愛楓林晩、霜葉紅㆓於二月花㆒。

意味 車をとめて何ということもなくかえでが色づいた林の暮れ方の景色に見入っている。霜によって色づいた葉は、春のさかりの花よりも赤い。「坐」は何とはなしにの意。「二月」は春のさかり、仲春。

参考 「山行」の詩の第三・四句。その第一・二句は「遠く寒山に上れば石径斜めなり、白雲生ずる処人家有り」である。現代中国の作家茅盾に、この句をもじった、『霜葉紅似二月花』という題名の小説がある。

群疑に因りて独見を阻むこと毋れ。己が意に任せて人の言を廃すること毋れ

出典 『菜根譚』前集百三十

原文 毋㆘因㆓群疑㆒而阻㆗独見㆖。毋㆘任㆓己意㆒而廃㆗人言㆖。

意味 大勢の人が疑いをもつからといって、自分が正しいと信じる意見を捨ててはならない。自

分の意見だけを信じて、他人の意見に耳を貸さないのはいけない。

参考 自分の意見が正しいと信じるならば、勇気をもってその姿勢を貫くことが肝要なのである。ただし、他人の意見を聞く勇気もまた必要なのであり、そうすることによってはじめて正論が生じるのである。

群居しては口を守り、独坐しては心を防ぐ

出典 明、楊慎「無名偈」

原文 群居守レ口、独坐防レ心。

意味 皆と一緒にいる時には口を慎しみ、一人で坐っている時には心が乱れないようにする。

君子重からざれば則ち威あらず

出典 『論語』学而

原文 君子不レ重則不レ威。

意味 君子たるものは重厚さを有していなければ、威厳がない。

参考 人の上に立つ者の心構えを説いた孔子のことば。

君子の過つや、日月の食するが如し

出典 『論語』子張

原文 君子之過也、如二日月之食一焉。

意味 君子が過ちを犯すのは、あたかも日食や月食が起こるのに似ている。

参考 孔子の弟子の子貢のことば。この後に「過つや人皆之を見る。更むるや人皆之を仰ぐ」と続き、君子は過失を犯しても隠しだてしないために、日食や月食のように人々がはっきりとそれを見るし、それを改めると、日食や月食が終わって明るく輝く日や月が戻るのを見るように、人々がみな仰ぎ見るものだと説明している。

君子の三楽

⇩仰ぎて天に愧じず、俯して人に怍じず

君子の交わりは淡きこと水の若く、小人の交わりは甘きこと醴の若し

出典　『荘子』山木

原文　君子之交淡若ㇾ水、小人之交甘若ㇾ醴。

意味　立派な人物同士の交際は、水のように淡々としているが、くだらない人物同士の交際は、甘酒のようにべたべたとしている。「醴」は甘酒。

参考　逆境のうちに弟子や友人が離れていってしまうことを嘆いている孔子に対して、荘子の思想を継承する子桑雽（子桑戸）が、小人の交際とは利益によって結びついているので、それが失われると離れていってしまう。君子たるものは無為自然の境地にあるべきであり、利害を超えた自然のつながりというものは、決して壊れないであろうと教え諭す寓話の中のことば。

君子は易に居て以て命を俟ち、小人は険を行ないて以て幸を徼む

出典　『中庸』十四章

原文　君子居ㇾ易以俟ㇾ命、小人行ㇾ険以徼ㇾ幸。

意味　君子は無理のないところにとどまって、天命を待ちうける。それに対して、小人は不自然で険しい行為によって、あてにならない幸福を求める。「幸」は僥幸、まぐれ当たりに手にする幸せ。

君子は憂えず懼れず

出典　『論語』顔淵

原文　君子不ㇾ憂不ㇾ懼。

意味　君子というものは、心に憂いがなく、何ごとにも恐れない。

参考　君子についてたずねた弟子の司馬牛に対し、孔子が述べたことば。孔子はその説明として、「内に省みて疚しからざれば、夫れ何をか憂え何をか懼れん（自分の内面を反省してみ

て、やましいことがなければ、いったい何を心配し何を恐れる必要があろうか）」（その項参照）と言っている。

君子は行なうに苟難を貴ばず

出典 『韓詩外伝』巻三

原文 君子行不レ貴二苟難一。

意味 君子たるもの事を行なうに際して、軽はずみに危険な行ないをすることなどを重んじはしない。「苟難」は軽率に危険な行ないをすること。

参考 これに続けて「説くに苟察（軽率な推察）を貴ばず、名いう（名声を伝える）に苟伝（根も葉もない伝え）を貴ばず」とある。

君子は必ず其の独りを慎む

出典 『大学』伝六章

原文 君子必慎二其独一也。

意味 君子は他人がいようといまいと、言行を慎むものである。そうすることが結局、自分を大切にすることにつながる。

参考 『中庸』一章にも「隠れたるより見るるは莫く、微かなるより顕るるは莫し（その項参照）。故に君子は其の独りを慎む」とある。

君子は器ならず

出典 『論語』為政

原文 君子不レ器。

意味 君子たるものは、決まったことに役立つ器のようなものではいけない。「器」は器物がそれぞれ決まった形をし、特定の用途に限定されることをたとえている。

参考 孔子のことば。すぐれた人物は、一つの型にはまらず、広く自由であるべきだという。

君子は義に喩り、小人は利に喩る

出典 『論語』里仁

原文 君子喩二於義一、小人喩二於利一。

意味 君子は正義についてよく知っているが、小人は利益についてよく知っている。「義」は人の道として正しいこと。

参考 君子（徳の優れた人）と小人との差異を明快に述べた孔子のことば。

君子は矜にして争わず、群して党せず

出典 『論語』衛霊公

原文 君子矜而不レ争、群而不レ党。

意味 君子は、謹厳だが人と争うことはなく、多くの人と付き合うが徒党を組むことはない。「矜」は謹厳の意。

参考 孔子のことば。「群して党せず」と同趣旨のことばに「君子は周して比せず、小人は比して周せず（『論語』為政）」「君子は和して同ぜず、小人は同じて和せず（『論語』子路）」がある。それぞれの項参照。

君子は幾を見て作ち、日を終うるを俟たず

出典 『易経』繋辞下伝

原文 君子見レ幾而作、不レ俟レ終レ日。

意味 君子は、吉凶の前兆を見て行動を起こし、一日と間をおかない。「幾」は、微かに察知される吉凶の前兆。

参考 孔子のことば。この中で孔子は「幾」について、「幾は動の微にして、吉の先ず見るる者なり」と言う。つまり、幾とは物事の動きの微かなものであり、吉凶をあらわす前兆であるという。

君子は器を身に蔵し、時を待ちて動く

出典 『易経』繋辞下伝

原文 君子蔵二器於身一、待レ時而動。

意味 君子はするどい武器を身にかくし持っていて、時期をはかって行動する。「器」はするどい武器・利器。

参考 孔子のことば。孔子は「器」として、弓矢のような武器を想定している。

君子は心を労し、小人は力を労す

出典 『春秋左氏伝』襄公九年

原文 君子労レ心、小人労レ力。

意味 人の上に立つ者は、心を砕いてつとめ、人に使われる者は、力を駆使してつとめる。

参考 類似の表現として、『孟子』滕文公・上に「心を労する者は人を治め、力を労する者は人に治めらる」とある。

君子は細行を以て身を律し、細行を以て人を取らず

出典 清、魏源「黙觚」治篇・一

原文 君子以二細行一律レ身、不下以二細行一取上レ人。

意味 君子は小さな一つひとつの行ないについて自分自身を厳格に律していくが、小事をもって他人をきびしく判断することはしない。

参考 国を治め人材を登用するにあたって、小事にこだわり、人を量ると判断にあやまりが生ずるということ。

君子は周して比せず、小人は比して周せず

出典 『論語』為政

原文 君子周而不レ比、小人比而不レ周。

意味 君子は広く人と交際して特定の仲間とばかり親しむことはない。小人は一部に片寄り広く公平な交際はしない。「周」は広く公平に交際する意。「比」は片寄って仲間をつくる意。

参考 孔子のことば。同趣旨のことばに「君子は和して同ぜず、小人は同じて和せず（『論語』子路）」（その項参照）がある。

君子は終身の憂い有るも、一朝の患い無きなり

出典 『孟子』離婁・下

原文 君子有二終身之憂一、無二一朝之患一也。

意味 君子には一生涯を通じての心配ごとはあるが、突然ふりかかってくるような一時の心配ごとはない。

参考 君子の「終身の憂い」とは、例えば、どのようにしたら舜のような聖賢になれるか、というような自己修養の不足に心痛めることをいい、「一朝の患い」とは、外部から加えられる世俗的なわずらいごとをいう。

君子は上達す。小人は下達す

出典 『論語』憲問

原文 君子上達。小人下達。

意味 君子は貴重なこと（仁義）を日々追究していきその極みに達する。小人は下賤なこと（利欲）を日々追究していきその極みに達する。

参考 君子と小人が、志す方向が正反対であるため、雲泥の差を生じてしまうことを述べた孔子のことば。

君子は食飽かんことを求むること無く、居安からんことを求むること無し

出典 『論語』学而

原文 君子食無レ求レ飽、居無レ求レ安。

意味 君子は飽食することを求めないし、安楽な住居を求めたりもしない。

参考 学問を真に志す君子の態度を述べた孔子のことば。雍也篇に「一箪の食、一瓢の飲、陋巷に在り。人は其の憂いに堪えず、回（顔回）や其の楽しみを改めず」とある。

君子は盛徳あって容貌愚かなるが若し

⇩良賈は深く蔵めて虚しきが若くし、君子は盛徳あって容貌愚かなるが若し

君子は其の言の其の行ないに過ぐるを恥ず

出典 『論語』憲問

原文 君子恥三其言之過二其行一。

意味 君子は、自分の言ったことが実際に自分の行ないよりも大げさになるのを恥じるものだ。

参考 孔子のことば。為政篇の「先ず其の言を行ないて、而る後に之に従う」、里仁篇の「古者(古代の人は)、言をこれ出ださざるは、躬の逮ばざらんことを恥ずればなり」「君子は言に訥にして、行ないに敏ならんことを欲す」などと同じく、立派なことを口にするが、実行がそれにともなわないことを戒めたもの。

君子は其の睹ざる所に戒慎し、其の聞かざる所に恐懼す

出典 『中庸』一章

原文 君子戒二慎乎其所一レ不レ睹、恐二懼乎其所一レ不レ聞。

意味 君子は人に見られない所でも慎み深くし、人に聞かれない所でも恐れ慎む。

参考 朱熹は「君子は其の睹ざる所を戒慎し、其の聞かざる所を恐懼す」と読み、君子は目に見えないもの、耳に聞こえないものに対して恐れ慎まなければならないと解する。君子が体得することを目ざす「道」は、目や耳では知覚できないものだからである。

君子は徳性を尊んで問学に道る

出典 『中庸』二十七章

原文 君子尊二徳性一而道二問学一。

意味 君子は人間が生まれながらにもっている徳性に慎み深く奉持し、その一方で客観的な学問に努める。

君子は独り処るも、正を守りて衆枉に撓らず

出典 『漢書』劉向伝

原文 君子独処、守レ正不レ撓二衆枉一。

意味 君子はたった一人の状況下においても、正道を守り衆人に惑わされて曲がったことに屈することはない。

参考 小人が群居する中で、だれもがその邪説に随従するとき、一人道を曲げることなくいることは難しいものである。掲出句はそうした状況下でのあり方を言うもの。

君子は豹変し、小人は面を革む

出典 『易経』革・上六

原文 君子豹変、小人革レ面。

意味 ものごとが革新されるときには、君子は、豹が秋に新たな毛となるように美しく鮮やかに革新し、小人は顔つきをあらためて柔順にその結果に従う。

参考 解釈によっては、「君子は過失をあらため善に移行することが顕著に外に現われるが、小人はうわべの顔つきだけをあらためて従う」とするものもある。また、俗に「君子は豹変す」の形で、「君子は考え方、態度をがらりと変える」という意味で使われる。なお、「革」の卦の九五には「大人は虎変す」という。徳のある立派な人は革新の時に当たって、虎が秋になると毛を抜け変わらせ、その文様がさらにきわだつように、鮮やかに一新させることを意味して、「君子は豹変す」とほぼ同様に用いている。

君子は知り易きも狎れ難し

出典 『荀子』不苟

原文 君子易レ知而難レ狎。

意味 君子は交わりやすいが、なれ親しむことは難しい。君子は、穏和であるので親しみやすいが、世俗におもねりへつらうということをしないので、深くなれることはない。「知」は交わる、顔見知りになる意。「狎」はなれなれしくする意。

参考 君子は精神的な確立により、意が一貫しているので世俗には流されないものである。

君子は道を憂えて、貧しきを憂えず

出典 『論語』衛霊公

原文 君子憂レ道、不レ憂レ貧。

意味 君子は、道のことを心配するが、貧しいことには心配しない。

参考 孔子のことば。貧しいことはだれも好むものではないが、食べるとか貧乏とかは末の問題、そういうことを気にかけるより、根本的な道を学ぶことに専念せよというのである。「君子は道を謀りて、食を謀らず」の項参照。

君子は道を謀りて、食を謀らず

出典 『論語』衛霊公

原文 君子謀レ道、不レ謀レ食。

意味 君子は、道のことについて考えて、食を得ようということについてはあれこれ考えをめぐらさない。「謀」はあれこれ考えをめぐらす意。

参考 孔子のことば。続いて「耕すや餒其の中に在り、学ぶや禄其の中に在り」とある。食べることに心配して耕しても飢える危険性がそこにはあり、道を学ぶことにつとめていれば俸禄の得られる可能性がそこにあるというのである。「君子は道を憂えて、貧しきを憂えず」の項参照。

君子は本を務む。本立ちて道生ず

出典 『論語』学而

原文 君子務レ本。本立而道生。

意味 君子たるものは、物事の根本の事柄に努力する。根本が確立すれば進むべき道が開けてくる。

参考 「孝弟（孝と悌）なる者は其れ仁の本たるか」と続く。孔子の弟子の有若（孔子より四十三歳若い）のことば。

君子は物を役し、小人は物に役せらる

出典 『荀子』脩身

原文 君子役レ物、小人役二於物一。

意味 君子とは物を使い、小人は物に使われるものである。

参考 君子は自己を省みることで心（精神）を確立しているので、物を使う立場となるが、自分の主体性を失ってしまっている者は、物に使われる立場となる。君子とは内なるもの（心・精神）を求める者をいい、荀子はこの姿

勢を学問、修養に必要なものであるとしている。

君子は世を没えて名の称せられざることを疾む

出典 『論語』衛霊公

原文 君子疾㆓没㆑世而名不㆑称焉。

意味 君子は、この世を去ってからその名がうたわれないことをきらって気にかける。

参考 孔子のことば。学問は自分のためであって、名声を得ることを目的としてはならないが、生涯を終えてその名が口にされないようであれば、相応のことがなかったということにもなる。真価が認められるように自分をみがくことに専念すべきだ。

君子は和して同ぜず、小人は同じて和せず

出典 『論語』子路

原文 君子和而不㆑同、小人同而不㆑和。

意味 君子は、人と調和するが主体性を失うことはない。小人は、付和雷同するが人と調和することはない。「和」は和合、調和。「同」は見境なく他に同調すること。

参考 君子と小人との差異を、他者との関わりを問題にして述べた孔子のことば。すぐ次の章では「君子は泰にして驕らず（ゆったり落ち着いていていばらないが）、小人は驕りて泰ならず」と述べている。

君子は和して流れず

出典 『中庸』十章

原文 君子和而不㆑流。

意味 君子は他人とよく和合するが、他人に引きずられ自分を失って流されることがない。

参考 子路（人名略解参照）の質問に対する孔子の答えの一節。『論語』に「君子は和して同ぜず、小人は同じて和せず」（子路篇）（その項参照）、「君子は矜にして争わず、群して党せず」（衛霊公篇）（その項参照）という類似の句がある。

薫蕕雑処せば、終に必ず臭と為らん

出典 『宋名臣言行録』丞相韓国富文忠公弼

原文 薫蕕雑処、終必為㆑臭。

意味 香りのよい草（＝薫）と臭い草（＝蕕）をまぜて置いておくと、最後には臭いにおいが勝ってしまう。つまらない人物と一緒にしておくと、すぐれた人物がその才能をつぶされてしまうことのたとえ。直前には「君子と小人は氷炭のごとし。決して以て器を同じくするべからず」とも言っている。

参考 北宋の政治家富弼のことば。蘇軾が富弼の遺徳を顕彰した「富鄭公神道碑」に見え、これがそのまま『宋名臣言行録』に引用されている。同趣旨の諺として、『孔子家語』致思に、顔回が引用した諺として「薫蕕器を同じくして蔵せず、尭桀国を共にして治めず」と見える。「グレシャムの法則」として知られる「悪貨は良貨を駆逐する」も、これと似た意味に転用されることがある。

薫蕕は器を同じくして蔵せず、尭桀は国を共にして治めず

出典 『孔子家語』致思

原文 薫蕕不㆓同㆑器而蔵㆒、尭桀不㆓共㆑国而治㆒。

意味 香りのよい草と悪臭を放つ草とは同じ容器にしまったりしないし、聖王の尭と暴君の桀とは同一の国を治めたりはしない。善人と悪人とは同じ場所にはいられないということ。「薫蕕」はよい香りのする草と悪臭のする草。

け

形影相弔う

⇩煢煢として独立し、形影相弔う

敬遠

⇩鬼神を敬して之を遠ざく

傾蓋故の如し

⇩白頭新の如く、傾蓋故の如し

煢煢として独立し、形影相弔う

出典 西晋、李密「陳情表」

原文 煢煢独立、形影相弔。

意味 たった一人でここにいるばかりで、ただ自分自身と自分の影がたがいに慰めあうだけだ。独り身で寄るべのないことをいう。

参考 「煢煢」は孤独のようす。李密（人名略解参照）は蜀に仕えていたが、のちに晋の武帝（司馬炎）のまねきを受けた。この時密は父母のない現在、祖母を養うのは自分しかいないとして、これを断った。この文はその時のもの。密は祖母に孝養を尽くしたことで有名で、祖母が病気の時は服も着替えずに看病したと伝えられる。武帝はこの「陳情の表」を見て感動し、李密をひそかに援助し、祖母の死後、李密は武帝に仕えた。

鶏口と為るも、牛後と為る無かれ

⇩寧ろ鶏口と為るも、牛後と為る無かれ

蟪蛄は春秋を知らず

⇩朝菌は晦朔を知らず、蟪蛄は春秋を知らず

形而下

⇩形よりして上なる者之を道と謂い、形よりして下なる者之を器と謂う

形而上

⇩形よりして上なる者之を道と謂い、形よりして下なる者之を器と謂う

経師は遇い易く、人師は遭い難し

出典 『資治通鑑』漢紀・桓帝延熹七年

原文 経師易レ遇、人師難レ遭。

意味 経書の字句の解釈を教えてくれる師に出会う機会は多いが、人間としての道を修めた、模

参考　範とするに足るような師には、なかなかめぐり会えない。「経書」は儒教の経典。魏照という者が、郭泰（後漢の士。弟子数千人を持ち、その名声は広く鳴り響いていた）のもとに従学したいと願い出たときのことば。

鶏声茅店の月、人迹板橋の霜

出典　晩唐、温庭筠詩「商山早行」

原文　鶏声茅店月、人迹板橋霜。

意味　早朝の鶏の鳴き声が聞こえ、田舎の粗末な宿屋の上に入り残った月がかかる。早立ちした旅人の足跡が板で造られた橋の上に下りた霜の中に、点々と残っている。

参考　「茅店」はかやぶきの粗末な宿屋。この二句は、全一〇文字がみな名詞だけで構成されており、緊密な印象の中に、朝早い旅立ちの緊張感が反映されている。なお「商山」は今の陝西省商県、温庭筠は長安からの旅の途中にある。

軽諾は必ず信寡く、易しとすること多ければ必ず難きこと多し

出典　『老子』六十三章

原文　軽諾必寡レ信、多レ易必多レ難。

意味　物事を軽々しく引き受けるような者は、必ず信義が薄く、物事を侮ってかかると必ず困難に遭う。「軽諾」は安請け合い。「信寡く」は真実味に欠けるの意。

参考　道を体得した聖人の、慎重で周到な人生態度を述べた老子のことば。

兄為り難く、弟為り難し

出典　『世説新語』徳行

原文　（元方）難レ為レ兄、（季方）難レ為レ弟。

意味　二人のうちどちらが優秀でどちらが劣っているかを言うことは難しい。

参考　陳元方と季方の兄弟は、ともに優れていて優劣がつけられなかったとされる。この一節は陳兄弟の名を略し、慣用句として用いた。

軽重を権る者は、黍絫を失わず

出典 『漢書』律暦志・上

原文 権二軽重一者、不レ失二黍絫一。

意味 物の重さを量る者は、黍や絫といった極めて微量なものまで厳密に見分けなければならない。度量衡には厳密さが求められることを説いたことば。「黍絫」の「黍」はきび一粒の量をいい、「絫」はその十倍の量をいう。極めて少ない量のたとえ。

参考 この前に「長短を度る者は、毫釐（ごく少し）を失わず、多少を量る者は、圭撮（ごく少量）を失わず」とある。「圭」は「黍」六十四粒の量。「撮」は三本の指でつまむほどの量。

芸に游ぶ

出典 『論語』述而

原文 游二於芸一。

意味 教養の中で自在に心を遊ばせる。「游」は自由に泳ぎまわる意。

参考 孔子のことば。「道に志し、徳に拠り、仁に拠り、芸に游ぶ」とあり、「芸」は本来、君子たるものの必須の教養である礼・楽・射・御（馬車の御し方）・書・数をさす。転じて、広く学問・芸術を学ぶ意で用いられる。とくに技芸の道が尊重されてくると、このことばは、その理想とする自在の境地を表わすものとして重要視される。

刑の煩わしきは猶お水の濁れるがごとし、水濁れば則ち魚喁う

出典 中唐、白居易『策林』四

原文 刑煩猶二水濁一、水濁則魚喁。

意味 刑罰がこまごまして煩雑であるのは水が濁っているようなものだ。水が濁っていれば魚は苦しくて水面に出て口をパクパクさせる。

参考 この後に「政の寛きは猶お防の決するがごとし、防決すれば則ち魚逝く」とあり、小さな罪過には寛大に対処し、重大な罪過はきびしく罰するべきことをいう。「防」は堤、堤防。

芸は己に由りて立ち、名は人に自りて成る

出典 後漢、班固「与二弟超一書」

原文 芸由レ己立、名自レ人成。

意味 学芸はその人自身の努力によって成立するものであるが、名誉や評判というものは、その人自身ではなく他人によって作られるものである。

参考 手紙の全文は残っていない。張懐瓘の手紙の中に引用されている部分である。弟の超は後漢の武将で西域の経営に従事した班超のことで、「虎穴に入らずんば、虎子を得ず（『後漢書』班超伝）」（その項参照）の名言で知られる。

鶏は鶏と並びて食し、鸞は鸞と枝を同じうす

出典 盛唐、李白詩「於二五松山一贈二南陵常賛府一」

原文 鶏与レ鶏並食、鸞与レ鸞同レ枝。

意味 鶏は鶏と並んで餌を食べるのであり、神鳥たる鸞はやはり鸞と一緒の枝にいるものである。「鸞」は中国の想像上の美しい鳥。

参考 凡人は凡人と一緒にいるものであり、優れた人は優れた人と一緒にいるものだという意味の句。李白が浪々の旅をしている途中、南陵というところの次官である常氏のもとに寄食していた頃の作。

刑は刑無きを期す

出典 『書経』大禹謨

原文 刑期二于無一レ刑。

意味 刑罰を与えるのは、犯罪がなくなって刑が必要でなくなることを目的としているのである。

参考 皋陶（人名略解参照）の功績を舜が称賛したことば。皋陶が五刑（墨・劓・剕・宮・大辟）を明らかにして五教（義・慈・友・恭・孝）を世に広めることに労したことが『書経』舜典、皋陶謨の両篇に見られる。類似することばに「訟えを聴くは、吾猶お人のごときなり。必ず

や訟え無からしめんか（『論語』顔淵）」がある。

啓発

⇩憤せずんば啓せず、悱せずんば発せず

刑罰は、乱を治むるの薬石なり。徳教は、平を興すの粱肉なり

出典 『後漢書』崔寔伝

原文 刑罰者、治レ乱之薬石也。徳教者、興レ平之粱肉也。

意味 刑罰というものは、乱れた世の中を整え導くための良薬である。道徳教育というものは、安定した平和な世の中にするための美食である。「薬石」は病気を治すための薬剤。「粱肉」は上等の米と肉、おいしい食事。

参考 仲長統から「君主は必ず写してそばに置くべきだ」と賞せられた崔寔の「政論」という文章の中の一句。刑法を厳しくするか否かの政治上の意義を述べるところにある。この直前に「蓋し国を為めるの法は、身を理するに似たる有り。平なれば則ち養を致し、疾なれば則ち焉を攻む（国を治める法は、身体をおさめるのに似ている。平安であればそれを守って進め、病があればそこを治す）」とあるように、厳しさと寛やかさとをうまく使い分けることをいう。

敬は百邪に勝つ

出典 『近思録』巻四

原文 敬勝二百邪一。

意味 敬はあらゆる邪悪に勝つ。

参考 敬の心とは、作為をもたず慎み深くあること。この状態に心があれば、どんな邪悪もつけいるすきはないのである。『程氏遺書』十一に見える北宋の程顥のことば。

敬以て内を直くし、義以て外を方にす

出典 『易経』坤・文言伝

原文 敬以直レ内、義以方レ外。

意味 君子は、慎みによって内心を正し、節度によって行動を方正にする。「敬」はうやまい慎むこと。「義」は正義を守る節度。「外」は外面に現われる行動。

参考 この後に、『論語』里仁にも見える「徳は孤ならず」の語が、「敬・義立ちて徳孤ならず」として現われる。つまり、敬と義が成り立てば、その人の道徳が孤立することはないことをいう。

刑を以て刑を止め、殺を以て殺を止む

出典 『唐律疏義』名例

原文 以レ刑止レ刑、以レ殺止レ殺。

意味 刑罰を厳重にすることにより、人民は法を守り、その結果、刑罰は行なわれないようになる。同様に、死刑を執行することにより、死刑は行なわれないようになる。

参考 『唐律疏義』は、唐代の刑法典である「律」とその注釈である「疏義」の部分から成るが、本項は「律」本文に見える。刑罰の究極の目的は刑罰をなくすことだという考えとして、古くは『書経』大禹謨の「刑は刑無きを期す」（その項参照）があり、この部分の孔安国（人名略解参照）の伝に「或いは刑を行なうと雖も、殺を以て殺を止むれば、終に犯す者無し」と見える。また、『韓非子』内儲説・上には商鞅（人名略解参照）のことばとして、微罪でさえも厳重に処罰すれば重罪を犯す者はいなくなる（刑を行ないて其の軽き者を重くせば、軽き者至らず、重き者来らず）もので、このようなやり方を「刑を以て刑を去る」（以レ刑去レ刑）と言うとある。

屐歯の折るるを覚えず

⇩人事を尽くして天命に聴う

潔は常に汚より出で、明は毎に晦より生ず

出典 『菜根譚』前集二十四

原文 潔常自レ汚出、明毎従レ晦生也。

意味 潔い（清い）ものは常に汚れたものの中から生ずるし、輝くものは常に暗やみから生じる。「晦」はくらいの意。

参考 出生が暗く汚れたところのものであっても、すばらしいものが育つことをいい、蛍や蟬が例に挙げられている。

挈瓶の知も、守器を失わず

出典 『戦国策』趙策

原文 挈瓶之知、不レ失ニ守器一。

意味 かめを提げて水を汲むことを仕事としている卑しい者でも、預った器を守るぐらいの知恵はある。いかに能力が乏しくても、自分の職務を大切なものとしてわきまえているということ。「挈瓶」はかめを提げて水を汲むような賤業に就いている者。

参考 秦が韓に出兵した際、恐れをなした韓王が、領地の上党郡を差し出して講和することに決め、上党郡に使者を送ったが、郡の太守の靳黈がそれを拒否して秦に応戦する意志を示して述べたことば。

煙銷え日出でて人を見ず、欸乃一声山水緑なり

出典 中唐、柳宗元詩「漁翁」

原文 煙銷日出不レ見レ人、欸乃一声山水緑。

意味 もやが消えて朝日がのぼっても人の姿は見えない、舟をこぐかけ声だけがひびき山も水も緑一色である。

参考 「欸乃」は舟に棹さすときかけるかけ声、または櫓のきしる音、そこから転じて舟唄の意味でも使われる。永州（湖南省零陵県）に左遷された作者が、悲劇の詩人屈原の故地である湘江をおとずれて作った詩。俗世を離れた「漁翁（老漁夫）」に自分の姿を重ねたものともいわれる。前二句に「漁翁夜西巌に傍いて宿し、暁に清湘に汲みて楚竹を然く（老漁夫が夜には西岸の岩かげに停泊し、朝には湘

水で水を汲んで竹を燃やす）」とあるのをうけ、朝もやが晴れても、その漁翁の姿が見えず声だけが聞こえるというのである。

獣窮まれば則ち齧む、鳥窮まれば則ち啄む、人窮まれば則ち詐る

出典　『韓詩外伝』巻二

原文　獣窮則齧、鳥窮則啄、人窮則詐。

意味　獣はせっぱつまればかみつき、鳥はせっぱつまればつつき、人はせっぱつまれば嘘をつく。困窮すれば意外な行動に出ることのたとえ。

参考　顔淵が魯の定公に語ったことば。「獣……」「鳥……」の二句は、「窮鼠猫を噛む」（『塩鉄論』詔聖、ただし猫を狸に作る）と同意で用いられることもある。ただ、ここでは窮地に陥ると意外な行動に出て、相手に危険を及ぼすことのたとえとして用いる。類句に「鳥窮すれば則ち啄み、獣窮すれば則ち攫み、人窮すれば則ち詐る（『荀子』哀公）」（その項参照）がある。

毛を吹いて小疵を求む

出典　『韓非子』大体

原文　吹㆑毛求㆓小疵㆒。

意味　毛を吹きわけて小さな傷をさがしもとめる。他人の欠点を強いてさがすことのたとえ。

参考　わが国でも「毛を吹いて疵を求む」、「毛を吹いて過怠の疵を求む」という形で用いられる。また、「吹毛」（あらさがし）ということばも生まれた。

厳家には悍虜無くして、慈母には敗子有り

出典　『韓非子』顕学

原文　厳家無㆓悍虜㆒、而慈母有㆓敗子㆒。

意味　厳格な家には乱暴な召使いはおらず、愛情の深い母親には道楽息子ができる。「悍虜」は手に余るような乱暴な召使い。「敗子」は家をだめにする道楽息子。

参考 これに続けて「吾此れを以て威勢の以て暴を禁ずべくして、徳厚の以て乱を止むるに足らざるを知る」とある。つまり、威勢をもって暴乱に臨めばそれを止めることができるが、恩恵を与えることでは、慈母に敗子があることさながらに、暴乱を止めることはできないのである。なお、『史記』李斯伝にも同様の文が見える。法治主義の思想を述べたもの。

険言は忠に似たり、故に受けて詰らず

出典 『新唐書』后妃伝

原文 険言似レ忠、故受而不レ詰。

意味 厳しいことばにこそ忠義の精神というものが感じられるのであって、だからこそ、その忠告を聞き入れるべきで、決して詰ったりしてはいけない。

参考 甘いことばでほめそやすことは、誰にでもできるのである。むしろ、諫言こそ自らの利を求めず発せられる誠忠の言なのである。

言行は君子の枢機なり

出典 『易経』繋辞上伝

原文 言行君子之枢機。

意味 言動は君子にとって最も重要である。「枢」は扉の開閉の軸の部分、くるる。「機」は弩のひきがね。いずれも大切な要となる部分であることから転じて、「枢機」は物事の重要な部分の意を表わす。

参考 これに続けて「枢機の発（動く時）は、栄辱の主（分岐点をつかさどる）なり。言行は君子の天地を動かす所以なり。慎まざるべけんや」とある。つまり、扉の軸や弩のひきがねが動く瞬間が栄誉と恥辱とのわかれ道であり、天地をも動かす手段となり得る君子の言行であるゆえに、それを慎まなければならないのである。

沅湘日夜東に流れ去る、愁人の為に住まること少時もせず

出典　中唐、戴叔倫詩「湘南即事」

原文　沅湘日夜東流去、不㆘為㆓愁人㆒住少時㆖。

意味　洞庭湖へ流れこむ沅江・湘江の川の水は昼も夜も東へと流れていき、少しの間でも愁いに沈む人間のためにとどまろうとはしない。

参考　七言絶句で、前半二句は「盧橘花開きて楓葉衰う、門を出でて何処にか京師を望まん（盧橘〔柑橘類〕の花が咲き楓の葉のしぼむ初冬の頃、門を出てもどこに都を望めようか）」である。「愁人」の愁いは湖南の節度使の幕下にあった作者の、都を離れての憂愁である。

賢人は時を観て、時に観られず。兵を制して、兵に制せられず

出典　『戦国策』趙策

原文　賢人観㆑時、而不㆑観㆓於時㆒。制㆑兵、而不㆑制㆓於兵㆒。

意味　賢人は時代を観察するが、時代から観察されることはない。軍隊を統制するが、軍隊に統制されることはない。

参考　伝統的な戦車戦に適する用具を捨て、騎射と、それに適する胡服（北方民族が着る衣服。野蛮な衣服と考えられていた）の着用を敢行する趙の武霊王の政策を、臣の牛賛が昔からの法典や用兵の法則を乱し国力を弱めることになると諫めたの対し、王が反論したことば。この胡服騎射の戦闘法を実行した結果、趙の軍事力は飛躍的に高まり中山国を征し胡地に土地を広めること千里に及んだ。

原泉混混として、昼夜を舎かず。科に盈ちて而る後に進み、四海に放る

出典　『孟子』離婁・下

原文　原泉混混、不㆑舎㆓昼夜㆒。盈㆑科而後進、放㆓乎四海㆒。

意味　水源のある水はこんこんと湧き出て、昼も夜もやむことなく流れていく。くぼ地があれば、それを満たしてさらに流れていき、そし

て四方の海に達する。本願のあるものは尽きることなくして極に達する。「科」はくぼ地、「放る」は達するの意。

参考 孟子の弟子の徐辟が、孔子が「水なるかな、水なるかな」と、しばしば水を称賛した理由をたずねた際に説明した孟子のことば。

言近くして指遠き者は、善言なり

出典 『孟子』尽心・下

原文 言近而指遠者、善言也。

意味 ことばは卑近なものであって、しかもその意味が深遠なものが、よいことばである。「指」は「旨」に同じ。

参考 至近のことをとり上げて、しかもその中に深い道理が存することばを善言という。この句に続く「守ること約にして施すこと博き者は、善道なり（守ることが簡単であって、しかもその及ぼす所の広いものが、よい道である）」も至言であろう。

捲土重来

⇩江東の子弟才俊多し、捲土重来未だ知るべからず

倹なれば則ち金賤しく、侈なれば則ち金貴し

出典 『管子』乗馬

原文 倹則金賤、侈則金貴。

意味 節約をすれば金銭の価値は下がり、贅沢をすれば金銭の価値は上がる。節約をして購売意欲が下がることで金銭の価値も下がり、贅沢になって購売意欲が上がることで金銭の価値も上がるのである。

参考 これは「倹なれば則ち金賤しく、金賤しければ事（生産事業）成らず、故に事を傷る。侈なれば則ち金貴く、金貴ければ貨（商品）賤し、故に貨を傷る」という一文を略したもの。世の中が節約の傾向となり金銭価値が下がれば、購売意欲が落ち生産事業がすたれ、逆に

世の中が贅沢となり金銭価値が上がれば、購売意欲も上がり商品が品薄になるという、今も変わらぬ経済原則が説かれている。

賢にして財多ければ、則ち其の志を損ない、愚にして財多ければ、則ち其の過ちを益す

出典 『漢書』疏広伝

原文 賢而多レ財、則損二其志一、愚而多レ財、則益二其過一。

意味 賢明な子孫に多くの財産があると、せっかく高い志があっても、その意志がくじけてしまう。愚かな子孫に多くの財産があると、過ちを増大させてしまう。子孫には財産など残さないほうがよいということ。

賢に任じて弐すること勿く、邪を去って疑うこと勿く、疑謀成すこと勿れ

出典 『書経』大禹謨

原文 任レ賢勿レ弐、去レ邪勿レ疑、疑謀勿レ成。

意味 賢者を一度信任したならば疑ってはいけない。よこしまな臣下を退けるのに迷ってはならない。疑わしい計画は遂行してはならない。

参考 賢帝舜と禹（後に舜より譲位）と舜の忠臣益（皐陶）（人名略解参照）との問答の一節で、皐陶が舜帝に帝として治国に当たる上での心得を進言している。『礼記』曲礼・上に「疑わしい事は質しとげてはならない」とある。またこの一節をうけて『戦国策』趙策に「邪を去るには疑うことなく、賢を任ずるには弐することなかれ」とある。

言には必ず防有り、行には必ず検有り

出典 後漢、徐幹『中論』法象

原文 言必有レ防、（中略）行必有レ検。

意味 発言する際には必ず備えが必要であるし、行

動する際には必ず検討が必要がある。言動は慎重にしなければならない。

参考 君子は「戯謔（ふざける）」した発言や行動をとらない。ならばこそ、妻や友人でも狎れなれしくしてあなどるようなこともないという。

玄の又玄、衆妙の門

出典 『老子』一章

原文 玄之又玄、衆妙之門。

意味 人間の認識を超えた玄妙な上にも玄妙なる存在こそ、一切万物が生み出されてくる門なのである。

参考 「玄」はもともと暗くさだかでないこと、ぼんやりと深く捉えどころのないものを意味し、老子の「道」を形容することばとして用いられる。一切を受け入れ、そして生み出すあり方として、「谷」がたとえとしてしばしば用いられる。ぼんやりとすべてを霧の中につつみ込んでいるさまをイメージしてみるとよい。他にも、万物を生み出すものとして「玄牝」（六章）、奥深い徳として「玄徳」（十章）などという語が見られる。

言は苟くも合うを取らず、行ないは苟くも容れらるるを取らず

出典 『戦国策』秦策

原文 言不レ取二苟合一、行不レ取二苟容一。

意味 ことばはかりそめにも人に迎合するように用いない。行動はかりそめにも人に受け容れられることを求めない。

参考 趙を追われて困窮していた蔡沢（燕の人。遊説の徒）が、秦の宰相である范雎（人名略解参照）の地位を奪うため一計を案じた。蔡沢は楚の呉起（人名略解参照）について范雎の思うところを問う。このことばは、その問いに答え呉起を評した范雎のことば。呉起は様々な政策を実行し楚の国力を高めた忠臣として名高い人物であったが、それを面白く思わない反対派に殺され悲劇的な死を遂げる。蔡沢の

ねらいとは、このような功臣であっても、権力の中枢に長い間いるとあらぬ反発を買い禍害が身に及ぶことを言い、范雎に引退をすすめることにあった。やがて范雎は宰相を辞任し、蔡沢は目的を達成する。

犬馬其の土性に非ざれば畜わず

出典 『書経』旅獒

原文 犬馬非㆓其土性㆒不㆑畜。

意味 犬や馬はその土地のものでなければ飼うべきではない。

参考 周の武王が商（殷）との戦いに勝ち、その結果、異民族との国交が開けさまざまな物が国に流通した。このことばは太保の召公（武王の弟で、燕の始祖。召公奭ともいう）が武王に進言したもの。その土地に合った物がもっともよいのだと述べている。『春秋左氏伝』僖公十五年に「古は大事には必ず其の産に乗る。其の水土に生じて其の人心を知るなり」とある。

犬馬は難し

出典 『韓非子』外儲説・左上

原文 犬馬難。

意味 犬や馬を描くことは難しい。犬や馬はありふれた平凡なものであるだけに絵にするのは難しいのである。平凡なものほど表現しづらいことをいう。

参考 斉王がある画家に「何が最も描きづらいか」とたずねた。画家は「犬や馬が難しい」と答えた。続けて「何が最も描きやすいか」とたずねると、画家は「鬼魅（ばけもの）が最もやさしい」と答えた。それは、犬や馬は人のよく知るところであり、朝な夕な目にするものであるからかえって描きづらく、ばけものは決まった形がなく、日常的に見るものではないので描きやすいからである。

権は両錯せず、政は二門せず

出典 『説苑』君道

原文 権不㆓両錯㆒、政不㆓二門㆒。

意味 権力は臣下が権力を握って二分してはいけないし、政治は臣下が君主をないがしろにして政令を出して、二重にしてはならない。

参考 『管子』明法に「威は両錯せず、政は二門せず」とあるのも同様の意味。「錯」は置くの意味。「両錯」とは臣下が君主に並んで権力・威勢を振るうこと。「二門」とは臣下が政治をとり行なうこと、私門を盛んにすることをいう。

言は忘るるを以て得、交わりは澹きを以て成る

出典 東晋、郭璞詩「贈㆓温嶠㆒」

原文 言以㆑忘得、交以㆑澹成。

意味 君と対面すればことばを用いないで心を通じあうことができる。君との交わりはさっぱりとしたものなので本当の友情をつくりあげることができる。

参考 「忘」は「忘言」の意味で、気が合うのでことばを忘れてしまうほど意志が通じていること。「澹」は「淡」と同じで、「淡交」の意味。水のようにさっぱりした君子の交際、友情をいう。

妍皮は癡骨を裹まず

出典 『晋書』慕容超載記

原文 妍皮不㆑裹㆓癡骨㆒。

意味 美しい皮は、つまらない骨を包まない。美しい容姿をもつ人は、その内にある才能も素晴らしい。

軒冕の為に志を肆べず、窮約の為に俗に趨かず

出典 『荘子』繕性

原文 不㆘為㆓軒冕㆒肆㆖志、不㆘為㆓窮約㆒趨㆖俗。

意味 高い地位にあるからといって自分勝手にふるまわず、貧窮しているからといって世俗に迎合しない。「軒」は貴人の車、「冕」は高位の人の冠。高位高官をさす。「約」は貧乏の意。

参考 高位も貧困も人間が自然から与えられた本来の生とは何ら関係がないので、それらにふり

まわされるべきではないという教え。

涓流寡しと雖も、浸く江河を成す

出典 『後漢書』周紆伝

原文 涓流雖レ寡、浸成二江河一。

意味 小川をちょろちょろと流れる水も、最後には揚子江や黄河のような大きい川の流れとなる。「涓流」は小さな流れ、細流。

参考 この後に「爝火微なりと雖も、卒に能く野を燎く（たいまつの火は小さいが、ついには野を焼くこともできる）」という。「爝火」はたいまつの火のこと。どんなことでも小さなものから始まり、ついには大きなものを成すようになるというたとえ。

言を出して当たらざれば、反って自ら傷う

⇩口は関なり、舌は兵なり。言を出して当たらざれば、反って自ら傷う

乾を父と称し、坤を母と称す。予茲に藐焉たる、乃ち混然として中処するなり

出典 『近思録』巻二

原文 乾称レ父、坤称レ母。予茲藐焉、乃混然中処。

意味 乾を父といい、坤を母という。人はみな天地を父母として生まれる。自分は微々たる存在であるが、天地の中に混然と交わって存在している。「藐焉」は小さいさま。「混然」は混じり合うさま。

参考 乾・坤は易の卦の名で、それぞれ天と地を象るものである。つまり、人はみな天地を父母として生まれるのである。その妙合したところに人はいるのである。『易経』説卦伝に八卦を家族の成員に当てて述べた場面に「乾は天なり、故に父と称す。坤は地なり、故に母と称す」とある。張載『西銘』の冒頭の一節である。

剣を磨くも錐を磨くこと莫れ、錐を磨くは小利を成すのみ

出典 中唐、元稹詩「出門行」

原文 磨レ剣莫レ磨レ錐、磨レ錐成二小利一。

意味 剣を磨くことはしても錐を磨くことはするな。錐を磨いてもたいしたことはできないのだから。本当にしなければならないことを、見きわめてすべきである。

賢を見ては斉しからんことを思い、不賢を見ては内に自ら省みる

出典 『論語』里仁

原文 見レ賢思レ斉焉、見二不賢一而内自省也。

意味 自分より優れた人に出会ったなら、その人と同じようになりたいと思い、くだらない人に出会ったなら、自分もそのようではないかと反省する。「賢」は頭がよいというより、ここでは人間として優れていることをいう。

参考 他者を見て、そこから自分を磨くための教訓を得るべきだという孔子のことば。述而篇の「三人行なえば、必ず我が師有り」の項参照。

言を以て人を挙ぐるは、毛を以て馬を相するが若し

出典 『塩鉄論』利議

原文 以レ言挙レ人、若二以レ毛相一レ馬。

意味 ことばだけによって人物を登用することは、毛並みだけによって馬を品定めするようなものである。ことばだけでは人物は評価できないということ。

参考 ことばのみで人物を評価することができないことを、『塩鉄論』の同篇では、「言う者は必ずしも徳有るにあらず。何となれば、之を言うは易く、之を行なうは難し」と説明する。

言を以て人を挙げず、人を以て言を廃せず

出典 『論語』衛霊公

原文 不二以レ言挙一レ人、不二以レ人廃一レ言。

意味 立派なことを語るからといって、そのことばだけでただちに人を認めて任用したりしない。それを言った人がよくないからといって、その人のことばまでも排斥したりしない。

参考 ことばだけで人を評価することはできないが、ことばは、ことばとして論ずるようにいう。君子のあり方を述べた孔子のことば。

言を以て人を傷うは刀斧より利く、術を以て人を害するは虎狼より毒す

出典 北宋、林逋『省心録』

原文 以レ言傷レ人者利二於刀斧一、以レ術害レ人者毒二於虎狼一。

意味 ことばによって人を傷つけるのは刃物より鋭く、権謀術数を用いて人を害するのは虎や狼よりひどい害を与える。

参考 この後に「言は慎まざる可からず、術は慎まざる可からず（ことばも権謀も慎んでむやみに発したり用いたりしてはいけない）」という。

こ

功ある者は自ら功あり、禍ある者は自ら禍あり

出典 中唐、柳宗元「天説」

原文 功者自功、禍者自禍。

意味 勲功ある者はそれを自分で得たのであり、災禍のある者もそれを自分で得たのである。

参考 「天」が賞罰を下すのではなく、すべて人間が自分で得ているのだという意味のことば。「天」に善いものを賞し、悪いものを罰するような主宰性を考えるのは誤りであると述べる。自分の努力が結果に反映するという意味で用いられる。

紅一点

⇩万緑叢中紅一点、人を動かすに春色多きを須いず

慷慨して死に赴くは易く、従容として義に就くは難し

出典 南宋、謝枋得「郤ㇾ聘書」

原文 慷慨赴ㇾ死易、従容就ㇾ義難。

意味 いきどおり嘆いて、激情のままに命を捨てることはたやすいが、ゆったりと冷静な気持ちで義にかなった行動をすることは難しい。

参考 謝枋得は南宋末の政治家で、元軍に敗れ山に籠ったが、のちに元朝に召された時、異朝に仕えるのを嫌い絶食して死んだ。元の召聘を辞した時の心境を語った文章に見えることばである。

紅海の能く百谷の王為る所以の者は、其の善く之に下るを以てなり

出典 『老子』六十六章

原文 江海所㆔以能為㆓百谷王㆒者、以㆓其善下㆒ㇾ之。

意味 大河や大海が多くの谷川の王者でありうるのは、それがすべての谷川よりも十分に低い位置に身を置いているからである。「百谷の王」は、多くの谷川の水を集めて統べる支配者の意。

参考 「柔弱謙下」「謙下不争」のあり方を水を用いて巧みに示したことば。真の王者たらんとする時は、最も消極的に見える態度で臨むことが、実は最も積極的な方法であると説く。

黄鶴一たび去って復た返らず、白雲千載空しく悠悠

出典 盛唐、崔顥詩「黄鶴楼」

原文 黄鶴一去不㆓復返㆒、白雲千載空悠悠。

意味 仙人を乗せた黄色い鶴は、ひとたび飛び去ったまま二度とは帰らず、あとには白雲のみが、千年後の今日まで変わることなく悠然と流れているだけだ。

参考 湖北省武昌の南西、長江のほとりにある黄鶴楼には伝説がある。酒代の代わりにと仙人が壁に描いた黄鶴が、酒を飲む客の歌に合わせて舞い、大評判になり、のちに壁から抜け出して、仙人を背に白雲に乗じて飛び去った。富を得た店の主人はそのあとに楼を立て、黄鶴楼と名づけたという。この詩の冒頭の二句は次の通り。「昔人（昔、ここを訪れた仙人）已に白雲に乗じて去り、此の地空しく余す黄鶴楼」。掲出句がこのあとに続く。

江河の溢は三日に過ぎず、飄風暴風は須臾にして畢る

出典 『説苑』説叢

原文 江河之溢不レ過二三日一、飄風暴風須臾而畢。

意味 大河の水の氾濫も三日たてば治まるものであるし、嵐の風雨もしばらくようすを見ていれば、次第に終結するものである。

参考 どんなに猛威をふるおうとも、決して永遠ということはない、しばらくすれば終わりはくるのである。人の心もまた同じなのである。

紅顔の美少年

⇩此の翁白頭真に憐れむべし、伊れ昔は紅顔の美少年

江漢以て之を濯い、秋陽以て之を暴す

出典 『孟子』滕文公・上

原文 江漢以濯レ之、秋陽以暴レ之。

意味 布を長江や漢水の豊かな水で洗い上げ、秋の強い日ざしにさらしかわかす。「江漢」は長江（揚子江）と漢水（陝西省より湖北省を経て、武漢で長江に注ぐ）のこと。

参考 布がこれ以上、真っ白にはならないというたとえを挙げて、孔子の人格の高潔さを門弟の曾子がたたえたことば。

剛毅木訥は仁に近し

出典 『論語』子路

原文　剛毅木訥近レ仁。

意味　意志堅固で何事にもひるまず飾り気がなく口の重いという性格は仁に近い。「剛毅」は意志が強く果敢であること。「木訥」は飾り気がなく口べたであること。

参考　学而篇、陽貨篇の「巧言令色、鮮きかな仁」（その項参照）を裏返しにして述べたといえる、孔子のことば。

高言は衆人の心に止まらず

出典　『荘子』天地

原文　高言不レ止二於衆人之心一。

意味　（俗言が盛んな現在の時世では）高遠なことばは大衆の関心をひかないものである。「高言」は真理を示す高尚なことば。「衆人」は一般大衆。

参考　「止」は「上」に作るテキストもある。その場合は、「心に上らず」と訓む。「大声は里耳に入らず」の項参照。

巧言は徳を乱る

出典　『論語』衛霊公

原文　巧言乱レ徳。

意味　口先だけで内容がない弁舌は、徳を損ない乱すものだ。

参考　孔子のことば。学而篇の「巧言令色、鮮きかな仁」の項参照。

巧言令色、鮮きかな仁

出典　『論語』学而

原文　巧言令色、鮮矣仁。

意味　ことば巧みで、やたら愛想のよい顔つきをする人には、仁の徳（誠の愛情）はまずないものだ。「巧言令色」は「言を巧にし色を令くす」と読んでもよい。「巧言」は巧みにことばを操ること。「令色」は人が気にいるような愛想のよい顔つきをすること。「鮮矣仁」は、「仁鮮矣」の倒置表現。語勢を強めたもの。

参考　孔子のことばで陽貨篇にも見える。子路篇の

「剛毅木訥は仁に近し」（その項参照）を裏返して言ったようなもの。『論語』には類似のことばとして、衛霊公篇の「巧言は徳を乱る」や、公冶長篇の「巧言、令色、足恭（度の過ぎた恭しさ）なるは、左丘明之を恥ず。丘（孔子）も亦之を恥ず」などがある。四字熟語「巧言令色」はここが典拠。

巧詐は拙誠に如かず

出典 『韓非子』説林・上

原文 巧詐不レ如二拙誠一。

意味 ことば巧みにだますことは、ことばはまずくとも誠実であることに及ばない。

参考 魯の大夫孟孫が狩をして鹿の子を捕らえた。秦西巴という者に持ち帰らせたが、母鹿が啼いて跡を慕うので、秦西巴は子鹿を離してやった。これを知って孟孫は非常に怒り、秦西巴を追放した。三か月の後、孟孫は秦西巴を呼び返し、子供の守役とした。その理由をたずねられて、孟孫は「秦西巴は子鹿にさえ憐れみ深い者であるので、わが子を情けのない扱いはしないはずだ」と答えた。以上の故事をふまえたことば。言動はまずくとも誠実であることが重要であると説く。

恒産有る者は、恒心有り。恒産無き者は、恒心無し

出典 『孟子』滕文公・上

原文 有二恒産一者、有二恒心一。無二恒産一者、無二恒心一。

意味 一定の職業のある者には、一定不変の道徳心がある。しかし、一定の職業のない者は、動揺しやすく、心を一定に保つことができない。

参考 滕（周代の国名。大国斉と楚の間の小国。現在の山東省滕県の西南）の文公に対し、孟子は、治国の基本は人民の生活の安定をはかることにあると説いた。このことばは、孟子の唱える王道政治の根幹を示すものである。

恒産無き者は、恒心無し

⇨恒産有る者は、恒心有り。恒産無き者は、恒心無し

高山に登らざれば、天の高きことを知らず、深谿に臨まざれば、地の厚きことを知らず

出典 『荀子』勧学

原文 不レ登二高山一、不レ知二天之高一也、不レ臨二深谿一、不レ知二地之厚一也。

意味 高い山に登らなければ、天が高いということはわからないし、深い谷のそばに立って見おろさなければ、地が厚いということはわからない。その場・視点に立って経験してみなければ、そのもののもつ偉大さは理解できない。学問も、学んで自分が理解しなければ、その重大さを理解することはできないということのたとえ。

膠漆相賊い、氷炭相息う

出典 『淮南子』説山訓

原文 膠漆相賊、氷炭相息也。

意味 膠と漆とはたがいに損ないあい、氷と炭とはたがいに安息しあう。膠と漆とは似ていても本質的に融けあうことはない。氷と炭は一見たがいを打ち消しあうように思えて、一緒になると、炭は氷を本来の姿である水にかえし、氷は燃えている炭を消して燃え尽きるのを防ぎ、たがいに落ち着いて安息しあう。一見すると性質が相反するものが、たがいに助けあうことのたとえ。

参考 「天下に膠漆よりも相憎むもの莫くして、氷炭よりも相愛するもの莫し」に続く一文。

好死は悪活に如かず

出典 『西遊記』六十三

原文 好死不レ如二悪活一。

意味 見ばえよく死ぬより、ぶざまでも生きている

参考 ほうがましである。命あっての物種。『通俗編』三十八では、蘇軾詩「薄薄酒」に見える「富みて死するは未だ必ずしも生きて貧しきに輸けず」などが変化した俗諺と説く。『西遊記』に見えるのも、当時の俗諺の引用と考えられる。

孝子は其の親に諛らず、忠臣は其の君に諂わず

出典 『荘子』天地

原文 孝子不レ諛二其親一、忠臣不レ諂二其君一。

意味 本当に親孝行な子は、親におもねることはないし、本当に忠義の家臣は、主君にこびへつらうことはない。

参考 この孝子と忠臣の態度を例として、真理に沿って生きる者は、決して世間一般の評価に追随したりしないことを述べている。

孝子は父の美を揚げ、父の悪を揚げず

出典 『春秋穀梁伝』隠公元年

原文 孝子揚二父之美一、不レ揚二父之悪一。

意味 孝行な子というものは、父親の美点をさかんにほめたたえ、悪いところは言いふらさないものだ。

公事は私に議せず

出典 『礼記』曲礼・下

原文 公事不二私議一。

意味 公的なことがらについては、臣下の間であれこれと議論はしない。

参考 公的なことがらはなにごともしかるべき場において議論されるべきであり、それ以外のところでとりざたしてはならないことを示したことば。

好事も無きに如かず

出典 『景徳伝灯録』十六

原文 好事不レ如レ無。

意味 結構なことでもないほうがましだ。よいこと

も、これにとらわれたら何にもならないということ。「好事は無きに如かず（うまい話はないほうがましだ）」とも使う。禅語としては、大悟した者は再び迷うことのないことをたとえる。

参考 『景徳伝灯録』では、雪峰義存禅師が、剃髪して仏に帰依することについての問いに答えたことばとして見える。『五灯会元』四では、趙州従諗禅師が、仏殿で礼拝する僧に言ったことばとして見える。他に『碧巌録』第六十九則・頌、第八十六則・本則にも見える。なお「よい事があればまた悪い事があるから、最初からよい事のないほうがよい」という意味で使う場合もある。

好事門を出でず、悪事千里を行く

出典 『北夢瑣言』六

原文 好事不レ出レ門、悪事行二千里一。

意味 善行をした評判はなかなか広まらないのに対し、悪い評判はみるみるうちに遠方まで伝わるものである。悪事を戒める諺。「悪事千里を走る」の形でも用いられる。『景徳伝灯録』十二にも、寿州の紹宗禅師（唐末の人）が弟子との問答の中で言ったことばとして見える。

参考 『北夢瑣言』では、次の逸話のあとに「諺」として添えられている。五代の後晋の宰相、和凝は、若いころ「曲子」（小唄の類の俗曲）の歌詞を多く作り、それが都に流布していた。宰相になってから回収して焼いたが、宰相としての威厳は最後まで傷ついたままであった。契丹（当時、北方にあった異民族の国）の人まで彼のことを「曲子相公」と呼んだ。

高樹陰靡く、独木林ならず

出典 『後漢書』崔駰伝

原文 高樹靡レ陰、独木不レ林。

意味 高い木はその根本を陰でおおってかばうことがなく、また、たった一本の木では林を作って大きくなることもない。俗世と関わらず、独自に身を高く処するのは、人々から慕われることもなく、友人と研鑽することもない、誤った態度だという批判のことば。一人だけ孤高を貫くのではなく凡人と交わるのも重要だということ。

参考　学問に専心し政治の仕事に就こうとしない崔駰を、あまりに高踏に過ぎて現実離れしていると批判する者がおり、それに対する反論として駰が書いた「達旨」の中のことば。崔駰を批判する者の発言として発せられたもの。

巧笑倩たり、美目盼たり

出典　『詩経』衛風・碩人

原文　巧笑倩兮、美目盼兮。

意味　笑う口もとにはえくぼがあらわれ、ぱっちりとした目もとも美しい。

参考　詩の中では衛の荘公の夫人荘姜の美しさを言ったもので、美人を形容する句として、中国では詩賦に好んで用いられる表現である。「倩盼」は美人を表わすことば。

垢塵玉を汚さず、霊鳳羶を啄まず

出典　中唐、白居易詩「訪二陶公旧宅一」

原文　垢塵不レ汚レ玉、霊鳳不レ啄レ羶。

意味　汚いちりも玉を汚すことはなく、霊鳥たる鳳はなまぐさいものをついばんだりしない。

参考　詩題の「陶公」は東晋の陶潜（字は淵明）のこと。玉と鳳によって陶淵明の高潔な人がらをたとえた句。なお、「羶」は羊のなま肉のこと。

後生畏るべし。焉んぞ来者の今に如かざるを知らんや

出典　『論語』子罕

原文　後生可レ畏。焉知二来者之不一レ如レ今也。

意味　若い後輩たちは、その測り知れぬ可能性ゆえに畏敬すべきである。将来の彼らが現在の我々に及ばないなどと、どうして言えようか。「後生」は先生（先に生まれた人）に対する語で、後から生まれた人のこと、後輩。「来

者」は将来。「今」は現在の我々。

参考 孔子は年老い、自己の理想の実現のため、後輩の若者たちの可能性に大きな期待を寄せ、教育に専念した。その一方で、「四十五十にして聞こゆること無くんば、斯れ亦畏るるに足らざるのみ（四十、五十の年齢になっても、その学徳が世に聞こえなければ、これはもう畏れるまでもない）」と孔子は続けて言う。

後生畏るべし、来者誣い難し

出典 三国魏、曹丕「与二呉質一書」

原文 後生可レ畏、来者難レ誣。

意味 若い人たちは畏敬すべきであり、これから生まれてくる人たちをないがしろにするわけにはいかない。

参考 死んでしまった友人の徐幹たちは、古人には及ばなくとも、一時代の優れた者であることに違いはなく、今生存している者では及ばないと述べた後のことば。『論語』子罕の「後生畏るべし。焉んぞ来者の今に如かざるを知らんや」（その項参照）を受けて、これから出てくる人たちを侮るわけにはいかないという。この「書」で曹丕は、徐幹をはじめ王粲・陳琳・劉楨・阮瑀・応瑒（以上の六人に孔融を加えて建安七子とよぶ）ら、疫病で死んだかつての友人たちの死を悼み、各人の文学上の評価を行なっている。

功高ければ後に毀らるること易く、徳薄ければ人存すること難し

出典 北宋、王安石詩「寓言」其九

原文 功高後毀易、徳薄人存難。

意味 功績が素晴らしいものであればあるほど後で人に非難されやすく、徳義がなければ人が世の中で生きていくのは難しい。

参考 唐の太宗は良い政治をしたが、その子の高宗の時代に則天武后の混乱をまねいた。また玄宗もはじめは良い政治をしたがのちに国は乱れた。これらの事件を引いて、右のように言う。

巧遅は拙速に如かず（こうちはせっそくにしかず）

出典　『文章軌範』巻五・序

原文　巧遅者不レ如二拙速一。

意味　上手だが遅いというよりは、下手でも速いほうがよい。

参考　『孫子』に「兵は拙速を聞くも、未だ巧の久しきを睹ざるなり」（その項参照）とあり、古くは戦についての議論の中で、拙速か巧遅かが論ぜられた。張景陽の「雑詩」（『文選』巻二十九）に「巧遅は称するに足らず、拙速乃ち名を垂る」とあるのも同様である。『文章軌範』は、謝枋得の編纂した科挙受験者のための参考書という性格の書物で、掲出句は「場屋中は日晷限り有り」（試験場では時間に制限がある）という条件を受けて述べられたものである。

膠柱（こうちゅう）

⇩柱に膠して瑟を鼓す

皇天親無し、惟徳を是輔く（こうてんしんなし、ただとくをこれたすく）

出典　『書経』蔡仲之命

原文　皇天無レ親、惟徳是輔。

意味　大いなる天は誰か特定の者に親しむことがなく、ただ徳のある者を助ける。

参考　『老子』第七十九章に「天道は親無く、常に善人に与す」（その項参照）と見える。また『書経』太甲・下にも同趣旨の文がある。周の成王のことば。

江東の子弟才俊多し、捲土重来未だ知るべからず（こうとうのしていさいしゅんおおし、けんどちょうらいいまだしるべからず）

出典　晩唐、杜牧詩「題二烏江亭一」

原文　江東子弟多二才俊一、捲土重来未レ可レ知。

意味　（項羽の本拠地である）長江下流域には、すぐれた若者が多い。恥を忍んでいったん退却し、彼らとともに砂ぼこりを巻き起こすように再起すれば、天下の形勢はどうなっていたかわからない。「捲土重来」は「土を捲きて重ねて来る」と読む。「捲」は砂ぼこりを巻き上げるの意。「けんどじゅうらい」とも読む。

参考 「烏江」は安徽省にある長江の渡し場。漢の劉邦に攻められ敗走しここに至った楚の項羽は、亭長が用意した船で江東の地に渡るのを断り、壮絶な最期を遂げた。この故事をふまえ、項羽が亭長の勧めを聞き入れて長江を渡っていたらどうなっていたかわからない、と述べた句。起句・承句では、「勝敗は兵家事期せず、羞を包み恥を忍ぶは是男児（勝敗は兵家の常の事、時によってどうなるかわからない。負けても恥辱を忍ぶのが男たるもの）」とうたい、恥を忍んで亭長の勧めに従ってほしかったと、悲運な英雄の態度を残念に思う気持ちを述べている。一度負けた者が勢いをもりかえして再挙を図ることを「捲土重来」というのは、これによる。「捲」は「巻」とも書く。

苟得

⇨財に臨みては苟くも得んとすること毋れ。難に臨みては苟くも免れんとすること毋れ

功遂げ身退くは、天の道なり

出典 『老子』九章

原文 功遂身退、天之道。

意味 功を成し名を挙げたならば、その栄誉ある地位からわが身を退けることが、天の道にかなうことである。

参考 「功成り名遂げて身退くは天の道なり」と作るテキストもある。また、類似した表現として「功成りて居らず」（二章）、「功成りて名を有せず」（三十四章）などが挙げられる。

狡兎死して良狗烹られ、高鳥尽きて良弓蔵められ、敵国破れて謀臣亡ぶ

出典 『史記』淮陰侯列伝

原文 狡兎死良狗烹、高鳥尽良弓蔵、敵国破謀臣亡。

意味 ずるがしこい兎が死んでしまうと、良い猟犬

も煮殺され、空高く飛ぶ鳥がとりつくされると、良い弓もしまいこまれ、敵国が破滅してしまうと、智謀をめぐらしてきた家臣も用無しとなって殺されてしまう。

参考 謀反の罪をきせられた韓信が、漢の高祖劉邦に捕えられた時に言ったことば。韓信はこのとき赦されて楚王から淮陰侯に格下げされるが、のち呂后らに謀られて死刑に処せられる。なお、『十八史略』では「良狗」が「走狗」に、「高鳥」が「飛鳥」に作られている。

功成り名遂げて身退くは天の道なり

⇩功遂げ身退くは、天の道なり

江南に橘を種うれば、江北に枳と為る

出典 南宋、羅願『爾雅翼』十

原文 江南種レ橘、江北為レ枳。

意味 江南地方の橘を植えれば、それは江北地方ではからたちとなる。

参考 出典の『爾雅翼』は辞典の類であるが、このことばは、人はその住む所の環境によって性格が左右されるたとえとして用いられる。

功の成るは、成るの日に成るに非ず、蓋し必ず由って起こる所有り

出典 北宋、蘇洵「管仲論」

原文 功之成、非レ成二於成之日一、蓋必有レ所二由起一。

意味 功業が成就するというのは、完成した日に成就したのではない。必ずそうなった原因というものがあるはずで、段階をふむことなく、いきなり完成することはない。

参考 「功」と同様に「禍」にも起因があるとして、「禍の作るは、作るの日に作らず、亦必ず由って兆す所有り」という。

綆の短き者は、以て深きに汲むべからず

⇩褚の小なる者は、以て大を懐むべからず。綆の短き者は、以て深きに汲むべからず

功は成り難く敗れ易し、時は得難く失い易きなり

出典 『史記』淮陰侯列伝

原文 功者難レ成而易レ敗、時者難レ得而易レ失也。

意味 功業は成就しがたく失敗しやすいものであり、機会は得がたく失いやすいものである。斉を制圧した韓信に遊説家蒯通が、劉邦の漢に背くチャンスは今しかないと、説いたときのことば。韓信の功はあまりに大きく、勇武才略は不出世、それ故、かえって韓信の立場を危ぶむ、と蒯通は言う。天下が漢に定まった後年、謀反の罪をきせられ、高祖に捕えられたとき、韓信は「狡兎死して良狗烹られ、高鳥尽きて良弓蔵められ、敵国破れて謀臣亡ぶ（『史記』淮陰侯列伝）」（その項参照）と、蒯通のこのときの忠告を思い出しつつ、つぶやくのであった。

江は碧にして鳥逾白く、山は青くして花然えんと欲す

出典 盛唐、杜甫詩「絶句」

原文 江碧鳥逾白、山青花欲レ然。

意味 大河の水の色は深いみどりで、その上に遊ぶ鳥の白さをきわだたせている。山の木々は青みどりで、そこに咲く花の紅の色は燃えたつように見える。

参考 これに続く後半二句では、「今春看すみす又過ぐ、何れの日か是帰年ならん」（その項参照）と詠じる。

高飛の鳥も美食に死す。深泉の魚も芳餌に死す

出典 『呉越春秋』句践陰謀外伝

原文 高飛之鳥死二於美食一。深泉之魚死二於芳餌一。

意味 空高く飛ぶ鳥も、おいしい餌につられて人に捕まり殺されてしまう。水中奥深くにすむ魚も、おいしい餌につられて人に釣り上げられ

殺されてしまう。物欲によって人は失敗することのたとえ。

参考 越の大夫種が、句践に言ったことば。

頭を挙げて山月を望み、頭を低れて故郷を思う

出典 盛唐、李白詩「静夜思」

原文 挙レ頭望二山月一、低レ頭思二故郷一。

意味 頭をあげて山の端にかかる月を見て、また頭を低く垂れては故郷のことを思い出す。

参考 旅の途中、秋の夜にさえわたった月を眺めて故郷を思う詩である。詩題の「静夜思」は楽府題の一つだが、南北朝以前にはなかった題で、唐代になってからできた新楽府。この前半二句は「牀前月光を看る、疑うらくは是地上の霜かと」（その項参照）である。

口蜜腹剣

⇩口に蜜有り、腹に剣有り

苟免

⇩財に臨みては苟くも得んとすること毋れ。難に臨みては苟くも免れんとすること毋れ

鴻毛は至って軽きも、自ら挙がることと能わず

出典 『戦国策』趙策

原文 鴻毛至軽也、而不レ能二自挙一。

意味 鴻の毛はきわめて軽いが、自力で舞い上がることはできない。事業において容易に成果をあげるには、何かに頼らなければならないということ。「鴻」はおおとり。翼の長さ三千里、一度に九万里を飛ぶという想像上の鳥。

参考 ある人が、自国を軽んじて他国を思慕するところのある趙の張相国（伝不明）に対し、まず自国の国力を信頼することが大切であるとして述べたことば。

好を去り悪を去れば、羣臣素を見す

出典 『韓非子』二柄

原文 去レ好去レ悪、羣臣見レ素。

意味 君主が好悪の感情を取り去れば、臣下たちは本性を外に現わす。臣下は、君主が嫌悪することは隠蔽しようとし、好むことはうわべを取り繕ってでも行なって気に入られようとするものである。

参考 これより前に「君悪を見せば則ち羣臣端を匿し（正直な心情を隠す）、君好を見せば則ち羣臣能を誣る（能力があるふりをする）」とある。つまり臣下は、君主の好みに自分を合わせようとするのである。

巧を絶ち利を棄つれば、盗賊有ること無し

出典 『老子』十九章

原文 絶レ巧棄レ利、盗賊無レ有。

意味 為政者が技巧とか営利を絶ち切って捨ててしまえば、盗賊が現われることもなくなる。

参考 功利主義は排すべきであることを述べ、「聖を絶ち智を棄つれば、民の利は百倍す」（その項参照）と同じく、無為自然の素朴な政治のあり方を説いたことば。

功を使うは過を使うに如かず

出典 『後漢書』索盧放伝

原文 使レ功者不レ如レ使レ過。

意味 すでに功績をあげた者を用いるより、以前に失敗をおかしたものを許して用いたほうが、よい仕事をする。失敗をおかしたものは、それを償おうと、また、再び用いてくれた恩恵にこたえようと、奮闘努力するものだから。

参考 索盧放が地方の官吏だった時、その地方の長官が、ある事によって斬刑に処されようとしていた。索盧放は、「天下が漢王朝を慕うのは、政治が寛やかであるからで、長官を斬ると天下に疑心が生じます」と述べ、そしてこのことばを発した。さらに「願わくば身を以て太守の命に代えん（わが身を長官の命のかわりとしましょう）」と言って、斬られようと

した。長官は赦され、索盧放はこのことによって名を知られるようになった。

功を亡用に加えず、財を亡謂に損なわず

出典 『漢書』楊王孫伝

原文 不レ加二功於亡用一、不レ損二財於亡謂一。

意味 役に立たないことに労力を費やさない。意味のないことに財産をつぎこんだりしない。「亡用」は無用に同じ。「亡謂」は無謂に同じ、意味がないこと。

巧を弄して拙を為すは、蛇を為りて足を画くがごとし

出典 北宋、黄庭堅「拙軒頌」

原文 弄レ巧為レ拙、為レ蛇画レ足。

意味 あれこれ技巧や策をこらしても結局うまくいかないというのでは、それは蛇の絵を描いて足を描き入れるようなものである。

参考 小手先の技術がうまくても意味がない、無用なことをいう。「為レ蛇画レ足」は「蛇足」として知られる『戦国策』斉策の故事（遊説の人陳軫が斉王に頼まれて楚の武将昭陽の侵略を思いとどまらせたときに使った寓話）である。

声無きに聴き、形無きに視る

出典 『礼記』曲礼・上

原文 聴二於無レ声、視二於無レ形。

意味 子は親が言い出さないうちにその内容を悟り、態度として示さないうちにその意向を察する。

参考 子として父母に孝養を尽くす際の心構えを説いたことば。また、『淮南子』説林訓には「無形に視れば、則ち其の見る所を得。無形に聴けば、則ち其の聞く所を得」という一文もあり、注意力のはなはだしく鋭い意としても用いられる。

声は小として聞こえざる無く、行ないは隠として形れざる無し

出典 『荀子』勧学

原文 声無小而不聞、行無隠而不形。

意味 すばらしい音色ならば、たとえ小さな音でも聞こえないものはなく、立派な行ないであれば、どんな隠れたものであっても知られないものはない。人の善行とは必ず認められるものである。

参考 これに続けて「玉山に在れば草木潤い、淵珠を生ずれば崖も枯れず」（その項参照）とある。

氷は水之を為して、水よりも寒し

出典 『荀子』勧学

原文 氷水為之、而寒於水。

意味 氷は水からできているが、その水よりも冷たい。水は人間の性（本来生まれもった素質）、氷は人間の可能性をたとえており、たゆまぬ努力によりその可能性は大いなるものになることをいう。

参考 「青は之を藍より取りて、藍より青し」の項を参照。

五岳の図を披きて以て山を知ると為すは、樵夫の一足に如かず

出典 清、魏源「默觚」学篇・二

原文 披五岳之図以為知山、不如樵夫之一足。

意味 五岳の図を開いて見て、それで山がわかったと思いこむのは、樵が実際に山にちょっと足を踏み入れるのにも及ばない。

参考 「五岳」は時代によって異なるが、泰山・華山・衡山・恒山・嵩山をさし、国の鎮めとして崇拝された名山。それよりも樵の入る名もない山での実践のほうが重要だという。

古稀

⇩人生七十古来稀なり

故旧大故無ければ、則ち棄てず

出典 『論語』微子

原文 故旧無大故、則不棄也。

意味 昔なじみの者は、よほどの悪事・失敗でもないかぎり見捨てない。「故旧」は昔からよく知っている者。「大故」は重大な悪事。

参考 孔子の崇敬する周公旦が、息子の伯禽が魯公として赴任する際に、訓戒として告げたことばの一つ。

狐丘の誡め

⇨三利有れば、必ず三患有り

狐裘弊ると雖も、補うに黄狗の皮を以てすべからず

出典 『史記』田敬仲完世家

原文 狐裘雖レ弊、不レ可三補以二黄狗之皮一。

意味 狐の皮衣が破れてしまっても、粗悪な黄色い犬の皮でこれを補修することはできない。君子と小人とを雑えて用いてはいけないことのたとえ。「狐裘」は、狐の腋の下の白毛で作った衣服。貴人の朝服として珍重された。

参考 淳于髠（人名略解参照）が騶忌をさとしたことば。これに続く、騶忌の「君子を択び、小人を其の間に雑うる毋らん」が、このことばの解釈となろう。

故旧遺れざれば、則ち民偸からず

出典 『論語』泰伯

原文 故旧不レ遺、則民不レ偸。

意味 君主たる者が、昔なじみの者を心にかけ、見捨てることがなければ、それを見た人民も感化されて薄情でなくなる。「故旧」はこの場合、地位を得る以前からの昔なじみの意。「不偸」は人情が薄くならないの意。

参考 君主たる者の心構えを説いた孔子のことば。この句の前に「君子、親に篤ければ、則ち民仁に興る（君主が近親に愛情をもって接したならば、人民は感化されて仁のために発奮する）」とも説く。

故郷今夜千里を思うならん、霜鬢明朝又一年

出典 盛唐、高適詩「除夜作」

原文 故郷今夜思㆓千里㆒、霜鬢明朝又一年。

意味 故郷では除夜の今夜、千里のかなたを旅する私のことを思いやっているだろう。霜のように白くなった鬢の毛に、明日になればまた一つ年を加えるのだ。

参考 前半二句に「旅宿の寒灯に独り眠らず、客心何事ぞ転た凄然たる」（その項参照）とある。中年を過ぎた作者が、旅先で大晦日を迎え、旅館の寂しげな灯のもと一人眠れず、ますますつのる旅愁をうたう。なお、当時は数え年なので、年が明けることはすなわち一つ年を取ることである。

黒雲城を圧して城摧けんと欲す、甲光日に向かいて金鱗開く

出典 中唐、李賀詩「雁門太守行」

原文 黒雲圧㆑城城欲㆑摧、甲光向㆑日金鱗開。

意味 黒雲が城市をおおってたれこめ、城市はくだかれてしまいそうだ。兵士のよろいは一条の陽光を受けて金の鱗が開いたかのように輝く。

参考 戦乱の景を写した句。前句が城市を囲む敵軍の猛々しさを表わし、後句が城内の守兵を描いている。町全体を圧する黒雲と、そこからもれる陽光に輝く兵士のよろいという対比である。若い李賀が韓愈（人名略解参照）を訪れた時、この詩句を見た韓愈が服装を正して招き入れたという逸話が知られている。

黒雲墨を翻して未だ山を遮らず、白雨珠を跳らせ乱れて船に入る

出典 北宋、蘇軾詩「六月二十七日望湖楼酔書」

原文 黒雲翻㆑墨未㆑遮㆑山、白雨跳㆑珠乱入㆑船。

意味 黒雲が墨をひっくり返したかのようにたちこめてきたが、まだ山を完全に隠すまでにはいたっていない。すると、たちまち、白く見える雨が、真珠が跳ね散るように船の中に入ってきた。

参考 酒を飲んでその勢いで、望湖楼での景色を詠

んだ詩の冒頭部分にあたる。「黒雲」と「白雨」は対になっており、「白雨」は夕立の意。

刻削の道、鼻は大なるに如くは莫く、目は小なるに如くは莫し

出典 『韓非子』説林・下

原文 刻削之道、鼻莫レ如レ大、目莫レ如レ小。

意味 人形を彫刻する方法としては、鼻は大きくするにこしたことはなく、目は小さくするにこしたことはない。鼻は大きければ小さく彫り直すことができ、目は小さければ大きく彫り直すことができる。「備え有れば患い無し（『書経』説命・中）」（その項参照）ということ。

参考 類句に「土木の偶人（人形）は、耳鼻は大ならんことを欲し、口目は小ならんことを欲す」（『宋名臣言行録』丞相蘇公頌）がある。

獄の両辞を私家すること或る無かれ

出典 『書経』呂刑

原文 無レ或三私二-家于獄之両辞一。

意味 （裁判で判断を下す時には）対立する立場の両方の言い分を聞くのに、私心をさしはさんで判断することはしてはならない。

参考 周の穆王のことば。

黒白の朴は、以て弁を為すに足らず。名誉の観は、以て広を為すに足らず

出典 『荘子』天運

原文 黒白之朴、不レ足二以為一レ弁。名誉之観、不レ足二以為一レ広。

意味 烏と鶴の、黒い色と白い色という生まれつきの体の色について、あれこれ議論するまでもない。同様に、人間にも生まれつき大いなる自然の本性が備わっているのだから、名誉が得られたのどうのと騒ぎたてる必要はない。「黒白之朴」はこの場合、烏と鶴の黒色と白色という生まれつきの体の色のこと。「為弁」はあれこれ議論する。「為広」は広言する、とり

ざたするの意。

参考 仁義を説く孔子に対し、それをよけいな価値観とする老耼（老子）が、純朴の大切を論ずる寓話の中のことば。「鵠は日ごとに浴せざるも白く、烏は日ごとに黔めざるも黒し」の項参照。

虎穴に入らずんば、虎子を得ず

出典 『後漢書』班超伝

原文 不レ入二虎穴一、不レ得二虎子一。

意味 虎の住む洞穴に入る危険を冒さなければ、虎の子を手に入れることはできない。大きな利益を得ようとするならば、危険や負担を覚悟し、勇猛果敢に行動しなければならないということ。

参考 西域経営に大功のあった班超（班固の弟）が、鄯善国を訪れていた匈奴の使者のテントをわずか三十六人の部下とともに急襲しようとするときに、部下の奮起を促すために言ったことば。

心焉に在らざれば、視れども見えず、聴けども聞こえず、食らえども其の味を知らず

出典 『大学』伝七章

原文 心不レ在レ焉、視而不レ見、聴而不レ聞、食而不レ知二其味一。

意味 しっかりとした心がなければ、心に支配される身体もうまく機能しない。目をこらしても何も見えず、耳をすましても何も聞こえず、食べても味がわからない。

志大にして量小なり、才余り有りて識足らざるなり

出典 北宋、蘇軾「賈誼論」

原文 志大而量小、才有レ余而識不レ足也。

意味 志は大きいが器量が小さく、才能は余りあるほどだが見識は足りない。

参考 蘇軾が賈誼（前漢の政治家、文人）を評した

ことば。「量小なり」と「識足らず」は、「取る所の者遠ければ、則ち必ず待つ所あり。就す所の者大なれば、則ち必ず忍ぶ所あり」（その項参照）の「待つ」と「忍ぶ」ことができない原因である。賈誼が君主に重用されなかったのはこのためだと結論づけている。

志立たざるは、舵無きの舟、銜無きの馬の如し

出典 明、王陽明「教条示竜場諸生」

原文 志不レ立、如二無レ舵之舟、無レ銜之馬一。

意味 志を持たないということは、かじのない舟やくつわのない馬のようなもので、進むべき方向が定まらない。

参考 王陽明が学生に示した教えで、四か条ある。一つはこの「志を立つ」、二つは「学を勤む」、三つは「過を改む」、四つは「善を責む（善をすすめること）」である。

志は気の帥なり。気は体の充なり

出典 『孟子』公孫丑・上

原文 志気之帥也。気体之充也。

意味 志は気を統帥していくものであり、気は身体に充満しているものである。「志」は心がある方向に進んでいくこと、「気」はそれにともない、身体に満ちていく活動力のこと。

参考 孟子は弟子の公孫丑に「意志を堅持し、気力を損なわず、乱さないようにしなければならない」と説いた。

志は易きを求めず、事は難きを避けず

出典 『後漢書』虞詡伝

原文 志不レ求レ易、事不レ避レ難。

意味 物事は行なうのに安易な道を求めようとはしない。困難だからといって避け逃れることはしない。

参考 虞詡（官は尚書令に至る）が厳しい任務についたときに、それを気遣う友人たちに答えたときのことば。この後に「槃根錯節に遇わざ

れば、何を以て利器を別たんや」（その項参照）とある。本当に力のある人であるなら困難こそ望むべきであることをいう。

志を持するは心痛の如し

出典　『伝習録』上・九十六

原文　持レ志如二心痛一。

意味　志を高く保つには、心に心配ごとがあるのと同じようにする。心配ごとがあればそのことばかりが気になるのと同じように、志を保つことに集中しなければならない。

参考　『伝習録』上の二十五条と九十六条の二か所に見える。九十六条によればこれは王陽明の弟子薛侃のことばで、王陽明はこの態度について「初学の者はそれでもよいが、志を保つことに執着しているだけだとすると弊害がある」と言っている。

心遠ければ地自ら偏なり

出典　東晋、陶潜詩「飲レ酒」其五

原文　心遠地自偏。

意味　心が俗世から遠く離れていると、住んでいる所も自然にへんぴな地となる。

参考　「廬を結びて人境（人里）に在り、而も車馬の喧しき無し。君に問う何ぞ能く爾るやと」に続く詩句である。「君に問う何ぞ能く爾るやと」という問いに対する答えとなっており、自分が隠逸の身であることを自問自答している。「菊を採る東籬の下、悠然として南山を見る」（その項参照）は、この後に続く句である。

心に忘るること勿れ。助けて長ぜしむること勿れ

出典　『孟子』公孫丑・上

原文　心勿レ忘。勿二助長一也。

意味　つとめ行なうことを忘れてはならないし、無理に成長させようとしてはならない。常に努力を怠らないようにはするが、むやみに効果をあげようと先走ってはいけない。

参考　この一文のあとに、宋人が苗の生長の遅さを

たという「助長」の故事が続く。

心は小ならんことを欲して、志は大ならんことを欲す

出典 『淮南子』主術訓

原文 心欲レ小、而志欲レ大。

意味 心遣いは細心でありたく、志は高大でありたい。「小」は細心であること。

参考 心遣いが細心であることを、「患いを未だ生ぜざるに慮り、禍を未だ発せざるに備え、過ちを戒め微を慎み、敢て其の欲を縦にせず」と説明する。また、志が高大であることは、「万国を兼ね包み、殊俗（異なる風俗）を一斉にし、百姓を并せ覆うこと一族を合するが若くし、是非輻湊（一点に集まる）して之が轂（中心）と為る」と説明する。

心は身の主たり、身は乃ち心の友たり

出典 清、袁枚詩「随園雑興」

原文 心為二身之主一、身乃心之友。

意味 心は身体の主人のようなものである。それだからこそ身体は心のよき友ともなる。

参考 この後に「主を以て賓を奉嘉し、陶然として一斗を飲む」とある。

心誠に之を求むれば、中たらずと雖も遠からず

出典 『大学』伝九章

原文 心誠求レ之、雖レ不レ中不レ遠矣。

意味 人民を正しく導きたいと心から求めるのであれば、完全とまではいかないまでも、完全に近いものには到達できる。

参考 『書経』康誥の「赤子を保んずるが如し」を解説したことば。母親が慈愛の心で赤ん坊を育てるのであれば、赤ん坊の気持ちは完全には理解できないまでも、見当ちがいには陥らない。君主が人民を導くのはこれに似ている、ということ。

心専らならんと欲さば、石を鑿るとも穿ちなん

出典 『遊仙窟』

原文 心欲レ専、鑿レ石穿。

意味 そのことだけに専心すれば、かたい石にでも穴をあけることができる。

参考 張鷟(『遊仙窟』の作者)が、五嫂・十娘の両仙女に会い、十娘との恋を成就せんがために詩を贈るさまを五嫂が評したことば。願いをかなえるために懸命になれば、必ずや事は成就されることをいう。『野客叢書』にも「心堅ければ石をも穿つ」という類句が見える。

心野鶴に同じく塵と遠ければ、詩氷壺に似て底を見るに清らかなり

出典 中唐、韋応物詩「贈二王侍御一」

原文 心同二野鶴一与レ塵遠、詩似二氷壺一見レ底清。

意味 心は野にすむ鶴のように俗塵から遠く離れているから、詩も氷を入れた玉製の壺のように底まで澄んできよらかに見える。

参考 人格の高潔さを氷壺にたとえるのは、鮑照の白頭吟に「清きこと玉壺の氷の如し」などに基づく。

心懍懍として以て霜を懐き、志眇眇として雲に臨む

出典 西晋、陸機「文賦」

原文 心懍懍以懐レ霜、志眇眇而臨レ雲。

意味 地に置く霜を見てそのことを思うと心がきりりと引き締まり、空をいく雲を見はるかすと思いが遠くへとひろがっていく。

参考 文学創作の動機を述べた句。様々にうつろう自然現象に触発されて、文学的な感興が起こるという。「文の賦」は「賦」という形式で文学論を展開したもので、理論的文学論としては中国最古のもの。

心を治め身を修むるには、飲食男女を以て切要と為す

出典 『小学』嘉言

原文 治レ心修レ身、以二飲食男女一為二切要一。

意味 心身を修養するためには、食欲と性欲とを慎むことが肝要である。

参考 胡安国（北宋から南宋にかけての学者。一〇七四～一一三八）がその子に与えた書簡の中に見られることばとして載せられている。『胡氏家録』に見える。

心を養うは寡欲より善きは莫し（こころをやしなうはかよくよりよきはなし）

出典 『孟子』尽心・下

原文 養レ心莫レ善二於寡欲一。

意味 人が心を修養するには、欲を少なくするよりよい方法はない。

参考 孟子は欲望が多ければ、どうしても十分な精神修養はできないと考えて、「寡欲」を説いた。あくまでも孟子は「寡欲」を説くのであり、老子のいう「民をして無知無欲ならしむ」（『老子』三章）の「無欲」とは一線を画している。

五十歩百歩（ごじっぽひゃっぽ）

⇩五十歩を以て百歩を笑う

五十歩を以て百歩を笑う（ごじっぽをもってひゃっぽをわらう）

出典 『孟子』梁恵王・上

原文 以二五十歩一笑二百歩一。

意味 五十歩逃げた者が、百歩逃げた者を臆病者として笑う。転じて、本質的には変わりないのに人の言動をあざわらうことをいう。また、その愚かさをいう。

参考 「戦場で武器を引きずって逃げ出す者が出た場合、五十歩逃げた者が百歩逃げた者を嘲笑したらどうか」と孟子が梁（魏）の恵王に問うた故事にちなむ。孟子は恵王の治世が隣国の王と大した相違はないことを示唆した。日本では「五十歩百歩」の形で使われる。「大同小異」（「大同にして小同と異なる、此れを之小同異と謂う。万物畢く同じくして畢く異なる、此れを之大同異と謂う」『荘子』天下）。

五指の更〻弾つは、捲手の一挃に若かず、万人の更〻進むは、百人の倶に至るに如かざるなり

出典 『淮南子』兵略訓

原文 五指之更弾、不レ若二捲手之一挃一、万人之更進、不レ如二百人之倶至一也。

意味 五本の指で交互にたたくことは、拳の一突きに及ばないし、万人が交互に突進することは、百人が一緒に突撃するに及ばない。

参考 「捲手」は拳。「一挃」は一突き、一撃。これをたとえて「今夫れ虎・豹は便捷（すばしっこい）にして、熊・羆は多力なり。然れども人其の肉を食して其の革を席くは、其の知を通じ其の力を壱にすること能わざればなり」という。虎や熊などの獣が強いながらも人間に捕えられてしまうのは、知恵を合わせ力を一つにすることができないからだというのである。

五十にして、四十九年の非を知る

⇩年五十にして、四十九年の非を知る

五十にして天命を知る

出典 『論語』為政

原文 五十而知二天命一。

意味 五十歳になって、天が自分に与えた使命、運命というものを悟った。

参考 孔子が自己の人生の道程を振り返って述べたことば。ここから、五十歳を「知命」という。「吾十有五にして学に志す」の項参照。

孤松は晩歳に宜しく、衆木は芳春を愛す

出典 初唐、陳子昂詩「送二東萊王学士無競一」

原文 孤松宜二晩歳一、衆木愛二芳春一。

意味 ひとり松のみは一年の終わりの冬になっても緑を保つが、その他の多くの木はかぐわしい春を好む。

参考 松の木は冬の厳しい寒さをものともしないが、一般の樹木は暖かな春になって花を咲かせ葉を茂らせる。「孤松」は衆人が権勢になびくなか、節操堅固である君子をたとえる。この詩題にある王無競をさすが、実際に、不正を看過ごさない人物で、宰相の非を責めて地方に流され、最後には仇敵によって殺された。

古人馬を相るに皮を相ず、痩馬は痩せたりと雖も骨法奇なり

出典 北宋、欧陽脩詩「長句送三陸子履学士通二判宿州一」

原文 古人相レ馬不レ相レ皮、痩馬雖レ痩骨法奇。

意味 古人は馬の良い悪いを判断するのに、その皮だけを見るようなことはしなかった。痩せた馬でも痩せてはいるが骨格の素晴らしいものがいるのだ。

参考 惜しむべきは馬の良し悪しを識別できる伯楽のいないことで、外見で人を判断してはいけないことをいう。

古人の糟魄

⇩君の読む所の者は、古人の糟魄のみ

孤生感を為し易く、失路宜しき所少なし

出典 中唐、柳宗元詩「南礀中題」

原文 孤生易レ為レ感、失路少レ所レ宜。

意味 孤独な人生は感傷を抱きやすく、道に迷ってしまっては何もかもうまくいかない。

参考 「失路」は道に迷うことであるが、ここでは人生の道に迷うことをいう。作者柳宗元は、政治上の勢力争いのために失脚して永州（湖南省零陵県）に流された。詩題の「南礀」は永州にある地名。自分の境涯への嘆きをうたう詩句。

姑蘇城外寒山寺、夜半の鐘声客船に到る

出典 中唐、張継詩「楓橋夜泊」

原文 姑蘇城外寒山寺、夜半鐘声到二客船一。

意味 蘇州の町の郊外の寒山寺から、夜半の鐘の音が私のいるこの船にまで聞こえてくる。

参考 詩題の「楓橋」は江蘇省蘇州の西郊の楓江にかけられた橋。古くから名勝として知られる。この詩は作者が旅の途次に楓江に船をとめて船中で夜を過ごした時の作品。「姑蘇」は蘇州の古名、「寒山寺」は蘇州郊外の寺の名で伝説的な詩僧の寒山・拾得が住んだところとして知られる。七言絶句で、前半二句は「月落ち烏啼いて霜天に満つ、江楓漁火愁眠に対す（月が落ち烏が啼いて霜の冷気が満天に満ちている、川岸の楓と漁り火が旅愁に眠れない私の目にうつる）」（その項参照）である。

呉楚東南に坼け、乾坤日夜浮かぶ

出典 盛唐、杜甫詩「登二岳陽楼一」

原文 呉楚坼二東南一、乾坤浮二日夜一。

意味 洞庭湖の湖水によって、呉は東、楚は南にさけて分けられ、湖面には天と地が昼も夜も浮かんでいる。

参考 岳陽楼は洞庭湖の東北端に位置する楼台で、その湖面を一望する。古来、絶景の地として名高いが、杜甫は放浪の旅の果ての晩年（七六八年、作者五十七歳のときの作）になってこの地を訪れた。以下に全詩をのせる。

昔聞く洞庭の水
今上る岳陽楼
呉楚東南に坼け
乾坤日夜浮かぶ
親朋一字無く
老病孤舟有り
戎馬関山の北
軒に憑れば涕泗流る

呉鐸は声を以て自ら毀ち、膏燭は明を以て自ら鑠かす

出典 『淮南子』繆称訓

原文 呉鐸以レ声自毀、膏燭以レ明自鑠。

意味 呉で作られる大鈴は、その音のために自分自身を破損し、蠟燭はその明るさのために自分自身を融かしてしまう。自らの才能のためにかえって身を滅ぼすことをたとえる。「呉鐸」は呉に産出される大鈴。「鑠」は融ける。

参考 これに続けて「虎豹の文（模様）は射（弓で射られる）を来し、猨狖（猿）の捷（すばしっこさ）は措（捕えられる）を来す」とある。また類句には、「膏燭の類、火逾〻然えて消ゆること逾〻亟かなり」（『淮南子』原道訓）、「山木は自ら寇し、膏火は自ら煎く（『荘子』人間世）」（その項参照）、「虎豹の文は田を来す（『荘子』応帝王）」（その項参照）などがある。

国家昏乱して忠臣有り

⇩六親和せずして孝慈有り、国家昏乱して忠臣有り

古道人の行くこと少に、秋風禾黍を動かす

出典 中唐、耿湋詩「秋日」

原文 古道少二人行一、秋風動二禾黍一。

意味 古い街道には往来する人もまれで、ただ秋風が稲やきびの穂を揺らすだけである。「禾黍」は稲ときび。

参考 前半二句は「返照（夕日のてりかえし）閭巷（村里の門や路地）に入る、憂え来るも誰と共にか語らん」である。詩全体では秋の夕暮れの景の中で深まりゆく孤独と憂愁をうたうが、この後半二句は俳諧の道に前人未踏の境地を拓いたわが国の芭蕉の句「この道や行く人なしに秋の暮」とも似た趣をもつ。

孤犢乳に触れ、驕子母を罵る

出典 『後漢書』仇覧伝・注

原文 孤犢触レ乳、驕子罵レ母。

意味 親のない子牛は母親の乳房を求めてさがすのに、甘やかされてわがままな人間の子供は、

親の愛情もかえりみずに、母親の悪口を言う。「孤犢触乳」はたよりのない者が救いを求めるたとえに用いられる。

参考 親不孝であった羊元が仇覧に諭され、母親に謝罪するときに、諺として引用したことば。羊元はこののち孝子となる。

尽く書を信ぜば、則ち書無きに如かず

出典 『孟子』尽心・下

原文 尽信レ書、則不レ如レ無レ書。

意味 『書経』に書いてあることをすべて信用して、そのことばにとらわれるならば、むしろ『書経』はないほうがよい。

参考 『書経』は孔子の編とされる経書の一つで、古くは単に「書」といい、また「尚書」ともいった。孟子はこれを引き合いに出して、文献を批判的に読むことの大切さを説いた。

柱に膠して瑟を鼓す

出典 『史記』廉頗・藺相如列伝

原文 膠レ柱而鼓レ瑟。

意味 瑟（古代の弦楽器）の弦を支える柱を膠で固定して、瑟を奏する。調律できなくなることから、融通がきかないこと。二字熟語で「膠柱」という。

参考 「王名を以て括を使うは、柱に膠して瑟を鼓するが若し」とあり、刎頸の友である趙の名将廉頗に替えて、秦の離間策により虚名を得た趙括を、趙王が用いようとしたとき、名臣藺相如がその愚を諫めて言ったことば。「兵は死地なり（『史記』廉頗・藺相如列伝）」の項参照。

事に敏にして言に慎む

出典 『論語』学而

原文 敏二於事一而慎二於言一。

意味 なすべきことはさっと実行し、ことばは慎んで軽率な発言をしない。

参考 君子のあり方について述べた孔子のことば。

里仁篇の「君子は言に訥にして、行ないに敏ならんことを欲す」と同趣旨。

事は験有るより貴きは莫し、言は徴無きより棄つべきは莫し

出典 後漢、徐幹『中論』貴験

原文 事莫レ貴ニ乎有レ験、言莫レ棄ニ乎無レ徴。

意味 およそ物事はそのあかしや成果があるものが最も貴重であり、確証のないことばほど棄てさらなければならないものはない。

事は密を以て成り、語は泄を以て敗る

出典 『韓非子』説難

原文 事以レ密成、語以レ泄敗。

意味 事は秘密に行なえば成功し、ことばは外にもらすと身を滅ぼすことになる。「泄」は外にもらすこと。

参考 これに続けて「未だ必ずしも其の身之を泄さざるも、語匿す所の事に及ぶ、此の如き者は身危うし」とある。つまり、たとえ秘密をもらしてはいなくとも、その事にいささかでも言及するようなことがあれば、秘密をもらしたと疑われて身の破滅をまねくのである。

事は易きに在り、而るに諸を難きに求む

出典 『孟子』離婁・上

原文 事在レ易、而求ニ諸難一。

意味 人のなすべきことはきわめて容易なところにあるのに、人はこれをわざわざ困難なところに求めようとする。

参考 「道は爾きに在り、而るに諸を遠きに求む」（その項参照）に続く孟子のことば。そして、「親を親とす（親を親愛する）」、「長を長とす（目上を尊ぶ）」によって、天下平治が実現する、と結ぶ。

事は忽せにする所に起こり、禍は無妄に生ず

出典 初唐、張蘊古「大宝箴」

原文 事起二乎所一レ忽、禍生二乎無妄一。

意味 大事はおろそかにして怠るところから起こり、災禍は思いもかけぬことから生じる。「無妄」は不測の意。

参考 「大宝箴」は『易経』繫辞伝・下に「聖人の大宝を位と曰う」とあるのにより、聖人こそ天子となる資格があるとして、天子として守らなければならぬ戒めを述べたもの。

事(こと)を作(な)すに始(はじ)めを謀(はか)る

出典 『易経』訟・象伝

原文 作レ事謀レ始。

意味 君子は物事を行なう際には、あらかじめその始めを慎重にする。

参考 「天と水と違い行くは訟なり」に続く一文。つまり、天は上に向かい水は下に流れるという相反する状態を訟といい、君子はその天と水のいさかいを未然に察知して慎重に行動するのである。

孤(こ)なれば則(すなわ)ち折(お)れ易(やす)く、衆(しゅう)なれば則(すなわ)ち摧(くだ)け難(がた)し

出典 『資治通鑑』宋紀・文帝元嘉元年

原文 孤則易レ折、衆則難レ摧。

意味 人は一人では、折れやすく弱いものだが、大勢集まり団結すれば、容易にくだけるものではない。

参考 吐谷渾（五胡十六国時代から唐代にかけて青海地方にあった国）の威王、阿柴が子供たちに遺訓として述べたときのことば。阿柴には二十人の子供がいたが、各自に一本ずつ箭（矢）を与える。一本では矢を折ることができるが、残りの十九本の矢をまとめると折ることができなかったという話に基づく。

子(こ)に黄金満籯(おうごんまんえい)を遺(のこ)すは、一経(いっけい)に如(し)かず

出典 『漢書』韋賢伝

原文 遺二子黄金満籯一、不レ如二一経一。

意味　子孫には多くの黄金を遺すより、一冊の経書を与えたほうがためになる。「籯」は三、四斗を容れる籠で、「満籯」は大きな籠をいっぱいにするほどの量ということ。「経」は儒教の経典。

参考　韋賢は鄒の人で、学徳にすぐれ丞相に至った。その子の玄成も学を好み経に通じたことにより、累進して丞相に至った。そこで鄒魯の諺としていわれたもの。鄒魯は孔子・孟子の故郷でもある。

此の翁白頭真に憐れむべし、伊れ昔は紅顔の美少年

出典　初唐、劉希夷詩「代下悲二白頭一翁上」

原文　此翁白頭真可レ憐、伊昔紅顔美少年。

意味　この老人は白髪頭で本当にかわいそうだ。しかしこの人は昔は紅顔の美少年だったのだ。

参考　「紅顔の美少年」ということばのもととなった詩。「年年歳歳花相似たり、歳歳年年人同じからず」（その項参照）の句で知られる詩である。

此の道の廃興に吾が命は在り、世間の騰口云云に任す

出典　北宋、王安石詩「和三平甫寄二陳正叔一」

原文　此道廃興吾命在、世間騰口任二云云一。

意味　この道がおこるかすたれるかということに私の使命はある。世間の人々はあれこれ議論するが言いたいように言わせておくがよい。

参考　「騰口」はあれこれ議論がうるさいこと。この前に「陶淵明とともに酒を飲み、屈原とともに文を作る」とある。「此道」とはここでは、孤高を持した古人に比擬して、自分の使命とする道を貫く姿勢をいう。

此の夜曲中折柳を聞く、何人か故園の情を起こさざらん

出典　盛唐、李白詩「春夜洛城聞レ笛」

原文　此夜曲中聞二折柳一、何人不レ起二故園情一。

意味　こよい、笛の曲の中に「折楊柳」の調べを聞く、誰が故郷を思う心を起こさずにいられよ

うか。「故園」はふるさと。

参考 「折柳」は「折楊柳」という笛の曲の名。唐詩では楊柳の枝を折るのは別れに際して形見に贈るものであり、この曲もそうした別れをかなでる悲しい曲かと思われる。詩題の「洛城」は洛陽の町であり、春の夜、洛陽の町に流れる笛のもの悲しい調べに、郷愁の念が起こるというのである。

狐白の裘は、一狐の腋に非ず

出典 『慎子』内篇

原文 狐白之裘、非二一狐之腋一。

意味 狐の白い毛を集めて作る皮の服は、一匹の狐の腋の下からとれるのではない。「裘」は皮ごろも。

参考 国家を一人の力で統合・運営できるわけではないことをたとえる。

虎魄は腐芥を取らず

出典 『三国志』呉書・虞翻伝

原文 虎魄不レ取二腐芥一。

意味 美しい琥珀は、腐ったあくたを吸い取らない。清廉な人は不正な品は受けつけないというたとえ。「虎魄」は琥珀で、美しい宝玉。

参考 呉の学者虞翻のことば。「琥珀」は太古の樹脂類が地中で固まったもの。これを摩擦すれば静電気を起こしやすく、物を吸い付ける。「磁石は曲鍼（曲がった針）を受けず」と続く。「琥珀塵を吸うも穢れを吸わず、磁石針を吸うも曲を吸わず」ともいう。

胡馬は北風に依り、越鳥は南枝に巣くう

出典 後漢、無名氏詩「古詩十九首・行行重行行」

原文 胡馬依二北風一、越鳥巣二南枝一。

意味 北方生まれの馬は北風に身をよせ、南方から来た鳥は南向きの枝々に巣をつくる。

参考 「胡馬」は北方の胡の地に生まれた馬。「越鳥」は南方の越の国から来た渡り鳥。故郷が忘れがたいことを述べた句である。（『文選』所収）

孤帆の遠影碧空に尽き、唯見る長江の天際に流るるを

出典 盛唐、李白詩「黄鶴楼送三孟浩然之二広陵一」

原文 孤帆遠影碧空尽、唯見長江天際流。

意味 一そうの遠ざかる帆影が青空の中に消えていき、ただ長江の流れが空のはてまで続いているのを見るばかりだ。

参考 詩題の「黄鶴楼」は湖北省武昌の西、長江の岸にある楼。「広陵」は江蘇省揚州。作者が友人の孟浩然（盛唐の詩人）が揚州へ下る旅を送る時の作品。遠くに友人の乗る舟の帆影が見え、それが徐々に消えていって、ただ広い長江の流れだけが残るというのである。七言絶句で、前半二句は「故人西のかた黄鶴楼を辞し、煙火三月揚州に下る（友人は西方の武昌にある黄鶴楼に別れを告げ、うららかな春がすみにつつまれた三月、揚州へと下っていく）」である。

虎豹の駒は未だ文を成さざるも、食牛の気有り

出典 『尸子』巻下

原文 虎豹之駒未レ成レ文、而有二食牛之気一。

意味 虎や豹の子は、毛の紋様がまだできていない頃から、牛を食べようという気性をもちあわせている。

参考 幼少の頃から勇猛果敢な気性をもっていることをいう。『太平御覧』獣部に引用されている。

虎豹の文は田を来す

出典 『荘子』応帝王

原文 虎豹之文来レ田。

意味 虎や豹は、その毛皮の美しさのために狩猟者の心をそそる。こざかしい才知は、かえって不幸を招くというたとえ。「文」は毛皮の文様。「田」は狩猟。

参考 陽子居（伝不明）に老聃（老子）が無為の統

治について説く寓話の中のことば。

鼓腹撃壌

⇩日出でて作し、日入りて息う。井を鑿ちて飲み、田を耕して食らう

枯楊華を生ず

出典 『易経』大過・九五

原文 枯楊生レ華。

意味 枯れかけた楊柳に花が咲く。これは一時のあだ花であって長く続くものではない。

参考 この状況を『易経』は、「老婦其の士夫を得たり、咎も无く誉れも无し」という。つまり、年老いた婦人が若い夫を得たようなもので、しょせん添い遂げられるはずもなく、罪もないかわりに、ほめられもしないというのである。

古来百戦功名の地、正に是鶏鳴き起舞するの時

出典 南宋、范成大詩「送三同年万元亨知二階州一」其二

原文 古来百戦功名地、正是鶏鳴起舞時。

意味 ここは古くから戦いが行なわれ多くの士が名をあげたところだ。まさに鶏とともに早く起き剣舞の訓練をする時ではないか。

惟れ天地は万物の父母にして、惟れ人は万物の霊なり

出典 『書経』泰誓・上

原文 惟天地万物父母、惟人万物霊。

意味 天地は万物を生み育てる父母であり、人間は万物の霊長である。

参考 周の武王が、殷の紂王を伐つ際に天下の諸侯に告げたことばの一節。元首としての自負と責任が感じられる辞である。なお、『荘子』達生に「天地は万物の父母」、『老子』第一章に「名無きは、天地の始めにして、名有るは、万物の母なり」と見える。

伊れ昔は紅顔の美少年

⇩此の翁白頭真に憐れむべし、伊れ昔は紅顔の美少年

之を知ることの艱きに非ず、之を行なうこと惟れ艱し

出典 『書経』説命・中

原文 非二知レ之艱一、行レ之惟艱。

意味 物事を知ることが難しいのではなく、知ったことを実行することが難しいのである。

参考 殷の宰相傅説（人名略解参照）のことばとされる。同じことばが『春秋左氏伝』昭公十年に見られる。中国では「知」と「行」の議論は盛んに行なわれてきた。『論語』為政には「知らざるを知らずとせよ」とあり、真に知ることの大切さを説く。「行」を重視した教えとしては、明の王陽明の「知行合一」説がよく知られる。

之を知る者は之を好む者に如かず。之を好む者は之を楽しむ者に如かず

出典 『論語』雍也

原文 知レ之者不レ如二好レ之者一。好レ之者不レ如二楽レ之者一。

意味 ただ知識として知るということは、それを好むことには及ばない。それを好むということは、そのことを楽しむことには及ばない。

参考 孔子のことば。学問をはじめ物事全般にいえることである。

之を知るを之を知ると為し、知らざるを知らずと為す。是知るなり

出典 『論語』為政

原文 知レ之為レ知レ之、不レ知為レ不レ知。是知也。

意味 わかっていることを知っていることだとし、わからないことを知らないことだとする。これが本当に知るということだ。

参考 孔子が弟子の子路に向かって知るということ

を教え諭したことば。子路は率直で勇敢であったが、熟慮せずに事を断ずる傾向があった。

衣は新しきに若くは莫く、人は故きに若くは莫し

出典 『晏子春秋』内篇雑上

原文 衣莫レ若レ新、人莫レ若レ故。

意味 衣服は新しいに越したことはなく、人は古なじみに越したことはない。「故」は、古くから親しくしている者、旧知。

参考 晏嬰が主君である斉の景公（在位、前五四七—四九〇）に語ったもの。景公が旧知である晏嬰を退けようとすることを暗にそしったことば。

衣は新しきを経ざれば、何に縁りてか故きを得ん

出典 『晋書』桓沖伝

原文 衣不レ経レ新、何縁得レ故。

意味 衣服は、新しい段階を経て、初めて古くなるのである。

参考 倹約家の桓沖が、浴後に妻がさしだした衣服が新品であったのに怒り、違う物を持ってくるように命じたが、妻は再びその新品の衣をさしだした。その際に妻が語ったのがこのことばである。桓沖は、妻のことばに笑い喜んで新品の衣に袖を通したという。

衣を千仞の岡に振るい、足を万里の流れに濯わん

出典 西晋、左思「詠史詩」

原文 振二衣千仞岡一、濯二足万里流一。

意味 千仞の高さの岡の上で衣の汚れを振りはらい、万里も続く長い川の流れに汚れた足を洗おう。富貴や権勢にとらわれた世俗を脱し、大自然の中に隠退する意志をいう。

参考 その昔、許由は古代の聖王尭が、自分に譲位しようとの意志をもっていることを聞くや、ただちに箕山に隠れてしまったが、そのよう

に世俗の名利を去り隠退しようとうたう一節。

子を択ぶは父に如くは莫く、臣を択ぶは君に如くは莫し

出典　『春秋左氏伝』昭公十一年

原文　択レ子莫レ如レ父、択レ臣莫レ如レ君。

意味　子供の性質・能力を、本当によく知っているのは父親であり、臣下のことを最もよく知っているのは主君である。

参考　古語としてよく通用していたことばらしく、類似の表現は多い。例えば、『管子』大臣篇には、鮑叔が先人のことばとして「子を知るは父に若くは莫く、臣を知るは君に若くは莫し」と引用しているのが見える。

子を知るは父に若くは莫し

出典　『管子』大臣

原文　知レ子莫レ若レ父。

意味　子供を理解することにおいては、父親に及ぶものはない。子供をよく理解する者は親である。

参考　これに続けて「臣を知るは君に若くは莫し」とある。つまり父親がよく子供のことを理解するように、君主は臣下を十分に理解するのである。なお、類句には、「子を択ぶは父に如くは莫く、臣を択ぶは君に如くは莫し（『春秋左氏伝』昭公十一年）」（その項参照）がある。

子を養いて教えざるは父の過ちなり。訓導して厳ならざるは師の惰りなり

出典　北宋、司馬光「勧学歌」

原文　養レ子不レ教父之過。訓導不レ厳師之惰。

意味　子を育てるのに学問を学ぶ条件を整えないのは父のあやまちである。子弟を教え導くのに厳格でないのは師の怠りである。

参考　『孟子』離婁・上に「古は子を易えて之を教う。父子の間は善を責めず。善を責むれば則ち離

る。離るれば則ち不祥焉より大なるは莫し（昔は子を取り替えて教えた。父子の間では善をなせと責めるものではない。それを無理やりしたら恩愛の情は離反してしまう。父子が離反するのは最もよくないことだ）」とあるように、中国では古来、父が子に直接学問を教えるのは難しいとされ、代わりに厳格な師をつけて子を教育するのが常とされた。

子を養いて方めて父母の恩を知り、身を立てて方めて人の辛苦を知る

出典 『明心宝鑑』上・孝行

原文 養レ子方知二父母恩一、立レ身方知二人辛苦一。

意味 自分で子を育てるようになってやっと、父母のありがたみがわかる。修養を重ね、一人前になってやっと、他の人がどれだけ苦労しているかがわかる。

今春看すみす又過ぐ、何れの日か是帰年ならん

出典 盛唐、杜甫詩「絶句」

原文 今春看又過、何日是帰年。

意味 今年の春もみるみるうちに過ぎ去ってゆく。いつになったら故郷に帰れる年がくるのだろう。

参考 安禄山の乱による混乱を避けて、四川の地にいた頃の作。杜甫には望郷の思いを詠じた作が多いが、その思いは果たせずに没する。前半では「江は碧にして鳥逾白く、山は青くして花然えんと欲す」（その項参照）と詠じる。

今朝酒有れば今朝酔い、明日愁い来れば明日愁う

出典 晩唐、羅隠詩「自遣」

原文 今朝有レ酒今朝酔、明日愁来明日愁。

意味 今朝酒があるなら今朝のうちにそれを飲んで酔おう。明日の心配は明日すればよい。

参考 煩わしいことは心にかけず、楽しめる時を失わないようにすべきことをいう。前二句に「得れば即ち高歌し失えば即ち休む、愁い多

く恨み多きも亦悠悠」とある。

今日暫く同にす芳菊の酒、明朝は応に断蓬と作って飛ぶべし

出典 盛唐、王之渙詩「九日送別」

原文 今日暫同芳菊酒、明朝応下作二断蓬一飛上。

意味 今日のところは一緒に菊花を浮かべた酒を飲んでいるが、明朝になれば君は飛んで転がる蓬となって去ってしまうだろう。

参考 九月九日に旅立つ友人を送る詩。「芳菊の酒」は菊花を浮かべた酒で、九月九日重陽節に飲む。「断蓬」は枯れて球形になって風に吹かれ飛ぶ蓬。行方が定まらない比喩である。

今年の花は去年に似て好し、去年の人は今年に到りて老ゆ

出典 盛唐、岑参詩「韋員外家花樹歌」

原文 今年花似二去年一好、去年人到二今年一老。

意味 今年の花は去年のように見事だが、去年この花を見た人は今年、一つ年をとってしまったことになる。

参考 続けて「始めて知る、人老いて花に如かざるを、惜しむ可し落花、君掃うこと莫れ」とある。変わりなくめぐり来る自然のすばらしさに、はかなく老いゆく人間はとても及ばない、そう思うとこの落花もいとおしい。君よ、散り敷く花を掃いたりしないでくれたまえ、とうたう。

今年花落ちて顔色改まり、明年花開くも復た誰か在る

出典 初唐、劉希夷詩「代下悲二白頭一翁上」

原文 今年花落顔色改、明年花開復誰在。

意味 今年の花が散って春が去れば、人の容色もおとろえていく。明年になってまた花が開いたときに、誰が今年と同じように健在でそれを見るだろうか。

参考 時のうつろいと人の老いを嘆く詩句。「年年歳歳花相似たり、歳歳年年人同じからず」（その項参照）の句でよく知られた詩である。

さ

崔駰は楽しまざるを以て年を損ない、呉質は長愁を以て病を養う

出典　北周、庾信「小園賦」

原文　崔駰以レ不レ楽損レ年、呉質以二長愁一養レ病。

意味　後漢の崔駰は志を得られず鬱々として楽しまなかったので寿命を短くし、三国魏の呉質は身の衰えを長く愁いて病気の療養をした。

参考　崔駰は竇憲将軍の部下として何度も将軍の驕慢をいさめたが容れられず、辞任して家で死んだ。呉質は、魏に病気がはやった時の手紙に、四十二歳となり若くないので身体に気をつけて暮らしていると記している。

塞翁が馬

⇩福の禍と為り、禍の福と為るは、化極むべからず、深測るべからざるなり

細行を矜まざれば、終に大徳を累わす

出典　『書経』旅獒

原文　不レ矜二細行一、終累二大徳一。

意味　ほんのささいな行ないであっても慎まなければ、いつか大徳を損なうことになる。

参考　召公（武王の弟で、燕の始祖。召公奭とも）が周の武王に言ったことばで、徳の大切さが説かれている。『書経』伊訓にも、伊尹（人名略解参照）が殷の王太甲に進言したことばに「爾惟れ徳小とする罔かれ、万邦惟れ慶せん。爾惟れ不徳大とする罔かれ、厥の宗を墜さん」とあり、徳に軽重はないのだと説かれる。

歳歳年年人同じからず(さいさいねんねんひとおなじからず)

⇩年年歳歳花相似たり、歳歳年年人同じからず

宰相は小事を親らせず(さいしょうはしょうじをみずからせず)

出典 『漢書』丙吉伝

原文 宰相不㆑親㆓小事㆒。

意味 一国の宰相たるものは、小さなことまで自分でするべきではない。

参考 宰相は真に人民のためになることをすればよい、という前漢の宣帝の時の名臣、丙吉のことば。

財に臨みては苟くも得んとすること毋れ。難に臨みては苟くも免れんとすること毋れ(ざいにのぞみてはいやしくもえんとすることなかれ。なんにのぞみてはいやしくもまぬかれんとすることなかれ)

出典 『礼記』曲礼・上

原文 臨㆑財毋㆓苟得㆒。臨㆑難毋㆓苟免㆒。

意味 財産を目の前にした時は、いい加減な態度で手に入れようとしてはならない。困難に直面した時は、手段を選ばずに逃がれようとしてはならない。

参考 この一文をもととして、「苟得」(得てはならないものを考えなしに手に入れる)、「苟免」(手段を選ばず、ただ一時逃がれさえすればよいとする)の熟語が成立した。

材の用は国の棟梁なり。之を得れば則ち安らかにして以て栄え、之を失えば則ち亡びて以て辱めらる(ざいのようはくにのとうりょうなり。これをうればすなわちやすらかにしてもってさかえ、これをうしなえばすなわちほろびてもってはずかしめらる)

出典 北宋、王安石「材論」

原文 材之用国之棟梁也。得㆑之則安以栄、失㆑之則亡以辱。

意味 才能のある人材を用いることは国家の棟木のようなものである。適当な人材を得られれば国は安定して栄えるし、人材を失えば国はほろんではずかしめられる。

参考 上位者は自分の位がおびやかされるので、な

かなか人材を登用しようとしない。このことばはそうした態度をとる上位にある者への警鐘である。

災妖は善政に勝たず、寤夢は善行に勝たず

出典 『孔子家語』五儀解

原文 災妖不レ勝二善政一、寤夢不レ勝二善行一。

意味 天変地異は立派な政治に勝てないし、昼間の出来事をその夜夢に見るような奇怪な現象は、よい行ないに勝てない。

参考 孔子が魯の哀公に答えたことば。「天災地妖は、人主を儆む所以の者なり。寤夢徴怪（不吉で奇怪な現象）は、人臣を儆む所以の者なり」という。

福は事少なきより福なるはなく、禍は心多きより禍なるはなし

出典 『菜根譚』前集四十九

原文 福莫レ福二於少一レ事、禍莫レ禍二於多一レ心。

意味 幸せであるとは事件が少ないことが最も幸せであるといえるし、禍であるとは何よりも気苦労が多いことが禍であるといえよう。

参考 毎日を平穏無事に過ごすことの幸せと、気苦労の絶えることのない不幸をいったもの。心をわずらうことこそ最大の禍なのである。

財を積むこと千万なるも、薄伎身に在るに如かず

出典 『顔氏家訓』勉学

原文 積レ財千万、不レ如二薄伎在一レ身。

意味 千万という巨額の財産を築くよりは、ちょっとした技能を身につけるほうがよい。たとえ巨万の財産であっても遣えばなくなってしまうが、身についた技能は使ってもなくならないのである。

参考 『顔氏家訓』の作者顔之推は、これに続けて読書の重要性を説く。彼は、世の人が皆読書の価値を認めながらも読書にいそしまぬことを嘆く。こうした現状をたとえて、「猶お飽く

さ

（腹一杯になる）を求めて営饌（料理する）を懶り、暖を欲して裁衣（衣服を縫う）を惰るがごとし」と言う。

材を量りて官を授け、徳を録して位を定む

出典 『漢書』董仲舒伝

原文 量レ材而授レ官、録レ徳而定レ位。

意味 才能や能力に応じて官職を授け、徳があるかどうかを見定めてから位を定める。

参考 前漢の儒学者董仲舒（武帝に儒学を国教とすることを進言して用いられた）のことば。しっかりとした賢人を登用することの肝要さをいう。

財を以て交わる者は、財尽くれば交わり絶え、色を以て交わる者は、華落つれば愛渝る

出典 『戦国策』楚策

原文 以レ財交者、財尽而交絶、以レ色交者、華落而愛渝。

意味 財産を目当てに交際する者は、相手の財産がなくなれば交際が絶えるし、美しさを目当てに交際する者は、相手の美貌が衰えれば愛情がよそに移る。「渝」はここでは寵愛が他人へ移り変わるの意。

参考 魏より楚に使者として来た江乙（魏の人。のちに楚に仕えた）が、楚王の男色の対象であった安陵君（容姿端麗をもって寵愛される）に、末長く楚王に重く用いられるように身の処し方について忠告したときのことば。

竟に入るときは禁を問い、国に入るときは俗を問う

出典 『礼記』曲礼・上

原文 入レ竟而問レ禁、入レ国而問レ俗。

意味 他国に行きその境に到ったときには、その国で禁止されていることをたずね、都に入ったときには、その地の風俗習慣をたずねる。

〔参考〕「竟」は国境、「国」は国都の意。他国においては、その国の法律・風俗習慣等に従い、それを犯さぬようにしなければならない。いわゆる「郷に入りては郷に従う」べきことを説く。

朔風は秋草を動かし、辺馬は帰心有り

〔出典〕西晋、王讃詩「雑詩」

〔原文〕朔風動二秋草一、辺馬有二帰心一。

〔意味〕北風が吹いて秋草を動かすころ、辺境の地の馬は故郷の北方へ帰りたくなる。「朔風」は北風。

〔参考〕王讃が地方官として中央から離れていた時の詩。親しい人と別れて季節だけが移り、中央へ帰りたいという心のおさえがたいことを歌ったもの。

酒極まれば則ち乱れ、楽しみ極まれば則ち悲しむ

〔出典〕『史記』滑稽列伝

〔原文〕酒極則乱、楽極則悲。

〔意味〕酒を飲みすぎると、乱れ狂うことがあり、楽しみもきわまると悲しみに変わってしまう。なにごとも度をこしてはいけないということ。

〔参考〕淳于髠（人名略解参照）が斉の威王（「三年蜚ばず、又鳴かず」の項参照）を諫めたときのことば。

酒口に入る者は舌出づ、舌出づる者は身を棄つ

〔出典〕『韓詩外伝』巻十

〔原文〕酒入レ口者舌出、舌出者棄レ身。

〔意味〕酒を飲むと人はおしゃべりになり、おしゃべりになると失言を咎められて身を滅ぼすことになる。

〔参考〕斉の桓公が臣下に酒を賜った折、管仲はその酒を半分飲んで棄ててしまった。その無礼を桓公が咎めた時に、管仲が答えたことば。な

お、『説苑』敬慎篇には、「酒入れば舌出づ、舌出づる者言失う、言失う者身棄つ」とある。

酒は百薬の長なり

出典 『漢書』食貨志・下

原文 酒百薬之長。

意味 酒は数ある薬の中でも最もよく効く薬である。酒の効能をいったことば。

参考 「夫れ塩は食肴の将、酒は百薬の長にして嘉会の好、鉄は農の本なり」とあるうちの一節。「嘉会の好」は宴会の楽しみ。

酒は量無し、乱に及ばず

出典 『論語』郷党

原文 酒無レ量、不レ及レ乱。

意味 酒には決まった分量をもうけないが、乱れるまでは飲まない。

参考 孔子のことば。貝塚茂樹は中公文庫版『論語』（中央公論社、昭和四十八年刊）の中で次のようなエピソードを紹介する。「私の恩師で大酒飲みの湯浅廉孫先生は、『酒は量なし。及ばざれば乱す』と読み、量に及ばないと怒って乱暴するのだ、と解された。もちろんこじつけ読みだが、ちょっとおもしろいではないか」。なお中国の酒飲みのエピソードを集めた書物に、夏樹芳『酒顛』（酒狂いの意）がある。これには、こよなく酒を愛した中国文学者青木正児の翻訳がある。

酒人を酔わさず、人自ら酔う。色人を迷わさず、人自ら迷う

出典 『明心宝鑑』下・省心

原文 酒不レ酔レ人、人自酔。色不レ迷レ人、人自迷。

意味 酒が人を酔わせるのではなく、人は自分自身が原因で酔うのである。色欲に迷わされるのではなく、自分自身が原因で迷うのである。

参考 『初刻拍案驚奇』二五にも同じ語句が見える。『明心宝鑑』では、直前に「渇する時の一滴は甘露のごとく、酔後の添杯は無きに如かず」とも言っている。

酒を酌んで君に与う君自ら寛うせよ、人情の翻覆は波瀾に似たり

出典　盛唐、王維詩「酌レ酒与二裴迪一」

原文　酌レ酒与レ君君自寛、人情翻覆似二波瀾一。

意味　酒を酌んで君にすすめよう、くつろいでのんびりしてくれ。この世の人情のさだめなきことといったらゆれ動く波のようなものなのだから。「翻覆」は変化がはげしくさだめのないこと。

参考　裴迪は王維の親友であったが、官職としては長く不遇であった。酒席で友人をなぐさめる即興の作である。

酒を飲むに酩酊を成さしむる莫れ、花を賞するに慎みて離披に至る勿れ

出典　北宋、邵雍詩「安楽窩中吟」

原文　飲レ酒莫レ教レ成二酩酊一、賞レ花慎勿レ至二離披一。

意味　酒を飲んでは泥酔しきってはならない。花をめでるには気をつけて花が完全に開ききる前に見るべきだ。物事は絶頂の後には衰退が待っているもので、絶頂の手前でやめておくのがよいのだ。「離披」は花びらが完全に開くこと。

参考　作者が書斎安楽窩で、ゆく春を惜しんで作った詩の一節。

察にして淵魚を見る者は不祥なり。智にして隠匿を料る者は殃い有り

出典　『列子』説符

原文　察見二淵魚一者不祥。智料二隠匿一者有レ殃。

意味　目がとどくからといって、淵にひそんでいる魚を見つけ出そうとする人は、不吉な目にあう。頭がよいからといって、隠れているものを調べあげる人は、災難にあう。「察」は目がきくこと、「料」は調べ考えること。

参考　能力を用いて事の末を追ったところで根本的な解決にはならず、むしろ悪のもとをただし

ていくべきことを説いたことば。『韓非子』説林・上にも「淵中の魚を知る者は不祥なり」という類似した表現が見える。

雑反の学は、両立して治まらず

出典 『韓非子』顕学

原文 雑反之学、不二両立而治一。

意味 相反する学術が両立して、うまくゆくことはない。

参考 韓非はここで、儒家と墨家とが相反する故に両立し難いことを例として説く。

去る者は追うこと勿れ

⇩来る者は拒むこと勿れ、去る者は追うこと勿れ

去る者は日に以て疎く、来る者は日に以て親し

出典 後漢、無名氏詩「古詩十九首・去者日以疎」

原文 去者日以疎、来者日以親。

意味 別れて去っていく者は日ごとに疎遠になっていき、やって来て接する者は日ごとに親しくなっていく。

参考 異郷の地で故郷のことを思い、人の情のはかなさと自分の行方の定めのなさを嘆くことばである。上の句は一般に「去る者は日々に疎し」の形で用いられる。（『文選』所収）

去る者は日々に疎し

⇩去る者は日に以て疎く、来る者は日に以て親し

去る者は弊帷の如く、来る者は新衣の如し

出典 中唐、王建詩「喩時」

原文 去者如二弊帷一、来者如二新衣一。

意味 過去は破れたとばりのようなもので、未来は新しいころものようなものである。

参考 過去はうす汚れて見え、未来は輝かしく見えるが、しかしそのあざやかな美しさもいつか

てのものを古びさせていくという意味。

色あせる。時のうつりかわりは冷厳で、すべてのものを古びさせていくという意味。

詐を以て詐に応じ、譎を以て譎に応ずるは、蓑を披て火を救い瀆を毀りて水を止むるが若し

出典 『淮南子』説林訓

原文 以レ詐応レ詐、以レ譎応レ譎、若二披レ蓑而救レ火、毀レ瀆而止一レ水。

意味 いつわりでいつわりに応酬し、うそでうそに応酬するのは、まるで蓑を着て火を消そうとし、溝をこわして水を塞ぎ止めるようなものだ。「詐」も「譎」も、うそいつわりの意。「披」は着る。「瀆」は水を通す溝。

参考 悪行に対して悪行で酬いることが、事態をますます悪化させることを説く。

讒言は巧みにして、佞言は甘し

出典 北宋、林逋『省心録』

原文 讒言巧、佞言甘。

意味 人を陥れるためのことばは巧妙であり、こびへつらうことばは甘いものである。

参考 この後に「忠言は直くして、信言は寡し（誠実なことばは率直であり、信用のおけることばは多言をついやさない）」とある。人のことばのうち聞くべきものとそうでないものを対比的に挙げる。聞くべきは、率直なため耳に痛く、飾りが少ない簡潔なことばである。聞いて心地よく、飾りたてた甘いことばは聞くべきではない。

讒言三たび至りなば、慈母も親しまず

出典 三国魏、曹植詩「当二牆欲レ高行一」

原文 讒言三至、慈母不レ親。

意味 讒言も三度重なると、愛情の深い母親でさえも、子供を疑うようになる。

参考 『史記』樗里子甘茂列伝、『戦国策』秦策に以下のような話が見える。孔子の高弟である曾参（人名略解参照）と同姓同名の者が人を殺した。

それで、ある者がこのことを曾参の母に知らせると、その母は、自分の子供は人を殺したりなどしないと言って、平然と機織りを続けた。しばらくして、また別の者が曾参は人を殺したと言いに来ても、なお平然と機織りを続けていた。ところが、さらに別の者がそのことを伝えると、機を下りて、垣根を越えて走って行ったという。子供に全幅の信頼をおいている母親でさえ、三度重なると、信頼も疑いに変わる。「三人之を疑わしむれば、則ち慈母も信ずること能わざるなり」の項参照。讒言による、天子の自分に対する冷遇を嘆いている。

山光鳥性を悦ばしめ、潭影人心を空しうす

出典 盛唐、常建詩「破山寺後禅院」

原文 山光悦二鳥性一、潭影空二人心一。

意味 山中の美しい景色は鳥の本性を喜ばすとみえてあちこちでさえずりたわむれ、深い淵の水がたたえる清らかな輝きは、ながめる人の雑念を取り去って心を空の境地にさせる。早朝の禅院の清澄な幽寂さをうたう詩の一節である。

参考 早朝古寺に入ると、朝日は小高い林を照らす。竹林の中の小道が奥深い所まで通じ、座禅をする部屋の辺りは花木が茂る、とうたってきて本句となる。その後は、物音一つせず静まって、耳に入るのはただおつとめの鐘の音だけであると結ばれる。

三五夜中新月の色、二千里外故人の心

出典 中唐、白居易詩「八月十五日夜、禁中独直、対レ月憶二元九一」

原文 三五夜中新月色、二千里外故人心。

意味 八月十五日の夜、出たばかりの月の美しさに、二千里も隔った所にいる旧友のことが思われる。

参考 中秋の明月の夜、宮中に一人で宿直中の作者が親友の元稹を思って作った詩中の句。この

とき元稹は左遷されて湖北省にいた。『源氏物語』須磨の巻に引かれ、『和漢朗詠集』巻上・秋の部にも収める。「三五夜」は十五夜。

三十輻一轂を共にす。其の無なるに当たりて、車の用有り

出典　『老子』十一章

原文　三十輻共㆓一轂㆒。当㆓其無㆒、有㆓車之用㆒。

意味　三十本の輻は一つの轂を共有している。その轂の空洞が軸棒を通しているからこそ、車輪としての働きをなすことができるのである。「輻」は車輪のスポーク、「轂」は中心があいていて軸棒を通すもの。

参考　この一文は、形あるものがその役割を果たしているのは、実は形なきものが働きをなしているからだという「無用の用」を例示したもの。

讒邪進めば則ち衆賢退き、群枉盛んなれば則ち正士消ゆ

出典　『漢書』劉向伝

原文　讒邪進則衆賢退、群枉盛則正士消。

意味　人を誹謗・中傷ばかりしている者が勢力を得るようになると、世にいる賢人たちは身を退かなければならなくなる。多くの心のよこしまな者たちが勢力をもつようになると、正義の人たちは姿を消さなければならなくなる。

参考　この句の前に「夫れ狐疑の心を執る者は、讒賊の口を来き、不断の意を持つ者は、群枉の門を開く（疑い深くて決心がつかないと、誹謗・中傷の声を招くことになり、優柔不断であると、よからぬ者たちがつけいってくる）」とある。

三従

⇩未だ嫁せずしては父に従い、既に嫁しては夫に従い、夫死しては子に従う

三十にして立つ

出典　『論語』為政

原文　三十而立。

意味　三十歳になって自分なりの立場がわかって自立した。

参考　孔子が自己の人生の道程を振り返って述べたことば。ここから、三十歳を「而立」という。「吾十有五にして学に志す」の項参照。

三十六策、走るを上計と為す

出典　『南斉書』王敬則伝

原文　三十六策、走為二上計一。

意味　いろいろなはかりごとやかけひきのうち、逃げることこそが最上のはかりごとである。

参考　「三十六策」は兵法上の種々の策略。「走」は逃げること。身の保全をはかることこそが最も重要であるという考えを述べたことば。一般には「三十六計、遁ぐるに如かず」という言い方がよく用いられる。

三十六計、遁ぐるに如かず

⇩三十六策、走るを上計と為す

三省

⇩習わざるを伝うるか

山藪は疾を蔵し、川沢は汚れを納る

出典　『漢書』路温舒伝

原文　山藪蔵レ疾、川沢納レ汚。

意味　山中のやぶには草木とともに毒草もあるし、川や沢は汚れをも受け入れている。君主には臣下をうまく御するために、多少の悪や恥は受け入れる度量が必要だというたとえ。

参考　古人の諺として、以下、「瑾瑜は悪を匿し、国君は詬を含む（美しい玉はよくきずをかくし、君主はよく恥を忍ぶ）」と続く。『春秋左氏伝』宣公十五年にも、ほぼ同様の文がある。

山中の賊を破るは易く、心中の賊を破るは難し

出典　明、王陽明「与二楊仕徳薛尚誠一書」

原文　破二山中賊一易、破二心中賊一難。

意味 山中の賊を破ることはやさしいが、心中の賊を破るのはむつかしい。邪心・私心をおさえ自律することの困難さを述べたことば。

山中暦日無し、寒尽くれども年を知らず

出典 唐、太上隠者詩「答レ人」

原文 山中無二暦日一、寒尽不レ知レ年。

意味 山中の暮らしには暦もないので、寒気が尽きて春になっても新しい年が何年かを知らない。

参考 五言絶句で、前半二句は「偶たま松樹の下に来り、枕を高くして石頭に眠る（松の木の根もとのところまでふとやって来て、そこの石の上で枕を高くして眠る）」である。作者が人から姓名を聞かれた際に、何も言わずこの詩一首を残して去ったと伝えられる。山中の隠者の暮らしを語るものである。なお、作者の太上隠者は『唐詩選』にこの一首を残すのみで、その他のことは不詳。

三人行なえば、必ず我が師有り

出典 『論語』述而

原文 三人行、必有二我師一焉。

意味 三人で何か行なえば、きっとその中に必ず自分の師とすべき点があるはずだ。「三人行けば」と読み、三人で同じ道を行くときには、と解しても通る。

参考 孔子のことば。この後に「其の善なる者を択びて之に従い、其の不善なる者は之を改む（二人の言動のうちの善いものを選びとって自分の規範とし、善くないことがあれば、自分のうちを省みて、同様の不善を改める契機とする）」と続く。里仁篇の「賢を見ては斉しからんことを思い、不賢を見ては内に自ら省みる」の項参照。

三人之を疑わしむれば、則ち慈母も信ずること能わざるなり

出典 『戦国策』秦策

原文　三人疑レ之、則慈母不レ能レ信也。

意味　三人がかりで疑いを抱かせれば、慈母ですらわが子を信じることができなくなる。根も葉もないうわさであっても、それが多くの人の口にのぼると、人の心を惑わすことになるということ。

参考　孔子（こうし）の弟子の親孝行で知られる曾参（そうしん）（曾子）が人殺しをしたというデマが、次々に曾参の母親に伝えられたところ、曾参を信頼していた母親は二人目までは落ち着いて機を織り続けていたが、三人目のときにとうとうそのデマに惑わされ、恐ろしさのあまり機織りの杼（ひ）を投げだし、垣根をこえて逃げたという故事による。韓（かん）の宜陽（ぎよう）を攻めようとしていた秦（しん）の将軍甘茂（かんぼう）が、彼の主人である武王（ぶおう）が韓に外戚をもつ重臣たちの言に惑わされて甘茂の戦略に疑いをもつであろうことを予想し、この故事を王に示して自分の戦略を最後まで支持することを誓わせた。これが実って甘茂は重臣たちの批判を封じて宜陽攻略に成功した。

三人（さんにん）行きて一人（ひとり）惑（まど）うも、適（ゆ）く所（ところ）の者（もの）は猶（な）お致（いた）すべし

出典　『荘子（そうじ）』天地（てんち）

原文　三人行而一人惑、所レ適者猶可レ致也。

意味　三人で旅をする場合、そのうちの一人が道に迷っても、目的地にはなんとか到達することができる。迷った人数が迷わぬ人数より少ないからである。世の中においても同様で、愚かな者がいたとしても、その数が全体からみて少なければ、世の中は誤った方向へは進まない。

参考　この後に「二人（ふたり）惑（まど）えば、則（すなわ）ち労（ろう）して至（いた）らず」とあり、さらに「而（しか）るに今（いま）や天下（てんか）を以（もっ）て惑（まど）えり」と、今日世の中の人々すべてが無為自然の道から離れ、迷いの中にあると嘆息している。

三年父（さんねんちち）の道（みち）を改（あらた）むること無（な）きは、孝（こう）と謂（い）うべし

出典　『論語（ろんご）』学而（がくじ）

原文 三年無レ改ニ於父之道一、可レ謂レ孝矣。

意味 父の死後、せめて三年間の服喪の間、父の生前のやり方を変えない者は、親孝行といってよい。

参考 孔子のことば。「父在せば其の志を観、父没すれば其の行ないを観る」という句に続くことば。南宋の朱熹は『論語集注』において、「父の行ないが道にかなっていないのなら、三年待つ必要などない。『三年改むること無し』というのは、孝子の心は改めることに忍びないものがあるからだ」という宋の尹焞（一〇七一～一一四二）の説を引いている。

三年蜚ばず、又鳴かず

出典 『史記』滑稽列伝

原文 三年不レ蜚、又不レ鳴。

意味 三年の間、飛びもしなければ鳴きもしない。将来の飛躍を期してじっと機会を待っているさまにいう。

参考 淳于髠（人名略解参照）が、遊興にふけり政治を怠っていた斉の威王を、鳥にたとえて諫めたことば。これに答えて、「王曰く、此の鳥飛ばずんば則ち已む、一たび飛べば天を沖く、鳴かずんば則ち已む、一たび鳴けば人を驚かす」とある。なお『史記』楚世家には、これと同じことばが、伍挙の発言として載っている。

讒は自ら来らず、疑いに因りて来る。間 自ら入らず、隙に乗じて入る

出典 明、劉基『郁離子』畏鬼

原文 讒不ニ自来一、因レ疑而来。間不ニ自入一、乗レ隙而入。

意味 悪口は自然とやってくるのではなく、誰かを疑うことから起こる。友人とのへだたりも自然とやってくるのではなく、小さな裂け目から起こる。

参考 君臣の間の信頼関係も、君が事態をきちんと明確に把握していなければ、讒言がつけこむ

隙が生じ、疑念が増して壊れてしまうことをいう。

三百六十日、日日酔いて泥の如し

出典 盛唐、李白詩「贈レ内」

原文 三百六十日、日日酔如レ泥。

意味 一年三百六十日、毎日酔いつぶれてぐにゃぐにゃの虫のよう。「泥の如し」と読むことが多いが、「泥」は骨のない虫。水を失えばぐにゃぐにゃした状態になるので、酔いつぶれたようすを「泥酔」という。

参考 妻に贈る詩である。五言絶句で、後半二句は「李白の婦と為ると雖も、何ぞ太常の妻に異ならん」である。「太常妻」とは、後漢の周沢の妻のこと。周沢が太常（宗廟の礼儀を管掌する役）となって斎宮に詰めている時、たまたま病気になったので、妻は心配して周沢をこっそりと慰問した。周沢はその行為は斎戒の禁を破ることだとして妻を獄に送った。時の人がこのことをからかって、太常の妻となるのはつらいものだ、一年三百六十日のうち三百五十九日は潔斎して夫に会えず、残りの一日も酔っている、とうたったと伝える。ここから「太常妻」は夫婦が一緒にいられないことをいうことばとして使われる。ここでは李白が、自らの妻に対して、たわむれると同時にやや申しわけないという気持ちをこめてうたった句である。三百六十日酔っている李白の妻となったのでは、あの、夫と一緒にいられないとからかわれた太常の妻と何ら変わりないではないかと。

山木は自ら寇し、膏火は自ら煎く

出典 『荘子』人間世

原文 山木自寇也、膏火自煎也。

意味 山の木はその美しさゆえに、伐られるという禍を自分で招き、ともし火はその明るさゆえに、自分の身をこがす。なまじ有用であると、かえって禍を招くということ。「寇」はそこなう。「膏火」は油でともる火。

参考 『論語』微子篇に基づく孔子と楚の隠者狂接輿（乱れた世の中をあきらめて狂人のふりをしたことから、こうよばれる）の問答の中のことば。ここで狂接輿は孔子に対して「無用の用」について述べている。

三利有れば、必ず三患有り

出典 『韓詩外伝』巻七

原文 有二三利一、必有二三患一。

意味 三つの利益があれば、必ず三つの災難がある。利益の裏には必ず災難があるということ。

参考 狐丘丈人（狐丘という村の老人）が楚の孫叔敖を戒めた故事による。狐丘丈人は、位が高くなれば人に妬まれ、要職に就けば君主に憎まれ、高給をもらえば人に怨まれるという「三利」「三患」を説いた。この故事を俗に「狐丘の誡め」ともいう。なお、同様の故事は『列子』説符篇、『淮南子』道応訓篇にも見える。

し

塩は食肴の将なり

⇩酒は百薬の長なり

四海兄弟

⇩四海の内、皆兄弟なり。君子何ぞ兄弟無きを患えん

四海の内、皆兄弟なり。君子何ぞ兄弟無きを患えん

出典 『論語』顔淵

原文 四海之内、皆兄弟也。君子何患三乎無二兄弟一也。

意味 世界中の人が皆兄弟であるのだから、君子たる者はどうして兄弟のいないことを悩んだりする必要があろうか。「四海」は天下の意。

参考 「人には皆兄弟がいるが、私だけはいない」と気に病んでいる門人の司馬牛（兄の桓魋が謀反を企てて今にも身を滅ぼしそうであった）に対し、孔子の高弟子夏が語ったことば。孔子のことばの引用と思われる。四字熟語「四海兄弟」はここが典拠。

志学

⇩吾十有五にして学に志す

詩画は本一律、天工と清新となり

出典 北宋、蘇軾詩「書二鄢陵王主簿所レ画折枝一」

原文 詩画本一律、天工与二清新一。

意味 詩も画も大切な根本は同じ、天のしわざのような自然さと、すがすがしい新鮮さとである。

参考 蘇軾は詩文のみならず、絵画にも通じていた。画の価値を論ずるのに、形が似ているかどうかを問題にするのは、浅はかな考えであり、詩を作るにもテーマにとらわれるなど、こうでなければならぬと限定して考える人は、本当に詩を解する人ではないと主張している。「一律」は同一の法則。「天工」は人工に対する語。作為的な技巧のない真のたくみさ。

至貴は爵を待たず、至富は財を待たず

出典 『淮南子』精神訓

原文 至貴不レ待レ爵、至富不レ待レ財。

意味 きわめて貴い人は爵位など待ち望んだりしないし、きわめて豊かな人は財産など待ち望んだりしない。

参考 俗事にわずらわされない人について述べた一節。こうした人物の代表として許由（堯が天下を譲ろうとすると拒絶し、箕山に逃れたという）などを挙げる。

識馬奔り易く、心猿制し難し

出典 『景徳伝灯録』三十

原文 識馬易レ奔、心猿難レ制。

意味 人間の心は、暴れる馬のように奔放に走りがちであり、騒ぐ猿のように抑えがたい。煩悩や情欲によって、心が乱れて静まらないこと。

参考 作者不明の「息心銘」の一節。『周易参同契発揮』中にも「心猿定まらず、意馬四馳す」（その項参照）という類似の語句が見える。意馬心猿。

至言は言を去り、至為は為す無し

出典 『列子』黄帝

原文 至言去レ言、至為無レ為。

意味 最上のことばは、ことばに頼らないことばであり、最上の行為は、人間的な作為を捨てた行為である。

参考 いつもかもめと遊びたわむれている男が、ある時、父親にかもめをつかまえてくるよう頼まれ、翌朝浜辺に出てみたところ、かもめは舞い上がったままで下りてこようとしなかった、という説話の後に、格言として引かれたことば。表出していないはずの内なる心を感じとる、いわゆる、感応の妙を表現したもの。『荘子』知北遊にも「至言は言を去り、至為は為を去る」というほぼ同じことばが見える。なお、『荘子』では、この格言を孔子が引き合いに出したものとして述べているところが興味深い。

至言は俗耳に逆らい、真語は必ず衆に違う

出典 『抱朴子』弁問

原文 至言逆二俗耳一、真語必違レ衆。

意味 真理をきわめたことばは、世俗の人にはなかなか受け容れられないものである。

参考 『抱朴子』の著者は自説が儒家には受け容れられないことを見こして、このことばを述べている。『韓非子』難言にも「至言は耳に忤らいて心に倒る」（その項参照）という類似の句が見える。

至言は耳に忤らいて心に倒る

出典 『韓非子』難言

原文 至言忤二於耳一而倒二於心一。

意味 道理にかなった、しごくもっともなことばは、耳障りで気に入らぬものである。「倒」はさからう。

参考 類句に「良薬は口に苦けれども、唯病む者のみ能く之を甘しとす。忠言は耳に逆らえども、唯達する者のみ能く之を受く（『資治通鑑』魏紀）」（その項参照）がある。

侈言も験無ければ、麗なりと雖も経に非ず

出典 西晋、左思「三都賦序」

原文 侈言無レ験、雖レ麗非レ経。

意味 大言壮語もその根拠がなければ、いかに華麗な文章であっても、普遍的価値を有するものではない。

参考 賦を作る者は事実に基づいて言辞を選ぶべきだという方針の下、「三都の賦」を作った作者が、それまでの代表的な賦の作者の態度を、修辞の美麗さを求めるあまり根拠のないものに堕してしまっていると批判したことば。

思索は知を生じ、慢易は憂いを生じ、暴傲は怨みを生じ、憂鬱は疾を生ず

出典 『管子』内業

原文 思索生レ知、慢易生レ憂、暴傲生レ怨、憂鬱生レ疾。

意味 深く考えることが知識を生じさせ、あなどり軽んずることが心配ごとを生じさせ、おごりたかぶって人を見下すことが怨みを生じさせ、思い悩むことが病気を生じさせる。「慢易」は人を軽んじてばかにする。「暴傲」はおごりたかぶる。

参考 これに続けて「疾困ずれば乃ち死す。之を思うて捨てずんば、内困しみ外薄る（病気が迫

る)。蚤く図るを為さずんば、生将に舎を巽らん(死に到る)とす」とある。思索などの精神活動も度を過ぎると病気や死を招くことになるのである。

死して後に已む

出典 『論語』泰伯

原文 死而後已。

意味 自己の任務を死ぬまで遂行し続ける。死ぬまで努力を続けるということ。

参考 孔子の高弟である曾参のことば。「士は以て弘毅ならざるべからず。任重くして道遠し。仁以て己が任と為す。亦重からずや」に続くことばであり、仁を追求し実践し続けることを任務として、その重みを背負い遠い道のりをあゆんでゆき、命あるかぎりそれをやめない士人のあり方を述べたもの。「士は以て弘毅ならざるべからず」「任重くして道遠し」の各項参照。

自屎は臭きことを覚えず

出典 『碧巌録』第七十七則・著語

原文 自屎不レ覚レ臭。

意味 便所が臭いことは誰もが気付くが、自分のした糞のせいで臭いことにはなかなか気付かない。他人の欠点はすぐに目につくが、自分の欠点には気付きづらいことのたとえ。「屎」は大便。

志士は溝壑に在るを忘れず、勇士は其の元を喪うを忘れず

出典 『孟子』滕文公・下

原文 志士不レ忘レ在二溝壑一、勇士不レ忘レ喪二其元一。

意味 志士は義のためには溝や谷に屍をさらすかもしれないことをつねに覚悟しており、勇士は敵に首をとられるかもしれないことをつねに覚悟している。

参考 むかし、斉の景公が狩り場役人を呼んだが、役人はその呼び方が礼にかなっていないとし

てかけつけなかった。景公は怒って殺そうとしたことがあった。その話を聞いた孔子が「志士、勇士というものは、いずれも、常に死を覚悟している」と感心して評したことば。ここでは、弟子の陳代が、孟子に自ら進んで諸侯に面会するよう勧めたのに対し、孟子が、わたしは相応の招きを受けたわけではないとして、引用したもの。同じく、『孟子』万章・下の中でも、弟子の万章に問われた際に孟子はこのことばを引用している。

志士は年を惜しみ、賢人は日を惜しみ、聖人は時を惜しむ

出典 清、魏源「黙觚」学篇・三

原文 志士惜レ年、賢人惜レ日、聖人惜レ時。

意味 志を持つ人は、一年一年の時が過ぎ去るのを惜しんで大切にする。賢人は、一日一日の時が過ぎ去るのを惜しんで大切にする。聖人は、一瞬一瞬の時が過ぎ去るのを惜しんで大切にする。

志士は日の短きを惜しみ、愁人は夜の長きを知る

出典 西晋、傅玄詩「雑詩」

原文 志士惜二日短一、愁人知二夜長一。

意味 志のある人は修養と事業に忙しいため日が短くて時が足りないことを惜しいと思い、心に悲しみや憂いのある人は夜が長いことを実感する。

四十にして惑わず

出典 『論語』為政

原文 四十而不レ惑。

意味 四十歳になって、自己の見識や生き方に自信をもち、迷いがなくなった。

参考 孔子が自己の人生の道程を振り返って述べたことば。ここから、四十歳を「不惑」という。「吾十有五にして学に志す」の項参照。

旨酒を悪みて、善言を好む

出典 『孟子』離婁・下

原文 悪二旨酒一、而好二善言一。

意味 夏の聖天子禹王は亡国のもととして美酒を嫌い、興国のもととして善言を好んだ。

参考 『戦国策』魏策に、「昔者、帝の女、儀狄をして酒を作らしむ。而して美なり。之を禹に進む。禹飲んで之を甘しとし、遂に儀狄を疏んじ、旨酒を絶つ」とある。

耳順

⇩六十にして耳順う

死辱は片時の痛み、生辱は長年の羞

出典 中唐、孟郊詩「夜感自遣」

原文 死辱片時痛、生辱長年羞。

意味 死んで受ける恥辱は一時の苦痛でしかないが、生きながら受ける恥辱は生きている限り永続する恥である。

参考 志を遂げられないまま、夜一人学び続けているときに、心中にわきあがる苦しみをいうことば。詩題は「苦学吟」ともいう。

至仁は親しむこと無し

出典 『荘子』天運

原文 至仁無レ親。

意味 仁の最高の状態では、「親しむ」ということがない。仁の究極は、「親しむ」「愛する」などといった感情を超越して、万物を化育する天地自然と一つになった無心の状態である。

参考 商（殷）の国の宰相である蕩に対し、荘子が「孝悌・仁義・忠信・貞廉などといったものは、すべての人が本来持っている自然の徳から無理して出した感情であり、感情であるがゆえに変わりやすい。最高の仁とは、それらを超越した境地であり、不変のものである」と語った説話の中の一節。

矢人は唯人を傷つけざらんことを恐れ、函人は唯人を傷つけんことを恐る

出典　『孟子』公孫丑・上
原文　矢人唯恐レ不レ傷レ人、函人唯恐レ傷レ人。
意味　矢を作る職人は、自分の作った矢が弱くて人を傷つけることができないことを心配し、鎧を作る職人は、自分の作った甲冑が華奢で、着た人が簡単に傷つくことを心配するものである。
参考　自分の従事する職業によって、自然と心に思い浮かべることが正反対になることがある。よって、仕事は慎重に選ばなければならないという孟子の考えに基づくことば。

至人は能く変じ、達士は俗に抜きんず

出典　『後漢書』仲長統伝
原文　至人能変、達士抜レ俗。
意味　道を修めた人は、状況に応じて自分を変えることができる。道理に広く通じた人は、何物にもとらわれることなく、超然としている。
参考　仲長統は、人々から「狂生」と呼ばれるほど細かなことにとらわれず直言してはばからない人物であった。田舎に家をかまえ悠々とした生活の中で、この世界の枠を超えて飛翔する精神をもちたいと述べた詩中のことば。

死生命有り、富貴天に在り

出典　『論語』顔淵
原文　死生有レ命、富貴在レ天。
意味　死ぬか生きるかは運命によって決まり、富も地位も天のさだめによるものであって、人の力ではいかんともしがたい。
参考　反乱を企てて今にも死せんとする兄をもって嘆く門人の司馬牛に対し、孔子の高弟子夏が語ったことば。孔子のことばの引用と思われる。「四海の内、皆兄弟なり。君子何ぞ兄弟無きを患えん」（その項参照）と続く。

児孫には自ら児孫の計有り、児孫に与うるに馬牛を作す莫れ

出典　『宋詩紀事』巻九十徐守信絶句

原文 兒孫自有二兒孫計一、莫下与二兒孫一作中馬牛上。

意味 子孫には子孫なりの生計の立て方があるはずなので、子孫に馬や牛といった財産を残す必要はない。おのずから生計の立て方がある子孫の将来に関して、親があれこれ憂慮すべきでないということ。

参考 類似の俗諺に、「子孫には自ら福有り、牛馬を留むるを用いず（子孫自有レ福、不レ用レ留二牛馬一）」というものがある。また、西郷隆盛の詩、「偶成」に「児孫のために美田を買わず」がある。

子孫の為に富貴の計を作す者は、十に其の九を敗る

出典 北宋、林逋『省心録』

原文 為二子孫一作二富貴計一者、十敗二其九一。

意味 子孫のために財産や地位を残そうとはかる者は、十中八九失敗する。

参考 この後に「人の為に善き方便を作す者は、後に恵を受く（人のためによき助けとなる者は、その後によいむくいを受ける）」とある。自分とその家族や身内だけの利益をはかろうとすることは必ず失敗するが、他人のためになることを無私の心で行なうと必ず良い結果が得られるというのである。

親しき者には其の親たるを失うこと毋れ、故き者には其の故たるを失うこと毋れ

出典 『礼記』檀弓・下

原文 親者毋レ失二其為一レ親也、故者毋レ失二其為一レ故也。

意味 （いくらか非礼な行為があったとしても）親しくしている者とはその親交を失ってはならないし、昔なじみの者とはそのよしみを失ってはならない。

参考 孔子の旧友原壌に礼を失する行ないがあり、それを指摘した従者に対して孔子が言ったことば。

し

親しく艱難を履む者は下情を知り、備に険易を経る者は物の偽りに達す

出典 『後漢書』張衡伝

原文 親履二艱難一者知二下情一、備経二険易一者達二物偽一。

意味 自分自身で艱難辛苦を経験した人は、一般人民の実情をよく知っており、世の中の治乱をことごとく経験した人は、本物か偽物かを見分けることができる。

参考 張衡が政治が乱れはじめたのを心配して、皇帝に上疏した文章中のことば。時の皇帝である順帝は皇太子であったとき、一時廃されて済陰王となっていたことがある。その苦しい時代のことをふまえて、苦労した為政者は人情をよく知ると言う。『春秋左氏伝』僖公三十八年に「晋侯外に在ること十九年、険阻艱難備に之を嘗め、人の情偽尽く之を知る（晋侯は十九年も外にいたので、苦労はすべて経験し、人の表と裏をすべて知っている）」とあるのに基づく。

四端

⇩惻隠の心は、仁の端なり

四知

⇩天知る。神知る。我知る。子知る。何ぞ知る無しと謂うや

七十にして心の欲する所に従えども、矩を踰えず

出典 『論語』為政

原文 七十而従二心所一レ欲、不レ踰レ矩。

意味 七十歳になって、自分の思いのままに行動しても、道をふみはずさないようになった。「矩」は物事のわく。ここでは人間の道徳的規範。

参考　「吾十有五にして学に志す」（その項参照）に始まる孔子晩年の述懐の最後の一節。七十歳にして、自己の行動が道理と一致し、自由自在の境地を得たことをいう。ここから七十歳を「従心（思いのままにする）」という。

七年の病に三年の艾を求む

出典　『孟子』離婁・上

原文　七年之病求三年之艾。

意味　七年間もの長患いの病人に、乾燥にこれから三年もかかるもぐさを求め、灸をすえて病を治そうとする。日頃から準備をしておかないと、急に求めようとしても得られないことのたとえ。

参考　孟子は人民が悪政に長い間苦しむことを「七年の病」に、仁政を「三年の艾」にたとえ、徳の足りない王を批判している。天下の王となるには、人民の信頼を得ることであり、人民の信頼を得るには、仁政を施すことであると説く。

至治の国、君は桴の若く、臣は鼓の若し

出典　『韓非子』功名

原文　至治之国、君若桴、臣若鼓。

意味　よく治まった国では、君主は太鼓のばちのようであり、臣下は太鼓のようである。ばちで太鼓が鳴るように、君主と臣下は打てば響くようなよい関係を保って国を治めてゆかねばならないのである。

参考　これより前に類句が見える。一つは「一手にて独拍す、疾しと雖も声無し」である。片手で拍手しようとしても、いくら強く打っても音は出ない。ひとり君主が巨大な力をもっていても、臣下の助けがなければ国は治まらないことをたとえる。もう一つは「右手に円を描き、左手に方（四角）を描くは、両つながら成す能わず」（その項参照）である。左右の手が別個のことをしていたのではどちらもうまくゆかないように、君主と臣下は一致団結して

事に当たらなければ国は治まらない。

七歩の才

⇩本同根より生ず、相煎ること何ぞ太だ急なる

詩中に画有り、画中に詩有り

出典 北宋、蘇軾「書二摩詰藍田煙雨図一」

原文 （味二摩詰之詩一）詩中有レ画、（観二摩詰之画一）画中有レ詩。

意味 詩の中に絵を見るような趣があり、絵の中には詩情がこもっている。詩と絵画の双方にすぐれた王維（摩詰はその字）の作品の特徴を言ったことば。原文全体を読み下すと「摩詰の詩を味わうに詩中に画有り、摩詰の画を観るに画中に詩有り」となる。

参考 出典である蘇軾の文では、この称賛にあてはまる詩として「藍谿白石出で、玉川紅葉稀なり。山路元雨無きも、空翠人衣を湿す」の五言絶句を挙げている。この詩は王維の本来の詩集には見えないが、この蘇軾の評語を以て知られる。今日、「山中」の題で収められている作品である。

日月は一物の為に其の明を晦くせず。明王は一人の為に其の法を枉げず

出典 『古文孝経』三才・孔安国伝

原文 日月不下為二一物一晦中其明上。明王不下為二一人一枉中其法上。

意味 太陽や月は、たった一つの物のために、その明るさを変えることはない。優れた君主は、ただ一人のために、法律をゆがめることはない。人の上に立つ者は、私心なく、公明でなければならない。

参考 『孝経』の「天の明に則り、地の利に因り、以て天下に訓う」を注釈した中にあることば。この後に「日月の私無ければ、兆民は其の福に頼るなり」とある。

日月光を同じうせず、昼夜各〻宜しき有り

出典 中唐、孟郊詩「答二姚怤見レ寄」

原文 日月不レ同レ光、昼夜各有レ宜。

意味 太陽と月とは同じ時に光らない。昼と夜とそれぞれに適当な時と所とがある。

参考 どれほどすぐれた人物であっても、時を得なければ世に出ることはない。出処進退は時を待つべきことをいうことば。

室に怒る者は、市に色す

出典 『戦国策』韓策

原文 怒二於室一者、色二於市一。

意味 室内で怒っていた者は、街に出ても怒りの表情をしている。やつあたりすることをいう。

参考 韓の宰相公叔を辞任させるべく、斉王が韓に遣わした使者、周最が述べた当時の諺。公叔の怒りが斉国や自分に及ぶことを心配した周最が、その胸中を同行の使者に示したもの。

疾風に勁草を知り、板蕩に誠臣を識る

出典 『資治通鑑』唐紀・太宗貞観九年

原文 疾風知二勁草一、板蕩識二誠臣一。

意味 風が強く吹いてはじめて、強靭な草を知ることができ、世の中が乱れてはじめて、忠義の臣がわかる。逆境にあってこそ、その人の真価がわかるということ。「板」も「蕩」も、『詩経』大雅の篇の名で、ともに政治の乱れをうたった詩であるところから、「板蕩」は乱世をいう。

参考 唐の太宗（人名略解参照）が、臣下の蕭瑀に与えた詩のことば。『後漢書』王覇伝にも、光武帝が臣下の王覇に向かって「潁川の（潁川の地で）我に従う者は皆逝けり（去ってしまった）。而して子独り留まりて努力す。疾風に勁草を知る」と言ったことばが見える。なお清の趙翼の『陔余叢考』成語には、「疾風に勁草を知り、世乱れて誠臣有り」とある。

し

疾雷耳を掩うに及ばず、迅電目を瞑るに及ばず

出典 『六韜』竜韜・軍勢

原文 疾雷不レ及レ掩レ耳、迅電不レ及レ瞑レ目。

意味 急に雷が鳴ると、耳をおおいふさぐこともできず、急に稲妻が光ると、目をつぶることもできない。事態が急で防ぐ暇のないことのたとえ。

参考 時機到来と見たならば、躊躇することなくすばやく敵を倒す攻撃の速さをたとえたことば。『淮南子』兵略訓にも「疾雷耳を掩うに及ばず、疾霆目を掩うに暇あらず」ということばが見える。

至道有りと雖も、学ばざれば其の善きを知らざるなり

⇩嘉肴有りと雖も、食わざれば其の旨きを知らざるなり。至道有りと雖も、学ばざれば其の善きを知らざるなり

詩に工拙有るも今古無し

出典 清、袁枚「答二沈大宗伯一論レ詩書」

原文 詩有二工拙一而無二今古一。

意味 詩にはうまい詩とうまくない詩というのはあるが、新しい詩と古い詩というのはない。

参考 詩は詩自体を論ずるべきで、昔の詩こそがよいとこだわって模倣に落ちてはいけないということ。

士に死を忍ぶるの辱有るは、必ず事を就するの計有るなり

出典 『後漢書』第五種伝

原文 士有二忍レ死之辱一、必有二就レ事之計一。

意味 男子が死んでしまいたいほどの恥辱を受け、それでも自ら命を絶たず恥を耐え忍ぶときは、心にどうしてもやりとげたい宿望があるときである。

参考 この後に、その例として「季布は節を朱家に屈し、管仲は行ないを召忽に錯く」と挙げて

いる。季布は漢代の楚の人で項羽の将となったが、項羽が敗れてから漢の高祖（劉邦）の追及をうけた。その時に、髪を剃り首かせをはめる罪人の姿に身をやつして朱家に逃れた話である。また、管仲（人名略解参照）は戦国時代の斉の人で、召忽とともに斉の襄公の弟である公子糾の守り役となった。のちにやはり襄公の弟である小白が斉の桓公となった時、公子糾は亡命先で殺された。その際、召忽は殉死したが、管仲は死ななかったことをさしている。

士に争友有れば、則ち身令名を離れず

出典 『孝経』諫争

原文 士有二争友一、則身不レ離二於令名一。

意味 不善を諫めてくれる良き友がいるなら、その人から名声が遠ざかることはない。良友、忠告は大事にしなければいけないということ。「争友」は不善を諫める友、良友。

参考 『荀子』子道には、「士に争友有れば、不義を為さず」とあり、『孔子家語』三恕には「士に争友有れば、不義を行なわず」とある。

師の処る所は、荊棘生じ、大軍の後には、必ず凶年有り

出典 『老子』三十章

原文 師之所レ処、荊棘生焉、大軍之後、必有二凶年一。

意味 軍隊の駐屯地は、いばらが生えて田畑は荒廃し、大戦争の後には、必ず凶作の年がやってくる。「師」は軍隊、「大軍」は大きな戦争の意。

参考 戦争によって必ず引き起こされる農村破壊の愚を批判し、いたずらに武力行使することに警鐘を鳴らしている。

死は或いは太山より重く、或いは鴻毛より軽し

出典 前漢、司馬遷「報二任少卿一書」

原文 死或重二於太山一、或軽二於鴻毛一。

意味 死は太山よりも重いと考えて軽はずみに死んではならぬ場合もあれば、鴻の羽毛よりも軽いと考えて潔く死すべき場合もある。その死が果たす役割を考え、つまらぬ死に方をしてはいけないということ。「太山」は山東省にある名山、泰山。

参考 罪を得て死刑に処せられようとしている友人任安にあてた手紙。この手紙の中で司馬遷は、匈奴に降った漢の将軍李陵を弁護したため武帝の怒りに触れ宮刑（去勢、死刑に次ぐ重い刑）に処せられた恥辱に堪えて生き、『史記』を完成させて後世に伝え、以てその恥を雪がんとしたことを述べている。

士は己を知る者の為に死し、女は己を説ぶ者の為に容る

出典 『史記』刺客列伝

原文 士為二知レ己者一死、女為二説レ己者一容。

意味 男子たるものは、本当に自分を理解してくれる人のためには命を捨てることも惜しまず、女はわが身を愛してくれる人のために美しくよそおう。

参考 晋の刺客予譲が、主であった智伯の恩に報いるべく引用したことば。司馬遷自身も「任少卿に報ずる書」の中で、このことばを引用している。ただ、「死」を「用」に作っている。

詩は志の之く所なり。心に在るを志と為し、言に発するを詩と為す

出典 『詩経』毛詩大序

原文 詩者志之所レ之也。在レ心為レ志、発レ言為レ詩。

意味 詩というものは志の発露である。心中にあるものを志といい、ことばとして発せられたものを詩という。

参考 儒学の経典の一つである『詩経』のテキスト『毛詩』大序の中のことば。詩とは何かという議論の出発点となるものである。

亟々問うを羞ずること無く、下学するを媿じず

出典 『戦国策』斉策

原文 無レ羞二亟問一、不レ媿二下学一。

意味 何度も質問することを恥ずかしいこととせず、身近なことを学ぶことを恥ずかしがらない。「亟」はしばしばの意。

参考 斉の隠者顔斶が遊説の士を好むことで知られていた斉の宣王に引見され、「斶よ、こちらへ」と言われたのに対して、「王よ、こちらへ」と答える。それを王の側近がとがめたことから、「王と士のどちらが貴いのか」という議論になる。斶はいくつもの例を挙げ、士の貴いところの理由を言い、明君とはつねにへりくだった態度で有徳の士から教えを求めるべきだと、宣王に直言する。ここはその議論の中の一節。

辞は達するのみ

出典 『論語』衛霊公

原文 辞達而已矣。

意味 ことば、文章というものは、趣旨がよく伝達できればそれでよい。過度の修飾は慎まなければならない。「辞」は言語、文章の意（ただし、江戸時代の儒学者荻生徂徠や清の学者銭大昕らは、「国際間における辞令」と解釈している）。

参考 孔子のことば。伊藤仁斎（朱子学に疑問を抱き、『論語』・『孟子』を直接読解して仁義の実践を求める古義学を首唱）が『論語古義』において、「蘇軾は、人と文を論ずるに、毎に夫子の此の言を以て主と為す」と述べているように、後世、文章のあり方をめぐって、「修辞」を重視するあまり、それに偏重し過ぎるのを批判して、「達意」を主張するとき、そのよりどころとなった。

詩は以て興すべく、以て観るべく、以て群すべく、以て怨むべし

出典 『論語』陽貨

原文 詩可二以興一、可二以観一、可二以群一、可二以怨一。

し

意味 詩は心を奮い立たせてくれるものであり、物事を観察する目を鋭くしてくれるものであり、多くの人が集まって相互に磨きあうことができるものであり、時政を怨む気持ちを表わすことのできるものである。

参考 孔子が若い弟子たちに向かって、『詩』(『詩経』)を学ぶことの大切さを説いた際のことば。南宋の朱熹は「詩を学ぶ法はこの章が尽くしている」と評した。

士は以て弘毅ならざるべからず

出典 『論語』泰伯

原文 士不レ可三以不二弘毅一。

意味 道を求める士人は、心が広く意志が強固でなければならない。「弘毅」は度量が大きく、意志が強いの意。

参考 生涯、仁の道を追求、実践していく者にとって、必要となる心構えを述べた曾参のことば。「任重くして道遠し」「死して後に已む」の各項参照。

四旁に近からんと欲すれば、中央に如くは莫し

出典 『荀子』大略

原文 欲レ近二四旁一、莫レ如二中央一。

意味 四方のはてに近くありたいと望むのであれば、中央にいるのが最もよい。四方に見通しがきき、最も近くありたいと望むので、王者は都を国の中央におくのである。

四面楚歌

⇩力山を抜き気は世を蓋う

駟も舌に及ばず

出典 『論語』顔淵

原文 駟不レ及レ舌。

意味 四頭立ての馬車も、一度人の口から出たことばの速さには及ばない。失言はとりかえしがつかない。「駟」は四頭立ての馬車。

参考 衛の大夫棘子成が、「君子には文(文化的な要

素）は必要なく、質（質朴さ）だけで十分だ」と述べたのに対して、子貢が論駁した際に用いた古い諺。子貢は文と質とは表裏一体でこそ意味があると説いた。

下に臨むに簡を以てし、衆を御するに寛を以てす

出典 『書経』大禹謨

原文 臨レ下以レ簡、御レ衆以レ寛。

意味 下の者に臨むにはあっさりとした態度で接し、衆人を支配するには寛大な方法で治める。

参考 皐陶（人名略解参照）は舜の治国について右のように評した。『論語』雍也に「敬に居りて簡を行ない、以て其の民に臨む」とある。

霜を履みて堅氷至る

出典 『易経』坤・初六

原文 履レ霜堅氷至。

意味 大地におく霜を踏む頃となれば、やがて堅い氷の張る季節となることを予測する。微かな前兆だけであっても、放っておけば大事となることのたとえ。

参考 類句に、「君子は微霜を履みて、即ち堅氷の至れるを知る」（黄庭堅詩「次韻して斌老の病起して独り東園に游ぶに答え和す」）がある。

弱肉強食

⇨弱の肉は、強の食となる

尺の木も必ず節目有り、寸の玉も必ず瑕瓋有り

出典 『呂氏春秋』離俗覧・挙難

原文 尺之木必有二節目一、寸之玉必有二瑕瓋一。

意味 一尺の短い木にも必ず節目があり、一寸の小さな玉にも必ずきずがあるものである。「瑕瓋」はきずの意。

参考 尭・舜といった古代聖天子を引き合いに出して、どんなものにも完璧で欠点がないものはないことを示したことば。

し

弱の肉は、強の食となる

出典　中唐、韓愈「送二浮屠文暢師一序」

原文　弱之肉、強之食。

意味　弱い者の肉を強い者が食らう。弱者は強者のえじきとなる。

参考　もとは動物の世界と人間の世界の差をいうことば。動物は「弱肉強食」であるが、人間の世界には文化があり、そのような、強者が生き残るだけという状態にはならない、というのが韓愈の考えである。

尺も短き所有り、寸も長き所有り

出典　戦国楚、屈原「卜居」

原文　尺有レ所レ短、寸有レ所レ長。

意味　一尺の長さでも短いことがあり、一寸の長さでも長いこともある。

参考　一尺は十寸で、本来「尺」が「寸」より長い。それが長短を逆にするのは、物は用いどころに応じて適不適が決まるという意味。賢い者も不足する場面があるし、愚かな者でも十分に足りる場面もあることをいう。尺短寸長。

奢は踰ゆべからず、倹は侈る能わず

出典　後漢、班固「東都賦」

原文　奢不レ可レ踰、倹不レ能レ侈。

意味　奢っているものも礼をこえてまでのぜいたくはできないし、質素なものもそれをやめてぜいたくにすることはできない。

参考　後漢の洛陽の都とその宮殿が、奢侈にならずに清潔な美しさを持つことを描写した部分にある句。

借問す酒家は何れの処か有る、牧童遥かに指す杏花村

出典　晩唐、杜牧詩「清明」

原文　借問酒家何処有、牧童遥指杏花村。

意味　居酒屋はどこかにあるかとたずねたら、牛飼いの少年ははるかかなたのあんずの花咲く村をさし示した。「借問」はちょっとたずねるこ

と。

参考 「清明」は二十四節気の五番目で、春分の十五日後。郊外に遊びに出たり、先祖の墓に詣でたりする習慣があった。起句・承句では「清明の時節雨紛紛、路上の行人魂を断たんと欲す」と、春雨にうたれてもの悲しくなっている旅人のさまが詠まれる。それを受けた転句・結句が掲出句である。なお、この詩により「杏花村」は名酒、また名酒の地に結びつけられることになった。

十囲の木は、千鈞の屋を持し、五寸の鍵は、開闔の門を制す

出典 『淮南子』主術訓

原文 十囲之木、持二千鈞之屋一、五寸之鍵、制二開闔之門一。

意味 十囲えほどの大木が千鈞の重さの屋根を支え、五寸ほどの鍵が門の開閉を制御する。要所をおさえることで大きなものを支配することができることをいう。「鈞」は重さの単位で、「千鈞」で非常に重いの意。

参考 これとほぼ同様の文章が『説苑』説叢に見える。そこでは、「十囲」が「一囲」となっているが、文意は「一囲」とするほうが明確に把握できる。つまり、一囲えほどの小さな木でも要所をおさえれば千鈞の重さの屋根を支えることができるという意となり、「五寸の鍵」のたとえと合わせて、小さなものでも要所をおさえれば大きな働きをすることの比喩となる。いっぽう、「十囲の木」を用いる類句もあり、例えば、「十囲の木は、千鈞の屋を持して、其の宜しきを得るなり」（白居易「策林」三）がそれである。

縦横正に凌雲の筆有るも、俯仰人に随うは亦憐れむべし

出典 金、元好問詩「論レ詩」

原文 縦横正有二凌雲之筆一、俯仰随レ人亦可レ憐。

意味 自由自在にまさに雲をしのいで高くそびえるほどの超脱した筆力があるのに、上を見たり

し

下を見たりして、いちいち他人を模倣しようとするのはやはり残念なことである。

参考 元好問が漢から宋までの詩人や流派について批評を加えた連作の詩の一つ。この詩は、既成の詩と同じ脚韻の字を使って作る「次韻詩」に対する批評。

戎器は、市に粥らず

出典 『礼記』王制

原文 戎器、不レ粥二於市一。

意味 兵器は、市場で売買してはならない。

参考 「禁を執りて衆を斉うるには過ちを赦さず」（禁令をもって民衆を治めるには小さな違反もゆるしてはならない）で始まる一節で、その一例として挙げられたことば。他に、公然と市場で売買してはならないものとして珠玉・祭器・錦衣玉食などが挙げられている。

衆曲なれば直きを容れず、衆枉なれば正しきを容れず

出典 『淮南子』説山訓

原文 衆曲不レ容レ直、衆枉不レ容レ正。

意味 多くの人がねじけていると、正直な人は受けいれられず、多くの人が間違っていると、正しい人は受けいれられないものである。「枉」はよこしまで間違っていること。

参考 悪が大勢を得れば善を駆逐することをいう。この文に続けて「故に人衆ければ則ち狼を食らい、狼衆ければ則ち人をも食らう」ともいう。つまり、大勢を得たものが、勢力の小なるものを駆逐してしまうことをいうのである。

衆喣山を漂わせ、聚蚊雷を成す

出典 『漢書』中山靖王勝伝

原文 衆喣漂レ山、聚蚊成レ雷。

意味 吹き出す暖かい息はたくさん集まれば山を動かし、蚊の飛ぶ音はたくさん集まれば雷のように聞こえる。一つひとつは小さなものでも、たくさん集まれば強く大きな勢力になる

参考 ということ。「呴」は吹き暖める意。建元三年（前一三八）、武帝の酒宴に列席した中山王の勝が、泣いた理由を述べたことばの一節。臣下の多数が口を合わせれば、諸侯の立場は危うくなることをいう。これを聞いた武帝は、諸侯に関する上奏を手控えさせた。

衆口金を鑠かす

⇩衆心城を成し、衆口金を鑠かす

衆口の毀誉は、石を浮かべて木を沈ます

出典 前漢、陸賈『新語』弁惑

原文 衆口之毀誉、浮レ石沈レ木。

意味 世間の人々があれこれとほめたりけなしたりすることによって、浮かぶはずのない石が水に浮かび、沈むはずのない木が水に沈んだりする。

参考 白と黒、曲と直の区別は明らかなように思えるが、誤ったことを言う人が多いと、そうした自明のことさえわからなくなる。人は世俗に迎合した発言をしてはならないということ。

衆口は金を鑠かし、積毀は骨を銷かす

出典 『史記』張儀列伝

原文 衆口鑠レ金、積毀銷レ骨。

意味 多くの人のことばは、金属でさえも溶かしてしまい、とくに悪口が積み重なると、人の骨までも溶かしてしまう。「鑠」、「銷」はともに「溶かす」の意。

参考 連衡論者である張儀（人名略解参照）が魏の哀王に秦との同盟をすすめる際に引用したことば。この前に、「積羽は舟を沈め、群軽は軸を折る（鳥の羽も積もれば舟を沈め、軽い物でもたくさん積めば車の軸を折る）」とある。張儀が秦のために魏の宰相になっていたときのことば。合従論者の口車に乗るなということ。このあと張儀は秦に帰って再び宰相とな

る。似たことばに「衆心城を成し、衆口金を鑠かす（『国語』周語）」（その項参照）がある。『漢書』中山靖王伝には『史記』と同文のことばが載る。

衆口以て金を鑠かすべし

出典　三国魏、曹植詩「当二牆欲レ高行一」

原文　衆口可二以鑠レ金。

意味　多くの人の言うことばは、堅い金をもとかしてしまう。

参考　讒言であったとしても、多くの人たちが口にすると、それは大きな力をもち、人には真実のように受け取られてしまうということをいう。天子が周りの讒言を信じて、自分が苦境に追いこまれていくことを嘆いている。『国語』周語・下に「衆心城を成し、衆口金を鑠かす」（その項参照）とある。今日では、「衆口金を鑠かす」で、多くの人の言うことば、とくに、讒言や無責任な発言が恐ろしい力をもつことを意味する。

修己治人

⇩己を脩めて以て人を安んず

秀語は寒餓より出で、身窮まりて詩乃ち亨る

出典　北宋、蘇軾詩「次三韻仲殊雪中游二西湖一」

原文　秀語出二寒餓一、身窮詩乃亨。

意味　秀でた語というのは、寒さと餓えの中で生まれるもので、逆境にあってこそ、詩は優れたものとなる。

参考　欧陽脩の「梅聖兪詩集序」に「世に謂う、詩人達すること少なくして窮すること多しと。夫れ豈然らんや。蓋し世に伝うる所の詩なる者は、多く古の窮人の辞に出ずるなり。（中略）蓋し愈〻工なり。然らば則ち詩の能く人を窮せしむるに非ず。殆ど窮する者にして而る後に工なるなり」とある。蘇軾もこのことばに共感を覚えているのであろう。

衆之を悪むも必ず察し、衆之を好むも必ず察す

出典 『論語』衛霊公

原文 衆悪レ之必察焉、衆好レ之必察焉。

意味 世の多くの人が嫌う者でも、必ずその評価が妥当であるか調べ、世の多くの人がほめる者でも、必ずその評価が妥当であるか調べる。世間の評判をうのみにしない。「察」はよく調べる。

参考 孔子のことば。世間の人物評に盲従するのではなく、自己の眼力で見極めることの重要性を説く。

終始口を開き易し、歳寒心を保ち難し

出典 『天聖広灯録』二十一

原文 易レ開二終始口一、難レ保二歳寒心一。

意味 どんな時でも、口を開いてことばをとり繕うことは簡単だが、冬の寒さのような逆境にあって志操を保つことは難しい。「歳寒」は冬の寒さ、転じて逆境。

参考 『天聖広灯録』では福昌重善禅師、『続灯録』十四では石霜守孫禅師のことばとして見える。「歳寒」における志操を言ったことばとしては、『論語』子罕に「歳寒くして、然る後に松柏の彫むに後るるを知る」（その項参照）とある。

終日乾乾し、夕べに惕若たり。厲うけれども咎无し

出典 『易経』乾・九三

原文 終日乾乾、夕惕若。厲无レ咎。

意味 君子は、一日中絶えず勤勉であり、夜になっても恐れ慎む。そこでようやく危険な地位にあっても災いから免れるのである。

参考 文言伝は孔子のことばを引用して、「君子は徳に進み業を脩む」ことに勤勉であり、またそこに過失がなかったか恐れ慎むべきであるという。

十日に一水を画き、五日に一石を画く

出典 盛唐、杜甫詩「戯題二王宰画山水図一歌」

原文 十日画二一水一、五日画二一石一。

意味 十日かかって一つの川を描き、五日かかって一つの石を描く。画家がゆったりと時間をかけて、仕事をするさま。

参考 王宰は蜀の人で、蜀の山水を描くのが得意だったとされる人物。その作品に書きつけた詩の冒頭の二句である。この後に「能事相い促迫するを受けず、王宰始めて肯えて真跡を留む（よい仕事をするには他人からの催促を受けず、そこではじめて王宰は真の筆跡を残すことをよしとする）」と続く。

衆志の多疑は、一心の独決に如かず

出典 明、劉基「郁離子」多疑不レ如二独決一

原文 衆志之多疑、不レ如二一心之独決一也。

意味 多くの人がそれぞれにあれこれ疑うような状況は、一人の人が自分ひとりで決断するのに及ばない。

参考 八首八足八尾の「天呉」という怪物と「贔屭」という亀が戦った時、亀は一度決めたことをやりぬこうとするのに対し、八首の怪物はあれこれと言い合って決断がつかず、結局亀が勝ったというたとえ話を通して語られることば。

柔弱は剛強に勝つ

出典 『老子』三十六章

原文 柔弱勝二剛強一。

意味 柔弱なものは剛強なものに勝つ。無為にして争わない柔弱なものは、強いがために争うことの多い剛強なものより、結局のところ優位に立つということ。

参考 『老子』は「柔弱」の処世を説き、水にたとえて説明する。「天下に水より柔弱なるは莫し」（七十八章）。また、「堅強なる者は死の徒なり。柔弱なる者は生の徒なり」（七十六章）、「弱の

強に勝ち、柔の剛に勝つ」（七十八章）などは、この句と同趣旨のものである。

衆庶は強を成し、増積は山を成す

出典 『戦国策』東周策

原文 衆庶成㆑強、増積成㆑山。

意味 庶民であっても多く集まれば強大な力となり、小さなものでも多く積み重なれば山となる。

参考 周の文君が、庶民の評判を得られない宰相の呂倉の罷免を考えていたとき、ある策士がそれを思いとどめようとして述べたことば。誹りを一身に受け、君の悪事を覆いかくす臣こそ主君にとっては安全で、庶民の信望が臣下に集まれば、主君を脅かす強大な力となってしまう。呂倉は君主の側から見れば忠義の臣であるということをいうために引用した古語。

従心

⇨七十にして心の欲する所に従えども、矩を踰えず

愁人愁人に向かいて道うこと莫れ、愁人に向道すれば人を愁殺す

出典 『景徳伝灯録』二十四

原文 愁人莫㆘向㆓愁人㆒道㆖、向㆓-道愁人㆒愁㆓-殺人㆒。

意味 悲しみや愁いに沈んでいる人が、自分と同じように沈んでいる人と話してはいけない。お互いの心情を話したところで、悲しみや愁いはますます深くなるだけである。愁いを抱く人はその想いを自分のうちにしまっておけということ。「殺」は程度のはなはだしいさまの意をそえる字。

参考 『景徳伝灯録』では、広徳周章禅師のことばとして見える。『続伝灯録』十六に、保寧円璣禅師のことばとして、ほぼ同じものが見え

る。『碧巌録』第三則にも類似の句が見える。

愁心春草を視ては、玉階に向かって生ぜんことを畏る

出典 盛唐、王維詩「雑詩」

原文 愁心視二春草一、畏下向二玉階一生上。

意味 やりきれない気持ちで春に芽生える若草を見ては、この草が我が家の玉で造った階段に生えてくるのではないかと心配になります。

参考 「玉階」は外から玄関にまで上る階段。そこに春草が生えるというのは、恋人がやって来なくなること。「向」は「於」と同じ意味で、場所を示す。

衆心城を成し、衆口金を鑠かす

出典 『国語』周語・下

原文 衆心成レ城、衆口鑠レ金。

意味 民衆の心が一致していれば、その国は城のように堅固であり、民衆の言は金をも溶かすくらいに力がある。民衆のもつ力を述べる。

参考 この前に「民の曹好する所は、其れ済らざること鮮し。其の曹悪する所は、其れ廃れざること鮮し（民が一緒になって好むことは、成し遂げられないことは少ないし、民が一緒になって悪むことはだめにならないことは少ない）」とある。類似の句に「衆口は金を鑠かし、積毀は骨を銷かす（『史記』張儀列伝）」（その項参照）がある。

修身斉家治国平天下

⇩身修まりて后家斉う。家斉いて后国治まる

衆人の蔽わるるは利欲に在り、賢者の蔽わるるは意見に在り

出典 『明儒学案』二十九

原文 衆人之蔽在二利欲一、賢者之蔽在二意見一。

意味 一般の人は欲得がじゃまになって真理が見えなくなるが、賢者は自分の見識がじゃまになって真理が見えなくなる。

参考　原文はこの後に「意見は是利欲の細塵なり」と続く。「自分の見識」も言わば「我執」に陥りかねない点では、一種の「欲得」と言えないことはないであろう。『明儒学案』に引用された尤時熙（明の陽明学者）の「擬学小記」に見えることば。

衆鳥高く飛んで尽き、孤雲独り去って閑なり

出典　盛唐、李白詩「独坐㆓敬亭山㆒」

原文　衆鳥高飛尽、孤雲独去閑。

意味　多くの鳥が高く飛んで消え去っていく、一ひらの雲がひっそりと流れ去ってあたりは閑寂となる。

参考　詩題の「敬亭山」は安徽省宣城の北方にある山で、三百メートルほどの低い山であるが景勝地として知られる。李白の敬愛する六朝の詩人謝朓が、宣城の長官であった時、いつもこの山に登って遊んだという。この詩は五言絶句で、後半二句は「相看て両つながら厭わざるは、只敬亭山有るのみ（じっと見つめあってあきないのは、ただ敬亭山だけだ）」とある。鳥も雲も姿を消した山中で、李白はいつまでも座り続けている。

衆怒は犯し難く、専欲は成り難し

出典　『春秋左氏伝』襄公十年

原文　衆怒難㆑犯、専欲難㆑成。

意味　多くの人々の怒りを買うようなことはしてはいけない。また、自分一人の欲望を満たすようなことは成功しにくい。身勝手な振る舞いは慎み、大勢の意見に従わねばならないということ。「犯」は抵触する、触れる意。

参考　春秋時代、鄭の名宰相子産（本名、公孫僑。中国で初めて成文法を作った）のことば。

十二時中、自己を欺くこと莫れ

出典　『宋史』葛邲伝

原文　十二時中、莫㆑欺㆓自己㆒。

意味　一日中、自分を欺いてはならない。どのよう

な時でも自分に正直であれということ。「十二時中」は一昼夜ずっとの意。

参考 南宋の政治家葛邲の述べたことば。

十年一剣を磨く

出典 中唐、賈島詩「剣客」

原文 十年磨㆓一剣㆒。

意味 十年もの長い間このひとふりの剣をずっと磨いてきた。

参考 長い間自分の才能を磨くために修練を続け、今やそれを試そうとする時に当たっての詩である。この初句に続けて「霜刃（霜のように白くするどい刃）未だ嘗て試さず、今日把りて君に示す、誰か不平の事有らんや」と述べる。賈島が剣客にたとえて自らの政治への抱負を述べたものといわれる。

十の良馬を得るも、一伯楽を得るに若かず、十の良剣を得るも、一欧冶を得るに若かず

出典 『呂氏春秋』不苟論・賛能

原文 得㆓十良馬㆒、不㆑若㆑得㆓一伯楽㆒、得㆓十良剣㆒、不㆑若㆑得㆓一欧冶㆒。

意味 十頭の良馬を得ても、一人の伯楽を得ることには及ばない。十振りの良剣を得ても、一人の欧冶を得ることには及ばない。「伯楽」は周代の馬の善し悪しを見わける名人の名。「欧冶」は有名な刀工の名。

参考 この句に続いて、「地を得ること千里なるも、一聖人を得るに若かず（千里の国土を得ても、一人の聖人を得ることには及ばない）」という。

衆は害に陥りて、然る後能く勝敗を為す

出典 『孫子』九地

原文 衆陥㆓於害㆒、然後能為㆓勝敗㆒。

意味 兵士たちは自分たちの身に危害がおよぶほどの窮地に陥ってはじめて生きのびるために必死に戦い、勝ち負けが思いのままになるほど

参考 の力を発揮するものだ。「衆」はここでは兵士、軍隊。用兵の法として九通りの土地の形勢について述べてある。このことばのまえに「これ（軍隊）を亡地（滅亡するような状況）に投じて然る後に存し、これを死地に陥れて然る後に生く」とあり、軍を指揮する者の心得を説く。

秋風起こりて白雲飛ぶ、草木黄落して雁南に帰る

出典 前漢、漢武帝「秋風辞」

原文 秋風起兮白雲飛、草木黄落兮雁南帰。

意味 秋風が立って白雲が飛ぶように流れ去る。草木は色づいて葉を落とし、雁は南へ帰っていく。

参考 武帝が黄河の東に行幸し、神を祀り、宴を開いた時に作ったもの。秋の景色のもの悲しさを述べ、老年をむかえる人生の哀しみにおよぶうたである。「秋風の辞」については「歓楽極まって哀情多し」の項参照。

重宝を懐く者は以て夜行かず。大功に任ずる者は以て敵を軽んぜず

出典 『戦国策』秦策

原文 懐㆓重宝㆒者不㆓以夜行㆒。任㆓大功㆒者不㆓以軽㆒ㇾ敵。

意味 大切な宝物を抱いている者は、夜道を歩かない。大きな功績をあげようとするものは、敵を侮らない。大任のある者は、慎重に行動するものだというたとえ。

参考 趙を攻める秦王に対し、蘇子（伝不明）が趙を攻めることをやめるようにと王を説いたときのことば。

衆木尽く揺落して、始めて竹色の真を見る

出典 中唐、孟郊詩「献㆓漢南樊尚書㆒」

原文 衆木尽揺落、始見㆓竹色真㆒。

意味 全ての木々が皆葉を落とす季節になってはじめて、竹の真実のすばらしさがわかる。

参考 人も天下が乱れるような時にこそ、その臣下としての本分が見えてくるという。苦しい時にその人の本来の姿が示されることをいう。

柔能く剛を制し、弱能く強を制す

出典 『三略』上略

原文 柔能制レ剛、弱能制レ強。

意味 柔らかくしなやかなものが、かえって力強いものに勝ち、弱いものが、かえって強いものに勝つ。

参考 軍讖（戦の勝敗を予言した書）のことば。類似の表現としては、『老子』三十六章に「柔弱は剛強に勝つ」（その項参照）とある。

臭穢有らざれば、則ち蒼蠅飛ばず

出典 『後漢書』陳蕃伝

原文 不レ有二臭穢一、則蒼蠅不レ飛。

意味 くさくてきたない物がなければ、蠅が飛び集まってくることはない。自らの身を正しく潔白にしていれば、悪人が近づくこともないということ。「蒼蠅」はあおばえ。小人物のたとえに用いられる。

参考 清廉で厳格な人柄で知られた陳蕃のことば。褒賞が規則どおりでなく、皇帝の寵によって行なわれていることを諫めるために上疏した文の中にある。刑罰は悪事をとどめるためにあり封爵は民を治めるために行なうのに、それが個人的な怨みや賄賂によっていると人々から思われている。まずそう思われないよう、自分の身辺を清潔にせよということ。

衆を用うる者は易に務め、少を用うる者は隘に務む

出典 『呉子』応変

原文 用レ衆者務レ易、用レ少者務レ隘。

意味 大部隊を率いて戦う者は、平坦な地形の所で戦うように務め、小部隊を率いて戦う者は、狭く険しい地形の所で戦うように務める。「易」はたいらかな土地。「隘」は狭い土地。

参考 敵の軍隊が多く、味方の軍隊が少ないときの

戦い方を問われた呉起（人名略解参照）の答え。

宿昔青雲の志、蹉跎たり白髪の年

出典 盛唐、張九齢詩「照レ鏡見二白髪一」

原文 宿昔青雲志、蹉跎白髪年。

意味 かつて若い頃には未来への大きな志を抱いていたが、その志を得ることなく年老いてしまった。「宿昔」は昔。「蹉跎」はつまずくこと、志を実現できないこと。

参考 詩題の「照鏡」は鏡に自分の顔をうつして見ることであり、作者はそこに白髪を見て、自らの一生への感慨をうたうのである。五言絶句で、後半二句は「誰か知らん明鏡の裏、形影自ら相憐れまんとは（誰が知りえただろうか、鏡の中を見てわが顔とわが影が、たがいに身の上を嘆くばかりになろうとは）」である。

手中の十指は長短有れど、之を截るの痛惜は皆相似たり

出典 中唐、劉商詩「胡笳十八拍」十四

原文 手中十指有二長短一、截レ之痛惜皆相似。

意味 十本の指の長さには違いがあるが、切り落としたときの痛みはどの指でも同じようなものである。状況に違いはあっても、相手を大事に思う心には大差がないことのたとえ。

出藍の誉れ

⇩青は之を藍より取りて、藍より青し

主は怒りを以て師を興すべからず

出典 『孫子』火攻

原文 主不レ可二以レ怒而興一レ師。

意味 君主は一時の怒りによって戦を始めてはいけない。一時の感情にまかせて軍隊を動員することを戒めたことば。「師」は軍隊。

参考 これに続けて「将は慍りを以て戦いを致すべからず。利に合えば而ち動き、利に合わざれば而ち止まる」と説く。戦いについては慎重に思慮し、有利でなければ行動を起こさず、

利得がなければ軍を用いない。これが国家を安泰にし、軍隊を保つための方法であるというのである。

朱門に酒肉臭く、路に凍死の骨有り

出典　盛唐、杜甫詩「自レ京赴二奉先県一詠懐五百字」

原文　朱門酒肉臭、路有二凍死骨一。

意味　朱塗りの門を構える豪邸では、酒や肉が余って腐臭を発しているのに、路上には凍死した貧しい者の骨が放置されている。

参考　杜甫四十四歳、単身長安にあったときの作。七五五（天宝十四）年の世情を嘆く。驪山（長安の東にある山の名で、玄宗の華清宮があったところ。ここで玄宗は寵愛する楊貴妃と宴遊にふけり政治をおろそかにしていた）のようすを「君臣留まりて懽娯（楽しみにふける）し、楽（音楽）は動きて膠轕（広い空間）に殷（ひびく）たり、浴を賜うは皆長纓（長い冠のひも、高位にある人のたとえ）にして、宴に与かるは短褐（短い着物、身分の賤しい人のたとえ）に非ず」と言い、一部の貴顕だけが富をむさぼり、人民が飢えに苦しんでいる現状を嘆く。そして「恐らく触れなば天柱（天を支える柱）も折れん、河梁は幸いに未だ坼けず、枝撐（木組み）声窸窣（ぎしぎしと音を立てる）たり」と、国家の転覆を危惧する。この年、杜甫の恐れていたことが現実のものとなる。安禄山が謀反し、洛陽は陥落、玄宗は長安を逃れ、楊貴妃は兵士たちの反乱にあい縊死させられ、杜甫自身は賊に捕われ長安に軟禁される。この長編の詩は、社会性が強く表われ、詩で綴る歴史という意味で「詩史」とよばれる。

寿を養うの士は病に先んじて薬を服し、世を養うの君は乱に先んじて賢に任ず

出典　『潜夫論』思賢

原文　養レ寿之士先レ病服レ薬、養レ世之君先レ乱任レ賢

意味 養生して長生きしようとする者は、病気になる前に薬を飲む。世を平安に治めようとする君主は、乱が起こる前に賢人を登用して未然にそれを防ぐ。

参考 『老子』七十一章の「夫れ唯病を病とす、是を以て病あらず（そもそも欠点を欠点として自覚するからこそ欠点も欠点でなくなる）」と、『易経』否卦・九五の「其れ亡びなん其れ亡びなんとて、苞桑に繋れり（さあ亡びるぞ、さあ亡びるぞと常日ごろより自分を戒めることが、丈夫な桑の根に物を繋ぐように、安全を維持することになる）」と同じ趣旨のたとえである。

春蚕死に到りて糸方に尽き、蠟炬灰と成りて涙始めて乾く

出典 晩唐、李商隠詩「無題」

原文 春蚕到レ死糸方尽、蠟炬成レ灰涙始乾。

意味 春の蚕は生きているかぎり糸を吐き続け、糸がなくなると死ぬ。ろうそくは燃えているかぎり蠟の涙を流し続け、涙がなくなると燃えつきる。

参考 生あるかぎり糸を吐く蚕のように、あなたへの情愛は尽きることがないという意味。この詩の第一句で「相見る時は難く別れも亦難し」と述べ、なかなか会えないまま、死ぬまで変わらない心を悲しくうたう詩である。

春宵一刻直千金、花に清香有り月に陰有り

出典 北宋、蘇軾詩「春夜」

原文 春宵一刻直千金、花有二清香一月有レ陰。

意味 春の宵のひとときは千金に値する。花からは気持ちよい香りが漂い、月はほのかにかすんでおぼろである。

参考 続いて「歌管楼台声細細、鞦韆院落（ぶらんこのある中庭）夜沈沈」と、歌声や音楽がだんだん聞こえなくなり、中庭のぶらんこにもだれもいなくなり、夜はふけていく、と動の昼に対する静の春の夜の素晴らしさが詠じられ

ている。この詩はもともと『東坡集』外の詩で、『千家詩』（南宋の謝枋得の編と称する）に収録されて、わが国でも江戸時代以来広く知られる。近松門左衛門の浄瑠璃『津国女夫池』にも、「庭も花に酔うたり酒は憂いの玉箒、千金春宵一刻のみ、御酒の機嫌も義輝公」とある。

春色無情容易に去る

出典 北宋、欧陽脩詩「玉楼春」

原文 春色無情容易去。

意味 春は無情にもさっさと過ぎてしまう。

参考 人も花も春をとどめようとするにもかかわらず、春が足早に過ぎ去ってしまうのを惜しむ歌。

春風秋月相待たず、倏忽にして朱顔白頭に変ず

出典 明、于謙詩「静夜思」

原文 春風秋月不二相待一、倏忽朱顔変二白頭一。

意味 春の風も秋の月も人を待たずに過ぎ去ってしまう。たちまちに時は過ぎて少年の紅顔も老人の白髪頭となるのだ。

参考 「倏忽」ははやいこと、短時間であるさまの意味。時のうつりかわりのきびしさと、人の世の変わりやすさをうたったもの。

春眠暁を覚えず、処処啼鳥を聞く

出典 盛唐、孟浩然詩「春暁」

原文 春眠不レ覚レ暁、処処聞二啼鳥一。

意味 春の眠りはここちよく夜が明けたのにも気づかない。もうあちらこちらに鳥の啼く声が聞こえる。

参考 春のあけぼの、寝床の中にあってうつらうつらしながら、戸外の春を思ってうたった詩。後半の二句は「夜来風雨の声、花落つること知んぬ多少ぞ（そういえば、ゆうべは風雨の音がしていたが、花はどれほど散ってしまっただろうか）」である。

小逆心に在りて、久福国に在り

出典 『韓非子』安危

原文 小逆在レ心、而久福在レ国。

意味 君主は耳の痛い忠告を聞くと、いささか逆らう気持ちが生ずるが、国家にとっては末長く幸福をもたらす。とかく忠告は耳に痛く聞き入れづらいものであるが、君主にはこうした忠告を受け入れる度量が必要とされるのである。

参考 直前に類句が見える。「小痛体に在りて、長利身に在り」が、それである。これは、名医として知られる扁鵲が難病を治す際に骨を削るが、この痛みに耐えれば根治して末長い利益を身に得るという挿話による。

常玉琢かざれば、文章を成さず

出典 『漢書』董仲舒伝

原文 常玉不レ琢、不レ成二文章一。

意味 普通の宝石は、磨かなければ美しい模様があらわれてこない。人間も学ばなければ、立派な人格者になることはできない。「文」は文様。「章」はあらわれるの意。

参考 「良玉（美玉）は琢かざれども、資質潤美にして、刻瑑を待たず」の対句として見える。この後に「君子も学ばざれば、其の徳を成さず」と続く。

上材を求むれば、臣木を残い、上魚を求むれば、臣谷を乾す

出典 『淮南子』説山訓

原文 上求レ材、臣残レ木、上求レ魚、臣乾レ谷。

意味 君主が材木を求めると、臣下は山の木を無駄に切り倒し、君主が魚を求めると、臣下は谷川の水を干上がらせてまで魚を探す。君主の発言が糸のように細いものであっても、それが臣下には縄のように太くなって伝わるのである。「残」は切ってだめにする。

参考 この直後に「上楫を求むれば下船を致す。上言は糸の若くして、下言は綸（ひも）の若し」

とある。君主が楫を求めると臣下が船を差し出すように、君主のことばは糸のように些細なものであっても、臣下には太い縄のように重大に伝わることをいう。

小忍びざれば、則ち大謀を乱る

出典 『論語』衛霊公

原文 小不レ忍、則乱ニ大謀一。

意味 小さな事にねばり強く辛抱しないと、大きな計画の障害となる。

参考 孔子のことば。このことばに南宋の儒者朱熹は、「小忍びざるは、婦人の仁・匹夫の勇の如し」と注し、母親の小さい慈愛が子供を悪くしたり、血気にはやる男が犬死にしたりするようなことになると説明している。

小事を軽んずる勿れ、小隙は舟を沈む。小物を軽んずる勿れ、小虫は身を毒す

出典 『関尹子』九薬

原文 勿レ軽ニ小事一、小隙沈レ舟。勿レ軽ニ小物一、小虫毒レ身。

意味 些細なことを軽視してはならない。小さな隙間が舟を沈めることもある。些細なものを軽視してはならない。小さな虫が体を害することもある。油断大敵。

参考 これに続けて「小人を軽んずる勿れ、小人は国を賊う」とある。とるに足らない、つまらない人物だからといって、それを軽視すると国を疲弊させるような結果となるのである。油断が大事をひき起こす意の類句には、「千丈の隄は、螻蟻の穴を以て潰え、百尺の室は、突隙の烟を以て焚く（『韓非子』喩老）」（その項参照）がある。

小人の過つや、必ず文る

出典 『論語』子張

原文 小人之過也、必文。

意味 小人は過ちを犯すと、きっとうわべをとりつくろおうとする。「文」は表面上とりつくろっ

てごまかす。

参考 子夏のことば。『論語』学而および子罕には、「過ちては則ち改むるに憚ること勿れ」（その項参照）とみえ、また「過ちて改めざる、是を過ちと謂う（『論語』衛霊公）」（その項参照）ともある。

小人の好悪は己を以てし、君子の好悪は道を以てす

出典 南宋、胡宏『知言』巻二

原文 小人好悪以レ己、君子好悪以レ道。

意味 小人の好悪の判断は自分自身を規準にして行なうが、君子の好悪の判断は道義を規準にする。

参考 胡宏はまた同じ『知言』の中で、他人を見てわが身におよぼすことのできる者は君子たりうるが、己にまかせて悪い行ないをかくす者は小人であると言う。

小人の交わりは甘きこと醴の若し

⇩君子の交わりは淡きこと水の若く、小人の交わりは甘きこと醴の若し

小人は財に殉じ、君子は名に殉ず

出典 『荘子』盗跖

原文 小人殉レ財、君子殉レ名。

意味 つまらぬ人間は財貨のために身を滅ぼし、（儒家が理想とする）立派な人間は名誉のために身を滅ぼす。どちらも、天理のままに無心に生きる道からはずれて、結局、「財」「名」という世俗的なつまらぬものに自己を捧げてしまっているということ。「小人」は低俗な人間。「君子」は儒家の理想とする学識・仁徳を兼ね備えた人物。

参考 孔子の弟子の子張（陳の人。君子を理想とする儒家の代表）と満苟得（欲望のままに生きる小人の代表）と無約（天理に従って生きようとする道家の代表）の三人が登場する寓話において、無約が他の二人の立場を批判したことば。

小人は水に溺れ、君子は口に溺れ、大人は民に溺る

出典 『礼記』緇衣

原文 小人溺二於水一、君子溺二於口一、大人溺二於民一。

意味 人民は水におぼれやすく、君子は舌禍をまねきやすく、天下を治める大人は政治を誤ると人民におぼれてしまう。

参考 人はふだん慣れ親しんでいるもののために、かえって災いに陥りやすいことを述べた孔子のことば。

小心翼翼として、古訓に是式る

出典 『詩経』大雅・烝民

原文 小心翼翼、古訓是式。

意味 つねに心を慎み深く恭敬な状態にし、昔の教訓に従う。

参考 これは周の宰相仲山甫の礼や徳をたたえた一節。仲山甫は、字は樊侯、謚は穆、周の名臣といわれる。「小心翼翼」は慎重・恭敬。のちに転じて気が小さい者やびくびくしたようすを形容することばとして用いられるようになった。

小人を軽んずる勿れ

⇨小事を軽んずる勿れ、小隙は舟を沈む。小物を軽んずる勿れ、小虫は身を毒す

少成は天性の若く、習慣は自然の如し

出典 『漢書』賈誼伝

原文 少成若二天性一、習慣如二自然一。

意味 若い頃に習慣となったものは、生まれつきもっている天性と同じようになるし、習慣は、やがて身について生まれつき自然に備わっているもののようになる。「習貫」は「習慣」に同じ。

参考 孔子のことばとして載っている。『孔子家語』七十二弟子解にも、孔子曰く、として「少成

は則ち性の若く、習慣は自然の若きなり」とある。「習い性と成る」（その項参照）と同趣旨。

小節を倣す者は、大威を行なうこと能わず。小恥を悪むものは、栄名を立つること能わず

出典 『戦国策』斉策

原文 倣二小節一者、不レ能レ行二大威一。悪二小恥一者、不レ能レ立二栄名一。

意味 ちっぽけな節義にこだわる者は、大きな威力を行使することはできない。小さな恥を嫌う者は、盛んな名声を打ち立てることはできない。

参考 斉の田単（人名略解参照）は、燕の将（未詳）が守る聊城を一年以上も攻めつづけていたが、なかなか落とすことができない。そこで斉の処士魯仲連（高踏にして生涯だれにも仕えなかった）が燕の将に、戦いをやめ燕に帰るか、また斉に降るかどちらかを選ぶことがよいとして語ったことば。いま勝つ見込みのない戦いをつづけ士卒もろとも死ぬよりも（小節）、あなたの働きは天下に知らぬものはないのですから、兵を引き揚げて終生の名声を成す（栄名）ことが智者の行為であると説く。結局、燕の将はこの説得に従い軍を撤退し、燕に帰った。

牀前月光を看る、疑うらくは是地上の霜かと

出典 盛唐、李白詩「静夜思」

原文 牀前看二月光一、疑是地上霜。

意味 自分の部屋の寝台の前にさしこむ月の光を見ていると、その光の白さは地上一面に霜をおいたのではないかと思われるほどである。

参考 「牀」は寝台のこと。秋の月のさえわたる夜、旅の途中の宿で部屋にさしこむ月の光を追いながら、望郷の思いをうたったもので、後半二句には「頭を挙げて山月を望み、頭を低れて故郷を思う」（その

項参照）とある。

上善は水の若し

出典 『老子』八章

原文 上善若㆑水。

意味 最上の善は水のようなものである。

参考 老子は最上の善を水にたとえた理由として、水は万物に恵みを施すが万物と争うことはなく、また人のいやがる低い所によろうとすることを挙げている。水に無為自然の姿を求めた表現には、「天下に水より柔弱なるは莫し」（七十八章）という一文もある。

少壮幾時ぞ老いを奈何にせん

出典 前漢、漢武帝「秋風辞」

原文 少壮幾時兮奈㆑老何。

意味 若くさかんな時がどれほど続こうか、年老いていくのをどうしようもない。

参考 武帝が黄河の東に行幸し、神を祀ったのち宴を開いた時に作ったもの。この前に「歓楽極まって哀情多し」（その項参照）とあり、老年をむかえる悲哀をうたったものである。

少壮時に及んで宜しく努力すべし、老大堪うる無きは還た憎むべし

出典 北宋、欧陽脩詩「伏日贈㆓徐焦二生㆒」

原文 少壮及㆑時宜㆓努力㆒、老大無㆑堪還可㆑憎。

意味 若い頃には、やるべき時に努力しなければならない。年だけとって何の用にも堪えられないというのはあってはならないことだ。

参考 年若い二人の友人が来たのに、欧陽脩は病で出られなかった。その時におくった詩中の語。若い二人への励ましとともに、「老大」自らへの反省でもある。

少壮にして努力せずんば、老大にして乃ち傷悲せん

出典 後漢、無名氏詩「長歌行」

原文 少壮不㆓努力㆒、老大乃傷悲。

意味 若い頃に努力しなければ、年老いてから嘆き

参考 悲しむことになる。時の流れの速いことを嘆じた詩。この前には「百川東して海に致らば、何れの時か復た西に帰らん」とあって、時はとりかえせないことにたとえる。(『文選』所収)

少壮年月を軽んじ、遅暮光輝を惜しむ

出典 南朝梁、何遜詩「贈二諸遊旧一」

原文 少壮軽二年月一、遅暮惜二光輝一。

意味 若くさかんな頃は年月をおろそかにしてしまうが、人生の暮れ方をむかえると光が輝くような時の大切さを惜しむようになる。

参考 詩題の「諸遊旧」は昔の友人たち。故郷を離れてからの自分の仕事や学問をあれこれ思い、昔一緒に遊んだ友人たちをなつかしく思い出しながら、感懐を述べた詩である。

上知と下愚とは移らず

出典 『論語』陽貨

原文 上知与二下愚一不レ移。

意味 生まれついて特別賢い者と、最低の愚か者は、のちの習慣や教育によっても変わることがない。上知は上智とも書く。

参考 孔子は、この前章で「性は相近し、習いは相遠し」(その項参照)と言うが、最上の賢者と最低の愚者はその例外と考えているのである。後世、性の善悪をめぐる論議の中で、たいてい上知は善、下愚は悪として考えられることから、この孔子のことばをどのように解釈するかが、重要なテーマとなった。

小知には事を謀らしむべからず、小忠には法を主らしむべからず

出典 『韓非子』飾邪

原文 小知不レ可レ使レ謀レ事、小忠不レ可レ使レ主レ法。

意味 中途半端な知識しかない者に事業の計画を立てさせてはいけない。中途半端な誠意しかない者に法律をつかさどらせてはいけない。

参考 この句の前に韓非は「賞を用うること過ぐる

者は民を失い、刑を用うること過ぐる者は民畏れず」と言う。つまり、賞をむやみに与えると功績もない者が賞をただ取りし、よって国の財政が傾く。そうすると民衆は離れてしまう。また、刑罰の用い方がでたらめになると民衆は国家の威光を畏れなくなってしまう。だから、賞罰は国家にとって非常に大事であり、それゆえ小知、小忠の人物には、賞罰をまかせてはならないと説く。

勝地は常ならず、盛筵は再びし難し

出典 初唐、王勃「滕王閣序」

原文 勝地不㆑常、盛筵難㆑再。

意味 景色のすぐれたところも永遠ではありえないし、にぎやかで素晴らしい宴会も再度開くことは難しい。

参考 洪州（江西省南昌）の滕王閣の修築を祝う宴で、王勃が作った作品。洪州の太守はこの傑作を見て「天才だ」と驚いたと伝えられる。二句は、滕王閣からの景色とこの宴の得がたいことをいうことば。

笑中に刀有り

出典 『十八史略』唐・高宗皇帝

原文 笑中有㆑刀。

意味 顔には笑みを浮かべているが、そのうちには狡智な刀を隠している。表面は柔和でありながら、内心陰険な人物を評していう。笑中の刀。

参考 唐の李義府を世人が評したことば。この後、「柔にして物を害す」と続く。李義府は「李猫」（猫のように陰険な李）ともあだ名されていた。「笑裏蔵刀」も同様の意味。

小忠を行なうは則ち大忠の賊なり

出典 『韓非子』十過

原文 行㆓小忠㆒則大忠之賊也。

意味 中途半端な誠意を尽くすことが、大きな誠意の害となる。「賊」は害を与える意。

参考 この例として『韓非子』には次のような故事を

載せる。かつて楚の共王は晋の厲公と戦い敗北した。その戦の折、楚の司馬子反は喉が渇き水を求めた。すると穀陽という者が気を利かせて酒を差し出した。子反は酒を好む人であったので、不謹慎とは思いながらもそれを飲み、最後には酔っぱらってしまった。子反の幕中をおとずれた共王は、子反が飲酒したことを知り、戦いを断念して国に帰り、子反を死罪とした。つまり穀陽は中途半端な誠意を尽くして子反に酒を勧めた結果、子反に大きな不誠実を働かせることになったのである。この故事は『春秋左氏伝』成公十六年、『呂氏春秋』権勲、『淮南子』人間訓、『説苑』敬慎などにも見える。『韓非子』では飾邪にも見え、「小忠は大忠の賊なり」となっている。

小道と雖も必ず観るべき者有り、遠きを致さんには泥まんことを恐る

出典 『論語』子張

原文 雖二小道一必有二可レ観者一焉、致レ遠恐レ泥。

意味 とるに足りない小さな道であっても、それぞれの道にきっと見どころがある。しかし君子の道を深く修めようとする際に障害となる恐れがある。

参考 子夏のことば。『論語』に注釈を加えた三国魏の学者何晏や南朝梁の学者皇侃は、「小道」を儒家意外の諸子百家の学をさすと説明する。一方、南宋の学者朱熹は、農・医方・卜筮などの技芸をさすと説明する。また、「致遠」の二字に関しては、「遠きを致めん」と訓読するものもあり、「(小道に)あまり深入りしすぎる」と解釈するものもある。

小徳は川流し、大徳は敦化す

出典 『中庸』三十章

原文 小徳川流、大徳敦化。

意味 小徳は川の流れのように、間断なくさまざまな場所にゆきわたり、大徳は万物を手厚く化

育する。

参考 朱熹は「小徳」を個別の特殊な徳、「大徳」を小徳の総合である根本の徳と解する。「小徳」を諸侯の徳、「大徳」を天子の徳とする説もある。

上徳は俗の若く、太白は辱れたるが若く、広徳は足らざるが若し

出典 『老子』四十一章

原文 上徳若レ俗、太白若レ辱、広徳若レ不レ足。

意味 最上の徳はかえって世俗的に見え、純白なものはかえってうす汚れて見え、広大な徳はかえって器量不足に見える。

参考 「明道若レ昧、進道若レ退、夷道若レ類」とこの句の前にある。無為自然にかなっていることは、人間の卑俗な知覚ではたいしたものではないようにとらえられてしまうということ。「俗」を「谷」に作るテキストもあり、「谷」ならば「谷間のように空虚に見え」となる。「太白」を「大白」に作るテキストもある。

少年安んぞ長に少年なるを得んや、海波尚変じて桑田と為る

出典 中唐、李賀詩「嘲二少年一」

原文 少年安得二長少年一、海波尚変為二桑田一。

意味 若い人もどうしてずっと若くいられようか。波立つ海でさえ桑畑に変わっていくものであるのに。

参考 人の世の転変の激しさをいう。たとえ華やかな一時を過ごしても、必ず老年はやってくる。この二句に続いて「栄枯遞伝して急なること箭の如く、天公は肯ぜず公に於いて偏なるを（栄枯盛衰は順送りでそれは矢のようにはやく、天は不公平を許さない）」とある。なお、劉希夷の詩「代下悲二白頭一翁上」に「桑田の変じて海と成る」という句があり、やはり人の世の転変の激しいことをいう。

少年老い易く学成り難し、一寸の光陰軽んずべからず

出典　南宋、朱熹詩「偶成」

原文　少年易レ老学難レ成、一寸光陰不レ可レ軽。

意味　年月の過ぎ去るのは早く、若者もすぐに年を取ってしまうものだし、そのうえ学問は成就し難い。だからほんのわずかの時間もおろそかにしてはならない。「光陰」は時間のこと。

参考　出典の「偶成」は、「たまたまできた」の意ではあるが、宋学の大成者朱熹の学問に対する真摯な態度がうかがわれ、古来、若者を励ます勧学の詩として有名である。しかし、この句は朱熹の全集には見えず、近年は朱熹の作かどうか疑われている。
　後半二句は「未だ覚めず池塘春草の夢、階前の梧葉已に秋声（池の土手の若草が夢心地から覚めきらないうちに、早くも夏は過ぎ、階段前の青桐にはもう秋風がおとずれるようなものである）」と続く。

少年志気を負えば、道を信じて時に従わず

出典　中唐、劉禹錫詩「学二阮公体一」

原文　少年負二志気一、信レ道不レ従レ時。

意味　若者が心に志を持ったなら、「道」を信じて進むのであり、決して時流に流されたりしない。

参考　詩題の「阮公」は三国魏の阮籍のこと。竹林の七賢の一人であり、礼俗の士に対しては白眼視して、冷淡な眼で対応し、酒を愛し、世俗を蔑視したことで知られる。

少年の情事老い来って悲しむ

出典　南宋、姜夔詞「鷓鴣天」正月十一日観灯

原文　少年情事老来悲。

意味　若いころの恋人とのあれやこれやが、このように老いてくると悲しく思い起こされる。

参考　臨安（浙江省杭州市）では正月十一日、元宵節を前に提灯をつけ町中にかざり、それを人々が見て歩く。この詩は姜夔が若い頃を過ごした町に再びやってきて、観灯をしながらの感慨を述べたもの。

松柏の下は、其の草殖えず（しょうはくのしたは、そのくさふえず）

出典 『春秋左氏伝』襄公二十九年

原文 松柏之下、其草不レ殖。

意味 松や柏（ヒノキ類を広くさす）のような常緑樹の下には、草は成長しない。同じ場所では、二つのものが共に栄えることはなく、一方に勢力を奪われてしまうということ。

参考 楚の康王の死後、その子である郟敖が即位し、その弟である王子囲が令尹（楚では宰相と同意）に任命されたときに、この組み合わせはよくない、令尹のほうが王よりも力が大きくなるとして、鄭の子羽が言ったことば。

松柏の質は、霜を経て弥く茂る（しょうはくのしつは、しもをへていよいよしげる）

出典 『世説新語』言語

原文 松柏之質、経レ霜弥茂。

意味 常緑樹である松や柏（ヒノキ科の植物）は、霜が下りてもなお茂る性質があるが、私もそれと同じで老いても（白髪となっても）なお衰えを知らないのです。

参考 顧悦が同年齢の簡文帝（人名略解参照）から「なぜそんなに白髪が多いのか」と聞かれたのに対して答えたことばの一節。「松柏」を自らに、「霜」を白髪にたとえている。同様の意として、「歳寒くして、然る後に松柏の彫むに後るるを知る（『論語』子罕）」（その項参照）「霜雪すでに降り、吾是を以て松柏の茂るを知る（『荘子』譲王）」がある。「霜を経て」を「霜を凌いで」と作るテキストもある。

松柏の操（しょうはくのみさお）

⇩雪後始めて知る松柏の操、事難くして方めて見る丈夫の心

松柏本孤直、桃李の顔を為し難し（しょうはくもとこちょく、とうりのかんばせをなしがたし）

出典 盛唐、李白詩「古風」其十一

原文 松柏本孤直、難レ為二桃李顔一。

意味 松や柏は、もともと孤独で真っ直ぐに立っている樹木で、桃や李のように美しい花を咲か

せるものではない。「松柏」はマツやヒノキの類。常緑樹であることから、節操のある人物をさす。「桃李の顔」は派手で愛想のよいことのたとえ。

参考 「古風」は、李白が主張する古の詩風の復活を意図して作られた一群の詩のこと。この詩では厳子陵を松柏にたとえ、その風格を慕う。厳子陵は後漢の人で、光武帝（後漢の建国者）が、水辺で釣りをしていた彼を捜し出し丁重に宮中に迎え諫議大夫の職を授けようとしたが、それを断り故郷に隠棲した。俗塵を離れ、名利に背を向けた気骨のある人物として『後漢書』に伝記が載せられる。

賞は務めて速やかにして後に勧め、罰は務めて速やかにして後に懲らす

出典 中唐、柳宗元「断刑論」

原文 賞務速而後勧、罰務速而後懲。

意味 褒賞も懲罰も時をおかず速やかに行なってこそはじめて勧善懲悪の効果を持つ。

参考 賞罰は善を勧め悪を懲らすためのものである。もしそれをゆっくり行なえば、人々は必ず怠ける。いっぽう速やかに行なえば、善い事を行なう人は勇気を得、悪い事を行なう人は恐れる。これが「刑」という制度の基本であるという内容のことば。

賞罰は、必ず重くするに在らずして必ず行なうに在り

出典 後漢、徐幹『中論』賞罰

原文 賞罰者、不レ在ニ乎必重一而在ニ于必行一。

意味 賞罰の眼目は、それが必ず厳罰であったり手厚かったりすることにあるのではなく、必ず行なわれることにある。

参考 政治の基本は賞罰にあることを説く。軽い賞罰でもきちんと行なわれれば、人々の励みとなり信頼が得られる。それを為政者がわきまえれば、政治は難しくないという。

丈夫志を為すや、窮まりても当に益々堅なるべく、老いても当に益々壮んなるべし

出典 『後漢書』馬援伝

原文 丈夫為レ志、窮当二益堅一、老当二益壮一。

意味 一人前の男がたてた志は、困窮すればますます堅固なものにならなくてはいけないし、年老いてますます盛んなものにならなくてはいけない。

参考 後漢初期の武将、馬援が若いとき、囚人を逃がしたために北方に亡命し、許された後もその地で牧畜を営んでいた。彼の人柄を慕って多くの賓客が訪れたが、その客に向かって語ったことば。

丈夫志気の事、児女安んぞ知るを得ん

出典 中唐、呂温「偶然作」其二

原文 丈夫志気事、児女安得レ知。

意味 男子が事を成そうとする志を、女子供がどうして知り得ようか。

参考 二首連作の第二首目の後半部。五言絶句である。前半は「中夜兀然として坐る、無言にして空しく涕洟す（夜半にじっと坐っていると、ことばもなくただ涙が流れる）」である。また一首目は「悽悽復た汲汲、忽ち覚ゆ年四十なるを、今朝満衣の涙、是春を傷んで泣くにあらず（忙しさのなか四十歳となってしまった。今朝の涙は春を惜しむためではない）」である。

丈夫涙無きに非ず、離別の間に灑がず

出典 晩唐、陸亀蒙詩「別離」

原文 丈夫非レ無レ涙、不レ灑二離別間一。

意味 男子といっても涙がないわけではない。ただ別れに際しては涙をそそがないのだ。

参考 詩の冒頭の二句である。別れの愁いや憾みで

はなく、剛健な気象をうたう。清の詩人沈徳潜が「高い山から突然石が落ちて来たかのようで、読む人を強く驚かせる」（『説詩晬語』）と評している句である。

丈夫の壮気は須く斗を冲くべし

出典 南宋、文天祥詩「生日和㆓謝愛山長句㆒」

原文 丈夫壮気須㆑冲㆑斗。

意味 男子の壮大な志気は北斗星にまでつきあがるほどであるべきだ。

参考 山中に隠れ住んでいた文天祥を、その誕生日に訪れた謝愛山が激励、そのことに触発されて作った詩中のことば。

丈夫は作さず児女の別れ、岐に臨んで涕涙衣巾を沾すを

出典 盛唐、高適詩「別㆓韋参軍㆒」

原文 丈夫不㆑作児女別、臨㆑岐涕涙沾㆓衣巾㆒。

意味 一人前の男たる者女子供と違って、別れに涙はせぬものだ。

参考 後年には勃海県侯に封ぜられ、詩人としても名声を得た作者であるが、若い頃は生業を事とせず、博徒と交わったり、梁宋（河南省）地方に放浪し、農夫として不遇な貧乏暮らしをしていた。そんな境遇にあっても自分を認め、久しい交わりを結んでくれる友と時を過ごし、名残りの尽きぬままに別れるつらさを詠んだ句である。

勝兵は先ず勝ちて、而る後に戦いを求め、敗兵は先ず戦いて、而る後に勝ちを求む

出典 『孫子』形

原文 勝兵先勝、而後求㆑戦、敗兵先戦、而後求㆑勝。

意味 敵に勝つ軍は、開戦前に勝つ見通しがあってはじめて戦う。敵に敗れる軍は、とりあえず戦ってから勝つ方策を求めるものである。

参考 戦いに巧みな者は、よく事前に十分な目算を立て、勝算を得て必勝の態勢にある不敗の立

し

場で戦うというのである。

牆面

⇩学ばざれば牆に面す

将門には必ず将有り、相門には必ず相有り

出典 『史記』孟嘗君列伝

原文 将門必有レ将、相門必有レ相。

意味 将軍の家からは必ず将軍が出るし、宰相の家からは必ず宰相たるべき人材が出てくる。

参考 孟嘗君が斉の宰相である父の田嬰が財産をたくわえるばかりで、賢者を大切にしないことを諫めたときに用いたことば。

鷦鷯は深林に巣くうも一枝に過ぎず、偃鼠は河に飲むも腹を満たすに過ぎず

出典 『荘子』逍遥遊

原文 鷦鷯巣二於深林一不レ過二一枝一、偃鼠飲レ河不レ過レ満レ腹。

意味 みそさざいは深く繁る林で巣を作るときも、わずか一枝に作るにすぎず、もぐらは大河で水を飲んでも、その小さな腹をいっぱいにすれば満足する。人もその分に応じて満足すべきである。「鷦鷯」はみそさざい、すずめに似た小さい鳥。「偃鼠」はもぐら。

参考 伝説上の聖人堯が、天子の位を譲りたいと隠者の許由（人名略解参照）に申し出たのに対し、名誉を求めず天下などに目もくれない許由がそれを拒絶した以下の説話による。

堯、天下を許由に譲らんとして曰わく、「日月出でて、爝火（たいまつ）息まざれば、其の光に於けるや、亦難からずや。時雨（時機を得た雨）降りて、猶お浸灌（田畑に水をそそぐ）すれば、其の沢（うるおい）に於けるや、亦労（徒労）ならずや。夫子（許由先生）立たば天下治まらんに、而も我猶お之（天下）を尸どれば、吾自ら視ること欠然（不満足）

たり。請う天下を致さん（譲りたい）」と。許由曰わく、「子（あなた）、天下を治めて天下既に已に治まれり。而るを我猶お子に代わるは、吾将に名（名誉）の為にせんとするか、名なるものは実の賓（飾りものにすぎない客人）なり。吾将に賓と為らんとするか。鷦鷯は深林に巣くうも一枝に過ぎず。偃鼠は河に飲むも腹を満たすに過ぎず。帰り休えよ、君。予天下を用いて為す所無し。庖人（料理人）庖（料理場）を治めずと雖も、尸祝（神主）は樽俎（たるやまないいた）を越えて之に代わらず」と。

小利を顧みるは、則ち大利の残なり

出典 『韓非子』十過

原文 顧二小利一、則大利之残也。

意味 些細な利益に気をとられることが、大きな利益の害となる。目先の小さな利益に目がくらむと、その先の大きな利益を見のがしてしまうのである。

参考 この例として『韓非子』には次のような故事を載せる。晋の献公が、虞に道を借りて通してもらい、虢の国を伐とうとしていた。そこで晋の大夫荀息は、虞公に垂棘の璧と屈産の駿馬を賄賂として贈ることを献公に勧めた。晋の献公はそれら美宝を惜しみつつも荀息の意見に従って虞公に贈った。虞公は喜んでそれを受けようとすると、大夫宮之奇が「晋は虢を滅ぼせば必ず今度は虞を攻めようとするであろうから、目先の宝物に心を奪われず、晋の申し出を断るべきだ」と進言した。虞公はそれを聞きいれず、宝物を受け取り晋に道を貸した。晋は虢を滅ぼし、その三年後虞も滅ぼしてしまった。つまり虞公は目先の利益に惑わされて、国を滅ぼしてしまったのである。同様の故事が、『韓非子』喩老、『春秋左氏伝』僖公二年及び五年、『新序』善謀、『淮南子』人間訓などに見える。

小惑は方を易し、大惑は性を易す

出典 『荘子』駢拇

原文 小惑易レ方、大惑易レ性。

意味 小さな惑いであれば、せいぜい方角を間違えるぐらいですむが、大きな惑いは、自分の生来の性質までも取り違えてしまいかねない。「方」は方角。「易」はここではうつる、うつすの意。「性」は本性、生来の自然な性質。

参考 道家の立場からなされた儒家批判のことば。儒家の尊崇する古代の聖天子舜が、仁義の徳をかかげてからというもの、人々は生来の無為自然なる生き方を捨て、仁義を求めて奔走するという「大惑」を犯していると言う。

少を衆めて多を成し、小を積みて鉅を致す

出典 『漢書』董仲舒伝

原文 衆レ少成レ多、積レ小致レ鉅。

意味 少量でも集めれば多量になるし、小さなものでも積みあげれば巨大になる。塵も積もれば山となる。

参考 この後に「故に聖人は晻を以て明を致し、微を以て顕を致さざる莫し（であるから、聖人は、うす暗くかすかなものから始めて、明らかな輝きを与えようとするのである）」とある。聖人が社会や人々を導くのも小さくかすかなところから始めて、完成へ向かうのであり、最初から直接目標へと向かうのではないということ。

勝を好む者は必ず争い、勇を貪る者は必ず辱めらる

出典 北宋、林逋『省心録』

原文 好レ勝者必争、貪レ勇者必辱。

意味 人に勝とうとばかりする者は必ず人と争い、人より勇ましくあろうとばかりする者は必ず人から辱められる。

参考 『省心録』の他の条では、「己を屈する者は能く衆に処し、勝ちを好む者は必ず敵に遇う。常に勝たんと欲する者は争わず、常に楽まんと欲する者は自足す（自分を抑えられる者は

多くの相手に対処することができ、勝とうとばかりする者は必ず敵をもつ。もし常に勝ちたいのなら争わないのがよく、常に楽しみたいのなら自ら足れりとするのがよい)」とある。

女子と小人とは養い難しと為す

出典　『論語』陽貨

原文　女子与㆓小人㆒為㆑難㆑養也。

意味　女性と小人とは、扱いが難しい。続けて「これを近づくれば則ち不遜なり、これを遠ざくれば則ち怨む（近づけて親しくすればつけあがるし、遠ざけて冷たくすれば怨むからである）」という。女性蔑視との批難も出て女性には不愉快なことば。ただ、女性一般をさしているのか、特定の女性を意識しているのか、孔子の意図するところは不明。

参考　一つの解釈としては、「女子」は家内で用いる婢妾をさし、「小人」は召使いをさすとする。江戸時代の儒者安井息軒が「此の章は、後世の家を治むる者を警しむるなり」（『論語集説』巻六）と評するように、家内を平安に治めるにあたって、婢妾や召使いといかに接するべきかを説いたものと解する説だが、いかがか。今日、小人については徳の備わっていない人間の意味で用いることが多い。

処世は太潔を忌み、至人は蔵暉を貴ぶ

出典　盛唐、李白詩「沐浴子」

原文　処世忌㆓太潔㆒、至人貴㆓蔵暉㆒。

意味　世渡りはあまりに潔癖に過ぎると、世間からきらわれ受け入れられない。ならばこそ、道を究めた人は、その才知を内に隠してことさらにおもてに露にしないようにする。「蔵暉」は輝きを隠すの意。

参考　屈原の「漁父辞」に題材を求めた楽府の一節。「滄浪の水清まば、以て我が纓を濯うべし。滄浪の水濁らば、以て我が足を濯うべし」の項参照。

し

助長 ⇩心に忘るること勿れ。助けて長ぜしむること勿れ

書は多く看るを必せず、其の約を知らんことを要す

出典 『近思録』巻三

原文 書不レ必二多看一、要レ知二其約一。

意味 書物は多く読むよりも、むしろ精読によって要約を知ることのほうが肝要である。

参考 学問を修めるために書を読むに当たっては、自分の身にひきつけて自分のものにできるような読書法を勧めている。旧注には『二程外書』のことばであるとされるが未詳。

書は言を尽くさず、言は意を尽くさず

出典 『易経』繋辞上伝

原文 書不レ尽レ言、言不レ尽レ意。

意味 文字では言いたいことは書きつくせないし、ことばでは心に思っていることは言いつくせない。易が文字やことばでは表し得ないような深奥な意義をもつことを述べた孔子のことば。

参考 中国では後にこのことばが書信の末尾に用いられるようになり、「書は意を尽くさず」という成句も使用された。

書味胸中に在るは、陳酒を飲むより甘し

出典 清、袁枚詩「遣懐雑詩」

原文 書味在二胸中一、甘三于飲二陳酒一。

意味 書物の味わいが胸の中にあるのは、古酒を飲むより味わい深いものである。「陳酒」は長年ねかした酒。

参考 若い頃には若い頃の読書が、年老いてからは年老いてなりの読書がある。読んでもすぐ忘れてしまうものではあるが、それでも書物を読んだその味は全て自分に残るということを

うたった詩。

書を校するは塵を掃うが如し

出典 北宋、沈括『夢渓筆談』雑誌

原文 校レ書如レ掃レ塵。

意味 書物の校正の仕事は塵を掃除するようなもので、何度校正しなおしてもなお誤りがあるものである。「校」は校正、校閲すること。

参考 北宋の宋綬という博学で書物を多く蔵し、これらを自ら好んで校正した学者のことばとして引かれている。書物の校正は塵をはらうようなもので、一面の塵をはらってもまたすぐ別の一面に塵が生じるように際限がない。だから一つの書物に三、四回校正を行なってもなお脱字や誤字がある、という。

書を嗜むは酒を嗜むが如し、味を知れば乃ち篤く好む

出典 南宋、范成大詩「寄二題王仲顕読書楼一」

原文 嗜レ書如レ嗜レ酒、知レ味乃篤好。

意味 書物を好むのは酒を好むのと同じである。その味がわかれば心からそれを好きになる。

書を学ぶは急流を泝るが如し

出典 北宋、蘇軾文「記下与二君謨一論上書」

原文 学レ書如レ泝二急流一。

意味 書道を学ぶのは、急流をさかのぼるのに似ている。一生懸命に努力するが、なかなかもとのところから上には行けない。

参考 出典の題名にある「君謨」は、蘇軾の友人で、書道家として知られた蔡襄の字。

書を観る者は当に其の意を観るべく、賢を慕う者は当に其の心を慕うべし

出典 中唐、劉禹錫「弁迹論」

原文 観レ書者当レ観二其意一、慕レ賢者当レ慕二其心一。

意味 書物を読むにはその書物の本当の意味を読みとらなくてはならない。賢人を敬慕するにはその人物の本当の心そのものを敬慕しなくて

し

はならない。

参考　唐初の功臣の杜如晦と房玄齢（二人とも宰相として太宗に仕え、貞観の治を現出させた。房杜と併称された）についてある人が、業績として見るべきものがないと言ったのに対して、劉禹錫が反論したことばの中の句。

書を以て御を為す者は、馬の情を尽くさず

出典　『戦国策』趙策

原文　以レ書為レ御者、不レ尽二馬之情一。

意味　書物の知識だけで馬を御する者は、馬の気持ちを十分のみこめない。実践に基づいた知識でなければ役に立たないというたとえ。

参考　この後に「古を以て今を制する者は、事の変に達せず（昔の方法で今の世を治めようとする者は、事の変化を十分理解できない）」と続く。戦闘において馬は戦車をひくものとされていた伝統を絶って、機動力にすぐれる騎射（馬にまたがり矢を放つ）と、それに適した胡服（北方民族が着る衣服。野蛮な衣服と考えられていた）の着用を定めた趙の武霊王が、異議を唱える公族の趙造を説得する際に語った当時の古語。

書を善くするものは紙筆を択ばず、妙は心手に在りて、物に在らず

出典　北宋、陳師道『後山談叢』巻一

原文　善レ書不レ択二紙筆一、妙在二心手一、不レ在レ物也。

意味　書をよくする人は紙や筆を選ばない。そのすばらしさは心と手（技）にかかっているのであり、物のいかんにかかわるのではない。

書を読みては多からざるを患い、義を思いては明らかならざるを患い、己を足れりとして学ばざるを患い、既に学びては行なわざるを患う

出典 中唐、韓愈詩「贈二別元十八協律一」其五

原文 読レ書患レ不レ多、思レ義患レ不レ明、患二足レ己不レ学、既学患レ不レ行。

意味 書物を読むことについては少ないのではないかと心配し、正義を考えることについては不分明ではないかと心配し、自分はこれで十分であると考えてさらに学ぼうとしないことを心配し、学んだことについて実行していないのではないかと心配する。

書を読むを好めども、甚だしくは解せんことを求めず

出典 東晋、陶潜「五柳先生伝」

原文 好レ読レ書、不レ求二甚解一。

意味 読書を好むが、つきつめて穿鑿、解釈しようとはしない。

参考 「五柳先生伝」は、陶潜（陶淵明）の自画像ともいうべきもので、酒は好きだが、酔えば、いつまでも酒の席に居座ったりしなかったことや、金や名誉を求めず、衣食に困っても、詩文をつくって一人楽しんでいるようすが述べられている。「賛に曰く」として、その人となりを述べ、「貧賤に戚戚たらず、富貴に汲汲たらず」（その項参照）とある。

芝蘭の化

⇨善人と居るは、芝蘭の室に入るが如し

芝蘭の室に入るが如し

⇨善人と居るは、芝蘭の室に入るが如し

芝蘭は深林に生ずるも、人無きを以て芳しからずんばあらず

出典 『孔子家語』在厄

原文 芝蘭生二於深林一、不二以レ無レ人而不レ芳。

意味 芝蘭は奥深い林の中に生えようとも、香りをかぐ人がいないからといってその香りをただよわせないことはない。君子は逆境にあっても、その節を変えたりしないことのたとえ。「芝蘭」は霊芝と蘭、ともに芳香のある植物。

参考 楚の招聘を受けて楚に赴く孔子一行を、陳と蔡の大夫が兵卒を繰り出して阻止しようとしたいわゆる「陳蔡の厄」のときに、孔子が子路に言ったことば。似たようなことばが『荀子』宥坐に「芷蘭は深林に生ずるも、人無きを以て芳しからざるに非ず」とある。

而立

⇩三十にして立つ

知りて知らざるは上なり、知らずして知るは病なり

出典 『老子』七十一章

原文 知不ㇾ知上、不ㇾ知知病。

意味 知っていても知らないと思うのは最上であり、知らないのに知ったかぶりをするのは欠点である。

参考 老子は「知っている」が「知らない」という一面も有するとし、その一面を謙虚に反省することが最上の知であると説く。これに対し、孔子は『論語』為政で、「之を知るを之を知ると為し、知らざるを知らずと為す。是知るなり（知っていることは知っていることとし、知らないことは知らないこととして区別して認識せよ。これが知るということだ）」（その項参照）と論じている。

知る者は言わず、言う者は知らず

出典 『老子』五十六章

原文 知者不ㇾ言、言者不ㇾ知。

意味 真の知者は何も言わず、ことば多い者は実は何もわかっていない。「知」はここでは世俗的な人知を超越したものをさす。

参考 老子はいわゆる忘言忘知の境地に到ってはじめて、玄妙なる無為自然の道との合一が実現されると説く。このことばは、『荘子』天道篇、知北遊篇にも見える。

心猿定まらず、意馬四馳す

出典 『周易参同契発揮』中

原文 心猿不レ定、意馬四馳。

意味 心は猿のようにざわめき乱れ、意いは馬のように走りまわる。煩悩や情欲のため、心の乱れをしずめることができないたとえ。意馬心猿ともいう。

参考 この後に「神気は外に散乱し、欲望結成す（そうすると気力が散乱してしまい、欲望がつくられてしまう）」とある。

心猿制し難し

⇩識馬奔り易く、心猿制し難し

真花は暫くして落ち、画樹は長えに春なり

出典 北周、庾信「至仁山銘」

原文 真花暫落、画樹長春。

意味 自然の本物の花はすぐに枯れて散ってしまうが、絵画に描いた木は永遠に春のままである。

人間桑海朝朝に変ず、佳期をして更に期に後れしむること莫れ

出典 晩唐、李商隠詩「一片」

原文 人間桑海朝朝変、莫レ遣二佳期更後レ期。

意味 人の世は桑畑がいつしか海になるように日々うつろっていくものであるから、良い機会をむだにやりすごしてはいけない。

参考 詩全体は春をうたったもの。この句は、良い機会を空しくやりすごしてはならないという意味で用いられる。「桑海」は盧照鄰詩「節物風光相待たず、桑田碧海須臾にして改まる」（その項参照）と同義。

人間別れて久しきは悲しみを成さず

出典 南宋、姜夔詞「鷓鴣天」元夕有レ所レ夢

原文 人間別久不レ成レ悲。

意味 この世では離別してから長い時がたてば悲しみもうすれてしまって、初めのころの強い悲哀はなくなってしまう。

参考 正月十五日の元宵節の日に、昔別れた恋人を夢に見てうたった詞。別れた当時の悲しみの情を懐かしみ、人の世の習いを嘆く。

真玉は焼けども熱せず、宝剣は拗げれども折れず

出典 中唐、顧況詩「贈二別崔十三長官一」

原文 真玉焼不レ熱、宝剣拗不レ折。

意味 本物の宝玉は焼いても熱くならないし、立派な剣はまげても折れない。

参考 この詩を贈る相手である「崔十三長官」は、顧況とは三十年来の友人であり、必ず最後まで事を成し遂げ、決して他人を陥れるようなことを言わない人間であると詩中に描かれている。その人物をたとえることばである。

信言は美ならず、美言は信ならず

出典 『老子』八十一章

原文 信言不レ美、美言不レ信。

意味 真実味のあることばは美しくなく、美しいことばには真実味がない。「信言」は真実味のあることば、「美言」は美しく飾られたことばの意。

参考 これは、七十八章の「正言は反するが若し」（その項参照）の考え方と合致するものである。『老子』はこの八十一章によって締めくくられるが、全編逆説的な論法で「真理」を説く姿は、一貫して変わらない。

人事代謝有り、往来古今を成す

出典 盛唐、孟浩然詩「与二諸子一登二峴山一」

原文 人事有二代謝一、往来成二古今一。

意味 人の世のことがらには移り変わりがある。去るものと来るものがつみかさなって時の古今が形成されるのである。

参考 詩題中の「峴山」は湖北省襄樊市の山。晋の羊祜がこの山に遊び、自然の永遠さと人間のはかなさを比して嘆じた山である。孟浩然のこの詩も自然の前での人生のうつろいを述べるものである。

し

唇歯輔車

⇩脣亡ぶれば歯寒し

仁者は己立たんと欲して人を立て、己達せんと欲して人を達す

出典 『論語』雍也

原文 仁者己欲レ立而立レ人、己欲レ達而達レ人。

意味 仁者は自分が立ちたければ人を先に立たせ、自分が到達したければ人を先に到達させる。

参考 子貢の「仁」についての質問に、孔子が答えたことばの一節。孔子は、これとは別に、仲弓に「仁」に関してたずねられた折には、「己の欲せざる所を、人に施すこと勿れ（『論語』顔淵）」（その項参照）とも答えている。

仁者は必ず勇有り、勇者は必ずしも仁有らず

出典 『論語』憲問

原文 仁者必有レ勇、勇者不二必有一レ仁。

意味 仁者は必ず勇気があるが、勇気のある人は必ずしも仁の徳があるとはかぎらない。

参考 孔子のことば。「徳有る者は必ず言有り、言有る者は必ずしも徳有らず」（その項参照）と対になる。

仁者は財を以て身を発し、不仁者は身を以て財を発す

出典 『大学』伝十章

原文 仁者以レ財発レ身、不仁者以レ身発レ財。

意味 仁徳のある人は、財産があればそれを使って自分を向上させようとする。仁徳のない人は、自分の身を犠牲にしてでも財産をふやそうとする。

仁者は盛衰を以て節を改めず、義者は存亡を以て心を易えず

出典 『資治通鑑』魏紀・邵陵厲公嘉平元年

原文 仁者不下以二盛衰一改上レ節、義者不下以二存亡一易上レ心。

意味 仁なる人は、盛んになろうが衰えようが節操をかえたりしない。義なる人は、その仕える者が存続しようが滅亡しようが、心をかえたりしない。

参考 魏の曹文叔の妻令女は、夫が早死にすると、自分が年若く子供がないことから他家に嫁がさせられるのではないかとして髪を切り、再婚の勧めを拒絶するために両耳を切り落とした。さらに曹氏が誅せられ没落するに及び、実家に連れ戻されようとすると、鼻をそぎ落として夫と嫁いだ家への貞節を貫こうとして述べたことばである。これを聞いた司馬宣王はほめたたえ、養子を迎えて曹氏の後とすることを許したという。婦人の貞節をいう「令女の節」として知られる。『三国志』魏書・曹爽伝・裴松之注にも見える。

仁者は天地万物を以て一体と為し、己に非ざる莫し

出典 『近思録』巻一

原文 仁者以二天地万物一為二一体一、莫レ非レ己也。

意味 仁の人は天地万物を一体のものと見、すべて自分自身にほかならないと考える。

参考 仁の人は天地万物を一体とみなすことによって、すべての人・物を自分自身の身と考える。万物一体の仁といわれるものである。『二程遺書』二・上に見える程顥のことば。

仁者は山を楽しむ

⇩知者は水を楽しみ、仁者は山を楽しむ

人主は二目を以て一国を視、一国は万目を以て人主を視る

出典 『韓非子』外儲説・右上

原文 人主以二二目一視二一国一、一国以二万目一視二人主一。

意味 君主は自分の二つの目で一つの国を見ているが、国のほうでは人民の数多くの目が君主を見ている。人の上に立つ者は絶えず人目にさらされるのであるから、身を慎まなければな

らない。

参考 『韓非子』では、君主は「虚静無為（あれこれと思慮せず気を落ち着けて作為を加えない）」にして人民の目につかぬようにすることが重要であると説く。

尋常の溝には呑舟の魚無し

出典 『淮南子』繆称訓

原文 尋常之溝無㆓呑舟之魚㆒。

意味 ありふれた小さな溝には、舟を呑みこむような大魚はいない。劣悪な環境では大人物は育たないことをいう。

参考 類句は多い。例えば、『列子』楊朱の「呑舟の魚は、枝流（小さな流れ）に游ばず、鴻鵠は高く飛んで、汚池に集まらず」（その項参照）などがそれである。また、『淮南子』俶真訓の中にも、「牛蹏の涔には尺の鯉無く、塊阜の山には丈の材無し」（その項参照）などがある。

人事を尽くして天命に聴う

出典 『読史管見』八・晋紀・武帝

原文 尽㆓人事㆒聴㆓天命㆒。

意味 人間としてできる範囲のことを全力をあげてし、事の成否は運命にまかせる。「聴」はききいれてしたがう意。

参考 一般には、「人事を尽くして天命を待つ」の形で用いられている。『読史管見』では、淝水の戦い（三八三年）で、前秦の苻堅の大軍を迎え討つことになった東晋の宰相謝安（書をよくし、王羲之らと交わった）の心境を描写することばの中に見える。戦いは東晋の勝利に終わるが、勝利の第一報が届いたとき、謝安は客と碁の対局中であった。手紙を読み終えた謝安は、平静を装って対局を続けたものの、客が帰った後、自室に戻る際にしきみ（敷居）をまたいだとき、屐歯（げたの歯）が折れたことに気付かなかったという（『晋書』謝安伝）。ここから、平静を装いながらも内心の喜びは大きいさまを「屐歯の折るるを覚えず」という。

人心惟れ危く、道心惟れ微かなり。惟れ精、惟れ一、允に厥の中を執れ

出典　『書経』大禹謨

原文　人心惟危、道心惟微。惟精、惟一、允執二厥中一。

意味　人の心（わたくしの心）は安定しにくく、道にかなった心は微妙で明らかにはしづらい。だから純粋、専一につとめて中庸の道をとるようにしなさい。

参考　舜が禹に帝位を譲る時のことば。『論語』尭曰には「允に厥の中を執れ」のことばは尭が舜に帝位を譲る際に告げたもので、さらにまた舜も禹に授けたのだと述べられている。南宋の朱熹は「中庸章句序」でこの句が尭・舜・禹と継承された点に触れ、道統の伝の中心となるテーマとして位置づけている。朱子学において「人心」は私欲の心、「道心」は天から付与された道徳心として、基本概念として用いられていくのである。朱熹は孟子の思想を重く用いたため、孟子と思想的に対する立場にある荀子には触れていないが、この命題は『荀子』解蔽に「一に処して之危なれば、其の栄は満側し、一を養いて之微なれば、栄なるも而も未だ故を知らざるなり。道の経に曰く、人心之危にして、道心之微なり、危微の幾は惟明君子にして而る後能く之を知る」と舜の治国の態を述べ、心を専一に持することの肝要を説いている中に見える。『書経』の大禹謨篇は偽古文と考えられ、むしろこの『荀子』が原資料と考えられる。

真人の心は、珠の淵に在るが如し。衆人の心は、泡の水に在るが如し

出典　北宋、蘇軾『東坡志林』巻一・導引語

原文　真人之心、如二珠在一レ淵。衆人之心、如二泡在一レ

水。

意味 真人の心は、淵に沈む宝玉のようなものである。世間に知られていなくても、ゆるぎない価値を持っている。一般の人の心は、水面の泡のようなものである。表面にあらわれてはいるが、永続することがない。

参考 導引家（呼吸術をよくする人）の発言を、蘇軾が書き留めたもの。『蘇軾文集』巻六十六にも「導引家の語に記す」としてほぼ同じ文が見えるが、そこでは「泡」を「瓢」に作る。

人心は仮を悪み真を貴重す

出典 中唐、白居易詩「古塚狐」

原文 人心悪レ仮貴ニ重真一。

意味 人の心は偽りのものをにくみ、本当のものを貴いとする。

参考 偽物ではなく本物こそ大切だの意味で使われる。本来は狐の化けた美女も人を迷わせるが、本物の美女にはもっと迷う。にせの美女より真実の美女のほうがより危険であるという内容の詩中のことばである。

人心は譬えば槃水の如し

出典 『荀子』解蔽

原文 人心譬如ニ槃水一。

意味 人の心は、たとえれば水盤の水のようなものである。

参考 水盤を平らな所へ置いておけば、混在物は下に沈み、水の表面は澄んで鏡のように何でもうつし出すことができるが、風が吹けば、水は乱れ濁り何もうつし出すことはできない。人の心は周りに影響されやすいもので、清明であってこそ物事を冷静に判断できるものであるということをたとえている。

人心波瀾の若く、世路屈曲有り

出典 盛唐、李白詩「古風」其二十三

原文 人心若ニ波瀾一、世路有ニ屈曲一。

意味 人の心は波のようなものでさまざまに揺れ動き、また、処世の道は常に曲がりくねりがあって、意のごとくなるというわけにはいかない。

参考 人生はつかの間で、しかも人の心に悩みはつきず世渡りは難しい。ならば、「三万六千日、夜夜当に燭を秉るべし」と李白はうたう。この人生、百年とすれば三万六千日。毎夜ともしびをかかげて歓楽をつくすべきではないかと言う（「古詩」十九首による）。なお、「古風」とはいにしえぶりの歌の意。

人生相知るを貴ぶ、何ぞ金と銭とを必せんや

出典 盛唐、李白詩「贈二友人一」其二

原文 人生貴二相知一、何必二金与一レ銭。

意味 心から理解しあえる友人こそが何より大切である。義を重んじて利害を問題にしないのであるから、金銭のことなど論ずる必要はない。

参考 卓文君「白頭吟」の「男児は意気を重んず、何ぞ銭刀を用いるを為さん」（その項参照）と同じ趣旨であろう。

人生相見ざること、動もすれば参と商の如し

出典 盛唐、杜甫詩「贈二衛八処士一」

原文 人生不二相見一、動如二参与一レ商。

意味 人生において、人と人とが出会いがたいことは、ともすれば参の星と商の星が同時には夜空に現われないのと似ている。「参」はオリオン座にあたる西方の星、「商」はさそり座にあたる東方の星。

参考 杜甫四十八歳、七五九年、華州の司功参軍の地位に左遷されていたときに作った詩の冒頭の二句。以下では、人と出会いがたい人生において、衛八処士（処士は無官の男をさす）と二十年ぶりに再会できた喜びが詠じられる。なお、「参商」を遠く離れて会うことのない二人のたとえに用いたものとしては、三国魏、曹植の「与二呉季重一書」に「別れては参商の闊かなる有り」とある。

し

人生意気に感ず、功名誰か復た論ぜん

出典　初唐、魏徴詩「述懐」

原文　人生感二意気一、功名誰復論。

意味　人生は人の心意気に感じて事を行なうものだ。功名などのことを誰が問題にしようか。

参考　魏徴は一時李世民（のちの唐の太宗）の敵対勢力に加わるが、のち李世民が皇帝に就くと諫臣として重用される。皇帝のために働こうという強い意志と悲壮の気概を述べた詩で、この二句より前の部分には、「豈艱険を憚らざらんや、深く国士の恩を懐う（険しい旅路をおそれないはずはないが、国士として遇してくださる皇帝陛下の恩をこそ深く思うのだ）」ともある。

人生古より誰か死無からん、丹心を留取して汗青を照らさん

出典　南宋、文天祥詩「過二零丁洋一」

原文　人生自レ古誰無レ死、留二取丹心一照二汗青一。

意味　人は誰でも昔から死なない者はいない。忠君愛国の真心を残しえて、歴史の書をわが名で照らそう。

参考　「汗青」は歴史の書物のこと。紙以前は竹簡を書物としたが、その竹簡は汗を取って青い色のままにしておいたのでこの名がある。「零丁洋」はマカオ近海。宋朝の最後となる崖山決戦を前に作った詩。文天祥はこの時、元軍の捕虜となっている。

人生意を得なば須く歓を尽くすべし、金樽をして空しく月に対せしむること莫れ

出典　盛唐、李白詩「将レ進レ酒」

原文　人生得レ意須レ尽レ歓、莫レ使二金樽空対レ月。

意味　人として生まれて何か思いのままになる時は、十分にその楽しみを尽くすべきである。黄金の酒樽を前にして、飲むこともせずただ

空しく月光の照らすままにしておくようなことはしてはならない。

参考　宇宙や自然が悠久であるのに対して、人生は短く有限なものであり、時は再び戻ってはこないのである。その一瞬を大切にしなくてはならないことを詠んでいる。

人生七十古来稀なり

出典　盛唐、杜甫詩「曲江」

原文　人生七十古来稀。

意味　七十歳まで生きる人は、昔からめったにいない。

参考　出典の題名の「曲江」は、長安にある景勝の地。曲江の春景色の中で酒に酔いしれる心境を、「どうせ短い人生なのだから」と述べた句。七十歳を「古稀」とよぶのはこの句を典拠とする。

人生字を識るは憂患の始めなり

出典　北宋、蘇軾詩「石蒼舒酔墨堂」

原文　人生識㆑字憂患始。

意味　文字を覚えたときから、人生の苦しみが始まる。

参考　出典の題名にある「石蒼舒」は、草書にすぐれていたという人物。その書斎「酔墨堂」を詠んだ時の冒頭の句で、直後には「姓名粗記すれば以て休むべし」とも言っている。詩の文脈に即せば、書道を愛好する蘇軾が同好の士をからかった諧謔的な句と見られる。しかし、名句として引用される場合には、知識人や文学者の苦悩を表わした句と解せられることもあるようである。ちなみに魯迅の評論『且介亭雑文』の中に、この蘇軾の成句をもじった「人生字を識るは胡塗（うやむや）の始めなり」と題する文章がある。不用意に使う古語にいかに曖昧なものが多いかを論じている。

人生の大病は、只是一の傲の字なり

出典　『伝習録』下・一三九

原文　人生大病、只是一傲字。

意味 人が生きていく上で、最も害になるものは、傲の一字につきる。

参考 このことばに続けて「人と為って傲なれば、必ず不孝なり。臣と為って傲なれば、必ず不忠なり。父と為って傲なれば、必ず不慈なり。友と為って傲なれば、必ず不信なり」という。明の儒学者王陽明のことば。

人生は金石に非ず、豈能く長く寿考ならんや

出典 後漢、無名氏詩「古詩十九首・廻㆑車駕言邁」

原文 人生非㆓金石㆒、豈能長寿考。

意味 人生は金石のように堅固で不朽のものではないのだから、どうして永遠の寿命を保つことができようか。

参考 時の過ぎるのは速く、志を得るのは難しいことを嘆く詩中の句。この後には「奄忽として物に随いて化す、栄名以て宝と為さん（たちまち周囲の物と一緒に変化していくのだから、栄光と名誉こそが宝である）」とある。（『文選』所収）

人生は幻化に似たり、終には当に空無に帰すべし

出典 東晋、陶潜詩「帰㆓園田居㆒」

原文 人生似㆓幻化㆒、終当㆑帰㆓空無㆒。

意味 人生は幻のようなもので、最後には無に帰するのだ。

参考 役人生活を嫌って、四十一歳で彭沢の県令を辞任して田園生活に戻った陶潜（陶淵明）は、荒れ果てた村里を歩く。以前は人が住んでいた住居にも、今や村人はみんな死んでしまってだれもいないことがわかり、人生は幻に似ているというのである。「幻化」は現世を幻のようなものとする仏教の考えに基づく語で、人生の無常を表現している。

人生は根蔕なく、飄として陌上の塵の如し

出典 東晋、陶潜「雑詩」其一

原文 人生無㆓根蔕㆒、飄如㆓陌上塵㆒。

意味 人の命には根や蔕のようなしっかりと結びつけておくものはなく、風に吹かれて飛び散る路上の塵のようなものだ。「陌」は街路。

参考 人の命のはかなさを詠んだ詩である。「雑詩」十二首中の第一首の句で、この第一首については「盛年重ねて来たらず、一日再び晨なり難し」の項参照。陶潜（陶淵明）の詩の中には、他にも人生のはかなさを詠んだものが多くあり、「栄木」では、「采采たる栄木、根を茲に結ぶ。晨には其の華を耀かすも、夕には已にこれを喪う。人生寄するが若く、顦顇時あり」とうたわれている。

人生は朝露の如し、何ぞ久しく自ら苦しむこと此くの如き

出典 『漢書』蘇武伝

原文 人生如㆓朝露㆒、何久自苦如㆑此。

意味 人の一生は、日が昇るとすぐに消えてしまう朝露のようにはかないものだ。どうしていつまでも自分を苦しめ続ける必要があろうか。

かつての同僚蘇武（人名略解参照）に対して、李陵（人名略解参照）が言ったことば。蘇武は漢の武帝の時、匈奴に使いし、そのまま抑留されること十九年、帰順をすすめられるが、節を曲げず極寒の朔北の地で過ごす。李陵は寡兵を以て匈奴の大軍をよく退け、奥深く攻めたが、力尽きて後日の雪辱を期して投降する。その投降に対し、漢の群臣から非難の声が挙がると、司馬遷（人名略解参照）は李陵の奮戦と功績を挙げ、弁護するが、武帝の怒りを買い、宮刑に処せられる。この三者の生き方を描いた小説に中島敦の『李陵』がある。

参考

人生は白駒の隙を過ぐるが如し

出典 『十八史略』宋・太祖皇帝

原文 人生如㆓白駒過㆑隙。

意味 人の一生は、白い馬が疾走する姿を、壁のすき間からのぞいているぐらい早く過ぎ去るも

のである。光陰矢の如し。「白駒」は白毛の馬。光陰、歳月の意にも用いる。「隙」は壁穴。

参考 北宋の太祖趙匡胤のことば。類似のことばとして、『荘子』知北遊には「人の天地の間に生くるは、白駒の郤を過ぐるが若く、忽然たるのみ」（その項参照）とあり、『史記』留侯世家には、「人生一世の間、白駒の隙を過ぐるが如し」とある。

人生百に満たず、常に千歳の憂いを懐く

出典 後漢、無名氏「西門行」

原文 人生不レ満レ百、常懐二千歳憂一。

意味 人間は百歳までは生きられないのに、いつも千年後のことまで心配して考える。

参考 人生のうつろいやすさを嘆き、青春の時の得難さをうたう詩中の句である。若いこの時は今しかないのに、千年後のために今という時を心配して過ごすのは愚かであるという意味。なお、「古詩十九首」（『文選』所収）には「生年百に満たず、常に千歳の憂いを懐く」とある。

身体髪膚之を父母に受く。敢えて毀傷せざるは、孝の始めなり

出典 『孝経』開宗明義

原文 身体髪膚受二之父母一。不二敢毀傷一、孝之始也。

意味 我々の身体は両手両足から髪一本、皮膚一片にいたるまで、すべて父母からいただいた大切なものである。だから、この身体を軽々しく傷つけないようにし、大切にすることは孝行の第一歩である。

参考 これに続いて「身を立て道を行ない、名を後世に揚げ、以て父母を顕すは、孝の終わりなり」（その項参照）という。

迅電目を瞑るに及ばず

⇩疾雷耳を掩うに及ばず、迅電目を瞑るに及ばず

人道は政を敏め、地道は樹を敏む

出典 『中庸』二十章

原文 人道敏レ政、地道敏レ樹。

意味 人としてつとめるべき道は、政治をよりよくすることである。それは、大地のつとめが樹木を育むのと同じようなものである。

真は偽を掩わず、曲は直を蔵さず

出典 『碧巌録』四十三則・本則・著語

原文 真不レ掩レ偽、曲不レ蔵レ直。

意味 真実が虚偽をおおい隠すことはないし、不正が正しいものをつつみ隠すことはない。真実は虚偽を顕にし、曲がったものはまっすぐなものを明らかにするということ。

参考 この句は『虚堂録』三などにも見える。

仁は天の尊爵なり。人の安宅なり

出典 『孟子』公孫丑・上

原文 仁天之尊爵也。人之安宅也。

意味 仁は天から授けられた尊い爵位であり、また人が安心して暮らすことのできるような家である。

参考 このことばは、孔子の「仁に里るを美と為す（『論語』里仁篇）」をふまえた上で、孟子が敷衍したものである。また、『孟子』離婁篇には「仁は人の安宅なり。義は人の正路なり」（その項参照）という類似する表現も見られる。

仁は人の安宅なり。義は人の正路なり

出典 『孟子』離婁・上

原文 仁人之安宅也。義人之正路也。

意味 仁は人が安心して暮らすことのできるような家であり、義は人がふみ行なうべき正しい道である。

参考 『孟子』には、このことばに類する表現がいくつか見られる。たとえば、公孫丑篇には「仁は天の尊爵なり。人の安宅なり」（その項参照）、告子篇には「仁は人の心なり。義は人の路な

り」といった表現がこれに当たる。

神は以て来を知り、知は以て往を蔵む

出典 『易経』繋辞上伝

原文 神以知レ来、知以蔵レ往。

意味 神妙な力によって未来を予知し、すぐれた知恵によって過去を心中におさめる。

参考 易における蓍（筮竹）のはたらきを述べたことば。

親朋一字無く、老病孤舟有り

出典 盛唐、杜甫詩「登二岳陽楼一」

原文 親朋無二一字一、老病有二孤舟一。

意味 親戚や朋友からは一字の便りもなく、老いて病気がちの自分には一そうの小舟があるだけである。

参考 舟を家とした放浪の旅の果てに、洞庭湖畔の岳陽にたどり着いたとき（七六八年、作者五十七歳）の作。二年後に杜甫は死を迎える。

「呉楚東南に坼け、乾坤日夜浮かぶ」の項参照。

人面知らず何れの処にか去る、桃花旧に依りて春風に笑う

出典 中唐、崔護詩「題二都城南荘一」

原文 人面不レ知何処去、桃花依レ旧笑二春風一。

意味 人の世はうつろいゆく、あの顔はいったいどこに行ってしまったのか。一方、桃の花は昔どおり春風に咲きほこっているというのに。自然の不変に対し、人間のはかなさをいう。「笑」は花が咲くこと。

参考 崔護は清明の月に桃花の下で会った美女を忘れ難く、翌年清明の月に再びたずねるが会えず、門にこの詩句を書きつけて帰る。後日また訪れると女はその詩を見て絶食して死んだという。崔は感動し、女の屍に向かって呼びかけると生きかえった、という逸話が、唐の孟棨の『本事詩』情感第一に収められている。「人面桃花」の話として宋代の説話にとられ、

京劇にまでその影響は及ぶ。

神薬有りと雖も、少年に如かず

出典 南朝梁、任昉『述異記』

原文 雖レ有二神薬一、不レ如二少年一。

意味 たとえ不老長生の仙薬を持っていたとしても、若い時の尊さには及ばない。現実的に足元を見つめて若い時を精一杯生きるべきことをいう。

参考 『述異記』は南朝梁の詩人任昉作と古来伝えられているが、作者死後の記事が見られることなどから、神仙怪異を記す古書古伝をもとに作りあげられた書物に、文名の高かった任昉を作者に当てたものといわれている。この句の後には「珠玉有りと雖も、金銭に如かず」と続く。漢代の古い諺として引かれている。

潯陽江頭夜客を送る、楓葉荻花秋瑟瑟たり

出典 中唐、白居易詩「琵琶行」

原文 潯陽江頭夜送レ客、楓葉荻花秋瑟瑟。

意味 潯陽江のほとりで夜客を送る。楓の葉や荻の穂に秋の風がさらさらと鳴る。

参考 「瑟瑟」は秋風が軽くかわいた音を立てる形容。『白氏長慶集』では「索索」とする。なお、「琵琶行」は作者が江州（江西省）司馬に流されていたときの詩で、ここにあげた句は、その長詩の冒頭の二句。このあと、水上で琵琶の音を聴いて、その曲調に心をうばわれる。聞けば、もと都でも名の知れた琵琶の名手、落魄して江辺にさすらうその女性の身の上に、自身の今の境遇を重ね合わせて、青衣（高級官僚の官服のうち最も低い地位を表わす）を涙で濡らすのだった。「長恨歌」とともにわが国の文学に大きな影響を与えた詩。

神竜は深泉に蔵れ、猛獣は高岡に歩む

出典 三国魏、曹操「却東西門行」

原文 神竜蔵二深泉一、猛獣歩二高岡一。

意味　神竜は深い泉にひそみ、猛獣は高い岡を歩く。同様に人間にも安住の地がある。

参考　将軍である曹操が、出征したまま、故郷に帰ることができないでいる兵士を思い遣った詩の一節。神竜には深い泉、猛獣には高い岡というように安住できる所がある。人間にとっても同様で、故郷という落ち着く場所があるということをたとえていう。

深林人知らず、明月来りて相照らす

出典　盛唐、王維詩「竹里館」

原文　深林人不レ知、明月来相照。

意味　この深い林の奥のことを人は誰も知らないが、ただ明月だけがやってきて私を照らしてくれる。

参考　王維が持っていた別荘（輞川荘）の名勝二十景の一つ。五言絶句で前二句は、「独り坐す幽篁の裏、琴を弾じて復た長嘯す」とある。竹やぶの中で琴を弾き、歌う。こうした深林中の世界を人は知らない。ただ月だけが解ってくれるというのである。

針縷を積む者は、帷幕を成す

出典　『説苑』政理

原文　積二針縷一者、成二帷幕一。

意味　針と糸で、一目一目縫ってゆけば、やがて大きなとばりや幕を作り上げる。

参考　小さなことであっても、積み重ねることによって初めて大成するのである。

晨を失うの鶏は、補わんと思いて更に鳴く

出典　三国魏、曹操「選挙令」

原文　失レ晨之鶏、思レ補更鳴。

意味　夜明けを告げる声をあげそこねた鶏は、その失敗を補おうとしていっそう大きく鳴くものである。人間も同様で、失敗すればその分をとりかえそうとするものだから、小さな失敗はとがめず、挽回の機会を与えるのがよい。「晨」は夜明け、朝。

参考 曹操が、人材の登用を指示した勅令の中で引用した当時の諺。

仁を絶ち義を棄つれば、民孝慈に復す

⇩聖を絶ち智を棄つれば、民の利は百倍す

す

水鏡は妍蚩を以て照を殊にせず、芝蘭は寧んぞ貴賤の為に芳を異にせん

出典 南朝梁、梁武帝「連珠」

原文 水鏡不下以二妍蚩一殊上照、芝蘭寧為二貴賤一異レ芳。

意味 水面は容貌の美醜で映し方を違えることはしないし、香草も身分の貴賤によって芳香を変えることはしない。「水鏡」は物の形を映す水をいう。水を鏡の意味に解しても通る。「妍蚩」は美と醜。「芝蘭」は香りのよい草霊芝と蘭。

参考 この後に「是を以て弘道は兼済に帰し、至徳は両忘に由る（そういうわけで本当の道や徳は美醜・貴賤・是非・正邪といった区別を立てないところにある）」という。

推敲

⇩鳥は宿る池中の樹、僧は敲く月下の門

水精の簾動いて微風起こり、満架の薔薇一院香し

出典 晩唐、高駢詩「山亭夏日」

原文 水精簾動微風起、満架薔薇一院香。

意味 水晶のすだれが揺れるところを見れば、いくらかそよ風があるのだろう。それで棚いっぱいに咲きほこる薔薇の香りが、山荘の庭中に満ちているのだ。「水精」は水晶に同じ。「架」

は棚。「院」は中庭。

参考 初夏の山荘の景を詠じた詩の後半部で、前半には「緑樹陰濃やかにして夏日長し、楼台影を倒にして池塘に入る」（その項参照）とある。

水滴石を穿つ

⇩一日一銭、千日一千、縄木を鋸きて断ち、水石に滴りて穿つ

騅の逝かざる奈何すべき、虞や虞や若を奈何せん

出典 秦、項籍「垓下歌」

原文 騅不レ逝兮可二奈何一、虞兮虞兮奈レ若何。

意味 わが愛馬、騅も進まなくなってしまった、いったいどうしたらよいのだろう。わがいとしの虞よ、そなたをいったいどうしたらよかろうぞ。

参考 この詩の前半二句は「力山を抜き気は世を蓋う、時利あらず騅逝かず」とある。一時は天下の覇者としてまさに「力山を抜き気は世を蓋う」（その項参照）ほどの勢力を誇った楚の項羽も、漢の劉邦によって垓下の地に追いつめられる。項羽の軍を完全に方囲した漢軍の陣から、ある夜故郷の楚の歌が流れるのを聞いて故郷はすでに漢の手に落ちたものと思い込み、項羽は寵姫虞美人を伴い最後の宴を開く。そこで天運尽きた自らを思い、悲歌慷慨（心を激しくたかぶらせて悲しげに歌う）して作った詩がこれであるという。『史記』「項羽本紀」のこのくだりは人口に膾炙し、成語「抜山蓋世」「四面楚歌」が生まれた。

吹毛

⇩毛を吹いて小疵を求む

崇台は一幹に非ず、珍裘は一腋に非ず

出典 東晋、盧諶詩「答二魏子悌一」

原文 崇台非二一幹一、珍裘非二一腋一。

意味 高い台は一本の木ではできない。すばらしい

参考 皮の衣は一匹の狐の腋皮ではできない。「一腋」の「腋」は狐のわきの下の白い毛の部分をいう。すべてのことは多くの協力によってしか成し得ないことのたとえ。

末大なれば必ず折れ、尾大なれば掉わず

出典 『春秋左氏伝』昭公十一年

原文 末大必折、尾大不レ掉。

意味 樹木は梢が大きいと、幹が折れてしまい、獣は尾が大きいと、思うままに振り動かすことができない。中心となるものをしっかりとし、下部のものがあまり力を持ちすぎないようにすることが、ものごとをうまく進めるうえでは大切だということ。「掉」はゆする、振り動かす意。

参考 春秋時代、楚の申無宇が、霊王を諫めたときのことば。

過ぎたるは猶お及ばざるがごとし

出典 『論語』先進

原文 過猶レ不レ及也。

意味 度の過ぎていることは足りないことと同様である。どちらもほどほどでなく、偏っているのである。

参考 子貢が孔子に、子張と子夏とではどちらが優れているかとたずねると、孔子は「子張は度が過ぎている。子夏は足りない」と答えた。そこで子貢が「それでは子張のほうが勝っているのですか」と問いを重ねた時、孔子が答えたことば。当（中庸）を得ることの重要性を説いたもの。

進むを知りて退くを知らず、存するを知りて亡ぶるを知らず、得るを知りて喪うを知らず

出典 『易経』乾・文言伝

原文 知レ進而不レ知レ退、知レ存而不レ知レ亡、知レ得而不レ知レ喪。

意味 進むことだけを知って退くことを知らず、生きることだけを知って死ぬことを知らない。手に入れることだけを知って失うことを知らない。

参考 これに続けて「其れ唯聖人か。進退存亡を知りて、其の正を失わざる者は、其れ唯聖人か」とある。つまり、聖人だけが進退存亡の道理を知って、適正な処置ができるというのである。

進んで名を求めず、退きて罪を避けず

出典 『孫子』地形

原文 進不レ求レ名、退不レ避レ罪。

意味 すぐれた指揮官は、勝てると判断した場合には、君主の意向にそむいてでも軍を進め、その結果勝っても名誉を求めない。負けると判断した場合には、罪を問われることも恐れずに、軍を退却させる。進軍と退却に関しては、賞罰にとらわれずに的確な判断を下していくことが指揮官には必要である。

速やかならんことを欲すれば則ち達せず。小利を見れば則ち大事成らず

出典 『論語』子路

原文 欲レ速則不レ達。見二小利一則大事不レ成。

意味 あせって事を成そうと思えば成功しないし、目先の利益にばかり目をやっていると大きな仕事は成し遂げられない。「達」は目的に到達する意。

参考 魯の莒父という町の長官となった子夏が政治についてたずねた時に、孔子が答えたことば。孔子は弟子たちから政治についてたずねられることが多かったが、それぞれの弟子の性格に見合った答えを与えている。例えば、子張に対しては、「之を居きて倦むことなく、之を行なうに忠を以てす」（顔淵篇）と答え、子路には「之に先んじ、之に労す」また「倦む

こと無し」（子路篇）と答えている。

墨を磨りては病児の如くし、筆を把りては壮夫の如くす

出典　南宋、葉夢得『避暑録話』下

原文　磨㆑墨如㆓病児㆒、把㆑筆如㆓壮夫㆒。

意味　墨を磨るときには病気の子供のように力を入れずに磨るのがよく、筆をとれば元気のあふれる若者のように力をこめるのがよい。

参考　力を入れて磨ると墨汁があらくなるのでよくないし、はりのある文字はしっかりとした筆遣いでなければ書けないということ。

寸膠は黄河の濁を治する能わず、尺水は蕭丘の熱を卻くる能わず

出典　『抱朴子』嘉遁

原文　寸膠不㆑能㆑治㆓黄河之濁㆒、尺水不㆑能㆑卻㆓蕭丘之熱㆒。

意味　少量のにかわで治水をしようとしても黄河の濁流は鎮められないし、わずかな水で蕭丘の熱をさますことはできない。「蕭丘」は南海中にあり、自然に火が燃えているという、伝説的な島の名。

参考　直前には「金、木に克つと雖も、錐鑽（きり）以て鄧林を伐るべからず。水、火に勝つと雖も、升合（わずかな量で）以て焚山を救うに足らず」とある。いずれも、能力はあったとしても、規模の大きなものを相手にしてはかなわない、ということ。

寸にして之を度れば、丈に至りて必ず差い、銖にして之を称れば、石に至りて必ず過つ

出典　『淮南子』泰族訓

原文　寸而度㆑之、至㆑丈必差、銖而称㆑之、至㆑石必過。

意味　一寸ごとに計ってゆくと、一丈にもなれば必ずや誤差が生じ、一銖ごとに量ってゆくと、一石にもなれば必ずや誤差を生ずる。事を行

なう際に煩雑であればあるほど過失を生じ易いことをいう。「寸」は長さの単位で、この時代は約二・二五センチメートル。「丈」はその百倍の長さ。「銖」は重さの単位で、約〇・六七グラム。「石」はその四万六千八十倍の重さ。

参考 これに続けて「石もて秤り丈もて量れば、径にして失うこと寡し」とある。一石一丈という大きな単位で計測すれば煩雑にならず、過失も少なくなるというのである。

せ

制有るの兵は、能無きの将も、以て敗る可からず。制無きの兵は、能有るの将も、以て勝つ可からず

出典 三国蜀、諸葛亮「兵要」

原文 有レ制之兵、無レ能之将、不レ可二以敗一。無レ制之兵、有レ能之将、不レ可二以勝一。

意味 紀律のある兵士による軍は、無能な将軍に率いられていても敗れないが、紀律のない兵士による軍は、有能な将軍に率いられていても勝てない。

正学を務めて以て言え、曲学以て世に阿ること無かれ

出典 『史記』儒林列伝

原文 務二正学一以言、無二曲学以阿レ世。

意味 正しい学問にはげみ、それに基づいて発言せよ。正しい学問の真理を曲げて、世間にこびへつらってはいけない。

参考 前漢の武帝が即位したとき、賢良の士として九十余歳にして再び朝廷に召された轅固生が同様に召された若い公孫弘を戒めたことば。「曲学阿世」の出典。

生薑は終に辣きを改めず

出典 『虚堂録』二

原文 生薑終不レ改レ辣。

意味 しょうがは、古くなっても最後までその辛さを変えない。人の性情の頑固なことのたとえ。「生薑」はしょうが。

参考 主に人の剛直な性質について用いられる。『宋史』晏敦復伝には「吾が薑桂の性、老に到りて愈辣なり」とある。ここから、剛直で年をとるにつれてますますその度合いを強める性格のことを「薑桂の性」という。

井魚の与に大を語るべからざるは、隘に拘ればなり。夏虫の与に寒を語るべからざるは、時に篤ければなり

出典 『淮南子』原道訓

原文 井魚不レ可二与語レ大、拘二於隘一也。夏虫不レ可二与語レ寒、篤二於時一也。

意味 井戸の中の魚と一緒に大なるものについて語ることができないのは、狭い所にとらわれているからである。夏の虫と一緒に寒さについて語ることができないのは、一つの季節にかかずらうからである。一つのことにこだわると他のものが見えなくなることをいう。見識が狭いことのたとえ。

参考 『荘子』秋水に類句が見える。「井鼃は以て海を語るべからずとは、虚に拘わるればなり。夏虫は以て氷を語るべからずとは、時に篤ければなり」がそれである。「鼃」は蛙。

正言は反するが若し

出典 『老子』七十八章

原文 正言若レ反。

意味 本当に正しいことばは、世俗の常識的なことばとは反対のように聞こえるものだ。

参考 『老子』に掲げるそのことばが常識的なことばとは逆のように聞こえることをいう。今日では、逆説の論理そのものをさすことばとして用いられている。

せ

成事は説かず、遂事は諫めず、既往は咎めず

出典 『論語』八佾

原文 成事不レ説、遂事不レ諫、既往不レ咎。

意味 できあがったことにはあれこれ言うことはできないし、してしまったことには諫めもきかないし、過ぎてしまったことには咎めだてもできない。

参考 門人の宰予が魯の哀公に対して失言をしてしまったことを非難した孔子のことば。「既往は咎めず」だけの形で過ぎ去ったことをいつまでも咎めだてするより、将来を慎むことが大切であるという意味で使われる。

青春豈惜しまざらんや、行楽は欲する所に非ず

出典 南宋、文天祥詩「山中感興」其一

原文 青春豈不レ惜、行楽非レ所レ欲。

意味 青春のよい一時を惜しまないのではない。しかし行楽して遊ぶのは私の望むところではない。

参考 春の山中に遊んでいても、時代や社会の急を思わざるを得ない心境をいう。

青春に負いて自ら慚ずるを取ること莫れ

出典 明、于謙詩「示レ冕」

原文 莫下負二青春一取中自慚上。

意味 青春をむだにすごして、自分で後悔するようなことをするな。

参考 于謙が当時十三歳であった息子の于冕に与えたもの。于冕は孝子として有名で、のち父の于謙が讒言で罪を得たのを訴えて冤罪を晴らした。

聖人生まれて大盗起こる

出典 『荘子』胠篋

原文 聖人生而大盗起。

意味 聖人が出現したために大泥棒が現われ出た。

儒家の尊崇する聖人がこざかしい道徳規範を設けたために、それを悪用する奸智に長けた大泥棒が現われてしまったということ。

【参考】「川竭きて谷虚しく、丘夷らかにして淵実つ。聖人已に死すれば、則ち大盗起こらず」の項参照。

聖人の千慮にも必ず一失有り、愚人の千慮にも必ず一得有り

【出典】『晏子春秋』内篇雑下

【原文】聖人千慮、必有㆓一失㆒、愚人千慮、必有㆓一得㆒。

【意味】聖人ですら多くの考えの中に必ずや一、二の失策はあり、おろかな人でも多くの考えの中に必ずや一、二の得策はある。

【参考】晏嬰が斉の景公に語ったことば。景公が晏嬰の貧しさを知り、多くの金品を贈ろうとすると、晏嬰はそれが私腹を肥やすことにあたるとして断わった。景公は、先代の桓公が管仲に多くの土地を贈り、それを管仲が受けた故事を持ち出して、晏嬰の態度に不快を示した。その折、晏嬰が桓公、管仲のごとき偉人にも失策はあるという意味をこめて語ったもの。なお同様のことばが、『史記』淮陰侯列伝にも見える。上の句が一般にはよく知られ、「千慮の一失」として用いられることが多い。

聖人は一己を以て天下を治めず、天下を以て天下を治む

【出典】『関尹子』三極

【原文】聖人不㆘以㆓一己㆒治㆗天下㆖、而以㆓天下㆒治㆓天下㆒。

【意味】聖人は自分一人で天下を治めようとはせず、天下万民を基準として天下を治める。「一己」は自分一人。

【参考】この一文の解説に、「聖人我無く、道徳を以て世を撫す。天下の民、各ゝ其の業を安んじ、太平を忻び楽しみて帝の力なるを忘る」とある。つまり、聖人は私をさしはさまず道徳によって天下を治めるので、天下の万民はそれ

それが安定した生活を送り太平を享楽し、これが聖人の力によるものだということを自然と忘れてしまう。

精神は主人たり。形骸は屋舎たり。主人漸く貧窮すれば、屋舎も亦頽謝す

出典 清、袁枚詩「悪レ老」

原文 精神為二主人一。形骸為二屋舎一。主人漸貧窮、屋舎亦頽謝。

意味 精神が主人であるとすれば、肉体は精神の住む建物である。主人がだんだんと貧しくなるにつれ、建物もおとろえくずれていく。

参考 「形骸」は肉体。精神が老いれば、肉体もそれとともにおとろえることをいう。袁枚が数え八十歳の時の詩である。

聖人は尺の璧を貴ばずして、寸の陰を貴ぶ

出典 『文子』道原

原文 聖人不レ貴二尺之璧一、而貴二寸之陰一。

意味 聖人は一尺の大きさの宝玉よりも、わずかの時間を大切にする。時間の大切さをいったことば。「寸」は「尺」の十分の一にあたる長さの単位でもあるが、「寸の陰」で「わずかな時間」の意になる。

聖人は天に工なるも、人に拙し

出典 『荘子』庚桑楚

原文 聖人工二乎天一、而拙二乎人一。

意味 聖人は、天の真理に沿って行動することには巧みであるが、人為的な諸事に関しては拙いものである。「聖人」はこの場合、大いなる自然の理法を体得している人。「人」は世俗的、人為的な諸事。

参考 無為自然の道をわがものとする聖人は、天の営みを巧みに己のものとし世俗的価値観を超越しているがゆえに、世俗的営みにおいてはむしろ拙いものであると説く。

清濁は必ず源を異にし、鳧鳳は並び翔けず

出典　西晋、傅玄詩「秋胡行」

原文　清濁必異レ源、鳧鳳不二並翔一。

意味　清い水と濁った水は必ずその水源を別にし、野鴨と鳳凰は並んで空を飛ぶことをしない。

参考　詩題の「秋胡」は魯の国の人で、五年の出張から帰宅する時に、自分の妻を見忘れて、美しい女性だと思い、誘惑しようとしたのに対し、妻は怒って河に身を投げたと伝えられる。この二句は夫を責める妻のことばであるが、ふさわしくない者とは一緒におられないことをいう。

井中より星を視れば、見る所数星に過ぎず

出典　『尸子』広沢

原文　自二井中一視レ星、所レ見不レ過二数星一。

意味　井戸の中から星を見れば、そこから見える星の数は、多くの星の中のいくつかにすぎない。

参考　狭い見識で物事に対する者は、全容を把握することは不可能である。常に私心を捨て去り、すべてを見渡す器量と見識が必要とされる。韓愈「原道」に見える「井に坐して天を観る」も同義。

盛年重ねて来らず、一日再び晨なり難し

出典　東晋、陶潜「雑詩」其一

原文　盛年不二重来一、一日難二再晨一。

意味　若い時は二度とは来ない。一日に二度朝が来ることもない。

参考　人の命は風に舞い上がる路上の塵のようなもので、あちこち吹き飛ばされていつ終わりを迎えるかわからない。そんな世に生まれ出た我々はみな兄弟のようなものである。喜びたい時には、近所の人を集めて、酒を飲んで楽しもう。このようにうたった後の詩句であ

り、直後に「時に及んで当に勉励すべし、歳月は人を待たず」（その項参照）とあることから、一日に二度朝がないように、若い時も二度とないのだから、機会あるごとに楽しむべきだという意味になる。「雑詩」十二首中の第一首の句。

生年百に満たず、常に千歳の憂いを懐く

⇩人生百に満たず、常に千歳の憂いを懐く

性は相近し、習いは相遠し

出典 『論語』陽貨

原文 性相近也、習相遠也。

意味 人間の生まれつきは似かよったものであるが、その後の習慣やしつけによってかけ離れてしまう。「性」は生まれつきの人間性。「習い」は習慣やしつけなどの人を教化する後天的要素。「習えば相遠し」と訓読するものもある。

参考 孔子のことば。人間の生まれつきはあまり違わないとするが、ただしこれに続いて「上知（たいへん賢い者）と下愚（非常におろかな者）とは移らず」（その項参照）と言う。ずぬけた賢い者とおろかな者は例外で、後天的な教化や経験によって変わるものではないと言うのである。孟子以後、人の性の善悪が盛んに論ぜられるようになるが、この二つの発言は、その先駆をなすもので、後世の性の議論上、重要な命題として受けとめられた。

聖は天を希い、賢は聖を希い、士は賢を希う

出典 『近思録』巻二

原文 聖希レ天、賢希レ聖、士希レ賢。

意味 聖人は天を理想とし、賢人は聖人を理想とし、士は賢人を理想とする。

参考 人間の目標とする境地を、天・聖・賢・士とランク付け、それぞれ自分より一つ上の地位を理想とすることにより自己の向上に努める

ことを述べている。この実践者として、殷の湯王に仕えた名宰相伊尹と、孔子の門弟の中でも仁の有徳者であったといわれる顔淵を学ぶことが、宋代以降儒家の模範とするものであった。周敦頤『通書』志学篇に見えることば。

性は猶お杞柳のごときなり。義は猶お桮棬のごときなり

出典 『孟子』告子・上

原文 性猶二杞柳一也。義猶二桮棬一也。

意味 人の本性はあたかも杞柳のようにどちらにでも曲げられるものである。義というものは杞柳を曲げて作った曲げ物の器のようなものである。「桮棬」は木を曲げて作った器。

参考 「性は善も無く、不善も無し」（『孟子』告子・上）という性説を唱える告子が、仁義は人為を加えてできあがったものである、という考えを示して、「性善説」の立場を取る孟子に論戦を挑んだものである。

性は猶お湍水のごときなり

出典 『孟子』告子・上

原文 性猶二湍水一也。

意味 人の本性はあたかもうずまく水のようなものである。「湍水」はうずまく水の意。

参考 うずまく水は東方に切って落とせば東に流れ、西方に切って落とせば西に流れるように、人間の本性も善にも悪にもなり得る。「性は善も無く、不善も無し」（『孟子』告子・上）という立場を取る告子のことば。

成立の難きは、天に升るが如く、覆墜の易きは、毛を燎くが如し

出典 『小学』嘉言

原文 成立之難、如レ升レ天、覆墜之易、如レ燎レ毛。

意味 物事を成就させることの難しさは天に昇るように困難だが、失敗することは毛を焼くように容易なことである。

参考 唐の柳玭が家訓として子孫を戒めて述べた

ことばで、『唐書』柳玭伝に見える。

聖を絶ち智を棄つれば、民の利は百倍す

出典 『老子』十九章

原文 絶レ聖棄レ智、民利百倍。

意味 為政者が聖人とか智者を絶ち切って捨ててしまえば、人民の利益は百倍にもなる。

参考 儒教的聖人によって生じる規範こそが、人民を束縛していることを示唆し、無為自然の状態に立ち帰ることを強調した十九章冒頭の一文。これに続く「仁を絶ち義を棄つれば、民孝慈に復す」「巧を絶ち利を棄つれば、盗賊有ること無し」（その項参照）ということばも同趣旨。

生を視ること死の如く、富を視ること貧の如し

出典 『列子』仲尼

原文 視レ生如レ死、視レ富如レ貧。

意味 生と死を同一に見、富と貧を同一に見る。生死の別、貧富の別を超越すること。

参考 竜叔という男が、自らの病状として名医の文摯に向かって語ったことば。このことばを聞いて、文摯は病気どころか、聖人に近い人物であると見たてた故事に基づく。一般的には対立概念である、生死、貧富、栄辱、利害、自他などの別を超越している無為の聖人の見地を述べたもの。

尺蚓堤を穿てば、能く一邑を漂わす

出典 『劉子新論』慎隟

原文 尺蚓穿レ堤、能漂ニ一邑一。

意味 小さなみみずが堤に穴をあけたために、一つの村が水びたしになる。災いは、ほんの小さな原因によってひき起こされることのたとえ。「尺蚓」はわずかの長さのみみず。

参考 『韓非子』喩老篇に「千丈の隄は、螻蟻（おけらやあり）の穴を以て潰え、百尺の室は、突隙の烟を以て焚く」（その項参照）という類句が

せ

見られる。

尺蠖の屈するは、以て信びんことを求むるなり。竜蛇の蟄るるは、以て身を存するなり

出典 『易経』繋辞下伝

原文 尺蠖之屈、以求レ信也。竜蛇之蟄、以存レ身也。

意味 尺取り虫が身を曲げるのは、それで次に身を大きく伸ばそうとするからであり、竜や蛇が冬に穴ごもりをするのは、それで身を永く保とうとするからである。

参考 人間の学問について述べたことば。他日の成功を期するためには準備段階が必要なことをいう。

積善の家には必ず余慶有り。積不善の家には必ず余殃有り

出典 『易経』坤・文言伝

原文 積善之家必有二余慶一。積不善之家必有二余殃一。

意味 善を積み重ねた家では、その子孫にまでも福が及び、不善を積み重ねた家では、その子孫にまでも災いが及ぶ。

参考 これに続けて「臣其の君を弑し、子其の父を弑す、一朝一夕の故にあらず」とある。つまり臣下が君主を殺したり、子供が父親を殺したりすることにも一朝一夕のことではなく、深く由来するところがあるというのである。

鼫鼠の五能、一技を成さず

出典 後漢、蔡邕「勧学篇」

原文 鼫鼠五能、不レ成二一技一。

意味 むささびは五つのことができるが、完璧な技能は一つとしてない。中途半端な技能をいくら多くもっていても意味がないことをいう。

参考 鼫鼠はむささび。「五能」とは「能く飛ぶも屋に上る能わず。能く縁るも木を窮むる能わず。能く泅ぐも瀆を渡る能わず。能く走るも人に絶ゆる能わず。

能く蔵るるも身を覆うこと能わず（飛べるとはいっても屋根の上まではのぼれず、木をよじのぼれてもてっぺんまでは行けず、泳げるとはいっても堀を渡れず、走れるとはいっても人を追い抜くことはできず、穴を掘って隠れることができるとはいっても全身を覆い隠すことはできない）」というものであるという。

尺牘書疏は、千里の面目なり

出典 『顔氏家訓』雑芸

原文 尺牘書疏、千里面目也。

意味 手紙の筆跡が美しければ、はるか遠くの地にまで面目をほどこす。「尺牘」「書疏」は、ともに手紙の意。

参考 この当時の江南地方に伝えられた諺であるという。

世間花葉は相倫いせず、花は金盆に入り葉は塵と作る

出典 晩唐、李商隠詩「贈㆓荷花㆒」

原文 世間花葉不㆓相倫㆒、花入㆓金盆㆒葉作㆑塵。

意味 この世の中、花と葉は異なるものである。花は美しい鉢に植えられるが葉は捨てられて土となる。

参考 この二句は、人々が美しいものだけを見て質素なものをかえりみない意味に用いる。詩は、蓮だけは花と葉を一緒に賞すべきことを言う。

世間の禍故は忽せにすべからず、簀中の死屍も能く仇を報ず

出典 北宋、王安石詩「范雎」

原文 世間禍故不㆑可㆑忽、簀中死屍能報㆑仇。

意味 世の中のわざわいや事故は決して軽んじてはいけない。簀の中の死体も仇をはらすことができるのだから。

参考 「簀中の死屍も能く仇を報ず」は范雎（人名略解参照）の故事による。范雎はもと魏の人で、須賈という者に従って斉に使いしたとき、斉王

はその弁舌に感心し、金品を賜った。須賈は睢が国の秘密を漏したと思い、国に帰ったとき、宰相の魏斉にそのことを告げた。魏斉は怒って、睢をひどくむちうった。睢が死んだふりをしていると、睢を簀で巻いて便所に打ち捨てた。やっとのことで逃げ出した睢は、秦に走り、のち昭王に遠交近攻策を説き、それが認められ宰相となる。この策は秦の天下統一に大きく役立った。後年、須賈が使者として秦に来たとき、睢は対面して魏斉の首を持って来るよう命じた。それを聞いた魏斉は自殺して果てた。

世間の万物は斉しきを得ず、或るものは清きこと水の如く濁れること泥の如し

出典 明、于謙詩「採桑婦」

原文 世間万物不レ得レ斉、或清如レ水濁如レ泥。

意味 この世のすべては同じようであるわけにはいかない。あるものは水のように清澄で、あるものは泥のように汚濁している。

参考 遊冶郎（遊び人）が桑の葉をつむ農家の女性に向かって、なぜ化粧しないのかとからかったことばへの返答。世は均しくないが、私の心の清らかさは天が知るという。

世事は波上の舟のごとし、沿洄安んぞ住まるを得ん

出典 中唐、韋応物詩「初発二揚子一寄二元大校書一」

原文 世事波上舟、沿洄安得レ住。

意味 世の中の事は、波に浮かぶ舟のようなもので、流れの中で下ったりもどったり、どうして一所に長くとどまっていられようか。「沿洄」は「沿」が流れにそって下ること、「洄」が風などでもどされること。

参考 韋応物が揚州から揚子江を上って洛陽へ帰ろうとする際に友人に贈った詩。この前の句の「帰棹洛陽の人、残鐘広陵の樹」とともに、惜別の情を歌ったものとして有名である。

雪後始めて知る松柏の操、事難くして方めて見る丈夫の心

出典 『聯灯会要』十二

原文 雪後始知松柏操、事難方見丈夫心。

意味 雪が降ってはじめて松や柏（ヒノキ科の植物をさす）が常緑であることがわかる。物事が難しい時にはじめて立派な人物の才能が発揮される。

参考 松や柏が一年中その色を変えないところから、人にかたい節操のあることを「松柏の操」という。『論語』子罕には、危難の時にその人の真価がわかる、という意で「歳寒くして、然る後に松柏の彫むに後るるを知る」（その項参照）がある。また、南宋の忠臣謝枋得（人名略解参照）は、元からの招聘を固辞した際に「雪中の松柏愈々青青たり」（初到二建寧一賦詩二首、其一）と詠じ、自らの心境を表わした。

切磋琢磨

⇩切するが如く磋するが如く、琢するが如く磨するが如し

切するが如く磋するが如く、琢するが如く磨するが如し

出典 『詩経』衛風・淇澳

原文 如レ切如レ磋、如レ琢如レ磨。

意味 動物の骨や角を切って磨くようであり、玉や石を刻んで磨くようでもある。

参考 つねに自分を戒め切磋琢磨した君子、衛の武公を讃えた詩。「切磋琢磨」とはみがくという意をもっていることから、一般に学問や人格などを修養し続ける意味で用いられる。

舌端の孽は、楚鉄より惨し

出典 中唐、劉禹錫「口兵戒」

原文 舌端之孽、惨二乎楚鉄一。

意味 口先がもたらすわざわいは、どんな武器よりもひどい。

参考 「楚鉄」は楚の国の兵器、強い軍事力の意味で

使われている。『荘子』庚桑楚篇の「兵は志より憯なるは莫く、鏌鋣（古代の名剣の名）を下と為す（人の心が最も人を傷つけるのであり、鋭い鏌鋣の剣も及ばない）」ということばを引き、「志（人の心）」よりさらに「口」こそが最も危険だと言う。

絶頂人の来ること少なく、高松鶴群れず

出典 中唐、賈島詩「宿㆓山寺㆒」

原文 絶頂人来少、高松鶴不㆑群。

意味 山のはるかな高みにあるこの寺に人が訪れることはまれで、ただ高い松のこずえに一羽の鶴が群を作らずにとまっている。

参考 『三体詩』所収では「暮過㆓山寺㆒」と題する。孤高の境遇をいうことば。この句の後に「一僧年八十、世事未だ曾て聞かず（年は八十にもなる僧が一人、俗世のことは聞いたこともない）」とある。

節物風光相待たず、桑田碧海須臾にして改まる

出典 初唐、盧照鄰詩「長安古意」

原文 節物風光不㆓相待㆒、桑田碧海須臾改。

意味 季節の移り変わりと自然の姿はじっと待っていたりはしない。桑畑が海に、海が再び桑畑に変わるのもあっという間のことなのだ。

参考 詩全体は長安という大都会の華やかさを描き、その繁栄もいつかは滅ぶのだとうたう。この二句は、万物の変転の激しさを示して、栄華がやがては滅びることをいう。「節物」は季節の風物。

窃鈇の疑い

⇩疑心暗鬼を生ず

世道は奕棋の如し、変化して覆すべからず

出典 北宋、蘇軾詩「和㆓李太白㆒」

原文 世道如二奕棋一、変化不レ容レ覆。

意味 世の中の変化していくさまは、碁のようなもので、いったん起こったことをそのままさかのぼってやり直すことはできない。「覆」は「復」と同じ。

参考 蘇軾が和した李白の詩は「尋陽紫極宮感レ秋作（じんようのしきょくきゅうにてあきにかんじてつくる）」。この中で李白は、自らの半生をふりかえって、「四十九年の非、一たび往けば復すべからず」とうたっている。

是非（ぜひ）の声（こえ）は翼（つばさ）無（な）くして飛（と）び、損益（そんえき）の名（な）は脛（すね）無（な）くして走（はし）る

出典 中唐（ちゅうとう）、白居易（はくきょい）「策林（さくりん）」一

原文 是非之声、無レ翼而飛、損益之名、無レ脛而走。

意味 正しいとか正しくないということばは翼がないのに飛ぶように速く伝わり、良いとか良くないということばも足がないのに走るように速く伝わる。

参考 本来は、皇帝の言動の一つひとつが大きな影響力を持つので、言動に慎しむことをいう文である。うわさが伝わるのが速いので口を慎しむ意味に使われる。

是非（ぜひ）自（みずか）ら相攻（あいせ）め、去取（きょしゅ）は勇断（ゆうだん）に在（あ）り

出典 北宋（ほくそう）、欧陽脩（おうようしゅう）詩「読書（どくしょ）」

原文 是非自相攻、去取在二勇断一。

意味 正しいか正しくないか自分で考えて判断し、取りあげるか捨て去るかは勇気のある決断力にかかっている。

参考 本の読み方について述べたことば。特に経書解釈に当たり、従来の注釈の説をそのままうのみにすることをやめ、自分の判断こそが重要であるということ。

蟬噪（せみさわ）ぎて林（はやし）逾〻（いよいよ）静（しず）かに、鳥鳴（とりな）きて山（やま）更（さら）に幽（ゆう）なり

出典 南朝梁（なんちょうりょう）、王籍（おうせき）詩「入二若耶渓一（じゃくやけいにいる）」

原文 蟬噪林逾静、鳥鳴山更幽。

意味 蟬がさわがしくないて林はかえって静かになり、鳥がさえずりないて山は一層ひっそりと

する。

参考 王籍が湘東参軍の任にあって会稽の南の若耶渓に遊んだ時の詩。若耶渓は水清く山影を映ずるところで、この詩は、その幽静な美しさを表現した句として有名。北宋の王安石は、「動中に静意あらわる」と評している。

善悪の報いは、影の形に随うが若し

出典 『旧唐書』儒学上・張士衡伝

原文 善悪之報、若ニ影随レ形。

意味 善行に対する報い、悪行に対する報いは、物には影が必ずつきしたがうように、必ずともなって現われるものだ。

参考 「布施して功徳を営むは、果報有りや不や（布施をして功徳を積めば、果報はあるだろうか）」と問われたのに対し、張士衡が答えたことばの一節。

川淵深くして魚鼈之に帰し、山林茂りて禽獣之に帰す

出典 『荀子』致士

原文 川淵深而魚鼈帰レ之、山林茂而禽獣帰レ之。

意味 川や淵が深ければ、そこに魚や鼈が集まり、山や林が茂れば、そこに鳥や獣が集まる。

参考 国家もまた、政治が公平に行なわれていれば民衆が帰服し集まるということをたとえていう。

千鈞勢圧し易く、一柱力撑え難し

出典 中唐、白居易詩「代レ書詩一百韻寄ニ微之一」

原文 千鈞勢易レ圧、一柱力難レ撑。

意味 千鈞の石の力は簡単に物を圧しつぶし、一本の柱の力ではそれを支えることはできない。

参考 佞臣によって不遇の地位に置かれている友人の元稹にあてた詩中の句。悪どい世間の風の中では、すぐれた人物でも一人では抗しきれないことをいう。

千金の子は市に死せず

出典 『史記』越王句践世家

原文 千金之子不レ死ニ於市一。

意味 千金をも有する富裕な家の子は、市上で死ぬようなことはない（金の力で、死を免れることができる）。

参考 陶朱公（越王句践の臣范蠡（人名略解参照）の後の名）が、殺人を犯して楚に囚われていた次男を救うべく、その方策を模索しているときに、吐いたことば。楚に使いした長男が千金を惜しんだため、次男は処刑された。

千鈞の弩は、鼷鼠の為に機を発せず、万石の鐘は、莛を以て撞けども音を起こさず

出典 『資治通鑑』漢紀・献帝建安二十四年

原文 千鈞之弩、不下為ニ鼷鼠一発上機、万石之鐘、不ニ以レ莛撞起一レ音。

意味 千鈞もの重さの石弓を、はつかねずみをとるために射ることはしない。万石もの重さの鐘を、草の茎でついても音は出ない。大きな志のある者は細事には心を動かさない、本当に実力のある者は、凡人を相手になどしないことをいう。また、とるに足りない小人物がどんなに騒いでも、大人物は微動だにしないということ。「鈞」は三十斤。「石」は四鈞で百二十斤。ともに、極めて重いことをいう。「鼷鼠」ははつかねずみ。「莛」は草の茎。

参考 個人的感情から許攸を討とうとする曹操（人名略解参照）を、臣下の杜襲が諫めたときのことば。『魏志』杜襲伝にも同様のことばが見える。

千金は死せず、百金は刑せられず

出典 『尉繚子』将里

原文 千金不レ死、百金不レ刑。

意味 千金もの大金があれば死すらまぬがれ、百金もの大金があれば刑罰すらまぬがれる。何においても金がものをいう世の中である。

参考 「今世の諺に云う」として、このことばが引

かれていることから、この当時広く知られる警句であったと思われる。

千鈞も船を得ば則ち浮かび、錙銖も船を失わば則ち沈む

出典 『韓非子』功名

原文 千鈞得レ船則浮、錙銖失レ船則沈。

意味 千鈞もの重さの物も船があれば水に浮かび、錙銖ほどの軽さの物も船がなければ水に沈む。「船」は権勢の比喩であり、権勢さえ得れば劣った者も天下を制することができることをたとえる。「錙銖」は重さの単位。「銖」は一両の二十四分の一で約〇・六七グラム。「錙」は六銖の重さ。よって、わずかな重さをいう。

参考 権勢を得れば愚か者でも天下を制することができることを、『韓非子』ではこれより前に、「桀 天子と為りて能く天下を制するは賢なるに非ざるなり。勢重ければなり。尭 匹夫為らば三家を正すも能わじ。不肖（愚か）なるに非ざるなり。位卑ければなり」という。つまり、桀のような暴君が天下を制することができたのは権勢があったからであり、尭のような聖人でも身分の低い、ただの男であったならば三軒の家すら正しく治めることはできないというのである。

千軍は得易きも、一将は求め難し

出典 『元曲選』漢宮秋

原文 千軍易レ得、一将難レ求。

意味 兵卒をおおぜい集めることはたやすいが、それを率いる将軍は一人見つけるのも難しい。すぐれた指導者を得ることの大切さと難しさを言ったことば。

参考 元曲「単鞭奪槊」や「楚昭公」にも類似の語句が見える。

千山鳥飛ぶこと絶え、万径人蹤滅す

出典 中唐、柳宗元詩「江雪」

原文 [illegible]、万径人蹤滅。

意味 すべての山から鳥の飛ぶ姿が消え、すべての小道から人の歩む足跡がなくなってしまった。

参考 山野からすべての生きもの、動くものの姿が消えた白一色の雪景色である。詩は五言絶句でこの二句はその前半部分。完全に静まりかえった雪景色を描いているが、次の二句「孤舟蓑笠の翁、独り釣す寒江の雪」に、その雪中の一点の動が描かれる。蘇軾が「殆ど天の賦す所なり、及ぶ可からず」（『東坡題跋』「書二鄭谷詩一」）と評したのをはじめとして、五言絶句の最高傑作として鑑賞されてきた。

前事（ぜんじ）の忘（わす）れざるは、後事（こうじ）の師（し）なり

出典 『戦国策』趙策

原文 前事之不レ忘、後事之師。

意味 過去の出来事を忘れないでおけば、今後、事にあたるときのよき戒めとなる。

参考 趙の功臣張孟談が、君主趙襄子に自分の権勢が大きくなりすぎたのを憂えて引退を申し出て「現在、趙の宗室は堅固なものとなった。これから必要なことは、いかに国を保っていくかであり、それには君主が臣下を制御できなければならない。先君の趙簡子が権臣を側近におかなかったことを良い手本とすべきだ」と語ったときのことば。

前車（ぜんしゃ）の覆（くつがえ）るは、後車（こうしゃ）の誡（いまし）めなり

出典 『漢書』賈誼伝

原文 前車覆、後車誡。

意味 前を走る車が転覆したら、後方を走る車は、それを見て注意することができる。成功した先人たちからは、その方法をまね、失敗した先人たちからは、その過ちの原因を学びとらなければならない。

参考 「鄙諺に曰く」としてある。この後に、賈誼は「夫れ三代の長久する所以は、其の已事知る可きなり。然るに従う能わざる者は、是聖智に法らざるなり。秦の世の亟絶する所以は、其の轍跡見る可きなり。然るに避けざれば、

せ

是後車又将に覆んとす（古代のよい国が続いた理由を知らなければならない。もしそれに従わないのなら聖智をないがしろにすることになる。一方、秦が永続できなかった理由を見なければならない。その原因を避けなければ、後から来る車も転覆するだろう）」と続ける。

千秋万歳の名は、寂寞たる身後の事

出典 盛唐、杜甫詩「夢㆓李白㆒」其二

原文 千秋万歳名、寂寞身後事。

意味 永遠不朽の名声は、生きている間は得られるものではなく、本人がいなくなった死後にもたらされるものである。「寂寞」はひっそりとしてさびしいさま。「身後」は死後を意味することば。

参考 親友の李白が夜郎（貴州省）に流罪になったことを伝え聞いた杜甫は、三晩続けて李白の夢を見た。そのことを二首の五言古詩にしており、掲出句は二首目の末尾の句である。七五九年、杜甫四十八歳、秦州においての作。

千丈の隄は、螻蟻の穴を以て潰え、百尺の室は、突隙の烟を以て焚く

出典 『韓非子』喩老

原文 千丈之隄、以㆓螻蟻之穴㆒潰、百尺之室、以㆓突隙之烟㆒焚。

意味 千丈の高さの堤も螻や蟻の小さな穴から壊れてしまい、百尺の高さの家も煙突の隙間からもれる煙や火の粉で焼けてしまう。

参考 これは、『老子』六十三章の「天下の難事は、必ず易に作り、天下の大事は、必ず細に作る」という一文を解説したもの。前半の句は一般に「千丈の堤も蟻の穴より崩る」「蟻の穴から堤も崩れる」の形で知られる。

戦陣の間には、詐偽を厭わず

出典 『韓非子』難・一

原文　戦陣之間、不レ厭二詐偽一。

意味　戦の最中には、うそいつわりも厭わない。戦争に勝つためには、相手をだます策略も必要となってくるのである。

参考　同様の文章が『淮南子』人間訓にも見える。

泉声危石に咽び、日色青松に冷やかなり

出典　盛唐、王維詩「過二香積寺一」

原文　泉声咽二危石一、日色冷二青松一。

意味　泉の流れる水音は高くそそり立つ石に当ってむせび泣くような音を立て、太陽の光は青々とした松の緑を映じて冷たい澄んだ色をたたえている。

参考　王維が長安の東南の終南山に遊んだ時、そこにある名刹、香積寺に立ち寄って作った詩である。

戦戦兢兢として、深淵に臨むが如く、薄氷を履むが如し

出典　『詩経』小雅・小旻

原文　戦戦兢兢、如レ臨二深淵一、如レ履二薄氷一。

意味　畏れ慎むのは、深い淵に臨んでいるようであり、薄くはった氷を踏むようである。

参考　つねに慎重に物事に対処することが必要であることをいう。「戦戦」は畏れおののくこと。「兢兢」は自らを戒め慎むこと。日本での用字では「戦戦恐恐」とも書かれる。成句「薄氷を履む」の典拠。

善積まざれば、以て名を成すに足らず。悪積まざれば、以て身を滅ぼすに足らず

出典　『易経』繫辞下伝

原文　善不レ積、不レ足二以成一レ名。悪不レ積、不レ足二以滅一レ身。

意味　善行も積み重ねてゆかねば名声を成すまでにはならないし、悪行も積み重ねてゆかねば身を滅ぼすまでにはならない。

参考　これに続けて『易経』には、「小人は小善を以て益无しと為して為ざるなり。小悪を以て傷る无しと為して去らざるなり」とある。つまり、小人はささいな善行など取るに足らないものとして積み重ねてゆこうとはしないし、逆にささいな悪行も積み重なるとやがては身を滅ぼすことになるとは考えもしないのでやめようとはしないのである。

筌蹄

⇩魚を得て筌を忘る

千淘万漉辛苦なりと雖も、狂沙を吹尽して始めて金に到る

出典　中唐、劉禹錫詩「浪淘沙詞」其八

原文　千淘万漉雖二辛苦一、吹二尽狂沙一始到レ金。

意味　何度も何度も洗って選り分けたり漉したりするのはつらい仕事であるが、雑然と混じった砂を取り除いてはじめて金を得ることができる。

参考　「千淘万漉」「吹尽狂沙」は砂金を洗って金だけ取り分けることをいう語。前二句に「道う莫れ讒言浪の如く深しと、言う莫れ遷客沙の似く沈むと」とあるように、誹謗中傷の中を忍んではじめて真実が現れることをいう。

善に遷るには其の及ばざるを懼れ、悪を改むるには其の余り有るを恐る

出典　後漢、徐幹『中論』虚道

原文　遷レ善懼二其不一レ及、改レ悪恐二其有一レ余。

意味　善に向かって進もうとしてはまだ不十分で到達してはいないのではないかとおそれ、悪を改めようと努力してはまだ悪いところがあるのではないかとおそれる。

善に従うは登るが如く、悪に従うは崩るるが如し

出典　『国語』周語・下

原文 従レ善如レ登、従レ悪如レ崩。

意味 善いことをすることは山に登るように難しく、悪いことをすることは山をころげ落ちるようにたやすい。

参考 崩壊寸前の周王朝を、補佐することの難しさをたとえたもの。この前に「其の之（周王朝）を壊ること久しくして、又将に之を補わんとするも、不可なるに殆し、水火の犯す所も、猶お救う可からず、而るを況んや天をや」とある。

先入の語を以て主と為す無かれ

出典 『漢書』息夫躬伝

原文 無下以二先入之語一為上レ主。

意味 先に耳にしたことばがいつまでも頭にこびりついて、後から聞いた別の意見を受け入れられないようになってはいけない。

参考 この前に「古の戒めを観覧し、反覆参考にするも……（古い教えをよく見て、繰り返し考えても……）」とある。昔からあるよい教えであっても、それに固執して柔軟性を失ってはならないことをいう。

千人心を同じくすれば、則ち千人の力を得、万人心を異にすれば、則ち一人の用無し

出典 『淮南子』兵略訓

原文 千人同レ心、則得二千人之力一、万人異レ心、則無二一人之用一。

意味 千人が心を一つにすれば、千人分の力が得られるが、万人がいても心がばらばらで一つでなければ、一人分の役にもたたない。「用」は働き。

参考 周の武王が殷の紂王を討った時のことを例に挙げる。「紂の卒は百万にして百万の心有り、武王の卒は三千人なれど皆専にして一為り」とあり、三千人の武王の軍が百万人の紂の軍に勝つことができたのは、三千人が心を一つにしていたからであるという。

善人と居るは、芝蘭の室に入るが如し

出典　『孔子家語』六本

原文　与二善人一居、如レ入二芝蘭之室一。

意味　善人と一緒にいるということは、芝蘭のような香りのよい草がある部屋に入るようなものだ。長い間そこにいると、自分とその香りが同化する。善人と長くつきあえば、その感化をうけ自らも立派になるたとえ（芝蘭の化）。一緒にいる相手は慎重に選ばなければならないということ。「芝蘭」は霊芝と蘭。

参考　孔子のことば。「不善の人と居るは、鮑魚の肆に入るが如し」（その項参照）と対をなす。

善人処を同じうすれば、則ち日ゝ嘉訓を聞き、悪人従い遊べば、則ち日ゝ邪情を生ず

出典　『後漢書』爰延伝

原文　善人同レ処、則日聞二嘉訓一、悪人従游、則日生二邪情一。

意味　善良な人間と一緒にいると、毎日よい教えを聞くことができ、悪人と一緒に遊んでいると、毎日よこしまな心が芽生えてくる。

参考　皇帝が若い頃親しくした人物を厚く遇することを諌めることば。帝王の左右にいる者は政治について相談する相手であり、注意しなければならないことをいう。

千人の諾諾は、一士の諤諤に如かず

出典　『史記』商君列伝

原文　千人之諾諾、不レ如二一士之諤諤一。

意味　何でもはいはいと従うものが千人いるよりも、たとえ一人でも直言してくれる人物がいるほうがよい。

参考　秦の臣、趙良が専横を極めていた商鞅（人名略解参照）に、もっと謙虚になりなさい、と忠告したときのことば。商鞅はこれに従わず、ついには反対派に車裂きにされた。

染は積まざれば則ち人其の色を観ず、行は積まざれば則ち人其の事を信ぜず

出典 後漢、徐幹『中論』貴験

原文 染不レ積則人不レ観二其色一、行不レ積則人不レ信二其事一。

意味 物に色を染めるには、何度も染めなければ、人にその色が美しく見えるようにならない、人の行ないについても、善行を積み重ねなければ人の信用を得ることはできない。

善は妄りに来らず、災いは空しく発せず

出典 『後漢書』楊賜伝

原文 善不二妄来一、災不二空発一。

意味 幸いはでたらめにやってくるものではない。災いは何の原因もなく起こるものではない。

参考 後漢の霊帝のときに、帝の座に青蛇があらわれたことの意味を問われた際に楊賜が答えた文の中にあることば。良いしるしは良い事を意味し、悪いしるしは悪い事を意味するが、それらのしるしは帝王の心に応じてあらわれるのである。帝王が心に何か思うところがあると、それが帝王によって発せられる前に、星の運行や陰陽の気の変化となってあらわれる。幸いも災いも帝王の心がけによるのだという意味。

千聞は一見に如かず

出典 『資治通鑑』梁紀・敬帝太平元年

原文 千聞不レ如二一見一。

意味 たとえ千度人から話を聞いたとしても、一度、自らの目で見たほうが確かである。

参考 南朝陳の侯安都（詩・鼓琴に優れる）が、蕭摩訶（陳の武将）に言ったことば。『陳書』蕭摩訶伝にも見える。類似の言としては、「百聞は一見に如かず（『漢書』趙充国伝）」（その項参照）がある。

先憂後楽（せんゆうこうらく）

⇩天下の憂いに先だちて憂い、天下の楽しみに後れて楽しむ

千羊の皮は、一狐の腋に如かず（せんようのかわは、いっこのえきにしかず）

出典 『史記』趙世家

原文 千羊之皮、不レ如二一狐之腋一。

意味 羊の皮千枚の価値は、一匹の狐の腋の下の白い皮に及ばない。無能な人間がいくら多くいても、一人のすぐれた人間には及ばないことのたとえ。

参考 同じことばが『史記』商君列伝にもみえ、それに続けて「千人の諾諾は、一士の諤諤に如かず」（その項参照）とある。

千里鶯啼いて緑紅に映ず、水村山郭酒旗の風（せんりうぐいすないてみどりくれないにえいず、すいそんさんかくしゅきのかぜ）

出典 晩唐、杜牧詩「江南春」

原文 千里鶯啼緑映レ紅、水村山郭酒旗風。

意味 はるかに広がる江南の地にうぐいすは鳴きわたり、木々の新緑が花の赤い色に照り映えている。水辺の村でも山すその町でも、居酒屋の旗が春風にたなびいている。

参考 江南（長江下流域）地方の春ののどかなさまを詠んだ七言絶句の起・承句。転・結句では、「南朝四百八十寺、多少の楼台煙雨の中」と詠んでいる。杜牧の詩文集では「江南道中春望」と題する。江南の旅の途中の春のながめの意。

千里風を同じくせず、百里雷を共にせず（せんりかぜをおなじくせず、ひゃくりらいをともにせず）

出典 『論衡』雷虚

原文 千里不レ同レ風、百里不レ共レ雷。

意味 千里も離れた所で吹く風は同じではないし、百里ほどのなかで聞こえる雷鳴も同じでない。ところを異にすれば、風俗がそれぞれ異なることをたとえる。

参考 「千里同風」は、千里の間、みな風俗が同じこ

と、または世が泰平であることをいうので、「千里不同風」は、世が一定せず、乱れていることのたとえとなる。

千里同風(せんりどうふう)

⇩千里風(せんりかぜ)を同(おな)じくせず、百里雷(ひゃくりらい)を共(とも)にせず

千里(せんり)にして一士(いっし)あるも、是(これ)肩(かた)を比(なら)べて立(た)ち、百世(ひゃくせい)にして一聖(いっせい)あるも、踵(くびす)に随(したが)って至(いた)るが若(ごと)し

出典 『戦国策(せんごくさく)』斉策(せいさく)

原文 千里而一士、是比レ肩而立、百世而一聖、若二随レ踵而至一。

意味 千里四方に一人でも優れた人材がいれば、それは肩を並べてひしめいて立っているといってよいほどであるし、百代に一人でも聖人が現われれば、それは踵を接して続々と現われやってきたといってよい。真に優れた人材は、それほどまでに得がたいということ。

参考 斉(せい)の論客の淳于髠(じゅんうこん)（人名略解参照）が、（立派な人物とはめったにいないといわれているのに）一日に七人もの人材を宣王(せんおう)に目通りさせたため、宣王が不審に思ってたずねたときに引用した古語。

千里(せんり)の馬(うま)は常(つね)に有(あ)れども、伯楽(はくらく)は常(つね)には有(あ)らず

出典 中唐(ちゅうとう)、韓愈(かんゆ)「雑説(ざっせつ)」

原文 千里馬常有、而伯楽不二常有一。

意味 千里を走る名馬となりうる馬はいつでもどこにでもいるが、その馬を発見し育ててあげることのできる伯楽のような人はいつもいるとは限らない。才能のある人物はどの時代にもいるが、その人物を認めて用いることができる優れた眼力を持つ人はめったにいない、ということを述べたことば。

参考 伯楽は、『荘子(そうじ)』馬蹄(ばてい)篇などに見える周代の馬を見分ける名人。類句として、同じ韓愈「雑説(ざっせつ)」に「世(よ)に伯楽(はくらく)有(あ)りて、然(しか)る後(のち)に千里(せんり)の馬(うま)有(あ)り」（その項参照）ということばがある。

千里の行は、足下に始まる

⇩九層の台は、累土に起こり、千里の行は、足下に始まる

千里の差は、毫端より興る

出典　『後漢書』南匈奴伝

原文　千里之差、興レ自二毫端一。

意味　結果として千里も隔て離れてしまった失敗も、はじめは、ごくわずかな筆の先ほどの狂いから生じるものだ。「毫端」は筆の先。毫は細い毛を意味し、単位としては一の千分の一をいう、極めて微細なたとえ。

参考　この後に「失得の源、百世磨かれず」と続く。似たことばとしては、『史記』太史公自序に、「之を毫釐に失えば、差うに千里を以てす」とある。

千里も足下より始まり、高山も微塵より起こる

出典　中唐、白居易「続座右銘并序」

原文　千里始二足下一、高山起二微塵一。

意味　千里の道も足もとの一歩から始まり、高い山も小さな塵が積みかさなることによってそびえ立つ。

参考　白居易が自分の部屋にかけていた後漢の崔子玉（崔瑗）の「座右の銘」（『文選』所収）にならって作った文中のことば。自分の道もこのように一歩一歩着実に積みかさねてゆきたいという。「座右」とは座の右、身に近いところ。身近に置いて身の戒めとするためのことばを「座右の銘」という。

前慮定まらずんば、後に大患有り

出典　『戦国策』魏策

原文　前慮不レ定、後有二大患一。

意味　前々から考えを定めておかないと、後になって大きな憂患が起こる。

参考　戦国時代、秦はもっとも強大な国となり、秦の宰相張儀は一国一国と単独講和を結ぶとい

う連衡論を唱えた。これは秦にとっては強国対弱国の条約となり非常に都合のよいものであった。それを阻止するため、縦横家の蘇秦は、六国（燕・趙・韓・魏・斉・楚）が同盟して秦にあたるという合従論を掲げる。ここは、魏の襄王に、秦と講和することがのちに大患となることを説き、六国が同盟することを促すときのことば。

千慮の一失

⇩智者も千慮に必ず一失有り、愚者も千慮に必ず一得有り

千慮の一得

⇩智者も千慮に必ず一失有り、愚者も千慮に必ず一得有り

善を為すも名に近づくこと無かれ

出典 『荘子』養生主

原文 為レ善無レ近レ名。

意味 善いことをしても名声に近づこうとしてはならない。人生を無事に生きるための知恵。

参考 続けて「悪を為すも刑（刑罰）に近づくこと無かれ」とある。名声も刑罰もともにわが身を滅ぼす原因となる。だから善にも悪にもとらわれないことが、生を全うするための知恵であると説いている。

善を見ては及ばざるが如くし、不善を見ては湯を探るが如くす

出典 『論語』季氏

原文 見レ善如レ不レ及、見二不善一如レ探レ湯。

意味 善を見れば取り逃がすのを恐れるように求め、不善を見れば熱湯に手を触れたようにすみやかにこれを避ける。

参考 孔子のことば。ここから、「探湯」は悪事などから素早く手を引くたとえとして用いる。

善を見ること驚くが若く、悪を疾むこと讐の若し

出典　後漢、孔融「薦禰衡表」

原文　見レ善若レ驚、疾レ悪若レ讐。

意味　善を見ては驚嘆し、悪をにくむこと敵のようである。

参考　作者孔融が禰衡を登用するよう天子に推薦した文章中、その人柄を評したことばである。禰衡は若くして弁論、文筆にすぐれ、晩年の作「鸚鵡の賦」は文辞華麗な名作として『文選』巻十三に収められている。孔融は禰衡より二十歳年長であったが深くその才を愛し、親しい交友を結んだ。

そ

滄海の一粟

⇩蜉蝣を天地に寄す、渺たる滄海の一粟のみ

糟糠に飽かざる者は、粱肉を務めず

出典　『韓非子』五蠹

原文　糟糠不レ飽者、不レ務二粱肉一。

意味　酒かすや糠のような粗末な食料さえ十分ではない者は、上等な米や肉の食事をもとめたりはしない。いくら高尚なものであっても、身の丈にあったものでなければ、実際の役には立たないことをいう。

参考　これの対句として「短褐（丈の短い粗末な着物）すら完からざる者は、文繡（美しい模様の着物）を待たず」とある。つまり、粗末な着物すら満足に着られない者は、りっぱな着物をもとめたりはしないのである。

糟糠の妻

⇩貧賤の知は忘るべからず、糟糠の妻は堂より下さず

糟去りて酒清く、肉去りて洎饋る

出典　清、袁枚詩「続詩品、澄滓」

原文　糟去酒清、肉去洎饋。

意味 酒粕を取り去ってはじめて酒はすんだ上質のものとなり、肉をすて去ってはじめて肉汁は膳に供えられるようになる。「饋」はテーブルに供えること。「泊」は肉のスープ。

参考 詩を論じた司空図の『詩品』にならって作ったもの。司空図のものがあまりに玄妙なので作ったが、ことばで詩の精神を論ずるのはきわめて難しいと序文に述べている。このことばは、詩から夾雑物を去るべきことをいう。

壮志愁いに因りて減じ、衰容病と倶にす

出典 中唐、白居易詩「東南行一百韻」

原文 壮志因レ愁減、衰容与レ病倶。

意味 男子の壮大な志は心配と苦しみのために減っていき、衰えた容貌は病気の進行につれていっそうひどくなる。

相思千万里、一書千金に直たる

出典 盛唐、李白詩「寄レ遠」其十

原文 相思千万里、一書直二千金一。

意味 思う人は千里万里もはるか遠くの地。我が思いを伝えんとするこの一通の手紙は、千金にも相当する価値のあるものだ。「直」は値と同じ、相当する意。

参考 西域辺境に出征している夫にあてて送る妻の手紙を詠う。たとえ行数は多くなくとも一字一字に思いがこもる。はるかな空のはてで、この封を開けば涙はつきず、さがさだめしつのるであろうと、詩は遠く離れている者に寄せる、一通の手紙への思いを述べる。

聡者は無声に聴き、明者は未形に見る

出典 『漢書』伍被伝

原文 聡者聴二於無声一、明者見二於未形一。

意味 耳がよく聞こえる人は、他の人には聞こえないような音でも聞きとることができ、目がよく見える人は、他の人には見えないようなも

のでも見ることができる。智恵があり思慮深い人ならば、まだ兆しも現われてないことを先に察知できることのたとえ。

参考 『老子』十四章に「之を視れども見えず、名づけて夷と曰い、之を聴けども聞こえず、名づけて希と曰う（見えないから、なめらかで抜け落ちるものと名づけ、聞こえないから、まれでかぼそいものと名づける）」とあるように、「道」は「無声・無形」であるとされる。それを聞き、見る者こそ、本当の知者であるというのである。

僧は敲く月下の門

⇩鳥は宿る池中の樹、僧は敲く月下の門

草木の零落を惟い、美人の遅暮を恐る

出典 戦国楚、屈原「離騒」

原文 惟㆓草木之零落㆒兮、恐㆓美人之遅暮㆒。

意味 秋になって草木が枯れて落ちることを思うにつけ、立派な美しい人が年老いていくのに心がいたむ。時が過ぎ去り、人もうつろいゆくことを述べたもの。「遅暮」は「晩」の意で、年が老いること。

参考 「美人」は、君王を比喩した語という考えと、屈原自身のことを述べた語という考えがある。

倉廩実ちて則ち礼節を知り、衣食足りて則ち栄辱を知る

出典 『管子』牧民

原文 倉廩実則知㆓礼節㆒、衣食足則知㆓栄辱㆒。

意味 穀物倉がいっぱいになって初めて人は礼儀について理解し、衣服や食料が十分になって初めて人は栄誉や恥辱について理解する。生活にゆとりができて初めて人は道徳心をもつようになるのである。「倉廩」は穀物をおさめる倉。

参考 わが国では、「衣食足りて礼節を知る」という形で人口に膾炙している。

滄浪の水清まば、以て我が纓を濯うべし。滄浪の水濁らば、以て我が足を濯うべし

出典 『孟子』離婁・上、『楚辞』漁父

原文 滄浪之水清兮、可㆔以濯㆓我纓㆒。滄浪之水濁兮、可㆔以濯㆓我足㆒。（『楚辞』では「我」が「吾」になっている）

意味 滄浪の川の水が澄んでいたならば、それで私の冠のひもを洗おう。滄浪の川の水が濁っていたならば、それで私の足を洗おう。「滄浪」は漢水の分流の名。

参考 同じことばであるが、『孟子』と『楚辞』とでは意味するところが異なる。

●『孟子』　一童子の歌として見え、それを聞いて孔子がその意味を説明している。すなわち水の清濁によって何を洗うかが決まる。みな水自身が招くことだ。人間もまた同様で災いを招くのもすべて自分自身に起因する。

●『楚辞』　楚の屈原は宮廷から追放され、その身を慨嘆しながら、川のほとりをさまよっていると、老漁夫に出会った。漁夫は独り高潔を守ろうとする屈原に世と推移せよと言い、歌いながら去っていった。その歌として見える。文脈の上から、「世の中がよく治まっている時には出て仕え、乱世の時には隠遁しよう」という意味に解する。時勢に応じてそれ相応に対処すべきだということのたとえの意味で用いる。

爽を納れて耳目変じ、奇を玩でて筋骨軽し

出典 中唐、劉禹錫詩「秋江早発」

原文 納㆑爽耳目変、玩㆑奇筋骨軽。

意味 さわやかな秋の早朝の気を感じて耳目が一新されたかのように思え、美しい景色を見て身体が軽くなったかのように感じられる。

参考 旅の途中で、望郷の念に恋々とするのではなく、逆に旅人としての興趣をうたう詩句であ

る。この後に「滄洲奇趣有り、浩然として吾将に行かん（水の青々と流れるこの田舎にもすばらしい面白さはあるのだ、ゆっくりと流れる水のように進んでいこう）」とある。

惻隠の心は、仁の端なり

出典 『孟子』公孫丑・上

原文 惻隠之心、仁之端也。

意味 人の不幸を憐れみ痛ましく思う心は、仁のいとぐちである。

参考 孟子の性善説の根拠となる人間が本来有する四つの道徳（仁・義・礼・智）のいとぐちについて述べた四端の説による。ちなみに『孟子』本文は、「羞悪の心は、義の端なり。辞譲の心は、礼の端なり。是非の心は、智の端なり」と続く。「四端」は惻隠・羞悪・辞譲・是非の四つの心。

続貂

⇩貂足らず、狗尾続ぐ

粟を量りて舂き、米を数えて炊ぐ、以て家を治むべきも、以て国を治むべからず

出典 『淮南子』詮言訓

原文 量レ粟而舂、数レ米而炊、可二以治一レ家、而不レ可二以治一レ国。

意味 粟の分量を量ってから臼でつき、米粒をかぞえてから炊くようでは、家を治めることはできても国家を治めることはできない。細心でありすぎると、国家のような大きなものは治めることができないというたとえ。「舂」は臼でつく。

参考 これに続けて「杯を滌ぎて食い、爵（さかずき）を洗いて飲み、浣いて後に饋むるは、以て家老（老人）を養うべきも、以て三軍を饗す（食べさせる）べからず」とある。つまり、簡潔で要を得ていなければ、大きなものは治めることができないのである。

鼠穴を治めて里閭を壊り、小鮑を潰して痤疽を発す

出典 『淮南子』説林訓

原文 治二鼠穴一而壊二里閭一、潰二小鮑一而発二痤疽一。

意味 鼠の穴をふさごうとして村里の門を壊してしまい、にきびをつぶそうとして、かえってはれものをつくってしまう。小さな害を取り除こうとして、逆に大きな害を引き起こしてしまうことをいう。「里閭」は村里の入口の門。「小鮑」はにきび。「痤疽」ははれもの。

参考 これに続けて「珠の纇有り、玉の瑕有るを、之を置きて全きに、之を去りて虧くるが若し」とある。つまり、玉にきずがあっても、そのままにして置けば良いのに、それを取り除こうとして玉を欠けさせてしまうのである。

毀りを聞きて戚戚たること勿れ、誉れを聞きて欣欣たること勿れ

出典 中唐、白居易「続座右銘并序」

原文 聞レ毀勿二戚戚一、聞レ誉勿二欣欣一。

意味 人が自分のことを悪く言うのを聞いても悲しむことはない。人が自分のことを良く言うのを聞いても喜ぶことはない。

参考 白居易が自分の部屋にかけていた後漢の崔子玉（崔瑗）の「座右の銘」（『文選』所収）にならって作った文中のことば。「座右」とは座の右、身近な所をさし、「座右の銘」とは身の近くの盤や鑑などに刻んだわが身を戒めることばをいう。なお、崔子玉の「座右の銘」は「人の短を道うこと無かれ、己の長を説くこと無かれ」で始まる。

疏食を飯い、水を飲み、肱を曲げて之を枕とす

出典 『論語』述而

原文 飯二疏食一、飲レ水、曲レ肱而枕レ之。

意味 粗末な飯を食べ、水を飲み、腕を曲げて腕枕をする。貧窮のうちに楽しみを失わぬようすをいう。「疏」を「蔬」とし、菜食とする説もあ

参考 る。孔子のことば。これに続けて「楽しみ亦其の中に在り」とある。ここより、清貧を楽しむことを「肱を曲げる」「曲肱の楽しみ」というようになった。学而篇の「君子は食飽かんことを求むること無く、居安からんことを求むること無し」（その項参照）に相通ずる。

外寧ければ、必ず内の憂い有り

出典 『春秋左氏伝』成公十六年

原文 外寧、必有二内憂一。

意味 外部に何の心配もなく、安定した状態が続くと、必ず内部から心配事が起こってしまう。

参考 成公十六年六月、晋軍と楚軍が遭遇したとき、晋の将の一人が言ったことば。「国外が安寧だと必ず内憂を生ずる。楚と戦わず、外憂として残しておこう」。「内憂外患」の四字熟語の典拠。

外を重んずる者は内に拙し

出典 『列子』黄帝

原文 重レ外者拙レ内。

意味 外物を重く見るような者は、内なる心のはたらきがにぶるものである。「拙内」は心の用い方がつたないこと、すなわち、心が乱れて動揺すること。

参考 物事に価値をおき、執着しすぎると、最も大切な内なる心が乱れてしまうことを述べた孔子のことば。孔子と弟子の顔回によるほぼ同様のやりとりが、『荘子』達生篇にあり、この句も見える。

備え有れば患い無し

出典 『書経』説命・中

原文 有レ備無レ患。

意味 あらかじめ用意さえしておけば、心配はいらない。

参考 殷の宰相傅説（人名略解参照）のことばで、何事もおごりあなどってはならない、常に備えておく必要があると説いている。同じことばが

『春秋左氏伝』襄公十一年に見える。

備わるを一人に求むること無かれ

出典 『論語』微子

原文 無㆑求㆓備於一人㆒。

意味 一人の者に、何もかも備わった完全を求めてはならない。「備」は欠けることなく完全な状態。

参考 周初の人、周公（人名略解参照）が魯に封ぜられた息子伯禽に、上に立つ者の心得として与えた訓戒の一節。この直前には、「故旧（古なじみ）大故（ひどい悪業）無ければ則ち棄てず」ともある。

其の奥に媚びんよりは、寧ろ竈に媚びよ

出典 『論語』八佾

原文 与㆔其媚㆓於奥㆒、寧媚㆓於竈㆒。

意味 部屋の奥の神様の機嫌をとるよりは、かまどの神の機嫌をとるほうがよい。「奥」は部屋の南西の隅で、ここに神を祀った。「竈」はかまどの神様。奥に鎮座する君主にこびるよりは、実際に権力を掌握している権臣にこびよ、の意。当時流布した諺であるという。

参考 以下の挿話をふまえる。衛の太夫王孫賈が、当時衛にあった孔子にこの諺の意味をたずね、暗に衛の霊公にこびるよりは自分にこびることを求めた。これに対して孔子は、「罪を天に獲れば禱る所無きなり」と答えた。つまり、孔子は天に対して罪を犯せば、かまどの神どころではなく、どこにも祈りようがないと言い、暗に王孫賈の要求を断ったのである。

其の冠履を貴んで、其の頭足を忘る

出典 『淮南子』泰族訓

原文 貴㆓其冠履㆒、而忘㆓其頭足㆒也。

意味 冠や履を大事にしながら頭や足には注意を払わない。本末転倒することのたとえ。「履」は皮製のくつ。

参考 この文は「法を重んじて仁義を棄つる」ことをたとえたもの。つまり、枝葉末節である法制の細目ばかりを重要視して、その根幹である仁義の徳目を忘れてしまうことの愚をたとえるのである。類句に「足を削りて履に適し、頭を殺いで冠に便す（『淮南子』説林訓）」（その項参照）がある。

其の鬼に非ずして之を祭るは、諂いなり

出典 『論語』為政

原文 非二其鬼一而祭レ之、諂也。

意味 祖先の霊魂でないのに祭祀をささげることは、こびへつらいである。「鬼」は祖先の霊魂。「諂」は卑屈になってへつらうこと。

参考 これに続けて、かの有名な「義を見て為ざるは、勇無きなり」（その項参照）の一文が出る。ただ、前の「其の鬼に～」の一文とのつながりはいま一つ明確ではない。これを幕末明治期の儒者山井清渓は『論語講義』（『清渓先生遺集』巻六）の中で「此の語は干繫なきものを二つ並べし如くなれども然らず、諂ふものは勇なきもの、勇なきものは諂ふものと云ふ訳にて、両者相離れぬなり」と説明する。

其の国に入る者は、其の俗に従う

出典 『淮南子』斉俗訓

原文 入二其国一者、従二其俗一。

意味 他国に入れば、その国の風俗習慣に従うべきである。郷に入っては郷に従え。

参考 これに続けて以下のようにある。「其の家に入る者は其の諱を避け、禁を犯さずして入り、迕逆（さからう）せずして進めば、夷狄徒倮（異民族）の国に之き、軌（車のわだち）を遠方の外に結ぶと雖も、困しむ所無し」

其の位に在らざれば、其の政を謀らず

出典 『論語』泰伯

原文 不レ在二其位一、不レ謀二其政一。

意味 その地位にあるのでなければ、政治についてはあれこれ考えをめぐらすべきではない。その地位にない者は自らの職責を忠実に果たすべきであって、人の職務に口出しすべきではない。

参考 孔子のことば。同一の文章が憲問篇にも見える。

其の子を知らざれば其の父を視、其の人を知らざれば其の友を視る

出典 『孔子家語』六本

原文 不レ知二其子一視二其父一、不レ知二其人一視二其友一。

意味 その子供がどういう人物であるかを知らないのなら、その父親をよく見ればわかる。その人物がどういう人柄であるかを知らないのなら、その友人をよく見ればわかる。

参考 「視」は注意深く見ること。この後に「其の君を知らざれば其の使う所を視、其の地を知らざれば其の草木を視る」という。

其の子を知らざれば其の友を視よ。其の君を知らざれば其の左右を視よ

出典 『荀子』性悪

原文 不レ知二其子一視二其友一。不レ知二其君一視二其左右一。

意味 その人の人柄がわからなければ、その友人を見ればよい。その君主の人柄がわからなければ、その側近を見ればよい。

参考 人は周囲の環境・習慣などに影響されやすいものである。

其の食を食う者は其の器を毀たず、其の樹を陰とする者は其の枝を折らず

出典 『韓詩外伝』巻二

原文 食二其食一者不レ毀二其器一、陰二其樹一者不レ折二

其枝一。

意味　食べ物を食べる者は、その食べ物を盛る器をこわしたりはしないし、木の下で休む者は、その枝を折ったりはしない。用途のあるものは大切にするたとえ。

参考　斉の田饒が魯の哀公に語ったことば。重用されないことを理由に魯を去ろうとした田饒に、哀公は「せめてあなたのことばなりとも書き留めよう」と言った。これに応じた田饒のことばがこれである。つまり、用途があるからこそ大切にするのであって、用いる気もないものなど必要はないはずだと答えたのである。なお、この故事は『新序』雑事篇にも見える。

其の速やかに成るを望むこと無かれ、勢利に誘わるること無かれ

出典　中唐、韓愈「答二李翊一書」

原文　無レ望二其速成一、無レ誘二於勢利一。

意味　不朽の学問や言論を打ち立てることを求めるのならば、それを速やかに完成させようなどと望んではならないし、また権勢や利益に誘われてもならない。

其の生や浮かぶが若く、其の死や休うが若し

出典　『荘子』刻意

原文　其生若レ浮、其死若レ休。

意味　生きているときは、流れにまかせて浮かんでいるように何ものにもとらわれることなく生き、死に臨んでは、休息に入るようにただ安らかに死んでいく。

参考　無為自然の境地を体得した聖人の、死生に虚無恬惔としたあり方をいう。

其の大を志し、其の細を捨つ。其の急を先にし、其の緩を後にす

出典　北宋、司馬光「諫院題名記」

原文　志二其大一、捨二其細一。先二其急一、後二其緩一。

意味　大事を心にかけ、瑣事は捨て去る。緊急の事

を先に行ない、急がない事はあとにする。

参考 「諫院」とは、天子の過失をいさめる諫官の役所のことである。この文章は国家をも左右しかねぬ重責を担う諫官の心得を言ったもの。

其の櫝を買いて、其の珠を還す

出典 『韓非子』外儲説・左上

原文 買二其櫝一、而還二其珠一。

意味 外箱だけを買って、中身の玉はもどす。外見の美しさに目を奪われて本質を見失ってしまうことをたとえる。

参考 以下の故事をふまえる。楚の人が鄭の人に玉を売ろうとしていた。そこで楚の人は、念入りに香木で外箱を作り、翡翠の羽根の飾りつけをするなどして売ったが、鄭の人はその箱だけを買って、中身の玉はもどした。なお、この故事は本文では『墨子』の文章を比喩するために用いられる。つまり、墨子は外見に惑わされて本質を見誤る者がないよう、その文章を著すに際してことばを飾ることがなかったというのである。

其の初め有る者は其の終わりを貴ぶ

出典 『旧唐書』劉太真伝

原文 有二其初一者貴二其終一。

意味 きちんと最初があるものは、最後まで全うしなくてはならない。

参考 唐の徳宗の詩の中のことば。『詩経』大雅・蕩に「初め有らざること靡し、克く終わり有ること鮮し」（その項参照）とある。

其の疾きこと風の如く、其の徐かなること林の如く、侵掠すること火の如く、動かざること山の如し

出典 『孫子』軍争

原文 其疾如レ風、其徐如レ林、侵掠如レ火、不レ動如レ山。

意味 軍隊は、風のようにすばやく行動し、林のように静かに待ち構え、火のように激しく侵掠し、山のようにどっしりと守りを固めるのが

よい。

参考 わが国では、武田信玄が軍旗に用いたことにより「風林火山」として知られる。原文はこのあとに、「知り難きこと陰の如く、動くこと雷霆の如し」と続く。

其の人に溺るるよりは、寧ろ淵に溺れよ

出典 『大戴礼』武王践阼

原文 与其溺於人也、寧溺於淵。

意味 人に溺れるくらいなら、淵に溺れるほうがましである。「人に溺れる」とは、人を溺愛するあまり、そのことばを無批判に受け入れてしまうこと。

参考 周の武王が即位したとき、盥盤（手を洗う器）に刻んで自らを戒めたことばの一節。

其の前に誉れ有らんよりは、其の後に毀り無きに孰若ぞ

出典 中唐、韓愈「送李愿帰盤谷序」

原文 与其有誉於前、孰若無毀於其後。

意味 面前でほめられることに比べて、背後でそしられることがないのは、どちらがよいだろう。

参考 出世して富貴栄華を求めるのと、山中に隠れ住んで静かな生活をするのと、どちらがよいかという問題である。この句の後に「其の身に楽しみ有らんよりは、其の心に憂い無きに孰若ぞ」という。当然ながら後者を選ぶのである。韓愈の友人の李愿のことばとして記されている。

其の身正しければ、令せずして行なわる。其の身正しからざれば、令すと雖も従われず

出典 『論語』子路

原文 其身正、不令而行。其身不正、雖令不従。

意味 わが身が正しければ、命令を下さなくても行なわれ、わが身が正しくなければ、いくら命

参考　令を下しても従ってもらえない。孔子のことば。政治を行なう者の心得として、まずわが身を正すことが重要であると説く。孔子は、同じく子路篇の中で、「苟くも其の身を正しくせば、政に従うに於いて何か有らん。其の身を正しくすること能わざれば、人を正しくすることを如何せん」とも言う。

其の実を落とす者は其の樹を思い、其の流れを飲む者は其の源を懐う

出典　北周、庾信「微調曲」其六

原文　落二其実一者思二其樹一、飲二其流一者懐二其源一。

意味　木の実を落として食べようとする人は、実がついている木自体のことを思い、水の流れを汲んで飲もうとする人は、流れの源のことを思う。

参考　劉向の『説苑』に「其の実を食らう者は其の樹を伐らず、其の水を飲む者は其の源を濁さず」とあるのに基づく。

尊客の前には、狗を叱せず

出典　『礼記』曲礼・上

原文　尊客之前、不レ叱レ狗。

意味　尊敬すべき客人の前では、犬に対してでさえもしかってはならない。

参考　客人をもてなす際、相手を不快にさせるようなことは一切言ってはならないことを示したことば。

存する者は且く生を偸むも、死せる者は長に已みぬ

出典　盛唐、杜甫詩「石壕吏」

原文　存者且偸レ生、死者長已矣。

意味　生きている者はとりあえずは命をつなぐことができるが、死んでしまった者は永久におしまいである。

参考　石壕村で農民を徴発する役人に、老婦人が抗議する姿を描いた作品。掲出句は老婦人の抗

議のことばの一節で、老婦人は三人の息子すべてが徴兵され、そのうち二人はすでに死んでしまって、今は家の中に男がいないことを役人に伝え、老婦人自らが徴役につく。政治が乱れていた安禄山の乱の頃の農民の悲惨な生活を描く。

存するを知りて亡ぶるを知らず

⇨進むを知りて退くを知らず、存するを知りて亡ぶるを知らず、得るを知りて喪うを知らず

存亡禍福は皆己のみ。天災地妖は加うる能わざるなり

出典 『孔子家語』五儀解

原文 存亡禍福皆己而已。天災地妖不レ能レ加也。

意味 国家の存続と滅亡、禍や幸いは、すべて自分自身が招くものだ。天変地異といった外力によって影響を受けるものではない。

参考 魯の哀公が、「夫れ国家の存亡禍福は、信に天命有り。唯に人（人為）のみに非ざるか」と言ったのに対し、孔子が答えたことば。

た

田有りて耕さざれば倉廩虚し、書有りて教えざれば子孫愚かなり

出典 中唐、白居易「勧学文」

原文 有レ田不レ耕倉廩虚、有レ書不レ教子孫愚。

意味 田があっても耕さなければ食料庫には何もなく、書物があっても教えなければ子孫は愚かになる。

参考 この句のあとに「倉廩虚しければ歳月に乏し、子孫愚かなれば礼儀に疎し、惟耕さざると教

た

えざるとの若きは、是乃ち父兄の過ちか」とある。

大怨を和するも、必ず余怨有り

出典 『老子』七十九章

原文 和二大怨一、必有二余怨一。

意味 たいへん深い怨みは、和らげようとしたところで、必ず後々しこりが残るものである。「余怨」は「大怨」のしこりを意味する。

参考 怨みごとを和らげようとするよりは、はじめから怨みを抱かない無為自然の生き方のほうがまさっていることを暗に示したことば。

大塊我を載するに形を以てし、我を労するに生を以てし、我を佚するに老を以てし、我を息わしむるに死を以てす

出典 『荘子』大宗師

原文 大塊載レ我以レ形、労レ我以レ生、佚レ我以レ老、息レ我以レ死。

意味 大自然は、我々に肉体を与えて大地に載せ、我々に生を与えて苦労させ、我々に老いを与えて楽にし、我々に死を与えて休息させる。人間は大自然の理法のままにあるということ。「大塊」は大いなる大地、大自然。「佚」は安楽にするの意。

参考 この後に「故に吾が生を善しとする者は、乃ち吾が死を善しとする所以なり」とあり、生を肯定すれば、死もまた肯定すべきで、すべてを受け入れて自然に従うべきと説く。

大学の道は、明徳を明らかにするに在り。民に親しむに在り。至善に止まるに在り

出典 『大学』経

原文 大学之道、在レ明二明徳一。在レ親レ民。在レ止二於至善一。

意味 学問修養の目的は、君主としての英明な徳を

天下に明らかに示すことにある。人民を親愛することにある。至上の善に基づいてこれらを行なうことにある。

参考　『大学』の冒頭の部分。南宋の朱熹はこの三句を「大学の三綱領」とした。朱熹は「親」字を「新」に改め、「大人の学は人が天から得た明るく輝かしき本性を明るく輝かしてゆくことにあり、民をその古く染まった汚れを取り去って革新することにあり、道理上あるべき至極の善に到達して、そこから移らないことにある」と解した。なお、もと『礼記』の一篇であった『大学』を表章して「四書」の一つとして確立したのは朱熹で、『大学』は儒学の目的・方法・次第を示す経書として、重視されるようになった。

大姦は忠に似たり。大詐は信に似たり

出典　『十八史略』宋・神宗皇帝

原文　大姦似レ忠。大詐似レ信。

意味　極悪人というのは、一見すると、かえって忠義の人のように見える。大うそつきは、一見すると、かえって信義の人のように見える。

参考　呂誨が、王安石を弾劾したことば。

大義親を滅す

出典　『春秋左氏伝』隠公四年

原文　大義滅レ親。

意味　国家や君主に対する正義のためには、肉親といえど殺さなければならないことがある。

参考　春秋時代、衛の桓公を弑した公子とその謀臣の石厚を、石厚の父石錯が二人を訴え殺させたとき、君子が石錯をたたえて言ったことば。もとは、管叔鮮と蔡叔度という周に叛いた兄弟を誅した周公をたたえたものらしい。

大器は晩成し、大音は希声、大象は形無し

出典　『老子』四十一章

原文　大器晩成、大音希声、大象無レ形。

意味 大きな器は完成するのが遅く、大きな音はかえってほとんど聞こえず、大きな形はかえってその形を目にとらえることができない。

参考 これは四十一章中に引用されている格言の末尾の一節で、「道」の名付けようもないさまを示す。「大器晩成」は転じて、大きな器量の持ち主、偉大な人物は大成するのに時間がかかる、ふつうよりおくれて頭角を現わすたとえとして用いる。また、科挙の試験を落ちた人をなぐさめることばともなった。

大器晩成

⇩大器は晩成し、大音は希声、大象は形無し

大江東去し、浪淘し尽くす、千古風流の人物を

出典 北宋、蘇軾詩「念奴嬌・赤壁懐古」

原文 大江東去、浪淘尽、千古風流人物。

意味 長江は東へ東へと流れ、千年前の英雄たちを波はすっかり洗い流しつくしてしまった。「風流の人物」はここでは三国時代の英雄豪傑たち、周瑜や諸葛孔明などをいう。剛健で自由奔放な精神を「風流」と称している。

参考 時は長江の水の流れのように、とまることなく過ぎ去っていき、英雄たちは次々とこの世を去っていった。長江の流れは昔も今も変わらないが、人の世はまさに夢である。

大功に任ずる者は以て敵を軽んぜず

⇩重宝を懐く者は以て夜行かず。大功に任ずる者は以て敵を軽んぜず

大行は細謹を顧みず、大礼は小譲を辞せず

出典 『史記』項羽本紀

原文 大行不レ顧二細謹一、大礼不レ辞二小譲一。

意味 大きな事をなす際には、些細な礼儀にかまっている必要はなく、大きな礼節が守られていれば、微小な謙遜など問題ではない。

参考 鴻門の会から脱出する際に、項羽に何の挨拶

た

もしてこなかったことを気にかける漢の高祖劉邦に、樊噲が言ったことば。今、われわれの置かれている状況は、人（項羽とその徒）は刀と俎であり、われ（劉邦とその徒）は魚肉であります。挨拶などなさる必要はありません、と樊噲は言う。似たことばとして、『史記』李斯列伝に「大行は小謹せず、盛徳は辞譲せず」とあり、同じく『史記』酈生陸賈列伝には「大事を挙ぐるに細謹せず、盛徳は辞譲せず」とある。

大巧は拙なるが若し

⇩大直は屈するが若く、大巧は拙なるが若く、大弁は訥なるが若し

大巧は為さざる所に在り、大知は慮らざる所に在り

出典 『荀子』天論

原文 大巧在ㇾ所ㇾ不ㇾ為、大知在ㇾ所ㇾ不ㇾ慮。

意味 真に巧妙なものとは、作為の働いていないところにあり、真の智識とは、思慮の働いていないところにある。

参考 あれこれと利を求めるあまり、こざかしい思慮するところに、真の道を得ることはないのである。

大功を天下に建つる者は、必ず先ず閨門の内を修む

出典 前漢、陸賈『新語』慎微

原文 建㆓大功於天下㆒者、必先修㆓閨門之内㆒。

意味 大きな事をなす人物は、まず家庭をきちんとするものである。

参考 この後に「大名を万世に垂るる者は、必ず之を纖微の事に行なう（名を残す人物はまず小さなことから始める）」とある。その例として、湯王をたすけて殷の天下を成した伊尹（人名略解参照）は、最初は農夫として畑を耕していたし、孔子の道を伝えたとされる曾参（人名略解参照）は、何よりもまず父母に孝行を尽くしたことが挙げられている。

大功を成さんとする者は、小を成さず

出典　『列子』楊朱

原文　成二大功一者、不レ成レ小。

意味　大きな仕事を成し遂げようとする者は、小さなことを成し遂げようとはしないものだ。

参考　「呑舟の魚は、枝流に游ばず、鴻鵠は高く飛んで、汚池に集まらず」（その項参照）のエピソードに見られる楊朱（人名略解参照）のことば。ほぼ同様の話が『説苑』政理篇にも見え、そこでは、「大功を成さんとする者は、小苛を成さず」となっている。

大国を治むるは、小鮮を烹るが若し

出典　『老子』六十章

原文　治二大国一、若レ烹二小鮮一。

意味　大国を治めるのは、小魚を煮るようなものである。「小鮮」は小魚。

参考　小魚を煮る場合、急いで火を強くしたり、箸でかきまわしたりすれば煮崩れてしまう。大国を治める場合もそれと同じく、人民に干渉したりせず、無為自然の政治を行なうべきことを説く。

醍醐の上味、翻て毒薬と成る

出典　『続灯録』十二

原文　醍醐上味、翻成二毒薬一。

意味　醍醐の最上の味が、かえって毒薬になる。最上のものでも、用いる時期や程度を誤ればかえって害になるということ。「醍醐」は牛や羊の乳を精製して作った食品で、味の最高のものとされる。薬用などに用いられる。

参考　黄檗惟勝禅師のことば。

太山の高きは、一石に非ず。卑きを累ねて然る後に高し

出典　『晏子春秋』内篇諫下

原文　太山之高、非二一石一也。累レ卑然後高。

意味　太山のような高さも一つの石からなるのでは

ない。低い石を重ねてはじめて高くなるのである。「太山」は泰山。山東省中部に位置する名山。五岳の一つ。

参考 晏嬰が斉の景公に、臣下の些細な言説にも耳を傾けるよう諫言した折の一節。つまり、些細な事が重なって大きな事となることをいう。ちなみに、この前文には「升鼓の微（わずかな升の中身）を合せて以て倉廩（くら）に満ち、疏縷の綈（あらい横糸）を合せて以て帷幕（カーテン）を成す」とある。

太山の霤は石を穿ち、単極の綆は幹を断つ

出典 前漢、枚乗「上レ書諫二呉王一」

原文 太山之霤穿レ石、単極之綆断レ幹。

意味 泰山をしたたり落ちる水は石に穴をあけ、井戸のつるべを引き上げる縄は、長年使ってすりきれるころには井げたの木を断ち切る。「単極」は尽きる、限界までいく。「綆」はつるべにつける縄。「幹」は井げた、一説に「綆」をかける滑車の軸の部分。一回ごとの成果はわずかでも、積み重ねてゆくことにより大きな成果を得られるたとえ。

参考 羅大経『鶴林玉露』の「一日一銭、千日一千、縄木を鋸きて断ち、水石に滴りて穿つ」（その項参照）も同意。わが国では「雨垂れ石を穿つ」の形で使われることが多い。

太山は土壌を譲らず、故に能く其の大を成す。河海は細流を択ばず、故に能く其の深を就す

出典 『史記』李斯列伝

原文 太山不レ譲二土壌一、故能成二其大一。河海不レ択二細流一、故能就二其深一。

意味 太山は、どんな小さな土くれも倦むことなく受け入れてきたからこそ、あのように大きくなったのだし、黄河や海も、どんな小さな流れでも選り好みせずに受け入れたからこそ、あのように深くなりえたのである。「太山」は

参考 泰山。五岳の一つ。他国の者を秦から追放する令が出されたとき、その中に含まれていた李斯（人名略解参照）がさし出した「逐客上書」の中のことば。このことばの次に「王者は衆庶を卻けず、故に能く其の徳を明かにす」とある。

太山を挟みて以て北海を超ゆ

出典 『孟子』梁恵王・上

原文 挟二太山一以超二北海一。

意味 太山（泰山）を小脇にかかえて北海（渤海）をとび超える。人間の力では不可能なことのたとえ。

参考 「太山」は五岳の一つ、泰山のこと。「北海」は渤海のこと。いずれも斉の国内の地。孟子は、斉の宣王にできないこととしないことの違いについて説いた際、本条を前者の例として取り上げた。これにより、宣王が仁義の心を持つ王でないのは、なれないのではなく、なろうとしないのだと示唆した。

大匠屋を構うれば、必ず大材もて棟梁と為す

出典 西晋、傅玄『傅子』授職

原文 大匠構レ屋、必大材為二棟梁一。

意味 すぐれた大工が家を建てる時は、必ず立派な材木を棟木と梁にする。

参考 重要な地位につけるには、それにふさわしい人物を選ぶことをいう。さらにこの後に「小材もて榱橑と為す（小さめの材木をたるきにする）」とあり、人を用いる際には適材適所を心がけるようにという。

大匠は拙工の為に縄墨を改廃せず

出典 『孟子』尽心・上

原文 大匠不下為二拙工一改中廃縄墨上。

意味 大工の棟梁は、未熟な大工のために、墨縄を用いる方法を改めたり、廃したりはしない。

参考 君子の道をもう少し低めて到達しやすくはできないものか、という弟子の公孫丑に対し

た

て、小人にあわせてレベルを下げることはできないと孟子が答えた際のことば。

大上は徳を立つる有り。其の次は功を立つる有り。其の次は言を立つる有り

出典 『春秋左氏伝』襄公二十四年

原文 大上有レ立レ徳。其次有レ立レ功。其次有レ立レ言。

意味 最も優れた人は、一生涯で徳を確立した人である。その次には、功業をなしえた人である。その次には、後世まで伝わるような立派なことばを残した人である。

参考 「不朽」とはどういう意味かと問われた、魯の穆叔（叔孫豹）が、「三不朽」として挙げたことば。

大匠人に誨うるには、必ず規矩を以てす。学者も亦必ず規矩を以てす

出典 『孟子』告子・上

原文 大匠誨レ人、必以二規矩一。学者亦必以二規矩一。

意味 大工の棟梁は人に教える時、必ずコンパスとさしがねの使い方から始める。学ぶほうもまた、必ずその使い方を学び取ろうとしたものである。

参考 孟子は卑近な言を例として挙げ、道を学ぶ者は、仁義を眼目としなければならないことを、暗に示唆している。

大事を挙ぐる者は、小怨を忌まず

出典 『資治通鑑』漢紀・光武帝建武元年

原文 挙二大事一者、不レ忌二小怨一。

意味 大きな事業をなしとげようとする人間は、ささいな怨みごとに拘泥したりしない。遠大な目標のためには、個人的な感情に左右されることなく、人材を広く登用することが必要になってくるということ。

参考 光武帝（後漢の建国者）のことば。『後漢書』岑彭伝には、「大事を建つる者は、小怨を忌

まず」とある。

大成は欠けたるが若く、其の用は弊れず

出典　『老子』四十五章

原文　大成若レ欠、其用不レ弊。

意味　真に完成しているものは、一見欠けているように見えるが、その働きは衰えることがない。

参考　老子は常識的な価値観に対する批判をしばしば呈するが、これもその代表的な一文。また、「成」と「欠」とは対立するものと一般には考えられようが、無為の立場から見れば、必ずしも相反する概念とはならないのである。

大声は里耳に入らず

出典　『荘子』天地

原文　大声不レ入二於里耳一。

意味　偉大な雅楽は俗人の耳には受け入れられない。同様に真理を説く高尚なことばは世俗の人々には理解され難い。「大声」は古代の聖人が作ったとされる雅楽。「里耳」は俗な人間の耳。

参考　この後に「折楊・皇荂（俗な流行歌の名）には則ち嗑然（大口をあけて）として笑う。是の故に高言（高尚な真理のことば）は衆人の心に止まらず、至言（窮極の真理を説くことば）の出でざるは、俗言勝てばなり」と続く。類句に「陽春白雪（楚で最も高尚とされた曲）和する者少なし（宋玉「対楚王問」）」がある。

大智は智ならず、大勇は勇ならず、大謀は謀ならず、大利は利ならず

出典　『六韜』武韜・発啓

原文　大智不レ智、大謀不レ謀、大勇不レ勇、大利不レ利。

意味　大智のある人は、こざかしい知恵をめぐらさないので智者のようには見えず、大謀をいだく人は、小細工をしないのではかりごとのある人のようには見えず、大勇のある人は慎重

た

に事を行なうので勇気のある人のようには見えず、大利を獲得しようとする人は、目先の利益にとらわれないので、利を得ようとする人のようには見えない。

参考 『老子』四十一章の「上徳は俗の若く、太白は辱れたるが若く、広徳は足らざるが若し」（その項参照）、四十五章の「大直は屈するが若く、大巧は拙なるが若く、大弁は訥なるが若し」（その項参照）などに通じることばである。

大直は屈するが若く、大巧は拙なるが若く、大弁は訥なるが若し

出典 『老子』四十五章

原文 大直若レ屈、大巧若レ拙、大弁若レ訥。

意味 真にまっすぐなものは一見曲がっているように見え、真に巧みなものは一見下手なように見え、真に雄弁なものは一見訥弁のように見える。

参考 四十五章冒頭の「大成は欠けたるが若く、其の用は弊れず」（その項参照）と同じく、世俗的な価値判断を批判する逆説的な表現である。また、「直」と「屈」、「巧」と「拙」、「雄弁」と「訥弁」などを必ずしも対立した概念とはとらえない無為の見地に立っている。

大道廃れて仁義有り、智慧出でて大偽有り

出典 『老子』十八章

原文 大道廃有二仁義一、智慧出有二大偽一。

意味 大いなる道が廃れてしまったために、仁や義というものが説かれるようになり、こざかしい知恵が発達してきたために、大いなる偽りが生じるようになったのだ。

参考 無為自然の大いなる道が行なわれていた時代には、儒家のいうところの仁や義などは必要のなかったものであるとする、老子の儒家批判のことば。

大道は称せず、大弁は言わず、大仁は仁ならず

出典 『荘子』斉物論

原文 大道不レ称、大弁不レ言、大仁不レ仁。

意味 真の道は名付けられるものではなく、真の弁はことばによらないものであり、真の仁愛は目に見える形をとらない。窮極的な真なるものは概念によって規定・固定されず、いつも自由闊達な境地にあることをいう。

参考 この後に「大廉（真の謙譲）は嗛ならず（へりくだらない）、大勇（真の勇気）は忮わず（他者に害を与えない）」と続く。

大道は多岐を以て羊を亡がし、学者は多方を以て生を喪う

出典 『列子』説符

原文 大道以二多岐一亡レ羊、学者以二多方一喪レ生。

意味 大きな道は、岐れ路が多いことから、羊をとり逃がしてしまい、学問をする者は、やり方がいろいろ多いことから、根本の生き方がわからなくなってしまうのである。

参考 逃げた羊を追う者が、道がいくつにも分かれているためにとうとう羊を見失ってしまったという故事に基づく。ここから「多岐亡羊」の熟語も生まれた。

大徳は官せず、大道は器ならず、大信は約せず、大時は斉しからず

出典 『礼記』学記

原文 大徳不レ官、大道不レ器、大信不レ約、大時不レ斉。

意味 大いなる徳のある人は、一つの官職にとらわれず、大いなる道を得た人は、一つの才器にとどまらず、大いなる信義は約束によらず、大いなる時の流れは一様でなくかえって短く感じられる。

参考 これは、学問がすべての根本であることを論じた一節の中で語られることばであるが、一つに限定されないがゆえに万事を包括するという考え方は、その逆説的な論理とともに『老子』にも通じるものがある。

大風起こりて雲飛揚す、威 海内に加わりて故郷へ帰る

出典 前漢、劉邦「大風歌」

原文 大風起兮雲飛揚、威加二海内一兮帰二故郷一。

意味 大風が起こって雲は飛び舞い上がる。私の威光は全土に加わり、今この故郷に帰ったのである。「海内」は天下のこと。

参考 漢の高祖劉邦が天下を平定して故郷を通った時、昔なじみの人々を招いて酒宴を開いた。その時に自らうたった歌であると伝えられる。大風に吹かれて立ちのぼる雲に自分をたとえたものとも、また多くの人々が乱世に立ち上がったのをたとえたものとも解される。なお、この詩は全部で三句であり、この後に「安んぞ猛士を得て四方を守らん（どうにかして士を得て国を守りたい）」とある。

大富は命に由り、小富は勤に由る

出典 『女論語』営家

原文 大富由レ命、小富由レ勤。

意味 多大な富は天から授かった命とでもいうべきものであるが、小さな富は個人の勤勉さによって得ることのできるものである。

参考 人の努力によって、ある程度の富は手に入れることはできるのである。勤勉さが肝要であることを説く。

大弁は訥なるが若し

⇩大直は屈するが若く、大巧は拙なるが若く、大弁は訥なるが若し

大明には私照無く、至公には私親無し

出典 初唐、張蘊古「大宝箴」

原文 大明無二私照一、至公無二私親一。

意味 太陽のような大いに明らかなものは、どこか一部だけを片寄って照らすということはなく、このうえなく公平なものは、どれか一部の者だけを特別に親しくあつかうということ

た

はない。

参考 「大宝箴」は張蘊古が即位間もなかった唐の太宗に奉った文で、天子としての戒めを述べる。

高きに居れば常に欠くるを慮り、満を持すれば毎に盈つるを憂う

出典 南朝梁、簡文帝詩「蒙二華林園戒一」

原文 居レ高常慮レ欠、持レ満毎憂レ盈。

意味 高位におればいつも下の位に落ちることを心配し、十分に満ち足りた状態にあればいつも度を越してそこからあふれ出ることを心配する。

高きに升るには必ず下きよりするが若くし、遐きに陟るには必ず邇きよりするが若くす

出典 『書経』太甲・下

原文 若二升レ高必自一レ下、若二陟レ遐必自一レ邇。

意味 高い所に昇るのには必ず低い所から始めなければならないように、遠方へ行くには必ず近い所から始めなければならない。何事にも順序があるということ。

参考 名宰相伊尹（人名略解参照）が殷の王太甲をさとし王者の道を教えたことば。『中庸』に「君子の道は、辟えば遠きに行くに、必ず邇きよりするが如く、辟えば高きに登るに、必ず卑きよりするが如し」と見える。

高きは下きを以て基とし、洪は繊に由りて起こる

出典 西晋、張華「励レ志詩」

原文 高以レ下基、洪由レ繊起。

意味 高いものは低いものをもとにして成り、大きなものは小さなものから始まる。

参考 『老子』三十九章の、「高きは必ず下きを以て基と為す」をふまえたもの。この後は「川の広きは源に自り、人を成すは始めに在り」と続く。大なるものは、小さなものの積み重ねに

た

よって成っているように、徳の大成も幼い時からの小さなことの積み重ねであるということをたとえたもの。

高きは下きを以て基と為し、民は食を以て天と為す

出典 西晋、潘岳「藉田賦」

原文 高以レ下為レ基、民以レ食為レ天。

意味 高くて尊いものは低くて卑しいものを基本とし、人々は食べるということを天のように重要なことと考える。

参考 王として国家を治めるためには、基本的なところを大切にしていかねばならないことをいう。題の「藉田」は天子が穀物をつくる田畑であり、王自ら国の基本である農耕を行なうことをたたえた句である。

多岐亡羊

⇩大道は多岐を以て羊を亡がし、学者は多方を以て生を喪う

択言身に在る有る罔し

出典 『書経』呂刑

原文 罔レ有ニ択言在一レ身。

意味 身を慎んで不道徳な発言がないように努めなさい。

参考 周の穆王が古訓を引いて述べた一節。「択言」は善悪を選び分けるべきことばをいう。ここでは悪いことばの意。

濁水を観て清淵に迷えり

出典 『荘子』山木

原文 観ニ於濁水一而迷ニ於清淵一。

意味 濁った水ばかりを見ているうちに、それに目を奪われて清らかな水の淵を見失ってしまった。世俗的な欲望に心を奪われて、人間本来の清らかな生き方を見失うことのたとえ。

参考 荘子が、林の中で散策中に鵲に似た奇妙な鳥を目にして射落とそうとしたとき、一匹の蟬を螳螂がねらい、その螳螂を鵲がねらい、

その鵲を自分がねらっている。（自分をふくむ）すべてが己の利益だけを見てわが身のことを忘れている。かくして本来のあり方を忘れていることに愕然としてその場を逃げ去るが、その姿を林の番人が発見し、あやしみ詮議される身となる。これを振り返り、欲に目を奪われ無為自然の生き方を見失ってしまった己を反省するという説話の中のことば。

濁泉の水を飲まず、曲木の陰に息わず

出典　中唐、白居易詩「丘中有二一士一」其二

原文　不レ飲二濁泉水一、不レ息二曲木陰一。

意味　濁った泉の水は飲まないし、曲がった木の陰には休まない。高潔な人格をいうことば。

参考　詩題の「一士」は物欲がなく、平常心を保ち、義に合わないことは決してしない人物として詩中に描かれている。類句に「渇すれども盗泉の水を飲まず、熱けれども悪木の陰に息わず（陸機詩「猛虎行」）」（その項参照）がある。

沢雉は十歩に一啄し、百歩に一飲するも、樊中に畜わるるを蘄めず

出典　『荘子』養生主

原文　沢雉十歩一啄、百歩一飲、不レ蘄レ畜二乎樊中一。

意味　沢に住む雉は、十歩ほど歩いてやっと一つきの餌にありつき、百歩ほど歩いてやっと一口水を飲むことができるようなありさまだが、それでも籠の中で飼われることは望まない。「樊」は籠。「蘄」は願い求めるの意。

参考　一説に、右師という足切りの刑の受刑者が、自分の姿に驚く公文軒という男に、天の定めた運命の中を自由に生きる楽しさを語る説話の中のことばとされる。

多言すること無かれ、多事すること無かれ、多言は敗多し。多事は患い多し

出典 『孔子家語』観周

原文 無㆓多言㆒、多言多㆑敗。無㆓多事㆒、多事多㆑患。

意味 おしゃべりはいけない、口数が多いと失敗も多くなる。多くのことに手を出してはいけない、多くのことに手を出すと悩みや苦労も多くなる。

参考 孔子が周を訪れたときに、周の始祖とされる后稷の廟の前にあった銅像の背中に書いてあったことば。『顔氏家訓』省事にも同様に見える。

多言なれば数々窮す、中を守るに如かず

出典 『老子』五章

原文 多言数窮、不㆑如㆑守㆑中。

意味 おしゃべりはしばしばゆきづまるもので、無言を守ることには及ばない。作為を施せば施すほどゆきづまるということ。「中」はここでは虚無と解する。

参考 虚無なる天地のあり方そのままに、虚心で無言であることを最上とする。「多言は敗多し（『孔子家語』観周）」ということばが孔子のことばとして伝わる。

他山の石、以て玉を攻むべし

出典 『詩経』小雅・鶴鳴

原文 他山之石、可㆓以攻㆒㆑玉。

意味 他国の山の石でも、玉を磨くのに使うことができる。

参考 自国の者だけでなく他国の者も、たとえ身分が低くとも賢人であれば登用すべきであるという治国の策をたとえていう。転じて他人の誤った言行を自らの修養に役立てる意に用いられる。

多識は博学に由る

出典 北宋、欧陽脩詩「和㆘聖兪唐書局後叢莽中得㆓芸香一本㆒之作㆖用㆓其韻㆒」

原文 多識由㆓博学㆒。

意味 深くて広い知識は、はば博く学ぶことによっ

た

て得られる。

参考 題中の「唐書局」は唐代の史書である『新唐書』を編纂する役所。「聖兪」は梅尭臣で、欧陽脩は梅尭臣らとともに『新唐書』の編纂にあたっていた。

多情は却って似たり総て無情なるに

出典 晩唐、杜牧詩「贈レ別」其二

原文 多情却似総無情。

意味 情愛の深いのは、かえって愛情がないのに似ている。別れの悲しみでいっぱいになった心は、その悲しみをあらわすすべがないままに、一見薄情な心に似てしまう。

参考 親しい人の旅立ちにあたって贈った詩の一句。これに続けて「唯覚ゆ尊前（酒樽の前）笑いの成らざるを、蠟燭心有りて還た別れを惜しみ、人に替わりて涙を垂れて天明に到る（自分に代わってろうそくが夜明けまで涙を流している）」と詠じている。

戦いて勝つは易く、守りて勝つは難し

出典 『呉子』図国

原文 戦勝易、守勝難。

意味 戦って勝利するのは容易であるが、戦わずに守りぬいて勝利するのは難しい。

戦いは治気に在り、攻むるは意表に在り

出典 『尉繚子』十二陵

原文 戦在二於治気一、攻在二於意表一。

意味 戦いの要は、軍隊の士気を治めることにあり、攻撃の要は、不意をつくことにある。「治気」は、軍隊の士気を掌握すること。「意表」は、思いがけないこと。

参考 軍事における十二のポイントを列挙した章の一節。なお『孫子』軍争には、「善く兵（軍隊）を用うる者は、其の鋭気を避けて、其の惰帰（気のゆるみ）を撃つ、此れ気を治むる者な

り」とある。

戦いは必勝にあらざれば、以て戦いを言うべからず

出典 『尉繚子』攻権

原文 戦不二必勝一、不レ可二以言一レ戦。

意味 戦いは、必ず勝つという勝算なしには、これを口にしてはならない。戦争は、事前に敵方の勢力を調査し、勝算を得てから始めるべきである。

参考 尉繚は、この文の対として、「攻むるは必ず抜くにあらざれば、以て攻むると言うべからず」とも述べている。なお類似のことばには、「勝兵は先ず勝ちて、而る後に戦いを求む（『孫子』軍形）」（その項参照）がある。

戦えば必ず勝ち、攻むれば必ず取る

出典 『史記』高祖本紀

原文 戦必勝、攻必取。

意味 戦えば必ず敵に勝ち、城を攻めれば必ずこれをおとす。戦いにずばぬけて巧みな才をいう。

参考 漢の高祖劉邦が、韓信の軍事的才能をほめたことば。高祖は漢の三傑、蕭何・張良・韓信のそれぞれの功を挙げて、この三人をよく用いることができたことが、天下を取り得た所以であると言う。のち韓信は異姓の諸王を除く政策にあい、最後は呂后に殺された。

只錐頭の利を見て、鑿頭の方を見ず

出典 『龐居士語録』上

原文 只見二錐頭利一、不レ見二鑿頭方一。

意味 錐の先がとがっていることはわかっても、先が四角い鑿に別種の鋭さがあることはわかっていない。峻烈にすぎるさまをいう。「利」は鋭利、「方」は方形。

参考 長髭禅師が龐居士（唐の禅僧、龐蘊の通称）の宗風を評したことば。龐居士はこれに対し、「阿師は只鑿頭の方を見て、錐頭の利を見ず」と切り返している。

惟相思の春色に似たる有り、江南江北君が帰るを送る

出典 盛唐、王維詩「送三沈子福之二江東一」

原文 惟有三相思似二春色一、江南江北送二君帰一。

意味 ぼくが君を思う心はこの春の暖かな景色とどこか似ている。江南であれ江北であれどこまでも君の帰る旅を送っていくのだ。

参考 友人が「江東（長江下流域）」に帰るのを送る詩。「相思」は相手を思う心のこと。

多多益〻弁ず

出典 『漢書』韓信伝

原文 多多益弁耳。

意味 多ければ多いほどうまく処理し、使いこなすことができる。手腕や能力にゆとりがあり、仕事が多ければ多いほど都合がよいさまをいう。

参考 漢の高祖（劉邦）が、臣下の中で最強の将軍である韓信に「私はどれほどの兵数の軍の将となれるか」と聞いたところ、韓信は「十万の兵の将にはなれましょう」と答えた。さらに高祖が「では、君自身は」と聞くと、「多多益〻弁ず」と答えた。高祖が続けて「ではなぜ君は私の下にいるのか」とたずねると、韓信は「私は兵の上に立つことができるが、陛下は将の上に立つことができる」と答えた。なお、このことばは『史記』淮陰侯列伝では、「多多益〻善し」とする。

達士は弦の直きが如く、小人は鉤の曲がれるに似たり

出典 盛唐、杜甫詩「写レ懐」其一

原文 達士如二弦直一、小人似二鉤曲一。

意味 道理に通じた人物の心は弓の弦のようにまっすぐなのに対し、つまらない人物の心は釣り針のようにねじ曲がっている。「鉤」は釣り針。あるいは、物をひっかけるために先を曲げてある金具の総称。

参考 詩題の「写懐」とは心中の思いを書きしるすの

意。この詩では、世の曲直にかかわらぬことを詠じる。『後漢書』五行志に、順帝の時代の童謡として「直きこと弦の如くなれば道辺に死し、曲がれること鉤の如くなれば反って侯に封ぜらる」とあり、心の曲がった人物が出世してゆく時世が批判されている。

轡を急にして数〻策つ者は、千里の御に非ざるなり

出典 『淮南子』繆称訓

原文 急レ轡数策者、非二千里之御一也。

意味 手綱を引き締めて何度も馬を鞭打つ者は、千里の遠きを行く御者ではない。「轡」は手綱。「策」は鞭で馬を打つ。

参考 法令が苛酷であれば、かえって国家が危うくなることをたとえる。このほかにも繆称訓では、「城峭しければ必ず崩れ、岸崝しければ（険しい）必ず陀つ」「国を治むるは譬えば瑟を張るが若く、大絃組（きつく張る）なれば則ち小絃絶ゆ」などとたとえる。

楽しみて以て憂いを忘る

⇩憤りを発して食を忘れ、楽しみて以て憂いを忘れ、老いの将に至らんとするを知らず

楽しみは新しく相知るより楽しきは莫し

⇩悲しみは生きて別離するより悲しきは莫く、楽しみは新しく相知るより楽しきは莫し

楽しみ易き者は必ず哀しみ多く、軽がるしく施す者は必ず奪うことを好む

出典 『文中子』王道

原文 易レ楽者必多レ哀、軽施者必好レ奪。

意味 ちょっとしたことにも楽しみを見いだせる者は、それだけ感受性が豊かなわけだから、悲しむことも多いものだ。気軽に他人に与える者は、それだけ所有の観念がいいかげんだから、他人の物を奪うことにも抵抗を感じない

ものだ。

楽しみを為すは当に時に及ぶべし、何ぞ能く来茲を待たん

出典 後漢、無名氏詩「古詩十九首・生年不レ満レ百」

原文 為レ楽当レ及レ時、何能待二来茲一。

意味 楽しみを求めるのなら時を失わないようにするべきだ。どうして来年などというあてにならない時を待っておられようか。

参考 人生のうつろいやすさと青春の時の貴重さをうたう詩。この前に「昼短くして夜長きに苦しむ、何ぞ燭を秉って遊ばざる」とあり、この後に「愚者は費を愛惜し、但後世の嗤と為るのみ」とある。享楽主義を高らかに述べる。(『文選』所収)

恃むべからざる者は天なり、画るべからざる者は人なり

出典 南宋、楊万里『庸言』

原文 不レ可レ恃者天、不レ可レ画者人。

意味 たのんであてにすることができないのは天が与えてくれたものであり、限りがあるとあきらめてしまうことができないのは人自身の努力である。

参考 学者として鈍であるのは最も悪く、敏であるのが最も良いはずなのに、時として鈍である人のほうがすぐれているのは何故かという問いに対する答えである。

他の弓挽く莫れ、他の馬騎る莫れ

出典 『無門関』第四十五則

原文 他弓莫レ挽、他馬莫レ騎。

意味 他人の弓を引いてはいけない。他人の馬に乗ってはいけない。他人のことにむやみにかかわってはいけない、ということ。

卵を見て時夜を求め、弾を見て鴞炙を求む

出典 『荘子』斉物論

原文 見レ卵而求二時夜一、見レ弾而求二鴞炙一。

【意味】鶏の卵を見て暁を告げ知らせてくれることを期待し、鳥を射つ弾を見て焼き鳥を求める。気の早すぎることをいう。いわゆる「取らぬ狸の皮算用」。「時夜」は鶏が時を告げ知らせること。「鴞炙」は小鳩の焼き鳥。

【参考】聖人が道を実践するとはどういうことかわかったと言う孔子の弟子の瞿鵲子が、賢者の長梧子にその性急さをたしなめられたときのことば。瞿鵲子・長梧子ともに荘子の創作になる人名と思われる。

玉琢かざれば器と成らず、人学ばざれば道を知らず

【出典】『礼記』学記

【原文】玉不レ琢不レ成レ器、人不レ学不レ知レ道。

【意味】玉も磨かなければ美しい器にならないように、人も学問修養しなければ道理を会得することはできない。「琢」はつちやのみで玉を打って磨くこと。

【参考】このことばに続いて「古の王者、国を建て民に君たるには、教学を先と為す」とあり、学問・教育の大切さを説いている。

弾を見て鴞炙を求む

⇨卵を見て時夜を求め、弾を見て鴞炙を求む

民信無くんば立たず

【出典】『論語』顔淵

【原文】民無レ信不レ立。

【意味】人民の信頼がなければ、政治は成り立ってゆかない。「不立」は人民が自立しないと解する説もある。

【参考】以下の挿話をふまえる。子貢が孔子に、政治に関してたずねると、孔子は「食糧」「軍備」「人民の信頼」の重要性を説いた。さらに子貢が、このうちやむを得ず捨てなければならないとすれば、どれを除くべきかとたずねると、孔子は「軍備」と答えた。またさらに子貢が残りの二つのうちどちらかを捨てなければ

ならないとすれば、とたずねると、孔子は「食糧」と答えた。そしてことばを継いで、「昔から人は食糧があっても来るべき死をまぬがれない。しかし人民に信頼がないと政治が成り立たないのだ」と「信」の重要性を説いたのである。なお、この句の解釈として「人民に信義がなければ、人が人として成り立たない」と解することもできる。為政篇には「人にして信無くんば、其の可なることを知らざるなり」とある。

民の口を防ぐは、川を防ぐよりも甚だし

出典 『国語』周語・上

原文 防二民之口一、甚二於防一レ川。

意味 民衆の言論を抑圧するのは、川を塞ぐよりも危険である。川を治めるのに、川の流れを塞ぎとめれば、決壊した場合には多大の被害が出ることになる。滞りつかえたところを通して、水の流れを順調に導いてやるほうがよい。民衆を治めるのも同じで、自由に発言させたほうがよく、言論の断圧は国にとって危険だということ。

参考 周の厲王が、自らの悪口を言う者を断圧して、民衆の口を塞いでしまったことに対して、大臣の邵公が王を諫めたことば。『史記』周本紀には「民の口を防ぐは、水を防ぐよりも甚だし」とある。

民は君を以て心と為し、君は民を以て体と為す

出典 『礼記』緇衣

原文 民以レ君為レ心、君以レ民為レ体。

意味 人民は君主をわが心と思ってよりどころとし、君主も人民をわが身と思って大切にすべきである。

参考 『礼記』緇衣は、主として孔子の君子に対する政治や人民指導の教訓を記した篇であり、これもその一つ。

民は食を以て天と為す

出典 『漢書』酈食其伝

原文 民以レ食為レ天。

意味 民衆は食糧を最も重要なものとする。それがなくては生きてゆけないものである。

参考 この前に「王者は民を以て天と為し（王は民を天とみなし）」とある。『書経』舜典にも「王政は食を以て首と為す」とある。王にとって民が天であり、民にとって食が天であれば、「食」こそ「天の天」になる。為政者が国をよく治めるためには、まずそこに注意を払わなければならないことをいう。

民を治むるは病を治むるが如し

出典 『宋名臣言行録』参政欧陽文忠公脩

原文 治レ民如レ治レ病。

意味 人民を治めるということは、医者が患者の病気を治療するのと同じである。医者は、どんなに見かけが立派であっても病気を治せなければ意味がない。それと同じく為政者も、どんなに吏才があろうが実際に人民の役に立たなければ意味がないということ。

参考 北宋を代表する文人政治家欧陽脩（人名略解参照）が、人に示したことば。

民を貴しと為し、社稷之に次ぎ、君を軽しと為す

出典 『孟子』尽心・下

原文 民為レ貴、社稷次レ之、君為レ軽。

意味 国家においては、人民が最も貴重であり、土穀の神がその次で、君主は一番軽いものとする。「社」は土地の神、「稷」は穀物の神の意。「社稷」で国家のことをいう。

参考 君主の心得として、人民こそ最重要であると説く孟子のことば。『老子』第七十八章の「国の垢を受くる、是を社稷の主と謂い、国の不祥を受くる、是を天下の王と謂う（国の汚染を引き受けるものを国家の主と言い、国の不幸を引き受けるものを天下の王と言う）」と

いう一節を思い起こさせることばである。

足るを知れば辱められず、止まるを知れば殆からず

出典 『老子』四十四章

原文 知レ足不レ辱、知レ止不レ殆。

意味 足ることを知っていれば、辱められることもない。止まることを知っていれば、危ない目に遭うこともない。

参考 老子は「足るを知る」「止まるを知る」ことの重要性を強調する。上の句には、「足るを知る者は富む」（三十三章）、「足るを知りて之足れば、常に足る」（四十六章）、下の句には、「止まるを知るは、殆からざる所以なり」（三十二章）といった同趣旨の表現がある。「足るを知る」から「知足」という熟語が生じた。

断金の交わり

⇩二人心を同じくすれば、其の利きこと金を断つ

短綆は以て深井の泉を汲むべからず

出典 『荀子』栄辱

原文 短綆不レ可三以汲二深井之泉一。

意味 短いつるべでは深い井戸の水を汲むことはできない。「綆」はつるべなわ。

参考 聖人の言行は、深い思慮の結果であり、浅い考えからはうかがい知ることができないものであるということのたとえ。『荘子』至楽には「綆の短きは以て深きを汲むべからず」とある。

断じて敢行すれば、鬼神も之を避く

出典 『史記』李斯列伝

原文 断而敢行、鬼神避レ之。

意味 断固たる決意で行動すれば、鬼神でさえこれを避け、必ず良い結果をもたらす。

参考 始皇帝が巡幸の途中で崩御したとき、宦官の趙高が、公子胡亥を説得して言ったことば。皇帝の遺勅は長子扶蘇を太子に立てるという

ものであったが、扶蘇をさしおいて、胡亥に太子になるようそそのかしたのである。扶蘇には死を賜る改竄した始皇帝の書翰を送り、死に至らしめた。

男児は意気を重んず、何ぞ銭刀を用いるを為さん

出典　前漢、卓文君「白頭吟」

原文　男児重㆓意気㆒、何用㆓銭刀㆒為。

意味　男というものは意気を重んじるもので、どうして金銭などを用いる必要があろうか。「銭刀」はぜに、銭貨。

参考　「白頭吟」は司馬相如の妻、卓文君の作と伝えられる。卓文君の夫である司馬相如が他の女を妾としようとしたため、この詩を作って離婚の意を示したものとされる。自分の身は山上の雪のように潔白であるのに、夫がそのような行為をとろうとしていることに対する悲しみを述べた上で、「願わくは一心の人を得、白頭まで相離れざらん」と胸中を言い、男子たるものは、人との交わりにおいて、金銭などではなく、意気を重んじるはずだという思いをうたった。この詩によって、相如はその女を招くのを思いとどまったという。

男児当に死中に生を求むべし

出典　『後漢書』公孫述伝

原文　男児当㆓死中求㆒㆑生。

意味　男たるもの、絶体絶命の危機に直面しようとも、最後まであきらめずに、何としても生きのびるための手段を講じなければならない。

参考　この後に「坐して窮すべけんや」と続く。危機に陥った公孫述（後漢初期の群勇の一人。光武帝に滅ぼされた）に、臣下の延岑が言ったことば。

単辞を明清にせよ

出典　『書経』呂刑

原文　明㆓清于単辞㆒。

意味　裁判で一方からの言い分を聞く場合は、真偽

を十分に明らかにして臨む必要がある。

参考 公平さを期すためには真偽を明らかにすることが最も大切であると述べる。「単辞」は片方のことば。一方だけの言い分で証拠にならないことばをいう。周の穆王のことば。

丹青もて写し難きは是精神

出典 北宋、王安石詩「読史」

原文 丹青難レ写是精神。

意味 絵の具を使っても描写しにくいのは人の精神である。

参考 この詩は歴史書についての批評である。この句の前に「糟粕伝える所は粋美に非ず」とある。今では、文学作品などで、外面を描くことはできても内面の描写にまで及んでいないことを批評する意味で使われる。

胆大心小

⇩胆は大ならんことを欲し、心は小ならんことを欲す。智は円ならんことを欲し、行ないは方ならんことを欲す

短長肥痩各々態あり、玉環飛燕誰か敢えて憎まん

出典 北宋、蘇軾詩「孫莘老求二墨妙亭詩一」

原文 短長肥痩各有レ態、玉環飛燕誰敢憎。

意味 美人にも、背の低い人や高い人、ふっくらとした人や痩せた人というように、それぞれの姿がある。ふっくらとした楊貴妃と痩せた趙飛燕と、誰がいずれかを美しくないといって嫌おうか。

参考 「杜陵（杜甫）書を評して痩硬を貴ぶ、此の論未だ公ならず吾は憑らず」に続く詩句である。楊貴妃や趙飛燕が対照的であるように美人にもさまざまなタイプがある。同様に、書にもさまざまなタイプがあるのであり、杜甫が書を評論して痩せた硬い（字体が細くつよい）書のみを貴んだが、それには賛同しないというのである。

胆は大ならんことを欲し、心は小ならんことを欲す。智は円ならんことを欲し、行ないは方ならんことを欲す

出典 『新唐書』隠逸・遜思邈伝

原文 胆欲レ大、而心欲レ小。智欲レ円、而行欲レ方。

意味 心のもちようとしては、度胸は大きくもち、注意は細かくするのがよい。また、知恵は円満で融通がきくほうがよく、行動は品行方正で厳格なほうがよい。

参考 盧照鄰（初唐の詩人。初唐の四傑の一人）に答えた遜思邈（唐の医者）のことば。このことばは、朱熹が『近思録』巻二、『小学』嘉言の中で引用している。前半の句は四字熟語として「胆大心小」の形で用いられる。後半の句は『淮南子』主術訓にも見える。

丹は磨くべきも赤きを奪うべからず

⇩石は破るべきも堅きを奪うべからず、丹は磨くべきも赤きを奪うべからず

貪夫は財に徇じ、烈士は名に徇ず

出典 『史記』屈原・賈生列伝

原文 貪夫徇レ財兮、烈士徇レ名。

意味 貪欲な人間は財産のために命を投げ出し、節義を守る人間は名誉のために命を投げ出す。

参考 賈生（賈誼）（人名略解参照）が左遷されて、長沙王の太傅であったときに作った「鵩鳥の賦」の中にみえることば。この賦は『漢書』賈誼伝、『文選』巻十三にもおさめられている。『荘子』駢拇篇には「小人は則ち身を以て利に殉じ、士は則ち身を以て名に殉ず」とある。

ち

智慧出でて大偽有り

⇩大道廃れて仁義有り、智慧出でて大偽有り

智円行方

⇩智は員ならんことを欲し、行ないは方ならんことを欲す

近きを釈てて遠きを謀る者は、労して功無し。遠きを釈てて近きを謀る者は、佚して終わり有り

出典 『三略』下略

原文 釈レ近謀レ遠者、労而無レ功。釈レ遠謀レ近者、佚而有レ終。

意味 身近な問題を顧みないで遠く離れた問題に頭を悩ますものは、労多くして効果があがらない。遠い所のことには手をつけず、身近な問題を考えて対処していくものは、安楽に成果をあげられる。

参考 「佚」は安楽、気楽。この後に「佚政には忠臣多く、労政には怨民多し」と続く。

近きを貪る者は則ち遠きを遺し、利に溺るる者は則ち名を傷つく

出典 『晋書』宣帝紀

原文 貪二於近一者則遺レ遠、溺二於利一者則傷レ名。

意味 眼前にある利を追う者は、遠い将来に得られるものを失ってしまうだろうし、利益を求めそれに溺れる者は、自分の名（名誉）を汚す。

力は貧に勝ち、慎みは禍に勝つ

出典 『論衡』命禄

原文 力勝レ貧、慎勝レ禍。

意味 努力は貧困を打ち破り、慎重であることは災難を遠ざける。「力」は精を出して仕事に励むこと。

ち

参考　『説苑』説叢篇に「力は貧に勝ち、謹みは禍に勝ち、慎みは害に勝ち、戒めは災いに勝ち……」という同趣旨のことばがある。「力は貧に勝つ」は「稼ぐに追いつく貧乏なし」ということ。

力山を抜き気は世を蓋う

出典　秦、項籍「垓下歌」

原文　力抜ㇾ山兮気蓋ㇾ世。

意味　わが力は山を引き抜くほどもあり、気力は天下を蓋うに足る。並外れた力と意気のあるさま。

参考　詩は以下「時利あらず騅逝かず、騅の逝かざる奈何すべき、虞や虞や若を奈何せん」と続く。一時は天下の覇者として、まさに山を引き抜き、天下を蓋い尽くすほどの並外れた力と意気を見せた楚の項羽も、時勢に利を失い、漢の劉邦によって垓下の地に追いつめられる。項羽の軍を完全に方囲した漢軍の陣から、ある夜故郷の楚の歌が流れるのを聞いて、故郷はすでに漢の手に落ちたものと思い込み、項羽は寵姫虞美人（美人は妃の位の一つ）を伴い最後の宴を開く。そこで天運尽きた自らを思い、悲歌忼慨（心を激しくたかぶらせて悲しげに歌う）して作った詩がこれであるという。『史記』項羽本紀のこのくだりは人口に膾炙し、本項の句から「抜山蓋世」の成語が生まれた。また、孤立無援の意の成語「四面楚歌」もこのくだりから生まれた。そのくだりを以下に挙げる。

項王の軍、垓下に壁す。兵少なく食尽く。漢の軍及び諸侯の兵之を囲むこと数重。夜、漢の軍の四面皆楚歌するを聞き、項王乃ち大いに驚きて曰く、漢、皆已に楚を得たるか。是何ぞ楚人の多きや、と。項王則ち夜起ちて帳中に飲す。美人有り、名は虞、常に幸せられて従う。駿馬有り、名は騅、常に之に騎す。是に於いて、項王乃ち悲歌忼慨し、自ら詩を為りて曰く、

力山を抜き気は世を蓋う
時利あらず騅逝かず
騅の逝かざる奈何すべき
虞や虞や若を奈何せん

歌うこと数闋。美人之に和す。項王、泣数行下る。左右皆泣き、能く仰ぎ視るもの莫し。

逐鹿

⇩中原に還た鹿を逐う

知行合一

⇩知は行の始め、行は知の成れるなり

知者は動き、仁者は静かなり

出典 『論語』雍也

原文 知者動、仁者静。

意味 知者は自ら積極的に物事に対処するので動的であり、仁者はゆったりと動じないので静的である。

参考 孔子は、知者と仁者をそれぞれ水と山とにたとえて、「知者は水を楽しみ、仁者は山を楽しむ」（その項参照）という。

知者は楽しみ、仁者は寿し

出典 『論語』雍也

原文 知者楽、仁者寿。

意味 知者は世の変化に対し思い通りに身を処することができるので人生を楽しみ、仁者は心が静かで落ち着いているので長生きする。

参考 「知者は水を楽しみ、仁者は山を楽しむ」の項参照。

知者は惑わず、仁者は憂えず、勇者は懼れず

出典 『論語』子罕

原文 知者不レ惑、仁者不レ憂、勇者不レ懼。

意味 知者は（道理に通じているので）事にあたって迷わない。仁者は（人を大切に思いやり）くよくよと心配することがない。勇者は（正義を貫くに十分な信念をもっているので）行

参考 動するにあたってこわがらない。『中庸』では、この「知」「仁」「勇」の三つを「三達徳」として、修めなければならない徳と説く。なお、『論語』憲問篇には「仁者は憂えず、知者は惑わず、勇者は懼れず」と見える。

知者は水を楽しみ、仁者は山を楽しむ

出典 『論語』雍也

原文 知者楽㆑水、仁者楽㆑山。

意味 知者は水を喜び、仁者は山を喜ぶ。孔子は、知者と仁者との境地を水と山にたとえる。知者は、水が絶えず流れてゆくように、巧みに才知をめぐらせている。ゆえに水を愛する。仁者は、山が泰然自若として動かぬながらも万物を生育するように、悠然と落ち着いている。ゆえに山を愛する。

参考 これに続けて次のように言う。「知者は動き、仁者は静かなり」「知者は楽しみ、仁者は寿し」（それぞれの項参照）。

智者は未萌に見る

⇩愚者は成事に闇く、智者は未萌に見る

智者も千慮に必ず一失有り、愚者も千慮に必ず一得有り

出典 『史記』淮陰侯列伝

原文 智者千慮必有㆓一失㆒、愚者千慮必有㆓一得㆒。

意味 どんな知恵者でも、必ず千に一つは考え損ないはあり、いくら愚かな者であっても、千に一つくらいはよい考えを出すものだ。

参考 このことばの後に「狂夫の言も、聖人焉を択る」とあることから、このことばの眼目が、後者の「愚者も千慮に必ず一得有り」にあることがわかる。趙に仕え、広武君に封ぜられていた李左車のことば。このとき李左車は「背水の陣」によって、趙の大軍を下した韓信の捕虜であった。韓信の問いかけに対して、愚者の考えであるが、と言って燕・斉の攻略の策を述べる。韓信はその策により、燕・斉の諸

城をおとすことを得た。なお、『晏子春秋』内篇・雑下に「聖人の千慮にも必ず一失有り、愚人の千慮にも必ず一得有り」とある。「千慮の一失」「千慮の一得」の熟語はこれらを典拠とする。

知足

⇩足るを知れば辱められず、止まるを知れば殆からず

父父たらずと雖も、子は以て子たらざるべからず

出典 前漢、孔安国「古文孝経序」

原文 父雖レ不レ父、子不レ可ニ以不一レ子。

意味 父親が父親としての道を尽くさなかったとしても、子供は子供としての道を行なわなければならない。

参考 孔安国作と伝えられるが、のちの時代の人が託して書いたともいわれる。このことばの前には「君君たらずと雖も、臣以て臣たらざるべからず」（その項参照）とある。

父に争子有れば、則ち身不義に陥らず

出典 『孝経』諫争

原文 父有ニ争子一、則身不レ陥ニ於不義一。

意味 過失を犯したときに、直言して諫めてくれる子供がいるなら、その父親が道から外れるようなことはない。

参考 続いて「故に不義に当たりては、則ち子以て父を争めざるべからず」という。『荀子』子道には「父に争子有れば、無礼を行なわず」とあり、『孔子家語』三恕には「父に争子有れば、無礼に陥らず」とある。

池塘春草生じ、園柳鳴禽変ず

出典 南朝宋、謝霊運詩「登ニ池上楼一」

原文 池塘生ニ春草一、園柳変ニ鳴禽一。

意味 池のつつみには春の草が萌え出し、庭園の柳では鳥の鳴き声もすっかり春らしくなった。

参考 風光明媚な南国永嘉（現浙江省温州）に左遷された作者が、病臥するままに季節のうつろいを知らず、気付いてみると景色はすっかり初春のものとなっていた。その景をうたった句である。「池塘春草生じ」の句は、苦吟の末に寝入った夢の中で、従弟謝恵連に会って浮かんだので、自分の創作というより神のしわざによると自慢したという。（『南史』「謝方明伝」）

知の難きに非ず、知を処すること則ち難きなり

出典 『韓非子』説難

原文 非㆓知之難㆒也、処㆑知則難也。

意味 わかることが難しいのではなく、わかったことをどう処理するかが難しいのである。

参考 これは『史記』韓非列伝にも引かれる。また、『春秋左氏伝』昭公十年には、「知の実に難きに非ずして、将に之を行なうに在らん」という類句が見える。

知の難きは、人を見るに在らずして、自ら見るに在り

出典 『韓非子』喩老

原文 知之難、不㆑在㆑見㆑人、在㆓自見㆒。

意味 知ることの難しさは、他人を見ることにあるのではなく、自己を見ることにある。他人のことはよく見えても、自分のことは見落としがちである。

参考 これを比喩して『韓非子』は、「能く百歩の外を見て、自ら其の睫（まつげ）を見る能わず」という。つまり、遠くは見えても自分のまつげを見ることはできないのである。なお、これは『老子』三十三章の「人を知る者は智、自ら知る者は明」という一文の解説にもなっている。

地の利は人の和に如かず

⇩天の時は地の利に如かず。地の利は人の和に如かず

知は疑わしきを棄つるより大なるは莫く、行は過ち無きより大なるは莫く、事は悔い無きより大なるは莫し

出典 『荀子』議兵

原文 知莫レ大ニ乎棄レ疑、行莫レ大ニ乎無レ過、事莫レ大ニ乎無レ悔。

意味 知（知識）は疑わしいことをなくすことが最も肝要であり、行（行為）は過失をなくすことが最も肝要であり、事（物事）は後悔のないようにすることが肝要である。

参考 趙の孝成王（紀元前二六五年即位）と臨武君（一説には楚の将であるとされるが詳細は不明）から、「将軍とはどうあるべきか」と問われた際の荀子の返答の一節。

智は員ならんことを欲して、行ないは方ならんことを欲す

出典 『淮南子』主術訓

原文 智欲レ員、而行欲レ方。

意味 知恵は円のようにめぐって尽きることがないようにしたい。行動は方正厳格でありたい。「員」は「円」に通じ、めぐりめぐって尽きぬこと。「方」は方正であること。

参考 「心は小ならんことを欲して、志は大ならんことを欲す」（その項参照）に続くことば。四字熟語「智円行方」の典拠。

知は行の始め、行は知の成れるなり

出典 『伝習録』上・五

原文 知者行之始、行者知之成。

意味 知ること（認識）は行なうこと（実践）の始めであり、実践することによって認識は完成する。「知」と「行」は一つの事柄の始めと終わりを言うことばであって、別個のものをさすのではない、ということ。

参考 『伝習録』上・二十七条にも見える。王陽明のことば。朱子学の「先知後行説」が実践よりも

認識を重視するのに対して、「知行合一」は陽明学の基本的立場の一つで、認識は実践や経験を通じて獲得されるという見地から、認識と実践を一致させる必要を説く。

蹠馬は車を破り、悪婦は家を破る

出典 先秦、無名氏「易緯引古語」

原文 蹠馬破レ車、悪婦破レ家。

意味 つまずいて倒れるような馬は車を壊し、悪い妻は家庭を壊す。「蹠」はつまずき倒れること。「蹠馬」は疲れて走れない馬をいう。

参考 このことばは、『古詩源』に、「易」の緯書の中に引く古い語として載せられている。

智は人を知るより難きは莫し

出典 『孔子家語』弟子行

原文 智莫レ難二於知一レ人。

意味 物事を知り分けることの中で、人を見極めることよりも難しいことはない。

参考 孔子の門弟の中でだれが賢者かとたずねられた子貢が、答えに引用した諺。

知命

⇨五十にして天命を知る

中原に鹿を逐う

⇨中原に還た鹿を逐う

忠言は耳に逆らう

⇨良薬は口に苦けれども、唯病む者のみ能く之を甘しとす。忠言は耳に逆らえども、唯達する者のみ能く之を受く

中原に還た鹿を逐う

出典 初唐、魏徴詩「述懐」

原文 中原還逐レ鹿。

意味 中国全土がまた乱れ、帝位をめぐって争う。

参考 魏徴が皇帝（太宗）に敵対する勢力の残党を宣撫するために函谷関を出る際にその感慨を述べた詩。「中原」は中国の政治・文化の中心

である黄河流域の平原、ここでは中国全土を指す。「鹿」は帝王の位のたとえで、『史記』淮陰侯伝に「秦其の鹿を失い、天下共に之を逐う」とあるのによる。この次の句は「筆を投じて戎軒を事とす」とあり、乱世のこの時代、私も筆をすてて戦闘に加わったという意味である。男子の本懐をとげようという気概を述べた詩句である。単に「中原に鹿を逐う」と使い、地位や政権を争う意にもいう。同じ意味で、「逐鹿」とも。

籌策を帷帳の中に運らし、勝ちを千里の外に決す

出典　『史記』高祖本紀

原文　運二籌策帷帳之中一、決二勝於千里之外一。

意味　陣営のとばりの中で計略をねり、千里も離れたところでの勝利を手に入れる。

参考　漢の高祖劉邦が、軍師張良子房を評したことば。この後、蕭何の国を鎮め百姓をなつけ、糧道を絶やさなかった功を挙げ、続いて「戦えば必ず勝ち、攻むれば必ず取る」（その項参照）と韓信の軍事的才能をほめ、この漢の三傑をよく用いることができたことが自分が天下を取り得た所以であると言う。『漢書』高帝紀では「籌を帷幄の中に運らし、勝ちを千里の外に決す」とある。

忠臣と孝子とは、昭昭の為に節を変えず、冥冥の為に行に惰らず

出典　『列女伝』仁智伝・衛霊夫人

原文　忠臣与二孝子一、不下為二昭昭一変上節、不下為二冥冥一惰上行。

意味　忠義の臣や孝行な子は、人前だからといって節操を変えて忠孝の行ないに励むということはしない。また、人目がないからといって忠孝の行ないを怠るということもしない。「昭昭」は明らかなさま、ここでは人前。「冥冥」は暗いさま、ここでは人目がないところ。

参考　春秋時代、衛の霊公がある夜、夫人と対座していた時、外で車の音が聞こえた。車の音は

宮殿の前でいったんとまり、しばらくしてから立ち去っていった。霊公が夫人に車の主をたずねたところ、蘧白玉の名を挙げた。霊公がその理由を問うと、夫人は『礼記』中の「公門に下り、路馬に式す（君主の門前では馬車を降り、車の中で君主の馬に遇えば車の横木に手をのせ敬礼する）」ということばを示して、忠臣や孝子は人が見ているか否かによってその行ないを変えることはないと答えた。さて、霊公が車の主を確かめさせたところ、はたして蘧白玉であったという故事に基づく。

忠臣は二君に事えず、烈女は二夫を更えず

出典 『小学』明倫

原文 忠臣不ㇾ事二二君一、烈女不ㇾ更二二夫一。

意味 忠義な臣下は二人の君子に仕えることはしない、また節操のある女性は二人の夫に仕えることはしない。

参考 『史記』田単列伝に見える王蠋のことば。『史記』では下の句は「貞女は二夫を更えず」（その項参照）となっている。この条の真意は、二君に仕えたから忠臣ではなく、二夫に仕えたから節操のない女性であるということを意味しているのではなく、初めに仕えた者への献身的な態度や心をもって次に仕える者に接することは困難であろうというところにある。

忠臣を求むるは、必ず孝子の門に於いてす

出典 『後漢書』韋彪伝

原文 求二忠臣一、必於二孝子之門一。

意味 忠義な家臣を得たいならば、よく親に孝を尽くす子のいる家でさがさねばならない。

参考 孔子のことばとして引用されており、この前の「親に事うるに孝。故に忠をば君に移す可し」から続く。父母に対する孝行の心を主君に移しかえると、それこそが忠義になるから、親孝行な者は主君にも忠義を尽くすとい

うこと。

忠は危うきを避けず、愛は悪言無し

出典 『晏子春秋』外篇重而異者

原文 忠不レ避レ危、愛無二悪言一。

意味 誠を尽くす際には身の危険をかえりみることはなく、愛する際には相手への悪口は出てこないものである。

参考 晏嬰が斉の景公にとって不愉快なことばを伝えたところ、景公はひどく立腹した。その折に晏嬰が述べたことばの一節。「良薬は口に苦けれども病に利あり、忠言は耳に逆らえども行ないに利あり（『説苑』正諫）」（その項参照）ともある通り、とかく忠告や諫言は素直に受けいれられないものである。

長安一片の月、万戸衣を擣つの声

出典 盛唐、李白詩「子夜呉歌」其三

原文 長安一片月、万古擣レ衣声。

意味 都長安の夜空には、一片の月がさえわたり、家々からはきぬたを打つ音が聞こえてくる。

参考 この詩は、遠征のため辺境の地にある夫を思慕する妻の情を詠んだもの。「衣を擣つ」とは、布地を木の棒などで打ちやわらげ仕立てやすくすること。砧を打つこと、「声」とは砧の音。秋の夜の風物で、冬着の準備をしていることを表わす。「子夜呉歌」は晋の頃に呉（江蘇省）の子夜という女性が作ったといわれる歌謡の名。たいへん哀調を帯びていて流行し、後世その曲にならって作ったものを「子夜歌」といい、春夏秋冬の四季にあわせて作ったので「子夜四時歌」ともいう。楽府題の一つ。李白の詩も春夏秋冬の四首あり、これは秋の歌。

朝雲暮雨

⇩旦には朝雲と為り、暮れには行雨と為る

朝霞には門を出でず、暮霞には千里を行く

ち

出典 南宋、范成大詩「暁発二飛烏一」

原文 朝霞不レ出レ門、暮霞行二千里一。

意味 雨の前兆である朝焼けの日には外出せず、晴天の前兆である夕焼けの翌日には遠出をする。晴雨に関する俗信を范成大が自らの詩に引用したもの。

参考 詩題に「晨に霞天に満つるに、少頃して大いに雨ふる。呉の諺に云う、朝霞には門を出でず、暮霞には千里を行くと。之を験すること信に然り。戯れに其の事を紀す」と記し、詩の本文の冒頭に再びこの諺を掲げている。

朝華の草は、夕べにして零落す、松柏の茂るは、隆寒なるも衰えず

出典 『三国史』魏書・王昶伝

原文 朝華之草、夕而零落、松柏之茂、隆寒不レ衰。

意味 朝に花の咲く草木は、夕方にはその花は枯れて散ってしまう。一方、常緑樹である松や柏（ヒノキの類）は、厳しい寒さの中でも、その葉の青さが色あせることはない。はやくできあがったものは滅びるのも早く、時間をかけてできあがったものは、終わりも立派だということ。

参考 この前に、「物速やかに成れば則ち疾く亡び、晩く就れば則ち善く終わる」という。

朝華を已に披けるに謝り、夕秀を未だ振かざるに啓く

出典 西晋、陸機「文賦」

原文 謝二朝華於已披一、啓二夕秀於未レ振。

意味 開いてしまった朝の花はあっさりと捨てて、まだ開かない夕べの花を開かせる。文学作品の構想を練るようすをいう。

参考 この前に「百世の闕文を収め、千載の遺韻を採る（今まで誰も用いなかったことばとひびきを集めたくわえる）」とあるのを受けた比喩。先人の発想（朝華）を捨てて、独創的なもの（夕秀）を求めることをいう。「文の賦」は文章の創造について述べたものであり、文章の内容・独創性の大切さを主張する。

朝気は鋭く、昼気は惰り、暮気は帰る

出典 『孫子』軍争

原文 朝気鋭、昼気惰、暮気帰。

意味 軍隊において、朝は鋭気がみなぎっており、昼は気力がゆるみはじめ、日暮れには気力がなくなって休息のために帰る。

参考 これに続けて「善く兵を用うる者は、其の鋭気を避けて其の惰帰を撃つ」という。つまり敵を攻める時には、気力の充実している朝は避け、気力のゆるんだ頃合いを狙うのがよいと説く。

朝菌は晦朔を知らず、蟪蛄は春秋を知らず

出典 『荘子』逍遥遊

原文 朝菌不レ知二晦朔一、蟪蛄不レ知二春秋一。

意味 朝生えて夕暮には枯れてしまうきのこは、夜や明け方を知らず、蟬はひと夏の命なので春や秋を知らない。狭い知識では広い知識を理解できず、短い寿命は長い寿命に及ばないことのたとえ。「朝菌」は朝生えて日に当たると枯れるきのこ。「蟪蛄」は蟬の類。

参考 『荘子』冒頭の有名な大鵬（想像上のおおとり）の飛翔の説話の中に見えることば。常識的世界を超越して九万里の高みに舞い上がる大鵬の行動を理解できずに笑う蜩や小鳩に対し、「小知は大知に及ばず、小年（短い寿命）は大年（長寿）に及ばず。奚を以て其の然るを知るや」と述べ、その例として引かれる。

朝三暮四

⇩朝は三つにして暮れに四つにす。朝は四つにして暮れに三つにす

長袖は善く舞い、多銭は善く賈う

出典 『韓非子』五蠹

原文 長袖善舞、多銭善賈。

意味　長い袖の服を着れば上手に舞うことができ、たくさんお金を持っていれば十分に買いものができる。すなわち「備え有れば患い無し（『書経』説命・中）」（その項参照）ということ。

参考　続けて「此れは多資の工を為し易きを言うなり」とある。元手が多ければ事を成しやすいというのである。ここでは、強国（元手がある）の策謀は成功しやすいことをいう。

貂足らず、狗尾続ぐ

出典　『晋書』趙王倫伝

原文　貂不レ足、狗尾続。

意味　冠の飾りに用いる貂（獣の名）の尾が足りないので、犬の尾で飾った冠が続く。高官になるだけの立派な人のあとに、つまらない者までも続いて爵位を得ることをいう。

参考　晋の趙王倫の一族がみな高位高官に就き、その下僕に至るまで爵位を得たありさまを世人が評したことば。「続貂」「狗尾続貂」ともいう。

朝朝花は遷り落ち、歳歳人は移り改まる

出典　唐、寒山詩

原文　朝朝花遷落、歳歳人移改。

意味　毎日毎日、花はうつろって散り落ち、毎年毎年、人もうつりかわっていく。

参考　花も人も時の流れの中で散り死んでいくことをうたった詩。なお、寒山は唐の伝説的詩僧で、拾得とともに天台山国清寺に住し、その挙動すこぶる奇嬌であったという。

刁刀相似たり、魯魚参差たり

出典　『雪竇録』三

原文　刁刀相似、魯魚参差。

意味　刁と刀とはよく似た形である。魯と魚も区別しにくい文字である。

参考　互いに似たもの同士でも、実は違うものであることのたとえ。「刁」は昼は鍋として、夜は打ち鳴らして陣の警戒に用いた銅器。「参差」

は入りまじるの意。類句に「魯魚烏焉の誤り」「魯魚亥豕の誤り」などがある。

長を挟まず、貴を挟まず、兄弟を挟まずして友とす

出典 『孟子』万章・下

原文 不レ挾レ長、不レ挾レ貴、不レ挾二兄弟一而友。

意味 自分のほうが年長であることや、自分のほうが身分が高いことや、立派な兄弟がいるということなどをたのみにすることなく、友人と交わるのがよい。

参考 弟子の万章に「友と交わる道」について問われ、孟子が答えたことば。この後に「友とは其の徳を友とするなり。以て挟むこと有るべからざるなり」と続く。孟子は、友と交わるということは、何かをたのみにするのではなく、その人の徳を友とするのであると説く。

直言の路開かば、則ち四方の衆賢は千里を遠しとせず

出典 『漢書』谷永伝

原文 直言之路開、則四方衆賢不レ遠二千里一。

意味 はばからずに何でも思ったことを言える環境ができていれば、世の中の賢人たちは、どんな遠くからでもそこに集まってくるだろう。人の上に立つ者は、聞きづらい意見にも耳を傾けることが大事である。

直木に恬翼有り、静流に躁鱗無し

出典 中唐、孟郊詩「長安羈旅行」

原文 直木有二恬翼一、静流無二躁鱗一。

意味 まっすぐにそびえ立つ木には静かで落ちついた鳥がおり、静かに流れる川にはさわがしく落ちつかない魚はいない。

参考 名誉や地位にこだわらなければ静かに暮らせるのであり、それらに汲々とするのは君子の態度ではないことをいう。「恬翼」は静かな鳥で君子をいい、「躁鱗」はさわがしい魚で俗人をいう。

直木は先ず伐られ、甘井は先ず竭く

出典 『荘子』山木

原文 直木先伐、甘井先竭。

意味 まっすぐな木は最初に切り倒され、うまい水の出る井戸はまっさきに汲みつくされてしまう。有用であるために、かえって身を滅ぼすことのたとえ。

参考 孔子が陳と蔡の国境付近で土地の兵に包囲され、七日間炊事できずにいた（『荘子』天運篇にもみえる話）とき、隠者太公任から「あなたは、知識を飾りたて愚者を驚かし、自分の身を修めて他人の欠点を明らかにして人々の間を歩いている。だから災難を受ける」と指摘され、死なくてすむ方法として無為自然の生き方を教えられる寓話の中の一節。

直を以て怨みに報い、徳を以て徳に報ゆ

出典 『論語』憲問

原文 以レ直報レ怨、以レ徳報レ徳。

意味 公平無私な真っ直ぐな態度で怨みに報い、恩恵でもって恩恵に報いる。「徳」は恩恵。

参考 ある人が、「徳を以て怨みに報ゆ（恩恵でもって相手への怨みに報いる）」（「怨みに報ゆるに徳を以てす（『老子』六十三章）」（その項参照）をふまえる）という態度について意見を求めた時、孔子がそれを否定して答えたことば。

著述は須く老を待つべし、勤を積むは宜しく少き時なるべし

出典 北宋、欧陽脩詩「獲麟贈二姚闢先輩一」

原文 著述須レ待レ老、積レ勤宜二少時一。

意味 書物をあらわすのは年老いてからにしなければならない。しかし若い時から研鑽を積まなければならない。

参考 欧陽脩の経書解釈に対して、ただ一人賛意を示してくれた姚闢へおくった詩中のことば。姚闢は欧陽脩より実際は後輩で詩題における

「先輩」は科挙の進士及第者がお互いに用いる尊称。

儲積山崇崇たり、探求海茫茫たり

出典 南宋、陸游詩「抄レ書」

原文 儲積山崇崇、探求海茫茫。

意味 集めた書物は山のようにうず高く、その書物の海で探求するのは広く果てしない。「崇崇」は山が高くそびえるさま。「茫茫」は広いさま。

参考 陸游が五十六歳のときの詩と思われるが、書生であったころからの習慣で書物を山と積んで読むことが無上の喜びであるという。この句の後には「一たび笑いて児子に語る、此れ是老を却くる方なりと（これこそ老化を防ぐ方法だと、子供に笑って語った）」とある。

褚の小なる者は、以て大を懐むべからず。綆の短き者は、以て深きに汲むべからず

出典 『荘子』至楽

原文 褚小者、不レ可二以懐一レ大。綆短者、不レ可二以汲一レ深。

意味 袋が小さければ大きな物はその中に入れることはできないし、つるべの縄が短ければ深い井戸の水を汲むことはできない。人にはそれぞれ天与の能力があり、それは適所において自然に用いるべきで、人為的に手を加えて無理な用い方をしてはならないことのたとえ。

参考 顔淵（人名略解参照）が斉国へ遊説に旅立ったとき、師の孔子が、人間にはそれぞれ生来の性質があり、古の聖王の事業を斉公にすすめてもむだであり、やがては顔淵が殺される心配を子貢（人名略解参照）に語る寓話の中の一節。ここでは、孔子は荘子の思想の語り手の役割を担わされている。

知慮は禍福の門戸なり、動静は利害の枢機なり

出典 『淮南子』人間訓

原文　知慮者禍福之門戸也、動静者利害之枢機也。

意味　思慮をめぐらすことが、禍となるか福となるかの門となり、動静を見きわめることが、利益となるか損害となるかの鍵となる。禍福は入ってくる門を同じくし表裏一体であるし、利害は背中合わせであるので、どちらに転ずるかわからないのである。「枢機」は物事の要。

参考　これに続けて「百事の変化、国家の治乱、待ちて後に成る」とある。つまり、思慮をめぐらし、動静を見きわめることで、様々な物事の変化や国家の治乱も把握できるのである。

知を受くるは固より易からず、士を知るは誠に尤も難し

出典　北宋、欧陽脩詩「送二滎陽魏主簿一」

原文　受レ知固不レ易、知レ士誠尤難。

意味　人に知られ理解されるのは当然やさしいことではない。しかし人を理解することはそれ以上に難しい。「受知」とは人の賞賛や知遇を得ること。

智を去りて明有り、賢を去りて功有り、勇を去りて強有り

出典　『韓非子』主道

原文　去レ智而有レ明、去レ賢而有レ功、去レ勇而有レ強。

意味　君主が知恵を棄て去れば臣下は知恵を用いざるを得ず、自ずと明察となり、才知を棄て去れば臣下は実情に合わせて奮闘せねばならず、自ずと功績があがり、勇力を棄て去れば臣下は各自で力をつくさねばならず、自ずと強くなる。

参考　これをうけて、『韓非子』は「明君は上に無為にして、群臣は下に竦懼す」という。つまり、明君は適材適所に臣下を用い、その後は何もしないが、それでも臣下は君主を畏れ敬って自然と国家が治まるというのである。なお、本節は『老子』の影響の下に書きすすめられている。

陳渉呉広

⇩燕雀安んぞ鴻鵠の志を知らんや

つ

月落ち烏啼いて霜天に満つ、江楓漁火愁眠に対す

出典 中唐、張継詩「楓橋夜泊」

原文 月落烏啼霜満レ天、江楓漁火対二愁眠一。

意味 月が落ち烏が啼いてあたり一面は霜の冷気に満ちている、川のほとりの楓の木と漁り火とが旅愁に眠れない私の目にうつる。

参考 作者が旅の途中に、江蘇省蘇州の西郊にある楓江に船をとめて、船中に一泊した時の詩である。詩題の「楓橋」はその楓江にかかる橋で、名勝として有名。七言絶句で、後半二句は「姑蘇城外寒山寺、夜半の鐘声客船に到る（蘇州の郊外の寒山寺から、夜半の鐘の音が旅寝をしているこの船まで聞こえてくる）」（その項参照）である。

月は欠くるも光を改めず、剣は折るるも剛を改めず

出典 北宋、梅尭臣詩「古意」

原文 月欠不レ改レ光、剣折不レ改レ剛。

意味 月は欠けても、光るという本質は変わらない。剣は折れても、堅いという本質は変わらない。

参考 直後には「月は欠くるも魄（月の光らない部分）満ち易く、剣は折るるも鋳て復た良し」とある。欠けた月はやがて満ちるし、折れた剣は再び鋳れば元に戻る。逆境にあっても、本質を失わないでいれば、活躍の場がめぐってくるということ。

月は上る柳の梢の頭、人は約す黄昏の後

出典 北宋、欧陽脩詩「生査子」

原文 月上柳梢頭、人約黄昏後。

意味 月が柳のこずえの上にさしかかる。私たちは黄昏すぎに会う約束をしている。

参考 欧陽脩の作とされるが、また朱淑真や秦観や李清照が作ったともいわれる。正月十五日の元宵節の夜に逢引きを約束した恋人のことば。

土敝ゆれば則ち草木長ぜず、水煩れば則ち魚鼈大ならず

出典 『礼記』楽記

原文 土敝則草木不ㇾ長、水煩則魚鼈不ㇾ大。

意味 土地がやせると草木は成長せず、水がにごると魚やすっぽんは大きくならない。「敝」はやせおとろえるの意。「煩」は水がかきみだされてにごること。

参考 『礼記』楽記は、主として音楽に対する見解を述べた篇であるが、このことばもその一つ。世の中が乱れると人心はすさみ、礼儀や音楽も堕落してしまうことをたとえたことば。

土の美なる者は善く禾を養い、君の明なる者は善く士を養う

出典 『漢書』李尋伝

原文 土之美者善養ㇾ禾、君之明者善養ㇾ士。

意味 豊かな土地は良質の穀物を育み、賢明な君主は優れた人材を養成するのがうまい。

参考 『漢書』賈山伝には、同義のことばとして「地の美なる者は善く禾を養い、君の仁なる者は善く士を養う（豊かな土地は穀物を育み、仁君は人材を育てる）」とある。人の上に立つ者は、明かつ仁である必要があり、それはとりもなおさず、良い人材を得て育てるためであるという意味。

堤は蟻孔より潰え、気は鍼芒より洩る

出典 『後漢書』陳忠伝

原文 堤潰㆓蟻孔㆒、気洩㆓鍼芒㆒。

意味 大きな堤防も、ありの穴ほどの小さな所から水がもれて崩れ去るし、どんなに密封した空気も、針の先ほどでも隙間があればもれてしまう。大きな損害をこうむらないためには、どんな小さなことにも慎重に対処しなければならないということ。「蟻孔」はありの穴、「鍼芒」は針の先、ともに小事のたとえ。

参考 この前に「軽は重の端、小は大の源（軽いものは重いもののはじまりであり、小さいものは大きいもののもとである）」とあり、この後に「是を以て明者は微を慎み、智者は幾を識る（このため、聡明な者こそ小さな事をゆるがせにしないし、智恵ある者こそ変化の兆候を知る）」と続いている。『韓非子』喩老には、「千丈の隄は、螻蟻の穴を以て潰え、百尺の室は、突隙の烟を以て焚く」（その項参照）とある。

角有る者に上歯無く、果実繁き者は木必ず庳し

出典 『呂氏春秋』不苟論・博志

原文 有ㇾ角者無㆓上歯㆒、果実繁者木必庳

意味 角のある獣には牙がなく、果実の繁った木は必ず低い。

参考 物事の両立しがたいことをたとえたことば。『大戴礼』易本命篇には、「角を戴く者は上歯無し」ということばがある。

跂ちて望めども、高きに登るの博く見ゆるに如かざるなり

出典 『荀子』勧学

原文 跂而望矣、不ㇾ如㆓登ㇾ高之博見㆒也。

意味 つま立ちして遠くを望み見ても、高い所に登り遠く広く見るのには及ばない。

参考 自分の能力だけで考えるよりは、先人や師に就いて学ぶほうが、より物事が明らかとなるものである。つま立ちして望む視野には限界があるが、高い所に登ればその限界は軽々と越えられるのである。学問修養における師友の存在の重要性を主張している。

企つ者は立たず、跨ぐ者は行かず

出典 『老子』二十四章

原文 企者不レ立、跨者不レ行。

意味 つま先立って背伸びをしている者は長くは立っていられず、大股に歩く者は遠くまでは歩けない。「企」はつま先立つの意。

参考 「企者」「跨者」によって、ことさらな、無理な振る舞いは長続きしないということをたとえ、静かに自然にまかせて生きてゆくべきことを説く。

罪の疑わしきは惟れ軽くし、功の疑わしきは惟れ重くす

出典 『書経』大禹謨

原文 罪疑惟軽、功疑惟重。

意味 罪の疑わしいものは罰を軽くするし、功績を確定しにくいものは賞を重くする。

参考 「過ちを宥すに大とする無く、故を刑するに小とする無し」（その項参照）に続くことばで、君子の衆人に接する際の心得を説いた皐陶（人名略解参照）のことば。

強きは弱きを攘う毋れ、衆は寡を暴う毋れ

出典 『漢書』景帝紀

原文 強毋レ攘レ弱、衆毋レ暴レ寡。

意味 力の強い者は、弱者を排斥してはいけない。人数が多いものは、その数をたのんで、少数者をしいたげてはいけない。「攘」は排斥する意。「暴」は侵犯し、害を与えること。

鶴の脛は長しと雖も、之を断たば則ち悲しまん

⇩鳧の脛は短しと雖も、之を続がば則ち憂え、鶴の脛は長しと雖も、之を断たば則ち悲しまん

鵠は日ごとに浴せざるも白く、烏は日ごとに黔めざるも黒し

出典　『荘子』天運

原文　鵠不二日浴一而白、烏不二日黔一而黒。

意味　鶴は毎日水浴びをしなくても白く、烏は毎日墨で染めなくても黒い。生まれつきの性質について、あれこれ議論するのは無意味であり、人間も生来の性質のまま自然に生きるべきだということ。

参考　孔子の唱える仁義の規範を、老聃（老子）がよけいなものと批判した寓話による「黒白の朴は、以て弁を為すに足らず。名誉の観は、以て広を為すに足らず」の項参照。

て

貞士は終始を篤くす、恩義は促すべからず

出典　後漢、秦嘉「贈婦詩」

原文　貞士篤二終始一、恩義不レ可レ促。

意味　誠実な男は終始心変わりしないものだ。夫婦の恩愛と義理は断つことができない。「貞士」は貞操ある男子のことで、ここでは作者自身をさす。「促」は短くすること。

参考　役人として赴任することになった作者が、実家に戻って病臥している妻徐淑に会えないまま別れるに際して贈った詩の一節。

貞女は二夫を更えず

出典　『史記』田単列伝

原文　貞女不レ更二二夫一。

意味　誠実な妻は、夫が亡くなったからといって、別の男を夫にすることはない。

参考　斉の家臣王蠋が、斉が燕に大敗したとき、燕からの誘いを断わったときのことば。この前に、「忠臣は二君に事えず」の句がある。

溺者は墜を問わず、迷者は路を問わず、溺れて後墜を問い、迷いて後路を問う

出典 『晏子春秋』内篇雑下

原文 溺者不レ問レ墜、迷者不レ問レ路、溺而後問レ墜、迷而後問レ路。

意味 溺れる者はどこが水に落ちる所かたずねようとはせず、道に迷うものはあらかじめ道をたずねようとはしない。それでいて、溺れてはじめてどこが水に落ちた所かたずね、道に迷ってはじめて道をたずねる。おろか者は自分を賢いと思いこんでいて、その実、先見の明がなく、後悔ばかりするものである。「墜」は落ちる。一説に、「墜」は「隊（みち）」に通じ、冒頭「溺者不レ問レ墜」の一句は、道をたずねずに勝手に川を渡って溺れるの意と解するものもある。

参考 「愚者は悔多く、不肖者は自ら賢とす」（その項参照）に続く一文。この一文に続く晏嬰のことばにも、先見の明がなく事が起こってからうろたえる愚が、「猶お難に臨みて遽かに兵（武器）を鋳、渇して遽かに井（いど）を掘るがごとし」と述べられている。

敵存すれば禍を滅ぼし、敵去れば過を招く

出典 中唐、柳宗元「敵戒」

原文 敵存滅レ禍、敵去召レ過。

意味 敵がいれば注意を怠らないのでかえって災禍をなくすことができ、敵がいなくなると安心し油断してしまうのでかえって過失を招いてしまう。

参考 敵は恐ろしいとばかり思われるが、敵の存在はかえってよいこともあるという意味のことば。

敵は易るべからず、時は失うべからず

出典 『戦国策』秦策

原文 敵不レ可レ易、時不レ可レ失。

意味 敵は侮ってはいけないし、時機は逃してはならない。「易」は軽く見て侮ること。

参考 楚の臣の黄歇（のちの春申君。食客三千人を

養い、楚の宰相として権勢をふるう。戦国四君の一人）が、秦の昭襄王に対し、楚を討つことが隣国の韓・魏を助けて勢いづかせることにつながり、秦にとって禍となる、ここは遠国の楚と連合して韓・魏を攻めることが秦の利益になるということを説いたときのことば。

敵を攻めんと欲さば、必ず謀を先にせよ

出典 『孫子』謀攻・曹操注

原文 欲レ攻レ敵、必先レ謀。

意味 敵を攻めようとする場合には、謀略によって降伏させることを最初に考えなければならない。実際の戦闘によって傷つくまでもなく、相手を降伏させるのが最上であることを説いたことば。

敵を量りて後に進み、勝つを慮りて後に会す

出典 『孟子』公孫丑・上

原文 量レ敵而後進、慮レ勝而後会。

意味 敵軍の強弱をはかった後に、弱いと見たなら進撃し、自軍に勝算の見込みがついた後に会戦する。

参考 孟子が弟子の公孫丑に、勇者の一例として挙げた孟施舎のことばの一部。ただし、孟施舎はこのあり方を大軍を恐れる者のやり方として軽んじ、自らは勝てぬと思ってもただ敵を恐れずに勝つと思って戦う、として己の勇を示している。

涅すれども緇まず

出典 『論語』陽貨

原文 涅而不レ緇。

意味 真に白いものは黒く染めようとしても黒くならない。しっかりした者は環境に染まることなく変わらないということ。「涅」は黒色に染めるための黒土。「緇」は黒く染まる。

参考 「磨すれども磷ろがず」（その項参照）と対を成

す。以下の挿話をふまえる。中牟の町を占拠して晋に謀叛していた胇肸という者が孔子を招いた。孔子はその招聘に応じて行こうとしたが、弟子の子路は謀叛した者のもとへ行こうとする孔子の行動に疑問を呈した。その時孔子は諺を用いて、「真に堅いものは、いくら磨いても薄くならないし、真に白いものは、いくら黒く染めようとしても黒くならない（つまり、真に正しい者は悪に染まったりはしない）」と答えた。

鉄は農の本なり

⇩酒は百薬の長なり

哲婦は城を傾く

⇩哲夫は城を成し、哲婦は城を傾く

哲夫は城を成し、哲婦は城を傾く

出典 『詩経』大雅・瞻卬

原文 哲夫成レ城、哲婦傾レ城。

意味 才智が優れた男子は一国を興すが、才智が優れた女子は国を危うくする。有能な女子が国政に口を出すと国を滅亡させる危険があることをいう。

参考 類句に「牝鶏晨する無し。牝鶏の晨するは、惟れ家の索くるなり（『書経』牧誓）」が挙げられる。「索く」は「尽きる」意。女子が男子に代わって権勢をふるうことは災いを招くとされた。

鉄を磨けば以て針と成すべし、磚を磨けども以て針と成すべからず

出典 清、袁枚『随園詩話』巻四・第五十六項

原文 磨レ鉄可二以成一レ針、磨レ磚不レ可二以成一レ針。

意味 鉄はみがけば針に造ることができるが、かわらはみがいても針に造ることはできない。

参考 その人の天分によって成否が決まることをいう。袁枚が、詩は子供の頃からすじみちを立てて学ぶべきと言ったのに対する陶篁村の反論のことばである。陶は詩に天分があれば中

年から学んでも成るし、天分がなければ子供の頃から学んでも無益だと言う。

手に万鈞を提げて、而る後に多力見る。難に処し患を践みて、而る後に貞勇出ず

出典 『劉子新論』大質

原文 手提二万鈞一、而後多力見焉。処レ難践レ患、而後貞勇出焉。

意味 たいへん重いものを持つことができて、はじめて力持ちであることがわかる。困難なことを処理することができて、はじめて本当の勇気がわかる。「万鈞」はたいへん重いこと。「貞勇」は真の貞節や勇気の意。

参考 人の能力は、実際に行なったことによって評価されるべきことを述べたことば。

手の之に舞い、足の之を蹈むを知らざるなり

出典 『礼記』楽記

原文 不レ知二手之舞レ之、足之蹈レ之也。

意味 自然と手が舞い、足ぶみをしながらも、自分では気がつかない。今日では、喜びのあまりこおどりする意として多く用いられる。

参考 このことばは、『詩経』（毛詩）大序にも見え、また、『孟子』離婁・上篇にも「足の之を蹈み、手の之を舞うを知らず」（その項参照）という類似した表現がある。

手を翻せば雲と作り手を覆せば雨、紛紛たる軽薄何ぞ数うるを須いん

出典 盛唐、杜甫詩「貧交行」

原文 翻レ手作レ雲覆レ手雨、紛紛軽薄何須レ数。

意味 手のひらを上に向ければ雲ができ、下に向ければ雨になる。そのように人の世の交情は気まぐれで測りがたい。だから世間に多くいる軽薄な人々をいちいち数えあげて問題にする必要はないのである。

参考 後半二句は以下のとおり。「君見ずや管鮑貧時の交わり、此の道今人棄てて土の如し」。七五二（天宝十一）年、杜甫は長安にあって官職につけず、生活が困窮していた。多くの名士や朝廷に詩を送り職を求めたが、なかなか希望をかなえられずにいた頃の作品。ここから四字熟語「翻雲覆雨」が生まれ、人情の変わりやすいさまに用いられる。

天意幽草を憐れみ、人間晩晴を重んず

出典　晩唐、李商隠詩「晩晴」

原文　天意憐㆓幽草㆒、人間重㆓晩晴㆒。

意味　天は暗い所に生える草を憐れんで、雨の後に晴れを与えた。人々はその夕暮れの晴天を重んずる。

参考　「晩晴」は夕方になって晴れること。詩は雨が続いた後の初夏の一日、夕暮れの晴れ間の景を描く。この二句は、平凡な人生もその晩節を大切にすべきであるという意味にも用いられる。

天運の寒暑は避け易きも、人世の炎涼は除き難し

出典　『菜根譚』後集百三十三

原文　天運之寒暑易㆑避、人世之炎涼難㆑除。

意味　四季の移り変わりによる寒さや暑さを避けることはできても、人の世に起こる人情の熱さや冷たさから逃れることは難しい。

参考　他人の心情もさることながら、自分の情においても動揺を除き去ることは難しいものである。

天下得難き者は兄弟なり、求め易き者は田地なり

出典　『北斉書』循吏伝

原文　天下難㆑得者兄弟、易㆑求者田地。

意味　求めても手に入らないのが兄弟であり、それに比べれば田地を手に入れるのは簡単である。

参考　蘇瓊（北斉の武人）が、土地のことで何年も

争っている兄弟を呼び出してさとしたことば。続けて「たとえ土地が手に入っても、兄弟の心を失うのはどうだろう」と言う。

天下帰を同じくして塗を殊にし、致を一にして慮を百にす

出典 『易経』繫辞下伝

原文 天下同レ帰而殊レ塗、一レ致而百レ慮。

意味 世の中の物事は、たどりつく所は同じで、そこに至るまでの道のりが異なるだけであり、結果は一つであり、そこに至るまでの考え方がいろいろとあるだけだ。「塗」は「途」に通じ、道のりの意。

参考 このことばの前後で孔子は二度、「天下何をか思い何をか慮らん」という。つまり、天下の物事に関して思い煩う必要はない、自然のままに任せればよいというのである。

天下の憂いに先だちて憂い、天下の楽しみに後れて楽しむ

出典 北宋、范仲淹「岳陽楼記」

原文 先二天下之憂一而憂、後二天下之楽一而楽。

意味 天下の人々の心配に先立って心配し、天下の人々の楽しみより後に楽しむ。

参考 宋の名臣范仲淹が洞庭の勝景を描くとともに、人の上に立つ者は、美しい景色におぼれるのでなく、常にこのような心がまえを持つべきだと述べた語。「先憂後楽」の典拠となった。「物を以て喜ばず、己を以て悲しまず」の項参照。

天下の広居に居り、天下の正位に立ち、天下の大道を行なう

出典 『孟子』滕文公・下

原文 居二天下之広居一、立二天下之正位一、行二天下之大道一。

意味 天下の広い住居である「仁」におり、天下の正しい位置である「礼」に立ち、天下の大きな道である「義」を行なう。

参考 仁ほど広々とした安全な住まいはなく、礼に

のっとって事を行なえば常に中正であり、義こそ人の行なうべき正しい道であるという孟子のことば。仁・礼・義の道を行なうことを説き、孟子得意の大丈夫論を展開する。

天下は財無きを患えずして、人の以て之を分つ無きを患う

出典 『管子』牧民

原文 天下不レ患レ無レ財、患レ無二人以分一レ之。

意味 この世の中では財貨のないことを気に病むのではなく、人がこの財貨を等しく分配せぬことを気に病むのである。世の中に財貨がないわけではなく、ただ皆に均等に分配されぬだけである。

参考 「天下は臣無きを患えずして、君の以て之を使う無きを患う」と対になる一文。

天下道有れば則ち見れ、道無ければ則ち隠る

出典 『論語』泰伯

原文 天下有レ道則見、無レ道則隠。

意味 世の中に道義が行なわれていれば進んで行動するが、道義が行なわれていなければひきこもって表に出ない。

参考 孔子はこれに続けて、「邦に道有るに、貧しくして且つ賤しきは恥なり。邦に道無きに、富みて且つ貴きは恥なり」という。国家に道があるのに貧しく低い地位にいることは不名誉であるし、逆に国家に道がないのに富貴で高い地位にいることも不名誉であると説く。

天下道有れば、道を以て身に殉う。天下道無ければ、身を以て道に殉う

出典 『孟子』尽心・上

原文 天下有レ道、以レ道殉レ身。天下無レ道、以レ身殉レ道。

意味 天下に道が行なわれている時は、世に出て道を行なう。天下に道が行なわれていない時に

は、退いて道にかなった行ないをする。

参考 時世に応じての身の処し方を説く。処し方の違いはあれど、順境、逆境いずれにおいても、正道仁義を貫こうという孟子の気迫が伝わってくる。

天下を以て人に与うるは易く、天下の為に人を得るは難し

出典 『孟子』滕文公・上

原文 以二天下一与レ人易、為二天下一得レ人難。

意味 天下を人に譲り与えることは易しいことであるが、天下のために立派な人材を見出すことは難しいことである。

参考 尭が舜を、舜が禹や皐陶といった賢者を見出すために憂慮したという故事に基づく孟子のことば。

顛狂の柳絮は風に随いて去り、軽薄の桃花は水を逐いて流る

出典 盛唐、杜甫詩「絶句漫興」其五

原文 顛狂柳絮随レ風去、軽薄桃花逐レ水流。

意味 落ち着かない柳絮が風に吹かれるままに飛び去り、軽はずみな桃の花びらは川面に浮かんで流れてゆく。「顛狂」は軽はずみなこと。「柳絮」は綿毛をもった柳の種子のことで、風に吹かれて四方に飛び散る。

参考 詩題の「漫興」は眼前の風景を記し一時の感興を述べること。「漫与（與）」とする説もある。詩は柳絮・桃花のあり方を人のあり方に借りて、顛狂・軽薄と表現するが、このように表現される柳絮・桃花のあり方をもって、軽薄な者が時流によっていとも簡単に変わることをたとえる。

天行常有り、尭の為に存せず、桀の為に亡びず

出典 『荀子』天論

原文 天行有レ常、不二為レ尭存一、不二為レ桀亡一。

意味 天の運行は一定不変のものであって、聖王尭がいるから存在しているというものでもな

く、暴君桀がいるから亡びてしまうというものでもない。

参考 天は意志をもつものではないと荀子は考える。人の吉凶、禍福は天の主宰によるものではなく、すべて自己に責任があるのである。尭は古代の理想的帝王。桀は夏の最後の王で、暴君であったとされる。

天子に戯言無し

出典 『史記』晋世家

原文 天子無二戯言一。

意味 天子に冗談は許されない。天子がいったん、口に出したことばは、それくらい大きな意味をもつということ。

参考 周の成王（武王の子）が、弟の叔虞を諸侯に封じると発言しておきながら、いざその段になると、戯れであったと言い逃れようとしたところ、史官の尹佚が諫めたことば。

天子は四海を以て家と為す

出典 『史記』高祖本紀

原文 天子以二四海一為レ家。

意味 天下を治める天子は、四海、つまり天下すべてを自分の家とすべきである。天子の威光の壮重なたとえ。

参考 漢の蕭何（漢創業の三傑の筆頭）が、宮闕の壮麗なのを高祖劉邦にとがめられたときに、説明したことば。

天烝民を生ず、物有れば則有り

出典 『詩経』大雅・烝民

原文 天生二烝民一、有レ物有レ則。

意味 天は衆民を生じて、物があれば必ず法則がある。「烝」は衆の意。

参考 天は万物を生じ、万物にはすべて法則が備わっている。人に備わった法則とは人倫である。孟子はこの一節に続く「民の秉彝、是の懿徳を好む」（人は正しい常久の道を執り保ち、美徳を好む）までを典拠として性善説を展開する（『孟子』告子・上）。

天知る。神知る。我知る。子知る。何ぞ知る無しと謂うや

出典 『後漢書』楊震伝

原文 天知。神知。我知。子知。何謂レ無レ知。

意味 天が知っている。神が知っている。私が知っている。君が知っている。どうして知る者がいないなどと言えようか。

参考 「暮夜知る者無し（うす暗がりの中では誰もわからない）」と言って、賄賂を贈ろうとした者に、楊震が答えたことば。「楊震伝」の賛には、「震は四知を畏る」とあり、「四知」として有名。なお、『資治通鑑』『十八史略』では、「神知る」が「地知る」となっている。

天地と我と並び生じ、万物と我と一たり

出典 『荘子』斉物論

原文 天地与レ我並生、而万物与レ我為レ一。

意味 永遠に存在し続ける天地も、一瞬に命を散らす私と並んで存在しているし、無限に多様である万物も、一人の私と同一の存在である。

参考 窮極的には万物は一つ（万物斉同）であるという荘子の思想を示したことば。

天地の間は、其れ猶お槖籥のごときか

出典 『老子』五章

原文 天地之間、其猶二槖籥一乎。

意味 天地というものは、ちょうどふいごのようなものであろうか。「槖籥」は、鋳物を作る際に用いる風を起こすふいごのこと。

参考 ふいごを用いればいくらでも風が送られてくるように、天地は無尽蔵で万物を生み出す源である。

天地の間、物各々主有り。苟くも吾の有する所に非ざれば、一毫と雖も取る莫し

出典 北宋、蘇軾「前赤壁賦」

原文 天地之間、物各有レ主。苟非二吾之所レ有、雖二一毫一而莫レ取。

意味 天地の間にあるすべての物には、それぞれ所有者がいる。ゆえに、もし自分の所有するものでなければ、一本の毛といえども取ってはならない。

参考 自分の所有物以外の物は取ってはならないとうたわれているが、この後には「江上の清風」と「山間の明月」だけは、取っても禁じられることはないし、尽きることもないと続けられている。「前赤壁の賦」については、「蜉蝣を天地に寄す、渺たる滄海の一粟のみ」の項参照。

天地の塞は、吾が其の体にして、天地の帥は、吾が其の性なり。民は吾が同胞にして、物は吾が与なり

出典 『近思録』巻二

原文 天地之塞、吾其体、天地之帥、吾其性。民吾同胞、物吾与也。

意味 天地の間に充満している気は、自分の体そのものであり、天地の間の主宰するもの（法則・理・道）は、自分の性そのものである。それ故、すべての民は自分の兄弟であり、すべての物は自分の仲間である。「塞」は充満しているもの、気をさす。「帥」は統率しているもの。

参考 張載『西銘』に見えることば。人も物もすべて天地を父母として生まれている。天地の間にふさがっているものは気であるが、われわれの体は天地の間に満ち満ちている気によって形成され、天地より与えられた「性」こそ道徳性の根源である。万物を一体とみなす一種の宇宙的家族主義を主張するものである。

天地の大徳を生と曰う

出典 『易経』繫辞下伝

原文 天地之大徳曰レ生。

意味 この天地の偉大なる徳を生という。天地の間

にやむことなく万物を生育させるのは、生という偉大なる徳である。これに続けて「聖人(せいじん)の大宝(たいほう)を位(い)と曰(い)う」とある。天地の偉大なる徳にあやかる聖人の宝は、天子の位であるというのである。

天地(てんち)の為(ため)に心(こころ)を立(た)て、生民(せいみん)の為(ため)に道(みち)を立(た)て、去聖(きょせい)の為(ため)に絶学(ぜつがく)を継(つ)ぎ、万世(ばんせい)の為(ため)に太平(たいへい)を開(ひら)く

出典 『近思録(きんしろく)』巻二

原文 為㆓天地㆒立㆑心、為㆓生民㆒立㆑道、為㆓去聖㆒継㆓絶学㆒、為㆓万世㆒開㆓太平㆒。

意味 天地のために万有を成育する心を育て、人民のために真の道を確立し、古の聖人のために断絶した学問を継ぎ、万世の後のために太平の世を開く。「生民」は天下の民。「去聖」は世を去った聖人。

参考 学問を修める目的を説いたこの条には、儒学における学統の意識と学問の綱領が明確に記されている。張載(ちょうさい)『張子語録(ちょうしごろく)』に見えることば。最後の「万世のために太平を開く」という一句は、昭和二十年八月十五日の終戦の詔勅にも用いられている。

天地(てんち)は長久(ちょうきゅう)なり

⇩天(てん)は長(なが)く地(ち)は久(ひさ)し

天地(てんち)は万物(ばんぶつ)の逆旅(げきりょ)にして、光陰(こういん)は百代(ひゃくだい)の過客(かかく)なり

出典 盛唐(せいとう)、李白(りはく)詩「春夜宴㆓桃李園㆒序(しゅんやとうりえんにえんするのじょ)」

原文 天地者万物之逆旅、光陰者百代之過客。

意味 天地は万物が短い一生をとどめる宿屋のようなものであり、月日は永遠に休まず過ぎ去る旅人のようなものである。「逆旅」は宿屋。「光陰」は年月、時間。「過客」は通り過ぎる旅人。

参考 春の夜に、桃や李の咲く園で従弟たちと宴を催して参会者の作った詩をまとめてその序文として書いた文章。掲出句に続けて「而(しか)して浮生(ふせい)は夢(ゆめ)の若(ごと)し、歓(かん)を為(な)すこと幾何(いくばく)ぞ、古人(こじん)

燭を秉りて夜遊ぶ（定めなき人生は夢のようなものであり、歓び楽しむ歳月はどれほどもない、だから昔の人々は燭を手に夜も遊び楽しんだのだ）」と詠み、今夜は月光のもとで盃を回し酒に酔い、胸の懐いを詩歌に表わそうと、従弟たちによびかける。松尾芭蕉『奥の細道』の冒頭に「月日は百代の過客にして、行きかふ年も又旅人也」とあり、井原西鶴の『日本永代蔵』巻一に「人間、長くみれば、朝を知らず、短くおもへば、夕におどろく。されば、天地は万物の逆旅。光陰は百代の過客、浮世は夢まぼろしといふ」とあるのは、この句をふまえたものである。

天地は万物の父母

⇩惟れ天地は万物の父母にして、惟れ人は万物の霊なり

天地は不仁、万物を以て芻狗と為す

出典 『老子』五章

原文 天地不仁、以二万物一為二芻狗一。

意味 天地には仁愛の心はなく、万物を藁で作った犬のように取り扱う。「芻狗」は藁で作った厄払いの犬で、祭りが終われば捨てられてしまう。

参考 儒家が最高の徳目として掲げている「仁」に対し、老子の説く「道」「天地」はもっとグローバルなもので、人間だけでなく万物を包容し、かつすべてに等しく無情・無関心であることを強調する。

天地も一指なり、万物も一馬なり

出典 『荘子』斉物論

原文 天地一指也、万物一馬也。

意味 広大な天地も一本の指と同じであり、無限に多様な万物も一頭の馬に等しい。

参考 事物の相対的な差異にとらわれることなく、窮極的な実在を考えるとき、広大なるものがとりもなおさず微細なものとなり、多なるものがそのまま唯一なるものとなるというこ

と。荘子の万物斉同の思想。

天地を以て一朝と為し、万期を須臾と為す

出典 西晋、劉伶『酒徳頌』

原文 以二天地一為二一朝一、万期為二須臾一。

意味 天地が開けてからの長い時間を一日と考え、一万年もの長い時間を瞬間と考える。

参考 作者の劉伶は竹林の七賢の一人。荘子の説く世界に住む「大人先生」に仮託して、酒の功徳をほめたたえ、老壮的世界に精神の自由を求めた文であり、この句はその冒頭にある。この後に続けて「日月を扃牖と為し、八荒を庭衢と為す（中略）、天を幕とし地を席として、意の如く所を縦にす（太陽と月を自分の家の扉や窓とし、世界の八方のはてまでを自分の家の庭とし、天を天幕とし地を敷物と考え、思いのままに行動した）」と、宇宙をも超えて無限の本体へのあこがれを説こうとしている。

天地を以て棺槨と為し、日月を以て連璧と為す

出典 『荘子』列御寇

原文 以二天地一為二棺槨一、以二日月一為二連璧一。

意味 天地を棺桶とし、副葬品として太陽と月を一対の飾り玉とする。「連璧」は副葬品としての対になった玉。

参考 荘子の臨終に際し、師を手厚く葬りたいとする弟子たちに対して荘子が述べたことば。続けて「星辰（星）を珠璣（いろいろな珠玉）と為し、万物を齎送（送葬の副葬品）と為す。吾が葬具、豈備わらざらんや。何を以てか此れに加えん」と言う。

天地を以て大鑪と為し、造化を以て大冶と為す

出典 『荘子』大宗師

原文 以二天地一為二大鑪一、以二造化一為二大冶一。

意味 天地を巨大な炉とみなし、万物を生成化育す

る自然の理法を偉大な鋳物師とみなす。「大鑪」は巨大な炉。「造化」は造物主。万物を生成化育する自然の理法。「大冶」は偉大な鋳物師。

参考 自然によって生み出され、死を与えられるわれわれ人間を、炉の中で鋳物師によって様々な形に鋳られる金属にたとえる。自然のなすがままに身をゆだねて生死に頓着することなく生きるべきであると説く。

天道は諂わず、其の命を弐にせず

出典 『春秋左氏伝』昭公二十六年

原文 天道不レ諂、不レ弐二其命一。

意味 天の道というものは、一定不変で疑いようがない。その下す命令も一定である。自らの言動を正しく律することこそが何より大事である。

参考 彗星が現われたのを不吉に思い、それを祓おうとした斉の景公を、晏嬰（書名略解『晏子春秋』参照）が諫めたことば。

天道は親無く、常に善人に与す

出典 『老子』七十九章

原文 天道無レ親、常与二善人一。

意味 天の道はえこひいきをせず、常に善人に味方をする。

参考 目先の事柄に一喜一憂する人間の思慮の及ばないところで、天の理法は常に公平で、必ずや真の有徳者に味方をするであろうと述べる老子のことば。ここでの「善人」は世俗的な善・不善ではなく、老子の説く無為自然の道を体得した者と解する。

天道は是か非か

出典 『史記』伯夷列伝

原文 天道是邪非邪。

意味 天というものは、本当に正しいものなのであろうか。高潔な生き方をする善人が、悲運にもてあそばれ、非道な悪人が、安楽な一生を終えるのはなぜなのだろう。天道に対する疑

参考 問のことば。『史記』全篇を貫く、司馬遷の究極の問いかけ。

天に在りては願わくは比翼の鳥と作り、地に在りては願わくは連理の枝と為らん

出典 中唐、白居易詩「長恨歌」

原文 在レ天願作二比翼鳥一、在レ地願為二連理枝一。

意味 生まれかわって天に飛ぶ鳥となるなら、雌雄が一体となって飛ぶという鳥になりたい。生まれかわって地に生える樹となるなら、木目が接続して離れない二本の木の枝となりたい。

参考 玄宗皇帝と楊貴妃が長生殿でかわした誓いのことばである。永遠の愛情で結ばれた夫婦であることをいう。「比翼の鳥」は雌雄がそれぞれ一つの翼を持ち、常に一体となって飛ぶという伝説上の鳥、「連理の枝」は二本の幹から出た枝が一本につながっているもの。どちらも仲のよい夫婦にたとえる。「長恨歌」をしめくくる句。なお、玄宗は楊貴妃に耽溺し安禄山の乱を招き、その時楊貴妃は兵士によって殺された。「長恨歌」については「玉容寂寞涙闌干、梨花一枝春雨を帯ぶ」の項参照。

天に順う者は存し、天に逆らう者は亡ぶ

出典 『孟子』離婁・上

原文 順レ天者存、逆レ天者亡。

意味 自然の道理やなりゆきに従う者は存続してゆけるが、自然の道理やなりゆきに逆らう者は滅亡してしまう。「天」は、ここでは、自然の道理、自然のなりゆきという意。

参考 天下に正しい道が行なわれていれば、大徳、大賢なる者が優位に立つが、天下に正しい道が行なわれていなければ、大国や強国が優位に立つ。このような現象は自然の道理であるという孟子の見解に基づくことば。

天に接する蓮葉は無窮に碧にして、日に映ずる荷花は別様に紅なり

出典 南宋、楊万里詩「暁出二浄慈一送二林子方一」其二

原文 接レ天蓮葉無窮碧、映レ日荷花別様紅。

意味 空に接するところまで限りなく広がる湖上の蓮の葉は緑に、朝日に光る荷の花は見ちがえるほどの紅にかがやいている。

参考 杭州の西湖の情景である。

天に二日無く、民に二王無し

出典 『孟子』万章・上

原文 天無二二日一、民無二二王一。

意味 天に二つの太陽がないように、人民に二人の王はいない。

参考 『孟子』には孔子のことばとして引用されている。同じく孔子のことばとして、『礼記』曾子問篇・坊記篇・喪服篇などには、「天に二日無し。土に二王無し」という類似した表現が見られる。

天に二日無し。土に二王無し

出典 『礼記』曾子問

原文 天無二二日一。土無二二王一。

意味 天に二つの太陽はなく、地に二人の王はいない。

参考 孔子が弟子の曾子に対し祭礼で二つのものを祀ることを戒めたことば。このことばは『礼記』坊記篇・喪服篇にも見え、また、『孟子』万章・上篇には「天に二日無く、民に二王無し」（その項参照）という類似した表現がある。

天には私覆無く、地には私載無し

出典 『荘子』大宗師

原文 天無二私覆一、地無二私載一。

意味 天はえこひいきなくすべてを広く覆い、地も選り好みせずにすべてを載せる。天地に不公平なところなどないのだから、たとえどんな境遇にあろうとも、一切を天命として受け入れるべきだ。「天覆地載」というように、天と

地との広大無辺のあり方を「覆」（この場合はおおうの意なのでフウ）「載」と表わす。

参考　極貧の生活をする子桑が、彼を見舞った友人の子輿に、己の境遇について悟るところを語り聞かせる説話の中のことば。

天に三日の晴れ無く、地に三尺の平無し

出典　『明詩綜』巻百

原文　天無㆓三日晴㆒、地無㆓三尺平㆒。

意味　晴天は三日と続かず、平地は三尺と続かない。

参考　『明詩綜』では「黔中の諺」の題のもとに掲げる。「黔中」は今日の貴州省。もともとは、雨の多い山間の地域である黔中の気候風土の特徴を言ったことば。転じて、「よいことは長続きしない」という意味で使われる場合もある。

天の損を受くる無きは易く、人の益を受くる無きは難し

出典　『荘子』山木

原文　無㆑受㆓天損㆒易、無㆑受㆓人益㆒難。

意味　天が与える災難・損害に堪え、それを身に受けないでいるのはたやすいが、人が与えてくれる利益に引かれないで、それを身に受けないで平然としているのは難しい。

参考　陳と蔡の国境近くで窮地にありながらも平然として歌う孔子の姿を見ている弟子の顔淵（人名略解参照）に対して、孔子が「天の降す災難とは、天地の自然な運行であり、それとともにわれわれも生きると考えることができるが、それに対して人の与える利益とは、外部から与えられる爵禄であり、栄達するかどうかという自分の運命は外部により左右されてしまう。ここに難しさがある」と語る。

天の時は地の利に如かず。地の利は人の和に如かず

出典　『孟子』公孫丑・下

原文　天時不㆑如㆓地利㆒。地利不㆑如㆓人和㆒。

意味　何か事をなす場合、天の時（四季・天候・方角など、すべての自然現象のその時々の状態）がよくとも、地の利（地勢の有利さ）がなければうまくいかない。しかし、地の利があったとしても、人の和がなければうまくいかない。

参考　孟子はこのことばによって、人民の心の和合一致の大切さを説いた。

天の作せる孽は猶お違くべきも、自ら作せる孽は逭るべからず

出典　『書経』太甲・中

原文　天作孽猶可レ違、自作孽不レ可レ逭。

意味　天が起こした災いはどうにか避けることもできるであろうが、自ら引き起こした災いはどうにも逃れることはできない。

参考　伊尹（人名略解参照）は殷の創始者湯の嫡長孫の太甲を立てて帝としたが、太甲は伊尹の再三の諫言を容れることなく暴虐であったので、桐宮の地に追放され三年もの間幽閉された。なお、その間の政務をとったのは伊尹であったといわれる。のち幽閉を解かれ都に戻った時に、太甲が今までの過ちを悔い反省し述べたことばの一節。『孟子』公孫丑・上、離婁・上にもこの一節が引かれる。

天の命ずる之を性と謂い、性に率う之を道と謂う

出典　『中庸』一章

原文　天命之謂レ性、率レ性之謂レ道。

意味　天が人間に生まれながらに賦与したものを性という。人や物がその性に従い、ふみ行なうべきものを道という。

参考　『中庸』の冒頭の部分。これに続いて「道を修むる之を教と謂う」とあり、「性」「道」「教」を定義したものとして、儒学の根本的な命題となる。学者によって種々の解釈がなされるが、とくに何を人間の本性と見るかによって相違が出てくる。

天(てん)は蒼蒼(そうそう)、野(の)は茫茫(ぼうぼう)、風(かぜ)吹(ふ)き草(くさ)低(た)れて牛羊(ぎゅうよう)を見(み)る

出典 北斉(ほくせい)、斛律金(こくりつきん)「勅勒歌(ちょくろくのうた)」

原文 天蒼蒼、野茫茫、風吹草低見二牛羊一。

意味 天はまっさおに澄みわたり、野は広々と果てしなく、風が吹いて長い草がなびき伏すたびに、放牧の牛や羊が見える。

参考 「勅勒」は陰山(いんざん)山脈の北方の地。またその地方の遊牧民族の名。北方遊牧民族の民歌を現地語から漢訳したもの。斛律金は北斉の将軍の名。北斉の神武が周王の城を攻めたとき士卒が多く死んだのを悼み、斛律金にうたわせたとされる。

天(てん)は尊(たっと)く地(ち)は卑(いや)しくして、乾坤(けんこん)定(さだ)まる

出典 『易経(えききょう)』繋辞上伝(けいじじょうでん)

原文 天尊地卑、乾坤定矣。

意味 天は高く地は低い。これに従って、易(えき)の卦(か)の乾と坤との位置が定まった。「卑」は低いの意。

参考 「乾」は天に、「坤」は地に対応する。よって「乾坤」は天地の意を表わすことがある。また、「天尊地卑」は、天は高く地は低い、という具合に両者が厳然と区別されることから、「天(てん)は尊(たっと)く地(ち)は卑(いや)しくして、君臣(くんしん)定(さだ)まる」(『礼記(らいき)』楽記(がくき))のように、君主と臣下に厳然とした上下の分(ぶん)があることにも用いられる。

天(てん)は長(なが)く地(ち)は久(ひさ)し

出典 『老子(ろうし)』七章

原文 天長地久。

意味 天地は永遠なる存在である。

参考 「天地(てんち)は長久(ちょうきゅう)なり」というのと同意である。無私無欲なればこそ、天地は永遠に存在し続けるのである。なお、唐(とう)の玄宗(げんそう)皇帝の時にこの句によりその誕生日は天長節と称し、その後、わが国でもかつて天皇誕生日を、天長節と称した。

天は諶とし難く、命は常靡し

出典 『書経』咸有一徳

原文 天難レ諶、命靡レ常。

意味 天とはあてにならないもので、その命は一定ではない。

参考 伊尹（人名略解参照）が宰相を退任するに当たり、殷の王太甲に君主の徳を説いたとされることばの冒頭。天と天命に対するこの考え方は『詩経』大雅・大明（「天忱とし難し」）、大雅・文王（「天命常靡し」）にすでに見られる。同じことばは『書経』君奭にも見える。

伝聞の事は、恒に多く実を失う

出典 『後漢書』臧宮伝

原文 伝聞之事、恒多失レ実。

意味 人から伝え聞いたうわさのたぐいは、いつも実際の事柄からはかけ離れていることが多い。

参考 『春秋公羊伝』隠公元年には、「見る所は辞を異にし、聞く所は辞を異にし、伝聞する所は辞を異にす」とある。

伝聞は親見に如かず、景を視るは形を察るに如かず

出典 『後漢書』馬援伝

原文 伝聞不レ如二親見一、視レ景不レ如レ察レ形。

意味 人から伝え聞いた知識は、自分の目で見た実際の体験には及ばない。それは、物の影を見るよりも、実体その物を調べてみたほうが正しい姿を知ることができるのと同じである。

参考 「百聞は一見に如かず（『漢書』趙充国伝）」（その項参照）とほぼ同義。

天網恢恢、疏にして漏らさず

⇩天網は恢恢、疏にして失わず

天網は恢恢、疏にして失わず

出典 『老子』七十三章

原文 天網恢恢、疏而不レ失。

意味 天の網は広く大きく、その目は粗いが何一つ取り逃がすことはない。「恢恢」は広く大きいさま。「疏」は目の粗いこと。

参考 人為による刑罰を批判し、天の理法による裁きに任せて無為の政治を行なうべきことを述べたことば。「天網恢恢、疎にして漏らさず」の語形で流布している。

天を怨みず、人を尤めず

出典 『論語』憲問

原文 不レ怨レ天、不レ尤レ人。

意味 天を怨みもしないし、他人をとがめたりもしない。不遇をかこって天を怨むこともせず、理解されないことを怒って人をとがめたりもしない。

参考 これに続けて孔子は、「下学して（身近なことを学ぶ）上達す（深遠な道理に通ずる）。我を知る者は其れ天か」と言う。「下学して上達す」の項参照。

天を楽しみ命を知る、故に憂えず

出典 『易経』繋辞上伝

原文 楽レ天知レ命、故不レ憂。

意味 天の法則を楽しみ、自己の命運を理解する。よって憂えることはない。

参考 「易」を根本にすえる聖人の心境について述べた一節。

天を開く者は徳生じ、人を開く者は賊生ず

出典 『荘子』達生

原文 開レ天者徳生、開レ人者賊生。

意味 「天」、無為なる大自然を明らかにしていく者は道にかなった生き方をし、「人」、人為的、作為的技巧を発達させていく者は邪心が生じる。「徳」は無為自然なる生き方。「賊」はこざかしい邪心。

参考 天地の自然性を尊重し、多くの弊害を生み出す人為的営為の追求をやめるべきだという。

と

同異を以て喜怒を為さず、喜怒を以て用舎を為さず

出典　『宋名臣言行録』丞相韓国富文忠公弼

原文　不下以二同異一為中喜怒上、不下以二喜怒一為中用舎上。

意味　自分と考えが同じか異なるかによって喜んだり怒ったりしてはならない。また、自分に対して喜んでいるか、怒っているかで人を用いたり用いなかったりしてはならない。自分に都合のよい人だけを近付けるようではいけないということ。「舎」は「捨」に同じ。

参考　北宋の政治家富弼（宰相として穏健な政治を行なう。急進改革派王安石の新法に反対して地方へ左遷され、のち退官）の、皇帝神宗への進言。

同悪相助け、同好相留む

出典　『史記』呉王濞列伝

原文　同悪相助、同好相留。

意味　同じ憎しみを抱く者は助け合い、同じ好みをもつ者はひき留め合う。

参考　呉王劉濞が派遣した応高が、膠西王を説得する際に用いたことば。呉王と膠西王が、漢王朝に対して同じく反感をもっていることをさす。この後に「同情相成し、同欲相趨き、同利相死す」と続く。

灯火親しむべし

⇨灯火稍く親しむべく、簡編巻舒すべし

桃花潭水深さ千尺、及ばず汪倫の我を送るの情に

出典　盛唐、李白詩「贈二汪倫一」

原文　桃花潭水深千尺、不レ及汪倫送レ我情。

意味　桃花潭の水の深さは千尺もあるというが、私

を送ってくれる汪倫の友情の深さには到底及ばない。

参考 汪倫が自分に対してこのうえない友情を示してくれることを李白はこう表現したのである。桃花潭は安徽省涇県の西南にあるが、李白がこの地に遊んだとき、汪倫という男がいつも美酒をつくっては李白をもてなしてくれた。その厚情に感謝して贈った詩という。前半二句は「李白舟に乗って将に行かんと欲す、忽ち聞く岸上踏歌の声」とある。

東家に食らい、西家に宿らん

出典 『芸文類聚』四十・婚

原文 東家食、西家宿。

意味 東隣の家で食事をしたあと、西隣の家で夜をすごしたい。裕福だが風采のあがらない東の家の男と、美男だが貧乏な西の家の男から同時に求婚された女の発言。欲が深いこと、虫がよすぎることのたとえ。

参考 『芸文類聚』や『太平御覧』三百八十一に「風俗通に曰く」として載せるが、現存する『風俗通義』には見えない佚文である。

灯火稍く親しむべく、簡編巻舒すべし

出典 中唐、韓愈詩「符読㆓書城南㆒」

原文 灯火稍可㆑親、簡編可㆓巻舒㆒。

意味 時は秋、夜が長くなり灯火に親しむ機会が多くなった。書物をひもといて読むのに適した季節だ。

参考 詩題の「符」は韓愈の子の名。これは子供に学ぶことをすすめる詩中のことば。「簡編」は書物のこと、「巻舒」は開いたり巻いたりすること。この前に「時秋にして積雨霽れ、新涼郊墟（郊外の野）に入る」とある。一般に「灯火親しむべし」というかたちで使われる。

桃花流水窅然として去り、別に天地の人間に非ざる有り

出典 盛唐、李白詩「山中問答」

原文 桃花流水窅然去、別有天地非人間。

意味 桃の花が咲きほころぶ下を谷川が流れている。桃の花びらが谷川の流れに浮かんで、ずっと遠くまで流れてゆく。ここには俗世間とは全く異なる別世界が開けている。「人間」は人の世。

参考 陶淵明の「桃花源記」（武陵の漁父が桃花林の奥に迷い入り、秦の乱を避けた遺民の住む仙境に遊んだ話で、淵明の理想とする社会を描く）を想起させる一句であるが、世俗を離れた世界に生きることの心境を表現する。前半二句は「余に問う何の意にてか碧山に棲むと、笑って答えず心 自ら閑なり」とある。

同気相求む（どうきあいもとむ）

⇩同声相応じ、同気相求む

陶犬瓦鶏（とうけんがけい）

⇩陶犬は夜を守るの警無く、瓦鶏は晨を司るの益無し

盗言は孔だ甘し、乱是を用て餤む（とうげんははなはだあまし、らんここをもってすすむ）

出典 『詩経』小雅・巧言

原文 盗言孔甘、乱是用餤。

意味 讒言をする者のことばはとても甘く、それ故受け入れやすい。だから乱れが進むのである。

参考 讒言をたやすく信用してしまうと物事は混乱してしまう。どんな言動に対してもそれを見極める判断力が求められるのである。

陶犬は夜を守るの警無く、瓦鶏は晨を司るの益無し（とうけんはよるをまもるのけいなく、がけいはあしたをつかさどるのえきなし）

出典 南朝梁、梁元帝『金楼子』立言・上

原文 陶犬無守夜之警、瓦鶏無司晨之益。

意味 陶製の犬は夜の番をする守りにはならないし、素焼きの鶏は朝を告げるには役には立たない。形ばかりで役に立たないことをいう。「瓦鶏」は素焼きの鶏。

参考 この後に「塗車（泥で作った車）は労に代わる

能わず、木馬は馳逐（走ったり追いかけたりすること）に中らず」という。無用なもののたとえで、「陶犬瓦鶏」という四字熟語としても使われる。

同坑に異土無し

出典　『碧巌録』第十二則・著語

原文　同坑無二異土一。

意味　同じ穴からは、違う土が出てくるはずがない。同類であることをさげすんでいうことば。同じ穴のむじな。

参考　第二十二則の著語にも見える。

当暑の槿を栽うる毋れ、寧ろ深秋の菊を種えん

出典　北宋、欧陽脩詩「寄二題劉著作羲叟家園一効二聖兪体一」

原文　毋レ栽二当暑槿一、寧種二深秋菊一。

意味　暑いころに咲く槿の花を植えるよりは、深秋に咲く菊を植えるほうがいい。

参考　その理由をこの二句の後に、「菊は死して枯枝を抱くも、槿は艶にして昏旭に随う（菊は枯れても枝が残るが、槿の美しさは朝から暮方までのものだ）」と述べている。

同心の言は、其の臭り蘭の如し

出典　『易経』繋辞上伝

原文　同心之言、其臭如レ蘭。

意味　志を同じくする者のことばは、蘭の花のように芳しい。

参考　「二人心を同じくすれば、其の利きこと金を断つ」（その項参照）に続く孔子のことば。「二人」はそれぞれが君子であり、その二人が心を通わせ合えば、金属を断ち切るほどの鋭利さとなるのである。これらから、非常に親しい交際をたとえて「金蘭の契り」「金蘭の交わり」という。

同声相応じ、同気相求む

出典　『易経』乾・文言伝

原文　同声相応、同気相求。

意味　同じ調子の音は共鳴し合い、同じ気をもつものは呼び合って感応する。同類が感応し合うことをいう。

参考　孔子のことば。これに続けて「水は湿えるに流れ、火は燥けるに就く」とある。水が湿ったほうに流れ、火が乾いたほうへ燃えつくように、同類のものが呼び合うことをいうのである。

道聴塗説（どうちょうとせつ）

⇩道に聴きて塗に説くは、徳を之棄つるなり

堂に入る

⇩堂に升れり、未だ室に入らず

堂に升り室に入る

⇩堂に升れり、未だ室に入らず

堂に升れり、未だ室に入らず

出典　『論語』先進

原文　升レ堂矣、未レ入二於室一也。

意味　表の広間には入っているが、まだ奥の部屋には入っていない。学問・技量がその奥義をきわめるまでには至ってはいないが、優れた水準まで上達していることをたとえる。「堂」は表の客間。「室」は奥の間。

参考　孔子は音楽というものは、人格を形成するのに役立つと考えており、弟子の子路（人名略解参照）が瑟（大型の琴）を爪弾くようすを見て、「子路のひく瑟は、私の家ではどうもね……」と言った。それを聞いた他の門人達は子路を敬わなくなった。そこで孔子が述べたことばがこれである。つまり、子路の技量は十分に秀れているが完成まではあと一歩であると評し、他の門人達の不見識をとがめたのである。ここから、「堂に升り室に入る」で、学問技芸がしだいに進歩してその深奥に達することをいい、「堂に升る」は上達して一定の水準に達すること、「室に入る」はさらに進ん

でより深い境地まで達することにたとえる。さらに、これに基づいて、学問や技芸が奥深いところまで達していることを「堂に入る」と表現するようになった。

同病相憐み、同憂相救う

出典 『呉越春秋』闔閭内伝

原文 同病相憐、同憂相救。

意味 同じ病気で苦しんでいる者は、お互いに同情し合う。同じ苦しみにさいなまれている者は、お互いに助け合う。同じ境遇で苦労している者は、お互いの心情がよくわかり、思いやり助け合うということ。

参考 春秋時代、伍子胥（人名略解参照）が伯嚭に言ったことば。伍子胥は父と兄を楚に殺され、伯嚭は祖父を殺され、恨みを晴らすため、ともに呉に身を寄せていた。「吾の怨みと喜びとは子に同じ。河上の歌を聞かざるか、同病相憐み、同憂相救う」とあるように、もとは俗謡の一節であったと思われる。

東風木を択ばず、吹煦して長く未だ已まず

出典 中唐、白居易詩「杏園中棗樹」

原文 東風不㆑択㆑木、吹煦長未㆑已。

意味 春風は木を選んで吹くのではない。毎年毎年吹きつけて木をあたたかく育てるのである。

参考 春風はどんな木も等しく育てることをいう。棗の樹は美しいものではないが、しかし春風に育てられれば車輪の軸材として最も良いものになる。

同明相照らし、同類相求む

出典 『史記』伯夷列伝

原文 同明相照、同類相求。

意味 同じ種類の光明は互いに照らし合い、同じ類の性をもつものは互いに引きつけ合う。類似した性をもつものは、互いに求め合って、助け合うこと。

参考 この後に「雲は竜に従い、風は虎に従う」と続

く。『易経』乾・文言伝に「同声相応じ、同気相求む」（その項参照）とある。

同憂相救う（どうゆうあいすくう）

⇩同病相憐み、同憂相救う

桃李言わず、下自ら蹊を成す（とうりものいわず、したおのずからこみちをなす）

出典 『史記』李将軍列伝

原文 桃李不レ言、下自成レ蹊。

意味 桃や李は自ら口をきいて人を招くようなことはしなくても、その花や実ゆえに、自然と人がたくさん集まってくるので、その下にはいつしか小道ができる。徳のある人のところには、自らを喧伝しなくとも、自然と人が集まるたとえ。「成蹊」の語の典拠。

参考 論賛の中で、司馬遷が漢の将軍李広（生涯を通じて匈奴と戦った。李陵はその孫）を評するのにもちだした諺。注釈書『史記索隠』によると、「桃李言わず」とは、李広の口べたをたとえたものだという。

同類相従い、同声相応ず（どうるいあいしたがい、どうせいあいおうず）

出典 『荘子』漁父

原文 同類相従、同声相応。

意味 似た者同士は互いに寄りあい、似た音律は互いに響きあう。性質の似たものや意見が同じ者は自然と集まりあうことのたとえ。

参考 無為自然の道を体得した漁夫が、孔子を自分と同じ賢人として迎えたときのことば。また、類句に『易経』乾・文言伝「同声相応じ、同気相求む」（その項参照）、『史記』伯夷列伝「同明相照らし、同類相求む」（その項参照）がある。

同類相求む（どうるいあいもとむ）

⇩同明相照らし、同類相求む

盗を捕うるに疆界を以てする勿れ（とうをとらうるにきょうかいをもってするなかれ）

出典 『元典章』刑部・諸盗

原文 捕レ盗勿レ以ニ疆界一。

意味 盗賊を捕えるにあたっては、管轄する地域の境界にこだわってはいけない。役人は隣接する地域の民衆に協力を求め、民衆はその求めに応じなければいけない。「疆」は「境」と同じ。

参考 『至元新格』から引用された一節に付けられた見出しのことば。

銅を以て鑑と為さば、衣冠を正すべし、古を以て鑑と為さば、興替を知るべし、人を以て鑑と為さば、得失を明らかにすべし

出典 『新唐書』魏徴伝

原文 以レ銅為レ鑑、可レ正二衣冠一、以レ古為レ鑑、可レ知二興替一、以レ人為レ鑑、可レ明二得失一。

意味 銅を鏡にして姿を映したならば、衣服の乱れや冠を直すことができようし、今までの歴史を鏡としたならば、国家の興亡がわかるであろうし、他人を鏡として自分を省みれば、自己の長所や短所を明らかにすることができよう。

参考 唐の太宗が、銅・古・人を「三鑑」（三つの鏡）にたとえたことば。

蠹蝝も柱梁を仆し、蚊虻も牛羊を走らす

出典 『説苑』説叢

原文 蠹蝝仆二柱梁一、蚊虻走二牛羊一。

意味 木食い虫やいなごの子でも柱や梁を食い荒して倒してしまうことがあるし、蚊や虻のような小さな虫でも大きな牛や羊を逃げ回らせて、まいらせてしまうことがある。

参考 小さなものが大きなものを制するたとえ。小さな取るに足らない者（物）でも油断することはできないことをいう。

遐きに陟るには必ず邇きよりす

⇩高きに升るには必ず下きよりするが若くし、遐きに陟るには必ず邇きよりするが若くす

遠きに行くに、必ず邇きよりす

出典 『中庸』十五章

原文 行レ遠、必自レ邇。

意味 遠い所に行くには、近い所から始めなければならない。君子の道も、手近な所から始めなければならないということ。

参考 『書経』太甲・下に「高きに升るには必ず下きよりするが若くし、遐きに陟るには必ず邇きよりするが若くす」（その項参照）とある。

時危うくして臣節を見、世乱れて忠良を識る

出典 南朝宋、鮑照詩「出自薊北門行」

原文 時危見二臣節一、世乱識二忠良一。

意味 国家が危険な時にこそ臣下の節義があらわれ、天下が乱れれば忠誠の人が分かる。

参考 征戦の苦しさ辛さを述べた詩である。この二句の後には「身を投じて明主に報ぜん、身死して国傷と為らん」とある。「国傷」は国のために戦死した者のこと。

時に及んで当に勉励すべし、歳月は人を待たず

出典 東晋、陶潜「雑詩」其一

原文 及レ時当二勉励一、歳月不レ待レ人。

意味 時をのがさず、有意義に充実して過ごすように努めるべきだ。歳月は人を待ってはくれない。

参考 「盛年重ねて来らず、一日再び晨なり難し」（その項参照）に続く詩句。今日では、若い時は二度と来ないのだから、しっかり学び励むべきだという意味で用いられることが多いが、本来は、時は人を待ってくれないのだから、機会あるごとにみんなと酒を飲んで楽しむべきだという意味である。「雑詩」十二首中の第一首の句。

時は重ねて至ること無く、華は再び陽かず

出典 西晋、陸機詩「短歌行」

原文 時無二重至一、華不二再陽一。

意味 時は再びやって来ることはなく、花も散ってしまえば二度と開かない。一度過ぎ去った時間は二度と返ってこないということ。

参考 短い人生であるから、友人と一緒に過ごすこのひと時は、良い酒と肴で楽しもうという詩中の一句。しかしその酒宴も「長夜して荒むこと無かれ（夜通しで度を過ごすことはしたくない）」と、戒めている。

徳厚き者は流れ光いなり、徳薄き者は流れ卑し

出典 『春秋穀梁伝』僖公十五年

原文 徳厚者流光、徳薄者流卑。

意味 徳を厚く積んだ人は、その恩沢が後々まで及び子孫が栄え、徳を薄くしか積まなかった人は、その恩沢は近い子孫にしか及ばない。「流」は血筋、子孫の意。「光」は遠い、「卑」は近いの意。

徳有る者は必ず言有り、言有る者は必ずしも徳有らず

出典 『論語』憲問

原文 有レ徳者必有レ言、有レ言者不二必有一レ徳。

意味 りっぱな徳のある人には必ずりっぱな発言があるが、りっぱなことを口にする人に必ずしもりっぱな徳があるとは限らない。

参考 これに続けて孔子は、「仁者は必ず勇有り、勇者は必ずしも仁有らず」（その項参照）と言う。

独陰生ぜず、独陽生ぜず

出典 『春秋穀梁伝』荘公三年

原文 独陰不レ生、独陽不レ生。

意味 万物も人も、陰（母）だけでは生ぜず、陽（父）だけでは生じない。

参考 『穀梁伝』ではこの後に「独天生ぜず。三合して然る後生ず」といい、陰・陽・天の三者が合してはじめて、万物・人が生じるのだとする。

独往路尽き難く、窮陰人傷み易し

出典 中唐、崔曙詩「早発㆓交崖山㆒還㆓太室㆒作」

原文 独往路難㆑尽、窮陰人易㆑傷。

意味 ひとりゆく旅路はなかなか尽きず、まして陰の気の極まるこの十二月、人は感傷にふけりやすいものだ。「窮陰」は十二月のこと。陰陽思想によると、十二月は陰である偶数でしかも最大の月だから、一年中で最も陰気が強い月になる。

参考 崔曙は若い頃、身寄りがなく貧乏であったが進士に及第、しかし人の推挙にも応ぜず、嵩山に隠棲して一生を終えたという。これに続けて「傷むらくは此の無衣の客、如何ぞ雪霜を蒙らん（悲しいかな、冬着もないこの旅人、雪や霜に降られたら、どうしたらよいだろう）」とうたって詩を終える。冬のうらぶれたひとり旅を自らの人生に重ね合わせたもの。

得失は一朝にして、栄辱は千載なり

出典 『後漢書』荀悦伝

原文 得失一朝、而栄辱千載。

意味 物質的な利益や損害によって受けるものは、一時的なものにすぎないが、名誉を得るか、恥辱をこうむるかといった問題は、千年後までにかかわる重大なものである。

参考 荀悦の『申鑒』の中のことば。直前には「或は欲顕れて得ず、或は欲隠れて名章わる（欲をあらわにしても得られないこともあれば、欲を隠して名誉を得ることもある）」とある。

読書は簡要に趨き、言説は雑冗を去る

出典 北宋、欧陽脩詩「送㆓焦千之秀才㆒」

原文 読書趨㆓簡要㆒、言説去㆓雑冗㆒。

意味 書を読むにあたっては簡明で要を得たものであるように努め、言説は雑駁、煩雑であることを避けよ。

参考 欧陽脩が後輩に贈った学問のための注意のことば。

読書は飯を喫するが如し、善く喫する者は精神を長じ、善く喫せざる者は痰瘤を生ず

出典 清、袁枚『随園詩話』巻十三・第七十二項

原文 読書如レ喫レ飯、善喫者長二精神一、不二善喫一者生二痰瘤一。

意味 読書とは食事を摂るようなものである。ちゃんと食事を摂る人が成長するように、ちゃんと読書をする人は精神を育てることができる。しかしちゃんと食事を摂らない人が病気になるように、ちゃんと読書しない人は心を病む。

参考 「痰瘤」はぜんそくやできものなどの病気のこと。読書はその書の精神を吸収し自らを高めることこそが重要であるという読書論に続くことば。

読書百遍にして義自ら見る

出典 『三国史』魏書・鍾繇華歆王朗伝・裴松之注

原文 読書百遍而義自見。

意味 書物は繰り返し繰り返し読めば、そこに書かれた意味は自然とわかるようになる。熟読が大事である。

参考 魏の董遇（好学で知られ、明帝の時、大司農）が、学問の教えを請うた者に言ったことば。まず何よりも書物を繰り返し繰り返し読むべきだと説いている。

読書万巻を破り、筆を下せば神有るが如し

出典 盛唐、杜甫詩「奉レ贈二韋左丞丈一二十二韻」

原文 読書破二万巻一、下レ筆如レ有レ神。

意味 万巻の書物を読破し、筆をとれば神が宿っているような見事な詩文を作る。

参考 杜甫が、自らの神童とも思える少年時代や、大志を抱いていた輝ける青年時代を回想した句。詩中ではそれとは対照的な現在の不遇を嘆いている。「韋左丞」は韋済。杜甫に好意的だった姻戚にあたる高官。

徳に常師なく、善を主とするを師と為す

出典 『書経』咸有一徳

原文 徳無二常師一、主レ善為レ師。

意味 徳には定まった師というものはない。善をよりどころとすることが師なのである。

参考 宰相伊尹（人名略解参照）が退任するに当たり殷の王太甲に「徳」を説いた中の一句。ここでいわれる「徳」は「一徳」、つまり完全無欠な純一な徳。「常師がない」という表現は、『論語』子張に「夫子焉にか学ばざらん。而して亦何の常師かこれ有らん」と、孔子がすべての場で学ぶ者であり、また、定まった師をもつ者ではないと述べるのと関係する。

徳の流行は、置郵して命を伝うるより速やかなり

出典 『孟子』公孫丑・上

原文 徳之流行、速二於置郵而伝一レ命。

意味 徳による感化が人々に行き渡るようすは、早馬を乗り継いで命令を伝えることよりも速やかである。

参考 孟子が仁政を待ち望む人民のようすを「飢えたる者は食を為し易く、渇したる者は飲を為し易し」（その項参照）と述べた後に引用した孔子のことば。『呂氏春秋』（離俗覧・上徳）にも「徳の速やかなることは郵を以て命を伝うるよりも疾し」という孔子のことばがある。

徳は孤ならず、必ず隣有り

出典 『論語』里仁

原文 徳不レ孤、必有レ隣。

意味 徳ある者は孤立するようなことはない。必ずや隣人というべき親しい仲間が現れる。

参考 徳ある者の周囲には必ず同志や理解者が集まり、孤立することがないことをいう。

徳は名に溢れ、名は暴に溢れ、謀は諠より稽え、知は争いより出ず

出典 『荘子』外物

原文 徳溢㆓乎名㆒、名溢㆓乎暴㆒、謀稽㆓乎誸㆒、知出㆓乎争㆒。

意味 人間の徳行は名誉を求めることによって逸れ、名誉はそれを人に誇示しようとすることによってだめになり、謀略は危急の状態において考え出され、知識は闘争に勝つために生み出される。人が天賦の徳をみずから損なっていく愚かさをいう。「溢」は逸脱するの意。

参考 「誸」は危急。「稽」は「考」に同じ。人間世篇の「徳は名に蕩られ、知は争いより出ず」（その項参照）を敷衍したもの。

徳は名に蕩られ、知は争いより出ず

出典 『荘子』人間世

原文 徳蕩㆓乎名㆒、知出㆓乎争㆒。

意味 徳は名声を求めることによってくずれていき、知識は闘争に勝ちぬくために生まれ出た。「蕩」は壊されるの意。

参考 名誉心と知識が、純粋で自然な人間性を破壊するものとなることをいう。衛国の乱れを治めに行きたいと申し出た弟子の顔淵（人名略解参照）に対し、荘子の思想の代弁者たる孔子が、その考えの危うさを指摘する寓話の一節。

徳は量に随って進み、量は識に由って長ず

出典 『菜根譚』前集百四十四

原文 徳随㆑量進、量由㆑識長。

意味 徳は度量に従って向上し、度量は見識に従って成長するものだ。

参考 徳を高めようとするならば、度量を広くしなくてはならないし、度量を広くするためには、その見識を高めなくてはならない。成徳のための学問の肝要を説く。

毒薬は口に苦く病に利あり

出典 『史記』淮南・衡山列伝

原文 毒薬苦㆓於口㆒利㆓於病㆒。

意味 強い薬は苦くて飲みづらいが、病気によくきく。役に立つアドバイスは、耳が痛く聞きづらいことのたとえ。「毒薬」は強い薬、よくきく薬。

参考 この後に「忠言は耳に逆らい行ないに利あり」と続く。

疾く呼ぶも百歩に聞こゆるに過ぎざれども、志の在る所は、千里を踰ゆ

出典 『淮南子』主術訓

原文 疾呼不レ過レ聞二百歩一、志之所レ在、踰二于千里一。

意味 大声で呼んでも、せいぜい百歩先に聞こえるほどでしかないが、人の志は千里を越えてとどくものである。「疾」は強く大きい。

参考 「歩」も「里」も距離の単位。「歩」はこの当時、一三五センチメートル。「里」は三百歩で、四〇五メートルとなる。

徳を恃む者は昌え、力を恃む者は亡ぶ

出典 『史記』商君列伝

原文 恃レ徳者昌、恃レ力者亡。

意味 徳によってたつ者は栄え、力に依存している者は滅びる。

参考 このことばは「書に曰く」として引用されており、注釈書『史記索隠』『史記正義』とも『周書』からの引用としているが、現行の『周書』の本文には見えない。

徳を作せば心逸にして日に休し、偽を作せば心労して日に拙なり

出典 『書経』周官

原文 作レ徳心逸日休、作レ偽心労日拙。

意味 徳を行なえば心はその日一日安らかであるが、偽りを行なえば心は疲れその日一日みじめな思いで過ごす。

参考 周の成王のことば。心のあり方こそが日々の

と

生活に反映されるということで、徳の修養が肝要だと説く。

徳を以て徳に報ゆ

⇩直を以て怨みに報い、徳を以て徳に報ゆ

吐言は覆水の若し、舌を揺かして追うべからず

出典　西晋、傅玄詩「牆上難為趨」

原文　吐言若二覆水一、揺レ舌不レ可レ追。

意味　いったん口に出したことばは、こぼした水のようなもので、舌を動かしてさらに何か言ったとしても取りかえしがつかない。

参考　「揺舌」は舌を動かす、つまり何か言うこと。いったん発言したことは、どうとりつくろっても消えないことをいう。

歳寒ならざれば、以て松柏を知ること無く、事難からざれば、以て君子を知ること無し

出典　『荀子』大略

原文　歳不レ寒、無三以知二松柏一、事不レ難、無三以知二君子一。

意味　寒い季節にならなければ、常緑樹である松や柏（ヒノキの類）の存在に気づくことがないように、困難な出来事にあわなければ、真の君子の偉大さはわからない。障害にぶつかった時に人の真価が問われるのである。

参考　「柏」はカシワではなく、ヒノキ科の植物を広くさす。「松柏」で常緑樹の意、節操を守って変わらないことのたとえ。

年五十にして、四十九年の非を知る

出典　『淮南子』原道訓

原文　年五十、而知二四十九年非一。

意味　五十歳になって、これまでの四十九年間の人生の過ちを悟る。「非」は過ち、間違い。

参考　春秋時代、衛の大夫・蘧伯玉の故事に基づくことば。その故事は『荘子』則陽に、「蘧伯玉、行年六十にして六十化（変化）す。未だ

嘗て之を是（正しい）とするに始まりて、之を詘くるに非を以て卒らずんばあらざるなり。未だ今の所謂是の、五十九の非に非ざることを知らず」と記されている。蘧伯玉は六十歳にして六十回変化し、これまで正しいとしていたことも過ちとして否定し、進歩し続けたというのである。

歳寒くして、然る後に松柏の彫むに後るるを知る

出典 『論語』子罕

原文 歳寒、然後知二松柏之後一レ彫也。

意味 寒い季節になって、そこではじめて松や柏が、他の樹木が枯れて葉を落としても、緑の葉を残していることがわかる。困難な状況になってはじめて人間の真価がわかるというたとえ。「松柏」はマツやヒノキの類で常緑樹。「柏」は日本のかしわではない。

参考 『荀子』大略には「歳寒ならざれば、以て松柏を知ること無く、事難からざれば、以て君子を知ること無し」（その項参照）とある。

年の将に衰えんとするを恤えずして、志の倦むこと有るを憂う

出典 後漢、徐幹『中論』修本

原文 不レ恤二年之将一レ衰、而憂二志之有一レ倦。

意味 年を取って体が衰えていくことを心配するのではなく、己の志が衰えてゆるんでしまうことを心配する。

斗筲の人、何ぞ算うるに足らん

出典 『論語』子路

原文 斗筲之人、何足レ算也。

意味 器量の小さい人は、数のうちに入らない。「斗」は一斗（当時の一斗は約一・九四リットル）、十升ます。「筲」は一斗二升を容れる器。ここでは、器量の小さい人をたとえる。

参考 弟子の子貢が最近の政治家の中に士といえるような人物がいるでしょうかとたずねた時に、孔子が答えたことば。

都人の冶容なるも、西施の影を悦ばず

出典　西晋、陸機「演連珠」

原文　都人冶容、不レ悦二西施之影一。

意味　たとえどれほど浮名の高い美男子でも、あの美人の西施の画像だけでは決してよろこばない。

参考　たとえ小さくても実行された本当のもののほうが、虚名のみ高いことよりもよいということのたとえ。「西施」は春秋時代の越の美人の名。越王句践が呉王夫差に献上し、夫差はその色香に迷って政治をおろそかにして越に滅ぼされたという。「冶容」はなまめかしいこと。また異性関係の多いこと。「影」は画像、えすがた。美人も絵だけでは無意味である。この後にはまた「乗馬の班如たるも、太山の陰に輟らず（疲れて進まない馬も、山の影だけでは、それを見て進むことをためらうことはない）」とある。

斗水、大海に瀉ぐは、枯池に瀉ぐに如かず

出典　中唐、孟郊詩「贈二主人一」

原文　斗水瀉二大海一、不レ如レ瀉二枯池一。

意味　わずか一斗の水を大海に注ぎ入れるより、水の枯れた池に注ぎ入れたほうがよい。

参考　足りないところを補うべきで、余っているところを補う必要はないということ。

鳶飛んで天に戻り、魚淵に躍る

出典　『詩経』大雅・旱麓

原文　鳶飛戻レ天、魚躍二于淵一。

意味　鳶は高く飛んで天に至り、魚は清き水の中で喜々として躍る。ここでは、王の徳により天下がよく治まっているようすをいう。

参考　鳶は天で、魚は水中で、それぞれ自分に適した場所で自己の能力を最大に発揮できるのである。人もまた同じで、天下安泰の中でこそ自由にその才を開花させることができる。

富は屋を潤し、徳は身を潤す

出典 『大学』伝六章

原文 富潤レ屋、徳潤レ身。

意味 財産があれば家屋にはさまざまな調度や装飾が備えられ潤いが加わる。人に徳があればその身に潤いが加わる。徳が内に充実すれば、外にまであらわれるということ。

参考 これに続けて「心広くして体胖かなり」とあり、徳が身を潤せば、心身ともにのびやかになると述べる。

富は足ることを知るに在り、貴は退くを求むるに在り

出典 『説苑』説叢

原文 富在レ知レ足、貴在レ求レ退。

意味 豊かさとは、満足ということを知るところにあり、高貴さとは、謙虚であろうとするところにある。

参考 「足るを知る」ことを重視する主張は、『老子』三十三章「足るを知る者は富む」、四十六章「足るを知りて之足れば、常に足る」などと重なり、同九章「功遂げ身退くは、天の道なり」（その項参照）の謙下卑弱の処世を説くのと同一のものである。

富を以て是と為す者は、禄を譲ること能わず。顕を以て是と為す者は、名を譲ること能わず

出典 『荘子』天運

原文 以レ富為レ是者、不レ能レ譲レ禄。以レ顕為レ是者、不レ能レ譲レ名。

意味 富を肯定する者は、自分の財産・爵禄を人に譲ることができない。栄達を肯定する者は、自分の名声を人に譲ることができない。栄達に執着する者が、囚人のごとく不自由であることをいう。

参考 真実の道を得られないでいる孔子に、老子が無為自然の生き方を授ける寓話の中の一節。

続けて老子は「権に親しむ者は、人に柄（権力）を与うること能わず。これを操れば則ち慄え、これを舎つれば則ち悲しむ」と世俗の利害に一喜一憂する人々をあげ、それにしばられているうちは、真実の道を得られることはないであろうと説く。

朋有り遠方より来る、亦楽しからずや

出典　『論語』学而

原文　有レ朋自ニ遠方一来、不ニ亦楽一乎。

意味　道を同じくする友人が遠くからやって来る。何と楽しいことではないか。

参考　現在の『論語』冒頭の章の一節であり、ひろく知られる。「朋の遠方より来る有り」と訓読する場合もある。「学びて時に之を習う、亦説ばしからずや」の項参照。

虎嘯いて風洌しく、竜興りて雲を致す

出典　前漢、王褒「聖主得ニ賢臣一頌」

原文　虎嘯而風冽、竜興而致レ雲。

意味　虎が吠えれば風がはげしく吹き、竜が現われれば雲をまきおこす。

参考　王褒が皇帝の命令で作った作。君主の人徳をたたえるものである。この二句の前に「世必ず聖智の君有りて而る後に賢明の臣有り」とあるように、徳の高い名君がいれば、必ずその周囲にすぐれた臣下が現われることを述べたことば。

虎に騎る者は、勢い下りるを得ず

出典　『新五代史』唐臣伝

原文　騎レ虎者、勢不レ得レ下。

意味　虎にのった者は、途中で降りることはできない。

参考　日本では一般に「騎虎の勢い」といわれるのはこの句による。物事にはずみがついて途中ではやめられないことをいい、やめればかえって危険なことになることを「虎」という激しい

気性の獣をいうことで暗に示している。『隋書』独孤皇后伝に見える「騎獣の勢い、下りるを得ず」をふまえた表現である。

虎の躍るや、必ず伏して乃ち厲う

出典 明、劉基「擬二連珠一編」

原文 虎之躍也、必伏乃厲。

意味 虎がとびかかろうとする時には、必ず一度身体を伏せてそこで奮い立つ。

参考 何かをなす前には、そのための準備の時間が必要であることをいう。この後に「学は必ず心を潜めて然る後に以て得ること有る可く、芸能は時に習いて然る後に徒労を為さず」とある。

虎の尾を履むも、人を咥わず

出典 『易経』履・卦辞

原文 履二虎尾一、不レ咥レ人。

意味 虎の尾を踏んでもかまれない。猛々しい人に対しても礼にかなった態度で接すれば危険はないのである。「虎の尾を履む」はきわめて危険なことを行なうことのたとえ。

参考 和らいだ態度で危難に対処すべきことを説く。

虎は死して皮を残し、人は死して名を残す

⇩豹は死して皮を留め、人は死して名を留む

虎を画くに、皮を画くも骨を画き難し

出典 『元曲選』魔合羅

原文 画レ虎、画レ皮難レ画レ骨。

意味 虎を絵に描く場合、皮のあざやかな模様を写しとるのは易しく、むしろ目に見えない骨格の部分を虎らしく描くことが難しい。表面にあらわれない内面をしっかり認識するのは難しい、ということ。

参考 「人を知るに、面を知るも心を知らず」と続く。

と

鳥窮すれば則ち啄み、獣窮すれば則ち攫み、人窮すれば則ち詐る

出典　『荀子』哀公

原文　鳥窮則啄、獣窮則攫、人窮則詐。

意味　鳥は窮地に追い詰められると、嘴でつつこうとするし、獣は窮地に追い詰められると、つかみかかってくる。人は窮地に追い詰められると、嘘をつく。

参考　人は窮地におちいると何をするかわからない。治国の法の一義として、民衆を窮地に追い詰めないことを挙げているのである。同様の句に「獣窮まれば則ち齧む、鳥窮まれば則ち啄む、人窮まれば則ち詐る（『韓詩外伝』巻二）」（その項参照）がある。

鳥去り鳥来る山色の裏、人歌い人哭す水声の中

出典　晩唐、杜牧詩「題㆓宣州開元寺水閣㆒」

原文　鳥去鳥来山色裏、人歌人哭水声中。

意味　青々とした山の中を鳥は飛び去り飛び来る。渓流の水音の中で人は喜びに歌い、悲しみに泣く。

参考　第一・二句で「六朝の文物草空に連なる、天淡く雲開いて今古同じ（六朝文化のなごりは失われ、雑草が空にまで生い茂っている。天の色は淡く雲がひろがったさまは今も昔も変わらない）」とうたい、時の流れを感じながら自然を詠ずる。

鳥の将に死なんとするや、其の鳴くや哀し。人の将に死なんとするや、其の言うや善し

出典　『論語』泰伯

原文　鳥之将㆑死、其鳴也哀。人之将㆑死、其言也善。

意味　鳥が今にも死ぬという時の鳴き声は哀しげで胸にせまり、人が今にも死ぬという時のことばは立派である。臨終に近い人のことばは、嘘いつわりがなくまことなものであるから、

けっして忘れてはいけないということ。

参考 死に臨んだ孔子の弟子の曾参が、見舞いに来た魯の国の家老のひとり孟敬子に、これから君子の礼のあり方について大切なことを言うので真剣に耳を傾けてほしい、として言ったことば。

鳥は宿る池中の樹、僧は敲く月下の門

出典 中唐、賈島詩「題㆓李凝幽居㆒」

原文 鳥宿池中樹、僧敲月下門

意味 鳥は池中の小島の樹の上に宿っている。一人の老僧がやって来て月に照らされた門をたたいている。

参考 「推敲」の典拠として有名な詩句である。賈島が一日この詩の着想を得、「門を敲く」か「門を推す」か迷っていた。そこに偶然韓愈と出会い、「敲」のほうがよいと教えられたという逸話に基づく。「池中樹」は「池辺樹（池のほとりの樹）」とするテキストもある。

鳥を得るは羅の一目なれども、今一目の羅を為れば、則ち時として鳥を得る無し

出典 『文子』上徳

原文 得ㇾ鳥者羅之一目、今為㆓一目之羅㆒、則無㆔時得㆒ㇾ鳥。

意味 鳥は網の目一つにひっかかり捕えられるのだが、だからといって網の目を一つだけ作っても、鳥をつかまえることはできない。範囲をあまりに狭く限定しては成果は得られない。

参考 『淮南子』説林訓に、「一目の羅は以て鳥を得べからず」という類似の句があるが、『淮南子』では礼を尽くさなければ賢者を招くことはできないたとえとして用いられている。

取る所の者遠ければ、則ち必ず待つ所有り。就す所の者大なれば、則ち必ず忍ぶ所有り

出典 北宋、蘇軾「賈誼論」

原文 所レ取者遠、則必有レ所レ待。所レ就者大、則必有レ所レ忍。

意味 君子は、目標がまだ手の届かないところにあれば、時機を待つ必要がある。なしとげようとすることが大きなことならば、耐え忍ぶ必要がある。

参考 才能のある古の賢人が、結局その才能をほとんど生かすことができない理由について述べている一節のことば。才能があってもそれを生かせないのは、重用しない君主が悪いとは限らず、賢人が待ち、耐え忍ぶことができないためでもあると論じている。

操(と)れば則(すなわ)ち存(そん)し、舎(す)つれば則(すなわ)ち亡(ぼう)す。出入時無(しゅつにゅうときな)く、其(そ)の郷(きょう)を知(し)る莫(な)きは、惟(こ)れ心(こころ)の謂(い)いか

出典 『孟子』告子・上

原文 操則存、舎則亡。出入無レ時、莫レ知二其郷一、惟心之謂与。

意味 しっかりと取り守れば存在し、放っておくとなくなってしまう。その出入りには一定の時がなく、また、その定まった場所も知ることができないというのは、人間の心をいったものであろうか。

参考 孟子は仁義の心を取り守ることの大切さを説いた際、その結びの語として孔子のことばを引用した。「心」のあり方を説明したことばとして、中国の修養論において、しばしば引かれている。

鈍金(どんきん)は必(かなら)ず将(はた)礱厲(ろうれい)を待(ま)ちて然(しか)る後(のち)利(するど)し

出典 『荀子』性悪

原文 鈍金必将待二礱厲一然後利。

意味 鈍い刃物は、必ず砥石で研ぎ磨かれることによって、はじめて鋭利たり得る。「礱厲」は砥石、磨くの意。

参考 人の性は本来悪であるので、師法の教化や礼

義（礼と義）の修養によって善へと導かれるということ。

呑舟の魚大なるも、蕩きて水を失えば、則ち螻蟻の制する所と為る

出典　『韓詩外伝』巻八

原文　呑舟之魚大矣、蕩而失レ水、則為二螻蟻所一レ制。

意味　舟を飲みこむほどの大魚も、陸へ跳ねあがって水を失うと、けらやありのような小さな虫に動きを押さえられてしまう。聖人のような大人物であっても補佐する者がなければ、水を失った魚のように力を存分にふるうことはできないのである。「螻蟻」はけらとあり。

参考　類句に「呑舟の魚も、碭りて水を失えば、則ち蟻能く之を苦しむ」（『荘子』庚桑楚）がある。このほかにも、ほぼ同様の文章が『説苑』説叢篇などにも見える。

呑舟の魚は、枝流に游ばず、鴻鵠は高く飛んで、汚池に集まらず

出典　『列子』楊朱

原文　呑舟之魚、不レ游二枝流一、鴻鵠高飛、不レ集二汚池一。

意味　舟をひと飲みにするような大きな魚は、小さな支流には泳がず、おおとりの類は空高く飛んで、水たまりには集まってこない。大いなる志を有する人物は、小事にはこだわらないことをいう。「呑舟の魚」は舟をひと飲みにするような大きな魚、「鴻鵠」は大きな鳥の類で、ともに大人物を意味する。

参考　楊朱（人名略解参照）が、梁王に「天下を治めることは手の平の上で物をころがすように容易である」と言ったところ、王が「先生は家庭の中もうまく治められないのに、天下を治めることが容易であるというのは、どういうことか」と反問された時の楊朱のことば。ほぼ同様の話が『説苑』政理篇にも見え、そこでは、「呑舟の魚は淵に游ばず、鴻鵠は高く飛んで、汚池に就かず」となっている。

な

内言は出さず、外言は入れず

出典 『礼記』内則

原文 内言不レ出、外言不レ入。

意味 妻は家庭内のことは外で言いふらさず、夫は外のことは家庭内にもちこんで言わない。

参考 「男は内を言わず、女は外を言わず（『礼記』内則）」（その項参照）と同様に、男女の役割の違いについて述べている一節中のことば。

泣いて馬謖を斬る

出典 『十八史略』三国

以下に原文と読み下し文を挙げる。

亮為レ政無レ私。馬謖素為ニ亮所レ知。及レ敗レ軍流涕斬レ之、而卹ニ其後一。

亮（諸葛孔明）政を為すこと私無し。馬謖（亮の腹心の部下）素より亮の知る所と為る（亮の知遇を受けていた）。軍を敗る（敗戦する）に及び、流涕して之を斬り、而して其の後（馬謖の遺族）を卹む。

意味 情としては忍びないが、たとえ愛する者でも全体の規律のために処分する。

参考 三国、蜀の諸葛亮は、街亭の戦いで自分の命に従わないで大敗した馬謖を、その才気を愛しながらも、私情を殺して処罰したのである。「涙を揮いて馬謖を斬る」とも。なお、この記事は『三国志』蜀書・馬謖伝にも見える。類句に「一を刑して百を正し、一を殺して万を慎む（『塩鉄論』疾貪）」（その項参照）がある。

内憂外患

⇩外寧ければ、必ず内の憂い有り

苗にして秀でざる者有り。秀でて実らざる者有り

出典 『論語』子罕

原文 苗而不レ秀者有矣夫。秀而不レ実者有矣夫。

意味 苗を植えてもいっこうに穂を出さない者もいる。穂を出しても実をつけない者もいる。学問に志がありながら成就せぬまま終わってしまう者を嘆くことば。

参考 孔子のことば。「秀」は穂を出すこと。人にも、なかなか伸びない者、実らぬ者があるが、つまるところ自分の努力が第一ということになる。

苗を食らうは実に碩鼠、白を玷すは信に蒼蠅

出典 南朝宋、鮑照詩「白頭吟」

原文 食レ苗実碩鼠、玷レ白信蒼蠅。

意味 苗を食べるのはあの大きなねずみであり、白いものを汚すのはあの青蠅である。

参考 「碩鼠」はおおねずみ。『詩経』魏風・碩鼠に「碩鼠、碩鼠、我が黍を食うなかれ」とあるのをふまえる。「蒼蠅」はあおばえ、小人のたとえ。清廉な人を陥れようとする人々をいう。

長きを截ち短きを続ぐは、鳧鶴皆憂う

出典 北宋、黄庭堅「跛奚移文」

原文 截レ長続レ短、鳧鶴皆憂。

意味 本来長いものを切って短くしたり、本来短いものを継ぎ足して長くするのは、鳧（かも）や鶴（つる）も望まないことである。

参考 本来天性としてあることに反して、人為的にそれを変えることはよくないという意味のことば。『荘子』駢拇篇に「彼の至正なる者は、其の性命の情を失わず。（中略）是の故に鳧の脛は短しと雖も、之を続げば則ち憂え、鶴の脛は長しと雖も、之を断たば則ち悲しまん（正しい道とは自然な性命のあり様を失わない。よって短い鳧の足を継ぎ足したり、長い鶴の足を切ったりすると、鳧や鶴も苦しみ悲し

む）」とあるのによる。

流れの遠からんことを欲すれば、必ず其の泉源を浚う

出典 初唐、魏徴「論二時政一第二疏」

原文 欲二流之遠一者、必浚二其泉源一。

意味 流れが遠くまでいきわたることを望むならば、必ずその水源をさらって水の出をよくしなければならない。

参考 この比喩の次に魏徴は、「国の安からんことを思えば、必ず其の徳義を積む」と述べる。国家の源は君主の徳義であり、それが十分でなければ、水源がつまった川のように、国もすぐだめになるという。

流れを挹みて源を尋ね、香を聞きて根を討ぬ

出典 『摩訶止観』一・上

原文 挹レ流尋レ源、聞レ香討レ根。

意味 水の流れを汲み取って水源のようすを考え、草のにおいをかいで根元のようすを検討する。末端に現われたものを自分で実際に観察し、本質を追求することのたとえ。

泣くを忍べば目衰え易く、憂いを忍べば形傷ない易し

出典 中唐、孟郊詩「贈二別崔純亮一」

原文 忍レ泣目易レ衰、忍レ憂形易レ傷。

意味 涙をこらえていると目が衰えてしまい、悲しみ苦しみをこらえていると身体をそこないやすい。

参考 友人と別れるときの感懐をうたう詩中のことば。

名高ければ閑かなるを得ず、到る処人議を争う

出典 中唐、盧綸詩「送二吉中孚校書帰二楚州旧山一」

原文 名高閑不レ得、到処人争レ議。

意味 名声が高ければ静かにしていることなどでき

ない。いつでもどこでも人と議論をたたかわせることになる。

参考 秀でた才能も都会では人との論争で無駄に費やされてしまうので、自然の中へ帰ろうとする詩のなかの句。人間関係の中に起こる論争のなかで、本来その人のもつ良さが失われるという意味に用いられる。

名なる者は、相軋る。知なる者は、争いの器なり

出典 『荘子』人間世

原文 名也者、相軋也。知也者、争之器也。

意味 名誉心は人間を互いに反目させるものであり、知識は人間が闘争するための武器となる。

参考 「徳は名に蕩られ、知は争いより出ず」（その項参照）に続くことば。

名の高きは毀りの集まる所、言の巧みなるは智も防ぎ難し

出典 中唐、劉禹錫詩「萋兮吟」

原文 名高毀所レ集、言巧智難レ防。

意味 名声が高いと人の中傷が集中し、そのことばの巧みなものにはすぐれた知恵を持つ人でも防ぎきれない。

参考 詩題の「萋兮」は『詩経』小雅に収められる「巷伯」という詩のこと。この詩は他人の小過を集めて大過とする讒言についてのものである（転じて悪口にあう悲しみを「巷伯の傷み」という）。劉禹錫の当該の詩句の後には「謂う莫れ大道を行くと、斯れ須く太行と成るべし（大きな道を進んでいるなどと言うな、それもすぐに険路となるにちがいないのだから）」とある。

名は公器なり、多くは取るべからず

出典 『荘子』天運

原文 名公器也、不レ可二多取一。

意味 名声というのは、それにふさわしければ天下の誰でもが受けられるものであり、ひとりで

参考 たくさん求めるものではない。老子が孔子に無為なる生き方を教え諭す寓話の中にみえることば。

名は実の賓なり

出典 『荘子』逍遥遊

原文 名者実之賓也。

意味 名誉は実質の客人である。実質のともなわない名誉を求めるのは、主人のいない客人になるようなものだ。

参考 聖天子尭が、隠逸の賢者許由（人名略解参照）に天下を譲る旨を申し出た際に、許由が「鷦鷯（みそさざい）は深林に巣くうも一枝に過ぎず、偃鼠は河に飲むも腹を満たすに過ぎず」（その項参照）と、自分は現在の境遇に満足していることを伝え、その申し出を断った時のことばの一節。

鉛は以て刀と為すべからず、銅は以て弩と為すべからず

出典 『淮南子』斉俗訓

原文 鉛不レ可二以為一レ刀、銅不レ可二以為一レ弩。

意味 鉛で刀を作ることはできず、銅でいしゆみを作ることはできない。物はすべて適材適所に用いるべきことをいう。「弩」は石や矢を射るおおゆみ、石弓。

参考 これに類似する文がこの前後に見える。例えば、「柱は以て歯を擿すべからず、筐は以て屋を持つべからず」（その項参照）「鉄は以て舟と為すべからず、木は以て釜と為すべからず」などがそれである。

涙を揮いて馬謖を斬る

⇩泣いて馬謖を斬る

習い性と成る

出典 『書経』太甲・上

原文 習与レ性成。

意味 習慣がつくともって生まれた性のようになる。習慣は第二の性となり得るという意。

参考 この句のすぐ前に「茲乃の不義」とあり、伊尹（人名略解参照）が殷の王太甲を諌めたことば。

習わざるを伝うるか

出典 『論語』学而

原文 伝レ不レ習乎。

意味 よく自分の身についていないことを人に教えたのではないだろうか。

参考 南宋の朱熹はこれを「伝えられて習わざるか（先生から教えられたまま、よく復習してそれを身につける努力をしなかったのではないか）」と解する。明の王陽明の『伝習録』の書名はこれによる。曾参は毎日三度、自己反省をしたが（「吾日に三たび吾が身を省みる」）、その項目の一つがこれである。なお、「三省」の残り二つは、「人の為に謀りて忠ならざるか」と「朋友と交わりて信ならざるか」である。三省堂の名の出所である。

名を聞くは面を見るに如かず

出典 『北史』列女伝

原文 聞レ名不レ如レ見レ面。

意味 人づてに評判を聞くよりは、じかに対面してその人の顔を見るほうが、正確な判断ができる。

参考 不孝を理由に処罰されそうな人を、房愛親の妻の崔が弁護したときに、引用した諺。

名を去れば憂い無し

出典 『列子』楊朱

原文 去レ名者無レ憂。

意味 名声を捨てされば、心をわずらわすことがない。

参考 鬻子（鬻熊。周の文王に仕え、楚の国の先祖と伝えられる）のことばとして記されたもの。このことばと並んで、老子の語として「名は実の賓なり」（その項参照）が引かれている。この語は、今日の『老子』には見当たらず、『荘子』逍遥遊篇に見られるものである。

名を盗むは貨を盗むに如かず

出典 『荀子』不苟

原文 盗レ名不レ如レ盗レ貨。

意味 名声を得ようとすることは、財貨を盗むことよりも劣った行為である。

参考 実をともなうことなしに、名（名声）を得ようとする人間を批判したもの。

名を逃るるとも名我に随い、名を避くるとも名我を追う

出典 『後漢書』法真伝

原文 逃レ名而名我随、避レ名而名我追。

意味 名声から逃れ避けても、名声がつきしたがってくる。清廉潔白な人を讃えたことば。

参考 法真をほめ讃えて、友人が石に刻んだことばの一節。

南去北来人自ら老ゆ、夕陽長く送る釣船の帰るを

出典 晩唐、杜牧詩「漢江」

原文 南去北来人自老、夕陽長送釣船帰。

意味 南に行ったり北に行ったりするうちに、人はいつのまにか老いてゆく。夕日に送られて港に帰って行く釣船、この風景はいつまでも変わらない。「長」は昔も今も、とこしえにの意。

参考 「南去北来」は、あちこちを行き来することだが、春の夕暮れ、豊かに流れる漢水に臨んで、何もしないままいつのまにか年老いてゆくことの感慨を述べる。

南山の寿の如く、騫けず崩れず

出典 『詩経』小雅・天保

原文 如二南山之寿一、不レ騫不レ崩。

意味 終南山が損ずることもなく、かけたり崩れたりすることもないように。

参考 終南山の姿がそのままであるように、人の長寿、引いては子孫末裔に至るまで長く栄えることを寿いだことば。「南山」は陝西省にある終南山のこと。

南山は移すべきも、判きは揺すべからざるなり

出典 『新唐書』李元紘伝

原文 南山可レ移、判不レ可レ揺也。

意味 終南山は移すことができても、一度下された判決は改めることはできない。

参考 判断を下す人間の心構えをいう。「南山」すなわち終南山は、陝西省長安県の南にあり、険しく大きな山として、古くは『詩経』『書経』などに頻出する。それほどの山をも移すことが可能であっても、判決を揺るがせることはあってはならない。判決を下す者のことばとは重いのである。

爾に出ずる者は、爾に反る者なり

出典 『孟子』梁恵王・下

原文 出二乎爾一者、反二乎爾一者也。

意味 自分の身から出たことは、必ず自分の身に返ってくる。

参考 鄒（周代の国の名。現在の山東省鄒県）の穆公が、魯との戦いで、将校ばかりが戦死し、兵卒が一人も身を挺して守ろうとしなかったことについて、孟子に対処の仕方を問うた。その際、孟子が返答の中で引用した曾子のことば。

に

肉腐れば虫を出だし、魚枯れば蠹を生ず

出典 『荀子』勧学

原文 肉腐出レ虫、魚枯生レ蠹。

意味 肉は腐ってしまえば虫が出るし、魚は干からびれば蠹が生じる。「蠹」はきくいむしの意。

参考 人の幸、不幸はその人の徳によるものであり、怠惰な生活を送っていれば必ずその災いは身にふりかかるのである。

二句三年にして得、一吟双涙流る

出典 中唐、賈島詩「題㆓詩後㆒」

原文 二句三年得、一吟双涙流。

意味 この二句は三年の月日を費やしてやっと作り上げることができた。ひとたび吟ずれば両眼から涙が流れてやまないほどだ。

参考 『全唐詩』に載る「独り行く潭底の影、数〻息う樹辺の身」という二句の注として与えられた詩とある。なお、賈島は「推敲」の故事で知られる苦吟の詩人である。

肉を以て蟻を去らば、蟻愈〻多く、魚を以て蠅を駆らば、蠅愈〻至らん

出典 『韓非子』外儲説・左下

原文 以レ肉去レ蟻、蟻愈多、以レ魚駆レ蠅、蠅愈至。

意味 肉で蟻を追いはらおうとすると蟻は前にも増して多くなり、魚で蠅を追いはらおうとすると蠅は前にも増して多くなる。適切な手段によらなければ良い結果は得られないということ。

参考 江戸時代の儒者太田全斎は『韓非子』に注釈をほどこして、『韓非子翼毳』を著した。全斎はその中でこの部分を次のように説明する。肉と魚とは、左右に仕える臣下の個人的な言い分をたとえ、蟻と蠅とは国家を乱れさせる姦臣をたとえる。つまり、臣下の個人的な言い分を聞きながら国家を治めようとするならば、姦臣がますます集まり、国家は治まるどころか乱れてしまうというのである。

西のかた陽関を出ずれば故人無からん

⇩君に勧む更に尽くせ一杯の酒、西のかた陽関を出ずれば故人無からん

日月は流るるが如し

出典 『碧巌録』第六則・著語

原文 日月如レ流。

意味　月日は停滞することなく経過してゆく。そのさまは、水が流れるのと同じである。月日がたつのが早いことのたとえ。

日暮郷関何れの処か是なる、煙波江上人をして愁えしむ

出典　盛唐、崔顥詩「黄鶴楼」

原文　日暮郷関何処是、煙波江上使㆓人愁㆒。

意味　日が暮れかかって、わが故郷はどのあたりかと眺めてもみるが、夕もやのけむる長江のほとりの風景は、深い愁いに私の心を沈ませる。「郷関」はふるさと。「煙波」はもやがたちこめる水面。

参考　この詩の舞台の黄鶴楼は湖北省武昌の西南にあり、長江を眼下に見おろす絶景の地である。作者崔顥の故郷は武昌のはるか北の汴州（河南省開封市）であった。黄鶴楼については「黄鶴一たび去って復た返らず、白雲千載空しく悠悠」の項参照。

日計足らずして、歳計余り有り

出典　『文子』精誠

原文　日計不㆑足、歳計有㆑余。

意味　一日ごとの計算では不足であるが、年間を通じての計算では余りが出る。当座は損であっても長期的に見たら得であることのたとえ。

参考　類似の語句に『荘子』庚桑楚篇の「日に之を計りて足らず、歳に之を計りて余り有り」、『淮南子』泰族訓の「日に計れば算無く、歳に計れば余り有り」がある。

二人心を同じくすれば、其の利きこと金を断つ

出典　『易経』繋辞上伝

原文　二人同㆑心、其利断㆑金。

意味　君子二人が心を同じくすれば、その鋭利さは金属を断ち切るほどになる。

参考　孔子のことば。この一文から、固い友情を「断金の交わり」という。また、この後に「同心の

言は、其の臭り蘭の如し」（その項参照）と続く。つまり、志を同じくする君子のことばは蘭の花の香のように芳しく、人を甘美にさせるのである。

乳狗人を搏ち、伏鶏狸を搏つ。恩中心より出ずればなり

出典 『列女伝』節義伝・魏節乳母

原文 乳狗搏レ人、伏鶏搏レ狸。恩出二於中心一也。

意味 子犬をかかえた親犬は、人間にさえ向かっていくし、卵をかかえたにわとりは、たぬきにさえ向かっていく。これは恩愛が心のそこから出ているからである。「乳狗」は子持ちの犬。「伏鶏」は卵を抱いているにわとり。「恩」は愛情。

参考 秦が魏を破った際、魏王やその子どもたちを皆殺しにした。しかし、一人の公子だけが乳母にかくまわれて逃げていた。「公子をさし出せば賞金を与え、かくまっていれば処罰する」というおふれにも屈せず、乳母は節義を貫いて公子を守り、最後は体をはって追っ手の矢を防ぎ、公子とともに力尽きたという故事に基づく。

乳彘は虎に触れず、乳狗は遠遊せず

出典 『荀子』栄辱

原文 乳彘不レ触レ虎、乳狗不二遠遊一。

意味 子豚は虎のそばには行かず、子犬は遠くへは遊びに行かない。「彘」は豚。「狗」は犬の意。

参考 豚や犬でさえ、親のことを忘れず闘争を好むことはしないのであるから、一時の怒りのために闘争をするような者は、豚や犬にも劣るのである。

鶏を割くに焉んぞ牛刀を用いん

出典 『論語』陽貨

原文 割レ鶏焉用二牛刀一。

意味 鶏をさばくのに、どうして牛切り用の大きな包丁が必要があろうか。小さな事を行なうの

に、大げさな手段は必要ないというたとえ。

参考 以下の挿話をふまえる。孔子が、魯の国の小さな町武城に行った時、そこで（儀礼と雅楽を講習する）琴の音と歌声を聞いた。武城は孔子の門人子游が治めていた。孔子はその礼楽の道をもって小さな町を治めようとする子游の態度を笑って、「鶏を料理するのに、どうして大きな牛刀を使う必要があろうか」と言い、武城のような小さな町を治める（鶏を割く）のに、本格的な礼楽を用いる（牛刀を用いる）必要はないのではないかとからかった。子游は孔子のその発言を心外に思い、礼楽の道が政治において有効であることをほかならぬ孔子に教わったのだと反駁した。孔子はすぐに自己の発言の非を認め、「子游のことばが正しい。冗談を言っただけだよ」と頭をかいた。

任重くして道遠し

出典 『論語』泰伯

原文 任重而道遠。

意味 任務は重く、行くべき道は遠い。孔子の弟子曾参のことば。道に志す士人が強固な意志をもって任務を貫徹すべきことを述べたもの。

参考 このことばと同じ章に、「士は以て弘毅ならざるべからず」「死して後に已む」とあり、各項を参照。徳川家康の遺訓の冒頭、「人の一生は重荷を負うて遠き道を行くがごとし」という一節は、これによる。

人間万事塞翁が馬

⇩福の禍と為り、禍の福と為るは、化極むべからず、深測るべからざるなり

人情旧郷を懐い、客鳥故林を思う

出典 西晋、王讃詩「雑詩」

原文 人情懐㆓旧郷㆒、客鳥思㆓故林㆒。

意味 人の自然な心として故郷がしたわれてならないが、それは巣を離れた鳥がもといた林を思

うようなものだ。「客鳥」はよその土地を飛ぶ鳥。「故林」はもと住んでいた林。

参考 王讃が地方官として中央を離れていた時の詩。

人情旦暮に翻覆有り、平地倏忽として山谿と成る

出典 明、劉基詩「梁甫吟」

原文 人情旦暮有二翻覆一、平地倏忽成二山谿一。

意味 人の心は朝と夕とで突然に変わってしまう。平らな土地もたちまちに山や谷となってしまう。

参考 「倏忽」ははやいこと、突然のようす。世の移ろいのはげしさをいう。この句の前には「誰か謂う秋月明なりと、之を蔽うに一尺の雲も必せず、誰か謂う江水清しと、之を溷すに一斗の泥も必せず」とある。

人情は恩旧を賤しみ、世議は衰興を逐う

出典 南朝宋、鮑照詩「白頭吟」

原文 人情賤二恩旧一、世議逐二衰興一。

意味 人というものは古くからの恩愛があってもそれを不要のものとして棄て、世論というものも衰えたものから離れ、栄えるものにつこうとする。

参考 人の心はうつろいやすく、愛情が永続しないことをいう。「白頭吟」は前漢の卓文君（人名略解参照）が夫の不義に怒って作った楽府の名。

人情は土を懐うに同じきなり、豈窮達して心を異にせんや

出典 三国魏、王粲「登楼賦」

原文 人情同二於懐一レ土、豈窮達而異レ心。

意味 人は誰でも同じように故郷を懐かしく思う。困窮していようが栄達していようがその心に違いのあろうはずはない。

参考 王粲が戦乱を避けて荊州に行っていた時の作。城の楼台から四方の風景を眺めながら望郷の念をうたった。

人情は習う所を慎む、酖毒は安宴に比ぶ

出典 北宋、欧陽脩詩「読書」

原文 人情慎レ所レ習、酖毒比ニ安宴一。

意味 人の心は慣れ親しんでいることに慎重でなければならない。安逸怠惰な生活をむさぼるのは毒酒（酖酒）の恐ろしさと同じである。「酖毒」は毒を持つ鴆という鳥の羽根を酒に浸した毒のこと。

参考 現状に慣れてしまい何もしない生活を送ることをいましめることば。『春秋左氏伝』閔公元年に「宴安酖毒は懐しむべからず」とある。「宴安酖毒」は「遊び暮らすことは酖毒のようにその人の身を滅す」の意。

ね

根浅ければ則ち末短く、本傷るれば則ち枝枯る

出典 『淮南子』繆称訓

原文 根浅則末短、本傷則枝枯。

意味 木の根が浅ければ枝葉はのびず、幹が傷つけば枝は枯れてしまう。根本が定まっていないと発展はないということ。

参考 類似するものに、『説苑』説叢の「本傷めば枝槁れ、根深ければ末厚し（その項参照）」がある。

根露るれば条枯れ、源乾けば流れ竭く

出典 『摩訶止観』四・上

原文 根露条枯、源乾流竭。

意味 草木の根がむき出しになれば枝は枯れるし、水源が干上がれば流れは尽きる。根源になるものが改まれば影響は末端にまで及ぶこと、また、罪悪の根源を断てば他もおのずと改まることのたとえ。

鼠に投げんと欲して器を忌む

出典 前漢、賈誼「上疏陳二政事一」

原文 欲レ投レ鼠而忌レ器。

意味 鼠に何かを投げつけようとしても、器がこわれるのをきらって投げられない。

参考 賈誼がひく諺。鼠が器物の近くにいるので、物を投げつけて害することができないという意味である。君主の下には臣下が等級をもって並ぶ。その臣下を罰しようとしても、君主に近いので君主の権威を害することになり、はばかられる。臣下はそのように、規則で罰して制御するのではなく、教化でなびかせたほうがよいということ。

根の茂き者は其の実遂げ、膏の沃き者は其の光曄く

出典 中唐、韓愈「答二李翊一書」

原文 根之茂者其実遂、膏之沃者其光曄。

意味 根が十分に発達した樹木は実をたくさんつけることができ、油を十分に加えた灯火は光が明るく輝く。

参考 学問をする態度を述べたことば。根本となるべき道（仁や義）をしっかりと身につけ実行したなら、その発言も立派になるという意味。

年寿は時有りてか尽き、栄楽は其の身に止まる

出典 三国魏、曹丕「典論・論文」

原文 年寿有レ時而尽、栄楽止二乎其身一。

意味 寿命は時がくれば尽き、栄華にひたることができるのもその本人のみである。

参考 「文章は経国の大業にして、不朽の盛事なり」（その項参照）に続くことば。文章が不朽であるのに対して、寿命や栄華には必ず終わりがある。だからこそ、秀でた古人は文章にその考えを表わし、それによって名声も自ずから後世に伝わることになる。

ね

年年歳歳花相似たり、歳歳年年人同じからず

出典 初唐、劉希夷詩「代下悲二白頭一翁上」

原文 年年歳歳花相似、歳歳年年人不レ同。

意味 毎年毎年花は同じ姿なのに、毎年毎年それを見る人の姿は変わっていく。

参考 作者の劉希夷（字は廷芝）は宋之問（人名略解参照）の女婿であるが、之問にこの「年年歳歳」の句を譲れと言われて拒絶したために殺された、という逸話が伝えられるほどの名句として賞されてきた。この詩は全篇二十六句からなる長詩である。前半を挙げておく。

洛陽城東桃李の花
飛び来り飛び去って誰が家にか落つる
洛陽の女児顔色好し
行ゆく落花に逢うて長歎息す
今年花落ちて顔色改まり
明年花開くも復た誰か在る
已に見る松柏の摧けて薪と為るを
更に聞く桑田の変じて海と成るを
古人復た洛城の東に無く
今人還た対す落花の風
年年歳歳花相似たり
歳歳年年人同じからず
言を寄す全盛の紅顔の子
応に憐れむべし半死の白頭翁

の

能事促迫する莫れ、快手粗疏多し

出典 北宋、陳師道詩「答二無咎画苑一」

原文 能事莫二促迫一、快手多二粗疏一。

意味 事を行なうにあたっては、それをせかしてはならない。手早なことにはそそっかしい誤りが多くなる。「快手」は手早であること。

参考 大事は慎重にしなければならないことをい

う。この前に「卒行には好歩無し、事忙しければ書を草せず（慌てて行くといいことはない、忙しいと書をかくこともできない）」とある。詩題を「石氏画苑」とするテキストもある。「画苑」は絵画の収蔵をいう。

能を簡んで之に任じ、善を択んで之に従う

出典 初唐、魏徴「論二時政一第二疏」

原文 簡レ能而任レ之、択レ善而従レ之。

意味 能力のある人を選び出してこの人に重職をまかせ、正しい考えを持つ人を選び出してこの人の意見に従う。

参考 太宗（李世民）の諫臣であった魏徴が、君主としていかに臣下を掌握して用いるかという問題について述べたもの。

後の今を視るは、猶お今の前を視るがごとし

出典 『漢書』京房伝

原文 後之視レ今、猶二今之視一レ前也。

意味 後世の人々が現在の状勢を見たら、現在の人々が過去の乱世を見ているのと同じように思うだろう。

参考 京房（易学者。しばしば上申してうとまれ、のちに獄死）が「臣恐る」として述べたことば。当時の政治状況のひどさを述べることばである。

述べて作らず、信じて古を好む

出典 『論語』述而

原文 述而不レ作、信而好レ古。

意味 先人の示した道をそのまま受け継いで、勝手な創作は加えない。古きものを信じて愛好する。「述」は先人の説にしたがうこと、祖述。「作」は新たに創りだすこと、創作。

参考 孔子のことば。孔子の学問に対する姿勢、態度を示したもの。

は

敗軍の将は兵を語らず

⇩敗軍の将は、以て勇を言うべからず

敗軍の将は、以て勇を言うべからず

【出典】『史記』淮陰侯列伝

【原文】敗軍之将、不レ可ニ以言レ勇。

【意味】戦いに負けた将軍は、武勇について語るべきではない。

【参考】韓信の「背水の陣」によって破れた趙の広武君、李左車のことば。李左車の献策が容れられず、趙の大軍は破れたことを探知していた韓信は左車を師の礼をもって迎え、その策によって燕・斉を破ることになる。一般に流布している「敗軍の将は兵を語らず」は、この条を典拠とする。

籌を帷幄の中に運らし、勝ちを千里の外に決す

⇩籌策を帷帳の中に運らし、勝ちを千里の外に決す

破鏡重ねて照らさず、落華枝に上り難し

【出典】『景徳伝灯録』十七

【原文】破鏡不ニ重照一、落華難レ上レ枝。

【意味】割れた鏡は、二度と物の姿をうつさないし、地に落ちた花びらが、枝に戻って咲くことはない。いったん破れたものはもとに戻ることはないというたとえ。

【参考】華厳休静禅師のことば。

白雲芳草心と違う（はくうんほうそうこころとたがう）

出典　中唐、司空曙詩「謝二李端見一レ贈」

原文　白雲芳草与レ心違。

意味　白い雲もかぐわしい草花も心なきもので、私の心をなぐさめられない。

参考　官吏として町に住みながら山に帰りたいという心を抱いている作者が、年月の空しく過ぎるのを嘆くことば。この前には「青鏡流年髪の変ずるを看（くもりない鏡の中に過ぎる年月に白く変わる髪を見て）」とある。李端は作者の友人で、役所勤めを嫌って衡山に隠棲した。この詩の末句には「昨日聞く君城闕に到ると、簪弁を将ちて荷衣に勝らしむること莫れ（昨日君が都へ来たと聞いた。官吏の地位を隠者の生活より上にしないでくれ）」とある。

伯牙は身を終うるまで復び琴を鼓せず（はくがはみをおうるまでふたたびきんをこせず）

出典　前漢、司馬遷「報二任少卿一書」

原文　伯牙終レ身不二復鼓一レ琴。

意味　伯牙は友人の鍾子期が死んでからは、弦を断って生涯琴をかなでなかった。

参考　春秋時代の人、伯牙は琴の名人で、鍾子期はそのよき理解者であった。司馬遷は、『呂氏春秋』本味、『列子』湯問などに見える故事を引いて、罪を得て死刑を待つ身の任少卿（任安）に対して、友を失う悲しみ、よき理解者の得がたきことを述べる。この後に「士は己を知る者の為に用き、女は己を説ぶ者の為に容る」（『史記』刺客列伝のほぼ同じ句を参照）と続く。なお、前記の故事は「断琴の交わり」「伯牙絶弦」などの語を生んだ。

白圭の玷は滅すべし、黄金の諾は軽からず（はくけいのきずはめっすべし、おうごんのだくはかるからず）

出典　初唐、陳子昂詩「座右銘」

原文　白圭玷可レ滅、黄金諾不レ軽。

意味　白い玉のきずは磨いて消すことができても、

黄金のように大切な承諾のことばは取り消せないのだから、軽々しくすべきではない。

参考 「玷」は欠ける、きず。『詩経』大雅・抑に「白圭の玷は尚磨くべし、斯の言の玷は為すべからず（白い玉のきずはなおも磨くことができるが、ことばのきずはつくろうすべもない）」とあるのによる。『論語』先進に「白圭を三復す（一日三たび白圭の詩を誦した）」とある。失言は取りかえしがつかないので、ことばを慎むべきことをいう。

白日に人を談ずる無かれ、人を談ずれば則ち害生ず。昏夜に鬼を説く無かれ、鬼を説けば則ち怪至る

出典 『竜城録』

原文 白日無談人、談人則害生。昏夜無説鬼、説鬼則怪至。

意味 白昼に人の噂をすると、噂の主によくないことが起こる。暗い夜に物の怪の話をすると、奇怪なできごとを招く。

参考 柳宗元作とされる『竜城録』に記載された当時の柳州（竜城はその異称）の俗信。

白頭新の如く、傾蓋故の如し

出典 『史記』魯仲連・鄒陽列伝

原文 白頭如新、傾蓋如故。

意味 お互いが白髪になるまでの長いつきあいであっても、昨日今日のような新しい友人同様なこともあり、逆に、車を止めて立ち話をしただけのような仲であっても、その友情は古くからの親友と同じようなこともある。

参考 友情の深さとは、交際の長さに関係なく、いかに相手の心を理解し合えているかによる。「傾蓋」は互いに車のほろを傾けるように接近させて話し合うこと。孔子と程子との故事による。（『孔子家語』）

白髪三千丈、愁いに縁りて箇の似く長し

出典 盛唐、李白詩「秋浦歌」其十五

原文 白髪三千丈、縁レ愁似レ箇長。

意味 私の白髪は三千丈もあるだろうか。これも幾重にもつもる愁いのためにこんなにも長く伸びたのだ。

参考 李白は晩年流罪となったが、大赦にあい、秋浦（現在の安徽省貴池県にある池の入江の名）の近くに戻ってきた頃の作と推定される。十七首からなる連作で、深い愁いを心にかかえながら、秋浦の景色をうたう。後句は「知らず明鏡の裏、何れの処よりか秋霜を得し（澄んだ鏡の中に見える頭へ、いったいどこから秋の霜がおりたのだろう）」と続く。「明鏡」は秋浦を流れる清流を鏡にたとえたもの。「白髪三千丈」は愁いのために白髪が長く伸びることを嘆く表現。よく中国人の誇張した表現の例として引かれるが、積もり積もった愁いをこのように表現する李白の本領がよく表わされているものである。

薄氷を履む（はくひょうをふむ）

⇨戦戦兢兢として、深淵に臨むが如く、薄氷を履むが如し

博文約礼（はくぶんやくれい）

⇨博く文を学びて、之を約するに礼を以てす

禿げてより髭を施し、病みてより医を求む（はげてよりかもじをほどこし、やみてよりいをもとむ）

出典 『荘子』天地

原文 禿而施レ髭、病而求レ医。

意味 禿げてしまってからいれがみを付け、病気になってしまってから医者をさがしまわる。状態が悪くなってからあわててなんとかしようとすることの愚をいう。「髭」は婦人の髪に加えるいれがみ。

参考 無為の生き方を説く赤張満稽という賢人と、門無鬼なるものが登場する寓話において、満稽が門無鬼に対して儒家が聖人と仰ぐ舜の治

世を誹った際のことば。最高の徳が行なわれていた時代には、このような後になって事態を改善しようなどということはないと言う。

初め有らざること靡し、克く終わり有ること鮮し

出典 『詩経』大雅・蕩

原文 靡レ不レ有レ初、鮮ニ克有レ終。

意味 人は初めは慎んで事をうまく運ぶが、最後まで全うできる者は少ない。

参考 有終の美を飾ることの難しさをいったこの一節は、最後まで物事を全うするためには慎み深い気持ち（初心）を持ち続けることが大切であることをいう。

始めは処女の如くにして、敵人戸を開く。後には脱兎の如くにして、敵拒むに及ばず

出典 『孫子』九地

原文 始如ニ処女一、敵人開レ戸。後如ニ脱兎一、敵不レ及レ拒。

意味 はじめは少女のようにもの静かに弱々しくふるまっていると、敵は油断してすきを見せる。その後、逃げ出す兎のようにすばやくはげしく行動すれば、敵は防ぎようがないのである。

参考 「始めは処女の如く後には脱兎の如し」という、約めた形でよく用いられる。

始めは易く、終わりは難し

出典 『戦国策』秦策

原文 始之易、終之難。

意味 初めは容易だが、終わりは難しい。

参考 楚の臣の黄歇（のちの春申君。食客三千人を養い、楚の宰相として権勢をふるう。戦国四君の一人）が、秦の昭襄王に、いま遠国の楚を討つことは隣国の韓・魏を助けることにつながり、のちに秦にとって大禍となると警告したときのことば。さらに、楚と連合して韓・魏にあたることが良策であると説く。

馬乗を畜えば、鶏豚を察せず

出典 『大学』伝十章

原文 畜二馬乗一、不レ察二於鶏豚一。

意味 車を引くための馬を飼うほどの身分になれば、鶏や豚を飼って得る利益のことは考えなくなる。

参考 大夫の職にある者は、馬車を常用したので、「馬乗を畜う」身分とは大夫のこと。国家の中枢に就任した者は、小利にあくせくして人民と争ってはいけないということ。春秋時代の魯の大夫、孟献子のことば。

柱は以て歯を摘すべからず、筐は以て屋を持つべからず

出典 『淮南子』斉俗訓

原文 柱不レ可二以摘一レ歯、筐不レ可二以持一レ屋。

意味 柱では歯をほじくることはできず、小さなかんざしでは屋根を支えることはできない。それぞれ物には用いるに適材適所のあることをいう。「筐」は小さなかんざし。

参考 物に適材適所のあることをたとえて本文は次のように続ける。「馬は以て重きを服（克服する）すべからず、牛は以て速きを追うべからず。鉛は以て刀と為すべからず、銅は以て弩（石弓）と為すべからず、鉄は以て舟と為すべからず、木は以て釜と為すべからず」

蓮は泥中に生ずるも、泥と同調せず

出典 北宋、黄庭堅詩「贛上食レ蓮有レ感」

原文 蓮生二於泥中一、不二与レ泥同調一。

意味 蓮は泥田の中に生育するが、清らかさを保ち、決して泥になじんでしまうことはない。

参考 出典の詩の題に「贛上」とあるのは、虔州（現江西省贛県）をいう。

蓮は花の君子なる者なり

⇩菊は花の隠逸なる者なり。牡丹は花の富貴なる者なり。蓮は花の君子なる者なり

白駒隙を過ぐ（はっくげきをすぐ）

⇩人の天地の間に生くるは、白駒の郤を過ぐるが若く、忽然たるのみ

抜山蓋世（ばつざんがいせい）

⇩力山を抜き気は世を蓋う

罰は強大を諱まず、賞は親近に私せず（ばつはきょうだいをいまず、しょうはしんきんにわたくしせず）

出典　『戦国策』秦策

原文　罰不レ諱二強大一、賞不レ私二親近一。

意味　罰は権力者にも遠慮なく行ない、賞は近親をひいきすることなく与える。

参考　魏から逃げて来て秦の宰相となり、厳しい法治主義によって秦を強国にした商鞅（人名略解参照）の政治について述べたことば。続けて「法、太子に及び、其の傅（後見役）を黥劓す（顔に入れ墨をしたり鼻をそいだりした）」とある。

発憤（はっぷん）

⇩憤りを発して食を忘れ、楽しみて以て憂いを忘れ、老いの将に至らんとするを知らず

花は自ら飄零し水は自ら流る（はなはおのずかひょうれいしみずはおのずかながる）

出典　北宋、李清照詞「一剪梅」

原文　花自飄零水自流。

意味　花はひとりではらはらと散り、水は自然に流れていく。

参考　うつろいゆく春を嘆くことばである。この詞は、作者の李清照が結婚してまもなく、夫が遠くへ行くことになり、その別れを忍んで書いたものと伝えられる。

花は半開を看、酒は微酔に飲む（はなははんかいをみ、さけはびすいにのむ）

出典　『菜根譚』後集百二十三

原文　花看二半開一、酒飲二微酔一。

意味　花は五分咲きを見、酒はほろ酔い加減に飲む。万事ほどほどがよい。また、完全でない

ところにかえって趣があるということ。

花発けば風雨多く、人生別離足る

出典 晩唐、于武陵詩「勧酒」

原文 花発多㆓風雨㆒、人生足㆓別離㆒。

意味 花は咲いてもとかく雨や風にうたれてしまう。人の世も同じように別れの悲しみばかりなのだ。

参考 「足る」は多いの意味。友人との別れの宴で作った詩と思われ、別れの悲しみをいう。五言絶句で、前二句は「君に勧む金屈卮、満酌辞するを須いず」である。この詩には井伏鱒二による「コノサカヅキヲ受ケテクレ、ドウゾナミナミツガセテオクレ、ハナニアラシノタトヘモアルゾ、サヨナラダケガ人生ダ」（『厄除け詩集』）という訳がある。

花を絵く者は其の香を絵くこと能わず、泉を絵く者は其の声を絵くこと能わず

出典 南宋、羅大経『鶴林玉露』

原文 絵㆑花者不㆑能㆑絵㆓其香㆒、絵㆑泉者不㆑能㆑絵㆓其声㆒。

意味 花の絵を描こうとしても、その香りまで描ききることはできないし、泉の絵を描こうとしても、その音まで描ききることはできない。ことばによって「道」を述べつくすことはできないということをたとえたもの。

参考 この句の前には「雪を絵く者は其の清きを絵くこと能わず、月を絵く者は其の明を絵くこと能わず」とあり、後には「人を絵く者は其の情を絵くこと能わず、然らば則ち言語文字は固に以て道を尽くすに足らず」と述べる。

林に巣くうには宜しく木を択ぶべく、友を結ぶには心をして暁らかならしむ

出典 南朝宋、謝霊運詩「相逢行」

原文 巣㆑林宜㆑択㆑木、結㆑友使㆓心暁㆒。

意味 鳥が林に巣を作るときにはよい木を選択するはずである。人が交友を結ぶときには互いの心をはっきりと理解しあうべきだ。

参考 どのようにして真の友人を得るかをうたうもの。この句の後に「心暁らかにして形迹は略となる、略にして邇なるは誰か能く了せん、相逢ひて既に旧の若し、片言もて紵稿に代えん（互いの心がわかれば形〈礼儀〉は簡略でよい、礼儀は簡略だが親しい交わりというのは誰でもできるものではない、初対面でも旧友のようであり、片言でもって立派な衣服のプレゼントに代えられるのだ）」とある。

林深ければ則ち鳥棲み、水広ければ則ち物自ら之に帰す

出典 『貞観政要』論二仁義一

原文 林深則鳥棲、水広則魚游。仁義積則物自帰レ之。

意味 林が深ければ多くの鳥がそこに棲み、川の流れが大きければ多くの魚が集まり泳ぐ。人の世も同じで、仁義道徳の行ないを積めば人は自然に集まり従うものである。

参考 唐の太宗が群臣に語ったことば。

腹に詩書有れば気自ら華なり

出典 北宋、蘇軾詩「和二董伝留別一」

原文 腹有二詩書一気自華。

意味 経典をしっかり理解していると、心気もおのずと盛んになる。

参考 「詩書」は『詩経』と『書経』のことで、どちらも経典の根幹をなすものである。とりわけ、『詩経』は、『論語』季氏篇の中で、孔子のことばとして「詩を学ばざれば、以て言うことなし」と書かれるほどで、学んでおかなければならない最も基本的な教養であった。

春と人とは相乖く、柳青くして頭転た白し

出典 盛唐、岑参詩「西蜀旅舎春歎」

原文 春与ㇾ人相乖、柳青頭転白。

意味 春と人とはそむきあうものだ。春がくると柳は青々とするが、人の頭は年をおってますます白くなる。

参考 この後には「生平未だ意を得ず、鏡を覧て私かに自ら惜しむ、四海猶お未だ安らかならず、一身適く所無し（この一生まだ満足できるものではない、鏡を見てひとり無為に過ごす時間を惜しむばかりだ、この世はまだ安定しないし、私のこの身はどこにいくのだろうか）」と続く。春のおとずれに時のうつろいのはやさを嘆ずるとともに、残る人生で少しでも意義あらしめる場を求めようという思いをうたう。

春を留むれども春住まらず、春帰りて人寂寞たり

出典 中唐、白居易詩「落花」

原文 留ㇾ春春不ㇾ住、春帰人寂寞。

意味 春をとどめようとしても春はとどまらず、春が去ってしまうと人はさびしさに心が痛む。

参考 春が過ぎ、花が落ちるのを惜しむ心をうたう詩中の句。

槃根錯節に遇わざれば、何を以て利器を別たんや

出典 『後漢書』虞詡伝

原文 不ㇾ遇二槃根錯節一、何以別二利器一乎。

意味 わだかまった根や、いりくんだ節をもった木にぶつかり、それを切ってみてはじめて、その刃物が鋭いものかどうかわかる。人は困難に遭遇したときに、いかに対処するかによって、その真価が問われるということ。「利器」は鋭い刃物。

参考 厳しい任務についた虞詡を、気づかってあわれんでくれた友人たちに、虞詡（官は尚書令に至る）が答えたことば。「志は易きを求めず、事は難きを避けず」の項を参照。

半升の鐺内に山川を煮る

⇩一粒の粟中に世界を蔵し、半升の鐺内に山川を煮る

反水収まらず、後悔及ぶ無し

出典 『後漢書』光武帝紀・上

原文 反水不レ収、後悔無レ及。

意味 一度ひっくりかえして、容器からこぼれた水は、二度と回収することはできない。いったんしてしまった行為について、いくら後から悔んでも、取り返しはつかない。覆水盆に返らず。

参考 のちに後漢の初代皇帝光武帝となる劉秀に対して、諸将軍が皇位に即くことを求めたが、なかなか即位しようとしない時に、将軍の一人である馬武が言ったことば。『後漢書』何進伝には、「覆水収むべからず」とある。

万物は一府、死生は同状たり

出典 『荘子』天地

原文 万物一府、死生同状。

意味 万物は皆一つの蔵の中のものであり、死と生も同じものだ。あらゆるものにおいて絶対的差異などというものは存在せず、差異の極みとも感じられる死と生すら一つのものであるということ。「府」は「庫」に同じ、蔵。

参考 『荘子』徳充符篇には「万物を府にす（万物を己の中に収蔵する）」という表現がある。また、知北遊篇には「人の生や、気の聚まれるなり、聚まれば則ち生と為り、散ずれば則ち死と為る（中略）故に万物は一なり」とある。

万物皆我に備わる

出典 『孟子』尽心・上

原文 万物皆備二於我一矣。

意味 万物はすべてみな自分の本性に備わっている。

参考 万物はすべて人間の心に自然と備わっているという、物我一体の自覚を示すことば。とく

に南宋の朱熹は、万物と我とが同じ道理で貫通すると解釈して、重要視される句となった。この句に続いて「身に反みて誠なれば、楽しみ焉より大なるは莫し」とあり、誠によってその自覚が達成されることを説く。

万緑叢中紅一点、人を動かすに春色多きを須いず

出典 北宋、王安石「詠二柘榴一」

原文 万緑叢中紅一点、動レ人春色不レ須レ多。

意味 万緑の中の一輪の紅い花。人を感動させるのにたくさんの春の景色は必要ない。

参考 この句は王安石のものとされるが、王安石の文集の中にはない。また、「紅一点」は多くの男性の中に女性が一人だけいて、人目をひく意にもいう。

ひ

日出でて作し、日入りて息う。井を鑿ちて飲み、田を耕して食らう

出典 先秦、無名氏詩「撃壌歌」

原文 日出而作、日入而息。鑿レ井而飲、耕レ田而食。

意味 太陽が出れば外に出て働き、太陽が没すれば家に帰って休む。のどが渇けば井戸を掘って飲み、腹が減れば田を耕して食べる。

参考 詩題の「撃壌」の壌は大地、一説に土製の楽器とも。古代の理想的な帝王、尭帝の治世をたたえる歌である。八、九十歳の老人が腹つづみを打ち(鼓腹)、大地をふみならしながら(撃壌)このように歌ったことから、天下泰平で人々の暮らしが安定していることをいう。この句の後には「帝力我において何か有らんや（天子の力など、わたしにとってどんな意味があ

ろうか)」とある。すなわち、尭の「無為の治」が民衆に行き渡っていたのである。泰平を謳歌するさまを、「鼓腹撃壌」という。

罷士は伍無く、罷女は家無し

出典 『管子』小匡

原文 罷士無レ伍、罷女無レ家。

意味 病み疲れた兵士には隊伍を組む仲間はおらず、品行の悪い女は嫁ぎ先がなく家を持たない。能力や人徳のない者は自然と相手にされなくなるということ。

参考 『国語』斉語に、同様の文が見える。

非常の事は、何ぞ旧に循うを得んや

出典 『三国志』呉書・鍾離牧伝

原文 非常之事、何得レ循レ旧。

意味 今まで行なったことのない事業を成し遂げて大功をあげようと思えば、どうして過去の先例どおりのやり方を踏襲することができようか。

非常の人有りて、然る後に非常の事有り。非常の事有りて、然る後に非常の功有り

出典 前漢、司馬相如「難二蜀父老一」

原文 有二非常之人一、然後有二非常之事一。有二非常之事一、然後有二非常之功一。

意味 世に非凡の人物が現われてはじめて非凡の事業がなされ、そうなってはじめて非凡の功績をうちたてることができる。尋常な状況では大事も大功も望めない。「父老」はその地で尊敬を受けている有力な老人。

参考 司馬遷『史記』司馬相如列伝により経緯を略記する。漢の武帝の命で西南の異民族夜郎などへの交通路を開くため、巴郡(四川省重慶地方)と蜀郡(四川省成都地方)の人々を使役した。軍法を適用して厳しく仕事をさせ、違反者の頭目を死刑に処したところ民は動揺したので、事件処理のため遣わされた司馬相如

は、檄文を作り民を喩した。その後、蜀の父老の中に夜郎への路の建設の無益を説く者がおり、また漢の大臣公孫弘も同意見（『史記』「西南夷列伝」）であり、相如も武帝を諫めたく思ったが自分の建策なので直言せず、この出典の文で、蜀の父老の訴えを挙げて自分はそれを難詰してみせ、その内容で武帝を諷喩するとともに、民に自分の使者としての職責を伝え武帝の意図を理解させようとしたという。この句はその中で「非常の人武帝、非常の事道路建設があってはじめて非常の功がたてられる」と父老に説く形で述べられている。

肱を曲げる

⇩疏食を飯い、水を飲み、肱を曲げて之を枕とす

美人も黄土と為る、況んや乃ち粉黛の仮をや

出典 盛唐、杜甫詩「玉華宮」

原文 美人為㆓黄土㆒、況乃粉黛仮。

意味 往時の美女たちはみな黄土になってしまった。ましてかりそめの化粧で身を飾った女たちは跡形もない。「粉」はおしろい、「黛」はまゆずみ。

参考 安禄山の乱のあと、杜甫が家族を都に呼び戻すため迎えに行く旅の途中に立ち寄った玉華宮を見て作った詩。貞観の治をもたらし唐の基礎を確立した太宗が造営した玉華宮が、今は見るかげもなく荒れ果てているのを目にし、この宮殿において美しく飾った女性たちや演奏された音楽を思い浮かべ、すべてのものがいずれ亡び去っていくことを思う。

日西山に薄りて、気息奄奄たり

出典 西晋、李密「陳情表」

原文 日薄㆓西山㆒、気息奄奄。

意味 太陽が西の山に近付いて沈みそうなように、息も絶え絶えである。

参考 祖母が年老いて、その老い先が長くないこと

を言ったことば。作者の李密は、父を早く亡くし、母が再婚したため、祖母に育てられた。そのため祖母に孝養を尽くしたことで知られる。この文章は、晋の武帝（司馬炎）が李密を召し出そうとするのに対し、祖母の老齢を理由に断ろうとして書いた「陳情の表」の一文である。これに続けて「人命は危浅（はかなくもろい）にして、朝に夕を慮らず。臣祖母無くんば、以て今日に至る無く、祖母も臣無くんば、以て余年を終うる無し。母孫二人、更も相命を為す（互いに相手を大事な命と思っております）。……」と、出仕できない旨を述べる。「煢煢として独立し、形影相弔う」の項参照。

飛鳥の摯つや其の首を俛し、猛獣の攫むや其の爪を匿す

出典 『淮南子』兵略訓

原文 飛鳥之摯也俛二其首一、猛獣之攫也匿二其爪一。

意味 飛ぶ鳥が獲物をねらう際には首を垂れ、猛獣が獲物をとらえる際には爪を隠す。強者は行動を起こす際に、その徴候すら見せないことをいう。「摯」は手や爪でつかまえる。

参考 これに続けて「虎豹は其の牙を外にせずして、噬犬（猛犬）は歯を見さず」とある。これらはすべて兵を動かす際の心得を述べたもので、敵に攻撃の意志を悟られてはならないと戒めるのである。

匹夫も志を奪うべからず

出典 『論語』子罕

原文 匹夫不レ可レ奪レ志也。

意味 平凡な一人の男であっても、その志を奪い去ることはできない。こうすると決めた心が固ければ、何人でもその意志を奪うことはできないのである。

参考 孔子のことば。「三軍も帥を奪うべしなり（大軍でも、その指揮官は奪い取ることができる）」という一文と対になる。いわゆる「一寸の虫にも五分の魂」である。

人飲食せざるは莫し、能く味を知るもの鮮きなり

出典 『中庸』四章

原文 人莫レ不二飲食一也、鮮二能知レ味也。

意味 人間ならばだれでも飲んだり食べたりはするが、その味わいを本当にわかる者は少ない。ふだんしていることや生まれながらにもっているものの本当の意味は、気付かずにいることが多いということ。孔子のことば。

人生まれて一世に処るも、去ること朝露の晞くが若し

出典 三国魏、曹植詩「贈二白馬王彪一」

原文 人生処二一世一、去若二朝露晞一。

意味 人と生まれて、この世に名を連ねていても、じきにはかなくも去るのは、朝露がすぐにかわくようなものである。

参考 白馬王彪は曹植の異母弟にあたる。朝廷の行事で都に参集した際、顔を合わせることができたが、一緒に帰ろうとすると、兄文帝（曹丕）から日にちと宿を違えるよう命じられたため、憤って作った詩である。お互いの不遇と人生のはかなさが切々とうたわれている。父の死後、兄に憎まれ、その関係は「七歩の才」の故事によってよく知られる。『漢書』蘇武伝に「人生は朝露の如し、何ぞ久しく自ら苦しむこと此くの如き」（その項参照）、「薤露歌（漢代の葬式の歌）」に「薤上の露、何ぞ晞き易き、露晞けば明朝更に復た落つ。人死して一たび去れば、何れの時か帰らん」とある。

人知らずして慍らず、亦君子ならずや

出典 『論語』学而

原文 人不レ知而不レ慍、不二亦君子一乎。

意味 他人が自分のことをわかってくれなくとも腹を立てないというのは、まさに君子ではないか。「慍」は心中に怒りを含むようす。

参考 「学びて時に之を習う亦説ばしからずや」（そ

の項参照）と始まる『論語』冒頭の孔子のことばの中に見える一節。「慍」は「うらむ」と読み、不満に思う、気にかける意に解しても通る。

人大誉有れば、其の小故を訾る無かれ

出典 三国魏、杜恕「体論」

原文 人有二大誉一、無レ訾二其小故一。

意味 その人に大きな功績があるなら、ささいな事柄をとがめだててはいけない。

参考 「体論」の、君主の心得を説いた部分の一節。直前には「人厚徳有れば、其の小節を問う無かれ」とも言っている。（『群書治要』巻四十八所収）

一たび食する毎に便ち稼穡の艱難を念い、一たび衣る毎に則ち紡績の辛苦を思う

出典 『貞観政要』論レ教二-戒太子諸王一

原文 毎二一食一便念二稼穡之艱難一、毎二一衣一則思二紡績之辛苦一。

意味 食事をするたびに、それら穀物を作った農民の苦難を思い、衣服をまとうたびに、織物を作った者の苦労を思う。

参考 「稼穡」は作物の植えつけと取入れ。つまり農業、耕作の意。「紡績」は糸をつむぎ織ること。

人と為るは以て我有るべからず、詩を作るは以て我無かるべからず

出典 清、袁枚『随園詩話』巻七・第十八項

原文 為レ人不レ可二以有一レ我、作レ詩不レ可二以無一レ我。

意味 一個の人間としては自己中心的であってはならない。しかし詩を作る際には自分自身の個性がなければならない。

参考 「我有」れば、自分をたのんで間違いが多くなり、また「我無」ければ模倣の弊害が多くなるという。

人無くして柳自ら春なり

出典 中唐、李賀詩「経二沙苑一」

原文 無レ人柳自春。

意味 見る人は誰もいなくとも、柳は自然と春になれば緑の芽をふく。

参考 詩題の「沙苑」は陝西省の地名。砂が風に流される土地で、農耕はできないので、馬を飼育する場所となっていた。この一句は、自然の時の流れと移り変わりをいうが、この詩の後半には、老いて悲しく鳴く馬や羽の折れた雁が描かれており、厳しい時の流れの印象を与える。

人に受くる者は人を畏れ、人に予うる者は人に驕る

出典 『説苑』立節

原文 受レ人者畏レ人、予レ人者驕レ人。

意味 人から物を与えられた者は、その人に対しておそれはばかってひけめを感じるし、人に物を与えた者は、その人に対して見下しあなどるものである。

参考 曾参（曾子）が、魯の王から土地を贈られた際、辞退したときのことば。孔子は曾参のこの行動に対して、節操を全うするに足ると言っている。『孔子家語』在厄に同じ話が引かれている。

人に衣するは寒きに在り、人に食らわするは饑えに在り

出典 南朝梁、梁元帝『金楼子』立言・下

原文 衣レ人在レ寒、食レ人在レ饑。

意味 人に衣服を着せるのは寒いからであり、人に食事を給するのは飢えているからである。寒さに凍えているときは人に衣服を送り、飢餓のときには人に食料を贈る。

参考 人は生きるために最も必要なものを求める。その求めているものを贈って援助する。『呂氏春秋』仲秋紀には「人に衣するは其の寒きを以てなり、人に食らわするは其の飢うるを以てなり」とある。

人にして遠き慮り無ければ、必ず近き憂い有り

出典 『論語』衛霊公

原文 人而無二遠慮一、必有二近憂一。

意味 人間として遠い先までの配慮がないようでは、きっと身近に心配事が起こるものである。

参考 目先のことにとらわれて深慮遠謀がなければ、身近なところで破綻をきたしてしまうことを戒めた孔子のことば。このことを北宋の蘇軾は、「慮、千里の外に在らざれば、則ち患几席の下に在り」と説明する。つまり、遠い先までの配慮がなければ、災いが机のすぐ下のような身近で起こるというのである。また、このことばは「遠慮無ければ近憂有り」と表現されることも多い。

人に存する者は、眸子より良きは莫し

出典 『孟子』離婁・上

原文 存二乎人一者、莫レ良二於眸子一。

意味 人間に備わっているものの中で、ひとみほどよくその人物の善悪をあらわすものはない。

参考 ひとみを見れば人の善悪を見わけることができる。心の中が正しければ、ひとみは澄んでいるが、心の中が正しくなければ、ひとみも濁るものであるという孟子の考えに基づくことば。わが国でも「目は口ほどに物を言う」という諺はつとに知られる。

人に事うるを知る者にして、然る後に以て人を使うべし

出典 『孔子家語』曲礼子夏問

原文 知レ事レ人者、然後可二以使一レ人。

意味 人に仕えるということをわかっている者にしてはじめて、人を使うことができる。

参考 この前に「子為るを知る者にして、然る後に以て父為るべし。人臣為るを知る者にして、然る後に以て人君為るべし」とある。

人に悲歓離合有り、月に陰晴円欠有り

出典 北宋、蘇軾詞「水調歌頭・丙辰中秋歓飲達旦レ大酔、作二此篇一兼懐二子由一」

原文 人有二悲歓離合一、月有二陰晴円欠一。

意味 人には、悲しみと歓び、別れと出会いがあり、月には、曇り空と晴れた空、また満ち欠けがある。

参考 離れ離れになっている弟の蘇轍（子由）とずっと一緒にはいられないことを月のあり方にたとえて、その離別のさびしさを述べたもの。転じて人の悲しみ、別れなどは決して避けられないものであるから、いつまでも悲嘆すべきではないという意味でも用いられる。

人の悪を称する者を悪む

出典 『論語』陽貨

原文 悪下称二人之悪一者上。

意味 他人の悪い点をおおっぴらに言う者を憎む。

参考 「君子でも憎むことがあるでしょうか」という弟子の子貢の質問に対する孔子の答え。この他に孔子は、「下に居て上を訕る者を悪む」「勇にして礼無き者を悪む」「果敢にして窒がる（道理がわからない）者を悪む」と言う。

人の過ちを見て、己の過ちを得、人の過ちを聞きて、己の過ちを得

出典 南宋、楊万里『庸言』七

原文 見二人之過一、得二己之過一、聞二人之過一、得二己之過一。

意味 人の過ちを見て自分の過ちを知り、人の過ちを聞いて自分の過ちを知る。

参考 人間には心（想像力）があるので、何を見、また何を聞いても自分の行動を正すことができることをいう。

人の患いは、好みて人の師と為るに在り

出典 『孟子』離婁・上

ひ

原文 人之患、在三好為二人師一。

意味 人の悪いところは、少し物知りになると、好んで他人の師となりたがることである。

参考 人が知ったかぶりをして慢心したり、自己に満足して進歩がなくなることを戒めた孟子のことば。

人の己を知らざることを患えず、己の能くすること無きを患う

出典 『論語』憲問

原文 不レ患三人之不二己知一、患二己無レ能也。

意味 他人が自分のことをわかってくれないことを気にかけるのではなく、自分自身に才能がないことを気にかけるべきだ。

参考 孔子のことば。衛霊公篇に、「君子は能くすること無きを病う、人の己を知らざることを病えず」とあるのも同趣旨。

人の己を知らざることを患えず、人を知らざることを患う

出典 『論語』学而

原文 不レ患三人之不二己知一、患レ不レ知レ人也。

意味 他人が自分のことをわかってくれないことなど気にかけず、自分が他人の真価がわからぬことを気にかけるべきだ。

参考 孔子は他人が自分を認めてくれないことに不満をもつべきではないことを度々言う。その主張は、学而篇の冒頭に「人知らずして慍らず、亦君子ならずや」（その項参照）、憲問篇に「人の己を知らざることを患えず、己の能くすること無きを患う」（その項参照）と言い、里仁篇に「己を知る莫きを患えず、知らるべきことを為すを求む」とあることなどにも見ることができる。

人の聞くこと勿らんを欲さば、言うこと勿きに若くは莫し

出典 前漢、枚乗「上レ書諫二呉王一」

原文 欲二人勿レ聞、莫レ若レ勿レ言。

意味 自分の言ったことを人に聞かれ、悪事の露見

することがないようにしたいならば、何も言わないのがいちばんよい。悪事の露見を恐れるなら、何もしないにかぎるということ。

参考 直後には「人の知ること勿らんを欲さば、為すこと勿きに若くは莫し」とも言っている。「呉王」とは、漢の高祖劉邦の甥の劉濞のこと。呉王の謀叛の企てを諫めた枚乗の上書の一節である。謀叛を企てていながら発覚を恐れるのなら、謀叛など企てないほうがよい、という意がこめられている。この諫言は聞き入れられず、呉王は楚・趙など七王とはかって、「呉楚七国の乱」（前一五四）を起こし、滅ぼされた。この乱の鎮定により、漢の中央集権化が強化された。

人の禽獣に異なる所以の者は幾ど希なり

出典 『孟子』離婁・下

原文 人之所㆔以異㆓於禽獣㆒者幾希。

意味 人が禽獣と異なる点は、ごくわずかである。それは、仁義の心をもって行動するか、そうでないかの違いだけである。

参考 孟子は人と禽獣の差は、仁義の心をもつか否かによると言いつつも、現実には、君子のみが仁義の心を存し、一般の人はその心を失っていると指摘する。仁義の心を存し、仁義によって行動することの大切さを説く。

人の功を記し、人の過ちを忘る

出典 『漢書』陳湯伝

原文 記㆓人之功㆒、忘㆓人之過㆒。

意味 他人の功績はいつまでも覚えておき、他人の過ちはすぐに忘れてしまわなければならない。「記」は心にきざみこむの意。

参考 周書（『書経』の篇名）曰く、として、「人の功を記し、人の過ちを忘るるは、宜しく君為るべき者也（人の功績を覚え、過誤を忘れるというのは、人君となることができる人である）」と引用されている。

人の心は山川よりも険しく、天を知るよりも難し

出典 『荘子』列御寇

原文 人心険㆓於山川㆒、難㆓於知㆑天。

意味 人の心は山川の織り成す天険（大自然のけわしさ）よりもけわしく、広大な天を知るよりも困難である。

参考 天には春夏秋冬の四季や朝晩の区切りがあるが、人間は外面を厚く飾って心の動きを深く隠している。人間の心の複雑さ、測り難さを説いたことば。

人の使と為れば以て偽り易く、天の使となれば以て偽り難し

出典 『荘子』人間世

原文 為㆓人使㆒易㆓以偽㆒、為㆓天使㆒難㆓以偽㆒。

意味 人為的なものに使われる身となれば、虚偽を犯しやすいが、天地自然に身をゆだねるならば、虚偽に陥ることはない。

参考 孔子が、君主が独善的なため、衛国（周代の国）が乱れているのを救いにでかけようとする弟子の顔淵（人名略解参照）の軽挙を戒める寓話にみられることば。

人の性は悪、其の善なるものは偽なり

出典 『荀子』性悪

原文 人之性悪、其善者偽也。

意味 人の生まれつきの本性は悪であり、人の善とは後になって身につけた人為的なものである。

参考 不断の努力によって学問に励み、礼義（礼と義）を修めることによって性を善に導くという考え方。孟子の性善説に対し、それを誤りであるとするところから、荀子の性悪説の論理が展開されている。学習は、人に後天的な可能性を持たせる重要なもの。「学は以て已むべからず」の項参照。

人の生や、気の聚まれるなり。聚まれば則ち生と為り、散ずれば則ち死と為る

出典 『荘子』知北遊

原文 人之生、気之聚也。聚則為レ生、散則為レ死。

意味 人の生は気が集合して成り立っている。気が集まれば生となり、気が離散すれば死となる。生と死は同一の気の集散にすぎず、根源的な差異はない。

参考 人間の生死は、気の聚散にすぎないということを述べた、典型的な発言である。

人の短を道うこと無かれ、己の長を説くこと無かれ

出典 後漢、崔瑗「座右銘」

原文 無レ道二人之短一、無レ説二己之長一。

意味 他人の短所をとやかく言ってはならないし、自分の長所を誇って口にしてはならない。

参考 崔瑗は後漢の名文家で、常に身近に置いて身の戒めとする金言集「座右の銘」をはじめて作った人。この句の後に「人に施しては慎みて念うこと勿れ、施しを受けては慎みて忘るること勿れ（施したらそれを心に留めるな。施しを受けたらそれを忘れるな）」と続く。

人の天地の間に生くるは、白駒の郤を過ぐるが若く、忽然たるのみ

出典 『荘子』知北遊

原文 人生二天地之間一、若二白駒之過レ郤、忽然而已。

意味 人が天地の間で生きているのは、あたかも白い馬が戸の隙間を走り去る瞬間のように、ほんのつかのまにすぎない。たちまち過ぎてしまう。「郤」は隙間の意。

参考 人生の短さをいう。単に「白駒隙を過ぐ」とも。「光陰矢の如し」と同義。同様のことばとして『十八史略』宋・太祖皇帝に「人生は白駒の隙を過ぐるが如し」（その項参照）がある。

人の学ばずして能くする所の者は、其の良能なり。慮らずして知る所の者は、其の良知なり

出典 『孟子』尽心・上

原文 人之所不学而能者、其良能也。所不慮而知者、其良知也。

意味 人間には学ばなくても自然によくできるという能力（良能）があり、また、思慮をめぐらさなくても自然によくわかるという能力（良知）がある。

参考 幼児が親を愛し、成長すれば兄を敬うことを自然に理解するように、人にはみな生まれながらにして、この「良知良能」が備わっており、これにより、仁義が人間に本来備わるものであることを孟子は説く。

人の痩せたるは尚肥ゆべし、俗士は医すべからず

出典 北宋、蘇軾詩「於潜僧緑筠軒」

原文 人瘦尚可肥、俗士不可医。

意味 人が痩せたのを太らせることはできるが、凡俗な人間をなおすことはできない。「俗士」は風流を解しないつまらぬ者。

参考 詩題の「緑筠」はみどりの竹の意。「食事に肉料理はなくても、住まいには竹がなければならない。肉がないと人は痩せ、竹がないと人は凡俗になる」を受けての詩句。

人の病を病み、人の憂いを憂う

出典 中唐、白居易「策林」一

原文 病人之病、憂人之憂。

意味 他人の病を自分の病のようにして苦しみ、他人の心配を自分の心配のようにして悩む。

参考 本来は皇帝の態度をいうことば。このようにして人々に恩恵をほどこし、なごやかでかたよらない社会を作ることをいう。「策林」は官吏登用のための課題に応じたもの。

人の我に徳有るや、忘るべからざるなり。吾の人に徳有るや、忘れざるべからざるなり

出典 『戦国策』魏策

原文 人之有レ徳二於我一也、不レ可レ忘也。吾有レ徳二於人一也、不レ可レ不レ忘也。

意味 人が自分に施してくれた恩恵は、忘れてはならないが、自分が人に施した恩恵は、忘れなくてはならない。

参考 魏の信陵君（魏の安釐王の弟。賢士を招き、食客三千人を養う。戦国四君の一人）が趙の国都邯鄲を攻めた秦軍を破り、趙に恩恵を施したが、魏の老臣唐雎が、それを自慢してはならないと信陵君に忠告した際のことば。

人は其の子の悪を知る莫く、其の苗の碩いなるを知る莫し

出典 『大学』伝八章

原文 人莫レ知二其子之悪一、莫レ知二其苗之碩一。

意味 自分の子に関しては溺愛のあまり過大に評価しがちだから、欠点にはなかなか気付かない。自分の畑の苗に関しては他人をうらやむあまり過小に評価しがちだから、その立派なことにはなかなか気付かない。公平にものごとを認識することの難しさをいった、当時の諺。

人は其の長ずる所に死せざること寡し

出典 『墨子』親士

原文 人者寡レ不レ死二其所一レ長。

意味 人は、自らの長所によって、かえって身を滅ぼすことが多い。

参考 墨子はその実例として、美貌ゆえに国を乱し、のち溺死したと伝えられる西施（呉王夫差の寵姫）や、軍師として重用されながら政権が交代すると処刑された呉起（人名略解参照）などを挙げている。

人は徳を恋うるに由りて泣き、馬も亦群に別れて鳴く

出典 中唐、韓愈詩「次二石頭駅一、寄二江西王十中丞閣老一」

原文 人由レ恋レ徳泣、馬亦別レ群鳴。

意味 人はあなたの高い人徳をなつかしく思って泣き、馬もまた群から離れたさびしさに鳴く。

参考 韓愈が左遷されていた土地からもどる時に、洪州刺史の王仲舒に会えなかったので贈った詩。詩題の「石頭駅」は洪州にある。七言律詩で末尾に「黙然として都て語らず　応に此の時の情を識るべし（何も言わないが、あなたはこの時の気持ちを分かってくださるだろう）」とある。

人は万物の霊

⇩惟れ天地は万物の父母にして、惟れ人は万物の霊なり

人は当に其の能わざる所に死し、其の便ならざる所に敗るべし

出典 『呉子』治兵

原文 人当下死二其所一レ不レ能、敗中其所上レ不レ便。

意味 人間は自分のできないことをしようとして死に、自分が思いどおりにできないことをしようとして失敗するものだ。学習し習熟することが、何事も大事だということ。「便ならざる所」は慣れていないこと。

人は以て備われるを求むべからず。必ず其の短ずる所を舎て、其の長ずる所を取る

出典 『資治通鑑』唐紀・太宗貞観二十年

原文 人不レ可二以求一レ備。必舎二其所一レ短、取二其所一レ長。

意味 人に対して完全無欠を求めてはいけない。欠点や短所はそのままに捨てておいて、優れてい

るところを用いるべきである。

参考 唐の太宗（人名略解参照）のことば。太宗は貞観二十一年の条でも、「人の行能は兼備する能わず。朕常に其の短ずる所を棄て、其の長ずる所を取る」と言っている。

人は流水に鑑すること莫くして、止水に鑑す。唯止にして能く衆止を止む

出典 『荘子』徳充符

原文 人莫レ鑑二於流水一、而鑑二於止水一。唯止能止二衆止一。

意味 人は流れる水を鏡とすることはなく、静止した水を鏡とする。ただ静止したものだけが、他の静止したものを映し出すことができる。すぐれた境地にあるものだけが、他のすぐれた者を周囲に集め、感化できるということ。

参考 魯の国に足の筋を刑罰で切られた王駘という者のもとに教えを乞う者が多く集まるのは死生を超越した聖人であるからであると、孔子が弟子に説き示す寓話の中の一節。

人一たびして之を能くすれば、己は之を百たびす

出典 『中庸』二十章

原文 人一能レ之、己百レ之。

意味 他人は一回でできるのであれば、自分は百倍の努力をしよう。続けて「人十たびして之を能くすれば、己は之を千たびす」とある。このようにすれば、愚鈍な人でも徳を完成することができる。

一節動いて百枝揺らぐ

出典 『塩鉄論』申韓

原文 一節動而百枝揺。

意味 竹の一節が動けば多くの枝も揺れ動く。小さな出来事の影響が全体に波及してゆく。

参考 類句に「一波纔かに動いて万波随う」（元好問「論レ詩詩」）（その項参照）がある。

人貧しくして智短く、馬痩せて毛長し

出典 『続灯録』二十

原文 人貧智短、馬痩毛長。

意味 人は窮乏すると知恵が働かなくなる。馬は痩せると毛ばかりが長くなる。

参考 五祖法演禅師のことば。わが国の俗諺「貧すれば鈍す」と同意。

人水を飲んで冷暖自ら知る

出典 『無門関』第二十三則

原文 人飲レ水冷暖自知。

意味 水の冷たさは、実際に水を飲んだ人が自分で実感するものである。悟りの境地はことばでは伝えがたく、自分で実感するものであることのたとえ。

参考 禅宗第六祖、慧能との問答がきっかけで大悟した蒙山道明の感想の中に見えることば。この問答は『六祖壇経』などにあり、それが『無門関』に採られた。また『景徳伝灯録』四にも見える。

人皆人に忍びざるの心有り

出典 『孟子』公孫丑・上

原文 人皆有二不レ忍レ人之心一。

意味 人にはだれしも、他人の不幸を平気で見ているには耐えられない心があるものである。

参考 人の本性として他人の不幸を見るに忍びない「惻隠の心」を有するという孟子のことばによる。孟子はこの思いやりの心こそ、王道政治の根幹をなすものとする。

人疾に処らば則ち医を貴び、禍有らば則ち鬼を畏る

出典 『韓非子』解老

原文 人処レ疾則貴レ医、有レ禍則畏レ鬼。

意味 人は病気にかかれば医者を重んじ、災難にあえば亡霊のしわざではないかとおそれる。「鬼」は死人の霊。

参考　これは、『老子』六十章の「道を以て天下に莅めば、其の鬼も神ならず。其の鬼、神ならざるに非ざるも、其の神、人を傷つけざるなり」という文に関連する。つまり、人は災難を「鬼」のせいにするが、人としての道をきちんとおさめてさえいれば、「鬼」ですら祟りをなすことはできないというのである。

人行くも猶お復すべし、歳の行くは那ぞ追うべけんや

出典　北宋、蘇軾詩「別歳」

原文　人行猶可ㇾ復、歳行那可ㇾ追。

意味　人は出かけて行っても帰ってこられるが、過ぎ去った歳月を取り戻すことはできない。

参考　詩の題名となっている「別歳」とは、年末に行なわれる年忘れの酒宴のこと。この詩では、酒とごちそうで宴を催して楽しみ、新しい年ともゆくゆくは別れることになるのであるから、この年との別れを嘆くまいとうたっている。

人能く道を弘む、道の人を弘むるに非ず

出典　『論語』衛霊公

原文　人能弘ㇾ道、非二道弘一ㇾ人也。

意味　人間が道を広めるのであり、道が人間を広めるのではない。道徳を世に広める主体は人間であることを説く。

参考　南宋の朱熹は、人が道を広めることを扇にたとえて次のように説明する。「道は扇の如く、人は手の如し。手は能く扇を揺らせど、扇は如何ぞ手を揺らさんや（『朱子語類』巻四十五）」。つまり、手で扇を振ることはできても、扇が手を揺らすことができないように、人が道徳を広めることができても道徳が人間を広めることはできないというのである。

独り異郷に在って異客と為り、佳節に逢う毎に倍〻親を思う

出典　盛唐、王維詩「九月九日憶二山東兄弟一」

原文 独在二異郷一為二異客一、毎レ逢二佳節一倍思レ親。

意味 私は一人他国にあって旅人となり、めでたい節句がくるごとに、ますます親や兄弟を思い出す。

参考 「異客」は異郷（他国）にいる旅人。「佳節」はここでは九月九日の重陽の節句のこと。

人を疑いては使うこと勿れ、人を使いては疑うこと勿れ

出典 『金史』熙宗紀

原文 疑レ人勿レ使、使レ人勿レ疑。

意味 疑いがある人を用いてはいけない。一度用いたならば、その人を疑ってはいけない。

参考 熙宗が引用した諺。人の上に立つ者の心がまえを述べたもの。

人を怨むは自ら怨むに如かず、人に求むるは諸を己に求めて得るに如かざるなり

出典 『淮南子』繆称訓

原文 怨レ人不レ如二自怨一、求二諸人一不レ如下求二諸己一得上也。

意味 他人を怨むよりは自分を怨み、他人に求めるよりは自分で求めて手に入れることである。他人を怨んだり、あてにしたりせず、何事も自分自身で行なうべきである。

参考 これに続けて「声（名声）は自ら召くなり、貌は自ら示す（外に表わす）なり、名（名誉）は自ら命ずるなり、文（飾り）は自ら官する（整える）なり、己に非ざる者無し」とある。名声、名誉、容貌などがすべて自己によるものであることをいう。

人を驚かすの浪に入らずんば、意に称う魚を尋ね難し

出典 『聯灯会要』十九

原文 不レ入二驚レ人浪一、難レ尋二称レ意魚一。

意味 人がはっと驚くような激しい波の中にとびこまなければ、意にかなった魚を探し求めるこ

とは難しい。何事も必死の覚悟で取り組まなければ、大きな成果をあげることはできないことをたとえたことば。

参考 類句に「虎穴（こけつ）に入（い）らずんば、虎子（こじ）を得（え）ず（『後漢書（ごかんじょ）』班超伝（はんちょうでん））」（その項参照）がある。

人（ひと）を殺（ころ）すに眼（まなこ）を眨（そう）せず

出典 『碧巌録（へきがんろく）』第四則・評唱（ひょうしょう）

原文 殺レ人不レ眨レ眼。

意味 人を殺すときには、まばたきもせずひと思いに殺す。師が弟子を導く際の冷厳な態度をたとえたことば。「眼を眨す」はまばたきをすること。

人（ひと）を去（さ）ること滋〻（いよいよ）久（ひさ）しければ、人（ひと）を思（おも）うこと滋〻（いよいよ）深（ふか）し

出典 『荘子（そうじ）』徐無鬼（じょむき）

原文 去レ人滋久、思レ人滋深乎。

意味 人から遠ざかって長い月日が経てば経つほど、人恋しさが募ってくるものだ。「滋」は、ますます。

参考 これまで誰の進講に対しても歯を見せて笑ったことのない魏（ぎ）の武侯（ぶこう）が、徐無鬼（魏の隠士）の説く無為自然の道に関する話を聞いて初めて喜色を示したとき、真理のことばを待ち望んで久しかった武侯の心情を徐無鬼が比喩的に代弁した際のことば。

人（ひと）を用（もち）いるは器（うつわ）の如（ごと）くし、各〻（おのおの）長（ちょう）ずる所（ところ）を取（と）る

出典 『資治通鑑（しじつがん）』唐紀（とうき）・太宗貞観（たいそうじょうがん）元年

原文 用レ人如レ器、各取レ所レ長。

意味 人を用いるということは、器物を用いるのと同じことである。それぞれがもっている優れたところを用いるべきである。

参考 唐の太宗に、賢才を推挙するように命じられながら、「今（いま）は未（いま）だ奇才（きさい）有（あ）らざるのみ」として、なかなか推挙しなかった臣下の封徳彝（ほうとくい）に対して、太宗が言ったことば。

日に一日を慎む

出典 『淮南子』主術訓

原文 日慎㆓一日㆒。

意味 日々よく気を配って慎み深くする。順境にあっても慎み深さが大切であることをいう。

参考 尭・舜・禹のごとき聖天子であっても慎み深さを忘れなかったと『淮南子』にある。そして、『詩経』大雅・大明の一文を引いて、その様は「小心翼翼（細かいことにまで気を配り慎み深い）」としていたともいう。なお、『淮南子』人間訓には、尭のことばとして「戦戦慄慄（おそれ慎む）として日に一日を慎め」という一文が見える。

美の成るは久しきに在り、悪の成るは改むるに及ばず

出典 『荘子』人間世

原文 美成在㆑久、悪成不㆑及㆑改。

意味 よいことができあがるには長い時間がかかるが、悪いことが成り立ってしまうと、なかなか改めることができない。「美」はよいこと。なお、「悪いことは改めるいとまもないほど次々に早くできあがる」の意味でも通じる。

参考 楚王の使者葉公（葉の地、現在の河南省葉県に封ぜられた楚の王室の一族）が、国使として斉の国へ行くにあたって、どのようにすれば臣下としての責任を果たしうるかを、孔子と問答する寓話の中の一節。慎重さが大切であることをいう。

火は真玉を熱せず、蠅は清氷に点ぜず

出典 中唐、白居易「反㆓鮑明遠白頭吟㆒」

原文 火不㆑熱㆓真玉㆒、蠅不㆑点㆓清氷㆒。

意味 どんなに熱い火も真正の玉を熱することはできず、汚いところを好む蠅は清い氷の上にとまってそれを汚すことはできない。

参考 固有のそれぞれの性質がきちんとしていれば、外からそれを変えるような影響は受け得

ないことをいう。

罷馬は鞭箠を畏れず、罷民は刑法を畏れず

出典 『塩鉄論』詔聖

原文 罷馬不レ畏二鞭箠一、罷民不レ畏二刑法一。

意味 疲れた馬はもはや鞭打たれることを恐れないし、疲れた人民はもはや刑や法律を恐れない。疲弊の極みに達すれば、もはや刑罰とて効き目がないということ。「罷」は疲れる。「鞭箠」は馬を鞭で打つ意。

参考 『塩鉄論』の同篇では、人民を治めることを馬を御することにたとえる。そして、今の馬の操り方がいかに下手であるかを、「今の民を治むる者は、馬を拙御するが若し。行けば則ち之を頓め、止らば則ち之を撃つ。身は箠に創つき、吻は銜に傷る」と説く。こうして馬を疲弊させてしまうと、もはや鞭すら効かないというのである。

日は夜を知らず、月は昼を知らず。日月明を為せども、兼ぬること能わず

出典 『淮南子』繆称訓

原文 日不レ知レ夜、月不レ知レ昼。日月為レ明、而弗レ能レ兼也。

意味 太陽は夜を知らず、月は昼を知らない。太陽も月もそれぞれの世界を明るくはするが、両方を兼ねることはできない。他方を兼ねることができないたとえ。

参考 これに続けて「唯天地のみ能く之（日月）を函む。能く天地を包むは、曰く、唯無形なる者のみ」とある。太陽と月とを受け容れるものが天地であり、その天地をも包み込むものが無形（形なき状態）であるという。

響き声を辞せず、鑑形を辞せず

出典 『説苑』雑言

原文 響不レ辞レ声、鑑不レ辞レ形。

意味 響きは音声によって生じるものであるから、どんな音声にでも従って起こり、鑑は形を写し出すものであるから、どんな形象にでも従って写し出す。

参考 功績が成れば名誉はこれに従うというたとえ。曾参（曾子）のことば。

日日に新たなり

⇩苟に日に新たに、日日に新たに、又日に新たなり

美味は口に合うに期す

出典 『漢書』揚雄伝・下

原文 美味期二乎合一レ口。

意味 よい味かどうかというのは、口に合うかどうかによって決まる。

参考 この前に「凡そ著書は、衆人の好む所を為す也（書物を著すのは、人々が好むものを書くのである）」とあり、この後は「工声は耳に比すに調べる（よい声かどうかは耳を楽しませるかどうかによる）」と続く。受容する側によって、肯定的に評価されなければ無意味だという意味のことば。

百尺竿頭須く歩を進むべし、十方世界是全身

出典 『景徳伝灯録』十

原文 百尺竿頭須レ進レ歩、十方世界是全身。

意味 百尺の長いさおの先端に立ちえたとしても、それで満足せず、さらに一歩前に進まなければならない。そうすることによって、広大な宇宙が自分と一体化する。悟りの境地に至っても、さらに進んだ境地を目ざさなければならないということ。また、自分個人の悟りにとどまらないで、外の世界に向かっていかなければならないということ。

参考 長沙景岑禅師の頌の一節。『無門関』四十六則にも、「古徳」のことばとして「百尺竿頭須く歩を進め、十方世界に全身を現ずべし」とほぼ同じ句が見える。

百尺寸枝無く、一生自ら孤直なり

出典 初唐、宋之問「題㆓老松㆒詩」

原文 百尺無㆓寸枝㆒、一生自孤直。

意味 高くそびえる古松は、わずかの枝分かれもなく、生涯ただ一人で、まっすぐに立っている。人もこの松のように、自己の操を曲げず、まっすぐに生きるべきをいう。

参考 年の暮れの日暮れどきの寒々とした周囲の景を描写し「中に喬き松樹有り、我をして長く嘆息せしむ」として詠じた句。続けてこの句がくる。

百星の明は、一月の光に如かず、十牖の開は、一戸の明に如かず

出典 『淮南子』説林訓

原文 百星之明、不㆑如㆓一月之光㆒、十牖之開、不㆑如㆓一戸之明㆒。

意味 百の星の明りも一つの月の光の明るさには及ばない。十の小さな明り取りの窓を開いても一つ扉を開ける明るさには及ばない。凡庸なものが数集まっても一つの優れたものの存在に及ばぬことのたとえ。

参考 「十牖の開」を、「十牖畢く開く」とするテキストもある。「牖」は、壁をくり抜いて作った小さな明り取りの窓。

百川は海に学んで海に至る、丘陵は山を学んで山に至らず

出典 前漢、揚雄『法言』学行

原文 百川学㆑海而至㆓于海㆒、丘陵学㆑山而不㆑至㆓于山㆒。

意味 すべての川は海を目標として海に至るが、丘は山を目標としても山にはなれない。

参考 川は常に自らを先に進めているが、丘は一つ処にとどまったまま進まないことをいう。自分の能力を自分で見限って、学問をすることに努力しないことをいさめたことば。

百川は源を異にして、皆海に帰す

出典 『淮南子』氾論訓

原文 百川異レ源、而皆帰二於海一。

意味 百の川がそれぞれ源は違いながらも、やがてはすべて海に注ぎ込む。

参考 これに続けて「百家は業を殊にして皆治に務む」とある。つまり、「百川は源を……」の句は、多くの学者が説を異にしながらも、皆が世を治めるという目的においては一致することをたとえたもの。

百戦百勝は、善の善なる者に非ざるなり。戦わずして人の兵を屈するは、善の善なる者なり

出典 『孫子』謀攻

原文 百戦百勝、非二善之善者一也。不レ戦而屈二人之兵一、善之善者也。

意味 百回戦って百回勝つのは、最上の策ではない。謀略をめぐらし、実際の戦闘をするまでもなく敵を降伏させるのが最上の策である。戦闘をすれば、自軍にも、敵の降伏後は自軍の戦力となる敵兵にも損害が出るからである。四字熟語「百戦百勝」の典拠。

参考 孫子は「兵を用いるの法は、国を全うするを上と為し、国を破るは之に次ぐ（その項参照）。軍を全うするを上と為し、軍を破るは之を次ぐ」と言う。

百足の虫、断てども蹶れず

出典 『魯連子』

原文 百足之虫、断而不レ蹶。

意味 「百足の虫」はやすでのこと。やすでは切断されてもなお、倒れない。支持する者が多いと、実体は滅んでもなお、影響力をもつことのたとえ。

参考 原文は「之を持する者の衆ければなり」と続く。曹冏「六代論」（『文選』五十二）にもほぼ同意の文「百足の虫、死に至るも僵れず、之を扶くる者衆ければなり」が見え、李善注は

その典拠に『魯連子』を挙げている。ここでは『意林』一に拠る。

百年三万六千日、一日須く傾くべし三百杯

出典 盛唐、李白詩「襄陽歌」

原文 百年三万六千日、一日須レ傾三百杯。

意味 人の一生は、どんなに長生きしたとしても百年、三万六千日でしかない。それならば、一日に三百回は杯を傾けたいものである。

参考 襄陽（現在の湖北省襄樊市襄陽地区）の風景や故事を感慨をこめてうたった歌行詩。後漢の学者鄭玄が、宴席で一日に三百余人から酒をつがれても泰然自若としていたという話をふまえる。

百年養うも足らず、一日毀いて余り有り

出典 北宋、王安石詩「寓言」其十一

原文 百年養不レ足、一日毀有レ余。

意味 徳を養うのには百年かけても十分ではない。しかしその徳を堕落させるのには一日あればあまるほどだ。

参考 一度口に出したことばはあっという間にとりかえしのつかないことになるし、行動もすわっていてさえ過失を犯すことがあるから、言動には十分に注意しなければならないということ。

百聞は一見に如かず

出典 『漢書』趙充国伝

原文 百聞不レ如二一見一。

意味 他人からどんなに詳しく聞いても、実際に自分の眼で見ることには及ばないということ。

参考 西の辺境にいる羌族（チベット系遊牧民）が漢の町を攻めた時、漢の宣帝が将軍である趙充国に下問した時の充国の答えの中のことば。宣帝は充国が七十歳を超えているので心配して、「誰を将軍としたらよいか」と聞いた。充国は「私を」と答えた。帝はさらに「兵は

何人必要か」と聞いた。これに対して充国が「兵を遠くから指揮するのは難しいですから直接戦場に行って作戦を立ててみましょう」と答えた。その時に発せられたのがこの「百聞は一見に如かず」である。

百里の海も一夫に飲ましむる能わず、三尺の泉も三軍の渇きを止むるに足る

出典 『尉繚子』治本

原文 百里之海不レ能レ飲二一夫一、三尺之泉足レ止二三軍渇一。

意味 広い海の水をすべて一人の男に飲ませてしまうことはできないが、わずか三尺の泉の水でも大軍の渇きを十分にいやすことはできる。必要以上の分量があっても無駄になるばかりで、真に必要な際には少量でも十分である。

参考 制限や規制がなければ、人間の欲望や邪心は百里の大海を飲み干そうとするほど大きくなる、というたとえとしても用いる。「欲は度無きに生じ、邪は禁無きに生ず（『尉繚子』治本）」の項を参照。

百里を行く者は九十を半ばとす

出典 『戦国策』秦策

原文 行二百里一者半二於九十一。

意味 百里の道を行く者は、九十里まで達したとき、ようやく半分まできたと考えるのがよい。物事は最後が肝心であり、達成を目前にして気をゆるめてはいけないという戒め。

参考 ある男が、秦の武王が斉を軽んじ、楚を侮り、韓を卑しんでいることに対し、天下を制覇するという大事業を成し遂げるには、終わりを全うできるかどうかがその成否を握っていることを言い、王の驕りたかぶった心を諫めたときに引用した詩（逸詩）の中のことば。

氷炭は器を同じくして久しからず、寒暑は時を兼ねて至らず

出典 『韓非子』顕学

原文 氷炭不二同レ器而久一、寒暑不二兼レ時而至一。

意味 氷と炭火とは同じ容器に入れればどちらも長く続かず、また寒さと暑さとは時を同じくしてやってくることはない。相反する二つの要素を一つにまとめて、両立させることの難しさを説く。

参考 この比喩は、儒家と墨家の説がそれぞれ相容れないことをたとえて用いられる。これに続く文は、「雑反の学は、両立して治まらず」（その項参照）である。

豹は死して皮を留め、人は死して名を留む

出典 『新五代史』王彦章伝

原文 豹死留レ皮、人死留レ名。

意味 豹は死後に美しい皮を残す。人は死後に自分の名を残す。

参考 五代、後梁の刺史王彦章のことば。人が死後に名を残すための条件とされるのは、文字どおり、名を汚さぬような生き方なのである。悪名ではなく美名を残すことが、万物の霊長たる人間のつとめであることを、美皮を残す豹と対比させ述べている。欧陽脩は「王彦章画像記」にこのことばを引いてたたえている。「虎は死して皮を残し、人は死して名を残す」とも。

飄風は朝を終えず、驟雨は日を終えず

出典 『老子』二十三章

原文 飄風不レ終レ朝、驟雨不レ終レ日。

意味 つむじ風は一朝も吹き続けることはできず、激しいにわか雨も一日中降り続けることはできない。「飄風」はつむじ風の意。「驟雨」は一時的に強く降るにわか雨の意。

参考 天地であっても、つむじ風、にわか雨といったものを長く続けることはできない。まして人間はなおさらであり、無理な人為は続かない。長久でありたいならば静かな生き方をす

べきであると説く。

比翼の鳥

⇩天に在りては願わくは比翼の鳥と作り、地に在りては願わくは連理の枝と為らん

悲楽は徳の邪なり、喜怒は道の過なり、好悪は徳の失なり

出典 『荘子』刻意

原文 悲楽者徳之邪、喜怒者道之過、好悪者徳之失。

意味 悲しみや楽しみの感情は天与の徳を妨げるものであり、喜びや怒りの感情は心の自然なあり方を過度に外れたものであり、好悪の感情は天与の徳を失ったものである。感情に左右されると人間本来の心のあり方が損なわれることをいう。

飛流直下三千尺、疑うらくは是銀河の九天より落つるかと

出典 盛唐、李白詩「望二廬山瀑布一」其二

原文 飛流直下三千尺、疑是銀河落二九天一。

意味 廬山から飛ぶようにまっすぐに流れ落ちる滝は、高さ三千尺もあるだろうか。それはさながら天の川が天空から落ちてきたような壮観さがある。「三千尺」は約一千メートル。「九天」は天の最も高いところ。

参考 廬山は、現在の江西省九江市の南にある名山。鄱陽湖に臨み、北に長江を望む景勝地。その廬山の滝に寄せて作った詩。いかにも李白らしい豪壮でダイナミックな句として知られる。

昼に思う所有らば、夜に其の事を夢む

出典 『潜夫論』夢列

原文 昼有レ所レ思、夜夢二其事一。

意味 昼間に強く思うことがあったなら、夜にその事を夢にみる。

参考 夢が現実と深い関係にあることをいう。

博く之を学び、審らかに之を問い、慎んで之を思い、明らかに之を弁じ、篤く之を行なう

出典 『中庸』二十章

原文 博学レ之、審問レ之、慎思レ之、明弁レ之、篤行レ之。

意味 広く知識を身につけ、その上で浮かんだ疑問は細かく質し、知り得たことを自分の身に引きつけて思索し、考えた結果には明快な弁別をし、その上で篤実に実践する。

参考 儒学はまさに学・問・思・弁・行の五つ全体を学問とするものである。

博く文を学びて、之を約するに礼を以てす

出典 『論語』雍也

原文 博学ニ於文一、約レ之以レ礼。

意味 幅広く書物を読んで学び、その知識を礼によってまとめてゆく。「約」はしめくくる、要約。

参考 孔子のことばで、顔淵篇にも見られる。また、『孟子』離婁・下に、「博く学んで詳らかに之を説くは、将に以て反って約を説かんとすればなり（博く学んで事細かに道理を説明するのは、決して自分の知識を誇るためではなく、その要点を説明してわからせたいためだ）」とあるも同趣旨である。こうした態度は、「博文約礼」といわれ、孔子の教学の要点とされる。

博く学びて篤く志し、切に問いて近く思う

出典 『論語』子張

原文 博学而篤志、切問而近思。

意味 幅広く学んで志望を堅固にし、差し迫った問題として問うて自分に引きつけて考える。

参考 孔子の高弟子夏のことばで、博学・篤志・切問・近思することによって、仁の徳が生まれると説く。

火を乞うは燧を取るに若かず

出典 『淮南子』覧冥訓

原文 乞レ火不レ若レ取レ燧。

意味 人に火を求めるよりは自分で火打ち石を手に入れるほうがよい。枝葉の部分よりはその根幹を把握するほうがよいことをたとえる。

参考 「燧」は火打ち石。これに続けて「汲を寄する（井戸の水をくませてもらう）は井を鑿つ（掘る）に若かず」とある。

美を成すは、悪の器なり

出典 『荘子』徐無鬼

原文 成レ美、悪器也。

意味 意識して良いことを行なうのは、悪を入れる器をこしらえるようなものだ。意識された善行は偽善を生み、悪を生みだすもととなるということ。

参考 本文の「美」と「悪」を美と醜の意味に解し、「美しいものを作りあげるのは、醜いものの容れ物を作ることだ」という意味に解しても通ずる。『老子』第二章に「天下皆美の美たるを知るも、斯れ悪のみ」という。

貧賤に戚戚たらず、富貴に汲汲たらず

出典 東晋、陶潜「五柳先生伝」

原文 不レ戚二戚於貧賤一、不レ汲二汲於富貴一。

意味 貧しさや身分の低さを憂い悲しむことなく、お金や地位のためにあくせくしない。

参考 黔婁の妻のことばを引用して、世俗を超えた隠逸生活を送っている五柳先生（陶潜の自画像といわれる）の人となりを言い表わしたもの。冒頭に「先生は何許の人なるかを知らざるなり。亦其の姓字も詳らかにせず。宅辺に五柳樹有り、因って以て号と為す」とある。黔婁は春秋時代の斉の人で、陶潜の「貧士を詠ず」でも、「貧に安んじ賤を守る者、古より黔

妻あり。好爵も吾栄とせず、厚饋にも吾酬いず」と、お金や地位に目もくれなかったようすが詠まれている。

貧賤の知は忘るべからず、糟糠の妻は堂より下さず

出典 『後漢書』宋弘伝

原文 貧賤之知不レ可レ忘、糟糠之妻不レ下レ堂。

意味 貧しいときからの友人は、いつまでも忘れてはいけない。長年苦労を共にしてきた妻は、いくら出世して富貴になろうとも、決して離婚などせず、大事にしなくてはならない。「糟糠」は酒かすと米ぬか。「糟糠の妻」は、そのような粗末な食事しかできなかったときから、長年苦労を分かちあってきた妻。「堂」は表ざしき、家の意。「下堂」は家からだす、転じて、離婚をいう。

参考 光武帝に「貴くしては交を易え、富みては妻を易う、と言うは人情か（高い位につくと友人をかえ、裕福になると妻をかえるというのは人の情ではないか）」とたずねられ、帝の姉である湖陽公主との結婚を勧められた宋弘が、それを断るときに述べたことば。「知」を「交」に作る本もある。

貧賤憂戚は、庸て女を成に玉にす

出典 『近思録』巻二

原文 貧賤憂戚、庸玉二女於成一也。

意味 貧賤や憂い悲しみは、汝を玉のように立派にしてくれるものなのである。

参考 苦しい状態に身を置くことは、天がおまえを鍛えて立派な者にしようとしているのだと自覚しなさいという意。天からの試練と考えるのは、『詩経』大雅・民労「王は女を玉にせんと欲す。是を以て大いに諫む」による。張載『西銘』に見えることば。

ふ

富貴なれば他人も合し、貧賤なれば親戚も離る

出典 西晋、曹攄「感旧詩」

原文 富貴他人合、貧賤親戚離。

意味 富貴であると、他人も集まってくるが、貧賤になると、親戚でさえも離れていく。

参考 世の人が貧富貴賤によって、その行動を左右され、常に富貴である人のもとにばかり、人が集まるという世情を嘆いている。

富貴にして故郷に帰らざるは、繡を衣て夜行くが如し

出典 『史記』項羽本紀

原文 富貴不レ帰ニ故郷一、如ニ衣レ繡夜行一。

意味 立身出世して富貴の身となりながら故郷に帰らないのは、刺繡をほどこした美しい着物を着て、やみ夜を歩くようなものだ。自分の成功を大勢の人に知ってもらいたいという気持ちを表わしたことば。

参考 項羽が秦の都を焼きはらい、故郷に帰ろうとしたときのことば。この発言に対し、「楚人は沐猴にして冠するのみ（猿が冠をつけたようなものだ）」と言った遊説の士（『漢書』項籍伝では韓生とある）を、項羽は烹殺してしまう。

富貴の人を畏るるは、貧賤の志を肆にするに如かず

出典 西晋、高甫謐『高士伝』巻中・四皓

原文 富貴之畏レ人、不レ如ニ貧賤之肆一レ志。

意味 富裕で高い位にあって常に人に気を遣っているくらいなら、貧しく低い身分であっても自由気ままでいるほうがよい。

参考 秦末、乱を避けて陝西省の商山に隠逸の生活を送っていた四人の老人、東園公、夏黄公、甪里先生、綺里季（総称して商山四皓という。

全員鬚も眉もまっ白だったので皓という）が漢の高祖に招かれた時、招きに応ぜず作った歌「紫芝歌」にあることば。

富貴も淫する能わず、貧賤も移す能わず、威武も屈する能わず。此れを之大丈夫と謂う

出典 『孟子』滕文公・下

原文 富貴不レ能レ淫、貧賤不レ能レ移、威武不レ能レ屈。此之謂二大丈夫一。

意味 いかなる富貴の快楽によってもその心をかき乱すことはできないし、いかなる貧賤の苦しみによってもその節を変えることはできないし、いかなる権威・武力によってもその志を曲げることはできない。このような者をこそ、まことの大丈夫というのである。

参考 「天下の広居に居り、天下の正位に立ち、天下の大道を行なう」（その項参照）に続き、孟子が縦横家の景春と「大丈夫（一人前の男）」について議論したときのことば。

風樹の歎

⇩樹静かならんと欲すれど風止まず、子養わんと欲すれど親待たず

風木の悲しみ

⇩樹静かならんと欲すれど風止まず、子養わんと欲すれど親待たず

風林火山

⇩其の疾きこと風の如く、其の徐かなること林の如く、侵掠すること火の如く、動かざること山の如し

浮雲遊子の意、落日故人の情

出典 盛唐、李白詩「送二友人一」

原文 浮雲遊子意、落日故人情。

意味 あの空に浮かぶ雲は、まるで旅立とうとする君の心のようで、山の端に沈もうとする夕陽

は、君を見送る私の心のように、とても物寂しい。「遊子」は旅人。「故人」は昔からの友人。

参考 李白が友を送る際に詠んだ送別の詩。その第一、二句には「青山北郭に横たわり、白水東城を遶る」と別れの場の風景をうたう。

巫咸善く祝すと雖も、自ら祓うこと能わず

出典 『韓非子』説林・下

原文 巫咸雖二善祝一、不レ能二自祓一也。

意味 巫女は上手に祈禱はするが、自分で自分のおはらいはできない。どんな有能な人物であっても第三者の助けがなければ、事を成し遂げることはできないのである。「巫咸」は巫女、かんなぎ。「祓」は災いをはらう意。

参考 これと対となるのは、「秦医（ここでは伝説的な名医、扁鵲をさす）善く除くと雖も、自ら弾ずる（患部に針を打つ）能わず」である。つまり、扁鵲のような名医でも、他人の病気は治せても、自らの患部に針を打って治療することはできないのである。

不義にして富み且つ貴きは、我に於いて浮雲の如し

出典 『論語』述而

原文 不義而富且貴、於レ我如二浮雲一。

意味 正しくない手段で財産や地位を得ることは、私にとっては空に浮かぶ雲のようなもので、取るに足りない無縁なものだ。

参考 孔子のことば。孔子は不正な手段で得た富や地位を否定する。それは例えば、「富と貴きとは、是人の欲する所なり。其の道を以てせずんば、之を得とも処らざるなり（財産や地位は、すべての人が欲しがるものだが、それにふさわしい方法で得たのでなければ、得たとしても安住しない）」（里仁篇）とあることや、「邦に道無きに、富み且つ貴きは、恥なり（国に道が行なわれていないのに、富裕で高位にあることは恥ずべきことである）」（泰伯篇）とあることなどに明らかであろう。

ふ

俯仰天地に愧じず

⇨仰ぎて天に愧じず、俯して人に怍じず

福重ねて至らず、禍必ず重ねて来る者なり

出典 『説苑』権謀

原文 福不二重至一、禍必重来者也。

意味 幸福はたて続けに起こるということはないが、不幸とは次々と連続して起こるものである。

参考 韓の昭侯に、かつて楚で大夫の任にあった屈宜咎（臼）が言ったことば。飢饉の際の対策が、利益の追求を優先したために遅れたために民が飢えたことをこう表現した。万事、行動をするには時というものがある。禍が起こった時の対策を早急に行なえばたび重なる禍を招くことは妨げる。堅実な行動が幸運を招くのである。

覆水再び収むるも豈杯に満たんや

出典 盛唐、李白「白頭吟」

原文 覆水再収豈満レ杯。

意味 一度こぼした水は再びもとに収めようとしても、どうしてもと通り杯いっぱいに満たすことができようか。

参考 よく知られる「覆水盆に返らず」と同義である。一度離れた男女の関係はもとに戻らないことをいう。もともと「白頭吟」は司馬相如の妻卓文君（人名略解参照）が、相如が別の女性を迎えようとしたとき、抗議の意を込めて作ったとされる楽府の題名。

福の禍と為り、禍の福と為るは、化極むべからず、深測るべからざるなり

出典 『淮南子』人間訓

原文 福之為レ禍、禍之為レ福、化不レ可レ極、深不レ可レ測也。

意味 幸福が災禍となり、災禍が幸福となる、その変化は見極めることはできず、その変化の深遠さは予測することはできない。幸福と災禍は転々として交互に現われるものであるから、その変化を見極め予測することは難しいのである。禍福は糾える縄の如し。

参考 「人間万事塞翁が馬」の格言として知られる故事の末尾に附せられた一文。故事は次のとおり。
国境の塞に占いの術が巧みな翁がいた。その翁の馬が逃げて胡の国に入ってしまい、皆が気の毒がった。数か月後、逃げた馬が胡の名馬を連れて戻ってきて皆は祝福した。その翁の息子は名馬を喜び馬に乗ったが、落馬して脚を折ってしまった。皆が気の毒がったが、一年後、胡の国の兵が攻めてきた時、国中の若者たちは戦いに出て十人中九人は戦死したが、息子は脚が不自由であったため戦いに出ず命が助かった。

福の生ずるは基有り、禍の生ずるは胎有り

出典 『漢書』枚乗伝

原文 福生有レ基、禍生有レ胎。

意味 幸福が生ずるのにはそのもととなる理由があり、災禍が生ずるのにもそのもととなる原因がある。

参考 この後に「其の基を納め、其の胎を絶たば、禍何に自りて来らん（幸福の根本をきちんとおさえ、禍の原因を早く絶てば、災禍はやってこない）」と続く。幸福や禍というものは、偶然やってくるものではなく、どちらにしてもそうなるだけの原因があるということ。

福は隠約に生じて、禍は得意に生ず

出典 『説苑』敬慎

原文 福生二於隠約一、而禍生二於得意一。

意味 幸福とは、苦労を積み重ねることによって初

めて生じるものであり、不幸とは、思いのままになっている心の油断から生じるものである。「隠約」は苦難、「得意」は自分の望み通りになること。

福は善を以て取るべく、禍は悪を以て召くべし

出典 中唐、劉禹錫「天論」上篇

原文 福兮可二以レ善取一、禍兮可二以レ悪召一。

意味 幸福は善行によって得ることができ、不幸は悪行によって招く。

参考 天と人の関係を論ずる文にある語句。本来、天が福や禍を与えるのではなく、人間の営みの中で、良いことをすれば福が、悪いことをすれば禍が与えられるという意味。天は祖先を祭ったり暦を作ったりするところに関わるのであって、人の福や禍とは関わらないという考えである。

福は無為に生じ、患は多欲に生ず

出典 『淮南子』繆称訓

原文 福生二於無為一、患生二於多欲一。

意味 幸福は自然のままで作為を加えないことから生じ、禍は多くの欲望から生じる。「無為」は自然のままで人為を加えないこと。「患」は災禍。

参考 『淮南子』には「福は己より発し、禍は己より生ず」ともある。つまり、幸福も災禍も自分自身に起因するものであるから、幸福を得ようとすれば「無為」であるべきであり、災禍を避けようとすれば「多欲」を禁ずべきだというのである。

福は禍の無きより長なるは莫し

出典 『荀子』勧学

原文 福莫レ長二於無一レ禍。

意味 人生の幸福は、禍がないのが最もよいことである。

参考 幸福を求めるためには、不断の修養によって、禍を招くことのない行為をする事が最も

よいとするものである。

福は禍の門なり

出典 『説苑』説叢

原文 福者禍之門也。

意味 幸福というのは、次に禍がくる入り口のようなものである。

参考 幸福とは決して永遠に続くものではない。この条は次のように続く。「是は非の尊なり。治は乱の先なり。事、終始無く、而して患及ばざるは、未だ之を聞かざるなり」。物事はすべて表裏をなしてめぐっており、何が禍となるか福となるかは、わからない。

巫山の雲雨

⇩旦には朝雲と為り、暮れには行雨と為る

武事有る者は必ず文備有り

⇩文事有る者は必ず武備有り、武事有る者は必ず文備有り

父子の間は善を責めず

出典 『孟子』離婁・上

原文 父子之間不レ責レ善。

意味 父と子の間では、善を行なうように責め合うものではない。

参考 このことばは、「古は子を易えて之を教う」（その項参照）に続くものである。父子の間では情愛を主とすべきであって、善を行なうよう責め合って、かえって父子が離反してしまうことほど大きな不幸はないという孟子の考えに基づく。

附耳の言、千里に聞こゆ

出典 『淮南子』説林訓

原文 附耳之言、聞二於千里一也。

意味 耳元でのひそひそ話も、やがては千里も離れた遠くに聞こえてゆく。些細なことがやがては大事に至ることをたとえる。「附耳の言」は耳元に口を近付けての話。

参考 この直前にある「田中の潦（たまり水）、流れて海に入る」という一文も同様の意味で用いられる。

浮生は多塗なりと雖も、死に趨くは惟れ軌を一にす

出典 中唐、韓愈詩「秋懐」其一

原文 浮生雖二多塗一、趨レ死惟一レ軌。

意味 この世にはいろいろな道があるが、しかし死におもむくという点ではすべて同じである。時の流れと人生の秋への感慨をいうことば。

参考 軌は二つの車輪の間の幅。「一軌」とは同じ道をたどること。詩中ではさらに「胡為れぞ浪に自ら苦しむ、酒を得て且く歓喜せん」ともうたう。

不善の人と居るは、鮑魚の肆に入るが如し

出典 『孔子家語』六本

原文 与二不善人一居、如レ入二鮑魚之肆一。

意味 よくない人と一緒にいるということは、臭い魚の干物を売る店に入るようなものだ。長い間そこにいると、自分とその香りが同化して、悪臭を感じなくなってしまう。よくない人と長くつきあえば、悪い感化をうけるたとえ。一緒にいる相手は慎重に選ばなければならないということ。「鮑魚の肆」は魚の干物を売る店。転じて、悪人や小人などが集まるところの意にも用いる。

参考 孔子のことば。「善人と居るは、芝蘭の室に入るが如し」（その項参照）と対をなす。

再び実るの木は、根必ず傷れ、蔵を掘くの家は、必ず殃有り

出典 『淮南子』人間訓

原文 再実之木、根必傷、掘レ蔵之家、必有レ殃。

意味 一年に二度実がなる木は根が必ずだめになり、墓の埋蔵品を盗掘する家には必ず災いがある。大きな利益がかえって損害をもたらすことをいう。

参考　これより前に「衆人は皆利を利として病（害）を病とするを知る。唯聖人のみ病の利為るを知り、利の病為るを知る」とある。つまり多くの人は利益は利益、損害は損害としてしか考えないが、聖人だけは損害が利益となり、利益が損害となることを知っているというのである。

再び見るべからざる者は親なり

⇩往きて来らざる者は年なり。再び見るべからざる者は親なり

淵に臨んで魚を羨むは、退いて網を結ぶに如かず

出典　『漢書』董仲舒伝

原文　臨レ淵羨レ魚、不レ如二退而結レ網。

意味　淵をのぞきこんで、ぼうっと魚を手に入れたいとただ願っているだけよりは、いったんその場から離れても、魚をとるための網を作るほうがよい。

参考　この後に「今政に臨んで治を願うこと七十余歳なれども、退きて更化するに如かず。更化すれば則ち善く治む可きなり、善く治めれば則ち災害日ゞに去り、福禄日ゞに来る（政治に臨んで安定を七十年余りも願っているが、ただ願うより改革・改制したほうがよい。改革・改制すれば世は安定し、世が安定すれば災害はなくなり幸福がくる）」と続く。政治においては、ただ手をこまねいて願うことは意味がなく、目的のために実行することが重要だということ。

淵広ければ其の魚大なり、主明なれば其の臣慧なり

出典　『韓詩外伝』巻五

原文　淵広者其魚大、主明者其臣慧。

意味　淵が広大であればそこにいる魚も大きく、君主が聡明であればそこに仕える臣下も賢くさとい。名君の下に有能な人物が集まることのたとえ。

参考 類句に「川淵深くして魚鼈之に帰し、山林茂りて禽獣之に帰す（『荀子』致士）」（その項参照）があり、この『荀子』の文とほぼ同様のものが、『韓詩外伝』巻五にも見える。

婦に長舌有るは、維れ厲の階

出典 『詩経』大雅・瞻卬

原文 婦有二長舌一、維厲之階。

意味 女子のおしゃべりは、天下を乱すもととなる。「厲」は禍の意。「階」は階梯。

参考 国政への女子の口出しは、国家混乱を招く危険性があるという。

舟覆りて乃ち善く游ぐを見る

出典 『淮南子』説林訓

原文 舟覆乃見二善游一。

意味 舟が転覆して、そこではじめて泳ぎの巧みな人がわかる。切迫した状況となって、はじめてその人の能力がわかるということ。

参考 この句の後に「馬奔りて乃ち良く御するを見る」とあり、同様のことにたとえる。つまり、馬が奔走して、そこではじめて馬を御するのが上手な人がわかるのである。

船を好む者は溺れ、騎を好む者は墜つ

出典 前漢、袁康『越絶書』巻十

原文 好レ船者溺、好レ騎者墜。

意味 好んで船に乗る者は水に溺れ、好んで馬に乗る者は落馬する。

参考 人はその好むこと、得意なことがらでかえって失敗することをいう。この句の後に「君子は各〻好む所を以て禍を為す」とある。

父母在せば、遠く遊ばず。遊べば必ず方有り

出典 『論語』里仁

原文 父母在、不二遠遊一。遊必有レ方。

意味 父母の存命中には、遠出すべきではない。やむを得ず遠くに旅する場合には、行き先を

はっきりさせておかなければならない。「遊」は家を離れて他の地に行くこと。

参考 親に心配をかけないようにという心がけを説いた孔子のことば。『礼記』玉藻にも「親老ゆれば、出ずること方を易えず、復ること時を過ごさず」（その項参照）とある。

腐木は以て柱と為す可からず

出典 『漢書』劉輔伝

原文 腐木不レ可ニ以為レ柱。

意味 腐った木は、家屋の柱には使えないように、心の卑しい愚劣な人間は要職につけてはいけない。

参考 この後に「卑人は以て主と為す可からず（卑しい人間を要職につけてはいけない）」という。

父母存すれば、友に許すに死を以てせず、私財を有せず

出典 『礼記』曲礼・上

原文 父母存、不ニ許レ友以レ死、不レ有ニ私財一。

意味 父母が生存中は、友人とも生命をかけるようなつきあいはせず、自分個人の財産を持ったりはしない。

参考 「声無きに聴き、形無きに視る（『礼記』曲礼・上）」（その項参照）と同様に、子が父母に孝養を尽くす心構えを示したことば。『礼記』坊記には「父母在せば老を称せず」といった表現もあり、これも父母への孝養を説いたものである。

父母の年は、知らざるべからず。一は則ち以て喜び、一は則ち以て懼る

出典 『論語』里仁

原文 父母之年、不レ可レ不レ知也。一則以喜、一則以懼。

意味 父母の年齢はよく覚えておかねばならない。それによって、一つには父母の長命を喜び、

また一つには老齢を気づかうことになる。

参考 父母に対する孝の心がけを説いた孔子のことば。

父母は唯其の疾を之憂う

出典 『論語』為政

原文 父母唯其疾之憂。

意味 父母は子供の病気をひたすら心配する。よって父母を心配させぬようその身を大切にするのが親孝行である。

参考 孝とはどういうことかという質問に対する孔子の答え。本文の解釈には、右に掲げた解釈の他に諸説ある。その中から二つの説を参考までに示す。(1)「父母には唯其の疾を之憂えしむ」と解釈する。親には子供の病気のことだけを心配させる、病気で父母を心配させることは仕方がないが、それ以外のことで心配させてはならない。(2)「父母には唯其の疾を之憂う」と解釈する。父母が病気にならぬことだけをひたすら心配する。

蜉蝣を天地に寄す、渺たる滄海の一粟のみ

出典 北宋、蘇軾「前赤壁賦」

原文 寄二蜉蝣於天地一、渺滄海之一粟。

意味 かげろうのようにはかない命を天地の間に託している。それは、果てしなく広がる大海原に浮かぶ一粒の粟のようなものだ。

参考 一世の雄であった曹操でさえも、赤壁で周瑜の計に破れ、今にいたってはもうこの世にいない。まして、自分のような人間は、「滄海の一粟」のようなものだと存在のはかなさをうたっている。今日では、「滄海の一粟」のみでも、人間の存在のはかなさを意味する。「前赤壁の賦」は三か月後に作った「後赤壁の賦」と区別するために「前」を冠したもの。流罪の地黄州（今の湖北省黄岡県）付近の長江で遊んだときの作。呉の孫権、蜀の劉備の連合軍が、孫権の部将周瑜の火攻めの計によって曹操軍に大勝し、天下三分、三国鼎立の形勢が成立

した赤壁の戦いに思いをいたらせてうたったもの。ただし、実際の古戦場の赤壁は黄州より上流にあった。

芙蓉は好き顔色なれど、惜しむべし霜を禁ぜざるを

出典 明、于謙詩「秋意」

原文 芙蓉好顔色、可レ惜不レ禁レ霜。

意味 芙蓉の花は色美しいけれど、惜しいことに霜が降りるとたえられず、その美しさはしぼんでしまう。

参考 秋の景色をうたったもので、五言絶句。この句の前二句は、「池上秋風起き、池中秋水涼し」である。

故きを温ねて新しきを知らば、以て師為るべし

出典 『論語』為政

原文 温レ故而知レ新、可二以為一レ師矣。

意味 先人の教えを考え直して、そこから新しいことを発見できるようならば、人の師となれるであろう。

参考 「温」を「あたため」と訓読し、よく復習する、あたため直すの意と解するものもある。孔子のことばで、孔子の学問における基本姿勢といってよい。「温故知新」という四字熟語で人口に膾炙し、古い事柄を探求することによって、その中から現代に生きる新しい価値や意義を見つけ出すことをいう。

不惑

⇩四十にして惑わず

婦を教うるは初来にし、児を教うるは嬰孩にす

出典 『顔氏家訓』教子

原文 教レ婦初来、教レ児嬰孩。

意味 妻の教育は嫁に来たばかりの頃に行ない、子供の教育は生まれたばかりの頃に行なう。教育は早期に行なうべきである。鉄は熱いうち

に打て。「嬰孩」は乳飲み児。孔子のことばとして伝わる「少成は天性の若く、習慣は自然の如し」（『孔子家語』七十二弟子解）という一文を説明した俗諺。孔子のことばは、年が若い頃の習慣は天性となり、習慣は生まれつきの天性となるという意。いわゆる「三つ子の魂百まで」と世に言い伝える通りであるから、早期に教育せねばならないのである。なお、類句には「父の善く子を教うる者は、孩提（二、三歳の幼児）より教う」（林逋『省心録』）がある。

武を黷するの衆は動き易く、弓に驚くの鳥は安んじ難し

出典 『晋書』王鑑伝

原文 黷㆑武之衆易㆑動、驚㆑弓之鳥難㆑安。

意味 みだりに兵を用いて武徳を汚す軍隊とは、軽々しく動きまわるものであり、弓を射かけられ驚いた鳥を落ち着かせることは難しい。

参考 戦乱の世の不安定な状況をたとえたもの。

刎頸の交わり

⇩両虎共に闘わば、其の勢い倶には生きず

文事有る者は必ず武備有り、武事有る者は必ず文備有り

出典 『史記』孔子世家

原文 有㆓文事㆒者必有㆓武備㆒、有㆓武事㆒者必有㆓文備㆒。

意味 文武は兼ね備えなければならない。どちらか一方に片寄るのを戒めたことば。

参考 魯の定公が斉の景公との会合に、何の備えもなしに、平時の乗車で赴こうとするのを、孔子が戒めたことば。『春秋穀梁伝』の定公十年の記事には、「文事有ると雖も必ず武備有り」とある。

文質彬彬として、然る後に君子なり

出典 『論語』雍也

原文 文質彬彬、然後君子。

意味　文飾と質朴とがうまく調和して、そこではじめて君子といえる。「文」は文飾（かざり）、洗練された表現としての装飾。「質」は実質、質朴な本性。

参考　孔子は、「質、文に勝てば則ち野、文、質に勝てば則ち史」と言う。つまり、質朴が装飾に勝ると品のない卑しい人間となり、装飾が質朴に勝ると書記役（うわべの文飾に終始する文書係）となると説くのである。「文質彬彬」という形でよく用いられ、身につけた教養と質朴な本性を兼ね備えているさま、外見の美と実質とがほどよく調和していることを意味する。

文章千古の事、得失寸心知る

出典　盛唐、杜甫詩「偶題」

原文　文章千古事、得失寸心知。

意味　文章は永遠不朽の事業であるが、作品のよしあしは作者自身の心だけが知っている。「寸心」は方寸の心、作者の心中の意。

参考　詩題の「偶題」は偶然に書きつけた詩のことで、文章の沿革と自分の詩に対する考え方を述べている。

文章は金玉の如く、各〻定価有り

出典　北宋、蘇軾文「答㆓毛沢民㆒」

原文　文章如㆓金玉㆒、各有㆓定価㆒。

意味　文章は金や玉と同じようなもので、世間の人々によっておのずと定まった評価がそれぞれにある。それを一人の恣意で変えることはできない。

参考　毛沢民（名は滂、沢民は字）は蘇軾の下僚。蘇軾はこの人物への書簡を七編残しており、掲出句は最初の書簡に見える。なお、蘇軾「答㆓謝民師㆒書」の中に、欧陽脩のことばとして「文章は精金（純金）美玉の如く、市（市場）に定価有りて、人の能く口舌を以て貴賤を定むる所に非ざるなり」という発言を引いている。

文章は経国の大業にして、不朽の盛事なり

出典　三国魏、曹丕「典論・論文」

原文　文章経国之大業、不朽之盛事。

意味　文章は国を治めるのに必要な大事業であり、朽ち果てることなく後世にまで残る偉業である。

参考　この後に「年寿は時有りてか尽き、栄楽は其の身に止まる」（その項参照）とある。寿命や栄華には必ず終わりがあるが、文章にはそれがないことなどを挙げ、文章の重要性を述べた句。文章も政治的大事業を担っていると強調した点が特筆され、文学批評史上重要な意味をもつ主張となっている。曹操の長子、魏の初代皇帝文帝曹丕の著作『典論』の一篇「論文」中のことば。

文章は合に時の為に著すべく、歌詩は合に事の為に作るべし

出典　中唐、白居易「与二元九一書」

原文　文章合二為レ時而著一、歌詩合二為レ事而作一。

意味　文章というものはその時代の社会のために書くべきであり、詩歌というものも朝廷の大きな事件のために作るべきである。

参考　散文も韻文も、ともに個人的なものとして書かれるべきでなく、社会に基づいたものであるべきだという文学観を述べたもの。

文籍腹に満つと雖も、一嚢の銭に如かず

出典　『後漢書』趙壹伝

原文　文籍雖レ満レ腹、不レ如二一嚢銭一。

意味　いかに書物を読み学問に長じても、それだけで現実に活用しなければ、財布一つ分のお金にもならない。「嚢」は財布で、「一嚢銭」は、一つの財布に入るお金、つまりほんのわずかのお金をいう。

参考　趙壹は才をたのんで不遜であったので、死ぬような目にあったが友人に助けられた。この

ことばは趙壱が作った「疾邪詩（または秦客詩）」の中にあるもの。逆説的な言い方であり、世のさまを批判した発言である。

憤せずんば啓せず、悱せずんば発せず

出典 『論語』述而

原文 不レ憤不レ啓、不レ悱不レ発。

意味 わかろうとしていらだつようでなくては、指導しない。考えていることを言おうとして言えず口ごもっているのでなくては、はっきりと教えない。「憤」はわかろうとして煩悶する。「悱」は心の中のことをうまく表現できずに口ごもる。「啓」も「発」も、ヒントを与えるなどして糸口を開いて明らかにする意。「啓発」という熟語は、これによる。

参考 孔子が自分の教育の仕方について言ったことば。当人がどうしたらよいかと努力し、懸命に理解しようとする姿勢があってはじめて指導・助言するということ。相手の自発性・積極性を重視することを強調したものである。これに続けて「一隅を挙げて三隅を以て反さざれば、則ち復びせざるなり」（その項参照）と説く。

文は質を滅ぼし、博は心を溺らす

出典 『荘子』繕性

原文 文滅レ質、博溺レ心。

意味 華美な文化は質朴さを滅ぼし、博識は人の心を惑わせる。人間の生来の素朴さを失わない生き方、作為なき生き方の大切さをいう。「文」は飾りたてられた文化。「質」は人間生来の質朴さ。

参考 『論語』雍也篇には、「質、文に勝てば則ち野（野卑）、文、質に勝てば則ち史（華美で誠実さに欠けた状態）」とある。

文は拙を以て進み、道は拙を以て成る

出典 『菜根譚』後集九十四

原文 文以レ拙進、道以レ拙成。

意味 文章を作る修業は、自然で飾らぬことによって進歩し、人の道を修養することは、飾らぬことによってはじめて成る。「拙」はつたない、自然で飾らぬさまをいう。

参考 自然のままでいることが万事、真理により近づくという意をふくんでいる。

文(ぶん)は道(みち)を貫(つらぬ)くの器(うつわ)なり

出典 中唐(ちゅうとう)、李漢(りかん)「昌黎先生集序(しょうれいせんせいしゅうじょ)」

原文 文者貫レ道之器也。

意味 「文」というものは「道」を貫き通す道具である。「文」は文章、文学。「道」は道徳、思想。「貫」は貫通の意味であり、さらにそこから、表現する、明らかに述べるという意味になる。「器」は道具。

参考 作者の李漢は韓愈(かんゆ)（人名略解参照）の女婿であり、昌黎先生、韓愈の文集の序として韓愈の文学を述べたもの。韓愈の古文運動の立場を象徴する命題となった。

へ

平易(へいい)に方(あた)りては皆能(みなよ)く闊歩(かっぽ)して進(すす)むも、一(ひと)たび峻険(しゅんけん)に遇(あ)えば則(すなわ)ち止(や)む

出典 『二程粋言(にていすいげん)』論学(ろんがく)

原文 方二於平易一皆能闊歩而進、一遇二峻険一則止矣。

意味 平坦な場所は、だれもがのびのびと歩いて行くが、いったん高く険しい場所につき当たると進むのをやめてしまう。困難に遭遇するとたちまち意気沮喪して、それ以上進むのをやめてしまう。

参考 直前に「今(いま)の学(がく)に進(すす)む者(もの)は山(やま)を登(のぼ)るが如(ごと)し」とある。山登りにたとえて、学問に志す近ごろの人の、忍耐力のなさを嘆いたことば。

兵戦の場は、屍を止むるの地なり。死を必すれば則ち生き、生を幸すれば則ち死す

出典 『呉子』治兵

原文 兵戦之場、止レ屍之地。必レ死則生、幸レ生則死。

意味 戦場というところは、死体をさらす場所である。死を覚悟して必死で戦えば生きのびることができ、生還を願いながら戦えば死んでしまう。

参考 この後に「善く将たる者は、漏船の中に坐し、焼屋の下に伏するが如し」とある。優れた将軍というものは常に決死の状況に身を置き、自らの軍を勝利へと導くものだということ。「止」を「立」に作り、「立ちどころに屍となるの地なり」とするテキストもある。

瓶中の氷を睹て、天下の寒きを知る

出典 『淮南子』説山訓

原文 睹二瓶中之氷一、而知二天下之寒一。

意味 瓶の中の水が凍っているのを見て、世の中が寒くなったことを知る。身近なことから深遠なことを類推するたとえ。「睹」は見る。

参考 この直前に「一葉の落つるを見て、歳の将に暮れんとするを知る」という句があり、対句をなしている。類句に「一葉落ちて知る天下の秋（北宋、唐庚『文録』）」（その項参照）がある。

兵強ければ則ち滅び、木強ければ則ち折れ、革固ければ則ち裂く

出典 『淮南子』原道訓

原文 兵強則滅、木強則折、革固則裂。

意味 軍隊は強いとかえって滅び、木は堅いとかえって折れ、革は堅固であるとかえって裂ける。強堅であることがかえって破滅を招くことをたとえる。

参考 これは、『老子』七十六章の「兵強ければ則ち滅び、木強ければ則ち折る。強大なるは下に処り、柔弱なるは上に処る」に基づく。なお、

類似するものには「金剛なれば則ち折れ、革剛なれば則ち裂け、人君剛なれば則ち国家滅び、人臣剛なれば則ち交友絶つ（『説苑』敬慎）」がある。

兵とは詭道なり

出典　『孫子』計

原文　兵者詭道也。

意味　戦争とは、敵をだます行為である。強くても弱いように見せかけたり、実行する戦術をそうでないように見せかけたりして、敵の不意を衝くのが重要であるということ。「兵」は戦争の意。「詭」はいつわる、あざむくの意。

参考　『韓非子』難一に「戦陣の間には、詐偽を厭わず」（その項参照）ということばが見える。

兵に常勢無く、水に常形無し

出典　『孫子』虚実

原文　兵無㆓常勢㆒、水無㆓常形㆒。

意味　軍の態勢というものは、水の形と同じようなもので、一定不変のものではない。敵の情勢に臨機応変に対応すべきことを水にたとえる。

参考　このことばのまえに「兵の形は水に象る。水の形は高きを避けて下きに趨き、兵の形は実を避けて虚を撃つ。水は地に因りて流れを制し、兵は敵に因りて勝を制す」とある。水が高所を避けて低所に進むように、軍隊も敵の備えの充実したところは避けて、すきのあるところを求めて変化しながら進むことが勝利を得ることにつながると説く。

兵には奇変有り、衆寡に在らず

出典　『後漢書』皇甫嵩伝

原文　兵有㆓奇変㆒、不㆑在㆓衆寡㆒。

意味　合戦は、戦況の変化によって臨機応変な計略を用いて、敵にうち勝つものである。兵の数によって勝敗が決まるものではない。

参考　大軍に城を囲まれた皇甫嵩が、恐れおののく部下に言ったことば。『孫子』勢篇には、「凡そ戦いは、正を以て合い、奇を以て勝つ。故に善く奇を出だす者は、窮まり無きこと天地の如く、竭きざること江河の如し（戦いというものは正義によって始め、奇策によって勝つものである。よって奇策をだす者は、天地や大河のように無窮である）」とある。

兵は勝つことを貴び、久しきを貴ばず

出典 『孫子』作戦

原文 兵貴レ勝、不レ貴レ久。

意味 戦争は、すみやかに勝つことが最上であり、長期戦は勝利に終わるとしてもよくない。人民を疲弊させる長期戦を戒めたことば。

兵は凶器なり、争いは逆徳なり、将は死官なり

出典 『尉繚子』武議

原文 兵者凶器也、争者逆徳也、将者死官也。

意味 兵器は人を殺す道具であり、戦争は道理にそむく行ないであり、指揮官は兵士に死をもたらす役人である。したがってこれらは、やむを得ない時だけに用いるべきである。

参考 「夫れ将たる者、上は天に制せられず、下は地に制せられず、中は人に制せられず」という一文に続くことば。指揮官は、天・地・人のそれぞれから制約を受けることはないが、だからといって勝手に戦争を起こすべきではないことをいう。なお、類句に「兵は凶器なり、戦いは逆徳なり。争いは事の末なり（『史記』越王句践世家）」（その項参照）がある。

兵は凶器なり、戦いは逆徳なり、争いは事の末なり

出典 『史記』越王句践世家

原文 兵者凶器也、戦者逆徳也、争者事之末也。

意味 武力は不吉な道具であり、戦いは徳に逆らうものであり、争いは最も下等な手段である。

参考 范蠡が越王句践を諫めたことば。句践はその意見を聞かず、兵を発して呉王夫差に会稽山で敗れた。「兵は凶器なり」ということばは、『尉繚子』武議、『史記』越王句践世家にもみえる。『国語』越語には、「勇は逆徳なり、兵は凶器なり、争いは事の末なり」とある。

兵は静かなるを以て勝ち、国は専らなるを以て勝つ

出典 『尉繚子』攻権

原文 兵以レ静勝、国以レ専勝。

意味 戦争は冷静沈着であることによって勝利をおさめ、国家は一つにまとまっていることによって勝利をおさめる。「専」は一つにまとまること。

参考 この後に続けて尉繚は、「力分るれば弱く、心疑えば背く」と言う。戦争の勝敗、国家の強弱には団結力と冷静に状況を見る力とが関わってくることをいう。

兵は死地なり

出典 『史記』廉頗・藺相如列伝

原文 兵死地也。

意味 戦いとは生死をかけた場である。

参考 戦国時代、趙の名将趙奢が理論だけで戦争を考えている息子の趙括を批判したことば。趙括は兵法を学び軍略を論じさせれば天下に並ぶ者がないと自ら考えていた。それを危ぶんだ趙奢が「兵は死地なり。もし括を趙の大将にすれば、趙の軍を破滅させる」と生前語っていた。括は廉頗（人名略解参照）に代わって大将になり、秦と戦って四十数万の兵を失うことになる。なお、「柱に膠して瑟を鼓す（『史記』廉頗・藺相如列伝）」の項参照。

兵は神速を貴ぶ

出典 『三国志』魏書・郭嘉伝

原文 兵貴二神速一。

意味 軍隊を動かすときは、きわめてすばやく行動することが大切である。

参考 魏の曹操（人名略解参照）が烏丸国（中国北辺にいた遊牧民族）を征伐するための遠征におい

て、路が険しく人馬ともに苦しんでいたときに、謀臣の郭嘉が「軽装の兵だけを引き連れて一日の行程を倍にして、敵のすきを突くべきだ」と献策したときのことば。

兵は拙速なるを聞くも、未だ巧にして久しきを睹ざるなり

出典 『孫子』作戦

原文 兵聞㆓拙速㆒、未㆑睹㆓巧久㆒也。

意味 戦争においては、戦術はまずくともすばやく終わるということはあるが、巧みに戦って長びくという例はない。長期戦は軍費がかかり国力が衰え何の利益ももたらさないことを言ったことば。

参考 「兵は拙速を尊ぶ」の形でよく知られる。また類句として『三国志』魏書・郭嘉伝に「兵は神速を貴ぶ」（その項参照）がある。

兵は不祥の器、君子の器に非ず

出典 『老子』三十一章

原文 兵者不祥之器、非㆓君子之器㆒。

意味 武器というものは不吉な道具で、君子の使うべきものではない。「兵」は武器の意。

参考 戦争は政治上の手段とすべきではなく、無為自然を体得する君子にとっては、できるだけつづまやかにすべきであるという考え方を示す。兵法書『三略』下略にも「兵は不祥の器にして、天道之を悪む」とある。

兵を倍して以て弱を攻めず、衆を恃んで以て敵を軽んぜず

出典 三国蜀、諸葛亮『新書（心書）』将誡

原文 不㆓倍㆑兵以攻㆑弱、不㆓恃㆑衆以軽㆑敵。

意味 敵に倍する兵があるからといって弱い敵をむやみに攻めない。自軍が多いからといって敵を軽んじない。

参考 将として軍に号令する者としての戒めを記したうちの一つ。「先ず計りて後動き、勝を知りて後戦う」のであり、強さに驕ったり、弱い者をゆるがせにしてはならないことを述べ

る。

兵を用いるの法は、国を全うするを上と為し、国を破るは之に次ぐ

出典　『孫子』謀攻

原文　用レ兵之法、全レ国為レ上、破レ国次レ之。

意味　戦争の方法としては、敵国を傷つけずにまるごと手に入れるのが最上であり、実戦で討ち破って降伏させるのは、獲得できる敵国の兵や物資を損することになるのでそれより劣る。

参考　一説に、自国が損害を被らずに勝利を収めるのが最上で、損害を被るのはそれより劣る、という解釈もある。

兵を用うるの害は、猶予最も大なり。三軍の災いは、狐疑より生ず

出典　『呉子』治兵

原文　用レ兵之害、猶予最大。三軍之災、生ニ於狐疑一。

意味　戦闘を指揮する際に最も悪いことは、優柔不断で、決断を下さないことであり、全軍にとっての災いは、疑い深くなり決心がつかないことから生じる。軍を率いる者には、強固な決断力が要求されるということ。「三軍」は全軍、大軍のこと。「狐疑」は疑い深くて決心のつかないこと。

別離の滋味は酒よりも濃し

出典　北宋、張耒詞「愁蕊香」

原文　別離滋味濃ニ於酒一。

意味　別れの味は酒よりも濃い。

参考　別れの悲しみは酒よりもしみじみと人を酔わせる。この後に「人を痩せしむ、此の情 牆東の柳に及ばず、春色は年年旧の如し（別れは人を痩せさせるが、この思いはかきねの東の柳には届くことなく、柳は青々と春景色はいつもの年と同じようにめぐってくる）」とうたう。

便宜（べんぎ）を得（う）るは是便宜（これべんぎ）に落（お）つ

出典　『碧巌録（へきがんろく）』第六十六則・頌（じゅ）

原文　得㆓便宜㆒是落㆓便宜㆒。

意味　利益を得たつもりが、実は大損をしている。本当はしくじっているのに、うまくやったつもりでいるあさはかさを嘲笑することば。

弁（べん）を以（もっ）て知（ち）を飾（かざ）らず、知（ち）を以（もっ）て天下（てんか）を窮（きわ）めず、知（ち）を以（もっ）て徳（とく）を窮（きわ）めず

出典　『荘子（そうじ）』繕性（ぜんせい）

原文　不㆓以㆑弁飾㆑知、不㆔以㆑知窮㆓天下㆒、不㆓以㆑知窮㆑徳。

意味　弁舌で自分の才知を飾りたてたりせず、才知によって世界のすべてを知ろうとしたりせず、才知によって人間の生来の性質を知りつくそうとはしない。人間の本来の無為自然なあり方を損なうことなく生きるべきことをいう。「徳」はこの場合、人間の生来の性質の意。

参考　古代の「存身」（生来の自己を保全すること）に長けた者の態度を述べたことば。

ほ

烽火三月（ほうかさんがつ）に連（つら）なり、家書万金（かしょばんきん）に抵（あた）る

出典　盛唐（せいとう）、杜甫（とほ）詩「春望（しゅんぼう）」

原文　烽火連㆓三月㆒、家書抵㆓万金㆒。

意味　戦ののろし火は春三月になっても、やもうとしない。そんな中、家族から届く手紙は、万金の価値がある。

参考　「春望」の第五・六句。作者は安禄山（あんろくざん）の乱の賊軍に捕えられて長安に幽閉され、家族とは離ればなれになっている。「国破（くにやぶ）れて山河（さんが）在り、城春（しろはる）にして草木深（そうもくふか）し」の項参照。「三月」を「三か月」と解し、のろし火は三か月の間続いている、とする説もある。その場合には「三月（さんげつ）」と読む。

ほ

謗議の言は、褒貶に用い難し

出典　三国魏、曹操「禁レ用二誹謗一令」

原文　謗議之言、難レ用二褒貶一。

意味　その人をことさらにそしるために言われたことばは、その人を評価する際の参考にはならない。

参考　曹操の臣下の陳矯は、劉氏の出身だが、母方のおじの養子になってその家を嗣ぎ、劉氏の女を妻にした。徐宣がこの件でことあるごとに陳矯を非難したので、陳矯の才を惜しんだ曹操が、無用の中傷をやめさせるために下した勅令の一節。

鮑魚の肆

⇩不善の人と居るは、鮑魚の肆に入るが如し

貌言は華なり、至言は実なり

出典　『史記』商君列伝

原文　貌言華也、至言実也。

意味　表面だけ飾ったことばは花であり、まことのことばは実である。

参考　商君（商鞅）が趙良に言った古語、この後に「苦言は薬なり、甘言は疾なり」（その項参照）と続く。

咆哮する者は必ずしも勇ならず、淳淡なる者は必ずしも怯ならず

出典　『抱朴子』清鑑

原文　咆哮者不二必勇一、淳淡者不二必怯一。

意味　大声をあげる人に勇気があるとはかぎらないし、素直で飾らない人が臆病者とはかぎらない。外見で内面まで判断してはいけない。

参考　直前には、「貌望の豊偉なる者は必ずしも賢ならずして、形器の尫瘁（弱りやせ衰えている）せる者は必ずしも愚ならず」とある。

暴虎馮河して、死して悔ゆる無き者は、吾与にせざるなり

出典　『論語』述而

原文 暴虎馮河、死而無レ悔者、吾不レ与也。

意味 素手で虎に向かったり、歩いて大河を渡ったりして、それで死んでも後悔しないような者とは、私は行動をともにしない。「暴虎」は素手で虎を打つこと。「馮河」は徒歩で河を渡ること。

参考 弟子の子路が孔子に「子、三軍を行なわば、則ち誰と与にせん（先生が大軍の指揮をなさるとすれば、誰と一緒になさいますか）」とたずねた。子路は勇にすぐれ、師のためにはいつでも命を投げ出す覚悟をもっていると自負していたので、孔子の口から自分の名前が出ることを期待していた。それに答えた孔子のことばが、この掲出句である。続けて孔子は「事に臨みて懼れ、謀を好みて成さん者なり（事にあたって慎重で、綿密に計画を立てて事を成し遂げる者と一緒にする）」と言う。孔子は子路のまっすぐな気質を愛しており、血気盛んな子路を心配して、このように言ったのである。「暴虎馮河」は、血気盛んな向こう見ずな行動、無謀な行為をする勇気のたとえ。『詩経』小雅・小旻には「敢えて暴虎せず、敢えて馮河せず」とある。

茅茨翦らず、采椽斲らず

出典 『韓非子』五蠹

原文 茅茨不レ翦、采椽不レ斲。

意味 屋根に葺いた茅や茨のふぞろいな端を切りそろえもしないし、くぬぎの垂木を削りもせずそのまま用いる。質素な生活をたとえていう。

参考 古の聖帝尭の住居について言ったもの。これに続けて「糲粢（玄米ときび）の食、藜藿の羹（あかざと豆の葉のあつもの）」とある。つまり、尭のような聖帝でさえ、粗末な住居に住み、粗末な穀類とスープの食事をしていたというのである。

傍若無人

⇩ 旁らに人無きが若し

ほ

芳樹人無く花自ら落ち、春山一路鳥空しく啼く

出典 盛唐、李華詩「春行寄興」

原文 芳樹無レ人花自落、春山一路鳥空啼。

意味 美しい花をつけた木が、見る人もないままにその花を散らし、春の山のひとすじの道には、鳥がやはり聞く人もないままにさえずっている。

参考 静かな寂しい春景色をうたった詩。「花自ら落ち」は、人の有無をよそにして花が花自身で散るという意味。

芳時を愛惜し、花無くして空しく枝を折るを待つ莫れ

出典 北宋、欧陽脩詩「減字木蘭花」

原文 愛ニ惜芳時一、莫レ待ニ無レ花空折レ枝。

意味 花が咲いている時を惜しむあまり、花が散って何もない枝を折るようなことにならないようにすべきだ。

参考 青春を惜しむあまり、その時期にこだわって無為に時を過ごしてはいけないということ。

忘筌

⇩魚を得て筌を忘る

法は貴きに阿らず、縄は曲に撓まず

出典 『韓非子』有度

原文 法不レ阿レ貴、縄不レ撓レ曲。

意味 法律が身分の高い者に媚びへつらわないことは、大工の用いる墨縄が曲がった木に当てたとて曲がらぬようなものである。墨縄が木を計る際の規準となるように、法律は政治を行なう際の規準であり、身分の貴賤にかかわらず厳格に適用さるべきものである。

参考 韓非はこの有度篇の最初で、「法を奉ずる者彊ければ則ち国彊く、法を奉ずる者弱ければ則ち国弱し」という。これは何よりも「法」を重要視する立場を示すものであり、法家韓非の特質をうかがわせて興味深い。

蜂房には鵠卵を容れず

出典 『淮南子』氾論訓

原文 蜂房不レ容二鵠卵一。

意味 蜂の巣には鵠の大きな卵は入らない。器が小さくては大きなものは包容できないということ。大局を見ずして小節にこだわる愚を説く。

参考 この直前に「牛蹏（牛の蹄）の涔（水たまり）には、鱣鮪（かじきやまぐろ）を生ずること能わず」という類句がある。

蓬も麻中に生えれば、扶けずして直し

出典 『荀子』勧学

原文 蓬生二麻中一、不レ扶而直。

意味 低く地面に広がる蓬も、まっすぐ伸びる麻の中に生えれば、何もしなくてもまっすぐに伸びる。

参考 続けて「白沙も涅にあらば、これとともに黒し（白く美しい砂も、泥のなかに混じれば、泥に同化して黒くなる）」とある。つまり、環境により、その物のあり方は変化することをいったもので、人もまた良い環境にあることでより正しい道を行くことができるのだという主張である。「蓬も麻の中に生えれば、扶けずして直し」「麻に連るる蓬」「麻の中の蓬」とも。

芳林の新葉は陳葉を催し、流水の前波は後波に譲る

出典 中唐、劉禹錫詩「楽天見レ示レ傷二微之敦詩晦叔三君子一、皆有二深分一、因成二是詩一以寄」

原文 芳林新葉催二陳葉一、流水前波譲二後波一。

意味 春の樹々の新しい若葉は古い葉にとってかわろうとせきたて、流れる水の前の波は後からくる波に場所を譲る。

参考 三人の友人の死を悼む詩中の句である。新しいものが生まれ古いものが消える。この移り変わりだけは自然も人間も永遠に続いていく

のである。「陳葉」は古い葉。「催」はせきたてること。

棒を掉って月を打ち、靴を隔てて痒きを爬く

出典 『無門関』自序

原文 掉レ棒打レ月、隔レ靴爬レ痒。

意味 棒を振りまわして月を打とうとし、靴の上からかゆいところをかこうとする。思いどおりに核心を衝くことができず、もどかしいさま。

参考 四字熟語「隔靴掻痒」は『無門関』以前にも用いられる。例えば『景徳伝灯録』二十二には康山契穏の語として見える。

亡を見て存を知り、霜を見て氷を知る

出典 『説苑』説叢

原文 見レ亡知レ存、見レ霜知レ氷。

意味 亡失のさまを見て存続の意味を知り、霜を見て氷のはる季節の到来を知る。眼前にある状況から、その先を読む。

参考 「亡を見て存を知る」とは、とても困難なことのように感じられるのだが、季節を知るのと同様に考えれば容易に思われるのである。歴史の繰り返しと、季節の移り変わりを対比させたことば。

暮雲千里の色、処として心を傷ましめざるは無し

出典 唐、荊叔詩「題二慈恩塔一」

原文 暮雲千里色、無二処不レ傷レ心。

意味 暮れ方の雲が千里のかなたまで暮色を広げ、どこを見ても心を悲しませるものばかりだ。

参考 「慈恩寺」は長安の東南、曲江池に近い名刹。そこの塔は有名。荊叔が塔に登って、長安の風景を眺めながら懐古の情をうたった五言絶句である。前二句は「漢国山河在り、秦陵草樹深し（漢の国土は山河が変わらずにあるが、秦の始皇帝陵には草木が深く茂ってい

る)」である。なお、作者の荆叔については伝不明。ここに掲げた五言絶句一首のみが『唐詩選』にのる。

樸を残いて以て器を為るは、工匠の罪なり。道徳を毀ちて以て仁義を為るは、聖人の過ちなり

出典 『荘子』馬蹄

原文 残レ樸以為レ器、工匠之罪也。毀二道徳一以為二仁義一、聖人之過也。

意味 自然のままの木を切り刻み、これを損なって器物を作るのは、大工や細工師の罪である。同様に、人の生来の自然な生き方を破壊してこざかしい仁義の規範を作ったのは、聖人の過ちである。「樸」は加工していない自然のままの木。

参考 『老子』第二十八章の「樸散ずれば則ち器となる」を敷衍した表現。道家の立場から儒家を批判したことば。

星垂れて平野闊く、月湧きて大江流る

出典 盛唐、杜甫詩「旅夜書レ懐」

原文 星垂平野闊、月湧大江流。

意味 星は低く地平線のあたりまでまたたき、その下に果てしない平野が広がっている。川面には月影が湧き出したかのようで、それをのせて大河は流れてゆく。

参考 杜甫五十四歳、七六五年、成都の住居を捨て、長江を下り流浪の旅に出た際の舟中での作。掲出句に続けて「名は豈文章にて著れんや、官は応に老病にて休むべし（人の名声は文学によってあらわすものだろうか、政治によってこそあらわさなければならないのに、老病の身では官職をやめるしかない）」と嘆く。

輔車相依る

⇩ 脣亡ぶれば歯寒し

翻雲覆雨

⇩手を翻せば雲と作り手を覆せば雨、紛紛たる軽薄何ぞ数うるを須いん

奔車の上に仲尼無く、覆舟の下に伯夷無し

【出典】『韓非子』安危

【原文】奔車之上無㆓仲尼㆒、覆舟之下無㆓伯夷㆒。

【意味】奔走する車の上に孔子のごとき君子はおらず、ひっくりかえった舟の下には伯夷（人名略解参照）のごとき廉直な士はいない。危うい国からは孔子のような君子はいなくなってしまい、乱れた国からは伯夷のような正直な人物はいなくなってしまうのである。「仲尼」は孔子の字。

【参考】これに続けて韓非は、「号令は国の舟車、安けれぱ則ち智廉生じ、危うければ則ち争鄙起こる」という。つまり、国家の方針は人を乗せる舟や車のようなものであり、安泰であれば孔子や伯夷のごとき知恵や廉直の美徳を生ずるが、危機に陥れば争奪や物惜しみが起こってますます乱れるのである。

奔蜂は藿蠋を化する能わず、越鶏は鵠卵を伏する能わず

【出典】『荘子』庚桑楚

【原文】奔蜂不㆑能㆑化㆓藿蠋㆒、越鶏不㆑能㆑伏㆓鵠卵㆒。

【意味】小さな土蜂は豆の中に住む大きな青虫を育てることはできない。越のちゃぼはおおとりの卵をかえすことはできない。生得の才能を超えたことは行なえないというたとえ。「奔蜂」は土蜂。「藿蠋」は豆に住む大きな青虫。「越鶏」は越の国に産する小さな鶏、ちゃぼ。「鵠」はおおとり。

【参考】老子の弟子庚桑子が、自分の説くところが南栄趎（庚桑子の弟子とされる）に理解されなかった。理解させることができないのは自分の能力が足りないからであるということを述べた時のことばの一節。

ま

前に古人を見ず、後ろに来者を見ず

出典 初唐、陳子昂詩「登二幽州台一歌」

原文 前不レ見二古人一、後不レ見二来者一。

意味 私より前に去った古人も目に入らず、私より後から来るであろう未来の人も目に入らない。

参考 「幽州」は北京付近。この詩句は政治的な不遇から生ずる人生への深い嘆きをあらわした句として有名である。古代の賢主にも会えず、後代の明君にも会えないだろうという孤独感が、心の深奥からの表現となってあらわれている。陳子昂は、この時、契丹（モンゴル系の遊牧狩猟民族）との戦争に派遣された将軍の幕下で参謀となっていたが、意見が採用されずかえって降格されていた。

真心は晩桂を凌ぎ、勁節は寒松を掩う

出典 初唐、駱賓王詩「浮槎」

原文 真心凌二晩桂一、勁節掩二寒松一。

意味 いつわりのない心は秋に咲く桂の花をしのぎ、何ものにも屈しない節操は冬も青い松の木以上である。

参考 「晩桂」は秋分を過ぎて咲く木犀（漢名、桂花）のこと。「寒松」は冬も枯れない松のこと。松は常緑樹であるところから、「柏（ヒノキ科の植物）」とともに、堅い操の意に用いられる。もとは川に浮かぶいかだを見て、その材木の本来の姿を嘆じたものであるが、どのような厳しい時節にも変わらない志と節操のたとえとして用いられる。

ま

苟に日に新たに、日日に新たに、又日に新たなり

出典　『大学』伝二章

原文　苟日新、日日新、又日新。

意味　自分の徳を向上し新たにするのに一日努力し、一日一日重ねるごとに新たになるようにし、その上さらに毎日新たにしていく。

参考　「湯の盤の銘に曰く」として引用されていることば。「湯」は殷の湯王、「盤」はたらい。たらいで身を清めるのと同じように、自分を新たにすることも毎日続けなければならない。こうした意味のことばを盤に刻みつけ、湯王は自らを戒めた。「日日に新たなり」の典拠。

誠は天の道なり。之を誠にするは人の道なり

出典　『中庸』二十章

原文　誠者天之道也。誠レ之者人之道也。

意味　誠が天のありようである。誠を実践し身につけていくのが、人のふむべき道である。「誠」は真実にしてでたらめがないこと。

参考　『孟子』離婁・上にも「誠は天の道なり。誠を思うは人の道なり」とある。

交わり絶つも悪声を出ださず

出典　『戦国策』燕策

原文　交絶不レ出二悪声一。

意味　交際を絶ったあとも、人の悪口は言わない。

参考　新しく即位した燕の恵王に疎まれて趙に亡命した将軍楽毅（魏の人。燕の昭王のとき重用され斉を伐ち大功をあげる）が、恵王に送った書簡において引用した古語で古の君子のあり方を述べた。このあとに「忠臣の去るや、其の名を潔くせず（忠臣は主君のもとを去ったあとも、主君の悪口を言って自分が潔白であることを語ったりしない）」と続く。

先ず隗より始めよ

⇩隗より始めよ

貧しくして諂うこと無く、富みて驕ること無し

出典 『論語』学而

原文 貧而無レ諂、富而無レ驕。

意味 貧しくても人にこびへつらうことなく、裕福であってもおごりたかぶったところがない。

参考 孔子の高弟子貢のことば。彼がこのような態度の人間について孔子にたずねたところ、孔子は「可なり。未だ貧しくして道を楽しみ、富みて礼を好む者には若かざるなり（よかろう。しかし、貧乏であっても道義を楽しみ、裕福であっても礼を好む者には及ばない）」と、もう一つ上の段階にある者の態度を示した。

磨すれども磷ろがず

出典 『論語』陽貨

原文 磨而不レ磷。

意味 本当に堅いものは、いくら磨いても薄くなったりしない。「磷」はすり減って薄くなること。真にしっかりした人間はいかなる環境にあっても影響されることはないことのたとえ。

参考 謀叛を起こした人物に招かれ、そこへ赴こうとする孔子を弟子の子路が諌めたとき、孔子が答えたことば。「涅すれども緇まず（黒土で染めようとしても黒くならない）」の項参照。

政を為すは、其の吏を清くするより善きは莫し

出典 三国魏、劉廙『政論』備政

原文 為レ政者、莫レ善三於清二其吏一也。

意味 政治を行なうには、官吏を清廉にすることが最も大切だ。

参考 官吏の腐敗を戒めることばとして使われるが、本文ではこの後に、清廉な人物を求めるだけではなく、その官吏に対して厳正な態度でのぞみ、かつ給与を十分に与えなければ、結局は「清」ではなくなると述べる。『群書治

要』巻四十七所載。

政を為すは猶お沐するがごとし

出典　『韓非子』六反

原文　為レ政猶レ沐也。

意味　政治を行なうことは、ちょうど髪を洗うようなものである。髪を洗えば抜け毛があるが、これは新しい毛髪の発育を促す。これと同じで、政治を行なえば抜毛のような些細な損失はつきものであるが、この損失を恐れず実行すれば大きな利益を得るのである。

参考　これに続けて同様のたとえをあげる。「痤（はれもの）を弾（針を打って治療する）ずる者は痛み、薬を飲む者は苦し。苦憊（苦しみとつかれ）の故の為に、痤を弾じ薬を飲まざれば、則ち身治まらず、病已まず」が、それである。つまり、はれものに針を打つ痛みや薬を飲んでの苦みなどの些細な苦痛を忍んで、初めて病傷が完治するという大きな利益を得るのである。

祭りは数〻するを欲せず、数〻すれば則ち煩わし

出典　『礼記』祭義

原文　祭不レ欲レ数、数則煩。

意味　どのような祭りであっても、たびたびとり行なってはならない。たびたび行なえば、わずらわしくなるからである。

参考　このことばの後に「煩わしければ則ち敬せず」とあり、煩多になることにより、敬虔の念が薄れてしまうことを指摘している。

祭りは、豊年にも奢らず、凶年にも倹せず

出典　『礼記』王制

原文　祭、豊年不レ奢、凶年不レ倹。

意味　祭礼は、豊作だからといってはでにせず、凶作だからといってつつましくもしない。

参考　「入るを量りて以て出だすを為す（『礼記』王制）」（その項参照）と同様、これも費用の支出に

ついて述べたことばである。『礼記』では、喪祭の費用が十分に支出できないことを「暴」といい、反対に支出しすぎることを「浩」といっている。

祭るには在すが如くし、神を祭るには神在すが如くす

出典 『論語』八佾

原文 祭如レ在、祭レ神如二神在一。

意味 祖霊を祭るときは、祖先がそこにいるかのような気持ちで行ない、神々を祭るときは、神が眼前にましますように恭しく行なう。

参考 祭礼に臨むときの孔子の敬虔な態度を説明したことば。

窓には含む西嶺千秋の雪、門には泊す東呉万里の船

出典 盛唐、杜甫詩「絶句」

原文 窓含西嶺千秋雪、門泊東呉万里船。

意味 窓には根雪をかぶった西方の山々が一幅の絵のように収まり、門前にははるばる東方の呉と行き来する船が停泊している。

参考 成都に草堂を構えた杜甫が、そこからの景を詠じた句。「西嶺」は成都の西方にある岷山山脈を広くさすとも、その主峰である雪山をさすともいう。「万里」は草堂のそばにあった万里橋の意もかけている。芭蕉は、深川に隠栖してその草庵のたたずまいを述べるのに、杜甫のこの詩句を好んで用いた。例えば、「寒夜の辞」では「深川三また辺りに草庵を侘て遠くは士峯（富士の峯）の雪をのぞみ、ちかくは万里の船をうかぶ」と言っている。

学ばざれば牆に面す

出典 『書経』周官

原文 不レ学牆面。

意味 学問をしなければ、塀に向かっているようなもので、何も見えない、何も解することはできない。

参考 『論語』陽貨に「人として周南召南を為ばず

んば、其れ猶お正しく牆に面して立てるがごときか」と『詩経』を学ぶことの大切さを説く項が見られるが、ここでは周の成王が学問全般の肝要を説いているのである。「牆」は垣、土塀。「牆面」で学問をしないで道理に暗い者にたとえる。

学びて思わざれば則ち罔し。思いて学ばざれば則ち殆し

出典 『論語』為政

原文 学而不レ思則罔。思而不レ学則殆。

意味 他から学ぶだけでみずから思索することがなければ、物事の道理をはっきりとつかむことはできない。自分で思索ばかりしていて他から学ぼうとしなければ、ひとりよがりに陥って危険だ。「罔」はぼんやりしているようす。

参考 学問において、書物や先生などを通して他から学んでいくことと、みずからの頭で思索することの双方が必要であることを説いた孔子のことば。孔子は衛霊公篇では、学問をすることの大切さを、以下のようにも言っている。「吾嘗て終日食らわず、終夜寝ねず、以て思う。益無し。学ぶに如かざるなり（私は以前一日中食事もせず、一晩中寝ないで思索にふけったが、むだであった。書を読み師に聞いて学ぶことには及ばない）」

学びて然る後に足らざるを知り、教えて然る後に困しむを知る

出典 『礼記』学記

原文 学然後知レ不レ足、教然後知レ困。

意味 学んでみてはじめて自分の足りないところがわかり、人に教えてみてはじめてその難しさがわかる。

参考 自分の知識の不足を知り、また教育の難しさを知った結果、それを補う努力をすべきことを示している。

学びて時に之を習う、亦説ばしからずや

ま

出典 『論語』学而

原文 学而時習レ之、不二亦説一乎。

意味 学んだことを、その時々に繰り返しおさらいをして自分のものにする。なんと喜ばしいことではないか。「時」は機会あるたびに、その時その時に。「説」は悦に同じ、喜ぶの意。

参考 学問の喜びを示した『論語』冒頭の有名な孔子のことば。この後に「朋有り遠方より来る、亦楽しからずや」「人知らずして慍らず、亦君子ならずや」と続く。各項目を参照のこと。この章を、学問と教育に徹した孔子の生涯を三段階に分けて示したものとする見方もあり、江戸期の儒学者伊藤仁斎は、「一部の小論語」と評し、『論語』全篇を総括するものとしている。

学ぶに暇あらずと謂う者は、暇ありと雖も亦学ぶこと能わず

出典 『淮南子』説山訓

原文 謂二学不レ暇者、雖レ暇亦不レ能レ学矣。

意味 学問をするのに時間がないと言う者は、たとえ時間があっても学問をすることなどできない。他のことに託けてやるべきことができない者は、真にやる気のある者とはいえないのである。

参考 この直前に「其の母の死を欲する者は、死すと雖も亦悲哭する能わず」という類句がある。母親の死を願うような不孝者が、その母親が死んだからといって、激しく泣き悲しむというような親孝行ができるわけはないのである。

学ぶ者は、其の学ぶ能わざる所を学ぶ。行なう者は、其の行なう能わざる所を行なう

出典 『荘子』庚桑楚

原文 学者、学二其所一レ不レ能レ学也。行者、行二其所一レ不レ能レ行也。

意味 学問とは、これまで学ぶことのできないもの

を学ぶことであり、行なうというのはこれまで行なうことができなかったことを行なうことである。

参考 この後に「弁ずる者は、其の弁ずる能わざる所を弁ずる」と続く。

学べば則ち固ならず

出典 『論語』学而

原文 学則不レ固。

意味 学問をすれば頑迷固陋でなくなる。「固」は頑固でひとりよがりなこと。

参考 人の上に立つ君子たる者の心構えを述べた孔子のことば。見識が狭いと一つの考えに固執して頑固になりがちであるが、学問をすることによってさまざまな考えを知り、視野を広げ思考も柔軟になる。

豆を煮るに萁を燃やす

⇩本同根より生ず、相煎ること何ぞ太だ急なる

迷う者は路を問わず、溺るる者は遂を問わず

出典 『荀子』大略

原文 迷者不レ問レ路、溺者不レ問レ遂。

意味 路に迷うのは、その路がどう通じているかをたずねないからであり、溺れてしまうのは、浅瀬がどの辺りであるかをたずねないからである。「遂」は川などの、渡ることのできる所をいう。

参考 独善を戒めることば。自己を過信して人の意見を聞かないことは失敗につながる。どの国にも賢者やその道をよく知る者はいるのであり、人の意見に耳を傾けるのが君子たり得るのである。

満腔子是惻隠の心なり

出典 『近思録』巻一

原文 満腔子是惻隠之心。

意味 身体全体があわれみの心である。

参考 『孟子』公孫丑・上に「惻隠の心は、仁の端なり」（その項参照）とあり、それをふまえている。惻隠の心は仁の端緒であるから、その仁がつねに全身（言動）に現われてくることこそが仁の徳の備わった者ということができるのである。またそれは、自己を天地万物と一体とみることが仁であると考えることに起因している。『近思録』巻一「仁者は天地万物を以て一体と為し、己に非ざる莫し」の項参照。『二程遺書』二に見える程顥のことば。

満は損を招き、謙は益を受く、時れ乃ち天道なり

出典 『書経』大禹謨

原文 満招レ損、謙受レ益、時乃天道。

意味 自足している者は欠損を招き、へりくだる者は益を受ける。これが天の道というものである。

参考 皐陶（人名略解参照）が禹に言ったことばで、徳こそが天をも動かすという意を含む。この一節が一般に老子の思想と類似するといわれるのは、『老子』第七十七章に「天の道は有余を損して不足を補う」とあることによる。

み

身修まりて后家斉う。家斉いて后国治まる

出典 『大学』経

原文 身修而后家斉。家斉而后国治。

意味 自分の身を正しく修めてはじめて、家は安定する。家が安定してはじめて、国は治まる。

参考 「古の明徳を天下に明らかにせんと欲する者は、先ず其の国を治む。其の国を治めんと欲する者は、先ず其の家を斉う。其の家を斉えんと欲する者は、先ず其の身を修む。其の身を修めんと欲する者は、先ず其の心を正す。其の心を正さんと欲する者は、先ず其の意を

誠にす。其の意を誠にせんと欲する者は、先ず其の知を致す。知を致すは物に格るに在り」といい、「格物」（個々の事物の理を正しくとらえること）から始まる個人の修養を、家や国家にも及ぼしていくことを『大学』は説く。その八つの段階を「大学の八条目」という。すなわち、格物・致知・誠意・正心・修身・斉家・治国・平天下の八つである。

観ざる所を以て人を信ぜざるは、蟬の雪を知らざるが若し

出典 『塩鉄論』相刺

原文 以レ所レ不レ観不レ信レ人、若二蟬之不一レ知レ雪。

意味 目に見たことではないという理由で、人の言うことを信用しないのは、まるで蟬が雪を見たことがないので理解できないというようなものだ。一つのことに拘泥して他のことを認めようとしない頑迷さをいう。「観」は実際に目で見る意。

参考 一つのことに拘泥して頑迷固陋である様を、『塩鉄論』の同篇では、「柱に膠して瑟を調う」ようなものだとたとえる。そして、孔子が世に用いられず、孟子が諸侯に貶められたのも、この融通のなさによるものだという。ちなみに、「柱に……」云々の句は、『史記』廉頗・藺相如列伝に「柱に膠して瑟を鼓す」（その項参照）の形で見える。

水至って清ければ則ち魚無く、人至って察なれば則ち徒無し

出典 『漢書』東方朔伝

原文 水至清則無レ魚、人至察則無レ徒。

意味 水があまりにきれいすぎる所には魚は棲むことができないように、人の上に立つ者が余りに細かいことにまで目が届きすぎると、そこには人が集まらない。

参考 日本語では「水清ければ魚棲まず」の形で慣用表現として用いられる。『大戴礼』子張問入官にも見えることば。

自(みずか)ら反(かえり)みて縮(なお)くんば、千万人(せんまんにん)と雖(いえど)も、吾(われ)往(ゆ)かん

出典 『孟子(もうし)』公孫丑(こうそんちゅう)・上

原文 自反而縮、雖二千万人一、吾往矣。

意味 自ら反省してみて、自分が正しければ、たとえ相手が千人万人の多勢であっても、私は恐れずに立ち向かってゆこう。「縮」は「直」と同じで、正しいの意。

参考 曾子(そうし)が孔子(こうし)から聞いた大勇のあり方を示す一文。この一文の前に、自省して正しくない場合には、相手が賤しい身分の者であっても、畏れ慎まないではいられないという意味の一文が見える。

自(みずか)ら足(た)る者(もの)は足(た)らず、自(みずか)ら明(あか)るき者(もの)は明(あき)らかならず

出典 三国魏(さんごくぎ)、劉廙(りゅうよく)『政論(せいろん)』下視(かし)

原文 自足者不レ足、自明者不レ明。

意味 自らを十分であると考えるものは実際は十分ではなく、自らを聡明であると考えるものは実際は聡明ではないものだ。

参考 人の上に立つ者を戒めることば。高いところから下を見くだして、すべてを知り得ているとしても、それですみずみまで通じたとはいえないものである。

自(みずか)ら伐(ほこ)らず、故(ゆえ)に功(こう)有(あ)り。自(みずか)ら矜(ほこ)らず、故(ゆえ)に長(なが)し

出典 『老子(ろうし)』二十二章

原文 不二自伐一、故有レ功。不二自矜一、故長。

意味 自分を誇示しないから、ますますその功績が認められる。自分を誇示しないから、末長く尊敬される。「伐」「矜」は誇るの意。

参考 聖人は専ら道を守って人々の手本となるが、決して自分を明らかにしようとしないから、かえって人々に認められると説く。二十四章には「自(みずか)ら伐(ほこ)る者(もの)は功(こう)無(な)く、自(みずか)ら矜(ほこ)る者(もの)は長(なが)からず」という一文が見える。

水積もりて魚聚まり、木茂りて鳥集まる

出典 『淮南子』説山訓

原文 水積而魚聚、木茂而鳥集。

意味 水がたまってはじめて魚があつまり、木が茂ってはじめて鳥があつまる。目的を遂げるためには環境を整えることが重要である。

参考 環境の重要さを、この文章の直前で、「魚を致さん（招きよせる）と欲する者は、先ず水を通し、鳥を致さんと欲する者は、先ず木を樹う」と説明する。

水濁れば則ち尾を掉うの魚無し。政苛なれば則ち逸楽の士無し

出典 『鄧析子』無厚

原文 水濁則無㆓掉㆑尾之魚㆒。政苛則無㆓逸楽之士㆒。

意味 濁った水の中には、心地よく尾をふるって泳ぐ魚はいない。苛酷すぎる治世のもとでは、のびのびと楽しむ人はいない。

参考 濁った水を苛酷な治世にたとえたことばに「刑の煩わしきは猶お水の濁れるがごとし、水濁れば則ち魚喁う（白居易「策林」）」（その項参照）がある。これらとは対照的に、「水至って清ければ則ち魚無く、人至って察なれば則ち徒無し（『漢書』東方朔伝）」（その項参照）のように、清い水が厳格すぎる状態のたとえに用いられることもある。

水に近き楼台は先ず月を得、陽に向かえる花木は春為り易し

出典 南宋、兪文豹『清夜録』

原文 近㆑水楼台先得㆑月、向㆑陽花木易㆑為㆑春。

意味 水辺にある楼台は月の光がよく当たる。太陽の光がよく当たる花木は春の芽ぶきが早い。有力者のそばにいる者ほど恩恵を受けやすいことのたとえ。

参考 北宋の范仲淹が銭塘の長官として部下を推薦したとき、巡検として地方にいた蘇麟は推薦からもれてしまった。そこで蘇麟がこの句

を含む詩を范仲淹に献じたところ、仲淹はすぐさま麟を推薦したという。兪文豹の随筆『清夜録』に見えるが、蘇麟はこの逸話でのみ知られる人物で、伝記もこの詩の全文も不詳。「近水楼台」の四字のみでも同じ意味のたとえで用いられる。

水を渡り復た水を渡り、花を看還た花を看る

出典 明、高啓詩「尋二胡隠君一」

原文 渡レ水復渡レ水、看レ花還看レ花。

意味 あちらの川を渡りまたこちらの川を渡り、あの花を見、またこの花を見る。「水」は川。「復」「還」は同字の表現を避けたものでともに反復をあらわす。

参考 江南の水郷地帯の春景色の中、川のほとりの道を、花をめでながら風に吹かれてそぞろ歩くうち、いつしか君の家に来てしまっていた、と続く詩の前半部分。詩の題名中の「胡隠君」は胡という姓の隠者の敬称で、会えるとも知れぬ隠者を日時を約さずぶらりと訪ねる趣向も、江南の春ののどかさを際立たせている。

道遠くして驥を知り、世偽にして賢を知る

出典 三国魏、曹植詩「矯志」

原文 道遠知レ驥、世偽知レ賢。

意味 はるかな道のりを出かけて初めて、どの馬が良馬であるかがわかり、よこしまな世の中になって初めて、だれが本当の賢人かがわかる。困難な状況におかれることで、その人の真価はあらわれるということ。「驥」は一日に千里を行くという良馬。

道なる者は、須臾も離るべからざるなり

出典 『中庸』一章

原文 道也者、不レ可二須臾離一也。

意味 道というものは、人が日々の活動をしていく

上で、必ず通らなければならないもの、かたときも離れることのできないものである。「須臾」はごく短い間。

参考 直後に「離るべきは道に非ざるなり」と続く。離れることができるのは、道ではない。

道に聴きて塗に説くは、徳を之棄つるなり

出典 『論語』陽貨

原文 道聴而塗説、徳之棄也。

意味 道で聞きかじったことを、そのまま道ばたで他人に自説のように説くことは、徳を投げ棄てることである。「塗」は途に同じで、道路の意。

参考 聞きかじりの学問を右から左へ受け売りすることを戒めた孔子のことば。ここから、他人の言説を受け売りしたり、いいかげんなうわさ話のことを「道聴塗説」ということばで表現するようになった。

道の道とすべきは常の道に非ず。名の名とすべきは常の名に非ず

出典 『老子』一章

原文 道可レ道非二常道一。名可レ名非二常名一。

意味 道と示し得るような道は、恒常不変の真の道ではない。名称と示し得るような名称は、恒常不変の真の名称ではない。

参考 『老子』冒頭のことば。老子は、「道」を万物の根源を成す絶対不変のものと考え、即成の「道」「名」をきびしく否定したものである。

道は小成に隠れ、言は栄華に隠る

出典 『荘子』斉物論

原文 道隠二於小成一、言隠二於栄華一。

意味 大いなる道理は、小さな完成にこだわることによって隠されてしまい、真実のことばは、華美な修辞によって隠されてしまう。

参考 この文の前にある「道は悪くに隠れて真偽有る、言は悪くに隠れて是非有る」という自問

に対する自答の部分。小さな完成へのこだわり、華美な修辞が、大いなる道理、真のことばを隠して真偽の対立、是非の論争を生じさせてしまうことをいう。

道は大路のごとく然り。豈知り難からんや。人求めざるを病むのみ

出典 『孟子』告子・下

原文 道若二大路一然。豈難レ知哉。人病レ不レ求耳。

意味 人の行なうべき道は、大きな道路のようなものである。どうしてわかりにくいものであろうか、だれにでもわかりやすいものである。自ら知ろうと求めないことが問題なのである。

参考 孟子は人はみな聖天子堯・舜になり得ると主張し、堯・舜の道とはただ孝弟の行ないのみであって、だれにでも行ないやすいものであることを説いた。

道は爾きに在り、而るに諸を遠きに求む

出典 『孟子』離婁・上

原文 道在レ爾、而求二諸遠一。

意味 人の行なうべき道はごく身近なところにあるのに、人はこれをわざわざ遠いところに求めようとする。

参考 道は高遠なものと考えがちであるが、そうではなく、日常卑近なところにある、という孟子の考えに基づくことば。『中庸』にも、孔子のことばとして、「道は人に遠からず。人の道と為して人に遠ければ、以て道と為すべからず」とある。

道は邇しと雖も、行かざれば至らず、事は小なりと雖も、為さざれば成らず

出典 『荀子』脩身

原文 道雖レ邇、不レ行不レ至、事雖レ小、不レ為不レ成。

意味 道はたとえ近くとも、歩いて行かなければ到達することはできないし、事柄はたとえ小さなことでもやろうとしなければ成すことはできない。

参考 事物の大小にかかわらず、何事にも一心に向かうことによってのみ、目標は達成されるのであり、怠慢であったならば、何事も成すことはできない。

道は人に遠からず

出典 『中庸』十三章

原文 道不レ遠レ人。

意味 道は、人から離れたところにあるのではない。孔子のことば。

参考 『中庸』は冒頭で、天から賦与された性に従うのが道である（天の命ずる之を性と謂い、性に率う之を道と謂う）と説く。道は人にいわば内在しているのだから「遠い」はずはない。「道なる者は、須臾も離るべからざるなり」（その項参照）も同趣旨のことば。

道を言いて事を言わざれば、則ち以て世と浮沈すること無く、事を言いて道を言わざれば、則ち以て化と游息すること無し

出典 『淮南子』要略

原文 言レ道而不レ言レ事、則無二以与レ世浮沈一、言レ事而不レ言レ道、則無二以与レ化游息一。

意味 道を述べて事を語らねば、世間と浮沈をともにすることはなく、事を述べて道を語らねば、万物の変化にともなって憩いくつろぐことはない。

参考 要略篇は『淮南子』二十篇の要旨を述べたものであり、この文章は『淮南子』述作の意図が「道」と「事」とを明らかにすることにあることをいう。

道を同じうする者は相愛し、芸を同じうする者は相嫉む

出典 『亢倉子』用道

原文 同ㇾ道者相愛、同ㇾ芸者相嫉。

意味 同じ道を志す者は、互いに敬愛し合うものであるが、同じ技芸を志す者は、互いに嫉み合うものである。

参考 技芸を磨く上で、相手の実力の向上を認められない者は、えてしてねたみやひがみが生じやすいものである。互いに切磋琢磨し、同志として生きてこそ、道を志す者といえるのである。

道を聞くに先後有り、術業に専攻有り

出典 中唐、韓愈「師説」

原文 聞ㇾ道有二先後一、術業有二専攻一。

意味 道理を聞いて知るのに早いか遅いかの違いがあり、学術や事業に専攻ということがあるだけなのだ。

参考 師の道のありかたを説いた一節。弟子が師に及ばぬものと限らないし、師が弟子より賢くないこともある。ただ道を聞き知るのにあとさきの違いがあり、技術にそれぞれ専門があるというだけのことだ。

道を曲げて以て時に媚びず、行ないを詭えて以て名を徼めず

出典 後漢、崔寔『政論』

原文 不二曲ㇾ道以媚一ㇾ時、不二詭ㇾ行以徼一ㇾ名。

意味 道を曲げてまでして時流にこびへつらうことはない。あやまったいつわりの行ないで名声を求めることはしない。「詭」は正しい道によらぬこと。

参考 『群書治要』巻四十五に所載。

南に面して北斗を看る

出典 『碧巌録』第二十八則・頌

原文 面ㇾ南看二北斗一。

意味 南のほうに顔を向けて、北斗七星を見ようとする。見当はずれなことのたとえ。また、空間の制約を超越する境地に至れば、常識では

見えるはずのないものが見えてくることのたとえにもいう。

源乾けば流れ竭く

⇩根露るれば条枯れ、源乾けば流れ竭く

源清ければ流れ潔く、本盛んなれば末栄う

出典 後漢、班固「高祖泗水亭碑銘」

原文 源清流潔、本盛末栄。

意味 水源が清ければその流れも汚れなく、本となるところがしっかりとしていればその末もさかんになる。

参考 その人の道徳が立派であれば、その行為や行動も偉大なものになることをいう。

原清めば則ち流れ清み、原濁れば則ち流れ濁る

出典 『荀子』君道

原文 原清則流清、原濁則流濁。

意味 源泉が清んでいれば下流も清み、源泉が濁っていれば下流も濁る。

参考 物事はすべて、その根源にあるものの良し悪しによるのである。荀子はこのたとえを用い、君子こそが天下を治める根源であり、その根源にある者がどうあるかによって、民衆のあり方も左右されると説いている。

原濁れる者は流れ清からず

出典 『墨子』修身

原文 原濁者流不レ清。

意味 源が濁っていれば、そこから流れ出すものも濁っている。根本が良くない状態であれば、そこから生み出されるものも良くない状態を引きつぐことのたとえ。

参考 『荀子』君道にも「原清ければ則ち流れ清み、原濁れば則ち流れ濁る」(その項参照)とある。

身に反みて誠なれば、楽しみ焉より大なるは莫し

出典 『孟子』尽心・上

原文 反レ身而誠、楽莫レ大レ焉。

意味 万物の道理はすべてみな自分の本性に備わっており、自分自身をふり返ってみて、備わった理が真実実現されているならば、これほど大きな楽しみはない。

参考 「万物皆我に備わる」（その項参照）に続く孟子のことば。

身は父母の遺体なり、父母の遺体を行なう、敢えて敬せざらんや

出典 『礼記』祭義

原文 身也者父母之遺体也、行二父母之遺体一、敢不レ敬乎。

意味 自分の身体は父母のかたみである。父母のかたみである身体を使いこなすのに、どうして慎重にしないでよかろうか。

参考 孔子の弟子である曾子が「孝」の心得について述べている一節の中に見られることば。

耳で聞くは目で見るに如かず

出典 『魏書』崔浩伝

原文 耳聞不レ如二目見一。

意味 何かについて知ろうとするとき、耳でいくら聞くよりも、実際に自分の目で確かめたほうがよい。百聞は一見に如かず。

参考 『説苑』政理には、「耳で之を聞くは、目で之を見るに如かず。目で之を見るは、足で之を践むに如かず（伝え聞くより自分で直接見たほうがいいし、それより自分の身で実践したほうがさらにいい）」とある。

耳を掩いて鐘を盗む

出典 『呂氏春秋』自知

原文 掩レ耳盗レ鐘。

意味 音がして、人に聞かれることを恐れ、自分の耳をふさぎながら鐘を盗む。自分はうまく悪事を隠したつもりでも、すっかり知れわたってしまうこと。愚人が小策を弄して自ら欺く

参考 ことをいう。ある百姓が、鐘を盗んで持ち去ろうとしたが、大きすぎて背負えなかった。そこで、つちで打って鐘を割った。その音が、他の者に聞かれて鐘を奪われるのではないかと恐れて耳をふさいで鐘の音が聞こえないようにしたという故事による。『資治通鑑』隋紀・恭帝義寧元年にも見えることば。類似の表現として、「耳を掩いて鈴を偸む（『能改斎漫録』）」、また「目を掩いて雀を捕らう（『後漢書』何進伝）」（その項参照）がある。

見る所少なければ怪しむ所多し

出典 『牟子』

原文 少レ所レ見多レ所レ怪。

意味 実際に見る経験が乏しいと、疑わなくてよいことまで疑いがちになる。

参考 仏に三十二相や八十種好とよばれる特徴があるとされるのは事実か、という問いに答えて、牟子が引用した諺。

身を蔵して影を露す

出典 『碧巌録』第二十八則・著語

原文 蔵レ身露レ影。

意味 からだを隠しても影が見える。頭隠して尻隠さず。また、ことばに言外の意味を含んでいることのたとえ。

身を立てて方めて人の辛苦を知る

⇩子を養いて方めて父母の恩を知り、身を立てて方めて人の辛苦を知る

身を立て道を行ない、名を後世に揚げ、以て父母を顕すは、孝の終わりなり

出典 『孝経』開宗明義

原文 立レ身行レ道、揚二名於後世一、以顕二父母一、孝之終也。

意味 自らの人格を完成させ、人としてふみ行なうべき道を実践し、名を後世にまで知らせあら

参考

わして、父母の名声をかがやかしくする。こうしてこそ、孝を成し遂げたといえるのだ。「身体髪膚之を父母に受く。敢えて毀傷せざるは、孝の始めなり」（その項参照）に対して孝の終極をいう。

身を以て教うる者は従い、言を以て教うる者は訟う

出典 『後漢書』第五倫伝

原文 以レ身教者従、以レ言教者訟。

意味 行動によって示された教えには、人は納得して従い、ことばのみによって伝えられた教えには、人はその是非を疑い反発する。人の上に立つ者は、自らの行動を正しく律することが大事である。

参考 第五倫の上疏文の中のことば。このことばの直前には、『論語』子路篇にみえる孔子の「其の身正しければ、令せずして行なわる。其の身正しからざれば、令すと雖も従われず」（その項参照）を引用している。

む

麦秀でて漸漸たり、禾黍油油たり

出典 『史記』宋微子世家

原文 麦秀漸漸兮、禾黍油油兮。

意味 もとの殷の宮殿があった跡には、麦の穂が勢いよく伸び、稲やきびがみごとに成長している。「漸漸」は麦などの穂が出そろっているようす。「油油」はつやつやと勢いよく伸びているようす。

参考 周の武王に朝鮮に封じられたという、殷の紂王の叔父箕子が、周を訪問し、もとの殷の城跡を過ぎるとき、宮室の跡には稲やきびが茂っているのを見て、感慨を禁じ得ず作ったという「麦秀の詩」の一節。故国の滅亡を嘆くことを「麦秀の嘆」という。その前後の文を挙げる。

箕子周に朝し、故の殷墟を過ぐるに、宮室毀壊して禾黍を生ずるに感ず。箕子之を傷み、哭せんと欲すれば則ち不可、泣かんと欲すれば其れ婦人に近しと為す。乃ち麦秀の詩を作りて、以て之を歌詠す。其の詩に曰く、麦秀でて漸漸たり、禾黍油油たり。彼の狡僮、我と好からず。

「狡僮」は紂王のこと。

寧ろ鶏口と為るも、牛後と為る無かれ

出典 『史記』蘇秦列伝

原文 寧為㆓鶏口㆒、無㆑為㆓牛後㆒。

意味 大きなものの後ろについて甘んじているよりは、いっそ小さくともよいから頭に立ったほうがよい。

参考 蘇秦（人名略解参照）が秦に仕えようとする韓の宣王を、説き伏せて六国で同盟して秦に対抗する合従に加えようとしたときに、引用したことば。『戦国策』韓策も『史記』と同文。

寧ろ千金を失うとも、一人の心を失う毋れ

出典 前漢、袁康『越絶書』巻七

原文 寧失㆓千金㆒、毋㆑失㆓一人之心㆒。

意味 たとえ千万金の財産を失うことがあろうと、一人の味方の心を失ってはならない。

参考 金や権力ではなく、人からの尊敬や信頼こそが重要だということを説くことば。

寧ろ泥に沈む玉と作るも、媚き渚の蘭と為る無かれ

出典 北宋、梅尭臣詩「聞㆔尹師魯謫㆓富水㆒」

原文 寧作㆓沈㆑泥玉㆒、無㆑為㆓媚渚蘭㆒。

意味 泥の中に沈む玉になっても、水辺のなまめかしい蘭となってはいけない。水辺に生える見た目のよい蘭になるよりは、泥の中に沈んでも輝きを失わぬ玉になったほうがよい。

参考 左遷された親友の尹洙（師魯はその字）に、一時的に埋もれても節を変えることなく生きるように励ました詩の一節。

寧ろ野中の双鳧と作るも、雲間の別鶴を願わず

出典 南朝宋、鮑照詩「擬二行路難一」其三

原文 寧作二野中之双鳧一、不レ願二雲間之別鶴一。

意味 野にいるつがいの鴨となろうとも、雲間を飛ぶ相手を失った孤独な鶴となりたいとは思わない。

参考 若い女性が孤独を悲しむ詩。たとえ苦しいつまらない人生でも愛する人と一緒の夫婦の暮らしであれば幸福であるという。

噎びに因って食を廃す

出典 『陸宣公奏議』奉天請下数対二群臣一兼許上レ令レ論レ事状

原文 因レ噎而廃レ食。

意味 食べ物がのどにつかえたことにこりて、その後、食事をとるのをやめる。きわめてささいな障害のために、大切なことをやめること。

参考 「噎」は食べ物がのどにつまる意。『呂氏春秋』蕩兵篇・『淮南子』説林訓に、「饐を以て死する者有りて、天下の食を禁ぜんと欲するは悖れり」という表現が見え、ごくまれな事例を一般的な事にまで広く及ぼすことにたとえる。

虚しく死するは節を立つるに如かず、名を滅するは徳に報ゆるに如かず

出典 前漢、李陵「答二蘇武一書」

原文 虚死不レ如レ立レ節、滅レ名不レ如レ報レ徳也。

意味 犬死にするよりは忠節を立てるほうがよく、名誉を失うよりは君恩に報いたほうがよい。

参考 李陵は漢の武帝の時に将軍として匈奴征伐に派遣されたが、力尽きて敵に降服し囚われた。中央では李陵が殉職しなかったことを落

度として、家族全員を死刑とした。李陵は言う。私は生を偸み、死を惜しむ人間ではない。死なかったのは、生きて君恩に報いようと思ったからである、と。匈奴に帰順せず朔北の地で十九年間過ごし、今は漢に戻っている蘇武（人名略解参照）に、匈奴の地に留まっている李陵が、降服したときの心情を述べたことば。この後、「陵は恩に孤くと雖も、漢も亦徳に負けり」とある。漢は私の母や妻子を処刑して、人の道にそむいた。私は蛮夷の中に葬らるとも故国には帰らない。なお、この「書」は漢への帰国を勧める、かつての同僚、蘇武の手紙への返書の形をとっているが、後世の偽作と考えられている。

め

明者は微を慎み、智者は幾を識る

出典　『後漢書』陳忠伝

原文　明者慎レ微、智者識レ幾。

意味　賢明な人はどんな小さな事もゆるがせにせず、知恵のある人は微細な前兆を察知することができる。「幾」は兆し、前兆。

参考　陳忠の上疏文の中のことば。この前に「堤は蟻孔より潰え、気は鍼芒より洩る」（その項参照）とある。また、『淮南子』人間訓には、「聖人は小を敬い、微を慎む（聖人は微小なものをこそおそれ慎む）」とある。

明道は昧きが若く、進道は退くが若く、夷道は纇れたるが若し

出典　『老子』四十一章

原文　明道若レ昧、進道若レ退、夷道若レ纇。

意味　明らかな道はかえって暗いように見え、前進する道はかえって後退するように見え、平坦な道はかえってでこぼこに見える。「夷」は平ら、「纇」は起伏のあるさまを示す。「纇」を「類」に作るテキストもある。

参考　老子の説く「道」は、世俗の相対的な価値判断を超えたものであることを逆接的に説明している。

命は食に属し、治は事に属す

出典　『管子』枢言

原文　命属二于食一、治属二于事一。

意味　生命の維持は食物にかかっており、国を治めることは政治の良し悪しにかかっている。

参考　「事」はここでは政治の意。これに続けて「善事（よい政治）無くして善治有るは、古より今に及びて、未だ嘗て之有らざるなり」という。

明は自ら見るより大なるは莫く、聡は自ら聞くより大なるは莫し

出典　後漢、徐幹『中論』修本

原文　明莫レ大二乎自見一、聡莫レ大二乎自聞一。

意味　ものがはっきりと見えるというのは、自分の行動の是非をきちんと見分けることができるということが最も大切である。ものをはっきりと聞き分けるというのは、自分のことばのよしあしをきちんと聞き分けるということが最も大切である。

参考　この後に「睿は自ら慮るより大なるは莫し」と加えられるが、「明・聡・睿」の三つとも同じような意味である。最も大切なのは、自分の悪い所・欠点をきちんと認識することであるということを説くことば。

明眸皓歯今何くにか在る、血は遊魂を汚して帰り得ず

出典　盛唐、杜甫詩「哀二江頭一」

原文　明眸皓歯今何在、血汚二遊魂一帰不レ得。

意味　輝く瞳と白い歯の楊貴妃は、今はどこにおられるのか。血に汚れてさまよう魂は、落ち着くことができずにいる。「明眸皓歯」は美人を形容する語で、ここでは楊貴妃をさす。

参考　安禄山の乱により玄宗が長安から逃亡する際、途中の馬嵬でくびり殺された楊貴妃を偲

んだ句。作者杜甫自身も、長安で賊軍に捕えられ軟禁状態にある中で、掠奪と破壊を受けた長安の変わりはてた姿を目にし、玄宗の治世の華やかだった昔を追想する。

命を知る者は、巌牆の下に立たず

出典 『孟子』尽心・上

原文 知レ命者、不レ立ニ乎巌牆之下一。

意味 天命を知る者は、わざわざ危険な所に立つようなことはしない。「巌牆」は危ない岩石や壊れそうな塀の意。

参考 自然に天から与えられる「天命」こそ、素直に受けるべきであって、君子は捨てないでもよい命を捨てるようなことはしないと説く孟子のことば。

目に秋豪の末を察すれば、耳に雷霆の声を聞かず、耳に玉石の声を調うれば、目に太山の高きを見ず

出典 『淮南子』俶真訓

原文 目察ニ秋豪之末一、耳不レ聞ニ雷霆之声一、耳調ニ玉石之声一、目不レ見ニ太山之高一。

意味 目が細い毛を観察していると、雷鳴も耳に入らず、耳が玉石の響きの善し悪しを調節していると、泰山の大きさも目に入らない。ささいなことに心を奪われていると、重大なことを忘れてしまうのである。「秋豪」は「秋毫」に同じで、秋に抜けかわる動物の柔毛。きわめて細い毛。「雷霆」は激しい雷の音。「太山」は泰山。五岳の一つで東岳ともいう。

参考 これは、同じ『淮南子』俶真訓の、「小に志す(心が向かう)所有りて、大に忘るる所有り」ということをたとえた一文。

眼は飽くとも肚中は饑う

出典 『元曲選』隔江闘智

原文 眼飽肚中饑。

意味 目で十分に食物を見ても腹の足しにはならず、かえって空腹感は増す。実質がなければ何の役にも立たないことのたとえ。

眼は其の睫を見る能わず

出典 『顔氏家訓』渉務

原文 眼不レ能レ見ニ其睫一耳。

意味 眼は、離れたところを見ることはできても、すぐそばにあるまつげを見ることはできない。身近なことが、かえって見えないというたとえ。灯台もと暗し。

参考 他人のことはよく見えても、自分のことはまったくわかっていない者を批難することば。

目を掩いて雀を捕らう

出典 『後漢書』何進伝

原文 掩レ目捕レ雀。

意味 自分の姿を見て雀が逃げることを恐れて、それを見られないようにと目隠しをして雀を捕えようとする。小手先だけのつまらない策を用いること。また、現実を直視しないことをいう。転じて、事をなすには誠実になすべきことを戒めていう。

参考 類句に「耳を掩いて鐘を盗む（『呂氏春秋』自知）」（その項参照）がある。

面従後言

⇩面従して退いて後言すること有る無かれ

面従して退いて後言すること有る無かれ

出典 『書経』益稷

原文 無三面従退有二後言一。

意味 人の前では従いながら、退いて後、陰でとやかく言うようなことがあってはならない。

参考 舜が禹に言ったことば。「面従後言」の典拠。

綿綿絶たざれば必ず乱の結ぶ有り、繊繊伐たざれば必ず妖孽を成す

出典 三国蜀、諸葛亮「便宜十六策・治乱」

原文 綿綿不レ絶必有ニ乱結一、繊繊不レ伐必成ニ妖孽一。

意味 弱く細長く続いている時に断たなければ、将来それはきっと大きな乱の原因となる。細かくかぼそいうちに除かなければ、将来それはきっと大きなわざわいとなる。「綿綿」「繊繊」はともに細かく微かで、弱々しいさまをいう。「妖孽」はわざわい、厄災のこと。

も

猛虎の猶予するは、蜂蠆の螫を致すに若かず、騏驥の跼躅するは、駑馬の安歩に如かず、孟賁の狐疑するは、庸夫の必至に如かざるなり

出典 『史記』淮陰侯列伝

原文 猛虎之猶予、不レ若二蜂蠆之致一レ螫、騏驥之跼躅、不レ如二駑馬之安歩一、孟賁之狐疑、不レ如二庸夫之必至一也。

意味 猛虎といえどためらえば、蜂やさそりの一刺しにかなわないし、駿馬といえどぐずぐずして足ぶみしていれば、駄馬がゆっくりと歩むのにかなわないし、勇者である孟賁もためらっていては、凡人の断固たる決意をもった実行にかなわない。実行の大切さを説いたことば。

参考 蒯通が漢を裏切ることに躊躇している韓信を説く際に引用したことば。この前には「智 誠に之を知るも決して敢えて行なわざるは百事の禍なり」とある。

猛虎は机上の肉を看ず、洪炉は嚢中の錐を鋳ず

出典 盛唐、李白詩「笑歌行」

原文 猛虎不レ看二机上肉一、洪炉不レ鋳二嚢中錐一。

意味 猛虎は机の上に置かれた小さな肉に見向きもせず、山野を走る生きた獣の肉を好むものである。また、大きな炉では袋の中から先端を出している錐のような細小のものを鋳ること

はしない。

参考 男子の栄達と困窮とは時の運であり、そもそも名声と栄達とは取るに足らないちっぽけなもの、そんなものに心を留めるまでもないというのである。「笑歌行」は新楽府の一つ。宋代以降、この作品は五代の人の偽作とする説も出されている。

猛獣は伏し易く、人心は降し難し。谿壑は満たし易く、人心は満たし難し

出典 『菜根譚』後集六十五

原文 猛獣易レ伏、人心難レ降。谿壑易レ満、人心難レ満。

意味 猛獣を屈伏させることは易しいが、人の心を降伏させるのは難しい。深い谷を埋めることは易しいが、人の心を満足させるのは難しい。

参考 この条は「語に云う」とされるが出典は未詳。人の心というものは、思い通りになるものではないことをいう。

孟賁の狐疑するは、童子の必至に如かず

出典 『漢書』蒯通伝

原文 孟賁之狐疑、不レ如二童子之必至一。

意味 戦国時代の勇士である孟賁でさえ、疑い深くなりすぎて決心がつかないでいると、子供が命がけでやる行動に劣ることになる。実際に行動を起こすことが大切だということ。

参考 この後に「此の言能く之を行なうを貴ぶ（これは実行することが大切だということばである）」とある。また、『史記』淮陰侯列伝には、「猛虎の猶予するは、蜂蠆の螫を致すに如かず、騏驥の跼躅するは、駑馬の安歩に如かず、孟賁の孤疑するは、庸夫の必至に如かざるなり（猛虎もためらえば蜂やさそりが刺すのにも及ばず、名馬も前に進まなければ駄馬がゆっくり進むのに及ばず、勇者の孟賁も決

断がにぶければ凡人の決死の行動に及ばない)」（その項参照）とある。

黙して之を識し、学びて厭わず、人に誨えて倦まず

出典 『論語』述而

原文 黙而識レ之、学而不レ厭、誨レ人不レ倦。

意味 黙って学んだことを覚えておき、どれほど学んでもいやけがさすこともなく、人に教えることに疲れていやになることもない。「誨」は教に同じ。

参考 学問と教育に生きた孔子が自らのとりえとして挙げた三点である。

黙に過言無く、愨に過事無し

出典 『説苑』説叢

原文 黙無二過言一、愨無二過事一。

意味 沈黙を守っていれば、よけいなことを言うことはないし、行動を慎んでいれば、出過ぎたことをすることはない。

参考 「愨」は誠実な態度。何事も慎みを忘れなければ、過ぎるということはない。

沐猴にして冠す

出典 『史記』項羽本紀

原文 沐猴而冠。

意味 猿が冠をつけたようなものだ。衣冠や地位は立派であっても、心は野卑そのものだ。

参考 楚の項羽を評したことば。詳しくは「富貴にして故郷に帰らざるは、繍を衣て夜行くが如し」の項参照。

本傷めば枝槁れ、根深ければ末厚し

出典 『説苑』説叢

原文 本傷者枝槁、根深者末厚。

意味 木は根元が傷んでいれば、枝が枯れてしまうが、土に深く根ざしていれば、よく繁るのである。

参考 何事も根本が大切であるということをたとえる。続けて「善を為す者は道を得、悪を為す者

は道を失う」とある。

本同根より生ず、相煎ること何ぞ太だ急なる

出典 三国魏、曹植「七歩詩」

原文 本自二同根一生、相煎何太急。

意味 もともとは同じ根から育ったのに、どうしてこうもひどく煮つめるのか。

参考 兄文帝（曹丕）の自分に対する冷たい仕打ちのことをうたったもの。「七歩の詩」は、曹植の手に成るものかどうかは疑わしい。不仲であった兄が、七歩歩く間に詩を作らなければ罰すると言い渡したところ、この詩をよんだ。このことから、「七歩の才」とは、詩才に恵まれていることを意味する。以下『世説新語』文学から、その箇所を挙げる。

文帝嘗て東阿王をして七歩の中に詩を作らしむ。成らざる者は大法を行なわんとす。声に応じて便ち詩を為る。曰く、

豆を煮て持て羹と作し
菽を漉して以て汁と為す
萁は釜下に在りて燃え
豆は釜中に在りて泣く
本同根より生ず
相煎ること何ぞ太だ急なる

帝深く慚ずる色有り。

「萁」は豆殻。豆殻を燃やして、豆を煮る。もともと同じ根から育った兄弟であるのに、兄上はどうしてわたくしをひどく扱うのですか、と即興で詩を作ると、文帝は深く恥じ入ったという。「豆を煮るに萁を燃やす」は兄弟仲の悪いことにいう。

本を舎てて末を治む

出典 『六韜』文韜・守土

原文 舎レ本而治レ末。

意味 根本を捨てて末節を治める。本末をあやまることをいう。「舎」は「捨」と同義。

参考 「本末転倒」をいうことば。『大学』経には、物事には根本とすべきところと末端にあたるところがある、と説く「物に本末有り、事に終始有り」（その項参照）ということばがある。

物権に勝てば衡は殆く、形鏡に過ぐれば則ち照は窮まる

出典 西晋、陸機「演連珠」

原文 物勝レ権而衡殆、形過レ鏡則照窮。

意味 物の重さがはかりの錘より重ければ天秤ばかりは必ず折れてしまう。鏡にうつる形影が鏡より大きければ全体の姿は映らない。「権」ははかりの錘。

参考 君主は臣下の才能をよく考慮したうえで、その力量に応じた職を与えなければならないというたとえ。

物壮なれば則ち老ゆ

出典 『老子』三十章

原文 物壮則老。

意味 物はすべて強壮であれば、やがて衰えがくるものである。

参考 老子は人為を用いて強大であろうとすればやがて衰えるのは必至であると考えるのである。類似した表現に、「物盛んなれば則ち衰う」（『戦国策』秦策）ということばがある。

物其の平を得ざれば則ち鳴る

出典 中唐、韓愈「送二孟東野一序」

原文 物不レ得二其平一則鳴。

意味 物というのは平常の状態を得られなければ、動きが生じて音を立てる。

参考 孟東野（孟郊）が地方官に赴くとき、その心情を思いやり、かれの文学的才能を評価しつつ、なぐさめるため書かれたもの。この後に「草木の声無きも、風之を撓ませば鳴る。…人の言に於けるや亦然り。…其の謌うや、思うこと有ればなり。其の哭するや、懐うこと有ればなり…」と続く。万物が「鳴る」由来をさまざまに説いて、「不満」もまた「鳴る」の重要

な一つの要素、契機であるという。

物に本末有り、事に終始有り

出典 『大学』経

原文 物有二本末一、事有二終始一。

意味 物事には、根本か瑣末かの違いや、先か後かの違いがある。これらをよくわきまえ、判断を誤らないことが大切である。

物の暴かに長ずる者は必ず夭折し、功の卒かに成る者は必ず亟壊す

出典 『資治通鑑』漢紀・光武帝建武六年

原文 物暴長者必夭折、功卒成者必亟壊。

意味 思いがけず急に成長したものは、必ず早くだめになってしまい、艱難辛苦を経ることなく、突然に功業をなしとげたものは、必ず早く崩壊してしまう。苦業をのり越え、一歩一歩努力を積み重ねてこそ、真の成功をおさめることができるということ。「夭折」は短命、「亟壊」はすぐに壊れるの意。

参考 後漢の朱浮（光武帝に仕えた将軍）が光武帝（後漢の建国者）を諌めたときのことば。この後に「如し長久の業を摧き、速成の功を造るは、陛下の福に非ず」と言う。『後漢書』朱浮伝にも同様のことばが見える。

物の斉しからざるは、物の情なり

出典 『孟子』滕文公・上

原文 物之不レ斉、物之情也。

意味 物の品質には差異があり、すべてが同一でないのは、物の真相（自然の姿）である。

参考 農家学派（農政を説く者）の許行や、その影響を受けた儒者の陳相が、物の品質の違いを無視し、すべてを一様に扱おうとしている点を論難した孟子のことば。

物を以て喜ばず、己を以て悲しまず

出典 北宋、范仲淹「岳陽楼記」

原文 不二以レ物喜一、不二以レ己悲一。

意味 物によって喜んでみたり、自分自身のことで

悲しんだりしない。

参考 「物」はここでは風物のこと。人の上に立つ者は美しい景色に喜んだり、自分一身の境遇に悲しんだりしてはいけないという。この句の後に「廟堂の高きに居れば則ち其の民を憂い、江湖の遠きに処れば則ち其の君を憂う。…其れ必ず天下の憂いに先んじて憂え、天下の楽しみに後れて楽しむと曰わん」とある。常に天下の民と国家のことを心にかけることを述べている。

茂林の下に豊草無く、大塊の間に美苗無し

出典 『塩鉄論』軽重

原文 茂林之下無二豊草一、大塊之間無二美苗一。

意味 よく茂った林のうちでは十分に草も伸びず、大きな土くれの間では立派に苗も育たない。国家権力が余りに強過ぎると、人民が消耗してしまうことにたとえる。

参考 「水に猵獺（かわうそ）有りて池魚労し、国に強禦（強大な力）有りて斉民（人民）消す（弱る）」という一文の内容をたとえたもの。つまり川にかわうそがいれば魚が弱るように、国家に強大な権力があれば人民が弱るのである。なお多少意味する内容は異なるが、文辞が似通うものに、「高山の巓には美木無し、多陽に傷なわるればなり。大樹の下には美草無し、多陰に傷なわるればなり」（『説苑』説叢）がある。

門内の治は、恩 義を揜い、門外の治は、義 恩を断つ

出典 『礼記』喪服四制

原文 門内之治、恩揜レ義、門外之治、義断レ恩。

意味 家庭内を治めるときには、恩情が義に優先し、家庭外である社会を治めるときには、義が恩情に優先する。

参考 一般社会においては、私的な恩情に流されることなく、義によってとり行なわれるべきであることを説いたことば。

門を出でて涙眼を余す、終に是男児ならず

出典 明、袁宏道詩「送二竜湖師一」其一

原文 出レ門余二涙眼一、終不二是男児一。

意味 あなたが門を出ていかれたあとには涙があふれる眼だけが残った。とうとう男児らしくはできなかったけれど。

参考 五言絶句で、前二句は「日を卜して軽く別れを為し、重来未だ期有らず」とある。

門を同じくして戸を異にす

出典 前漢、揚雄『法言』君子

原文 同レ門而異レ戸也。

意味 同じ門から出入りしながら住む家は異なっている。同じ学統に出ながら流派を異ならせる。

参考 荀子が孟子を批判していることに対して述べたことば。同じく孔子の学統を受けているのに、その学説が違っていることをいう。

や

野火焼けども尽きず、春風吹きて又生ず

出典 中唐、白居易詩「賦二得古原草一。送別」

原文 野火焼不レ尽、春風吹又生。

意味 野火に焼かれても野原の草はその根をすべてなくすことはなく、春になって風に吹かれるとまた生え出してくる。

参考 知人を送る席で春の草が青々と生えているのを見てうたった詩中の句。

薬病相治す

出典 『碧巌録』第八十七則・本則

原文 薬病相治。

意味 薬は病の程度に応じて与えるものである。すでに治っているのに薬を与えては、かえって毒となる。迷いと悟りの関係も同様で、すでに悟っているのにさらに悟りを求めては、新たな迷いのもととなる。

参考 『雲門録』室中語要に雲門文偃（唐末五代の禅僧。雲門宗の祖）のことばとしてあったものが『碧巌録』に採られ、第八十七則の標題にもなっている。別に、『臨済録』示衆にも、臨済義玄のことばとして見える。

養いて教えざるは、父の過ちなり。教えて厳ならざるは、師の惰りなり

出典 『三字教』

原文 養不レ教、父之過。教不レ厳、師之惰。

意味 養い育てるだけで、子供を教育しないのは父親の過ちである。また、門弟を教育するのに、厳格でないのは師の怠りである。

安くして危うきを忘れず、存して亡ぶるを忘れず、治まりて乱るるを忘れず

出典 『易経』繫辞下伝

原文 安而不レ忘レ危、存而不レ忘レ亡、治而不レ忘レ乱。

意味 君子は安泰な時にあっても危うさを忘れず、存続している時にあっても亡びることを忘れず、世が治まっている時にあっても乱世を忘れない。

参考 孔子のことば。これより前に孔子は、「危うき者は、其の位に安んずる者なり。亡ぶる者は、其の存を保つ者なり。乱るる者は、其の治を有つ者なり」という。つまり、現状に満足しきってしまうことが将来の滅亡や混乱をまねくというのである。

病は口より入り、禍は口より出ず

や

出典 西晋、傅玄『傅子』付録

原文 病従レ口入、禍従レ口出。

意味 病気は口にする食物から入り、わざわいは口にすることばから出る。

参考 口を慎んで多言すべきではないことをいうことば。

病は少しく愈ゆるに加わる

出典 『説苑』敬慎

原文 病加二於少愈一。

意味 病気というものは、治りかけると油断してまたひどくなるものである。「愈」は「癒」と同じ、病気が治る意。

参考 曾参（曾子）が子どもたち（曾元、曾華）に語ったことば。油断することなく最後までじっくりと、事を見据えることが肝要であることを説いている。「官は宦成るに怠る」（その項参照）に続く一句。

山高きを厭わず、海深きを厭わず

出典 三国魏、曹操「短歌行」

原文 山不レ厭レ高、海不レ厭レ深。

意味 山は高くなることを拒まず、海は深くなることを拒まない。

参考 人生は朝露のようなものなので、賢才を多く得て、速やかに大業を成し遂げたいとうたった詩の一節。『管子』形勢解に「海は水を辞せず、故に能く其の大きを成す。山は土を辞せず、故に能く其の高きを成す。明主は人を厭わず、故に能く其の衆きを成す」とある。水や土をいくらでも受け入れて、深く、高くなろうとする海や山のように、自分も賢才を多く受け入れたいという。曹操が才能を非常に愛したことはよく知られる。

山に躓かずして、垤に躓く

出典 『韓非子』六反

原文 不レ躓二於山一、而躓二於垤一。

意味 山にはつまずかず、小さな蟻塚につまずく。山はその大きさゆえに人も用心してつまずくことはないが、蟻塚はその小ささゆえに人もあなどってつまずくのである。

参考　韓非は刑罰を軽くすることを「垤」にたとえる。つまり、刑罰を軽くすれば人はそれをあなどって法を乱すようになるというのである。なお類句には、「人は山に躓くこと莫くして垤に躓く（『淮南子』人間訓）」がある。

山に登るに正路を須い、水を飲むに直流を須う

出典　中唐、孟郊詩「送二丹霞子阮芳顔上人帰レ山」

原文　登レ山須二正路一、飲レ水須二直流一。

意味　山に登るときには正しい道をとり、水を飲むときには曲って淀んでいることのない流れを選ぶ。

参考　俗界を離れて帰る友人に贈ることばであるが、人としての厳しい態度をたたえていう。この前に「松色は秋を肯ぜず、玉性は柔らかくすべからず」とある。

山に猛獣有りて、林木之が為に斬られず

出典　『淮南子』説山訓

原文　山有二猛獣一、林木為レ之不レ斬。

意味　山に猛獣がいると、人が恐れて近づかないので、樹木は切られないですむ。国家に賢臣がいれば、他国が恐れて攻めてこないので、国家を安泰に保つことができるのである。

参考　これに続く「園に螫蟲（毒虫）有りて、藜藿（あかざや豆の葉）之が為に采られず」は類句である。

山は人面より起こり、雲は馬頭に傍うて生ず

出典　盛唐、李白詩「送二友人入レ蜀」

原文　山従二人面一起、雲傍二馬頭一生。

意味　山はたちまちにして行く人の顔前にそびえ立ち、雲は乗っている馬の頭のそばから湧き起こる。

参考 この句は、長安から蜀に通ずる山道（蜀道）のけわしさを述べたもの。蜀の桟道は古来より難所として知られる。同じ李白の詩「蜀道難」に「一夫関に当たれば、万夫も開く莫し」（その項参照）の句が見える。

山は塵を譲らず、川は盈つるを辞せず

出典 西晋、張華「励レ志詩」

原文 山不レ譲レ塵、川不レ辞レ盈。

意味 山は塵土が積もってくることを拒まず、川は水をいくらでも受け入れる。したがって山は高く川は深くなる。どんな学問でも拒むことなく広く身につけるべきだということ。

参考 『管子』（形勢解）に「海は水を辞せず、故に能く其の大きを成す。山は土を辞せず、故に能く其の高きを成す。（中略）士は学を厭わず、故に能く其の聖を成す」とある。

山は土を辞せず、故に能く其の高きを成す

出典 『管子』形勢解

原文 山不レ辞レ土、故能成ニ其高一。

意味 山は土をこばまないので、あれほどの高さとなることができる。いろいろな物を受け入れる度量の広さがないと、人間的な成長は見込めないということ。

参考 この直前にある「海は水を辞せず、故に能く其の大きを成す」という一文も同様のたとえ。こうしたたとえを用いて説明した後、この節の末尾は「食を養う者は体を肥やさざるなり」とまとめる。つまり、食物を嫌えば肥ることができないように、物事を受け入れる度量が狭いと人間的に成長しないのである。

山は積もりて高く、沢は積もりて長し

出典 中唐、劉禹錫「唐故監察御史贈尚書右僕射王公神道碑銘」

原文　山積而高、沢積而長。

意味　山は土が積もって高くそびえるのであり、沢は水が集まって長く流れるのである。

参考　古今の典礼に通じ「元和新礼」を作った太常博士の王彦威の父親である王真長の碑銘の文。王の先祖が伝説上の帝王、黄帝であることをたたえたもの。偉大な聖人の子孫はやはり立派であるという意味。

山を為ること九仞、功一簣に虧く

出典　『書経』旅獒

原文　為㆑山九仞、功虧㆓一簣㆒。

意味　山をつくって九仞まで土を積み上げたのに、最後の一簣の土を積むのを怠れば仕事は完成しない。もう一息のところまでいきながら、最後のわずかなつまずきで今までの努力がむだになることをたとえる。

参考　召公（武王の弟で、燕の始祖。召公奭とも）が周の武王（人名略解参照）に言ったことば。『論語』子罕には「子曰く、譬えば山を為るが如し。未だ一簣を成さざるも止むは吾が止むなり」と見え、最後までやり遂げることの大切さが説かれる。「仞」は両手を縦にのばした長さをいう。およそ七～八尺。「九仞」は非常に高いことをいう。一般には「九仞の功を一簣に虧く」で使われる。

ゆ

憂喜更〻相接す、楽しみ極まりて還た自ら悲しむ

出典　西晋、傅玄詩「明月篇」

原文　憂喜更相接、楽極還自悲。

意味　憂いと喜びとは隣り合わせ、楽しみが極まればまた悲しみに沈むものだ。

参考　夫に新しい愛人ができた妻の心情をうたう詩。かつては若く美しかったが、年とともに衰え、新しい愛人が現れて自らは遠ざけら

れるのをいつも心配する身。「浮萍は根本なし（浮き草はもともと根なし草）、水に非ずんば将何にか依らん」と詠じながら、女の身を嘆じ、その心のあり方を述べることば。

憂勤に始まり、逸楽に終わる

出典 『詩経』小雅・魚麗・序

原文 始㆓於憂勤㆒、終㆓於逸楽㆒。

意味 心をくだいてつとめることに始まり、安楽に終わる。

参考 君主の政治について述べたことば。楽歌と解される「魚麗」に付せられた序文の一節で、君主と目されるのは周公である。周公の政治の盛行の終始を端的に表現した一句である。

雄鶏一声天下白し

出典 中唐、李賀詩「致酒行」

原文 雄鶏一声天下白。

意味 おんどりの一声で満天下の夜が明け始める。

参考 科挙の受験資格を奪われ不遇の嘆きを抱いていた作者の李賀本人を思わせる「客人」と「主人」の酒席のやりとりを描いた詩中のことば。「主人」は「客人」に、一度困難にあいながら皇帝に認められた馬周のことを語る。その後にこの「雄鶏一声」の句が置かれている。自分を発憤させる話によって、暁を告げる鶏の声で夜が明けるように、自分の迷いが晴れてきた、という意味でも用いられる。

優好の所は、久しく恋うること勿れ。志を得るの地は、再び往くこと勿れ

出典 『宋名臣言行録』希夷陳先生摶

原文 優好之所、勿㆓久恋㆒。得㆑志之地、勿㆓再往㆒。

意味 のんびりとしていて好ましい場所にいつまでも恋々としてはならない。自分の思いのままになる境遇に重ねて身を置いてはならない。

参考 北宋の太宗に招かれた道士陳摶が、善言を求められて述べたことば。

幽谷を出でて喬木に遷る者を聞くも、未だ喬木を下りて幽谷に入る者を聞かず

出典 『孟子』滕文公・上

原文 聞㆘出㆓於幽谷㆒遷㆓于喬木㆒者㆖、未㆑聞㆘下㆓喬木㆒而入㆓於幽谷㆒者㆖。

意味 鳥がうすぐらい谷間を出て、高い木へ移っていくということは聞いたことがあるが、わざわざ高い木から下りてきて、うすぐらい谷間に入っていくということは聞いたことがない。

参考 陳相・陳辛兄弟が、師の陳良（戦国、楚の学者）に背いたことを非難した孟子のことば。『詩経』小雅・伐木にも「幽谷より出でて喬木に遷る」とある。

勇者は懼れず

⇩知者は惑わず、仁者は憂えず、勇者は懼れず

右手に円を画き、左手に方を画くは、両つながら成す能わず

出典 『韓非子』功名

原文 右手画㆑円、左手画㆑方、不㆑能㆓両成㆒。

意味 右手で円を描き、左手で四角形を描こうとしても、どちらもうまく描きあげることはできない。君主と臣下がそれぞれ違ったことを行なうのでは、政治はうまくゆかないことをたとえる。

参考 韓非はここで、君主と臣下が一致協力して国政に当たるべきことをいう。前後に類句が見え、それは「一手独拍す、疾しと雖も声無し」と「至治の国、君は桴の若く、臣は鼓の若し」（その項参照）である。

有事を将て無事と為すこと莫れ。往往に事は無事より生ず

出典 『碧巌録』第二十四則・評唱

原文 莫㆘将㆓有事㆒為㆗無事㆖。往往事従㆓無事㆒生。

意味 何かがある状態を、何もないと見誤ってはならない。何もない状態から何かが生じることさえ、しばしばある。

参考 四祖法演（四祖山の法演）のことばとして引用されている。

有声の声は百里に過ぎず、無声の声は四海に施す

出典 『淮南子』繆称訓

原文 有声之声不レ過二百里一、無声之声施二於四海一。

意味 声を出しても、その音声は百里先にも届かないが、声なき声は天下にあまねく及ぶ。徳望高き人物の評判は、伝えようとしなくても自ずと天下に知れ渡るということ。「四海」は天下。

参考 『淮南子』では、声なき声を聞き分けることこそが聡明さであるという。例えば、「有音の音を聴く者は聾（耳の聞こえない人）、無音の音を聴く者は聡なり（『淮南子』説林訓）」と説いている。

憂労は以て国を興すべく、逸予は以て身を亡ぼすべし

出典 『新五代史』伶官伝序

原文 憂労可二以興一レ国、逸予可二以亡一レ身。

意味 物事の憂いや苦労は、国を興すために発憤する材料となり得る。また、安逸や享楽は、身を亡ぼしてしまうものである。

参考 五代の後唐（九二三〜九三六）の荘宗が、国を興したことをたたえるとともに、自らの嗜好に溺れた結果、国を乱すこととなったのを、「憂労」「逸予」ということばで言い表わしている。

雪圧せども摧け難し澗底の松、風吹けども動かず天辺の月

出典 『嘉泰普灯録』十六

原文 雪圧難レ摧澗底松、風吹不レ動天辺月。

意味 谷底の松は雪が積もって押されてもめったに折れない。天に出ている月は風に吹き飛ばさ

れたりしない。志操が堅固であるさまをいったことば。

参考 竹庵士珪禅師のことばとして見える。

往き来らざる者は年なり。再び見るべからざる者は親なり

出典 『孔子家語』致思

原文 往而不レ来者年也。不レ可ニ再見一者親也。

意味 二度と帰らぬものは過ぎ去った歳月である。二度と会うことができないのは死んでしまった親である。孝養を尽くそうと思うときには、親はいないということ。

参考 この前に「子は養わんと欲するも親は待たず」とある。『韓詩外伝』「樹静かならんと欲すれど風止まず、……」その項参照。

行き行きて重ねて行き行く、君と生きながら別離す

出典 後漢、無名氏詩「古詩十九首・行行重行行」

原文 行行重行行、与レ君生別離。

意味 あなたは歩み歩んでさらに歩みを重ねていく。私はあなたと生きながらの別れに悲しむばかり。

参考 遠く旅路にある夫を思う妻の詩。「生きながら別離す」は、屈原の「悲しみは生きて別離するより悲しきは莫く、……」（その項参照）による。（『文選』所収）

行くに径に由らず

出典 『論語』雍也

原文 行不レ由レ径。

意味 大道を歩いて抜け道や近道を通らない。「径」は近道、抜け道、こみち。

参考 物事をなすにあたって、小細工を弄したりせず公明正大なさまをいう。孔子が魯の武城の長官となった弟子の子游に、部下によい人材がいるかとたずねたところ、澹台滅明という人物を挙げ、彼の公明正大なことを説明した際の子游のことば。この後に「公事に非ざれば、未だ嘗て偃（子游の名）の室に至らざるなり（公務でなければ、決して私の部屋に来たことはありません）」と続く。

往く者は諫むべからず、来る者は猶お追うべし

出典 『論語』微子

原文 往者不レ可レ諫、来者猶可レ追。

意味 過ぎたことは今さら諫めることもできないが、これからのことは、まだ追いかけてゆけば間に合う。

参考 楚の狂接輿（乱世に失望し狂人のふりをしている隠者）が、孔子に隠遁をすすめて述べたことば。続けて接輿は「已みなん已みなん、今の政に従う者は殆し（やめなさい、やめなさい、今のような世の中で政治に参画することは危険である）」と言う。この頃、孔子は理想とする政治を行なってくれる君主を求め、諸国を流浪していた。

往く者は追わず、来る者は距まず

出典 『孟子』尽心・下

原文 往者不レ追、来者不レ距。

意味 立ち去る者は追わないし、やって来る者は拒まない。「距」は「拒」に同じ。

参考 孟子の門人に対する態度を述べたことば。同趣旨のことばに、『春秋公羊伝』隠公二年・何休の注に、「来る者は拒むこと勿れ、去る者は追うこと勿れ」（その項参照）がある。

逝く者は斯くの如きか。昼夜を舎かず

出典 『論語』子罕

原文 逝者如レ斯夫。不レ舎二昼夜一。

意味 過ぎ去るものは、すべてこの川の水の流れのようなものであろうか。昼となく夜となく流れ去って留まることがない。

参考 「子川上に在りて曰く」に続く、孔子の「川上の嘆」として有名なことば。宋代以前の古注では、「逝者」を流れ去る人間の生命の営みと解釈し、うつろいゆくものへの孔子の憂嘆と

解釈するのが一般的だが、宋代の学者（宋儒）の新注では、これを万物を生成・化育する宇宙の無限の営みと解し、人間の絶えざる発展に対する孔子の期待のことばとしてとらえている。

湯を揚げて沸くを止むるは、薪を去るに若くは莫し

出典 『後漢書』董卓伝

原文 揚レ湯止レ沸、莫レ若レ去レ薪。

意味 沸騰しようとしている湯を、冷まそうとするのには、その湯をひしゃくですくってまた鍋にもどしてかきまぜるより、火をおこしている薪をとり除いたほうがよい。事態を収拾するには、根本の問題を解決しなければならない。「湯を揚げる」は湯をひしゃくなどですくってはまた鍋にもどしてかきまぜること。

参考 後漢末の群雄の一人である董卓のことば。地方で養った兵力をもって河東（山西省の黄河以東の地）で機をうかがっていた董卓は、皇帝の死に乗じて都に入ろうとする。その時の名分が君側の奸の張譲らを除くとするもので、その理を述べるもの。前漢の枚乗の「上書諫二呉王一」に「湯の滄めんことを欲するに、一人之を炊けば、百人之を揚ぐとも益無し。薪を絶やして火を止むるに如かず（湯を冷まそうとするときには、一人が火を燃やしているなら百人で湯をかきまぜても無駄である。薪をとり除いて火を止めるほうがよい）」とあるのに基づく。

よ

酔い来りて空山に臥すれば、天地は即ち衾枕なり

出典 盛唐、李白詩「友人会宿」

原文 酔来臥二空山一、天地即衾枕。

意味 酒を飲んで酔い、人気のない静かな山で寝こ

ろんでいると、天地がそのまま、ふとんと枕だ。「衾枕」はかけぶとんと枕。

参考 この句の前に「滌蕩す（洗い流す）千古の愁い、留連（立ち去りがたいさま）す百壺の飲、良宵宜しく清らかに談ずべし、皓月未だ寝る能わず」とあり、酒を飲み酔うことで、この世の愁いをいっさい忘れ、天地自然と一体になった境地を述べる。

羊羹美しと雖も、衆口調え難し

出典 『続灯録』三

原文 羊羹雖㆑美、衆口難㆑調。

意味 羊羹（＝羊肉のスープ）は美味であるが、多くの人の口に合うよう調理するのは難しい。すべての人に満足がゆくようにすることは難しいことのたとえ。

参考 「一雨の恵みがすべての木に対して同じでないのはどうしてか（一雨所潤、為什麼万木不同）」という問いに対する、開先善暹禅師のことば。

酔うて沙場に臥すとも君笑うこと莫れ、古来征戦幾人か回る

出典 盛唐、王翰詩「涼州詞」

原文 酔臥㆓沙場㆒君莫㆑笑、古来征戦幾人回。

意味 酔って砂漠の上に倒れ臥したとしても、君、笑ってくれるな。昔から戦争に出た人のうち何人が帰ってこられただろうか。

参考 出征兵士の心をうたう七言絶句。前二句は「葡萄の美酒夜光の杯、飲まんと欲して琵琶馬上に催す（葡萄の美酒を酌んだ夜光の杯、飲もうとすると馬上から琵琶の音がそれをうながす）」である。

幼にして学ぶ者は日出づるの光の如し、老いて学ぶ者は燭を秉って夜行くが如し

出典 『顔氏家訓』勉学

原文 幼而学者如㆓日出之光㆒、老而学者如㆓秉㆑燭夜

行一。

意味　若い時分の勉強は、まさに日の出の光のように盛んに進むが、年老いてからの勉強は、夜中にともし火をかかげて歩くようなもので、なかなか捗らない。「秉」は手に握る。

参考　俗に「三つ子の魂百まで」というように、早期の教育が重要であることを説く。このことを『顔氏家訓』は、「固より須く早く教うるべくして機を失すること勿れ」と戒める。

様に依りて葫蘆を画く

出典　『続湘山野録』

原文　依レ様画二葫蘆一。

意味　様式のとおりに瓢簞を描く。先例の模倣ばかりで独創のないたとえ。「様」は様式、先例。

参考　「葫蘆」は瓢簞。宋の太祖が、尚書であった陶穀の起草した文章は「様に依りて葫蘆を画く」ような先例の模倣ばかりだとして重んじなかったので、陶穀は辞表を出したが、辞任も許されず、昇進もなかったので、「笑うに堪えたり翰林の陶学士、一生様に依りて葫蘆を画く」と自嘲した故事による。

妖は徳に勝たず

出典　『史記』殷本紀

原文　妖不レ勝レ徳。

意味　不可思議で奇怪なものも、徳目を修め立派に振る舞うことで打ち破ることができる。

参考　殷の太戊の時に、朝廷の庭に奇怪な木が生え、一晩で大木に生長した。恐れた太戊にそのわけをたずねられた伊陟（伊尹の子）が答えたことば。この後「君其れ徳を修めよ」と続く。太戊が言われたとおり徳を修めると、その奇怪な木は枯れてしまったという。

櫾木は危きに生ぜず、松柏は埤きに生ぜず

出典　『国語』晋語・八

原文　櫾木不レ生レ危、松柏不レ生レ埤。

意味　大木は高く険しいところには生えず、松柏（常緑樹）は低くて湿気の多いところには生えない。賢人は政治が乱れ君主が惑乱している国には仕えないというたとえ。

参考　名医である医和が引いたことば。この前に「直きは曲がれるを輔けず、明るさは闇さを規さず」とある。

饔を佐くる者は嘗め、闘を佐くる者は傷つく

出典　『国語』周語・下

原文　佐レ饔者嘗焉、佐レ闘者傷焉。

意味　料理の手伝いをする者は食べる（味見）ことができ、闘いの手伝い（助太刀）をする者は負傷する。「饔」は食物を料理する意。「嘗」は食の意。

参考　『顔氏家訓』省事にも「饔を佐ければ嘗むるを得、闘いを佐ければ傷を得」とある。およそ、事物をそこなうことには関わったり、近づかないことをいう。

善く游ぐ者は溺れ、善く騎る者は堕つ、各々其の好む所を以て、反って自ら禍を為す

出典　『淮南子』原道訓

原文　善游者溺、善騎者堕、各以二其所一レ好、反自為レ禍。

意味　泳ぎの上手な者が溺れ、乗馬の上手な者が落馬するのは、それぞれが得意とすることを自負するために、逆に災いをまねくのである。自らを恃む者は、そのことでかえって身を滅ぼすのである。

参考　これに続けて「是の故に事を好む者は、未だ嘗て中われずんばあらず、利を争う者は、未だ嘗て窮せずんばあらざるなり」とある。つまり、事を構えることを好むもの、また利を争うことを好むものは、そのために身を滅ぼすのである。

善く戦う者は怒らず

出典 『老子』六十八章

原文 善戦者不レ怒。

意味 真の戦上手は、感情に駆られ気負って怒るようなことはない。

参考 老子の思想の特徴の一つ「謙下不争」を示す。

善く問いを待つ者は鐘を撞くが如し

出典 『礼記』学記

原文 善待レ問者如レ撞レ鐘。

意味 質問に答えることがうまい教師は、ちょうど鐘をつくとその音が鳴り響くように、問いに即した答え方をする。

参考 鐘を打つ人が落ち着いた心持ちで打てば、鐘は美しい音色を響かせるというたとえをもって、問う人とそれに答える人のあり方を述べたことば。

善く閉ざすものは関鍵無くして開くべからず、善く結ぶものは縄約無くして解くべからず

出典 『老子』二十七章

原文 善閉無二関鍵一而不レ可レ開、善結無二縄約一而不レ可レ解。

意味 最善の戸締まりは、かんぬきや錠などがなくても開けられることはなく、最善の荷作りは、縄や紐などがなくてもほどけることはない。「関鍵」はかんぬきと錠。「縄約」は縄やひもの類。

参考 『淮南子』説山訓にも「善く閉ざす者は関楗（「楗」は木製のかぎ）を用いず」とある。

欲は度無きに生じ、邪は禁無きに生ず

出典 『尉繚子』治本

原文 欲生二于無一レ度、邪生二於無一レ禁。

意味 欲望は規制のないことから生じ、邪心は規則のないことから生ずる。「度」は規制・限度。「禁」は規則・おきて。

参考 「百里の海も一夫に飲ましむる能わず、三尺の泉も三軍の渇きを止むるに足る」（その項参

照）の後に、「臣謂えらく」として続く一文。百里の大海を飲み干そうとするような欲望や邪心は、制限や規則がないことに生ずることをたとえたもの。

善く文を為す者は、万篇に富みて一字に貧す

出典　南朝梁、劉勰『文心雕竜』練字

原文　善為㆑文者、富㆓於万篇㆒、貧㆓於一字㆒。

意味　文章の達人は、多くの作品を作ることができるが、同時にたった一文字に苦しむものである。

参考　文章を作る時の文字の選択に関する論の中にあることば。文字を選択する際の注意点の一つに、同じ文字の重出を避けることがある。このために作者はひどく苦しむことをいう。文章を作る者は一字一句に悩むという意味で使われる。なおこの書では、文字選択の際の注意点として、ほかに、奇怪な形の字を避けること、部首の共通する字の連続を避けること、字画の少ない字と多い字の配合を考えることを挙げる。

善く鑑る者は写さず、善く写す者は鑑ず

出典　東晋、王羲之「書論」

原文　善鑑者不㆑写、善写者不㆑鑑

意味　鑑賞することに長じている者は書かないし、書くことに長じている者は鑑賞しない。

参考　中国において書が芸術と強く意識されるのは六朝時代であるが、王羲之はその筆頭に挙げられて後世において至高の典型とされる。唐の太宗は王羲之の書を「善を尽くし美を尽くしたもの」と絶賛した。

欲を同じうする者は相憎み、憂いを同じうする者は相親しむ

出典　『戦国策』中山策

原文　同㆑欲者相憎、同㆑憂者相親。

意味　望みが同じ者同士は憎み合い、心配事が同じ

者同士は親しみ合う。

参考 中山国が韓・燕・趙などと同様に王号を称することの是非をめぐって、斉の臣の張丑が斉の宰相田嬰に示した古語。

世に処るは大夢の若し、胡為れぞ其の生を労する

出典 盛唐、李白詩「春日酔起言レ志」

原文 処レ世若ニ大夢一、胡為労ニ其生一。

意味 この世に生きることは、長い夢を見続けているようなものであり、どうしてあくせく苦労して人生を送る必要があるだろうか。

参考 『荘子』斉物論に、人生が大きな一場の夢であると説いており、李白はそれをふまえているのであろう。

世に処しては、宜しく俗と同じかるべからず、亦宜しく俗と異なるべからず

出典 『菜根譚』前集百九十五

原文 処レ世、不レ宜ニ与レ俗同一、亦不レ宜ニ与レ俗異一。

意味 世を渡って行くに際しては、世俗とまったく同化してしまうのもよくないが、あまりかけ離れてしまうのもよくない。

参考 世俗とのかかわり方が述べられるこの条は、処世の道として、世俗の中にありながらもそれを超えたところに自分を置くという精神性の高さを求めるものである。

世に伯楽有りて、然る後に千里の馬有り

出典 中唐、韓愈「雑説」

原文 世有ニ伯楽一、然後有ニ千里馬一。

意味 伯楽のように馬の才能を見出してそれを育てることのできる人がいてはじめて、千里を走る名馬が存在する。すぐれた才能を持つ人はどこにもいるが、それを見出して育てる人がいなければ、すぐれた人材も世に現われないということ。

参考 伯楽は、『荘子』馬蹄篇などに見える（及レ至二伯楽一曰、我善治レ馬。）周代の馬を見分ける名人。類句として、同じ韓愈「雑説」に「千里の馬は常に有れども、伯楽は常には有らず」（その項参照）ということばがある。

世の文章、多く窮人より出ず

出典 北宋、張耒「送下秦観従二蘇杭州一為上学序」

原文 世之文章、多出二於窮人一。

意味 世のすぐれた文章は、多くは困窮した人の手になるものである。

参考 張耒も、この文の題に見える秦観も、のちに蘇軾の有力な門下として蘇門四学士に数えられる。この文章では、掲出句に続いて「故に後の文を為る者は喜びて窮人の詞を為る。秦子（秦観）憂い無くして憂者の詞を為るは、殆ど此れに出づるか」と、秦観の詩文のあり方に批判を投げかけている。

読むこと十遍なるは、写すこと一遍なるに如かず

出典 南宋、羅大経『鶴林玉露』

原文 読十遍不レ如二写一遍一。

意味 書物は、それを十回読むよりも、一回書き写すことでよりよく理解することができる。

参考 宋の皇帝の高宗が大臣の徐俯に語ったことばとして引用されたもの。徐俯が高宗に『後漢書』の「光武帝紀」を読むことを勧めたのに対し、高宗はそれを書き写して徐俯に与えてこう言った。また同じ箇所に、唐の張参のことばとして「書を読むは書を写すに如かず」があげられている。

蓬の麻中に生ずるがごとく、翰墨を労せず

出典 『顔氏家訓』風操

原文 蓬生二麻中一、不レ労二翰墨一。

意味 曲がって生える蓬も、まっすぐな麻に混じっ

て生えれば自然とまっすぐになる。このように人間も優れた環境の中で育てば、学問の力など借りずとも、自然と感化を受けて善人となる。生活環境や交友関係による感化の重要性を説く。「翰墨」は筆と墨の意で転じて学問のこと。

参考 「麻に連る蓬」と同意。類句に「蓬も麻中に生えれば扶けずして直し（『荀子』勧学）」（その項参照）がある。

蓬も麻の中に生えれば、扶けずして直し

⇩蓬も麻中に生えれば、扶けずして直し

喜び極まれば言無きに至り、笑い余れば翻って悦ばず

出典 晩唐、杜牧詩「池州送孟遅先輩」

原文 喜極至レ無レ言、笑余翻不レ悦。

意味 喜びが頂点に達すると、ことばも出なくなる。笑い過ぎると心楽しくなくなってくる。

参考 池州（安徽省貴池県）の刺史だった杜牧をたずねて来た孟遅が帰るのを送るに臨んでの詩の一節。任地でもう一つ気持ちの晴れなかったときに、旧知の思いがけぬ訪問を聞いたときの気持ちをいう。

歓びに居りては夜の促きを惕り、感いに在りては宵の長きを怨む

出典 西晋、張華「情詩」

原文 居レ歓惕二夜促一、在レ感怨二宵長一。

意味 夫と共に楽しく過ごしていた時は短い夜を貪るように過ごしたが、遠くにいる夫を心配して思いやる今は、夜の長いのをうらめしく思う。「促」は短い意。「惕」は貪ること、一説に惜しむこと。

参考 一緒に生活していた夫が、今ははるか遠い地に行ってしまっていて、さびしく一人で過ごしている妻が、夫のことを思い遣って作った詩の一節である。離れて暮らすまではわからなかった夫への愛慕、一人でいるわびしさがうたわれている。詩題の「情詩」は人を恋うる歌の意。

喜(よろこ)びに乗(じょう)じて諾(だく)を軽(かるがる)しくすべからず。酔(よ)いに因(よ)りて嗔(いか)りを生(しょう)ずべからず

出典 『菜根譚(さいこんたん)』前集二百十三

原文 不レ可二乗レ喜而軽一レ諾。不レ可二因レ酔而生一レ嗔。

意味 嬉しさのあまりはずみで軽々しく承諾をしてはならない。酔いにまかせて腹を立ててはならない。

参考 物事を判断する時は常に、心を平常の状態にして行なわなければならない。平常心を失っている時ほど、軽はずみな言動に陥りがちなものである。

世(よ)を遯(のが)れて知(し)られざるも悔(く)いず

出典 『中庸(ちゅうよう)』十一章

原文 遯レ世不レ見レ知而不レ悔。

意味 世間から見はなされ、人々に知られなくても、悔いることなく徳を実践していく。

参考 孔子(こうし)のことば。孔子はさらに続けて、「唯聖者(ただせいじゃ)のみ之(これ)を能(よ)くす」と言っている。『論語(ろんご)』学而(がくじ)の「人知(ひとし)らずして慍(いきどお)らず、亦君子(またくんし)ならずや」（その項参照）も同趣旨のことば。

世(よ)を渉(わた)ること浅(あさ)ければ、点染(てんせん)も亦浅(またあさ)し。事(こと)を歴(ふ)ること深(ふか)ければ、機械(きかい)も亦深(またふか)し

出典 『菜根譚(さいこんたん)』前集二

原文 渉レ世浅、点染亦浅。歴レ事深、機械亦深。

意味 処世の経験がまだ浅ければ、世俗の悪習に染まることも浅いが、色々な経験を重ねると、世間のからくりに通じることも深くなるものである。

参考 「点染」は汚されること。「機械」はからくり、たくらみの意。

ら

来世は待つべからず、往世は追うべからず

出典 『荘子』人間世

原文 来世不レ可レ待、往世不レ可レ追也。

意味 現実の苦しみを、未来を期待してまぎらわすことはできないし、過去の追憶にひたってごまかすこともできない。現実を直視して今を生きる以外に人生はないということ。

参考 楚の隠者狂接輿（乱れた世の中をあきらめて狂人のふりをしたことから、こうよばれる）が孔子に「今の乱れた世の中では、あなたが行なおうとしている道は不可能だ。現実を見てあきらめたほうがよい」と忠告した時の一節。両者による類似の問答が『論語』微子篇にも見える。

来を知らんと欲する者は往を察せよ、古を知らんと欲する者は今を察せよ

出典 『鶡冠子』近迭

原文 欲レ知レ来者察レ往、欲レ知レ古者察レ今。

意味 将来のことを知りたいならば過去のことから洞察すべきであるし、過去のことを深く理解したいならば現在起こっていることから洞察すべきである。将来は過去の出来事から類推でき、過去は現在の出来事を十分に分析することで把握できるのである。

参考 『鶡冠子』のことばとして記されるが、これは『易経』繫辞下伝の「往を彰らかにして来を察し、顕を微にし幽を闡く」（その項参照）に基づ

くものである。

洛陽の親友如し相問わば、一片の氷心玉壺に在り

出典　盛唐、王昌齢詩「芙蓉楼送二辛漸一」

原文　洛陽親友如相問、一片氷心在二玉壺一。

意味　もしも洛陽の親友が君に私のことをたずねたならば、こう答えてくれ。氷のように清冷な心が玉の壺の中にあるようだと。

参考　王昌齢は当時南京の副知事。友人の辛漸が洛陽に帰るのを送る詩である。「一片氷心」は氷のように透明で清浄な心のこと。鮑照の「白頭吟」に「清きこと玉壺の氷の如し」とあるのに基づく。

蘭艾若し分かたずんば、安んぞ馨香を用いんや

出典　盛唐、張九齢詩「在レ郡秋懐」其一

原文　蘭艾若不レ分、安用二馨香一為。

意味　蘭と艾（芳草と雑草）をきちんと区別できなければ、どうしてよい香りを用いることができようか。人物を見極める目がなければ、有能な人間に才能を生かす場は与えられないというたとえ。

参考　志はあっても名を立てることなく時だけが過ぎていく。なかなか認められない自分自身についての感慨である。

乱の生ずる所は、則ち言語以て階と為す

出典　『易経』繫辞上伝

原文　乱之所レ生也、則言語以為レ階。

意味　混乱が生じる際には、言語が最初の階段となる。混乱の発端となるのは言語であるので、慎重にすべきである。

参考　孔子のことば。これに続けて「君密ならざれば則ち臣を失い、臣密ならざれば則ち身を失い、幾事密ならざれば則ち害成る」（その項参照）とある。

乱は治より生じ、怯は勇より生じ、弱は強より生ず

出典 『孫子』勢

原文 乱生㆓於治㆒、怯生㆓於勇㆒、弱生㆓於強㆒。

意味 乱れた状態は治まった状態から生まれ、臆病は勇気から生まれ、弱さは強さから生まれる。治・勇・強という軍にとって最上の状態は、変化する危険をつねにはらんでいるので、油断してはいけないということ。

乱民を治むるは、猶お乱縄を治むるがごとし。急ぐべからず

出典 『漢書』龔遂伝

原文 治㆓乱民㆒、猶㆑治㆓乱縄㆒。不㆑可㆑急也。

意味 乱れた民を治めていくことは、ちょうど乱れてもつれあった縄を解きほどくようなもので、急激にしてもうまくいかない。

参考 この後に「唯之を緩め、然る後に治むべし（まずゆるめて、それから治めるのがよい）」とある。乱れた時代から世を立ち直らせるためには、規則を強化して強制的に安定を得るより、時間をかけてゆるやかにやさしく治めるほうがよいということ。

り

理有るは高声に在らず

出典 『嘉泰普灯録』十七

原文 有㆑理不㆑在㆓高声㆒。

意味 道理が通っているかどうかは、声の大きさには関係ない。大声で言えば道理が通るというものではない。

参考 月庵善果禅師のことばとして見える。『従容録』九則の頌の著語にも見える。

李下に冠を正さず

⇩瓜田に履を納れず、李下に冠を正さず

利眼雲に臨めば、照を垂るる能わず（りがんくもにのぞめば、しょうをたるるあたわず）

出典 西晋、陸機「演連珠」

原文 利眼臨レ雲、不レ能レ垂レ照。

意味 太陽や月も雲を前にすると、その輝きをふりそそぐことはできない。すぐれた名君であっても、その周囲に悪い臣下が多ければ、その政治がよくならないことのたとえ。

参考 この後には「朗璞も垢を蒙れば輝を吐く能わず（宝玉も垢にまみれては輝けない）」とある。「利眼」は日月のこと。

利器は必ず先に挙ぐ、賢に非ざれば安んぞ任ずべけんや（りきはかならずさきにあぐ、けんにあらざればいずくんぞにんずべけんや）

出典 盛唐、王昌齢詩「上二侍御士兄一」

原文 利器必先挙、非レ賢安可レ任。

意味 すぐれた人物は必ず先に用いられる。賢人でなければどうして重要な任につくことができようか。「利器」はすぐれた才能。

六経は、先王の陳迹なり（りくけいは、せんおうのちんせきなり）

出典 『荘子』天運

原文 六経、先王之陳迹也。

意味 儒教の六つの根本経典は、古代の聖王の古びた足跡のようなものだ。聖人の生きた精神こそを学ぶべきであって、伝わっている事跡を崇め奉っても無意味であるということ。「六経」は儒教の根本経典である『詩』『書』『礼』『楽』『易』『春秋』。「陳迹」は陳腐な足跡の意。

参考 老子が古の跡を尊重する儒家を批判し、無為自然の道を孔子に対して説く寓話の中の一節。「迹は履の出だす所なるも、迹は豈履ならんや」の項参照。

六経我に註し、我六経に註す。学苟くも道を知らば、六経皆我が註脚なり（りくけいわれにちゅうし、われりくけいにちゅうす。がくいやしくもみちをしらば、りくけいみなわがちゅうきゃくなり）

出典 『宋史』陸九淵伝

原文 六経註レ我、我註二六経一。学苟知レ道、六経皆我註脚。

意味 六経は我が心を注釈し、我が心は六経を注釈する。学問によって究極の道を知り得たなら、六経はすべて我が心の注釈となる。人の心は天地万物を所有しているから、経典は自分の心の解説書といえるし、自分の心が経典を解説するともいえる。また、心が道にほかならないことを学び悟ったなら、経典はすべて自分の心の注釈書であるとみなすことができるということ。「六経」は儒教の六つの根本経典。「註脚」は注釈書。「註」を「注」に、「道」を「本」に作るテキストもある。

参考 「心即理」説を唱えた南宋の儒学者陸九淵の思想を簡潔に示した有名なことば。もと『陸象山集』巻三十四「語録」に見える。

六親和せずして孝慈有り、国家昏乱して忠臣有り

出典 『老子』十八章

原文 六親不レ和有二孝慈一、国家昏乱有二忠臣一。

意味 一家が不和になったために、孝行や慈愛が生じるようになり、国家が乱れてきたために、忠臣が現れるようになったのだ。

参考 「大道廃れて仁義有り、智慧出でて大偽有り」（その項参照）に続く一文。孝行者や忠臣が顕彰されるのは、実は家庭内、国家内が乱れているからである。老子の説く無為自然の道が行なわれていれば、それらが顕彰されることはない、として儒学思想を批判する。

六馬和せざれば、造父も以て遠きを致す能わず

出典 『韓詩外伝』巻三

原文 六馬不レ和、造父不レ能二以致一レ遠。

意味 天子の馬車を引く六頭の馬が足並みをそろえなければ、名馭者である造父でも遠くまで馬車を走らすことはできない。団結することが重要である。「六馬」は天子の馬車を引く六頭の馬。「造父」は周の穆王に仕えた名馭者。

参考 孫卿（荀子）と臨武君とが、趙の孝成王の前

で兵を論じた際に、孫卿が語ったことば。これに続けて「弓矢調わざれば、羿も以て微に中つること能わず」とある。「羿」は中国の古代伝説上の弓の名手。羿のような弓の名手でも、弓矢の調節がとれていなければ、微小な的を射抜くことなどできないのである。なお、この孫卿をめぐる故事は、『荀子』議兵篇の冒頭にも、ほぼ同じ形で見える。

立身の成敗は、染まる所に在り

出典 初唐、魏徴「十漸疏」

原文 立身成敗、在㆓於所㆑染。

意味 一人前の立派な人間になれるかなれないかは、その人が影響を受け感化された環境に左右される。

参考 終わりをよくしない原因をあげて論ずる文中のことば。影響を受けて習慣となることに注意しなければならないことをいう。もし小人とばかり交際していれば、終わりをよく全うしないという。

利は苟くも就かず、害は苟くも去らず

出典 『漢書』賈誼伝

原文 利不㆓苟就㆒、害不㆓苟去㆒。

意味 利益があるからといって軽々しくその利のあるところにつくようなことはしないし、害悪があるからといって軽々しくその害あるものをとり除くこともしない。

李白は一斗詩百篇、長安市上酒家に眠る

出典 盛唐、杜甫詩「飲中八仙歌」

原文 李白一斗詩百篇、長安市上酒家眠。

意味 李白は酒一升を飲むうちに百篇の詩を作る。いつも長安市中の酒場で酔っぱらって寝ている。「一斗」はわが国の一升にほぼ当たる量。

参考 八仙（賀知章・汝陽・李適之・崔宗之・蘇晋・李白・張旭・焦遂ら唐の時代の酒と詩を愛した八人）の酒飲みの飲みっぷりを詠じた

詩の一節。豪放で天才肌だった李白の人となりをよく示した句として知られ、これに続けて「天子呼び来れども船に上らず、自ら称す臣は是酒中の仙と」とも詠じている。後世、李白は詩仙、杜甫は詩聖とたたえられ、「李杜」と並称された。

利は両にすべからず、忠は兼ぬべからず

出典 『呂氏春秋』慎大覧・権勲

原文 利不レ可レ両、忠不レ可レ兼。

意味 二つの利益を両方とも得ることはできず、二つの忠義を並び立たせることはできない。

参考 「兼」は「並」と同義。「小利を去らざれば、則ち大利を得ず。小忠を去らざれば、則ち大忠に至らず」とこれに続く。聖人たるものは小を排し、大を取らなければならないことを説く。

利百ならざれば法を変えず

出典 『商子』更法

原文 利不レ百不レ変レ法。

意味 利益が大いに得られると考えられなければ法は変えない。

参考 十分な効果が期待されないかぎり制度を改める必要はないという教え。孝公（秦の王、始皇帝の全国統一の布石をしく）が、荒地開墾令を発案する際、保守的な立場にある杜摯と、革新論者の商鞅（人名略解参照）に意見を求めた。結局は、商鞅の意見が容れられるのだがこれは杜摯の進言の一節。

流水沙を淘いて暫くも停まらず、前波未だ滅せざるに後波生ず

出典 中唐、劉禹錫詩「浪淘沙詞」其九

原文 流水淘レ沙不ニ暫停一、前波未レ滅後波生。

意味 流れる水は砂を洗い流していささかもとどまらない。先に起きた波が消えないうちに次の波がもう生じている。

参考 一時もとどまらずに変化を続けていく自然の

さまを言うのに用いられる。

流波は旧浦を恋い、行雲は故山を思う

出典　西晋、張協「雑詩」

原文　流波恋㆓旧浦㆒、行雲思㆓故山㆒。

意味　流れる水はもとのほとりを思い慕い、空を行く雲はふるさとの山をなつかしむ。

参考　故郷から遠くはなれた地で帰郷の願いをうたった詩の一節。あらゆるものが故郷をなつかしみ、帰郷を願うのは当然のことで、人もその例外ではないという思いを詠みこんでいる。

良医の門に病人多く、隠栝の側に枉木多し

出典　『荀子』法行

原文　良医之門多㆓病人㆒、隠栝之側多㆓枉木㆒。

意味　名医のもとには多くの病人が集まり、ためぎ（木材などの曲がりをただす道具）の側には多くの曲がった木が寄り集まっている。「隠栝」は木材や弓などの曲がりを直す道具、ためぎのこと。

参考　子貢（孔子の門人）が「なぜ孔子の門下には色々な人物が集まるのか」と問われた際、徳の高い人物の周りには多くの者が集まるものだと答えた。ここは、その答えをたとえた一節。

両岸の猿声啼いて住まざるに、軽舟已に過ぐ万重の山

出典　盛唐、李白詩「早発㆓白帝城㆒」

原文　両岸猿声啼不㆑住、軽舟已過万重山。

意味　長江の両岸から聞こえる猿の啼き声が絶える間もないうちに、私の乗った軽い小舟は幾重にも重なる山々の間を一気に通り過ぎた。

参考　この詩の背景については、「朝に辞す白帝彩雲の間、千里の江陵一日にして還る」の項参照。「猿声」は物寂しい啼き声といわれる。松尾芭蕉は『野ざらし紀行』の中で、「猿を聞く

人捨子に秋の風いかに」と詠んでいる。

両喜は必ず溢美の言多く、両怒は必ず溢悪の言多し

出典 『荘子』人間世

原文 両喜必多二溢美之言一、両怒必多二溢悪之言一。

意味 ことばを人に取りつぐ場合、双方が喜んでいるときは、必ず事実以上にほめることばが多くなり、双方が怒っているときは、必ず事実以上に悪く言うことばが多くなるものだ。事実をありのままに伝達することの難しさをいう。

参考 楚王の使者として、大役におののきつつ斉へ赴く葉公（楚の王室の一族で葉の地に封ぜられる）に、孔子が「ことばというものは、度をすぎると事実から遠ざかり、事実から遠ざかると信用がなくなり、そのことばを伝えた者は災いを受ける。だから、人の臣としては、君主のことばを細工せずありのまま伝えることが使者としての責任をまっとうすることになる」と助言を与える説話の中のことば。熟語、「溢美」（ほめすぎること）、「溢悪」（悪く言いすぎること）の典拠。

良弓の子は、必ず先ず箕を為り、良冶の子は、必ず先ず裘を為る

出典 『列子』湯問

原文 良弓之子、必先為レ箕、良冶之子、必先為レ裘。

意味 良い弓職人の子弟は、必ず最初に箕を作ることを学び、良い鍛冶屋の子弟は、必ず最初に皮ごろもを作ることを学ぶ。「箕」は穀物を入れてちりやぬかをえりわける竹かご。「裘」は毛皮の服。

参考 弓職人や鍛冶屋は、ともに弓や金属といった堅いものを扱う仕事であるが、箕や裘といった柔らかい物を扱う心得が必要であるということ。わざの鍛錬には、基本の精神的態度を培うことこそが重要であると説く。『礼記』学記にも「良冶の子は、必ず裘を為るを学び、良弓の子は、必ず箕を為るを学ぶ」（その項参

照）という類似した表現が見える。「箕裘の業」の語形で一般には知られる。

良弓は張り難し、然れども以て高きに及び深きに入るべし

出典　『墨子』親士

原文　良弓難レ張、然可ニ以及レ高入レ深。

意味　良い弓は弦を張るのが難しいが、そこから放たれた矢は高く届き、深く突き刺さる。優れた道具や人材は使いこなすのが難しいが、いったん使いこなせばすばらしい威力を発揮することのたとえ。

参考　続けて「良馬は乗り難し、然れども以て重きに任え遠きに致すべし。良才令い難し、然れども以て君を致し尊きを見すべし（良い馬は乗りこなすのが難しいが、重い荷物を背負い遠くに行くことができる。優れた人材を使うことは難しいが、上手に用いれば、君主を高きに到らせ、その偉大さを世に示すことができる）」とある。

良玉尺に度れば十仞の土有りと雖も、其の光を掩う能わず

出典　『韓詩外伝』巻四

原文　良玉度レ尺雖レ有ニ十仞之土一、不レ能レ掩ニ其光一。

意味　直径一尺ほどの良玉は、十仞もの高さに土が積み重なったとしても、その光をおおいかくせない。人徳すぐれた人は黙っていてもそれが外にあらわれるというたとえ。「仞」は長さの単位で七尺にあたる。

参考　顔淵が孔子に語ったことば。これに続けて、「良珠寸に度れば百仞の水有りと雖も、其の瑩を掩う能わず」という類句がある。

良玉は彫らず、美言は文らず

出典　前漢、揚雄『法言』寡見

原文　良玉不レ彫、美言不レ文。

意味　良い宝玉は彫琢を加えるまでもなく、すばらしいことばは文飾を加えるまでもない。

参考 出典の『法言』ではこのことばの意味を問われた揚雄が、「彫琢しなければ玉も宝とはならないし、文飾しなければ文章は経典とならない」と答えている。一般には、この意味ではなく、すばらしいことばは自然と美しいものであるという意味で用いられる。

良剣は断に期して鏌鋣に期せず、良馬は千里に期して驥驁に期せず

出典 『呂氏春秋』慎大覧・察今

原文 良剣期二乎断一不レ期二乎鏌鋣一、良馬期二乎千里一不レ期二乎驥驁一。

意味 良剣はよく切れることが求められるのであって鏌鋣のような名剣が求められるのではなく、良馬は千里を走れることが求められるのであって、驥驁とよばれるような名馬が求められるのではない。「鏌鋣」は呉の名剣の名。「驥驁」は駿馬の意。

参考 名目よりも実質があることの重要性を説いたことば。このことばの後に、時の推移を知らず、がんこで融通のきかないという意で知られる「舟に刻みて剣を求む」の典拠となる話が見られる。

両虎相与に闘わば、駑犬も其の弊を受く

出典 『史記』春申君列伝

原文 両虎相与闘、而駑犬受二其弊一。

意味 二頭の虎が闘い傷つけ合えば、その疲れにつけこみ、のろまな犬でも虎を倒すことができる。

参考 春申君（楚の宰相）が、秦の昭王にあてた書状の中のことば。「両虎」とは、秦と楚をさす。『戦国策』秦策には、「此れ猶お両虎相闘って、駑犬其の弊を受くるがごとし」とある。

良工は矩鑿の中に漸う

出典 『淮南子』繆称訓

原文 良工漸二矩鑿之中一。

意味 腕のよい工匠は、指し金とのみとによって習

り

熟する。指し金やのみは工匠の道具であると同時に、一定の規準を示す法則でもあり、これを使いこなすことによって習熟してゆくということ。

参考 「矩鑿」を「矩彠（かく）」とするテキストもある。「彠」はものさしのこと。

両虎（りょうこ）共（とも）に闘（たたか）わば、其（そ）の勢（いきお）い倶（とも）には生（い）きず

出典 『史記（しき）』廉頗（れんぱ）・藺相如列伝（りんしょうじょれつでん）

原文 両虎共闘、其勢不二倶生一。

意味 二頭の虎同士が闘えば、どちらか一頭は生きてはいない。

参考 藺相如（人名略解参照）が、家来たちに、なぜ廉頗（人名略解参照）からこそこそ逃げまわるのかとたずねられて、自らと廉頗とを虎にたとえていったことば。廉頗はなんの武勲もなく、口先ばかりの働きで、自分の上位に就いた相如に腹を立て、これを恥かしめようとしていたが、相如はひたすら彼を避けていた。強大な秦が兵をさし向けないのは、趙（ちょう）にわれら二人がいるためである。両虎が闘えば、どちらかは生きてはいない。私より国のことを先にするから、廉頗と会うことを避けているのだと相如は言う。これを伝え聞いた廉頗は、肌ぬぎとなって荊（いばら）のむちを背に負い、相如の屋敷の門前で謝罪した。以後二人は「刎頸（ふんけい）の交（まじ）わり」を結ぶ。

良賈（りょうこ）は深（ふか）く蔵（おさ）めて虚（むな）しきが若（ごと）くし、君子（くんし）は盛徳（せいとく）あって容貌（ようぼう）愚（おろ）かなるが若（ごと）し

出典 『史記（しき）』老子（ろうし）・韓非列伝（かんぴれつでん）

原文 良賈深蔵若レ虚、君子盛徳容貌若レ愚。

意味 良い商売人は、商品を奥深くしまいこんで、店頭には出さないで、一見店には何もないようにみせかける。君子も、すぐれた人格を隠して表に出そうとはしないので、一見すると愚者のようにみえるものだ。

参考　礼についてたずねた孔子に、老子が言ったことば。

良匠は材を棄つること無く、明主は士を棄つること無し

出典　『帝範』審官

原文　良匠無レ棄レ材、明主無レ棄レ士。

意味　優れた大工は、材木の長短・曲直それぞれにふさわしい部分を見つけて使っていくので、使いようのない材木を捨てるということがない。すぐれた君主も同様で、臣下の能力や適性を見きわめて働く場を与えていくから、活躍する場がないとして放置される人材はいない。

良将は死に怯えて以て苟くも免れず、烈士は節を毀ちて以て生を求めず

出典　『三国志』魏書・龐徳伝

原文　良将不二怯レ死以苟免一、烈士不二毀レ節以求レ生。

意味　優れた将軍は、死を恐れて一時のがれをしようなどとは考えない。節操を守る者は、自らの節義をまげてまで生きながらえようとはしない。

参考　魏の将軍、龐徳（異名を白馬将軍という）が、蜀の関羽と雌雄を決せんとするときに言ったことば。

良匠も金を斲ること能わず、巧冶も木を鑠すこと能わず

出典　『淮南子』泰族訓

原文　良匠不レ能レ斲レ金、巧冶不レ能レ鑠レ木。

意味　腕のたつ工匠であっても金属は削れず、優れた鋳物師であっても樹木は溶かせない。物には本来あるべき自然の姿があり、それを変質させることは容易ではないのである。「斲」は木などを削る。「鑠」は金属を鋳て溶かす。

参考　物の本質の変え難いことを、この文章に続けて「金の勢は斲るべからずして、木の性は鑠すべからず」という。

両人対酌すれば山花開く、一盃一盃復た一盃

出典　盛唐、李白詩「山中与㆓幽人㆒対酌」

原文　両人対酌山花開、一盃一盃復一盃。

意味　二人むかいあって盃を交わせば、山中の花が咲き匂う。一杯、一杯また一杯と盃を重ねる。

参考　世俗の名利を捨てて山中に生活している友人と、気楽に酒を楽しんでいる詩。酒は李白にとって人生を楽しむことの象徴のように数多く詩に詠み込まれている。後半二句は「我酔いて眠らんと欲す卿且く去れ、明朝意有らば琴を抱いて来れ」と、やはり酒を愛した六朝の陶淵明のことばをそのまま用いる。

両心は以て一人を得べからず、一心は以て百人を得べし

出典　『淮南子』繆称訓

原文　両心不ㇾ可㆔以得㆓一人㆒、一心可㆔以得㆓百人㆒。

意味　二心を抱けば一人の味方も得ることができず、一つの心を貫けば百人の味方を得ることができる。

参考　二心を抱く者より、「褐（粗末な衣服）を被て玉（真心）を懐く者」、つまり襤褸をまとっても真心を貫く者のほうが勝っていることを説く。

竜蛇の蟄るるは、以て身を存するなり

⇩尺蠖の屈するは、以て信びんことを求むるなり。竜蛇の蟄るるは、以て身を存するなり

良知良能

⇩人の学ばずして能くする所の者は、其の良能なり。慮らずして知る所の者は、其の良知なり

良田には晩歳無く、膏沢には豊年多し

出典 三国魏、曹植詩「贈二徐幹一」

原文 良田無二晩歳一、膏沢多二豊年一。

意味 良田は刈り入れ時期が遅くなっても、収穫が得られないことはないし、雨に恵まれた土地は豊作になることが多い。

参考 「徐幹に贈る」は、曹植が、不遇であった徐幹を思いやって贈った詩である。また不遇であった曹植自身のつらさをかさねている。「良田」と「膏沢」は資質、徳のそなわった徐幹を、「晩歳無く」と「豊年多し」はいつかは必ず盛りを迎えるということをたとえる。優れた人間は、今は恵まれないとしても、のちに必ず報われる時がくるであろうといっている。

良馬は秣を念わず、烈士は営みを苟めにせず

出典 中唐、張籍詩「西州」

原文 良馬不レ念レ秣、烈士不レ苟レ営。

意味 良い馬はまぐさより千里を馳せることを思うものだ、意気盛んな烈士は一時の安楽をむさぼるような取り組み方をしない。

参考 詩題の「西州」は新疆ウイグル自治区の吐魯番のあたり。唐代には西方の少数民族との戦争が行なわれた土地である。この後に「願う所は国難を除き、再び天下の平かなるに逢うことならん（自分の願いは国家の危難となる敵を破り、もう一度平和な時をむかえることである）」と続く。

良薬は口に苦けれども、唯病む者のみ能く之を甘しとす。忠言は耳に逆らえども、唯達する者のみ能く之を受く

出典 『資治通鑑』魏紀・邵陵厲公嘉平四年

原文 良薬苦レ口、唯病者能甘レ之。忠言逆レ耳、唯達者能受レ之。

り

り

意味 よく効く薬というのは、服用するときは苦いものだが、ただ病人だけはこれを甘いと感じることができる。忠告は、なかなか素直に聞き入れにくいが、理に通じている者だけは素直に聞き入れることができる。

参考 「良薬は口に苦し」は、『韓非子』外儲説・上を、「忠言は耳に逆らう」は、『史記』淮南王列伝を典拠とする。「良薬は口に苦けれども病に利あり、忠言は耳に逆らえども行ないに利あり（『説苑』正諫）」の項参照。

良薬は口に苦けれども病に利あり、忠言は耳に逆らえども行ないに利あり

出典 『説苑』正諫

原文 良薬苦㆓於口㆒利㆓於病㆒、忠言逆㆓於耳㆒利㆓於行㆒。

意味 よい薬は苦くて飲みにくいが、病気によく効くように、諫言や忠告はなかなか素直に聞き入れにくいが、行ないの助けとなる。

参考 『孔子家語』六本にもほぼ同様のことばが見える（「良薬」を「薬酒」に作る）。

良冶の子は、必ず裘を為るを学び、良弓の子は、必ず箕を為るを学ぶ

出典 『礼記』学記

原文 良冶之子、必学㆑為㆑裘、良弓之子、必学㆑為㆑箕。

意味 腕のよい鍛冶屋の子弟は、必ず皮ごろもを作ることを学び、腕のよい弓職人の子弟は、必ず箕を作ることを学ぶ。「裘」は毛皮の服。「箕」は穀物を入れてちりやぬかをえりわける竹かご。

参考 上手な鍛冶屋の子弟も、上手な弓師の子弟も、みようみまねで親の技をおぼえ、はじめに容易なところから手をつけて次第に高度な技術を身につけてゆくということ。『列子』湯問にも「良弓の子は、必ず先ず箕を為り、良冶の子は、必ず先ず裘を為る」（その項参照）という類似した表現が見える。

梁麗は以て城を衝くべきも、以て穴を窒ぐべからず

出典 『荘子』秋水

原文 梁麗可二以衝一レ城、而不レ可二以窒一レ穴。

意味 梁や棟木に使う大木は、城壁を突き崩すことはできるが、小さな穴はふさげない。物にはそれぞれ異なった用途がある。「梁」は棟の重みをささえる横木、うつばり。「麗」は棟として使う木材、棟木。

参考 河伯（黄河の神）と北海（渤海の神）がやりとりする寓話の中で、ものの大小・善悪・貴賤などは相対的なもので、一定のきまりがあるわけではないとして北海が挙げた一例。この一節のあとに同様の意味のことばが続く。「騏驥驊騮は、一日にして千里を馳するも、鼠を捕うるは狸狌に如かず」（その項参照）。

旅館の寒灯に独り眠らず、客心何事ぞ転た悽然たる

出典 盛唐、高適詩「除夜作」

原文 旅館寒灯独不レ眠、客心何事転悽然。

意味 旅先の宿のわびしい灯火のもと、独り寝つかれず、寂しい思いはつのるばかりだ。「転」はますます。「悽然」は寂しく、痛ましいさま。

参考 後半二句は「故郷今夜千里を思う、霜鬢明朝又一年」（その項参照）と続く。少なくとも中年は過ぎ、人生の先も見え始めたであろう作者が、旅先で新年を迎えようとする大晦日の夜に、その感慨をうたった詩の前半部分である。

緑樹陰濃やかにして夏日長し、楼台影を倒にして池塘に入る

出典 晩唐、高駢詩「山亭夏日」

原文 緑樹陰濃夏日長、楼台倒レ影入二池塘一。

意味 緑に茂る木立は地にくっきりと陰をつくり、

参考 夏の日は長い。山荘の高楼は、池の水に影をさかさに落としている。「池塘」はふつう、池の堤のことだが、ここでは池、池の水のこと。初夏の山荘の景を詠じた詩の前半部で、後半は「水精の簾動いて微風起こり、満架の薔薇一院香し」（その項参照）と続く。

林間に酒を煖めて紅葉を焼き、石上に詩を題して緑苔を掃う

出典 中唐、白居易詩「送二王十八帰レ山、寄‐二題仙遊寺一」

原文 林間煖レ酒焼二紅葉一、石上題レ詩掃二緑苔一。

意味 林間で酒を暖めるに紅葉を燃やし、石上で詩を作るに緑の苔を払う。

参考 山中での静かな隠れた暮らしの楽しみをいう。「酒を煖めて紅葉を焼き」「詩を題して緑苔を掃う」は倒置表現。『和漢朗詠集』巻上の秋興の部に採録され、日本の古典にもしばしば引用される詩句である。

綸言汗の如し

⇩王の言は糸の如くなるも、其の出ずるや綸の如し

林中に疾風多く、富貴に諛言多し

出典 『塩鉄論』国疾

原文 林中多二疾風一、富貴多二諛言一。

意味 林の中には強く激しい風が吹くことが多く、富貴の人々の周囲には取り入ろうとしてお世辞をいうものが多い。富貴になればこそ忠告や諫めのことばに耳を傾けるべきである。

参考 「諛言」は、こびへつらうことば。この直前に「夫れ薬酒は口に苦けれども病に利あり、忠言は耳に逆らえども行ないに利あり。故に愕愕（遠慮せず正論を述べる）たる者は、福なり、諓諓（こびへつらう）たる者は、賤なり」とある。この前半部分とほぼ同様の文は、『説苑』正諫にも見える。

林中に薪を売らず、湖上に魚を鬻がず

出典 『淮南子』斉俗訓

原文 林中不レ売レ薪、湖上不レ鬻レ魚。

意味 林の中では薪は売らず、湖のほとりでは魚は売らない。物資が足りないから争い奪い合うのであり、物資が充ち足りていれば、人は欲望も起こさず争いもしないのである。

参考 『淮南子』本節では、物資が足りず争い奪い合う状態であったのが秦の治政であり、漢王朝のそれは林中の薪や湖上の魚のように満ち足りた状態で、「独夫（やもめ）すら孤を収む（みなし子を拾う）」ほどの余裕ある治政であると説く一節中の句。『淮南子』の編纂者、劉安は漢朝の王族であり、その治政を讃えながら、漢王朝の謀反人として死んだことを考えると大変興味深い一節である。

る

纍纍として喪家の狗の若し

出典 『史記』孔子世家

原文 纍纍若二喪家之狗一。

意味 世の中に受け入れられず、疲れはてているさまは、まるで食事も与えられず、飢え疲れはてている喪中の家の犬のようだ。「纍纍」は志を得ず疲労失意のようす。

参考 天下周遊中の孔子の姿をたとえたことば。

れ

礼の繁きは実心衰うればなり

出典 『韓非子』解老

原文　礼繁者実心衰也。

意味　礼がくどくどしくなるのは、まごころが減っているからである。

参考　これは『老子』三十八章の「夫れ礼は忠信の薄にして乱の首なり」という一文を解説したもの。ここで老子は、形式的な礼というものは人のまごころが薄れた結果生じたものであり、争乱のきっかけとなることを説く。

礼の用は和を貴しと為す

出典　『論語』学而

原文　礼之用和為㆑貴。

意味　礼のはたらきとしては、調和こそが貴いのである。「礼」は冠・婚・葬・祭をはじめ儀式・制度・作法などの生活上の規範をいう。

参考　孔子の高弟有若のことば。『礼記』の儒行篇の「礼の和を以て貴しと為す」に従って、「用」を「以」の意とし、礼においては調和ということこそが貴いのである、と解釈することも広く行なわれている。この章では一方で次のようにも言う。「和を知りて和すれども礼を以てこれを節せざれば、亦行なわるべからず（調和の心を知って調和を心がけても、礼により折り目をつけなければ、うまくはいかない）」。聖徳太子の『十七条憲法』第一条に「和を以て貴しと為す」とあるのはこの句による。

礼は往来を尚ぶ

出典　『礼記』曲礼・上

原文　礼尚㆓往来㆒。

意味　礼は互いのゆききが大切である。

参考　こちらが礼を尽くしたら、相手からの返礼があるはずであり、相手から礼を尽くされたのなら、こちらもそれに応えることが礼であるという教え。

礼は其の奢らんよりは寧ろ倹なれ。喪は其の易めんよりは寧ろ戚め

出典　『論語』八佾

原文　礼与㆓其奢㆒也寧倹。喪与㆓其易㆒也寧戚。

意味 礼は贅沢(ぜいたく)に行なうよりは、むしろ質素であるほうがよい。死者を弔う礼はこまごまと気をつかい万事形式を整えるよりは、心から悲しみ悼むことのほうが大切だ。「易」はきちんと整えること。「戚」は心から悲しみ悼むこと。

参考 魯(ろ)の国の林放(りんぼう)という人物が、礼の根本とは何であるかと質問したのに対して孔子(こうし)が示したことば。人々の生活上の規範たる礼の本質は形式だけではなく、誠意であることを述べている。

礼(れい)は夫婦(ふうふ)を謹(つつし)むに始(はじ)まる

出典 『礼記(らいき)』内則(だいそく)

原文 礼始㆔於謹㆓夫婦㆒。

意味 礼というものは、夫婦の間のつつしみを守ることから始まる。

参考 もっとも身近で親密な夫婦の間であればあるほど、礼儀を重んじなければならないことを述べたことば。

令(れい)を遷(うつ)すこと無(な)かれ、成(な)るを勧(つと)むること無(な)かれ

出典 『荘子(そうじ)』人間世(じんかんせい)

原文 無㆑遷㆑令、無㆑勧㆑成。

意味 命令を勝手に変更してはならないし、無理に成功を収めようとしてはならない。自然にまかせてありのままなのがよいということ。

参考 葉公(しょうこう)（葉という地に封じられた王族）が大役におののきつつ楚(そ)王の使者として斉(せい)に赴くにあたって、孔子(こうし)が君主のことばを細工せずありのまま伝えることの大切さを言い、人の臣としての責任を果たしたあとは、物事の自然な移り変わりに身をまかせるべきだと助言をする説話の中の一節。

烈士(れっし)は悲心(ひしん)多(おお)く、小人(しょうじん)は自閑(じかん)を媮(ぬす)む

出典 三国魏(さんごくぎ)、曹植(そうち)「雑詩(ざっし)」

原文 烈士多㆓悲心㆒、小人媮㆓自閑㆒。

意味 節義の士は悲しみをいだくことが多く、つま

れ

らない人間は何も考えずに安逸をむさぼっている。

参考 出征を控えて、戦いに対する意気ごみを悲壮にうたいあげた詩の一節。国の敵である呉や蜀はまだ封じこめられておらず、「小人」のように「自閑を媮む」ようなことはしていられない。わが身をなげうって、戦いに臨もうと続けられる。

烈士暮年に、壮心已まず

出典 三国魏、曹操「歩出夏門行」

原文 烈士暮年、壮心不レ已。

意味 雄々しい節義の士は、晩年を迎えても壮烈な心をなくさない。

参考 袁紹（後漢末の武将。曹操と対立し、官渡の戦いで敗れた）の残存勢力討伐を目的とした、苦難に満ちた北征を振り返ってうたった「歩出夏門行」は、四篇から成るが、そのうちの第四章の一節。この章では、人の生命は天によってのみ決められるのではなく、人の心のもちようで、それを長くすることもできるということが述べられている。北征を成功させた曹操の勢いの強さを感じさせることばである。

錬金は堅貞を索め、洗玉は明潔を求む

出典 中唐、孟郊詩「投レ所レ知」

原文 錬金索二堅貞一、洗玉求二明潔一。

意味 金属をねりきたえるのは、その金属が堅くてしっかりしたものになることを求めるからであり、宝玉を洗うのは、その玉が明らかで、きずがないものであることを求めるからである。

参考 金属を溶かして逆に固くし、玉もきずを見つけてそれを磨くことをいう。

連理の枝

⇩天に在りては願わくは比翼の鳥と作り、地に在りては願わくは連理の枝と為らん

ろ

弄花は一年、看花は十日

出典 『天彭牡丹譜』

原文 弄花一年、看花十日。

意味 ぼたんの花の苗を、花が咲くまで一年かけて手入れをしても、咲いた花を見て楽しむのは十日ほどである。「弄花」は植える、接ぎ木する、剪定するなどの手入れのこと。

参考 短い盛りの時期をより充実させるために、長い期間手を抜かずに育てるのが花作りの要諦である。

労して伐らず、功有りて徳とせず

出典 『易経』繋辞上伝

原文 労而不レ伐、有レ功而不レ徳。

意味 骨を折って苦労しても誇らず、功績があっても恩に着せない。「伐」は誇る。孔子のことば。

老馬の智、用うべし

出典 『韓非子』説林・上

原文 老馬之智、可レ用也。

意味 年老いた馬の知恵ですら役に立つ。自分の知らないことを教えてくれるのであれば、老馬ですら師とすべきである。

参考 以下の挿話をふまえる。斉の桓公が管仲（人名略解参照）、隰朋とともに孤竹国に遠征し、冬になって帰ろうとした。途中道に迷い、難渋していると、管仲が「老馬の知恵が役に立つであろう」と進言し、老馬に道案内をさせて事無きを得た。

老来の疾病は、都て是壮事に招きし的なり

出典 『菜根譚』前集百九

原文 老来疾病、都是壮事招的。

意味 老後の病気はすべて若い頃に摂生しなかった

ために引き起こしたものである。

参考 人生全般においても同様に、最も満ち足りた環境にある時にこそ慎み深く考え行動する事が大切なのである。

魯魚烏焉の誤り

⇨刁刀相似たり、魯魚参差たり

六十にして耳順う

出典 『論語』為政

原文 六十而耳順。

意味 六十歳になって、他人のことばを素直に耳に入れるようになった。

参考 孔子が晩年に自己の生涯を回顧して述べたことば。ここから六十歳のことを「耳順」という。「吾十有五にして学に志す」の項参照。

廬山の真面目を識らざるは、只身の此の山中に在るに縁る

出典 北宋、蘇軾詩「題㆓西林壁㆒」

原文 不㆑識㆓廬山真面目㆒、只縁㆔身在㆓此山中㆒。

意味 廬山の本来の姿を知らないのは、自分がこの山の中にいるからである。

参考 「横さまに看れば嶺を成し、側よりは峰と成る。遠近高低一も同じことは無し」と、廬山は見る位置・角度によって姿が変わるとうたった後の詩句。物事の真相は、それを突き放した所から冷静に見なければとらえられないというたとえ。廬山は蘇軾が傾倒した陶淵明の住居、白楽天もうたった香炉峰、朱熹が学を講じた白鹿洞書院などもある名勝の地。詩題の「西林」は廬山のふもとにある寺の名。

驢事未だ了らざるに、馬事到来す

出典 『景徳伝灯録』十一

原文 驢事未㆑了、馬事到来。

意味 驢馬の用事がまだ終わらないのに馬の用事がやってきた。一つの問題が解決しないうちに別の大きい問題がもちあがることのたとえ。

参考 霊雲志勤禅師のことば。

魯酒薄くして邯鄲囲まる

⇩ 脣竭きて則ち歯寒く、魯酒薄くして邯鄲囲まる

路上の行人、口は碑に似たり

出典 兪琰『書斎夜話』

原文 路上行人、口似レ碑。

意味 道を行く人々の口から出ることばは、石碑に刻む文章のようなものだ。本当の名声は、石碑に刻むまでもなく、広まり伝わっていく、ということ。

参考 『書斎夜話』では、直前に「名有れば何ぞ必ずしも頑石を鐫らん」という。『続伝灯録』二十二には太平安禅師の説法のことばとして、類似の二句が見える。

わ

我が貨を益す者は、我が神を損す。我が名を生む者は、我が身を殺す

出典 西晋、高甫謐『高士伝』巻中・厳遵

原文 益二我貨一者、損二我神一。生二我名一者、殺二我身一。

意味 自分の財産を増やそうとする者は、自分の精神をなやまし、そこなう。自分の名声を得ようとする者は、自分の身体を傷つけ、そこなうことになる。

参考 仕官せずに隠居し、占いで得たわずかの金で生計を立てて著述に専念していた蜀の厳遵が、金持ちの羅中に任官せぬ理由をたずねられた時の答え。

我が心石に匪ず、転ずべからざるなり

出典　『詩経』邶風・柏舟

原文　我心匪レ石、不レ可レ転也。

意味　私の心は石ではないのだから、石のように転がすことはできない。

参考　石は堅いけれど転がすことはできる。それに対して自分の心は堅固であるから転がされることはない。また、この二句に続けて次のように詠んでいる。「我が心席に匪ず、巻くべからざるなり」

吾が生や涯有りて、知や涯無し

出典　『荘子』養生主

原文　吾生也有レ涯、而知也無レ涯。

意味　われわれの生命は有限であるが、われわれの知識の欲は無限である。人間の知識欲が、対象を求めてやまず、新たな欲を次々と生み出し続け、やがては身を滅ぼすことをいう。

参考　「涯」はかぎり、きわまりの意。養生主篇冒頭のことば。この後に「涯有るものを以て涯無きものを随えば、殆きのみ」と続く。

吾が道は一以て之を貫く

出典　『論語』里仁

原文　吾道一以貫レ之。

意味　私の道は、常に一つの道理で貫かれている。

参考　高弟の曾参に対し、孔子が語ったことば。曾参は「唯（はい）」と答えたが、他の門人たちは師のことばの意味するところがわからなかった。そこで曾参は「夫子の道は忠恕のみ（先生の道は、忠恕、まごころと思いやりということにほかならぬ）」と説明している。

禍に臨みて憂いを忘れば、憂い必ず之に及ばん

出典　『春秋左氏伝』荘公二十年

原文　臨レ禍忘レ憂、憂必及レ之。

意味　現実に災難がふりかかっていながら、その憂いを直視せず、何ら対処しないようでは、その憂いはとりかえしのつかないものになってしまう。

参考　鄭伯（厲公）のことば。この前には「哀楽時を失えば、殃咎必ず至る」とある。

禍の来るや人自ら之を生じ、福の来るや人自ら之を成す

出典　『淮南子』人間訓

原文　禍之来也、人自生レ之、福之来也、人自成レ之。

意味　災いが身に起こるのは、人が自分自身でこれを招いているのであり、幸福が訪れるのは、人が自分自身でこれを成し遂げたのである。

参考　禍福は自分自身が招くものである。これに続けて「禍と福とは門を同じくし、利と害とは隣を為す」（その項参照）とある。

禍は足るを知らざるより大なるは莫し

出典　『老子』四十六章

原文　禍莫レ大ニ於不レ知レ足。

意味　禍は満足することを知らないことから起こるものより大きなものはない。あくなき欲望より大きな禍はないということ。

参考　続けて「咎は得るを欲するより大なるは莫し」とある。「足るを知る」ことの重要性を強調したもの。とくに、為政者の足るを知らない心と飽くことのない欲望によってひき起こされる戦乱の災禍を指摘している。同じ四十六章中には、「足るを知りて之足れば、常に足る」という表現も見える。

禍は単行せず

出典　『景徳伝灯録』十一

原文　禍不ニ単行一。

意味　災難は単独で起こるということがない。必ずたび重なるものである。

参考　『景徳伝灯録』では紫桐和尚、『続伝灯録』では楊億のことばとして見える。

わ

禍は福の倚る所、福は禍の伏する所なり

出典 『老子』五十八章

原文 禍兮福之所レ倚、福兮禍之所レ伏。

意味 禍には福がよりそい、福には禍がよりそう。禍と福とが表裏一体となって交互に現われることのたとえ。

参考 このことばは「禍福倚伏」の四字熟語としても用いられている。老子はどこまでが福で、どこからが禍であるか、その窮極を知ることはできないと論ずる。禍福は糾える縄の如し。

禍を未だ形れざるに消し、危うきを将に亡びんとするに救う

出典 『宋名臣言行録』内翰王公禹偁

原文 消二禍於未一レ形、救二危於将一レ亡。

意味 災禍は、それが現実のものとならないうちに、その元となるものを消滅させてしまい、危険は、それが身の破滅に及ぶ前に救いの手を講じる。

参考 北宋の文豪蘇軾（人名略解参照）が、文人政治家王禹偁の画像に賛したことば。

禍を転じて福と為し、敗に因りて功を成す

出典 『戦国策』燕策

原文 転レ禍而為レ福、因レ敗而成レ功。

意味 禍が身にふりかかっても、それを転じて幸福がおとずれるようにし、失敗をもとにして成功をよびこむようにする。

参考 聖人の振る舞いの例として縦横家の蘇秦（人名略解参照）が斉の宣王に示したことば。秦と縁戚関係にある燕を攻めてその十城を奪った斉王に対し、秦の反発を招くこの事態を好転させるには、十城を燕に返し、秦と燕に恩義を感じさせるようにすべきだとして説いた。「禍を転じて福となす」はこれが典拠。

禍を未然に防ぐ

出典 『漢書』孝成趙皇后伝

原文 防二禍於未然一。

意味 災禍は、それが起こる前に、早めに手段を講じ、防止しなければならない。

参考 似たことばとして、『宋名臣言行録』内翰王禹偁に、「禍を未だ形れざるに消し、危うきを将に亡びんとするに救う」（その項参照）がある。

吾十有五にして学に志す

出典 『論語』為政

原文 吾十有五而志二乎学一。

意味 私は十五歳のとき学問を志した。孔子が自らの生涯をふりかえって言ったことば。ここより十五歳を「志学」という。以下次のように続く。

参考 「三十にして立つ。四十にして惑わず。五十にして天命を知る。六十にして耳順う。七十にして心の欲する所に従えども、矩を踰えず」

我を非として当たる者は吾が師なり。我を是として当たる者は吾が友なり

出典 『荀子』脩身

原文 非レ我而当者吾師也。是レ我而当者吾友也。

意味 自分を悪いとして叱り正してくれる者は師であり、自分を正しいとして認めつきあってくれる者は友である。

参考 師や友の存在こそ自らの成長にとって重要なものとなる。

和を以て貴しと為す

⇩礼の用は和を貴しと為す

【付録】

【人名略解】

—本文中に出典として掲げた人名や関連する人名のうち主要なものを示した。

【伊尹】　生没年未詳
殷王朝草創期の賢相。湯王をよく補佐して夏の桀王を滅ぼし、殷の成立に功績が大きい。また、湯王の死後、外丙・仲壬二王に仕え、のちに即位した太甲が政治を顧みないときはこれを退け、三年ののち、ついに改心させたという。

【韋応物】　七三七頃～八〇四頃
中唐の詩人。号は蘇州。官は蘇州刺史に至る。五言古詩に優れ、その詩風は「澄淡精緻」と評される。陶潜とともに陶韋と併称される。詩集に『韋蘇州集』がある。

【禹】
夏王朝を開いたとされる古代伝説上の聖王。姓は姒。舜のもとで治水に努めた鯀の子。治水や民政の安定に努めた功により、舜から禅譲され、天子の位についた。夏伯。大禹。

【于謙】　一三九四～一四五七
明の政治家。一四四九年、英宗がモンゴルのオイラート部の首長エセンの捕虜となると（土木の変）、于謙は南遷論などを唱える朝廷内の勢力をおさえ、英宗の弟を立てて北京を死守した。強硬な明の態度にエセンは折れ、和議成って英宗は帰国。復位すると于謙は反逆の廉で処刑された。のち名誉回復し、忠粛と諡された。著に『于忠粛集』がある。

【于武陵】　八一〇頃～?
晩唐の詩人。名は鄴。字の武陵をもって知られる。『唐詩選』所収の「酒を勧む」の詩の作者として有名。著に『于武陵詩集』がある。

【慧洪】　一〇七一～一一二八
北宋の禅僧。字は覚範。高宗から宝覚円明禅師の号を賜る。著に『冷斎夜話』などがある。

【袁康】 生没年未詳
前漢末、会稽の人。『越絶書』の作者。

【袁宏道】 一五六八〜一六一〇
明の詩人。字は中郎。号は石公。真率な心情の発露を重要視する性霊説は、清の袁枚らに影響を与えた。兄宋道、弟中道とともに、世に「三袁」とよばれ、その詩風は「公安派」と称される。著に『袁中郎集』がある。

【袁枚】 一七一六〜一七九七
清の文人。字は子才。簡斎、随園老人と号した。官を三十八歳のとき辞し、以後は詩壇にあって、性情のおもむくまま自由にうたうことを重視する性霊説を唱えた。著に『随園詩話』がある。

【王安石】 一〇二一〜一〇八六
北宋の政治家。字は介甫。号は半山。神宗のとき、宰相として「新法」を制定して断行しようとしたが、失敗して辞職。文学者としても名高く、唐宋八大家の一人で、詩文集『臨川集』がある。

【王維】 七〇一頃〜七六一
盛唐の詩人。字は摩詰。官は尚書右丞に至る。画家でもあった王維は、詩作に当たっても絵画的なものが多く、とくに自然を詠んだ詩に優れている。南宗画の祖とされる。詩文集『王右丞集』がある。

【王翰】 生没年未詳
盛唐の詩人。字は子羽。豪放な性格で、酒を好み任侠の徒と交わり、素行がおさまらなかったため、道州（湖南省道県）司馬として流され、その地で死んだ。「涼州詞」（『唐詩選』所収）は名高い。

【王羲之】 三〇七頃〜三六五
東晋の書家。字は逸少。官は右軍将軍、会稽内史に至り、王右軍と称せられる。楷・行・草のいずれにも長じ、芸術としての書を完成に導き、「書聖」とよばれる。子の王献之とともに「二王」の称がある。「蘭亭集序」の行書、「楽毅論」の楷書、「十七帖」の草書がとくに有名である。

【王建】 ?〜八三〇頃
中唐の詩人。字は仲初。身分の低い家の出身で、官吏としては卑官に終わったが、その境遇ゆえに民衆の心情を楽府体の詩にうたい、張籍と並び称せられた。著に『王建詩集』がある。

【王粲】一七七〜二一七
後漢末、三国時代初頭の魏の詩人。字は仲宣。漢の名家の出身で、曹操に仕えて侍中となった。詩文に長じ、建安七子の第一人者とされる。「七哀詩」「従軍詩」などが有名。

【王讃】生没年未詳
西晋の文人。字は正長。官は司空掾、散騎侍郎などを歴任。博学で知られる。『文選』所収の「雑詩」が有名。

【王之渙】六八八〜七四二
盛唐の詩人。字は季陵。辺境の風物をうたった辺塞詩に優れ、当時の流行歌の作詞家としても知られる。「鸛雀楼に登る」「涼州詞」（いずれも『唐詩選』所収）は、その代表作。

【王守仁】
⇩王陽明

【王昌齢】六九八頃〜七五五頃
盛唐の詩人。字は少伯。七言絶句に優れ、辺塞詩を得意とした。李白と並び称された。著に『王昌齢集』がある。

【王籍】生没年未詳
南朝 梁の詩人。字は文海。官は湘東王の諮議参軍から中散大夫に至る。「若耶渓に入る」の詩が有名。

【王褒】？〜前六一
前漢の文人。字は子淵。宣帝のとき、抜擢されて諫議大夫となる。詩賦をよくし、「洞簫賦」などの作がある。

【王勃】六五〇頃〜六七五頃
初唐の詩人。字は子安。初唐四傑の一人であり、華麗な詩風で知られる。「滕王閣序」はとくに有名。著に『王子安集』がある。

【欧陽脩】一〇〇七〜一〇七二
北宋の政治家・学者・文人。字は永叔。号は酔翁、六一居士。諡は文忠。仁宗のときに参知政事（副宰相）となる。のちに王安石が新法を断行するに及んで退官した。宋代士大夫の代表的存在であり、政治・学問・文学のすべてに一流であった。唐宋八大家の一人。編著に『新唐書』『新五代史』、また『欧陽文忠公全集』などがある。

【王陽明】 一四七二～一五二八
明の儒学者・政治家。名は守仁。字は伯安。諡は文成。「陽明」は号。当時官学であった朱子学に対し、致良知と知行合一を説き、陽明学を樹立。主著に『伝習録』がある。

【温庭筠】 八一二頃～八七二頃
晩唐の詩人。名は岐。字は飛卿。官は国子助教。詞に巧みで、李商隠とともに「温李」と並び称された。著に『温飛卿詩集』がある。

【賈誼】 前二〇〇～前一六八
前漢の思想家・政治家。文帝のときに若くして博士となり、重用されて太中大夫として革新的な政策を上奏したが、高祖以来の重臣らの反対にあって左遷された。賦・文に優れ、その思想は儒家の礼楽論などを知る上で重要である。「鵩鳥の賦」「過秦論」「屈原を弔う賦」などが有名。著書に『新書』がある。

【郭璞】 二七六～三二四
東晋の詩人。字は景純。卜筮をよくした。王敦が反乱を起こそうとしたとき、凶と占ったので殺された。『爾雅』や『山海経』に注した。著に『郭弘農集』がある。

【何承天】 三七〇～四四七
南朝宋の学者・暦算家。官は御史中丞に至ったが、のちに官を免ぜられた。「元嘉暦」を製作したことで知られる。

【何遜】 四八〇頃～五二〇頃
南朝梁の詩人。字は仲言。詩文に優れ、詩は陰鏗と並び称され、文は劉孝綽と並び称される。著に『何水部集』がある。

【賈島】 七七九頃～八四三
中唐の詩人。字は浪仙。号は碣石山人。はじめ僧であったが、韓愈に認められ還俗。「推敲」の故事で知られる。孟郊とともに苦吟の詩人として有名。著に『長江集』がある。

【顔淵】 前五一四～前四八三
春秋時代の学者。魯の人。名は回。字は子淵。孔門十哲の一人。生涯、清貧の暮らしを送り、聡明で徳行に優れ、孔門中第一の高弟とされたが、三十二歳の若さで没した。ために孔子は慟哭したという。

【顔回】⇩顔淵

【寒山】 生没年未詳
唐の伝説的な詩僧。実在の人物かどうかは不明。友の拾得とともに、禅僧たちによって神秘化され画題によく取り挙げられる。『寒山子詩集』がある。

【韓信】 ?〜前一九六
漢の高祖劉邦の忠臣。淮陰（江蘇省）の人。はじめ項羽についたが、のち劉邦に仕えて大将に任ぜられ、楚漢戦争・垓下の戦いで活躍し、斉王に封ぜられる。蕭何・張良とともに漢の三傑と称される。漢統一の後、異姓の諸王を除く政策が行なわれ、最後は讒言にあい呂后に殺された。

【管仲】 ?〜前六四五
春秋時代の斉の名宰相。名は夷吾。はじめ桓公と敵対していた公子糾に仕え、糾が君位争いに敗れ捕虜となるが、「管鮑の交わり」で知られる鮑叔牙の推薦で桓公に仕える。富国強兵策を進め、桓公を覇者たらしめた。現存する『管子』は、後人の仮託・増補が多い。出典略解『管子』参照。

【韓非】 ?〜前二三三
戦国時代の思想家。法家の代表的人物。韓非子と尊称される。韓の貴族出身。李斯とともに荀子に学んだ。韓王への諫言が聞き入れられず、発憤して著した『孤憤』『五蠹』などを秦王政（のちの始皇帝）が称賛。秦王が重用しようとしたが、宰相李斯の讒言にあい、秦で客死。出典略解『韓非子』参照。

【漢武帝】 前一五九〜前八七
前漢の第七代皇帝。在位前一四一〜前八七。姓は劉、名は徹。董仲舒を重用して儒教を国教化し、中央集権に力を注ぎ、前漢の最盛期を現出させた。匈奴を討伐して北方に追い払い、張騫などを西域に派遣して東西交通を活発にさせたことでも知られる。

【簡文帝】 五〇三〜五五一
南朝梁の第二代皇帝。姓は蕭、名は綱。字は世纘。『文選』を撰した昭明太子蕭統の弟。侯景に擁立されて帝位に即いたが、在位二年にして侯景に殺された。「宮体」と称される艶麗な詩を作り、徐陵に『玉台新詠集』を撰録させた。著に『昭明太子伝』『老子義』などがある。

【韓愈】 七六八〜八二四
中唐の文人。字は退之。号は昌黎。官は吏部侍郎に至る。唐宋八大家の一人で、当時全盛であった駢儷文に対し、柳宗元とともに古文を主張（古文運動）。「原道」「原性」などの論文には儒教における道統を継ぐ者としての主張が見られ、朱子学にまで影響を与えた。詩をよくし、白居易とともに「韓白」と併称された。著『昌黎先生集』ほか。

【魏源】 一七九四〜一八五六
清末期の思想家。字は黙深。アヘン戦争、太平天国の乱などの当時の中国の内政・外交の危機を訴えた。日本の幕末の志士に愛読された『海国図志』など多数の著作がある。

【魏徴】 五八〇〜六四三
初唐の諫臣。唐の高祖の長子李建成に仕えていたが、弟の李世民が建成を殺して太宗として即位すると、重用されて宰相にまでなった。史上最も知られた諫臣であり、『貞観政要』などにその議論がみられ、『隋書』『群書治要』などの編纂も行なった。『唐詩選』冒頭の「述懐」の詩は有名。

【堯】
古代伝説上の五帝の一人。黄帝の子孫で陶唐氏、唐堯と称する。治水に舜を起用し、のちに身分は低いが徳のある彼に位を譲った。その治政は「堯舜の治」といわれ、儒家を中心に、二人は理想的な聖天子として尊崇された。

【姜夔】 生没年未詳
南宋の詞人。字は尭章。号は白石道人。生涯官職に就かず、江南を放浪した。詩・書・音楽をよくし、格調の高い詞で知られる。著に『白石道人詩集』などがある。

【魚玄機】 八四四頃〜八七一頃
晩唐の女流詩人。字は幼微。遊里に生まれ、人の妾であったが、のちに女冠（女道士）となる。詩文に優れていたが、侍婢を殺した罪により斬刑に処せられた。『唐女郎魚玄機詩』がある。なお、森鷗外の小説に『魚玄機』がある。

【許由】

古代伝説上の隠者。字は武仲。尭が晩年にその帝位を譲ろうとすると、固辞して受けず、耳が汚れたといって潁川で耳を洗い、箕山に隠れ住んだという。

【屈原】 前三四三頃～前二七七頃

戦国時代の楚の政治家・詩人。名は平。字は原。楚の王族に生まれ、三閭大夫、左従（宰相につぐ位）となるが、讒言にあって失脚し、江南に追放された。洞庭湖の南を放浪中に、時世を憂苦して汨羅江に投身して死んだ。『楚辞』の中心的作家で、その代表作とされる叙事詩「離騒」は、自叙文学の祖として後世に多大な影響を与えた。

【荊軻】 ？～前二二七

戦国時代の衛の刺客。燕の太子丹に秦王政（のちの始皇帝）の暗殺を要請され、秦の亡命将軍樊於期の首と、毒を塗った匕首を挟んだ割譲地図を礼物に赴くが、失敗して殺される。

【荊叔】 生没年未詳

伝記は未詳。『唐詩選』に五言絶句一首が採録されている。

【元好問】 一一九〇～一二五七

金末・元初の詩人。字は裕之。号は遺山。官は行尚書省左司員外郎に至る。金滅亡の後は仕官せず、金代の詩の選集『中州集』などを編纂。著に『元遺山集』がある。

【元稹】 七七九～八三一

中唐の詩人。字は微之。官は宰相に至る。白居易と親しく、ともに平明な恋愛詩を作ったことから世に「元白」と並び称され、その詩体は「元和体」とよばれた。著に伝奇小説『鶯鶯伝』、詩集『元氏長慶集』がある。

【阮籍】 二一〇～二六三

三国魏の文人。字は嗣宗。竹林の七賢の中心的存在。司馬氏による王位簒奪がなされる不安定な政情の下、政治から身をひき、奇矯な言動によって自己を韜晦し、複雑に屈折した心情を「詠懐」八十二首などの詩に結実させた。老荘哲学者としても有名。

【玄宗】　六八五～七六二
唐の第六代皇帝。姓は李、名は隆基。官制を整備し、募兵制を採用するなどして、前半の治世は「開元の治」とよばれ、平和と繁栄の時代をもたらした。のちに楊貴妃を寵愛して宴遊にふけり、政治を顧みず安禄山の乱を招いた。玄宗は四川へ逃れ、その途中楊貴妃を失い、帝位を子の粛宗に譲り上皇となった。乱後長安に戻るが、失意のうちに没した。

【孔安国】　生没年未詳
前漢の学者。字は子国。孔子十二世の孫。武帝のとき、諫議大夫、臨淮太守となる。孔子の旧宅の壁中から出た科斗文字（戦国時代以前の字体）で書かれた『尚書』を解読し、『古文尚書』を世に出した。

【耿湋】　生没年未詳
中唐の詩人。官は左拾遺に至った。大歴（七六六～七七九）十才子の一人とされる。『唐詩選』所収の「秋日」の詩で知られる。

【項羽】　前二三二～前二〇二
秦末の武将。名は籍。羽は字。楚の名門貴族出身。始皇帝死後、叔父の項梁とともに楚軍を率いて秦を滅ぼし、西楚覇王と自称す。のち、劉邦と天下を争い、垓下の戦いで破れて烏江で自害した。

【高啓】　一三三六～一三七四
元末・明初の詩人。字は季迪。号は青邱子。明初に『元史』の編集に参加し、抜擢されて戸部侍郎となるが、太祖に憎まれ処刑された。独自の詩風を開き、著に『高太史大全集』『高太史梟藻集』などがある。

【孔子】　前五五一～前四七九
春秋時代の思想家。魯の人。名は丘。字は仲尼。儒教の祖。乱世を憂え、魯で政治改革を志すが失敗、以後十四年間、諸国をまわり理想の政治を実施してくれる君主を求めたが出会えず、晩年は政界への望みを絶ち、弟子の教育に専念。その弟子は三千人を数え大きな教育集団を形成。詩書・礼楽を整理し、『詩経』『書経』『春秋』を編纂したといわれる。『論語』はその言行を死後弟子が編集したもの。

【高適】 七〇〇頃〜七六五
盛唐の詩人。字は達夫。官は散騎常侍に至り、勃海県侯に封ぜられた。戦いの悲惨さを詠んだ辺塞詩に優れ、友人の岑参と名をひとしくした。著に『高常侍集』がある。

【公孫竜】 前三二〇頃〜前二五〇頃
戦国時代の趙の思想家。字は子秉。名家の出身で、趙の平原君などの食客。「堅白同異」の弁や「白馬非馬」論が有名。その思想は著書『公孫竜子』に伝わる。

【黄庭堅】 一〇四五〜一一〇五
北宋の詩人・書家。字は魯直。号は山谷。詩を蘇軾に学び、蘇門の四学士の筆頭に挙げられる。江西詩派の祖とされる。書にも優れ、北宋四大家の一人。著に『山谷内外集』がある。

【高駢】 ?〜八八七
晩唐の詩人。馬術、武術に優れ、詩文をよくした。淮南などの節度使として黄巣の賊を討つ功があったが、朝命に背いて失脚し、そのころより妖術に耽溺し、のちに部下に殺された。「山亭夏日」の詩が有名。

【皇甫謐】 二一五〜二八二
西晋の学者。字は士安。号は玄晏先生。博学で寡欲、武帝の招きを固辞し、著述に専念した。著に『帝王世紀』『高士伝』『列女伝』『玄晏春秋』などがある。

【孔融】 一五三〜二〇八
後漢末の学者。字は文挙。孔子二十世の孫。建安七子の一人。献帝のとき、北海の相となり、孔北海ともよばれた。太中大夫となったが、のちに曹操に憎まれて処刑された。著に『孔北海集』がある。

【皋陶】
舜の名臣。舜により刑法掌管の官に任ぜられた。早世したため位を継ぐことがなかったとされる。

【呉起】 ?〜前三八一
戦国時代の兵法家。衛の人。初め魯に仕え斉を破り、のちに魏の文侯の相となって秦の東侵を阻み、さらに楚の悼王のもとで楚国の富強を促進。

『呉子』六篇が伝えられる。

【顧況】　七二七～八一五頃
中唐の詩人。字は逋翁。徳宗のとき、著作郎となるが、のちに饒州に左遷され、茅山に隠棲した。詩・書画に巧みであった。著に『顧華陽集』などがある。

【斛律金】　四八八～五六七
北斉の武将。字は阿六敦。文宣帝のとき、咸陽郡王となり、要職を歴任。「勅勒歌」一首で知られる。

【伍子胥】　?～前四八五
春秋時代の楚の人。名は員。父と兄が讒言にあって楚の平王に殺され、復讐のため呉に亡命し、呉王闔閭を補佐して楚を破り、平王の墓をあばいて死屍に鞭打った。越王句践が降伏した際、殺すよう進言したが、呉王夫差に聞き入れられず、のち讒言により自害した。

【崔瑗】　七七～一四二
後漢の文人。字は子玉。崔駰の子。父の学問を受け継ぎ、文章に巧みであった。「座右の銘」によって知られる。

【崔護】　生没年未詳
中唐の詩人。字は殷功。貞元十二年（七九六）に進士になり、のち嶺南節度使。孟棨の『本事詩』に逸話が見え、のちに京劇の「人面桃花」のモデルとされた。

【崔顥】　七〇四頃～七五四
盛唐の詩人。酒、賭博、美女を好み奔放な生活を送った。李白が激賞した「黄鶴楼」の詩によって知られている。

【崔曙】　生没年未詳
中唐の詩人。苦学して開元二十六年（七三八）に進士となる。官歴は不明。

【崔寔】　生没年未詳
後漢の学者。字は子真。崔瑗の子。官は尚書に至った。時勢を論じた『政論』や、豪族の年中行事を記した『四民月令』などの著作で知られている。

【蔡邕】　一三三頃～一九二
後漢末の文人。字は伯喈。官は議郎に至る。博学で知られ、六経文字を奏定し、自ら碑に刻した。董卓に召されて左中郎将となり、のちの建安文学の素地をつくる。卓の死後、獄死した。著に『蔡中郎集』がある。

【左思】 二五〇頃～三〇五頃
西晋の詩人。字は太沖。家門が低く、門閥制度の厳しい中、出世を断念して文筆活動に励んだ。十年の歳月をかけて作った「三都の賦」は大いに評判を得て、人々が競ってその作を求めたことから、「洛陽の紙価を高からしめる」の故事を生んだ。

【子夏】 前五〇七～前四二〇頃
孔門十哲の一人。衛の人。「子夏」は字。姓は卜、名は商。孔子より四十四歳下で、文学に秀でていた。孔子の死後、弟子を集めて教えるかたわら、魏の文侯に仕える。『詩経』の解釈は、子夏を経て後世に伝わったという。

【司空曙】 七四〇～七九〇頃
中唐の詩人。字は文明。大暦（七六六～七七九）十才子の一人。官は虞部郎中に至る。権勢に媚びず、清貧に甘んじた。著に『司空曙集』がある。

【子貢】 前五二〇～前四五〇頃
孔門十哲の一人。衛の人。姓は端木、名は賜。子貢は字。弁舌に優れ、外交に活躍し、魯・衛などの宰相を歴任。蓄財の才があり裕福であったという。

【子張】 前五〇三～？
孔子の門人。陳の人。姓は顓孫、名は師。子張は字。孔子より四十八歳年少であったといわれる。

【司馬光】 一〇一九～一〇八六
北宋の学者・政治家。字は君実。号は斉物子。諡は文正。温国公、温公などと称された。神宗のとき、王安石の新法に反対して枢密副使を辞退して下野、洛陽に隠棲して『資治通鑑』を著した。哲宗のとき、宰相となって新法を廃止するが、相の位にあること八か月で死去した。『司馬文正公文集』などの著作が残る。

【司馬相如】 前一七九～前一一七
前漢の文人。字は長卿。景帝、梁の孝王、のちに武帝に仕えた。辞賦に優れ、「上林の賦」「子虚の賦」などがあり、「賦の聖」と称せられる。「封禅文」などの美文でも知られる。富豪の娘卓文君との交情は有名で、のちに戯曲化された。⇩卓文君

【司馬遷】 前一四五頃～？
前漢の歴史家。太史令司馬談の子。父の死後、太史令となり、修史の編纂にとりかかるが、匈奴に投降した李陵を弁護して宮刑（去勢の刑）に処せられる。出獄して中書令となり、その恥辱を忍び発憤して『史記』百三十巻を完成した。

【謝朓】 四六四～四九九
南朝斉の詩人。字は玄暉。官は尚書吏部郎に至ったが、皇帝廃立事件に連座して獄に下され殺された。沈約らと声律の変化に富んだ「永明体」とよばれる詩風を創始し、唐の李白らに影響を与えた。著に『謝宣城集』などがある。

【謝枋得】 一二二六～一二八九
南宋末の政治家・文人。字は君直。号は畳山。諡は文節。信州の知事として元軍と戦ったが敗れ、山に籠る。のちに元から召されたが応じず、食を絶って死んだ。科挙の受験者のための模範文例集として広く読まれた『文章軌範』の編者として知られる。

【謝霊運】 三八五～四三三
南朝宋の詩人。東晋の車騎将軍謝玄の孫。名門貴族の出身で、文才は当代最高といわれるが、官途においては不遇であった。讒言にあい、謀反の罪で処刑された。書画・文章に優れ、これまでの自然描写のあり方を変えた山水詩は佳絶である。著に『謝康楽集』がある。

【子游】 前五〇六～？
孔門十哲の一人。呉の人。姓は言、名は偃。子游は字。魯の武城の長官であったとき、礼楽をもって教え、善政を行なった。文学に優れ、礼を深く研究した。

【周公】 生没年未詳
周初の政治家。姓は姫、名は旦。文王の子。兄の武王を補佐して殷の紂王を討ち、その功により魯に封じられた。武王の死後、幼い成王の摂政として（あるいは自ら王位についたともいわれる）、周朝の基礎を固めた。また礼楽を定めた。孔子の最も尊敬する人物。周公旦。

【周敦頤】 一〇一七～一〇七三
北宋の学者。字は茂叔。号は濂渓。儒学に仏教・

道教の形而上学を取り入れ、のちに南宋の朱熹によって大成される新儒学の先駆けをなした。著に『太極図説』『周子通書』などがある。

【朱熹】 一一三〇～一二〇〇
南宋の儒学者。字は元晦。号は晦庵。朱子、朱文公と尊称される。二程（程顥・程頤）の学説を継承し、理と気とを軸に儒学を理論的哲学である朱子学として大成させた。朱子学は、朱熹の晩年には偽学として弾圧を受けたが、やがて科挙の科目となり、清末までその正統的地位を保った。日本でも江戸時代は官学とされた。著に『四書集注』『近思録』『周易本義』『資治通鑑綱目』『朱文公文集』『朱子語類』などがある。

【叔斉】
伯夷の弟。⇩伯夷

【朱子】
⇩朱熹

【主父偃】 ?～前一二六
前漢の政治家。官は中大夫に至る。従横の学を学び、晩年には易・春秋・諸子百家の思想を学んだとされる。のちに事件に連座して誅殺された。『漢書』芸文志に「主父偃二十八篇」の名が見える。

【舜】
古代伝説上の五帝の一人。尭とならぶ伝説上の聖天子とされる。有虞氏と称し、虞舜ともよばれる。尭から帝位を禅譲され、数々の善政を行なった。治水に人望のある禹を起用し、のち位を彼に譲った。

【淳于髡】 生没年未詳
戦国時代の斉の臣。稷下の学士。機知に富んだ弁舌により、威王の信頼を得た。しばしば諸国へ使者として赴いたが、一度も屈辱をこうむったことはなかったという。

【荀況】
⇩荀子

【荀子】 約二九八頃～前二三八頃
戦国時代の思想家。趙の人。名は況。斉に遊学して襄王に仕え、のち楚の春申君に仕えた。孟子の「性善説」に対して「性悪説」を唱え、後天的修養学問、礼秩序を重視した。出典略解『荀子』参照。

【商鞅】 ?～前三三八
戦国中期の秦の政治家。法家の代表的人物。衛の公子として生まれたため、衛鞅、公孫鞅ともよばれる。秦の孝公に仕え、「商鞅変法」をもって政治改革に臨み、貴族層の力をそぎ、君主の中央集権体制を築き富国強兵を推進した功により商の地に封ぜられるが、徹底した法治主義が貴族層に恨まれて孝公の死後、車裂きの刑に処される。しかし、彼の行なった改革は秦の天下統一の基礎になったといわれ、その思想は『商子』によって伝わる

【常建】 生没年未詳
盛唐の詩人。地方の県尉に任命されたが、職になじめず、退いて琴と酒を友として放浪した。風景詩に長じ、著に『常建詩集』がある。

【葉夢得】 一〇七七～一一四八
南宋の文人。字は少蘊。号は石林。官は高宗のとき、戸部尚書。詩文、詞に優れる。著に『石林春秋伝』『石林詩話』などがある。

【邵雍】 一〇一一～一〇七七
北宋の学者。字は尭夫。諡は康節。安楽先生とよばれた。司馬光・富弼らと親交があり、程顥・程頤・張載らを学侶とした。易学に通じた。著に『皇極経世書』『伊川撃壌集』などがある。

【諸葛亮】 一八一～二三四
三国蜀の宰相。字は孔明。襄陽で、晴耕雨読の生活を送っていたが、劉備の三顧の礼に応じて仕え、智謀をもって戦略家として活躍。天下三分の計を説き、呉の孫権と同盟して赤壁で魏の曹操を破り、蜀漢が成立するに及んで丞相となった。劉備の死後、後事をすべて託された孔明は、その子の劉禅を補佐し、中原を奪回すべく「出師の表」を後主にささげて魏との戦いに向かうが、戦地にあること七年間、魏の司馬懿と五丈原で対陣中に病没した。著に『諸葛武侯文集』がある。

【徐幹】 一七一～二一八
後漢末の文人。字は偉長。三国魏の宮廷文壇で活躍し、建安七子の一人に数えられた。著に『中論』などがある。

【子路】 前五四三～前四八〇
孔門十哲の一人。魯の人。姓は仲、名は由。子路

は字。季路とも。率直で剛毅な人柄で、武勇に優れ孔子に献身的に師事し、孔子もその実直さを愛した。衛に仕えたが、公室の内乱で殺された。

【秦嘉】 生没年未詳
後漢の詩人。字は士会。妻の徐淑と交情が深く、病気の妻に贈った贈答詩で知られる。

【沈括】 一〇二九〜一〇九三
北宋の政治家・学者。字は存中。号は夢渓翁。官は翰林学士に至ったが、のちに左遷された。博学で、あらゆる分野の学問に通じた。著に『夢渓筆談』『長興集』などがある。

【岑参】 七一五〜七七〇
盛唐の詩人。官は嘉州刺史に至る。ゆえに岑嘉州ともよばれる。国境警備の苦しみをうたう辺塞詩に優れ、友人の高適と名をひとしくした。著に『岑嘉州詩集』がある。

【任昉】 四六〇〜五〇八
南朝梁の詩人。字は彦升。御史中丞、秘書監などを歴任。詩文に長じ、蔵書家としても知られた。著に『文章縁起』『述異記（後人の偽作といわれる）』などがある。

【冉有】 前五二二〜前四八九
孔門十哲の一人。魯の人。姓は冉、名は求。字は冉有、または子有。孔子より二十九歳年少。政治的手腕に優れ、季氏に重用される。

【宋玉】 生没年未詳
戦国末の楚の文人。屈原の継承者といわれ、「屈宋」と並び称される。作品に『楚辞』所収の「九弁」などがある。

【荘子】 前三六九頃〜前二八六頃
戦国時代の思想家。道家の代表的人物。宋の人。名は周。孟子と同時代の人。具体的な事跡は不明。老子と同じく無為を説き、「無」そして「道」の思想を深化させた。「老荘」と併称される。出典略解『荘子』参照。

【曾子】
⇩曾参

【宋之問】 六五六頃〜七一二
初唐の詩人。はじめ則天武后に仕え、尚方監丞となったが、のちに武后の佞臣である張易之らに仕えるなど、無節操な行動が目立ち、人々から批難の声が挙がりしばしば左遷。のち玄宗が即位したときに死を賜った。五言詩に長じ、律体を沈佺期とともに創始し、「沈宋体」と称された。詩文集に『宋之問集』がある。

【荘周】⇩荘子

【曹松】　生没年未詳
晩唐の詩人。字は夢徴。詩を賈島に学び、流浪の生活の末、光化四年（九〇一）七十余歳で進士に及第したという。

【曾参】　前五〇五～前四三五頃
春秋時代の思想家。魯の人。字は子輿。孔子晩年の高弟で、親孝行で知られ、孝の大切さを説く。曾子と尊称される。『孝経』は孔子と曾子の問答体で孝について述べる。

【曹操】　一五五～二二〇
三国魏の創始者。字は孟徳。諡は武帝。後漢末期の黄巾の乱を平定し、投降した兵を翼下に編入し勢力を拡大。献帝を擁し袁紹を破って華北を統一した。江南へ進出をはかったが、赤壁で孫権・劉備に大敗したため、魏・呉・蜀の三国分立となった。屯田制など諸制度を確立。とくに詩賦に優れ、子の丕・植とともに文名も高く、建安文学の中心的存在。

【曹植】　一九二～二三二
三国魏の詩人。字は子建。魏の創始者曹操の子。文帝曹丕の弟。陳王に封ぜられ陳思王ともいう。早熟の天才詩人で、父曹操から愛されたが、父の死後、兄の文帝に憎まれて不遇であった。「七歩の詩」の故事は有名。建安七子の一人で、五言詩に優れる。著に『曹子建集』がある。

【曹攄】　？～三〇八
西晋の詩人。字は顔遠。官は襄陽太守に至った。賊将を討とうとして敗死した。

【曹丕】　一八七～二二六
三国魏の初代皇帝。諡は文帝。曹操の子で、曹植の兄。父の死後、曹植を斥けて実権を握り、後漢の献帝から帝位を譲り受けて即位。文人として優れ、多数の詩賦を残し、『文選』所収の「典論」論文篇は文学論の先駆をなし、その「文章は経国の大業にして、不朽の盛事なり」の句は有名である。

【蘇洵】 一〇〇九〜一〇六六
北宋の文人。字は明允。蘇軾・蘇轍の父。軾を大蘇、轍を小蘇というのに対し、老蘇と称する。文章に優れ、唐宋八大家の一人に数えられる。科挙に落第したため、官界への正規の道を歩むことはできなかったが、その文章の才を認められ、姚闢とともに朝廷の儀式次第集『太常因革礼』を編集した。著に『嘉祐集』などがある。

【蘇軾】 一〇三六〜一一〇一
北宋の文人・政治家。字は子瞻。号は東坡居士。父の洵、弟の轍とともに唐宋八大家の一人。政争の渦中にあって、二度の流罪、死刑になりかかるなど波瀾に満ちた生涯であったが、その詩は明るく、のびやかであった。豪放闊達な詩文に優れ、「赤壁の賦」は有名。著に『東坡全集』がある。

【蘇秦】 ?〜前三一七
戦国時代の縦横家。洛陽の人。字は季子。策謀に優れる。燕の文侯の信を得、強大化した秦に対抗するため六国が同盟を結ぶ合従策を提唱。六国の宰相を兼任し、十五年の間秦の出兵を阻んだ。

【蘇武】 ?〜前六〇
前漢の忠臣。字は子卿。武帝の命を受けて匈奴に使いし、拘禁されること十九年、節を貫き、前八一年、漢と匈奴との和解が成立して帰朝。

【蘇麟】 生没年未詳
北宋の人。宋の兪文豹の『清夜録』に范仲淹に詩を献じたことが記されているが、伝記不詳。

【孫子】 ⇩孫武

【孫楚】 ?〜二八二
西晋の人。字は子荊。『晋書』孫楚伝の「漱石枕流」の故事で知られる。

【孫武】 生没年未詳
春秋時代の兵法家。斉の人。孫子と尊称される。呉王闔閭の将となって楚を破り、斉・晋・越を威圧し、呉を諸侯の覇者へと導いた。『孫子』十三篇が伝えられ、兵法の祖とされる。出典略解『孫子』参照。

【太公望】⇩呂尚

【戴叔倫】　七三二〜七八九
中唐の詩人。撫州の刺史として善政を行なった。温雅な性格で、清談をよくしたという。著に『戴叔倫詩集』がある。

【太宗】　五九八〜六四九
唐の第二代皇帝。姓名は李世民。高祖李淵の次子。隋末煬帝の暴政をみて、父を説得し隋朝打倒の兵を挙げ、中国を統一し唐朝を樹立。政権争いから兄と弟を殺して即位。「貞観の治」といわれる政治を行ない、大唐帝国の基礎を築いた。よく臣下の意見に耳を傾け、その臣下たちとの問答は、のちに『貞観政要』にまとめられた。

【卓文君】　生没年未詳
前漢の文人司馬相如の妻。富豪卓王孫の娘で、出奔して相如のもとに嫁ぎ、酒屋を営むなどして苦労を共にした。夫の不義に悲しみ怒って作った「白頭吟」が有名。二人の交情はのちに戯曲化された。

【譚峭】　生没年未詳
五代の道士。字は景昇。道教の術を体得し、青城山で仙去したという。著に『化書』がある。

【仲長統】　一七九頃〜二二〇
後漢末の思想家。字は公理。曹操の軍事に参画した。直言の士で「狂生」とよばれる。古今・時俗を論評し、時世の無秩序に発憤嘆息して『昌言』を著した。

【張蘊古】　?〜六三一
初唐の学者。博学で文をよくした。太宗に「太宝箴」を献上し、大理丞となった。のちに事件に連座して誅殺された。

【張説】　六六七〜七三〇
初唐の詩人・政治家。字は道済、または説之。玄宗のとき、中書令（宰相）となり、燕国公に封ぜられた。許国公の蘇頲と並んで文壇の中心的存在であり、詩は盛唐の詩風を開いた。著に『張燕公集』がある。

【張華】　二三二〜三〇〇
西晋の詩人・政治家。字は茂先。武帝のとき、中書令（宰相）となり、広武侯に封ぜられた。書物を愛し博学多識で、後進をよく導いたが、八王の乱のとき趙王に殺された。著に『博物志』がある。

【張儀】　？〜前三一〇頃
戦国時代の縦横家。魏の人。策謀に優れる。秦の恵王に用いられ、秦の天下統一のため、蘇秦の合従策に対抗して六国をそれぞれ秦と同盟させる連衡策を説いて諸国を遊説。武王即位後、秦を去って魏の宰相となる。

【張九齢】　六七三〜七四〇
盛唐の詩人・政治家。字は子寿。曲江（広東省韶関市）の人で、曲江公とも称された。玄宗に仕えたが、宰相の李林甫と対立して左遷、以後詩文を友とした。その詩「感遇」は有名。著に『曲江集』がある。

【張協】　二五五頃〜三一〇頃
西晋の詩人。字は景陽。兄の載、弟の亢とともに世に「三張」とよばれた。ことに五言の辞賦に優れ、雨をうたった詩に透逸な作を残す。

【張継】　生没年未詳
中唐の詩人。字は懿孫。天宝十二年（七五三）の進士。「楓橋夜泊」の作者として知られる。

【張載】　一〇二〇〜一〇七七
北宋の儒学者。字は子厚。横渠先生と称された。『易経』『中庸』を学んで気の存在論を説き、宋学の先駆をなした。著に『西銘』『東銘』『正蒙』がある。

【張籍】　七六八頃〜八三〇頃
中唐の詩人。字は文昌。官は国子司業に至り、張司業とも称される。韓愈の高弟。楽府に優れ、民衆の苦しみをうたう。王建と並び称され、世に「張王の楽府」と評された。著に『張司業詩集』がある。

【張先】　九九〇〜一〇七八
北宋の詞人。字は子野。官は都官郎中に至る。詞に巧みであり、柳永と並び称された。著に『張子野詞』がある。

【張耒】　一〇五四〜一一一四
北宋の詩人。字は文潜。柯山人と号した。官界の政争に巻き込まれ、晩年は隠退して門人たちを指導。蘇軾の門下で黄庭堅らとともに四学士の一人。詩文に巧みであり、著に『宛丘集』がある。

【儲光羲】 七〇七～七六〇頃
盛唐の詩人。官は監察御史に至る。安禄山の乱のときに任官したため、乱後、嶺南に流され死去した。田園詩に優れた。

【陳師道】 一〇五三～一一〇一
北宋の詩人。字は履常、または無己。後山居士と号した。詩を黄庭堅に学ぶ。江西派の代表的詩人。著に『後山集』『後山談叢』がある。

【陳勝】 ?～前二〇八
秦末農民蜂起の首領。字は渉。仲間の呉広とともに、中国歴史上初めての大規模な農民一揆を起こし勢力を拡大、その数は十数万にふくれあがり、陳王と称するが敗死。短期間で挙兵はつぶれたが、秦滅亡の端緒となった。

【陳子昂】 六六一～七〇二
初唐の詩人。字は伯玉。官は右拾遺に至る。六朝の形式的で華美な詩風を排して、漢・魏の素朴な詩風に戻ることを主張。唐代の詩歌改革の先駆をなした。著に『陳伯玉文集』がある。

【田単】 生没年未詳
戦国時代の斉の武将。スパイを放って燕の将軍楽毅を失脚させ、燕軍を火牛の計で破り、斉の七十余城を奪還し、安平君に封ぜられた。

【湯】 生没年未詳
殷（商）王朝の建立者。伊尹を任用して、暴君の代表といわれる夏の桀王を討伐して、革命によって王朝を創始したという。成湯。

【陶淵明】
⇩陶潜

【唐庚】 一〇七一～一一二一
北宋の詩人。字は子西。魯国先生と称された。官は承議郎に至る。蘇東坡（蘇軾）に詩風が似ていたことから小東坡ともよばれる。著に『唐子西集』がある。

【陶潜】 三六五～四二七
東晋の詩人。字は淵明。五柳先生と号した。寒門の生まれで、勉学に励み二十九歳で仕官したが、役人生活を嫌って、四十一歳で彭沢の県令を辞任して帰郷し、酒と菊を友とし田園の中に暮らした。その際作った「帰去来の辞」「園田の居に帰る」は有名。田園詩人と称される。著に『陶淵明集』、散文「五柳先生伝」「桃花源記」などがある。

【東方朔】 前一五四頃～前九三頃
前漢の文人。字は曼倩。武帝に仕えてその側近となった。諧謔・滑稽の才に恵まれ、辞賦をよくした。奇言奇行で知られ、様々な逸話が伝わる。著に『東方先生集』がある。

【杜荀鶴】 八四六頃～九〇四
晩唐の詩人。字は彦之、号は九華山人。杜牧の庶子という。翰林学士、主客員外郎、知制誥を歴任。著に『唐風集』がある。

【杜甫】 七一二～七七〇
盛唐の詩人。字は子美。号は少陵。安禄山の乱に会って幽閉されるなど動乱の時代に翻弄され放浪と貧苦のなかにその生涯を送った。詩風は李白の飄逸に対して、沈鬱と対照的で、とくに社会派詩人として時事を詠じた社会詩は「詩史」と称せられた。日本でも杜甫の詩は愛され、芭蕉の句にはそれをふまえたものが多い。李白を詩仙というのに対して、「詩聖」とよばれ、ともに中国最高の詩人とされる。

【杜牧】 八〇三～八五三
晩唐の詩人。字は牧之。号は樊川。宰相だった杜佑の孫。名門の出身であったが、役人としては不遇で地方官を歴任。絶句に優れ、杜甫を老杜と称するのに対し、小杜とよばれた。著に『樊川集』がある。

【杜陵】
⇩杜甫

【梅尭臣】 一〇〇二～一〇六二頃
北宋の詩人。字は聖兪。宛陵先生と称された。官途においては不遇であった。その詩は身近な日常生活を描き、また虱や蛆虫などを題材にした。宋詩の変革を行なったことで知られる。

【枚乗】 ?～前一四一
前漢の文人。呉王の郎中のとき謀反を諫めたがいれられず、去って梁の孝王の上客を経て、前漢の景帝に召されて弘農都尉となった。賦に長じ、『文選』所収の「七発」で知られる。

【伯夷】伝説的な聖人の兄弟の兄。殷末、孤竹国の王の長子。弟の叔斉と互いに王位を譲り合い、二人とも国を出奔して、文王を慕って周に行った。臣である周の武王が、君主である殷の紂王を討つのを諫めたが、聞き入れられず、周の天下になると、周の禄を食むのを潔しとせず、首陽山に隠れ、わらびを食べ、ついには二人とも餓死したという。「伯夷・叔斉」は清廉の士の代名詞とされる。

【白居易】七七二〜八四六　中唐の詩人。字は楽天。はじめ政治に意欲を燃やしたが、権力闘争に嫌気がさし、晩年は詩・酒・琴を友として暮らした。中年までの文章や歌詩には社会や政治を風刺したものが多く、「新楽府」などは諷喩詩の代表といわれる。また、日常的な平易なことばを巧みに使い、多くの民衆に口ずさまれ、「長恨歌」や「琵琶行」は日本でも広く読まれ、日本文学への影響も大きい。『白氏文集』の著がある。

【白楽天】⇩白居易

【潘岳】二四七〜三〇〇　西晋の文人。字は安仁。官は給事黄門侍郎。詩賦をよくした。感傷的な詩が多く、妻の死を悼んだ「悼亡の詩」で知られる。美男として有名で、外出すれば女性が果実を投げ入れて車が一杯になったという。著に『潘黄門集』がある。

【班固】三二〜九二　後漢の歴史家。父班彪の志をついで『漢書』を著した。執筆中に事件に連座して獄死したため、妹の班昭が未筆部分を書いた。宮中の白虎観に学者を集めて五経について論じさせ、これをまとめて『白虎通義』を著した。辞賦にも巧みで、「両都の賦」はよく知られる。武将の班超はその弟。出典略解『漢書』参照。

【范雎】生没年未詳　戦国時代の秦の宰相。字は叔。はじめ魏に仕えたが、異心ありと疑われ名を変え秦に逃れた。弁論に長じ、遠交近攻策を説いて秦の昭王に一躍宰相としてとりたてられた。この策は秦の天下統一に大きく役立った。

【范成大】 一一二六～一一九三

南宋の詩人・政治家。字は致能。号は石湖居士。孝宗の信任をうけ、対金交渉の国使として派遣される。その途中に旅行記、地志などを著す。陸游と交わり、田園詩に優れる。著に『石湖居士詩集』がある。

【范仲淹】 九八九～一〇五二

北宋の政治家・学者。字は希文。諡は文正。参知政事（副宰相）に任ぜられて国政改革に着手し、宋代の士風をつくりだした。古文に優れ、「岳陽楼の記」はとくに有名。『范文正公集』がある。

【班超】 三二頃～一〇二頃

後漢の武将。班彪の子、班固の弟。北匈奴討伐のとき鄯善国に使いし、少数の兵で夜襲をかけるのに「虎穴に入らずんば虎子を得ず」と言って、兵の奮起を促した話は有名。以後、西域都護に任命され三十一年にわたり西域の平定に貢献した。

【范蠡】 生没年未詳

春秋時代の越の功臣。越王句践を補佐し、二十数年の忍苦の後、宿敵の呉王夫差を破り句践を覇者とするが、句践のもとを去り斉へ行き鴟夷子皮と称し、産業に努め富を築くが、斉の宰相就任を依頼されると、財産を友人や村人に分け与え斉を去り、陶（山東省定陶県）へ渡り陶朱公と改名して、ふたたび巨万の富を蓄えた。

【傅説】

殷王武丁（高宗）の賢臣。武丁が夢に見て、道路工事の人夫の中から抜擢され、殷の中興に寄与したとされる。

【武王】 生没年未詳

周朝初代の王。姓は姫、名は発。文王の子。文王の遺志を継ぎ、殷の暴君紂を滅ぼし周王朝を建立、鎬京に都を置く。

【傅玄】 二一七～二七八

西晋の詩人。字は休奕。官は司隷校尉に至る。楽律に精通し、楽府をよくした。著に『傅子』がある。

【文王】 生没年未詳

周の王。姓は姫、名は昌。はじめ殷に仕え西伯ともよばれる。武王・周公の父。太公望などの賢士を集め、周王朝成立の基礎を築いた。古代の聖王の典型とされる。

【文天祥】　一二三六〜一二八二
南宋末の政治家。字は履善。号は文山。権力者賈似道に嫌われ帰郷していたが、元軍の侵入の際、義勇軍を集め抗戦。宰相に抜擢され講和の使者となったときに陣中に捕えられる。その間に宋は滅んだが、脱走して抵抗を続けた。その後、捕えられて大都（北京）に送られ元への出仕を強要されたが、節をまげず、獄にあること三年ののちに処刑された。獄中で孟子の思想に基づいて作った「正気の歌」は有名。著に『文山集』がある。

【米芾】　一〇五一〜一一〇七
北宋の書家・画家。字は元章。書は王羲之の風を伝え、宋代四大家の一人。山水画に優れ、その独自の筆法は米法山水とよばれた。著に『書史』『画史』などがある。

【鮑照】　四一四頃〜四六六
南朝宋の詩人。字は明遠。官は前軍参軍となり、鮑参軍と称された。謝霊運・顔延之とともに「元嘉の三大家」とよばれる。楽府に優れ、著に『鮑参軍集』がある。

【法宝】　生没年未詳
初唐の学僧。玄奘に師事する。『倶舎論』に通じ、『倶舎論疏』の著がある。

【墨子】　生没年未詳
戦国時代、前五世紀頃の思想家。魯の人。名は翟とするのが有力。墨家の始祖。兼愛・非攻の説を主とした思想は、当代の要請に符合した面を有し、その学派は一時「儒墨」と併称される勢力を誇った。出典略解『墨子』参照。

【卜商】
⇩子夏

【墨翟】
⇩墨子

【孟軻】
⇩孟子

【孟郊】　七五一〜八一四
中唐の詩人。字は東野。五十歳で進士に及第したが、生涯不遇で、賈島とともに苦吟の詩人として有名。韓愈と親交があり、詩は孟郊、文章は韓愈といわれた。著に『孟東野集』がある。

【孟浩然】 六八九～七四〇
盛唐の詩人。若い頃から諸国を放浪して山に隠棲し、四十歳のときに初めて都に出て、王維・張九齢らと親交をもち、科挙の試験を受けたが落第し、郷里へ帰り不遇のうちに過ごした。平淡に自然美を表現した詩が多く「春暁」の詩は有名。五言詩に優れていた。著に『孟浩然集』がある。

【孟子】 前三七二～前二八九
戦国時代の思想家。鄒の人。名は軻。生没年には異説あり。孔子の孫子思の門人に学び、とくに朱子学において孔門の正系としての位置が確定した。「性善説」に基づき、仁政徳治による王道政治を唱え諸国を遊説したが、戦国の世にあっては諸侯の容れるところでなく、故郷に帰り門人の教育に専念。出典略解『孟子』参照。

【庾信】 五一三～五八一
北周の文人。字は子山。南朝梁の簡文帝に宮廷詩人として仕えた。駢儷文をよくし、徐陵の文体とともに徐庾体とよばれた。のち外交使節として長安にあったとき、西魏によって梁は滅ぼされてしまい、そのままその地にとどまって西魏・北周に仕え、望郷の念、亡国の悲しみをうたう。著に『庾子山文集』がある。

【楊貴妃】 七一九～七五六
唐の玄宗の寵妃。幼名は玉環。はじめ玄宗の子の妃となったが、のちに玄宗の貴妃（皇后に次ぐ妃）となる。玄宗の寵愛は深く、その一族はみな高位高官となり豪奢な生活を送るが、安禄山の乱を招き、逃亡の途中で兵士たちの反乱が起こり、馬嵬で殺された。

【楊子】
⇩楊朱

【楊朱】 生没年未詳
戦国時代の思想家。魏の人。楊子とも。墨子の兼愛説に対し、人間の欲望という点から極端な自己愛と個人主義を主張した。孟子は楊墨と併称し、異端の学として排撃につとめた。

【楊慎】 一四八八～一五五九

明の文人・政治家。字は用修。号は升庵。正徳年間に翰林修撰となったが、のちに平民に落とされ雲南に流された。博学で、著作は『升庵集』ほか百余種を数える。

【楊万里】 一一二四頃～一二〇六
南宋の詩人・学者。字は廷秀。号は誠斎。直言のため、官においては不遇で地方官を転々。詩文をよくし、その自由な詩風は誠斎体とよばれた。著に『誠斎詩話』がある。

【揚雄】 前五三頃～後一八
前漢末の文人・思想家。字は子雲。成帝のときに郎中となる。司馬相如の影響を受けて辞賦を作り、「甘泉の賦」「長楊の賦」などの名作を生みだした。のちに儒教の宣揚に努め、『論語』を模した『法言』、『易経』を模した『大玄経』を著し、地方語の集録である『方言』を撰した。

【羅隠】 八三三～九〇九
唐末・五代の詩人。字は昭諫。官は給事中に至る。詩文に優れ、風刺に富んだ口語的な作品が多い。著に『羅昭諫集』がある。

【羅願】 一一三六～一一八四
南宋の儒学者。字は端良。号は存斎。官は鄂州の長官。著に『爾雅翼』『鄂州小集』がある。

【駱賓王】 六四〇頃～六八四頃
初唐の詩人。則天武后のときに左遷、徐敬業の反乱に参加、敗れたのち行方不明。その際に書いた檄文が有名。王勃・楊炯・盧照鄰とともに初唐の四傑と称される。数字を用いた対句を好んで用いた。詩文に優れ、「帝京篇」詩は有名である。

【羅大経】 生没年未詳
南宋の文学者。字は景綸。宝慶二年（一二二六）の進士。県令のような小官をいくつか務めた後、官を退く。著に『鶴林玉露』がある。

【李華】 七一五～七六六
盛唐の文人。字は遐叔。玄宗のとき、監察御史、右補闕となる。古文に優れ、蕭穎士と並び称された。著に『李遐叔文集』がある。

【李賀】 七九一～八一七
中唐の詩人。字は長吉。唐の宗室の末と称した。二十七歳で夭折したが、その色彩感の豊かな夢幻的な詩は、中国詩史の中でも独自のものであり、鬼才と称される。詩集に『李賀歌詩篇』がある。

【李漢】 生没年未詳
中唐の思想家。字は南紀。韓愈に師事した。官は宗正少卿に至る。韓愈の女婿でもあったことから、「昌黎先生集序」を執筆した。

【陸機】 二六一〜三〇三
西晋の文人。字は士衡。呉の人。典故や対句など技法を駆使した作品は、六朝修辞文学の先駆的存在で、文学論「文の賦」は美文として名高い。八王の乱の渦中に、讒言にあって殺害された。詩文集に『陸士衡集』がある。

【陸景】 二五〇〜二八〇
三国呉の武将。字は士仁。毘陵侯に封ぜられた。著に『陸景集』がある。

【陸游】 一一二五〜一二一〇
南宋の詩人。字は務観。号は放翁。宋代の詩人として、蘇軾と並び称せられる。生涯に作った詩は九千首以上といい、その主題も田園詩や憂国の詩など多岐にわたる。著に『入蜀記』『剣南詩稿』がある。

【李斯】 ？〜前二一〇頃
秦の宰相。楚の人。韓非とともに荀子に学んだ。丞相として始皇帝の政策を立案。郡県制・文字や度量衡の統一・焚書坑儒などの政策は彼による。始皇帝の死後、宦官趙高に欺かれ刑死した。

【李商隠】 八一二頃〜八五八
晩唐の詩人。字は義山。玉谿生と号した。官は下級官僚を転々とした。修辞に富み、故事を多く用いたその詩風が宋初に模倣され、西昆体として一世を風靡した。著に箴言集『義山雑纂』などがある。

【李清照】 一〇八四〜一一五五頃
北宋の女流詞人。易安居士、漱玉と号した。学者李格非の娘で、金石研究者趙明誠の妻。夫に先立たれ不遇をかこちながら南方に流寓した。とくに詞に優れ、詞集に『漱玉詞』がある。

【李白】 七〇一〜七六二
盛唐の詩人。字は太白。号は青蓮居士。若い頃は任侠の徒と交わり、江南を放浪、四十二歳のとき出仕して玄宗に拝謁したが、側近の高力士に憎まれ朝廷から追われた。生涯酒を愛したことで知られる。詩仙と称される李白は老荘的な思想を反映した詩が多い。詩聖と称される杜甫と併称される。

【李密】二二三頃～?
西晋の詩人。武帝のときに太子洗馬として召されたが、「陳情の表」を奉って、自分を育ててくれた祖母が病気のため仕官できない旨を述べた。のち祖母の喪を終えてから招きに応じ、尚書郎、漢中太守を歴任。

【劉禹錫】七七二～八四二
中唐の詩人。字は夢得。官は太子賓客、検校礼部尚書に至った。柳宗元や白居易と親交を結び、多くの詩を応酬した。とくに五言詩に巧みであった。著に『劉賓客集』がある。

【劉基】一三一一～一三七五
明の学者・政治家。字は伯温。明の太祖（朱元璋）を助けて明朝成立に貢献し、誠意伯に封ぜられた。経史にくわしく、詩文をよくした。著に『誠意伯文集』がある。

【劉希夷】六五一～六八〇頃
初唐の詩人。字は廷之。琵琶を弾じ、詩は歌行に長じた。詩をめぐって宋之問と争い、殺されたともいう。

【劉向】前七七頃～前六頃
前漢末の学者。字は子政。劉歆の父。宮廷の蔵書を整理して『別録』を撰した。著書に『列女伝』『説苑』『新序』など。

【劉勰】四六六頃～五二〇頃
南朝梁の文学者。字は彦和。晩年、出家して慧地と名のった。文章を体系的にとらえた文学評論『文心雕竜』の著がある。

【柳宗元】七七三～八一九
中唐の文人。字は子厚。六朝以来の駢文に対して、韓愈とともに古文復興を唱えた。唐宋八大家の一人。散文には社会批判的な主張が多く見られる。詩はとくに田園詩に優れ、王維、孟浩然、韋応物と併称される。詩文集に『柳河東集』がある。

【劉邦】前二四七（または二五六）～前一九五

前漢の初代皇帝。高祖。沛（江蘇省）の人。農民の出身で、家業をかえりみず遊俠の徒と交わり、泗水の亭長となっていた。陳勝・呉広の乱の混乱に乗じて沛で挙兵。項羽とともに秦を滅ぼし、垓下の戦いで項羽を破り天下を統一。漢王朝を建て、都を長安に定めた。

【劉廙】 一八〇～二二一
三国魏の文人。字は恭嗣。曹操に仕えて、関内侯に封ぜられた。著に『政論』がある。

【劉伶】 生没年未詳
西晋の文人。字は伯倫。竹林の七賢の一人。知識人が生きにくい乱世にあって、権力から離れ、精神の自由を求め老荘的世界に生きようとした。酒を好み、『酒徳頌』の著がある。

【梁元帝】 五〇八～五五四
南朝 梁の第三代皇帝。姓は蕭、名は繹。武帝の第七子。西魏に攻められて殺された。落城の際、図書十四万巻を焼き、「文武の道、今夜尽きぬ」と嘆じた話は有名。学才に優れ、著に『金楼子』がある。

【梁武帝】 四六四～五四九
南朝 梁の初代皇帝。姓は蕭、名は衍。斉の内乱に乗じて兵を起こし帝位に即く。はじめ意欲的に政務に臨んだが、仏教に傾倒し政治が乱れ、侯景の乱を招き戦中に没した。文学に優れ、楽律に精通する。著に『通史』がある。

【呂温】 七七二頃～八一一頃
中唐の詩人。字は和叔。官は左拾遺に至る。のちに衡州に流され、呂衡州とも称される。著に『呂衡州集』がある。

【呂后】 ?～前一八〇
漢の高祖劉邦の皇后。高祖の死後、わが子の盈（恵帝）を帝位に即けるため、諸王子を殺害。恵帝は帝位に即いたが、実権は呂后が握り、呂氏一族に権力を集中させるなど、権勢を振るうこと十六年に及んだ。

【呂尚】 生没年未詳
周初の功臣。文王の祖父、太公が望んでいた人物であるというので、太公望ともいう。老年期に文王に迎えられ、武王を補佐して殷を滅ぼした功により斉に封じられた。多くの伝説が伝わっており、とくに、渭水のほとりで魚釣りをしていたときに文王に見いだされた話は有名。

【呂祖謙】　一一三七〜一一八一
南宋の儒学者。字は伯恭。号は東萊。朱熹・張栻と名をひとしくし、東南の三賢と称せられた。著に『東萊文集』、朱熹と共著の『近思録』がある。

【呂不韋】　?〜前二三五
戦国末の秦の宰相。商人として成功後、趙で人質となっていた秦の公子子楚（荘襄王）を即位させた功で文信侯に封ぜられ、荘襄王の子の秦王政（のちの始皇帝）のもとでも相として権勢をふるった。始皇帝の実父とする説もある。のち嫪毐の乱に連座して始皇帝の信を失い、宰相を免ぜられて自殺した。編著『呂氏春秋』。

【李陵】　?〜前七四
前漢の武将。字は少卿。名将李広の孫で、騎射を得意とした。武帝のとき、匈奴との戦いで、少数の歩兵を率いて大軍にあたり善戦するが、包囲され投降。武帝はこれを聞き怒って彼の家族を誅殺。このとき、司馬遷が李陵を弁護して宮刑に処せられたことは有名。単于の娘を妻として留まること二十余年、ついにモンゴル高原で没した。

【藺相如】　生没年未詳
戦国時代の趙の恵文王に仕えた名臣。秦の要求した「和氏の璧」（名玉の名）を持って秦へ赴き、秦王の前でそのたくらみを論破して、璧を完うして帰国した。この故事を完璧という。将軍廉頗とは刎頸の交わりを結んだ。趙にこの二人がいたため、強国秦も攻撃しえなかった。

【林逋】　九六七〜一〇二八
北宋の詩人。諡は和靖。名利を求めず西湖の孤山に隠棲し、鶴と梅を愛し、「梅妻鶴子」と称せられた。著に『林和靖詩集』『省心録』がある。

【列禦寇】　⇩列子

【列子】　生没年未詳
戦国中期の思想家。名は禦寇。鄭の人。荘子（荘周）と同時期に活躍した道家とされる。『荘子』に記載が散見するが、事跡は明らかではない。『列子』八篇は後世の偽作とされる。

【廉頗】 生没年未詳
戦国時代の趙の恵文王に仕えた名将。斉・魏・燕などを破り軍功第一であった。藺相如とは刎頸の交わりを結んだ。趙にこの二人がいたため、強国秦も攻撃しえなかった。

【老子】 生没年未詳
『史記』によると春秋時代の楚の思想家。姓は李、名は耳、字は聃とあるが、その実在すら定かでない。道家の祖。無為自然を説き「小国寡民」の社会を提唱する主張は、儒家と並んで古代中国の二大思想とされる。出典略解『老子』参照。

【老聃】
⇩老子

【盧照鄰】 六三七頃〜六八九頃
初唐の詩人。字は昇之。号は幽憂子。官は新都の尉に至るが、病気のため辞任し、病がひどくなると自分の墓を作り潁水に身を投げた。「初唐の四傑」の一人。「長安古意」などの七言詩に優れた。

【盧諶】 二八五〜三五一
東晋の詩人。字は子諒。武将の劉琨に仕えて司空従事中郎となり、のちに後趙の石虎に仕えて中書侍郎、国子祭酒となった。著に『祭法』がある。

【盧綸】 七四八〜八〇〇
中唐の詩人。字は允言。官は検校戸部郎中に至る。大暦（七六六〜七七九）十才子の一人。著に『盧戸部詩集』がある。

【書名略解】

――本文中に出典として掲げた書名のうち主要なものを示した。

【晏子春秋】八巻。著者は不明だが、戦国時代から漢代にかけて編纂されたものとされる。斉の霊公・荘公・景公に仕え、名宰相と称された晏嬰の言行が記されている。

【尉繚子】現行本は五巻二四篇。周の尉繚撰と伝えられる。兵法家の格言などを記す。

【易経】五経の一つ。『周易』とも称される。上下二経とその解説である十の伝（十翼）とから成る。卜筮の書とされるが、陰陽二元を組み合わせた六十卦によって、自然と人事の変化の理を説く。伏羲が八卦を作り、周の文王・周公が卦辞・爻辞を作り、孔子が十翼を作ったと伝えられているが未詳である。

【淮南子】二一巻。淮南王劉安撰。前漢時代の雑家の書と称され、当時あった諸学派の思想・学説を総合的に記している。道家的な「道」の思想を基調にしながら、天文・地理・神話・伝説など広範囲な分野に及んでいる。

【塩鉄論】一〇巻。前漢の桓寛編。経済政策の書。漢の武帝の時、塩や鉄に関する利益を政府に納める制度を施行した。その際の議論を「先王の道」という儒家的見地から編したのがこの書である。

【嘉泰普灯録】三〇巻。嘉泰四年（一二〇四年）成立。南宋の雷庵正受編。『景徳伝灯録』以降の禅宗の伝灯法系を明らかにしている。

【鶡冠子】

三巻。撰者未詳。黄老の道に基づいて、刑名・兵法を論じている。宋の陸佃の注釈がある。

【関尹子】一巻。周の尹喜撰と伝えられる道家の書。五代頃の偽作と考えられる。

【管子】二四巻。戦国時代の斉の管仲の著とされるが、実際は戦国から漢代にかけて何人かの手により成ったと推測される。政治論集であるが、その主張となる思想は法家の説であるが、道家・儒家をはじめ、雑多な思想を含む。

【韓詩外伝】一〇巻。前漢の韓嬰撰。韓詩は漢代に伝えられた『詩経』の一つ。この書は、古言・故事を引いて『詩経』の詩句を説明している。

【顔氏家訓】七巻。北斉の顔之推撰。家訓という名の通り子孫に向けた教訓の書で、処世の書として広く読まれた。

【漢書】中国の正史の一つ。一二〇巻。後漢の班固撰。班昭補。一三本紀、一〇表、一八志、七九列伝から成り、紀伝体で記される。『史記』とともに、中国の史書を代表するものとして、後の中国の正史に多大な影響を与えた。

【韓非子】二〇巻。戦国時代の韓非とその一派の論著を集めたもの。編者未詳。荀子に学んだ韓非は、法家思想を成し、治政は法治によることを主張。秦漢帝国の国家理論の展開に影響を与えた。

【魏書】中国の正史の一つ。一一四巻。五五四年成立。北斉の魏収の撰。北魏の歴史を記す。三国時代の魏と区別するために『後魏書』とも称される。

【虚堂録】一〇巻。南宋の参学妙源の編。虚堂智愚の語録。『虚堂和尚語録』が正式名。

【旧五代史】中国の正史の一つ。一五〇巻。九七四年成立。北宋の薛居正らの撰。五代の歴史を記した書、梁書・唐書・晋書・漢書・周書より成る。

【儀礼】儒教経典、『周礼』『礼記』とともに、三礼の一つ。周代の宗教や社会全般に及ぶ儀礼が記される。撰者、成立年代ともに未詳とされるが、戦国時代末から漢代に成立していたと思われる。

【魏略】五〇巻。魏の魚豢撰。魏の正史として作られたとされるが散佚。正史『三国志』は、この書によるところが多いとされる。

【金史】中国の正史の一つ。一三五巻。一三四四年成立。元の脱脱ら撰。金代の実録等を資料として金代の歴史を記す。

【近思録】一四巻。南宋の朱熹、呂祖謙撰。一一七六年刊。北宋の道学者、周敦頤、程顥、程頤、張載のことば六二二条を十四門に分けて収める。朱子学の入門書として広く用いられた。

【孔叢子】三巻。前漢の孔鮒撰と伝えられるが、異説多く、未詳。孔子とその子孫（周辺）の言行録。

【旧唐書】中国の正史の一つ。二〇〇巻。九四五年成立。五代後晋の劉昫ら撰。唐代の歴史を記す。北宋のとき、『新唐書』が編纂されたのでこう呼ばれる。

【公羊伝】⇩春秋公羊伝

【群書治要】五〇巻。唐の貞観五年（六三一年）に魏徴らが勅を奉じて編纂した。国政の書で、経・史・子部より成る。

【景徳伝灯録】仏書。一〇〇四年成立。北宋の道原撰。禅宗の法系を明らかにし、祖師の伝記を記述する。禅宗の仏書として基本的な資料とされる。

【元典選】一〇集。明の臧懋循編。元の戯曲（元曲）を一〇〇種集めたもの。

【元史】中国の正史の一つ。一三七〇年成立。明の宋濂、王褘らの撰。元代の紀伝体の歴史書。

【元典章】撰者は未詳。元代以降の法規が記される法律書。本集六〇巻と新集とから成る。

【孝経】儒教の経書の一つ。撰者未詳。多く孔子とその門人曾参（曾子）との問答形式で孝について記される。戦国時代に成立したとされる。

【孔子家語】一〇巻四四篇。孔子の言行と門人との問答を記す。現存のものは三国魏の王肅の偽作とされ、そのもととなったのは『史記』『左伝』『新序』などとされる。

【亢倉子】一巻。周の庚桑楚撰と伝えられるが、唐の王士元の偽撰。『列子』や『文子』などに材料を求めた道家の書。

【黄帝内経素問】二四巻が伝わる。黄帝と名医岐伯の問答の形で古代医術を記した医学書で、秦～漢代の成立と思われる。

【呉越春秋】一〇巻。後漢の趙曄撰。春秋時代の呉と越との興亡を記す。春秋は「史」の意味。異本（六巻本）もある。

【後漢書】中国の正史の一つ。一二〇巻。南朝宋の范曄撰。後漢の歴史を紀伝体で記す。その成立には基盤となる諸家の書があったとされるが、范曄がそれに飽き足りず、現在の『後漢書』を記すに至った。北宋の真宗年間に、司馬彪撰の志三〇巻が合刻された。

【国語】二一巻。周の左丘明撰と伝えられるが未詳。春秋の列国（周・魯・斉・晋・鄭・楚・呉・越）の歴史を国ごとにまとめ、およそ五〇〇年の史実を明らかにしている。『春秋左氏伝』を内伝というのに対し、「春秋外伝」とも称される。日本では漢学を学ぶ基本書として「左国史漢（春秋左氏伝、国語、史記、漢書）」を用いたため、この書は広く読まれた。

【穀梁伝】⇩春秋穀梁伝

【古今事文類聚】南宋の祝穆、元の富大用、元の祝淵撰。古今の事物と詩文に関する類書。『事文類聚』とも。

【呉子】六篇現存。古くは四八篇ともいわれる。戦国時代の呉起撰と伝えられるが未詳。兵書として『孫子』と並称される。魏の武侯と呉起との問答形式で記されている。

【五灯会元】仏書。二〇巻。宋の普済撰。禅宗の法系と祖師の伝記・法語を訳した『景徳伝灯録』(道原撰)、『広灯録』(李遵勗撰)、『続灯録』(白運中撰)、『聯灯会要』(晦翁悟明撰)、『嘉泰普灯録』(正受撰)、の五灯書を整理したのがこの書である。

【古文孝経】前漢の武帝の時、孔子の旧宅の壁中より発見されたもので、孔安国の注が施されていたが、南朝梁の時亡失。現行のものは偽託したもの。

【菜根譚】二巻。明の洪自誠撰。儒教を中心に、道、仏教の考え方も取り入れ、処世法を記した書。

【左氏伝】⇩春秋左氏伝

【左伝】⇩春秋左氏伝

【三国志】中国の正史の一つ。六五巻。西晋の陳寿撰。魏・呉・蜀の三国の歴史を記した書。魏書三〇巻、呉書二〇巻、蜀書一五巻から成る。南朝宋の裴松之の注がある。

【三字経】一巻。南宋の王応麟撰(他に諸説ある)。三字で一句を成し、童蒙のための初歩的教科書。

【参同契発揮】三巻。南宋の兪琰撰。後漢の魏伯陽の著といわれる練丹術の書『周易参同契』の注釈書で、『周易参同契発揮』が正式名。

【三略】三巻。周の太公望撰と伝えられるが、後人の偽作とされる。黄石公が土橋の上で漢の張良に授けたのが『三略』であるとも伝えられている。兵書として『六韜』と並称される。

【史記】
中国最初の正史。一三〇巻。前漢の司馬遷撰。上古の黄帝から前漢の武帝に至るまでを、紀伝体で記す。一二本紀・十表・八書・三〇世家・七〇列伝から構成され、この体裁は後の正史に多大な影響を与えている。『漢書』芸文志に見られるように、『史記』という名称は後年のもので、もと『太史公書』と称されていた。

【詩経】
五経の一つ。中国最古の詩集。風（国風＝諸国の民謡）、雅（周の宮廷歌。大雅・小雅に分かつ）、頌（祭祀の楽歌）合わせて三一一篇（うち六篇は題名のみ存在）。孔子が編集したと伝え、古くは単に『詩』といった。漢代、魯詩、斉詩、韓詩の三家のテキストが生じたが、現存のものは漢代の毛亨・毛萇が伝えたもので、『毛詩』とも称される。

【尸子】
二巻。もとは二〇篇。戦国時代の尸佼撰。南宋時代に散佚したが清代に再び集め編纂された。儒学を旨とするが、諸子の説の入り交る思想書。

【資治通鑑】
二九四巻。北宋の司馬光撰。周の威烈王二三年（戦国時代の始まり）から五代末の後周の世宗に至る一三〇〇余年間の歴史を編年体で記す。『資治通鑑』という名称は、治世に資する鑑となるの意で神宗から賜った。元の胡三省に優れた注がある。また、南宋の朱熹とその門人趙師淵によって『資治通鑑綱目』が著された。

【周易】⇩易経

【周易参同契】
三巻。後漢の魏伯陽撰。周易の爻象を借りて煉丹修養の意を記す。

【周書】
中国の正史の一つ。五〇巻。唐の令狐徳棻らの撰。北朝の周の歴史を記す。古代周王朝と区別するため『北周書』とも称される。

【十八史略】
七巻。宋末元初の曾先之撰。上古から宋代までの歴史をまとめた編年史。『史記』以降のいわゆる正史と、宋代の史料が基盤となっている。中国の歴史の概観を捉える上では入門書的な存在で、日本でも広く読まれた。

【周礼】

儒教の経典の一つ。周公旦が周代の官制を記したと伝えられるが、実際は後年の作と推測されている。六官に各六〇の属官（計三六〇官）の職掌が記されており、中国の官制の基礎となった。『儀礼』『礼記』とあわせて三礼と称される。『周官』とも。

【荀子】

二〇巻。戦国時代の荀子（荀況）の著作と伝える。もと『孫卿新書』といい漢の劉向がまとめ、さらに唐の楊倞が注釈を加えて現在の二〇巻三二編とし、書名を『荀子』と改めた。孟子の性善説に対して、性悪説を唱えたのは有名。天人の分を明らかにし"礼治"を説き、統一国家の実現に向けた流れの中で法家に強い影響を与えた。日本では江戸時代、古文辞学派の人々に広く用いられた。

【春秋】

五経の一つ。春秋時代魯の編年体の歴史書。魯の史官の記録をもとにして孔子が編纂し、その際、孔子が正邪の歴史評価に意を込めた（「春秋の筆法」という）と伝える。それを解説する「春秋三伝（『春秋公羊伝』『春秋穀梁伝』『春秋左氏伝』）」が作られた。

【春秋公羊伝】

一一巻。『春秋』の注釈書。『春秋左氏伝』『春秋穀梁伝』と合わせて「春秋三伝」と称される。『公羊伝』は斉の公羊高撰とされるが、実際は、高の講釈をその玄孫の寿や、弟子の胡母子都らが録したものであろう。『春秋』に込められた孔子の「微言大義（微妙なことば遣いに込められた根本理念）」を経文の文句の使い方から説明しようとしている。

【春秋穀梁伝】

一一巻。『春秋』の注釈書。「春秋三伝」の一つ。子夏の弟子穀梁赤の撰とされるが不詳。後漢の鄭玄は『六芸論』の中で三伝のうち『穀梁伝』が最も経意を伝えるものであるとする。

【春秋左氏伝】
三〇巻。『春秋』の注釈書。「春秋三伝」の一つ。魯の左丘明撰と伝えられるが、異説がある。三伝のうち、他の二伝が観念的に経文の義や理を説くのに対し、『左氏伝』は史実を述べることを特色とする。散文の古典ともされ、その文章は叙事体古文と称される。

【小学】
六巻。南宋の朱熹の指示のもと、門人の劉清之が編集した初学者のための修養の書。儒教倫理の基礎を学ぶために古典及び古人の言行を選んだもの。

【貞観政要】
一〇巻。唐の呉兢撰。雑史。唐の太宗と群臣との政治論議を収める。帝王学・治道の書として、後世、為政者に広く読まれた。日本でも鎌倉以降愛読された。

【商子】
五巻二六篇。もとは二九篇。戦国時代の商鞅の撰と伝えられる。法家の書。

【尚書】⇩書経

【従容録】
六巻。一二二三年成立。宋の万松行秀編。禅の古則公案百則について説く。『碧巌録』と並称され、禅宗では宝典とされる。『万松老人評唱天童覚和尚頌古従容庵録』が正式名。

【書経】
五経の一つ、現本は五八篇。虞書、夏書、商書、周書から成り、主に帝王及びその群臣の言行や治政を記す。孔子が唐虞三代の史官の記録を編纂したと伝えられるが未詳。『尚書』とも称される。漢代初め、二九篇（漢代通行の文字で書かれていたので『今文尚書』という）のテキストがあったが、その後、漢以前の古い文字で書かれた『古文尚書』が発見され、この古文系のテキストをもとに唐代『尚書正義』二〇巻五九篇が作られ、今日に伝わっている。しかし、宋代以降このテキストを疑う者が現われ、後世の偽作（「偽古文尚書」という）を含むと考えられる。

【女論語】

七〇巻。後漢の曹大家（班昭）撰。女性の教訓を記した書。主として家を中心に据えた視点で捉えられている。

【新五代史】
中国の正史の一つ。七四巻。北宋の欧陽脩らの撰。五代（後梁・後唐・後晋・後漢・後周）の歴史を記したもので、北宋の仁宗の詔により『旧五代史』を改修補正したもの。『五代史記』。

【慎子】
一巻。戦国時代趙の慎到撰。今日伝わるものは明の人が編纂したと考えられる。法家の書。

【晋書】
中国の正史の一つ。一三〇巻。貞観二〇年（六四六）成立。房玄齢らが勅を奉じて撰した。晋代の歴史を記したものであるが、『語林』や『世説』などのいわゆる小説雑記を基に書かれた箇所を含むため、史実との矛盾なども見受けられる。

【晋中興書】
東晋の何法盛撰と伝えられる。『晋書』成立以前に多数あったとされる晋代の歴史書の一つ。

【新唐書】
中国の正史の一つ。二二五巻。一〇六〇年成立。北宋の欧陽脩、宋祁らが勅を奉じて撰した。北宋の仁宗の詔により『旧唐書』を改修補正したもので、唐代の歴史を紀伝体で記す。『唐書』とは一般に『新唐書』をいう。

【隋書】
中国の正史の一つ。八五巻。唐の魏徴らが勅を奉じて撰した。隋代の歴史を記す。帝紀、列伝が六三六年に成立。六五六年に志が加えられ、現在の形となった。中でも「経籍志」は、現在用いられる四部分類（経・史・子・集）の原型をなす図書分類、並びに文献学の上でも重要な資料といえる。

【説苑】
二〇巻。漢の劉向撰。春秋から漢代までの先哲賢人の逸話を記す。

【世説新語】
三巻。南朝宋の劉義慶撰。梁の劉孝標の注がある。もと『世説』『世説新書』といい、宋代に至って現在の名を用いる。現存のテキストも宋代に整理されたもの。後漢から東晋までの知識人の逸話を集めたもの。

【雪竇録】

六巻。北宋の重顕の語録。雪竇は重顕の号で、浙江省の雪竇山にあって雲門宗の禅風を唱えたことに由来する。その弟子たちの編。

【戦国策】

三三篇。前漢の劉向の編纂。西周・東周・秦・斉・楚・趙・魏・韓・燕・宋・衛・中山の一二策から成り、戦乱の世の列国の治政、言行などを記す。戦国時代の始まりとされる晋の三国分裂（前四〇三年）から、秦の始皇帝の天下統一（前二二一年）までの歴史を、遊説家の建策という観点からまとめた史書。

【潜夫論】

一〇巻。後漢の王符撰。乱世を嘆き、発憤してこの書を成した。時の政治・風俗を批判している。

【宋史】

中国の正史の一つ。四九六巻。元の脱脱らの撰。宋代の歴史を記す。一三四五年成立。

【荘子】

三三篇。戦国時代の思想家荘周（荘子）及びその一派の学説を伝える。現行本は西晋の郭象が整理したと考えられ、内篇七、外篇一五、雑篇一一から成る。中でも内篇は荘周の中心思想だと考えられている。『老子』と共に老荘思想と称される道家思想の根幹に位置づけられる。儒家に対峙するもので、人間が作為を棄て自然に従う生き方、いわゆる、名より実を尊重する考えを展開し、寓話が多く引かれているのが特徴。

【宋詩紀事】

一〇〇巻。清の厲鶚撰。宋代の代表的な詩を撰録して評し、作者の小伝を併記する。清の陸心源に『宋詩紀事補遺』がある。

【宋書】

中国の正史の一つ。一〇〇巻。南朝梁の沈約が勅を奉じて撰した。南北朝の宋の歴史が記されている。四八八年成立。

【宋名臣言行録】

前集（一〇巻）、後集（一四巻）、続集（八巻）、別

集（二六巻）、外集（一七巻）から成り、前、後二集は南宋の朱熹撰。他は、南宋の李幼武補輯。宋の名臣の言行を記したもの。『名臣言行録』とも称される。

【続灯録】
三〇巻。一一〇一年成立。宋の仏国惟白（白運中）編。『景徳伝灯録』『広灯録』に続けて伝灯法系を明らかにした書。

【孫子】
一三篇。『呉子』と並ぶ中国の代表的な兵書。春秋時代の孫武撰と伝えられる。『孫子』は、戦略戦術を記した書として後世への影響も大きく、また、名文で知られる。宋代には『孫子』に加え、『呉子』『司馬法』『尉繚子』『三略』『六韜』『李衛公問対』の兵書をまとめて七書と称し、武学として学ばれるまでに至った。

【大学】
四書の一つ。一巻。曾参（曾子）の述作とされる。もとは『礼記』の一篇であったが、宋代の新儒学において重要視され、とくに南宋の朱熹において『中庸』とともに『論語』『孟子』とあわせて「四書」として確立した。朱熹が校訂注釈したテキストを『大学章句』といい、本書は儒学の目的・方法を概述する経書として、朱子学の根幹の書となった。

【大戴礼】
三九篇。もとは八五篇と伝えられる。前漢の戴徳撰。漢代までの礼説を集める。

【中庸】
四書の一つ。一巻。孔子の孫である子思の著とされる。もとは『礼記』の一篇であったが、宋代の新儒学において重要視され、とくに南宋の朱熹は『論語』『孟子』『大学』（『大学』も『礼記』の一篇）と共に「四書」として位置づけた。朱熹は『中庸章句』を著し、孔子から孟子に至る学統を四書によって根拠づけ、人間の本性を定義する内容を含む『中庸』は、最も高度な経書として尊重した。

【陳書】
中国の正史の一つ。三六巻。唐の姚思廉が勅を奉じて撰した。南朝陳の歴史を記す。六三六年成立。

【通俗編】三八巻。清の翟灝撰。俗語の意味や由来を解説する。

【伝習録】三巻。明の王陽明の語録及び門弟への書簡を集めたもの。陽明学の大綱を述べる書として門人らの手により刊行された。『論語』学而にある曾参（曾子）の「伝不習乎」の語により書名とした。当時官学として用いられた朱子学に満足せず、心即理、致良知、知行合一などを説く。

【伝灯録】⇩景徳伝灯録

【天彭牡丹譜】一巻。南宋の陸游撰。牡丹に関する記事をまとめる。

【唐書】『旧唐書』『新唐書』の総称。ただし、『新唐書』をさす場合が多い。

【鄧析子】一巻が伝わる。春秋時代の鄧析撰。名家とも法家ともいわれる鄧析の思想を記した書であるが、実際に記される言は道家と法家のものが多い。

【唐律疏義】三〇巻。七三七年成立。唐の長孫無忌らの撰。現存する最古の法律書で、唐代の律に注釈を加えたもの。日本の法典にも影響を与えた。

【読史管見】三〇巻。宋の胡寅撰。歴史批評の書で、『資治通鑑』の評論を記す。

【南史】中国の正史の一つ。八〇巻。唐の李延寿撰。六朝の南朝の歴史を記す。北朝の歴史を記した『北史』と対をなすもので、戦乱の世の推移が詳細に記されている。

【南斉書】中国の正史の一つ。五九巻。南朝梁の蕭子顕撰。南朝斉の歴史を記し、梁の武帝に献上された。もとは六〇巻であったが、唐代に一巻散佚したため現在の形となった。南北朝という戦乱の世にありながら、冷静な眼で歴史を捉えた書である点が後年評価されている。

【二程粋言】二巻。北宋の楊時編。二程（北宋の程顥、程頤の兄弟）の精粋なことば（説）をまとめたもの。論道、論学をはじめとする八項目を立てる。

【風俗通義】一〇巻。付録一巻。後漢の応劭撰。事物の名称を論じ、流俗を糾弾する。略して『風俗通』とも。

【文子】二巻。周の辛鈃撰とされるが、偽作という見方が強い。『老子』の考えを敷衍した道家の書で、虚無自然の考えが記されている。

【文中子】一〇巻。隋の王通撰と伝えられる。書名の「文中子」は、王通の諡。『論語』に擬して作られたもので、『中説』とも称される。

【碧巌録】禅の教典。北宋の雪竇重顕の公案百則を選び、臨済宗の圜悟克勤が解説・批評を加えたもの。

【龐居士語録】語録一巻、詩二巻。唐の于頔編纂。唐の龐居士（道玄）の語録。

【牟子】一巻。もとは二巻と伝えられる。後漢の牟融撰。仏教を崇信しているが、儒家、道家の言も混じっている。『牟子理惑』『理惑論』とも称される。

【抱朴子】内篇二〇巻、外篇五二巻。三一七年頃成立。東晋の葛洪撰。「抱朴子」は著者の号で、『老子』の「見素抱樸」から取る。内篇は不老長生などの仙術を実践的に説く。対して、外篇は儒家の立場を含んで世の得失を論ずる。

【北史】中国の正史の一つ。一〇〇巻。唐の李延寿撰。六朝の北朝の歴史を記す。南朝の歴史を記した『南史』と対をなす。六五九年成立。

【墨子】一五巻。五三篇現存。戦国時代の思想家墨子（墨翟）を祖とする墨家の思想を墨子の十大主張を中心に収録してある。墨家は、博愛、兼愛、非攻等を説き、当時儒家に匹敵するだけの勢力を持っていたといわれる。

【北斉書】中国の正史の一つ。五〇巻。唐の李百薬が勅を奉じて撰した。六三六年成立。南北朝時代の北斉の歴史を記す。ただし、現行のものは後人の補ったものとされる。

【北夢瑣言】二〇巻。北宋の孫光憲撰。唐末から五代の逸話を集めた書。

【本草綱目】五二巻。一五七八年成立。明の李時珍撰。一八八二種の薬物の正式名や処方を記す。

【摩訶止観】二〇巻（一〇巻ともされる）。五九四年成立、天台智顗述、灌頂筆録。法華三大部の一つ。天台宗の奥義を説く書で、止観という実践的な観点から仏教教義を体系的に明らかにする。

【明史】中国の正史の一つ。一七三九年成立。清の張廷玉らの撰。明一代の紀伝体の歴史書。

【明詩綜】一〇〇巻。清の朱彝尊撰。二四〇〇余家の詩を集め評す。

【明儒学案】六二巻。清の黄宗羲撰。明代の諸儒二百余名の略伝・学説を学派別に分類し、論評する。

【無門関】一巻、禅書。南宋の無門慧開撰。古人の公案を手引にした参禅の書。禅宗では指南書として重く用いられる。一二二八年成立。

【名臣言行録】⇩宋名臣言行録

【孟子】四書の一つ。一四篇（もと七篇）。戦国時代の孟子（孟軻）の言行をその門人が編纂したもの。性善説を唱え、仁義を重んじ、徳によって政治を行なうことを王道であると説く。もとは、諸子の一つとして扱われていたが唐の韓愈が推賞し、宋代新儒学において重要視され孟子は孔子の正系とする考えから、朱熹は『大学』『中庸』『論語』とともに四書の一つに位置づけた。文章も巧みであるとされ、議論の文の模範であるともされる。

【毛詩】⇩詩経

【遊仙窟】
唐の張文成撰。伝奇小説。贈答歌が多く含まれる。日本では万葉歌人に愛読され、歌作に影響を与えた。

【礼記】
五経の一つ。四九篇。漢の戴聖が整理したものとされるが、異説もある。叔父戴徳の伝えた『大戴礼』に対して『小戴礼』ともいう。主として周末から漢代初期に至る礼に関する理論と諸説を記している。中国では、礼は天地の序（社会の秩序を定めるもの）として古来より重視するものである。

【陸宣公奏議】
二二巻。唐の陸贄撰。陸贄の奉奏と奏議が収録されている。日本では『貞観政要』と並ぶ政書として必読書とされた。

【六韜】
六巻。周の太公望の撰と伝えられるが、後人が『荘子』の「金版六弢」の語に仮託した偽作と考えられる。兵法の書として宋代には七書の一つに位置づけられるが、中でも「六韜三略」と称され、『三略』と並称される。

【劉子新論】
一〇巻。撰者不詳。前漢の劉歆とも、南朝梁の劉勰とも、梁の梁孝標ともいう。雑家の書で、古籍から編集採録したもの。

【遼史】
中国の正史の一つ。一三四五年成立。元の脱脱らの撰。遼朝の歴史を紀伝体で記す。

【梁書】
中国の正史の一つ。五六巻。唐の姚思廉、魏徴が勅を奉じて撰した。南朝梁の歴史を記す。当時、文の主流は駢儷体であったが、『梁書』は古文を用いているのが特徴である。六二九年成立。

【呂氏春秋】
二六巻。秦の呂不韋撰と伝えられる。一二紀、八覧、六論から成り、先秦（始皇帝以前の時代）の諸家の思想が集大成されている。司馬遷はこの書の説を多く取り、律書・歴書を著したという。

【列子】

八巻。戦国時代の列子（列禦寇）とその弟子たちの手により成ったと伝えられ、『荘子』以前の道家の書に位置づけられるが、実際は魏・晋代の道家の偽作の部分を含むと考えるのが妥当であろう。『荘子』と同じく寓話が多く引かれる。


【列子鬳斎口義】

二巻。南宋の林希逸撰。『列子』の注釈書で、当時の口語で記される。鬳斎は、希逸の号。


【列女伝】

七巻。前漢の劉向撰。中国古代の百余人の賢母・烈婦の逸話が記されている。『古列女伝』とも称される。


【聯灯会要】

三〇巻。南宋の晦翁悟明撰。禅宗の書で、伝灯法系を明らかにしている。


【老子】

二巻、八一章。道家の祖と称される老子（老聃）の著とされるが、成立は戦国～漢代初期頃と推測される。儒家の人為的道の考えに対し、万物の根源を無とし、無為自然の道を説く。『老子道徳経』とも。


【論語】

二〇篇。春秋時代の孔子とその門弟らとの問答及びその記録。孔子の教説を直接伝える書として漢代以来、五経に並ぶ経典として尊重された。南宋の朱熹が『論語』を四書の一つに位置づけるに至ってその地位はますます向上した。日本では古く応神天皇の代に伝えられたといわれる。


【論衡】

三〇巻。現存のものは一篇を欠く。九〇年成立。後漢の王充撰。神秘的思弁や俗信を排し、当時の儒学をも批判的に捉えるこの書は、科学的実証主義、合理的な思想に富んでいるとされる。

■

【四書五経】

儒教の経典。『大学』『中庸』『論語』『孟子』の四書と、『易経』『詩経』『書経』『春秋』『礼記』の五つの経書。


【十三経】

中国における儒教の十三の経典。『易経（周易）』『詩経（毛詩）』『書経（尚書）』『周礼』『儀礼』『礼記』『春秋左氏伝』『春秋公羊伝』『春秋穀梁伝』『論語』『孝経』『爾雅』『孟子』。

【二十四史】

中国歴代の正史、二四種の称。『史記』『漢書』『後漢書』『三国志』『晋書』『宋書』『南斉書』『梁書』『陳書』『魏書』『北斉書』『周書』『隋書』『南史』『北史』『旧唐書』『新唐書』『旧五代史』『新五代史』『宋史』『遼史』『金史』『元史』『明史』。

【紀伝体】

歴史叙述の一形式。帝王の伝記である本紀、臣下の伝記である列伝を中心として時代史を構成するもの。『史記』に始まり、中国の正史編纂はこの形式による。日本では『大鏡』にみられる。編年体も参照。

【編年体】

歴史叙述の一形式。年代の順を追って歴史を記述するもの。中国の『春秋』『資治通鑑』、日本の『日本書紀』など。紀伝体も参照。

中国略年表

西暦	時代	事項	人物・書名
前一一二二?	夏 / 殷 / 縄文後期	三皇五帝の治—黄帝・尭・舜ほか 禹の治水 湯王、桀を伐ち殷を建国 紂の暴政 周、鎬京に都し建国—文王・武王・周公・太公望 伯夷・叔斉餓死す	
前七七〇	西周 / 縄文晩期	平王洛陽に遷都	
	東周（春秋時代）	春秋五覇 —斉桓公・晋文公・宋襄公ほか 孔子生まれる（前五五一）	【儒学の形成】 孔子 顔淵 子路 子貢 曾参〔孝経〕 子思〔中庸〕 〔詩経〕〔書経〕〔易経〕〔春秋〕〔論語〕〔大学〕〔礼記〕
前四九四		呉王夫差越王句践を破る	
前四〇三	（戦国時代）	韓・魏・趙の独立 戦国七雄 富国強兵策—商鞅 合従・連衡策—蘇秦・張儀	【諸子百家の活動】 老子〔老子〕 墨子〔墨子〕 楊朱 列子〔列子〕 孫武〔孫子〕 孟子〔孟子〕 荘子〔荘子〕 荀子〔荀子〕 韓非〔韓非子〕

西暦	時代	事項	人物・書名
五八九	隋 / 大和	陳興る（五五七） 隋の統一 科挙制度開始	劉勰〔文心雕竜〕 徐陵〔玉台新詠〕 顔之推〔顔氏家訓〕
六一八	唐	唐興る 太宗の貞観の治（六二七） 玄奘インドから帰る（六四五）	【伝奇・小説】 張文成〔遊仙窟〕 孟棨〔本事詩〕
（七一〇）	奈良	玄宗の開元の治（七一三） 安禄山の乱（七五五）	【詩の全盛】 陳子昂 王翰 孟浩然 張九齢 王昌齢 王之渙 王維 李白 高適 杜甫 張継 岑参 耿湋 賈島 韓愈 柳宗元 元稹 李紳 白居易〔白氏文集〕 杜牧 李商隠
（七九四）	平安	黄巣の乱（八七五） 唐滅ぶ	李瀚〔蒙求〕
九〇七	五代		【唐宋八大家】 —古文復興運動— 【詞の流行】
九六〇	北宋	宋の統一 王安石の新法（一〇六九）	欧陽脩 蘇洵 蘇軾 蘇轍 曾鞏 王安石 李昉〔太平広記〕 司馬光〔資治通鑑〕 郭茂倩〔楽府詩集〕 【宋学】 周敦頤 程顥 程頤 張載 陸九淵 朱熹〔四書集註〕〔近思録〕
一一二七	南宋	宋の南遷	
（一一九二）		チンギス＝ハーン即位（一二〇六） 蒙古興る（一二三四）	陸游〔剣南詩稿〕

年	中国	日本	事項	文学・思想
前二二一	秦	弥生前期	始皇帝の統一 焚書坑儒 垓下の戦い —項羽・劉邦	屈原〔楚辞〕 淮南王劉安〔淮南子〕 【辞賦の流行】—司馬相如 【儒教の国教化】—董仲舒
前二〇二	前漢	弥生前期・弥生中期	武帝即位（前一四〇）	司馬遷〔史記〕 李陵　蘇武
紀元 九	新	弥生中期	王莽新を建国	劉向〔戦国策〕
十五	後漢	弥生中期・弥生後期	光武帝の中興 仏教の伝来 蔡倫、紙を発明 黄巾の乱（一八四） 赤壁の戦い（二〇八） —曹操・孫権・劉備	班固〔漢書〕 許慎〔説文解字〕 諸葛亮
二二〇	三国	弥生後期	魏興る	—竹林七賢—
二六五	西晋	弥生後期	魏滅ぶ 晋の統一	陳寿〔三国志〕
三一七	東晋	弥生後期・大和	五胡十六国 建康に遷都	王羲之 【四六駢儷体の流行】
四二〇	南北朝	大和	宋興る 斉興る（四七九） 梁興る（五〇二）	陶潜　謝恵連　謝霊運　鮑照 謝朓 劉義慶〔世説新語〕　庾信 昭明太子蕭統〔文選〕

年	中国	日本	事項	文学・思想
一二七九	元	鎌倉	宋滅ぶ	謝枋得〔文章軌範〕 曾先之〔十八史略〕
（一三三三） 一三六八	明	室町	元滅ぶ 北京遷都（一四二一） 朝鮮の役（一五九二）	黄堅〔古文真宝〕 【陽明学】王守仁　徐愛〔伝習録〕 李攀竜〔唐詩選〕 洪自誠〔菜根譚〕
（一六〇三） 一六四四	清	江戸	清世祖北京奠都 康熙帝即位（一六六二） 乾隆帝即位（一七三六） 阿片戦争（一八四〇）	顧炎武〔日知録〕 〔康熙字典〕 沈徳潜〔唐宋八家文読本〕 【考証学】〔四庫全書〕 段玉裁〔説文解字注〕
（一八六八）	清	明治	日清戦争（一八九四） 辛亥革命（一九一一）	曾国藩 康有為
一九一二	現代	現代	中華民国の成立 中華人民共和国の成立（一九四九）	孫文 【文学革命運動】 魯迅〔阿Q正伝〕

【戯曲・白話小説の発達】
- 王実甫〔西廂記〕
- 羅貫中〔三国志演義〕〔水滸伝〕
- 呉承恩〔西遊記〕
- 〔元曲選〕〔金瓶梅〕
- 蒲松齢〔聊斎志異〕
- 呉敬梓〔儒林外史〕
- 曹雪芹〔紅楼夢〕

中国文芸歴史地図

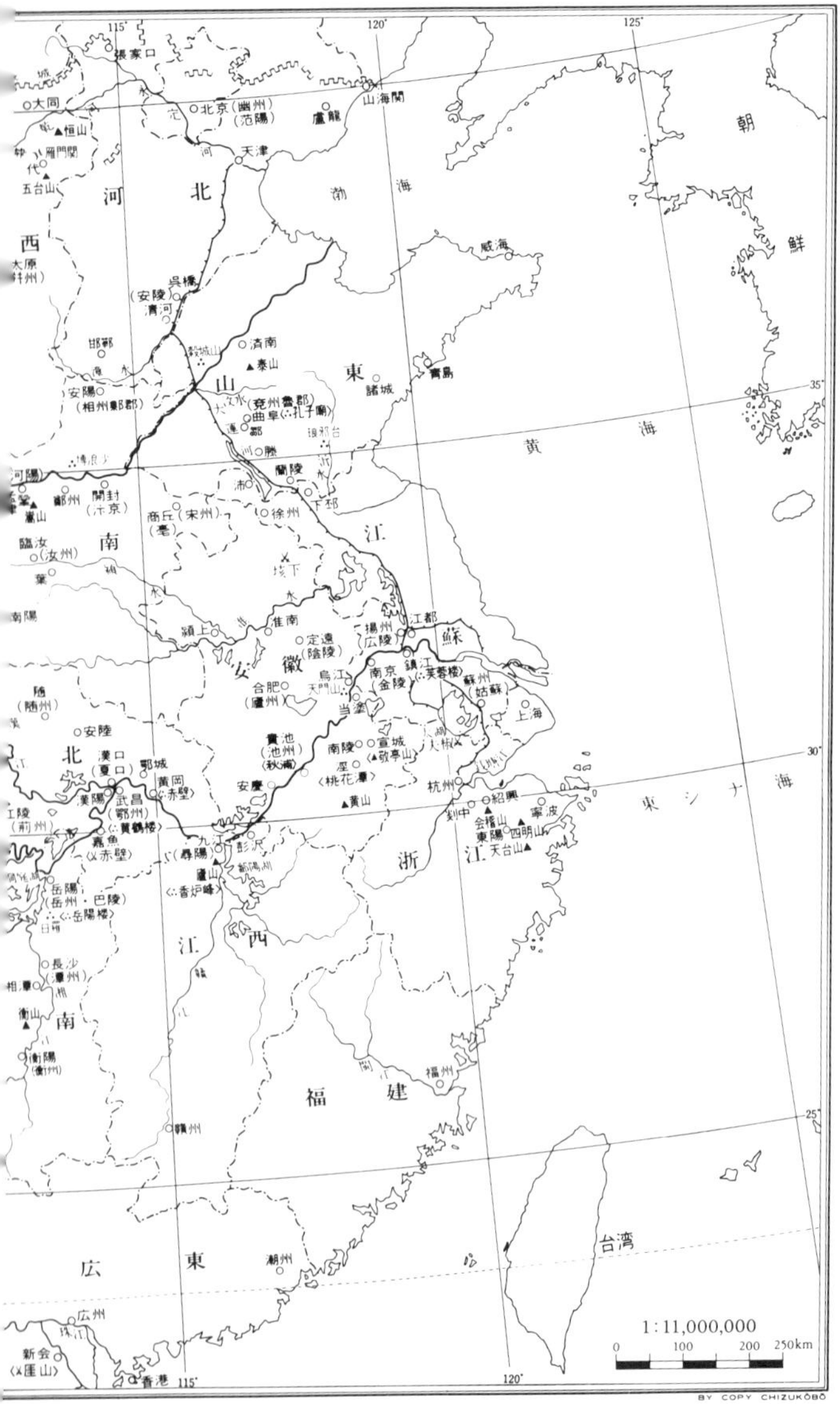

BY COPY CHIZUKŌBŌ

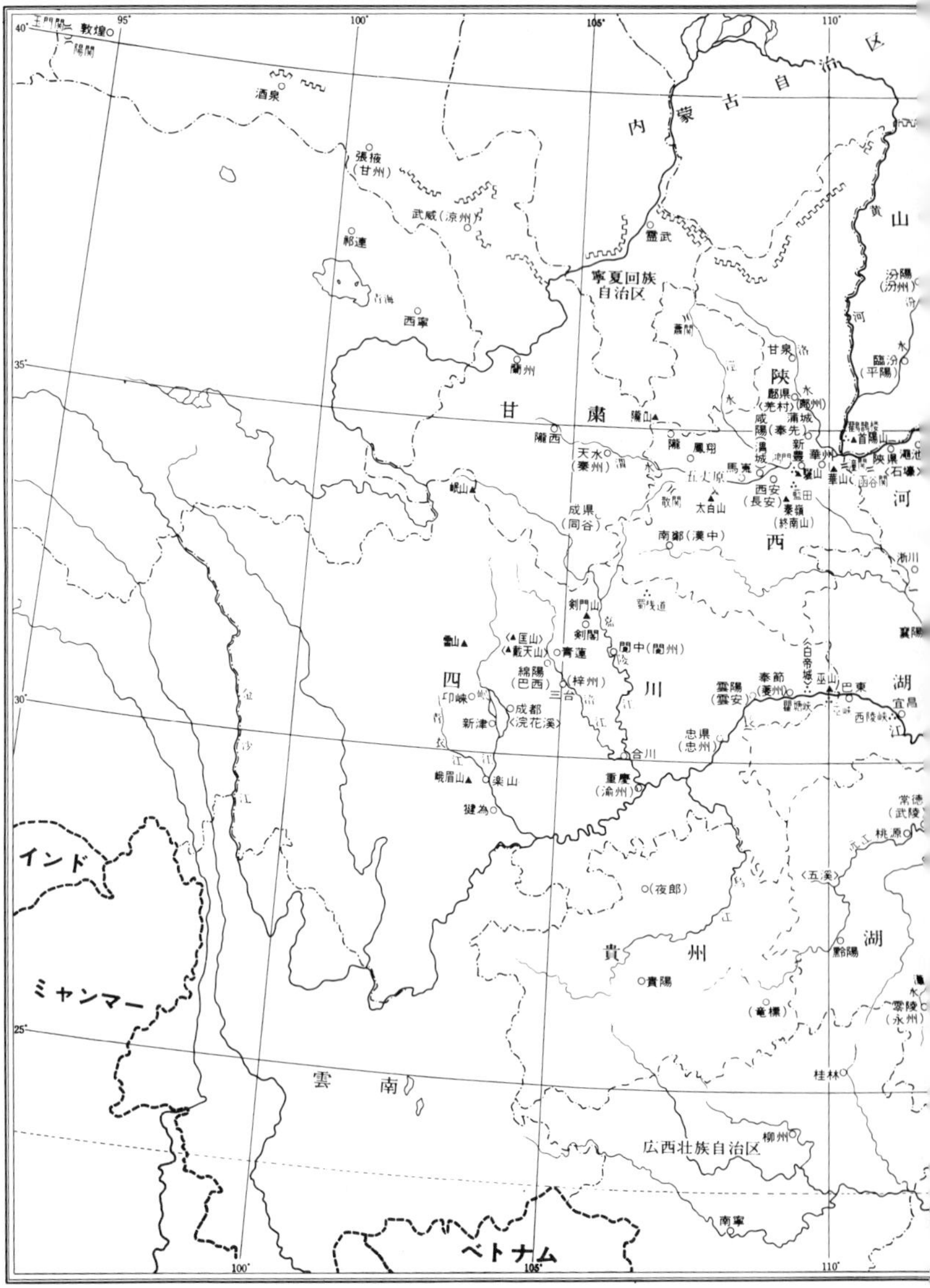

玉門関
敦煌
陽関
酒泉
張掖
(甘州)
武威(涼州)
祁連
青海
西寧
蘭州
寧夏回族
自治区
霊武
内　蒙　古　自　治　区
甘　粛
隴西
天水
(秦州)
渭水
隴山
隴
鳳翔
五丈原
馬嵬
散関
太白山
成県
(同谷)
岷山
南鄭(漢中)
甘泉
陝
鄜県
(羌村)
(鄜州)
蒲城
(奉先)
咸陽
新豊
華州
驪山
華山
西安
(長安)
藍田
秦嶺
(終南山)
西
首陽山
陝県
(石壕)
函谷関
汾陽
(汾州)
臨汾
(平陽)
黄
河
山
淅川
襄陽
剣門山
剣閣
閬中(閬州)
青蓮
綿陽
(巴西)
(梓州)
三台
雪山
〈▲匡山〉
〈▲戴天山〉
四
川
印崍
成都
〈浣花渓〉
新津
峨眉山
楽山
犍為
合川
重慶
(渝州)
忠県
(忠州)
雲陽
(雲安)
奉節
(夔州)
白帝城
巫山
巴東
瞿塘峡
西陵峡
宜昌
湖
常徳
(武陵)
桃源
〈五渓〉
○(夜郎)
貴
州
貴陽
黔陽
湖
(竜標)
零陵
(永州)
桂林
柳州
広西壮族自治区
南寧
雲
南
金沙江
インド
ミャンマー
ベトナム
40°
35°
30°
25°
95°
100°
105°
110°

四字熟語索引

⊙名言・名句から生じ、広く伝わった四字や二字の熟語が多くあります。それらは必ずしも名言・名句の原文の形によっていないものもあります。

⊙ここには、検索の便を考え、四字を中心とした熟語について言及している見出しと、その所載ページを掲げました。

あ

哀哀父母〈あいあいたるふぼ〉
哀哀たる父母、我を生みて劬労す……一
悪事千里〈あくじせんり〉
好事門を出でず、悪事千里を行く……一八一
悪木盗泉〈あくぼくとうせん〉
悪木の枝に息わず、盗泉の水を飲まず……五
一視同仁〈いっしどうじん〉
一視にして同仁、近きに篤くして遠きを挙ぐ……三〇
衣繡夜行〈いしゅうやこう〉
富貴にして故郷に帰らざるは、繡を衣て夜行くが如し……五一八
一利一害〈いちりいちがい〉
一利を興すは、一害を除くに若かず……二七
一薫一蕕〈いっくんいちゅう〉
一薫一蕕、十年にして尚猶臭有り……二八
一士諤諤〈いっしがくがく〉
千人の諾諾は、一士の諤諤に如かず……三三八
一勝一負〈いっしょういちぶ〉
一勝一負は、兵家の常勢なり……三〇
一将万骨〈いっしょうばんこつ〉
一将功成って万骨枯る……三一
一寸光陰〈いっすんのこういん〉
少年老い易く学成り難し、一寸の光陰軽んずべからず……一七八
一片氷心〈いっぺんのひょうしん〉
洛陽の親友如し相問わば、一片の氷心玉壺に在り……六〇六
以毒制毒〈いどくせいどく〉
機を以て機を奪い、毒を以て毒を攻む……一三〇
意馬心猿〈いばしんえん〉
心猿定まらず、意馬四馳す……一九二
飲河満腹〈いんがまんぷく〉
鷦鷯は深林に巣くうも一枝に過ぎず、偃鼠は河に飲むも腹を満たすに過ぎず……一八四
殷鑑不レ遠〈いんかんとおからず〉
殷鑑遠からず、夏后の世に在り……四三
陰徳陽報〈いんとくようほう〉
陰徳有る者は、必ず陽報有り、陰行有る者は、必ず昭名有り……四三
烏鵲之智〈うじゃくのち〉
遠難に備うることを知りて、近患を忘る……五七
烏集之交〈うしゅうのまじわり〉
烏集の交わりは、善しと雖も親しまず……四六
雲翻雨覆〈うんぽんうふく〉
手を翻せば雲と作り手を覆せば雨、紛紛たる軽薄何ぞ数うるを須いん……四一三
越鳥南枝〈えっちょうなんし〉
胡馬は北風に依り、越鳥は南枝に巣くう……二〇九
掩耳盗鐘〈えんじとうしょう〉
耳を掩いて鐘を盗む……五六八
遠水近火〈えんすいきんか〉
遠水は近火を救わず……五六
遠水近渇〈えんすいきんかつ〉
遠水は近火を救わず……五六
偃鼠飲河〈えんそいんが〉
鷦鷯は深林に巣くうも一枝に過ぎず、偃鼠は河に飲むも腹を満たすに過ぎず……一八四
縁木求魚〈えんぼくきゅうぎょ〉

木に縁りて魚を求むるは、魚を得ずと雖も、後の災い無し……一一二
遠慮近憂〈えんりょきんゆう〉
人にして遠き慮り無ければ、必ず近き憂い有り ……四九二
往来古今〈おうらいここん〉
人事代謝有り、往来古今を成す ……二九四
温故知新〈おんこちしん〉
故きを温ねて新しきを知らば、以て師為るべし ……五三〇

か

怪力乱神〈かいりきらんしん〉
怪力乱神を語らず ……七三
下学上達〈かがくじょうたつ〉
下学して上達す ……七五
家鶏野雉〈かけいやち〉
家鶏を厭いて、野雉を愛す……八一
家鶏野鶩〈かけいやぼく〉
家鶏を厭いて、野雉を愛す……八一
家書万金〈かしょばんきん〉
烽火三月に連なり、家書万金に抵る ……五四二
苛政猛虎〈かせいもうこ〉
苛政は虎よりも猛なり ……八三
隔靴掻痒〈かっかそうよう〉
棒を掉って月を打ち、靴を隔てて痒きを爬く ……五四七
瓜田李下〈かでんりか〉
瓜田に履を納れず、李下に冠を正さず ……八八
禍福倚伏〈かふくいふく〉
禍は福の倚る所、福は禍の伏する所なり ……六二二
夏炉冬扇〈かろとうせん〉
夏時の鑪は以て湿を炙り、冬時の扇は以て火を翣ぐ ……八二
管闚〈かんき〉
管を用いて天を闚い、錐を用いて地を指す ……一二五
坎井之鼃〈かんせいのあ〉
坎井の鼃は、与に東海の楽しみを語るべからず ……九八
既往不レ咎〈きおうはとがめず〉
成事は説かず、遂事は諫めず、既往は咎めず ……三二七
箕裘之業〈ききゅうのわざ〉
良弓の子は、必ず先ず箕を為り、良冶の子は、必ず先ず裘を為る……六一三
危言危行〈きげんきこう〉
邦に道有れば、言を危くし行ないを危くす。邦に道無ければ、行ないを危くして言は孫う ……一四〇
騎虎之勢〈きこのいきおい〉
虎に騎る者は、勢い下りるを得ず ……四五一
疑事無功〈ぎじむこう〉
疑事は功無く、疑行は名無し……一〇八
疑行無名〈ぎこうむめい〉
疑事は功無く、疑行は名無し……一〇八
疑心暗鬼〈ぎしんあんき〉
疑心暗鬼を生ず ……一〇九
気息奄奄〈きそくえんえん〉
日西山に薄りて、気息奄奄たり ……四八七
縁レ木求レ魚〈きによりてうおをもとむ〉
木に縁りて魚を求むるは、魚を得ずと雖も、後の災い無し……一一二
朽木糞牆〈きゅうぼくふんしょう〉
朽木は雕るべからざるなり。糞土の牆は杇るべからざるなり ……一二一
教学相長〈きょうがくあいちょうず〉
教学相長ずるなり ……一二三
仰天不愧〈ぎょうてんふき〉
仰ぎて天に愧じず、俯して人に怍じず ……三
曲学阿世〈きょくがくあせい〉
正学を務めて以て言え、曲学以て世に阿ること無かれ ……三二五
虚静無為〈きょせいむい〉
人主は二目を以て一国を視、一国は万目を以て人主を視る ……二九六
曲肱之楽〈きょっこうのたのしみ〉
疏食を飯い、水を飲み、肱を曲げて之を枕とす ……三四九
近思〈きんし〉
博く学びて篤く志し、切に問いて近く思う ……五一五
近水楼台〈きんすいろうだい〉
水に近き楼台は先ず月を得、陽に向

かえる花木は春為り易し ……五六一
金蘭之契〈きんらんのちぎり〉
同心の言は、其の臭り蘭の如し
……四三五
愚者一得〈ぐしゃのいっとく〉
智者も千慮に必ず一失有り、愚者も
千慮に必ず一得有り ……三九〇
狗尾続貂〈くびぞくちょう〉
貂足らず、狗尾続ぐ……四〇〇
君子三楽〈くんしのさんらく〉
仰ぎて天に愧じず、俯して人に怍じ
ず ……三
君子豹変〈くんしひょうへん〉
君子は豹変し、小人は面を革む
……一五三
君子不レ器〈くんしはきならず〉
君子は器ならず ……一四八
形影相弔〈けいえいあいとむらう〉
煢煢として独立し、形影相弔う
……一五七
敬遠〈けいえん〉
鬼神を敬して之を遠ざく ……一一〇
鶏口牛後〈けいこうぎゅうご〉
寧ろ鶏口と為るも、牛後と為る無か
れ ……五七一
軽諾寡信〈けいだくかしん〉
軽諾は必ず信寡く、易しとすること
多ければ必ず難きこと多し ……一五八
啓発〈けいはつ〉
憤せずんば啓せず、悱せずんば発せ
ず ……五三四
吹レ毛求レ疵〈けをふいてきずをもとむ〉
毛を吹いて小疵を求む ……一六四
謙下不争〈けんかふそう〉
善く戦う者は怒らず ……五九八
捲土重来〈けんどちょうらい〉
江東の子弟才俊多し、捲土重来未だ
知るべからず ……一八四
剛毅朴訥〈ごうきぼくとつ〉
剛毅朴訥は仁に近し ……一七六
巧言乱徳〈こうげんらんとく〉
巧言は徳を乱る ……一七七
巧言令色〈こうげんれいしょく〉
巧言令色、鮮きかな仁……一七七
鴻鵠之志〈こうこくのこころざし〉
燕雀安んぞ鴻鵠の志を知らんや 五五
膠漆相賊〈こうしつあいそこなう〉
膠漆相賊い、氷炭相息う……一七九
後生可レ畏〈こうせいおそるべし〉
後生畏るべし。焉んぞ来者の今に如
かざるを知らんや ……一八二
後生畏るべし、来者誣い難し……一八三
巧遅拙速〈こうちせっそく〉
巧遅は拙速に如かず ……一八四
膠柱〈こうちゅう〉
柱に膠して瑟を鼓す ……二〇五
江東子弟〈こうとうのしてい〉
江東の子弟才俊多し、捲土重来未だ
知るべからず ……一八四
苟得〈こうとく〉
財に臨みては苟くも得んとすること
毋れ。難に臨みては苟くも免れんと
すること毋れ ……二一八
光風霽月〈こうふうせいげつ〉
胸中の灑落なること光風霽月の如し
……二一五
口蜜腹剣〈こうみつふくけん〉
口に蜜有り、腹に剣有り……二三六
苟免〈こうめん〉
財に臨みては苟くも得んとすること
毋れ。難に臨みては苟くも免れんと
すること毋れ ……二一八
古稀〈こき〉
人生七十古来稀なり ……三〇二
狐丘之誡〈こきゅうのいましめ〉
三利有れば、必ず三患有り……二三三
虎穴虎子〈こけつこじ〉
虎穴に入らずんば、虎子を得ず
……一九五
古今往来〈ここんおうらい〉
人事代謝有り、往来古今を成す
……二九四
狐死首丘〈こししゅきゅう〉
狐は死して丘に首い、心本を忘れず
……一一一
古人糟魄〈こじんのそうはく〉
君の読む所の者は、古人の糟魄のみ
……一一七
克己復礼〈こっきふくれい〉
己に克ちて礼に復る ……六五
梧桐一葉〈ごとういちよう〉
一葉落ちて知る天下の秋 ……二一五
孤犢触乳〈ことくしょくにゅう〉

孤犢乳に触れ、驕子母を罵る……二〇四

胡馬北風〈こばほくふう〉
胡馬は北風に依り、越鳥は南枝に巣くう……二〇九

胡服騎射〈こふくきしゃ〉
賢人は時を観て、時に観られず。兵を制して、兵に制せられず……一六六

鼓腹撃壌〈こふくげきじょう〉
日出でて作し、日入りて息う。井を鑿ちて飲み、田を耕して食らう…四八五

さ

歳月不ㇾ待〈さいげつまたず〉
時に及んで当に勉励すべし、歳月は人を待たず……三二〇

在爾求遠〈ざいじきゅうえん〉
道は爾きに在り、而るに諸を遠きに求む……五六四

削足適履〈さくそくてきり〉
足を削りて履に適し、頭を殺いで冠に便す……九

三従〈さんじゅう〉
未だ嫁せずしては父に従い、既に嫁しては夫に従い、夫死しては子に従う……三九

三十六策〈さんじゅうろくさく〉
三十六策、走るを上計と為す…二一八

三十六計〈さんじゅうろっけい〉
三十六策、走るを上計と為す…二一八

三省〈さんせい〉
習わざるを伝うるか……四六二

山中暦日〈さんちゅうれきじつ〉
山中暦日無し、寒尽くれども年を知らず……二一九

三利三患〈さんりさんかん〉
三利有れば、必ず三患有り……二三三

四海兄弟〈しかいけいてい〉
四海の内、皆兄弟なり。君子何ぞ兄弟無きを患えん……二三三

志学〈しがく〉
吾十有五にして学に志す……六三三

耳順〈じじゅん〉
六十にして耳順う……六二八

死生有命〈しせいゆうめい〉
死生命有り、富貴天に在り……二四〇

四絶〈しぜつ〉
意毋く、必毋く、固毋く、我毋し…三四

四端〈したん〉
惻隠の心は、仁の端なり……三四八

四知〈しち〉
天知る。神知る。我知る。子知る。何ぞ知る無しと謂うや……四一九

七歩之才〈しちほのさい〉
本同根より生ず、相煎ること何ぞ太だ急なる……五八〇

死中求生〈しちゅうきゅうせい〉
男児当に死中に生を求むべし……三八四

疾風勁草〈しっぷうけいそう〉
疾風に勁草を知り、板蕩に誠臣を識る……二四五

四面楚歌〈しめんそか〉
力山を抜き気は世を蓋う……三八八

釈近求遠〈しゃくきんきゅうえん〉
近きを釈てて遠きを謀る者は、労して功無し。遠きを釈てて近きを謀る者は、佚して終わり有り……三八七

弱肉強食〈じゃくにくきょうしょく〉
弱の肉は、強の食となる……二五二

修己治人〈しゅうこちじん〉
己を脩めて以て人を安んず……六六

従心〈じゅうしん〉
七十にして心の欲する所に従えども、矩を踰えず……二四二

柔能制ㇾ剛〈じゅうよくごうをせいす〉
柔能く剛を制し、弱能く強を制す……二六四

出藍之誉〈しゅつらんのほまれ〉
青は之を藍より取りて、藍より青し……三

春宵一刻〈しゅんしょういっこく〉
春宵一刻直千金、花に清香有り月に陰有り……二六七

小心翼翼〈しょうしんよくよく〉
小心翼翼として、古訓に是式る……二七二

松柏之操〈しょうはくのみさお〉
雪後始めて知る松柏の操、事難くして方めて見る丈夫の心……三二七

牆面〈しょうめん〉
学ばざれば牆に面す……五五四

将門有将〈しょうもんゆうしょう〉
将門には必ず将有り、相門には必ず相有り……一八四
相門有相〈しょうもんゆうしょう〉
将門には必ず将有り、相門には必ず相有り……一八四
従容就義〈しょうようしゅうぎ〉
感慨して身を殺すは易く、従容として義に就くは難し……九七
処女脱兎〈しょじょだっと〉
始めは処女の如くにして、敵人戸を開く。後には脱兎の如くにして、敵拒むに及ばず……四七八
助長〈じょちょう〉
心に忘るること勿れ。助けて長ぜしむること勿れ……一九七
而立〈じりつ〉
三十にして立つ……二二七
人事天命〈じんじてんめい〉
人事を尽くして天命に聴う……二九七
唇歯輔車〈しんしほしゃ〉
唇亡ぶれば歯寒し……一三八
仁者不レ憂〈じんしゃうれえず〉
知者は惑わず、仁者は憂えず、勇者は懼れず……二八九
仁者楽山〈じんしゃらくざん〉
知者は水を楽しみ、仁者は山を楽しむ……二九〇
人死留名〈じんしりゅうめい〉
豹は死して皮を留め、人は死して名を留む……五一三

身体髪膚〈しんたいはっぷ〉
身体髪膚之を父母に受く。敢えて毀傷せざるは、孝の始めなり……三〇五
唇亡歯寒〈しんぼうしかん〉
唇竭きて則ち歯寒く、魯酒薄くして邯鄲囲まる……一三八
唇亡ぶれば歯寒し……一三八
推敲〈すいこう〉
鳥は宿る池中の樹、僧は敲く月下の門……四五四
水清無魚〈すいせいむぎょ〉
水至って清ければ則ち魚無く、人至って察なれば則ち徒無し……五五九
吹毛求疵〈すいもうきゅうし〉
毛を吹いて小疵を求む……一六四
成蹊〈せいけい〉
桃李言わず、下自ら蹊を成す……四三八
積善余慶〈せきぜんよけい〉
積善の家には必ず余慶有り。積不善の家には必ず余殃有り……二二四
尺短寸長〈せきたんすんちょう〉
尺も短き所有り、寸も長き所有り……二五二
切磋琢磨〈せっさたくま〉
切するが如く磋するが如く、琢するが如く磨するが如し……三一七
窃鈇之疑〈せっぷのうたがい〉
疑心暗鬼を生ず……一〇九
前車覆轍〈ぜんしゃのふくてつ〉
前車の覆るは、後車の誡めなり……三三三

千秋万歳〈せんしゅうばんざい〉
千秋万歳の名は、寂寞たる身後の事……三三四
川上之嘆〈せんじょうのたん〉
逝く者は斯くの如きか。昼夜を舎かず……五九四
戦戦兢兢〈せんせんきょうきょう〉
戦戦兢兢として、深淵に臨むが如く、薄氷を履むが如し……三三五
戦戦慄慄〈せんせんりつりつ〉
日に一日を慎む……五〇六
先憂後楽〈せんゆうこうらく〉
天下の憂いに先だちて憂い、天下の楽しみに後れて楽しむ……四一五
千里同風〈せんりどうふう〉
千里風を同じくせず、百里雷を共にせず……三四〇
千慮一失〈せんりょのいっしつ〉
智者も千慮に必ず一失有り、愚者も千慮に必ず一得有り……三九〇
滄海一粟〈そうかいのいちぞく〉
蜉蝣を天地に寄す、渺たる滄海の一粟のみ……五二九
糟糠之妻〈そうこうのつま〉
貧賤の知は忘るべからず、糟糠の妻は堂より下さず……五一七
蔵身露影〈ぞうしんろえい〉
身を蔵して影を露す……五六九
桑田碧海〈そうでんへきかい〉
飾物風光相待たず、桑田碧海須臾にして改まる……三二八

惻隠之心〈そくいんのこころ〉
惻隠の心は、仁の端なり……三四八
続貂〈ぞくちょう〉
貂足らず、狗尾続ぐ……四〇〇

た

大器晩成〈たいきばんせい〉
大器は晩成し、大音は希声、大象は形無し ……三六〇
大巧若拙〈たいこうじゃくせつ〉
大直は屈するが若く、大巧は拙なるが若く、大弁は訥なるが若し…三六八
大智不レ智〈だいちはちならず〉
大智は智ならず、大謀は謀ならず、大勇は勇ならず、大利は利ならず ……三六七
多岐亡羊〈たきぼうよう〉
大道は多岐を以て羊を亡がし、学者は多方を以て生を喪う ……三六九
濯纓濯足〈たくえいたくそく〉
滄浪の水清まば、以て我が纓を濯うべし。滄浪の水濁らば、以て我が足を濯うべし ……三四七
他山之石〈たざんのいし〉
他山の石、以て玉を攻むべし…三七四
断金之交〈だんきんのまじわり〉
二人心を同じくすれば、其の利きこと金を断つ ……四六六
断琴之交〈だんきんのまじわり〉
伯牙は身を終うるまで復び琴を鼓せず ……四七五
胆大心小〈たんだいしんしょう〉
胆は大ならんことを欲し、心は小ならんことを欲す。智は円ならんことを欲し、行ないは方ならんことを欲す ……三八六
智円行方〈ちえんこうほう〉
胆は大ならんことを欲し、心は小ならんことを欲す。智は円ならんことを欲し、行ないは方ならんことを欲す ……三八六
智は員ならんことを欲し、行ないは方ならんことを欲す ……三九三
逐鹿〈ちくろく〉
中原に還た鹿を逐う ……三九四
知行合一〈ちこうごういつ〉
知は行の始め、行は知の成れるなり ……三九三
智者一失〈ちしゃのいっしつ〉
智者も千慮に必ず一失有り、愚者も千慮に必ず一得有り ……三九〇
知者不惑〈ちしゃふわく〉
知者は惑わず、仁者は憂えず、勇者は懼れず ……三八九
知者楽水〈ちしゃらくすい〉
知者は水を楽しみ、仁者は山を楽しむ ……三九〇
知足〈ちそく〉
足るを知れば辱められず、止まるを知れば殆からず ……三八三
知命〈ちめい〉
五十にして天命を知る ……二〇一
朝雲暮雨〈ちょううんぼう〉
旦には朝雲と為り、暮れには行雨と為る ……八
朝三暮四〈ちょうさんぼし〉
朝は三つにして暮れに四つにす。朝は四つにして暮れに三つにす ……六
鳥尽弓蔵〈ちょうじんきゅうぞう〉
狡兎死して走狗烹られ、高鳥尽きて良弓蔵められ、敵国破れて謀臣滅ぶ ……一八五
陳渉呉広〈ちんしょうごこう〉
燕雀安んぞ鴻鵠の志を知らんや 五五
哲婦傾城〈てっぷけいせい〉
哲夫は城を成し、哲婦は城を傾く ……四一二
田園将蕪〈でんえんまさにあれんとす〉
帰りなんいざ、田園将に蕪れんとす、胡ぞ帰らざる ……七三
天行常有〈てんこうつねあり〉
天行常有り、尭の為に存せず、桀の為に亡びず ……四一七
天尊地卑〈てんそんちひ〉
天は尊く地は卑しくして、乾坤定まる ……四一九
天長地久〈てんちょうちきゅう〉
天は長く地は久し ……四一九
天網恢恢〈てんもうかいかい〉
天網は恢恢、疏にして失わず…四三〇
同悪相助〈どうおあいたすく〉

同悪相助け、同好相留む……四三二

灯火可レ親〈とうかしたしむべし〉
灯火稍く親しむべく、簡編巻舒すべし……………………四三三

同気相求〈どうきあいもとむ〉
同声相応じ、同気相求む……四三五

同帰殊塗〈どうきしゅと〉
天下帰を同じくして塗を殊にし、致を一にして慮を百にす ……四一五

陶犬瓦鶏〈とうけんがけい〉
陶犬は夜を守るの警無く、瓦鶏は晨を司るの益無し ………四三四

同好相留〈どうこうあいとどむ〉
同悪相助け、同好相留む……四三二

同声相応〈どうせいあいおうず〉
同声相応じ、同気相求む……四三五

道聴塗説〈どうちょうとせつ〉
道に聴きて塗に説くは、徳を之棄つるなり ……五六三

同病相憐〈どうびょうあいあわれむ〉
同病相憐み、同憂相救う……四三七

同憂相救〈どうゆうあいすくう〉
同病相憐み、同憂相救う……四三七

同憂相求〈どうゆうあいもとむ〉
同病相憐み、同憂相救う……四三七

桃李成蹊〈とうりせいけい〉
桃李言わず、下自ら蹊を成す…四三八

同類相求〈どうるいあいもとむ〉
同明相照らし、同類相求む……四三七

得魚忘筌〈とくぎょぼうせん〉
魚を得て筌を忘る …………四六

読書百遍〈どくしょひゃっぺん〉
読書百遍にして義自ら見る …四四三

得兎忘蹄〈とくとぼうてい〉
兎を得て蹄を忘る ……………四六

以レ毒制レ毒〈どくをもってどくをせいす〉
機を以て機を奪い、毒を以て毒を攻む ……………一三〇

駑馬十駕〈どばじゅうが〉
驥は一日にして千里なるも、駑馬も十駕すれば則ち亦之に及ぶ …一一三

呑舟之魚〈どんしゅうのうお〉
呑舟の魚大なるも、蕩きて水を失えば、則ち螻蟻の制する所と為る ……四五六

な

内憂外患〈ないゆうがいかん〉
外寧ければ、必ず内の憂い有り ……三五〇

南去北来〈なんきょほくらい〉
南去北来人自ら老ゆ、夕陽長く送る釣船の帰るを …………四六三

年年歳歳〈ねんねんさいさい〉
年年歳歳花相似たり、歳歳年年人同じからず ………………四七二

は

博学審問〈はくがくしんもん〉
博く之を学び、審らかに之を問い、慎んで之を思い、明らかに之を弁じ、篤く之を行う ……………五一五

博学篤志〈はくがくとくし〉
博く学びて篤く志し、切に問いて近く思う ……………五一五

伯牙絶弦〈はくがぜつげん〉
伯牙は身を終うるまで復び琴を鼓せず ……………四七五

麦秀之嘆〈ばくしゅうのたん〉
麦秀でて漸漸たり、禾黍油油たり ……五七〇

白首之心〈はくしゅのこころ〉
老いて当に益ゝ壮んなるべし、寧んぞ白首の心を移さん ………五七

博文約礼〈はくぶんやくれい〉
博く文を学び、之を約するに礼を以てす ……………五一五

抜山蓋世〈ばつざんがいせい〉
力山を抜き気は世を蓋う ……三八八

発憤〈はっぷん〉
憤りを発して食を忘れ、楽しみて以て憂いを忘れ、老いの将に至らんとするを知らず ……………一八

槃根錯節〈ばんこんさくせつ〉
槃根錯節に遇わざれば、何を以て利

器を別たんや …………四八三
万緑一紅〈ばんりょくいっこう〉
万緑叢中紅一点、人を動かすに春色多きを須いず …………四八五
百尺竿頭〈ひゃくしゃくかんとう〉
百尺竿頭須く歩を進むべし、十方世界是全身 ……五〇八
百戦百勝〈ひゃくせんひゃくしょう〉
百戦百勝は、善の善なる者に非ざるなり。戦わずして人の兵を屈するは、善の善なる者なり …………五一〇
豹死留皮〈ひょうしりゅうひ〉
豹は死して皮を留め、人は死して名を留む …………五一三
氷炭相息〈ひょうたんあいいこう〉
膠漆相賊い、氷炭相息う…………一七九
比翼連理〈ひよくれんり〉
天に在りては願わくは比翼の鳥と作り、地に在りては願わくは連理の枝と為らん …………四二五
富貴在天〈ふうきざいてん〉
死生命有り、富貴天に在り……二四〇
風樹之嘆〈ふうじゅのたん〉
樹静かならんと欲すれど風止まず、子養わんと欲すれど親待たず 一〇八
風木之悲〈ふうぼくのかなしみ〉
樹静かならんと欲すれど風止まず、子養わんと欲すれど親待たず 一〇八
風林火山〈ふうりんかざん〉
其の疾きこと風の如く、其の徐かなること林の如く、侵掠すること火の如く、動かざること山の如し…三五五
巫山雲雨〈ふざんのうんう〉
旦には朝雲と為り、暮れには行雨と為る …………八
附耳之言〈ふじのげん〉
附耳の言、千里に聞こゆ……五二四
不惑〈ふわく〉
四十にして惑わず …………二三八
刎頸之交〈ふんけいのまじわり〉
両虎共に闘わば、其の勢い倶には生きず …………六一六
文質彬彬〈ぶんしつひんぴん〉
文質彬彬として、然る後に君子なり …………五三一
報怨以徳〈ほうえんいとく〉
怨みに報ゆるに徳を以てす ……五一
鮑魚之肆〈ほうぎょのし〉
不善の人と居るは、鮑魚の肆に入るが如し …………五二五
暴虎馮河〈ぼうこひょうが〉
暴虎馮河して、死して悔ゆる無き者は、吾与にせざるなり……五四三
傍若無人〈ぼうじゃくぶじん〉
旁らに人無きが若し …………八七
忘筌〈ぼうせん〉
魚を得て筌を忘る …………四六
忘蹄〈ぼうてい〉
兎を得て蹄を忘る …………四六
翻雨覆雲〈ほんうふくうん〉
手を翻せば雲と作り手を覆せば雨、紛紛たる軽薄何ぞ数うるを須いん ……四一三
翻雲覆雨〈ほんうんふくう〉
手を翻せば雲と作り手を覆せば雨、紛紛たる軽薄何ぞ数うるを須いん ……四一三

ま

明眸皓歯〈めいぼうこうし〉
明眸皓歯今何くにか在る、血は遊魂を汚して帰り得ず …………五七四
面従後言〈めんじゅうこうげん〉
面従して退いて後言すること有る無かれ …………五七六

や

有隣〈ゆうりん〉
徳は孤ならず、必ず隣有り……四四四
陽関三畳〈ようかんさんじょう〉
君に勧む更に尽くせ一杯の酒、西のかた陽関を出ずれば故人無からん ……一一六

ら

良知良能〈りょうちりょうのう〉
人の学ばずして能くする所の者は、

其の良能なり。慮らずして知る所の者は、其の良知なり……………四九八

魯魚烏焉〈ろぎょうえん〉
刁刀相似たり、魯魚参差たり…四〇〇

魯魚亥豕〈ろぎょがいし〉
刁刀相似たり、魯魚参差たり…四〇〇

魯魚参差〈ろぎょしんし〉
刁刀相似たり、魯魚参差たり…四〇〇

下句索引

◉掲出した句の二句目以降について、約八〇〇句を選び、検索のために「下句索引」として付けました。

あ

か

さ

た

な

は

ま

や

ら

わ

語句索引

あ

か

さ

ま

や

ら

三省堂
中国名言名句辞典　新版

一九九八年二月一日　初版発行
二〇一一年八月一〇日　新版発行

［編者］――大島　晃〈おおしま　あきら〉
［発行者］――株式会社三省堂　代表者――北口克彦
［印刷者］――三省堂印刷株式会社
［発行所］――株式会社三省堂
〒一〇一-八三七一
東京都千代田区三崎町二丁目二二-一四
電話　編集（〇三）三二三〇-九四一一
　　　営業（〇三）三二三〇-九四一二
振替口座　〇〇一六〇-五-五四三〇〇
http://www.sanseido.co.jp/

落丁本・乱丁本はお取り替えいたします
ISBN978-4-385-13789-6
〈新版　中国名言名句・736pp.〉